Advanced Financial Management

国家级教学团队

东北财经大学
国家级一流本科专业建设系列教材·财务管理专业

高级财务管理

姜英兵 主编

东北财经大学出版社
Dongbei University of Finance & Economics Press
大连

图书在版编目（CIP）数据

高级财务管理 / 姜英兵主编. —大连：东北财经大学出版社，2022.12
（东北财经大学国家级一流本科专业建设系列教材·财务管理专业）
ISBN 978-7-5654-4684-9

Ⅰ. 高… Ⅱ. 姜… Ⅲ. 财务管理-高等学校-教材 Ⅳ. F275

中国版本图书馆CIP数据核字（2022）第212165号

东北财经大学出版社出版
（大连市黑石礁尖山街217号 邮政编码 116025）
网 址：http://www.dufep.cn
读者信箱：dufep@dufe.edu.cn

大连永盛印业有限公司印刷 东北财经大学出版社发行

幅面尺寸：185mm×260mm 字数：583千字 印张：24.75 插页：1
2022年12月第1版 2022年12月第1次印刷

责任编辑：王 丽 孔利利 责任校对：张 立
封面设计：冀贵收 版式设计：原 皓

定价：53.00元

教学支持 售后服务 联系电话：（0411）84710309

如有印装质量问题，请联系营销部：（0411）84710711

总 序

近年来，“人工智能”“大数据”和不断变化的国际政治经济格局，都对财务管理理论、财务管理实践和财务管理人才培养提出了更高的要求。“人工智能”和“大数据”的引入，从根本上改变了企业财务环境，对于财务管理实践产生了根本性的影响，也对财务管理人才培养提出了更高要求。经济社会环境的剧烈变化，既向财务管理人才培养提出挑战，又提供了前所未有的机遇。

东北财经大学首套财务管理系列教材出版于2005年，由东北财经大学会计学院财务管理系组织骨干师资力量，由本团队资深教授担纲，包括《财务管理基础》《企业财务管理》《高级财务管理》《投资管理》《资产评估》等五部教材，并多次进行修订再版。财务管理专业首套系列教材自第一版以来，得到了广大读者的厚爱，为许多高等院校所广泛选用，并针对本套教材的体系结构、知识组合和内容界定提出了许多富有建设性的意见。这也促进了我们进一步完善财务管理专业系列教材的信心与决心。同时，根据学科发展的需要和专业设置调整的要求，“财务管理”专业下设的“资产评估专门化”方向已经于2013年独立成为“资产评估”专业。对于财务管理系列教材进行全面的修订，及时地吸纳最新的学术研究成果，充分地体现财务管理实践的中国特色，已经成为财务管理人才培养亟待解决的问题。

基于此，我们对原有的财务管理专业系列教材进行了全面修订，并以新版的形式呈现在读者面前，包括《财务管理基础》《财务管理》《公司理财》《高级财务管理》《证券投资》等五部教材；同时，新编了《国际财务管理》和《风险管理》两部教材，并将《财务分析》吸纳入教材体系。与现有财务管理专业系列教材相比，本套教材呈现以下几个特点：

1.强化课程思政对于人才培养的引领。“坚定学生理想信念，教育学生爱党、爱国、爱社会主义、爱人民、爱集体”是本次教材修订的主线，每部教材都设置了“课程思政”教学资源，注重价值塑造、知识传授与能力培养相统一，将思政教育有机融入课程教学，通过教材内容引导学生建立核心价值取向，以达到润物无声的育人效果。确保学生既能掌握专业技能，又能树立看待问题的正确角度。

2.体现新技术对于财务管理教学的影响。为了适应教学环境的变化，本次修订过程通过“二维码”等新技术，丰富教材资源的使用手段，从而拓展教材的应用场景。利用新技术能够摆脱传统的课堂教学对于教学空间和教学条件的约束，在更为广阔的空间内开展教学活动。同时，新技术的引入也提升了教材资源体系的更新速度和更新频率，通过及时更新配套的网络教学资源，避免教材与实务的脱节，实现教学与实践更为紧密的结合。

3.更加突出财务管理实践的中国特色。财务管理专业的实践性较强，大部分本科生均走向社会从事实务工作。本次修订继承了原有教材重视案例的传统，进一步加大了本土案例的比重，以增强财务管理专业学生对于中国国情和实践的了解，从而更为有效地利用专业技能解决中国问题。

4.教材体系更加合理。一方面，本套教材根据专业方向的调整，将《资产评估》《企业价值评估》《资产评估原理》《房地产评估》等教材剥离，作为"资产评估专业系列教材"单独出版；另一方面，根据财务管理人才培养的需求，增加《国际财务管理》和《风险管理》，并吸纳引入《财务分析》，从而提升财务管理系列教材的完整性和针对性。

5.体例更加完善。每一部教材不仅列出了本章学习目标、学习要点和主要概念，归纳和总结了主要知识点之间的相互联系，而且大幅度地更新习题与案例，供教师教学和学生自学使用。

东北财经大学财务管理专业系列教材是国家级教学团队——东北财经大学会计学院财务管理系全体教师共同劳动的结晶，尤其凝聚了众多资深教授和专家多年的经验和心血。当然，由于我们的经验与人力有限，教材中难免存在不足乃至缺陷，恳请广大读者批评指正。

我们的工作尚处于一个开端处，本次推出的教材仅仅是一个新的起点，而不是终点。随着社会的进步、经济的发展和环境的变化，我们将不断修订，使东北财经大学财务管理专业系列教材不断与时俱进，及时跟踪反映学科的最新进展。

东北财经大学国家级一流本科专业建设系列教材编审委员会

前言

高级财务管理的“高级”体现在哪里？何谓“高级”？对此疑问，见仁见智，并无定论，但与已出版的其他高级财务管理教材相比较，本书的编排稍显“另类”。编者认为，高级与初级、中级的主要区别，并不在于内容范围上高级财务管理教材包含初级和中级教材所未涉及的内容，比如企业并购、企业集团财务管理、国际财务管理、非营利组织财务管理、企业重组和破产清算、财务战略管理、财务风险管理、投融资实务或非常规业务等专题，而是体现为相对初级和中级教材而言从财务管理理论层面上的进一步深化。高级应体现为更“高”层级的逻辑性、结构化和系统性；有更深入的概念辨析和理论阐释，不流于表层，突出财务管理的独有理念；分析、论证、推导的逻辑自洽合理；内容安排前后贯通，主线明晰，结构紧凑。高级财务管理教材不应该成为一个“筐”，什么都可以往里装，这样只会导致高级财务管理的含义模糊、边界不明、内容和结构散乱。换言之，高级财务管理课程应具有合乎逻辑的分析框架和内容体系，而非只是一些财务管理专题或特殊内容的松散汇总或随意组合。

本书注重对财务管理基本原理进行通俗易懂的阐释，强调“一价定律”（又称“无套利原理”）这一核心原理的应用，细致讲解理论模型的来龙去脉，使读者知其所以然，而非直接将公式和结论强加给读者导致其“食而不化”，继而在分析和解决财务问题时茫然无所适从。没有理论指导的实践是盲目的实践，“大道至简”，财务管理的“道”，可以简化为“一价定律”这一核心理念。从市场参与者的套利行为出发，在无摩擦完美资本市场中推导出的一价定律，构成了财务理论的起点。高级财务管理应有助于读者深刻理解财务基本原理，系统构建财务理论框架，形成财务管理特有的风险回报思维，从本质上理解公司财务决策的动机并分析其经济后果，解释和解决资本市场中的财务现象和问题，科学制定财务决策。为突出财务管理的基本原理，本书舍弃初级和中级财务管理教材通常包括的一些细节内容，如营运资本管理、债务和股权融资实践做法（如股票发行制度和询价过程、债券发行制度及运作等）等规则制度、操作流程等技术层面的内容，尽量与初级、中级财务管理教材区分开以避免简单重复。本书的目标读者也应该已经掌握一定程度的财务管理基础知识。

如果将财务管理的基本理论比作一棵树的树干和枝杈，来自公司理财和资本市场实践的繁杂知识就如同树叶。没有经过实践检验的理论是枯燥的理论，所以既要透彻掌握财务管理的基本原理，打下坚实的理论基础，同时又要大量涉猎有关财务管理和资本市场实践的细节知识，比如关于多层次资本市场、股票发行、基金管理、融资与并购的规则与实务操作等，相得益彰，从而形成系统的财务管理知识框架，就如同树木根深蒂固，枝繁叶茂，富有生命力。

本书的内容安排共分五篇十三章，以"一价定律"这一清晰稳固的主线将各章有机串联起来，各个篇章之间在逻辑上承前启后，层层递进。书中还适当补充穿插"延伸阅读"和"思政小课堂"等阅读材料。延伸阅读主要介绍诸如公司资本结构决策、实物期权应用等财务管理现实决策，帮助读者直面真实的财务管理问题和困惑，强化对财务管理原理的理解与应用，拓宽财务管理知识面和视野。思政小课堂则注重结合党和国家制定的与公司财务管理及资本市场有关的方针政策，比如，利率市场化改革、防范并化解金融风险、混合所有制改革等内容，将培育和践行社会主义核心价值观有机渗透到教与学的全过程之中。

公司通过发行证券融资，投资实务资产或证券，并购目标公司或出售资产，实施资源的跨期配置，都必然要对证券、实物投资项目、资产或公司整体进行估值（或定价），即对风险现金流的折现，其内涵为关于风险和回报的基本原理。第一篇"风险与回报"为全书的逻辑起点和理论基础，具体包括第一章"一价定律与财务决策"、第二章"投资组合理论"和第三章"多因素定价模型"。财务管理的所有重要理论模型的根源都可追溯至一价定律，财务管理理论的演进遵循科学研究纲领方法论所指明的研究路径。第一章简要介绍科学研究纲领方法论，在完美资本市场假设下得出的一价定律及其一系列推论，构成公司财务理论体系的硬核；在此基础上，逐步放宽各项假设，考虑各种市场摩擦，得出理论假设更加符合现实、能解释更多财务现象、加深对财务现象和财务决策理解的财务理论模型。首先从完美资本市场中投资者的套利行为出发推导出一价定律；接下来叙述基于"一价定律"所演绎出的重要的财务管理原理，比如资产定价、分离原理、价值守恒原理、风险溢价等；最后构建财务管理（理论或课程）的分析框架。第二章将第一章阐述的风险和回报的概念定量化，首先基于美国资本市场长达89年的历史数据，初步考察证券投资组合的风险和回报的关系，然后将风险和回报定量化，继而引入系统风险和非系统风险的概念，推导出投资组合的风险和回报之间的规律性联系，并通过持续改进投资组合以提高夏普比率的方式导出资本资产定价模型（CAPM）。第三章进一步考察CAPM的定价效力和解释力度，讨论投资者行为与资本市场效率、信息和理性预期、个人投资者的非理性行为，总结出规模、价值、动量、换手率等异象，进而发展出多因素定价模型，主要介绍Fama-French三因素定价模型、Fama-French-Carhart（FFC）四因素定价模型、Fama-French五因素定价模型以及基于中国股票市场的四因素定价模型。

第二篇"资本结构决策"，循序渐进地讨论资本结构决策的一些理论模型，由四章构成，分别为第四章"税收与资本结构"、第五章"信息不对称与融资选择"、第六章"公司控制权与融资选择"以及第七章"融资的代理成本"，从不同的理论视角考察公司的资本结构选择。融资结构选择的核心命题是公司发行的证券组合对于公司价值有何影响。基于纯粹的理解，财务管理主要研究公司融资问题（the business of financing businesses），不仅仅是为单项资产或个人融资，更是为由资产和个人独特结合所形成的公司融资（corporate finance means financing of a firm—not simply an asset, not simply an individual, but that unique combination of assets and individuals that constitutes a firm），这就必然涉及委托代理、控制权、公司治理及利益相关者的行为等问题[①]。本书不介绍融资的实践操作和相关法规等细节知识，而突显对融资结构选择原理的经济学解释。依据科学研究纲领方法论，第四章到第七章采取循序渐进的讲述方法，先叙述完美资本市场中的资本结构理论，然后逐渐放宽前提假设，考虑税收和破产成本、信息不对称、公司控制权、代理成本等因素，既有基于一价定律的解释，又有简化的数理模型构建[②]，读者可以藉此体会到财务理论研究中建模的基本思路和方法，塑造严谨的分析性思维。

第三篇“资本预算”与第二篇资本结构决策相衔接，考察各种情形的资本结构对资本预算的复杂影响[③]。正是由于资本结构选择会对公司价值产生影响，所以逻辑上应该在介绍资本结构决策之后再来讨论资本预算问题。第三篇包括两章，分别为第八章“资本结构与资本预算”、第九章“资本预算中的实物期权”。第八章阐述资本预算的基本原理、方法、决策法则，重点讲解有杠杆时资本预算的三种方法：WACC法、APV法和FTE法。税前和税后加权平均资本成本的计算，基于有税时MM定理的APV法，以及各种杠杆政策对投资项目估值的影响，都是以资本结构选择的相关理论作为基础的。实物期权允许决策者在获得新信息后，再来选择最有吸引力的备选投资项目，实物期权的存在增加了投资机会的价值。要想在不确定的环境中正确地做出投资决策，必须考虑实物期权的价值。第九章结合大量示例阐释各种类型的实物期权在资本预算中的应用，是对第八章内容的深化和拓展。

公司估值多应用于杠杆收购交易，第四篇“并购与公司估值”为前三篇内容的综合运用，由第十章“公司估值的基本原理”和第十一章“公司估值综合案例”两章构成。公司估值与金融资产定价、资本预算（投资项目估值）的基本原理是一致的，第十章主要阐释公司估值的基本原理和方法，包括可比公司估值法、先例交易分析、折现自由现金流估值法、剩余收益估值模型。深入透彻地分析和预测是公司估值的关键，本章还详细介绍财务报表重构、分析和预测内容，并讨论价值创造的驱动因素以及杠杆收购的财务评价和融资安排。第十一章为第十章公司估值基本原理的综合应用，给出一个较为完整的公司并购估值示例。

第五篇“金融工具与风险管理”包括第十二章“金融期权定价”和第十三章“衍生金融工具与风险管理”。第十二章阐释金融期权的基本知识、期权价格边界、定价模型以及金融期权的应用，主要涵盖金融期权的二叉树定价、风险中性定价和布莱克-斯科尔斯期权定价模型，以及从金融期权的角度分析公司债务、股权、信用违约互换、债权人与股东之间的代理冲突、嵌入期权的可转换债券与可赎回债券的定价等。第十三章介绍衍生金融工具的基本概念和分类，如何利用远期合约、期货、期权、互换（及掉期）等衍生金融工具管理商品价格风险、汇率风险和利率风险的基本原理。

不妨引用英国哲学家怀特海在《教育的目的》一书里的洞见[④]：很容易忘记知识的细节，一旦需要，又可轻易地在书中查到。忘记课堂上所学的一切，剩下的才是教育；如果什么也没有剩下，那就意味着你白受了教育。同理，忘记为应付考试而背诵的细节，剩下的东西才有价值。“剩下的东西”就是完全渗透入你的头脑中的原理。编写高级财务管理

---

① ZINGALES L.In Search of New Foundations［J］. The Journal of Finance，2000，55（4）：1623-1653.
② 这些数理模型主要借鉴参考Yossi Spiegel的公司理财讲义的部分内容。
③ 在中级财务管理教材中，通常不考虑财务杠杆对资本预算的影响。
④ 怀特海. 教育的目的［M］. 徐汝舟，译. 北京：生活·读书·新知三联书店，2022.

教材的目的，就是尝试透彻地讲解财务管理的基本原理，助力读者“更上层楼”，知其然，更知其所以然，从而达到运用财务管理原理解释财务现象和指导财务决策的目的。如果连基本原理都不掌握，则对财务管理的学习将始终如同雾里看花琢磨不透。

本书在编写过程中，参考了书后参考文献所列书籍、文章，可以说本书是这些文献精华的汇编。也正是通过研读这些优秀文献，加深了编者对财务管理原理的理解、思考和领悟，在此对所列参考文献的作者表示最高的敬意。感谢研究生王翰锋同学绘制本书的全部图形。感谢东北财经大学出版社为本书出版付出的努力。限于编者的学识和能力，疏漏和错误之处在所难免，恳请读者批评指正。

姜英兵

2022年9月

目 录

第一篇 风险与回报

第二篇 资本结构决策

第三篇 资本预算

第四篇 并购与公司估值

第一篇
风险与回报

第一章

一价定律与财务决策

【学习目标】

本章介绍贯穿公司财务管理理论框架（体系）的最重要主线——一价定律（或称无套利原理）；利用完美（竞争）资本市场中的无套利分析技术，推导出一价定律及资产定价的基本原理，继而得出一系列重要推论；最后结合科学研究纲领方法论，构建财务管理的理论框架（内容体系）。通过对本章内容的学习，学生应达到以下目标：

1. 领会科学研究纲领方法论。
2. 透彻理解一价定律的内涵。
3. 掌握无套利分析技术以及金融资产定价的基本原理。
4. 领会一价定律的重要推论，包括分离原理、价值守恒原理、有效市场假说。
5. 基于一价定律基本理念，理解投资者的风险偏好与风险溢价的内涵。

【内容导图】

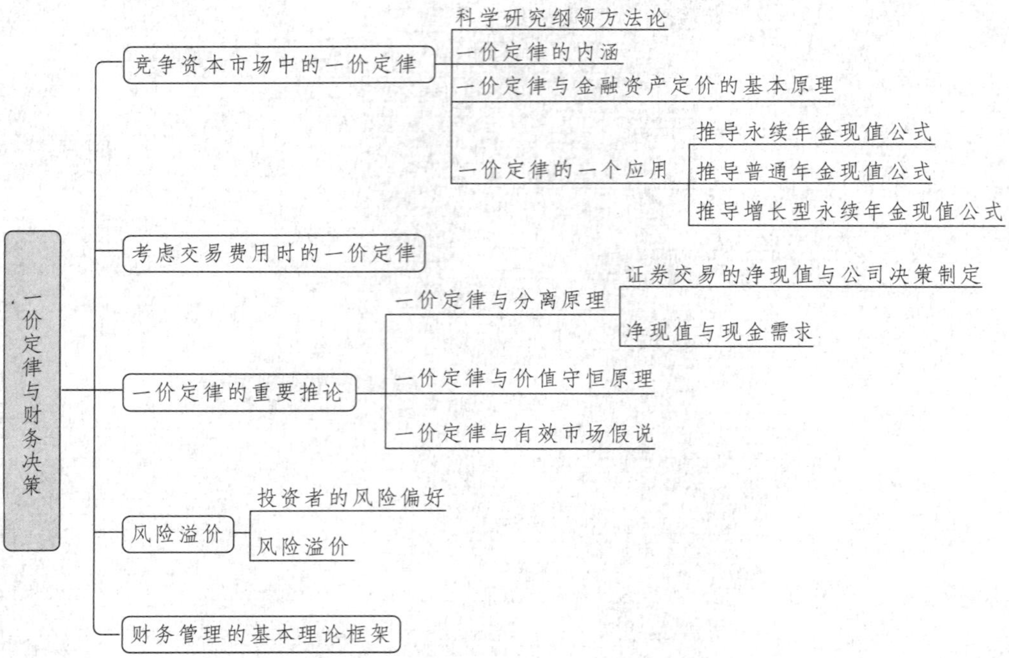

财务管理专业的教授和学生正走在人来人往的大街上。突然学生注意到人行道上有一张100元的钞票，就要俯身去拾。教授马上笑着阻止道："别费时间了，世上没有免费的午餐。如果那是真的100元，早就被人拾走了!"

这个笑话取笑了竞争市场中的无套利原理。但你是否真的曾经在川流不息的人行道上拾到过真的100元呢？笑话背后的真正意义和启示就在于此，它形象地道破了"在高度竞争的市场中不存在套利机会"这一玄机。落在人行道上的100元钞票就相当于一个套利机会，这种套利机会极其罕见，原因有两个：（1）100元本身就是个大数目，人们会特别小心以防丢失；（2）即使偶尔有人不小心丢了100元，你能拾到它的机会也极小，因为在人来人往的人行道上（相当于高度竞争的市场），100元掉落在地上会立即被人发现并拾走它，套利机会一出现就立即消失。

本章介绍公司财务管理中最重要的原理"一价定律"（或称"无套利原理"），财务管理的所有重要理论模型的根源都可追溯至一价定律，它是延伸后继理论的本源。本章以一价定律为主线，概括了财务管理的主要内容框架，从而为后续章节的学习打下坚实的理论基础。

第一节　竞争资本市场中的一价定律

一、科学研究纲领方法论

高级财务管理的"高级"体现在，从最基本的问题、概念和原理入手，抓住问题的实质，揭示其关键的经济机理，并演示一般性的分析方法。基于这一理解，本书注重运用财务学的一般原理和方法来分析财务问题，侧重于提出公司财务管理所涉及的基本问题，并建立对这些问题进行分析的理论框架、基本概念、一般原理，以及在此框架下应用相关原理解决各个基本问题所建立的实证模型。

公司的高级财务管理人员应该具备系统、深刻的理财思维，学会用财务原理来理解和解释财务现象，科学地制定财务决策。据2007年的一项中国上市公司理财行为问卷调查研究发现[①]，与公司财务理论描述的不同，52.47%的受访财务总监认为股权融资成本低于债务融资成本，只有47.53%的调查对象认为股权融资成本高于债务融资成本。这印证了各方面对中国上市公司融资行为的"感觉"，同时也解释了为什么中国上市公司更加偏好股权融资方式。大部分受访对象对融资成本高低的这种错误判断，很可能是由于中国上市公司对融资成本的估计更多地是从管理层（所谓"公司"）的角度，而不是从股东的角度出发造成的，这也造成了公司对资本预算和投资决策的资本成本的错误选择。

经济理论模型是由一组关于经济环境、行为方式的前提假设以及由此导出的结论所组成的，以观察、经验、猜想、推测提出新概念并形成假说，再从假说中演绎出经验性和推断性结论，并将这些结论与观察实验的结果相对照，以此检验和修正假说。如图1–1所

---

① 李悦，等. 公司财务理论与公司财务行为——来自167家中国上市公司的证据［J］. 管理世界，2007（11）.

示，科学研究纲领是由四个相互联系的部分构成：（1）由最基本的理论假设构成的硬核（hardcore）；（2）由辅助性假设构成的保护带（protective belt）；（3）保卫硬核的反面启示规则（negative heuristic）；（4）发展理论的正面启示规则（positive heuristic）[①]。

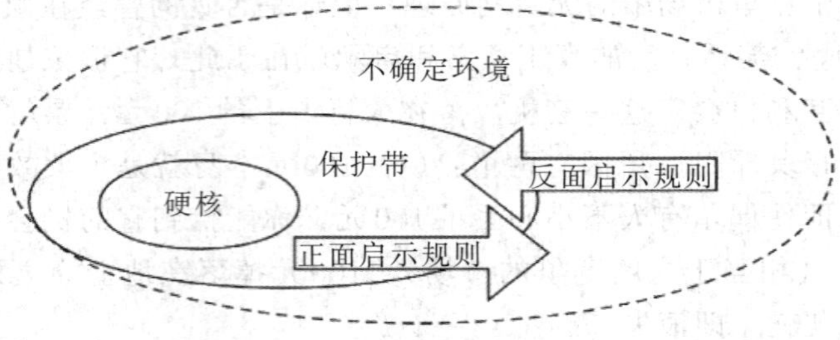

图 1-1　科学研究纲领示意图

硬核是研究纲领的基础理论部分或核心部分，它表现为非常一般性的、构成纲领发展基础的理论假说。保护带由一些辅助性假设组成，研究者可以通过更改辅助性假设以适应反驳，并使理论同时能解释新旧事实。反面启示规则是方法论层面上的消极的禁止性规定，禁止把反驳的矛头指向硬核，而要把矛头从硬核转向保护带，并以修改、调整保护带的方法，保护硬核免遭经验的反驳。正面启示规则为一种积极的规定，提倡通过增加、精简或完善辅助性假设等方法，以发展整个研究纲领。一种科学研究纲领，如果经过调整辅助性假设以后，它的经验内容增加了或者它能对经验事实做出更多的预言和解释，它就是进步的研究纲领。

根据科学研究纲领方法论，一价定律构成财务管理的硬核和后继理论延伸的本源，它次第生发出各种基本概念、原理及模型，涵盖了财务管理的基本主题。在保护带和反面启示规则的“保护”下，这些原理和主题相互关联，共生互动，构成了脉络清晰而稳固的财务决策和分析框架。进一步地，依据正面启示规则，决策者可基于这个框架，在此基准上考虑更现实、更复杂的因素对财务决策的影响。在基于完美市场得出的结论的基础上逐步考虑市场摩擦和行为心理因素，这为不断深入理解财务决策机理指明了方向。在完美资本市场假设下得出的无套利原理（或一价定律）及其一系列推论，构成了公司财务理论体系的硬核。在此基础上，逐步放宽各项假设，考虑各种市场摩擦因素，得出理论假设更加符合现实、能解释更多财务现象、加深对财务现象和财务决策的理解的理论模型。

经典财务理论依赖于一系列高度简化的假设，建立了简单的交换经济下的财务基本理论体系，这些假设主要包括：不存在信息不对称，市场参与者完全理性地基于成本收益来决策，不存在证券的交易成本，不存在税收和破产成本等，但上述假设至少忽略了两个重要因素：参与者之间的信息不对称以及交易成本。这两个因素会引起参与者之间的利益冲突，而通过证券或财务契约的交易不能有效地调和这些利益冲突。诸如由逆向选择和道德风险引起的委托-代理冲突，由现金流索取权与控制权不对称引起的大股东剥夺。利益冲突不能被有效地协调和治理，将影响企业使用资源跨期配置的效率。而且，市场参与者也并非是完全理性的，存在很多非理性行为。为此，在完美市场假设的基础上，后续研究逐步放宽假设，考虑比均衡、无套利等更有现实感的因素，以及提出契约、权利等内生性概

---

① 拉卡托斯. 科学研究纲领方法论［M］. 兰征，译. 上海：上海译文出版社，1999.

念，对财务管理现象做出更合理的解释，从而演绎出不同的财务理论模型或体系。

除一般均衡理论和产权理论中的科斯定理外，财务理论中的MM定理、一价定律也被经济学家用作分析的基准点或参照系。学生们经常怀有疑问，如果真实世界中的资本市场并不完美，毕竟事实也是如此，那么为什么MM的结论还是重要的？虽然资本市场确实并不完美，但所有的科学理论都是从一系列理想化的假设开始的，然后从中导出结论。应用理论时，必须要评估假设接近现实的程度，而且还要考虑假设与现实之间有任何重要偏离时的影响。可以用伽利略的自由落体定律做一个有效类比。伽利略证明了，当没有摩擦时，自由下落的物体的下降速度将相同，与物体的重量无关，这一结论完全扭转了人们的传统看法。如果要检验这一定律，将很可能发现它并不严格成立。理由当然就是，除非在真空中，否则空气摩擦相对更能减缓某些物体下降的速度。类似地，在实践中，会发现资本结构能够影响公司价值。但正如自由落体定律所揭示的那样，必须要关注空气摩擦，而非重力的任何基本特性来解释物体下降速度的差异。MM定理揭示了，考察资本结构的任何影响也必须要基于资本市场存在的摩擦来考虑。探讨MM定理的全部内涵后，要继续考察市场摩擦的重要来源及其影响。

二、一价定律的内涵

内在一致、逻辑有效的分析框架相对于一系列分散的观念，更易于被接受。公司财务决策就是一套简单有力的财务理念的应用，这些理念的核心是一价定律，它好比一个罗盘，引导财务决策者遵循正确的轨迹。

利用同一商品在不同市场的价格差别而进行买卖获利的行为称作“套利”（arbitrage）。更一般地，我们把不需要承担任何风险或进行任何投资就可能获利的情形称为套利机会。套利机会的净现值为正，金融市场上一出现套利机会，投资者就会竞相利用它。谁先发现这种套利机会，谁就会迅速地进行交易，从中获利。一旦他们进行交易，价格就会做出反应，直到套利机会消失，此即“无套利原理”——不存在一种零成本赚取无风险回报的投资方式。允许存在套利可能的价格不可能是市场均衡的结果，因为对任意一个具有不满足偏好的参与者来说，如果可能，他将进行大额的套利交易以产生额外的财富。其他参与者也会这样做，集体行动将驱动证券价格变化，使得投资组合的净成本大于零从而消除套利机会。

制定决策的第一步是要确定其成本和收益，第二步是量化这些成本和收益。对成本和收益的比较要采取相同的方式——当前的现金价值。接下来举例解释这个概念。

【例 1-1】

假设一位珠宝制造商有笔生意：在今天拿170克铂金换取100克黄金，1克铂金的价值与1克黄金的价值不相等，不能直接拿170克和100克比较然后就得出更重的更有价值的结论。为比较换出铂金的成本和换入黄金的收益，首先要将它们换算成统一的单位。

假设铂金在当前现货市场上的买卖价格为每克210.30元，换出的170克铂金的现金价值为①：

今天的170克铂金×（今天的210.30元/1克铂金）= 今天的35 751元

① 买卖铂金和黄金的成本，除了市价外还包括佣金或其他交易成本，在此暂时忽略交易成本。

如果黄金的当前市价为每克377.92元，那么收到的100克黄金的现金价值为：

今天的100克黄金×（今天的377.92元/1克黄金）= 今天的37 792元

既然用相同的价值单位计量成本和收益，就可以进行比较。就这笔生意机会而言，珠宝商今天的收益为37 792元，今天的成本为35 751元，该决策的当前净价值为37 792−35 751=2 041（元）。如果接受这笔交易，那么珠宝商的价值将增加2 041元。

评估珠宝商的决策，是用当前市价把这两种贵金属的重量换算成元。我们不关心珠宝商是否认为价格公平，或者是愿意使用黄金还是铂金。这些考虑事关重要吗？假设，珠宝商不需要黄金，或者他认为黄金的当前市价太贵了。他会认为黄金的价值低于37 792元吗？答案是否定的，他总是可按当前市价出售黄金，并立即获得37 792元。同理，即使他真的需要黄金，或者他认为黄金的价格太低了，他仍然总是可付出37 792元来购买100克黄金，而不会付出更多。不管珠宝商个人的偏好如何，黄金的价值对他来说都是37 792元。

这个例子揭示了一个普遍而重要的原则：无论何时，在竞争市场（竞争市场是指，在这样的市场上可按相同的价格买进和卖出同一商品）上交易的商品是商品自身的价格决定了商品的现金价值。只要存在竞争市场，商品的价值就独立于决策者对商品价格的看法或对商品的偏好。

【例1-2】

假如你赢得一场答题竞赛，奖品有两种选择，不可兼得：一种是一张演唱会门票（门票面值180元）；另一种是一张足球赛门票（门票面值100元），足球赛门票已售罄。你并不喜欢看演唱会，但对足球比赛感兴趣。如果放弃演唱会门票而接受足球赛门票，从面值上看，对你来说不划算。然而，你发现在网络交易平台上，上述演唱会门票的买卖价格为140元，而足球赛门票的买卖价格为120元。你应该选择哪种奖品？

根据前文分析得出的结论：竞争市场价格，而非你的个人偏好（也非门票的票面价值），对于决策而言是相关的。演唱会门票的市场价值为140元，足球赛门票的市场价值为120元，演唱会门票的价值更高，所以你应该接受你并不喜欢的演唱会门票，然后将其在交易平台上出售，用获得的140元收入，支出120元用于购买足球赛门票，最终还剩余20元。如果出于个人偏好而选择足球赛门票，你的价值只有120元。接受演唱会门票后卖出，再买进足球赛门票，你得到的总价值为120+20=140（元）。

运用竞争市场价格来评估成本和收益，可以判定一项决策是否会使公司及其投资者更富有。对公司或其投资者而言，资产的价值由其在竞争市场上的价格来决定。投资决策的成本和收益也应由这类市场价格来决定，当决策的收益大于成本时，实施这项决策可提升公司的市场价值。

竞争市场的存在是基于下列假设：（1）投资者是完全理性的，基于对成本和收益的考量进行决策；（2）不存在信息不对称，投资者和公司能够以竞争性的市场价格，对同一集合的证券进行交易，竞争性的市场价格等于证券预期产生的未来现金流的现值；（3）没有税收（公司所得税和个人所得税）、与证券交易相关的交易成本、破产成本等；（4）公司的融资决策不会改变公司投资产生的现金流，也不会揭示和传递有关融资决策本身的新信息。在完美资本市场中，套利机会就像落在大街上的钞票；一旦被发现，就会立即消失。因此，资本市场的正常状态应该是不存在套利机会。

可将这一逻辑推广到更一般的情形，即在两个不同的竞争市场中交易的等同的投资机会；如果同样的投资机会在两个市场上的价格不一致，则投资者就可通过从低价市场上买入然后在高价市场上卖出而立即获利。这样做将会使价格趋于平衡。结果，价格就不会有差异了（至少价差存在的时间不会长）。这一重要性质就是一价定律（law of one price）：

如果同一投资机会同时在不同的竞争市场上交易，则其在所有市场上的交易价格必然是相同的。

在评估诸如股票或债券等证券的价值时，就可见证一价定律是一个很强大的工具。任何金融证券都可被看作对未来现金流的要求权。一价定律暗含着如果能以另一种方法再造金融证券的未来现金流，金融证券的价格与它的再造成本必定相等。在竞争市场上，现金流的现值等于再造该现金流的成本。因此，一价定律对于金融证券的估值有着深远的意义。

三、一价定律与金融资产定价的基本原理

在无摩擦的完美资本市场中，证券的价格应该等于价值，即，持有证券所获得的未来现金流的现值。

【例 1-3】

你正考虑购买一只债券，这只债券可以在1年后给你带来1 000元的无风险现金流，除此之外没有其他现金流，假如无风险利率是4%，债券的价格应该是多少？

该证券1年后产生单一的现金流，由一价定律可知，证券的价值为1 000元现金流的现值，将现金流用利率折现。4%的利率意味着1年后的1.04元相当于今天的1元。1 000元现金流的现值为1年后的1 000元 ÷（1年后的1.04元/今天的1元）= 今天的961.54元，因此，该证券的价格为961.54元。以4%的利率投资961.54元，可在1年后收到1 000元（961.54×1.04=1 000（元））。一价定律告诉我们，证券的价格必定等于自制现金流的价格，即依据市场利率评估的现金流的现值。要想知道为什么必定相等（而不是大于或小于未来现金流的现值），可以考虑如果价格不同会怎样。如果价格是960元，你可按4%的利率借入960元购买债券，1年后，你能从债券中获得1 000元，偿还贷款960×1.04=998.40元后，还可赚得差额1.60元。事实上，你可以按照这种方式购买尽可能多的这种债券，但其他人也会利用这种套利机会，竞相购买债券推动价格迅速上升。同理，如果价格高于961.54元，每个人都将卖出债券，将所得按4%的利率进行投资，1年后收到的现金流大于1 000元，扣除1年后支付给债券买方的1 000元后还有剩余。卖出债券会造成价格下降，直到套利变为不可能，价格达到961.54元为止。一价定律的应用说明，为获得证券的现金流而支付的价格应该等于现金流的现值。

一价定律的基础是套利的可能性：如果债券价格与上面的不同，就将产生套利机会。假设债券的交易价格为960元，在这种情况下，要怎样做能获利？

此时，可按960元买进债券，同时向银行借款961.54元。给定4%的利率，1年后要偿还银行961.54×1.04=1 000（元）。表1-1给出了这两笔交易的总现金流。利用这一策略，当前投资者可从买入的每份债券中赚取1.54元，并且没有承担任何风险，未来也不需要还债。当然，其他发现这个机会的投资者也开始购买债券，债券价格就会迅速地上升到961.54元，于是套利机会消失。

表 1-1 购买债券并借款的净现金流 单位：元

套利交易	t=0	t=1
购买债券	−960.00	1 000.00
从银行借款	961.54	−1 000.00
净现金流	1.54	0

如果债券价格高于961.54元，同样也会产生套利机会。假设债券价格为963元，这时，套利者应该卖出债券，同时往银行存入961.54元。如表1-2所示，当前可赚得1.46元，而未来现金流将保持不变，因为可以用1年后从银行那里得到的1 000元，来替代原本因持有债券而将获得的1 000元。再一次地，为利用这一机会，投资者开始卖出债券，于是债券价格将会下降到961.54元，套利机会消失。

表 1-2 卖空债券并投资的净现金流 单位：元

套利交易	t=0	t=1
卖空债券	963.00	−1 000.00
储蓄	−961.54	1 000.00
净现金流	1.46	0

当债券定价过高时，套利策略包括卖出债券，同时将部分收入投资。但是如果套利策略需要卖出债券，这是否意味着只有现在持有债券的投资者才可以套利呢？答案是否定的；在金融市场中，通过卖空来出售自己并不拥有的证券是可能的。卖空（short sale）是指打算卖出证券的人先从证券持有人那里借入证券然后卖出，以后，他必须买回证券归还给证券所有者，或者偿还证券所有者原本将收到的现金流，例如，在上面的例子中，可以通过承诺1年后将偿还当前的债券所有者1 000元来卖空债券。当债券定价过高时，通过卖空，即使你未持有债券，你也可能利用套利机会而获利。

证券分析与价值投资之父格雷厄姆（Benjamin Graham）说过，价格是你所付出的，价值是你所得到的，在现实中，这两者很少会相等。但在竞争资本市场中，你付出的和你得到的一定相等，否则就会产生套利机会，而集体行动参与套利将导致价格立即变动从而消除套利机会。

对证券的正的投资，称之为证券的多头（或长头寸，long position）。投资者通过卖空交易，也有可能对股票进行负的投资，称作空头（或短头寸，short position）。卖空交易，即在当前卖出不属于你的证券（例如，借入股票并卖出），将来再买回该证券以偿还原先所借的证券（将证券/现金流偿还/支付给出借方）。投资者通过分配给股票负的投资权重，可以将空头包含于投资组合中。关于卖空有一句谚语，“卖空不属于你自己的东西，要么把它买回来偿还债权人，要么进监狱。”

卖空的风险要高于做多的风险，因为理论上未来的股价可以上涨很高。卖空相当于加杠杆投资。但是卖空交易促进了对股票负面信息的挖掘，有利于股价充分地吸收和反映信息，可刺破单边做多市场的股价泡沫。

四、一价定律的一种应用

一价定律的应用在财务金融理论中非常普遍。比如，可以通过自行构造永续年金、普通年金、增长型永续年金，从而推导出对特殊模式的未来系列现金流进行估值的简捷公式。根据一价定律，所构造的系列现金流的价值，必定等于自行构造所发生的成本。为确定系列现金流的现值，计算为构造同样现金流而付出的“自制”成本即可。

自测题 1-1

（一）推导永续年金现值公式

永续年金为定期发生的一系列相等的现金流，并且永无终结。从字面上理解，为找到每期都有一笔现金流的永续年金的价值，永远都无法完成！你或许会怀疑，即便有简捷方法，这些无限期的正的现金流的总和怎么会是有限的呢？答案是，未来现金流的折现时期数持续增加，导致它们对现值总和的影响最终变得可以忽略不计。

为推导出简捷方法，自行构造永续年金，计算其价值。根据一价定律，所构造的永续年金的价值，一定等于为构造永续年金所发生的成本，藉此就可计算出永续年金的现值。假设向银行投资的数额为P。每年都可取回赚得的利息$C = r \cdot P$，把本金P继续留在银行账户中。收到的永续年金C的现值就是初始成本$P = C / r$。所以有：

$$\text{永续年金的现值}=PV\text{（每期支付额为}C\text{的永续年金）}= C / r \tag{1.1}$$

现在往银行存入C/r的金额，就可以永久地每期都收到$C/r \cdot r = C$的利息。

注意论证的逻辑，为确定系列现金流的现值，计算为构造出同样现金流（在银行）而付出的“自制”成本。这是一种极其有用和强有力的方法，比加总无限期的现金流的方法更简单、更快捷！

（二）推导普通年金现值公式

普通年金为定期支付（或收到）的N笔相同现金流。普通年金与永续年金的区别在于，普通年金在经过某个固定次数的支付（收入）之后就会结束。大多数汽车贷款、抵押贷款及一些债券都是普通年金。可利用同样的思想推导出普通年金的一般公式。首先，往银行投资P，每期仅取回利息$C=r \cdot P$。N期后，注销这个银行账户。对于初始投资P，将收到每期支付为C的N期年金，加上最终将收回的初始本金P。根据一价定律，初始投资P为这两组现金流的总现值：

$$P = PV\text{（}N\text{期年金}C\text{）}+ PV\text{（}N\text{期后的}P\text{）}$$

重新整理后得到普通年金的现值：

$$PV\text{（}N\text{期年金}C\text{）}= P - PV\text{（}N\text{期后的}P\text{）}= P - \frac{P}{(1+r)^N} = P\left[1 - \frac{1}{(1+r)^N}\right] \tag{1.2}$$

定期支付C是每期获得的利息，即$C = r \times P$，求解P，得到以C表示的初始投资成本$P = C / r$，以此替换等式1.2中的P，可得出N期年金C的现值计算公式：

$$\text{普通年金的现值} = PV\text{（}N\text{期、利率为}r\text{的年金}C\text{）}= C \cdot \frac{1}{r}\left[1 - \frac{1}{(1+r)^N}\right] \tag{1.3}$$

(三) 推导增长型永续年金现值公式

增长型永续年金为一系列定期发生的、以固定比率永久性增长的现金流。一般地，第1笔现金流为C、增长率为g的增长型永续年金有图1-2所示的系列现金流：

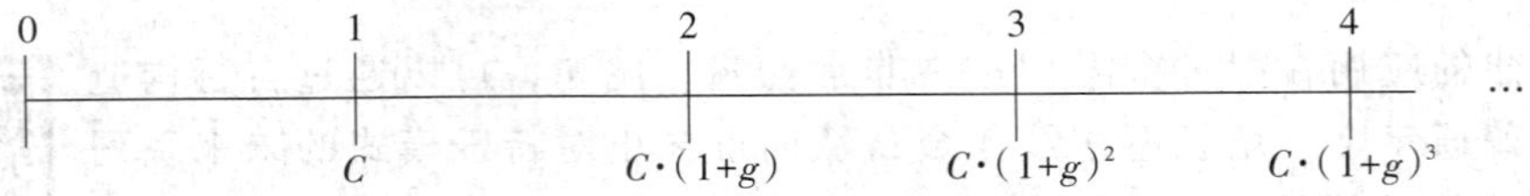

图1-2　增长型永续年金时间线

假设$g \geqslant r$，即现金流的增长速度比它们的折现速度还要快；每一期的现金流累积都在逐渐增大，而不是减少。在这种情况下，总和为无穷大！无穷大的现值意味着什么？现值是为构造现金流而付出的“自制”成本。无穷大的现值意味着，不管你投入多少钱，你都不可能独自复制出那些现金流。这种增长型永续年金在现实中不可能存在，因为没有人愿意以有限的价格提供这样的永续年金。保证现金流永远以高于利率的速度增长下去的承诺也不太可能坚守下去（或使理性的购买者相信）。

唯一可行的增长型永续年金，是那些增长速度g低于利率r（折现速度）的永续年金，于是后续每期的累积增长额要少于上一期的，这样，总的增长额就将是有限的。对于增长型永续年金，假定$g < r$。

为推导增长型永续年金的现值公式，沿袭推导永续年金的现值的逻辑思路：计算为了构造永续年金，当前需要存入银行账户的数额。在永续年金的情形下，通过取回每年获得的利息并将本金再投资的方式，构造出永久性的固定现金流。为了增加每年可收回的金额，每年再投资的本金必须保持增长。可通过每期少收回一些利息（在永续年金情形下，每期收回赚得的全额利息），将余下的利息用于增加本金的方法来达到这一目的。就永续年金而言，往银行存入数额P，并且每年取回利息，由于把本金P始终留存在银行，因此，可永久性地维持这种现金流模式。如图1-3所示，如果想要每年的回收额以g的比率增加，则本金也要随之以g的比率增长。也就是说，在第2年，不应再投资P，而应该再投资$P(1+g)=P+gP$。为使本金增加gP，只应收回$C=rP-gP=P(r-g)$。

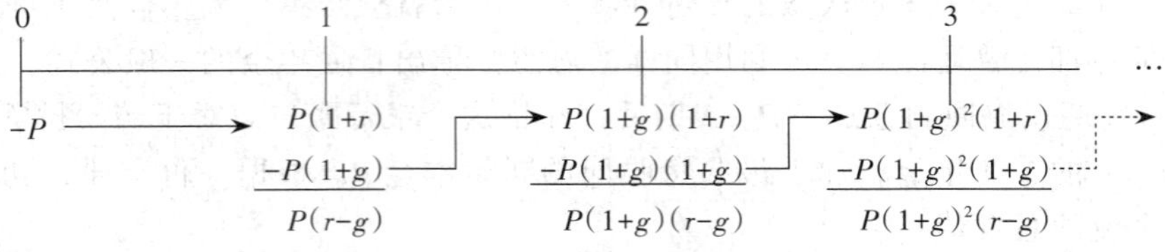

图1-3　复制增长型永续年金

据图1-3可知，经过1期之后，可收回$C=P(r-g)$，并且使账户余额及现金流永久性地保持以g的增长率增长。对$C=P(r-g)$求解P，得到$P=C/(r-g)$，初始现金流为C的增长型永续年金的现值为P，即最初存入银行账户的金额：

$$增长型永续年金的现值 = PV(增长型永续年金) = C/(r-g) \tag{1.4}$$

第二节　考虑交易费用时的一价定律

在大多数市场上交易资产，都要承担额外的成本，称作交易费用。比如，你在纽约证券交易所（NYSE）和纳斯达克（Nasdaq）市场上交易证券，要支付两种交易费用。首先，要向经纪人支付交易佣金。其次，由于通常你购买证券所支付的价格（即做市商的卖价）要稍微高于你卖出证券时收到的价格（即做市商的买价），因此，你也支付了买卖价差，例如，在NYSE，戴尔（Dell）股票的做市商报价如下：买价为95.5美元/股；卖价为95.7美元/股。可将这一报价理解为戴尔股票的竞争性价格为95.6美元/股，投资者无论买进或卖出戴尔股票，都要为1股支付0.1美元的交易费用。

这些交易费用会对无套利价格和一价定律产生什么影响么？举例来说，在竞争市场上，如果不考虑交易成本，则上海和北京的黄金价格必定相等。但若假设，在一个市场上购买黄金然后在另外一个市场上出售，每克黄金需要支付5元的交易费用。如果上海市场的黄金价格为每克376元，北京市场为每克380元，那么“低买高卖”的策略就不起作用了：

成本：376元/克（在上海市场买入）+ 5元/克（交易费用）

收益：380元/克（在北京市场卖出）

净现值：380−376−5= −1（元/克）

直到当上海和北京的黄金价格差异大于5元/克，即大于交易费用时，才存在套利机会。需要修正前面关于无套利价格的结论，附加条件“上调交易费用”。在本例中，黄金的竞争性价格只有一个——在原先的均衡价格上，再上调5元/克的交易费用。

在大多数金融市场中，这些交易费用都很少。作为分析的初步近似估计值，可以忽略这些价差。只有在净现值较小（相对于交易费用而言）的情形下，这种价差才要紧。那时，市场参与者就要谨慎地考虑所有交易费用，以确定净现值是正还是负。总之，当存在交易费用时，套利活动拉近了同等商品和证券彼此之间的价格。价格可能会偏离，但价格的偏离不会超过交易费用。

【例1-4】

假设惠普（HP）股票在NYSE市场的现行买价为28.05美元/股，卖价为28.15美元/股（均为做市商的报价）。同时，Nasdaq市场中的某位经纪商为惠普股票报出的买价为27.92美元/股，卖价为27.96美元/股。

在本例中就存在套利机会，投资者可以在Nasdaq市场以27.96美元/股的价格买入惠普股票，在NYSE市场以28.05美元/股的价格卖出，每股套利0.09美元。假设Nasdaq经纪商修改其报价，买价为27.96美元/股，而卖价为28.06美元/股，则不存在套利机会。为消除套利机会，最高的做市商买价要低于最低的做市商卖价。

再来看一个稍复杂的例子。

【例 1-5】

假设一个投资组合由两种证券构成：1股A股票和一只1年后支付100元的债券。假设这一投资组合的现行买价为141.75元，卖价为142.55元；债券的买价为92.65元，卖价为93.86元（均为做市商的报价）。基于上述报价，在竞争市场中，A股票的无套利价格区间是多少？

可以通过购买投资组合、同时卖出组合中的债券的方式买进A股票，这样买入A股票的成本为−142.55+92.65=−49.9（元）（负号表示现金流出，−49.9元表示投资成本为49.9元）；如果可按高于49.9元的价格卖出A股票，则可通过买进投资组合，然后卖出债券和A股票的方式套利，显然，A股票的卖价不可能高于49.9元，此即A股票的价格上限。

还可通过卖出投资组合、同时买进债券的方式达到卖出A股票的目的，于是卖出A股票可得到的收入为141.75−93.86=47.89（元）。如果可按低于47.89元的价格买进A股票，则存在套利机会（以低于47.89元的价格买进A股票，然后买进债券，构造由A股票和债券组成的投资组合后，再卖出该组合）。所以，A股票的买价不可能低于47.89元，此即A股票的价格下限。根据无套利原理，A股票的无套利价格区间为47.89～49.9元。

指数套利是投资者运用同时交易股指期货合约和相对应的一篮子股票的交易策略，以谋求从期货市场、现货市场同一组股票存在的价格差异中获利的行为。套利者随时监测现货市场和期货市场，当期货实际价格大于理论价格时，卖出股指期货，买入股票指数中的成分股组合；当期货实际价格低于理论价格时，买入股指期货，卖出指数中的成分股组合，以此获得无风险套利收益。指数套利有利于避免股指期货与股票现货价格的严重脱离，促进交易股票市场和股指期货市场平衡发展，提高市场的流动性。但指数套利也同样存在一定的风险，如复制指数时会存在跟踪误差，以及利率风险、股息风险与交易风险等。

当同一资产允许衍生出不同的产品，而且都可以在市场上交易的时候，就有可能存在套利的机会。交易所交易基金[①]（ETF，Exchange Traded Fund）和自建的一篮子股票都可以理解为以指数为基础的衍生品，其定价都以指数为基础，而且可以同时交易，只要它们之间的定价存在偏差，并且足以弥补交易费用和延时风险，便有可能产生一定的套利机会，这就是常说的ETF套利。股指期货是对指数组合未来价值的提前交易，ETF和一篮子股票则可理解为对指数现在价值的交易。

【例 1-6】

考虑一只整1年后将无风险地收到1 000元的零息票债券。假设存款的市场利率为4%，而借款的市场利率为4.5%。在竞争市场中，该债券的无套利价格区间是多少？也就是说，在不产生套利机会的前提下，债券的最高交易价格和最低交易价格分别是多少？

债券的无套利价格等于现金流的现值。为了1年后能够收到1 000元，当前需要存入银行的金额为：

1年后的1 000元 ÷（1年后的1.04元/今天的1元）= 今天的961.54元

这里的4%的利率就是因存款而获得的回报率。如果打算1年后要偿付1 000元，今天

① ETF指数基金代表一篮子股票的所有权，是指像股票一样在证券交易所交易的指数基金，其交易价格、基金份额净值走势与所跟踪的指数基本一致。投资者买卖一只ETF，就等同于买卖了它所跟踪的指数，可取得与该指数基本一致的回报。通常采用完全被动式的管理方法，以拟合某一指数为目标，兼具股票和指数基金的特色。

可以借入的金额为：

1年后的1 000元 ÷（1年后的1.045元/今天的1元）= 今天的956.94元

在这里，使用较高的4.5%的借款利率。

假如债券价格P高于961.54元，则套利者可通过以当前价格卖出债券，然后将收入中的961.54元以4%的利率投资（存入银行）而获利。到年末，套利者仍然会收到1 000元，但是今天却可以得到（P−961.54）元的差价。这种无风险套利机会的存在将抑制债券的价格高过961.54元。

假如债券价格P低于956.94元，则套利者可按4.5%的利率借款956.94元，然后用其中的P元购买债券。当前得到（956.94−P）元的价差，而1年后可以用债券产生的1 000元现金流来偿还贷款，结清债务。对这种套利机会的运用，将支撑债券的价格不低于956.94元。

如果债券价格位于956.94元和961.54元之间，则上述两种套利策略都将赔钱，不存在套利机会。无套利原理表明的是债券可能价格的一个狭小区间（956.94元至961.54元），而非一个确切的价格。

总而言之，当存在交易成本时，套利活动拉近了等同商品和证券彼此之间的价格。价格可能会偏离，但价格偏差不会超过套利的交易成本。

再来看一个套利受限制的例子。3Com公司在2000年3月，分拆Palm子公司，将Palm的5%的股份向公众出售。股份出售后，Palm子公司的市值立即增至450亿美元。与此同时，母公司3Com的市值只有280亿美元，即便它仍然持有Palm的95%的股份（大约价值410亿美元）。3Com的价值仅为其子公司Palm的大约60%，意味着3Com的其他业务价值竟然为−130亿美元。

为什么理性的投资者没有通过持有Palm股票的空头和3Com股票的多头来利用这一错误定价进行套利呢？因为他们做不到。分拆上市后，Palm的自由流通股份太少了，95%的股份仍旧被3Com所持有。建立Palm股票的空头头寸，将需要向Palm的股东借入股票，但是愿意借出股票的股东在当时并不多。在分拆上市后的几个月内，随着可以借入的Palm股票的供应量稳步增加，上述错误定价和股价泡沫也就逐渐消失了。

在完美资本市场中，不存在一种零成本赚取无风险回报的投资方式（即“无套利原理”）。允许存在套利可能的价格不可能是市场均衡的结果，因为对任意一个具有不满足偏好的参与者来说，如果可能，他将进行大额的套利交易以产生额外的财富。其他参与者也会这样做，驱动证券的价格变化，使得投资组合的净成本大于零从而消除套利机会。换言之，完美资本市场中的一价定律是指一项金融资产在某一时刻只有一个竞争性的市场价格，资产价值等于资产未来现金流的风险折现值。

【延伸阅读】　上交所和深交所股票数据概况

截至2022年1月7日，在上交所上市交易的公司有2 040家，上市股票2 082只，其中主板1 703只，科创板379只。总股本数为46 271.49亿股（主板45 051.83亿股，科创板1 219.66亿股）；总流通股本数为40 453.76亿股（主板40 037.49亿股，科创板416.27亿股）；股票总市值为511 221.66亿元（主板458 057.01亿元，科创板53 164.65亿元）；总流通市值为429 323.08亿元（主板407 917.72亿元，科创板21 405.36亿元）；市场总体平均市盈率为17.68倍，主板平均市盈率为16.37倍，科创板平均市盈率为67.34倍；流通股票的日平均换手率[①]为1.1073%。

截至2022年1月7日，在深交所上市交易的公司有2 579家（主板1 488家，创业板1 091家）[②]；总股本为24 483.13亿股（主板19 316.80亿股，创业板5 166.33亿股），总流通股本数是20 421.96亿股（主板16 459.17亿股，创业板3 962.79亿股）；股票总市值为384 224.21亿元（主板251 338.81亿元，创业板132 885.40亿元），总流通市值307 380.63亿元（主板214 418.54亿元，创业板92 962.09亿元）；总体平均股票价格是15.69元/股，平均市盈率为31.97倍（主板平均市盈率26.01倍，创业板平均市盈率56.66倍）；流通股票的日平均换手率为2.76%。

——上交所、深交所网站。

第三节　一价定律的重要推论

一、一价定律与分离原理

（一）证券交易的净现值与公司决策制定

可以确定，净现值为正的决策能够增加公司和其投资者的财富。考虑购买证券的投资决策。成本就是为购买证券所支付的价格，收益是因持有证券而将收到的现金流。当证券以无套利价格交易时，竞争市场中的成本和收益这两者相等，所以购买证券的净现值为零：

NPV（购买证券）= PV（证券支付的全部现金流）－证券价格 = 0

证券的无套利价格即为证券支付的全部现金流的现值，自行构造未来现金流的当前成本就是它的现值：当证券定价过低时，投资者可借入资金购买证券而套利；当证券定价过高时，投资者可通过卖出或卖空证券，同时将部分收入投资而套利。当证券以无套利价格交易时，购买证券的投资成本就是为购买证券所支付的价格，投资收益就是因持有证券而将收到的现金流。在不存在套利机会的市场中，这两者相等，所以购买证券的净现值为零。对于证券的出售道理也是如此。

如果卖出证券，收到的价格就是收益，成本就是卖方所放弃的现金流，净现值还是为零：

NPV（卖出证券）= 证券价格 － PV（证券支付的全部现金流）= 0

在竞争市场上交易证券的净现值为零，这一结论不足为奇。如果购买证券的净现值为正，那么购买证券就相当于当前收到现金，会出现套利机会。因为正常市场不存在套利空间，所以，所有证券交易的净现值都为零。

---

① 股票换手率又称“周转率”，是指在一定时间内市场中的股票转手买卖的频率，是反映股票流通性强弱的指标之一。以样本总体的性质不同，换手率有不同的指标类型，如交易所所有上市股票的总换手率、基于某单个股票发行数量的换手率、基于某机构持有组合的换手率。一般只对可流通部分的股票计算换手率，以更真实和准确地反映出股票的流动性。换手率=某一段时期内的股票成交量/总流通股数×100%。

② 中小企业板是深圳证券交易所为了鼓励自主创新，而专门设置的中小型公司聚集板块。板块内公司普遍具有收入增长快、盈利能力强的特点，而且股票的流动性好，交易活跃。2021年4月，经证监会批准，深交所主板和中小板合并。

还可用另外一种方式来理解这一结论。每一笔交易都有买与卖双方。在竞争市场中，如果交易给其中一方带来正的净现值，它就必然会给另一方带来负的净现值，净现值为负的一方就不会同意交易了。由于所有的交易都是自愿的，因此，必须以任何一方都不会有价值损失的价格来交易，于是交易的净现值为零。

在竞争市场上，证券交易既不会创造价值又不会损失价值。价值是由公司从事的真实投资项目（实体经济）所创造的，如开发新产品或创造更有效的生产技术等。金融交易不是价值的源泉，只不过是用来调整现金流的时机选择和风险，以满足公司或其投资者的需求。评估一项决策，应注重其实物（实体经济）部分，而非其金融交易方面。也就是说，可以将公司的投资决策与融资选择分开。这一理念可表述为“分离原理”（Separation Principle，即本书第四章所述的MM定理）：

综上，竞争市场中的证券交易本身，既不会创造价值又不会损失价值。可以将评估投资决策的净现值，与公司为投资筹集资金的决策或公司正考虑的任何其他证券交易分离开来。

【思政小课堂】　树立“金融是为实体经济服务”的理念

党的十九大报告指出，深化供给侧结构性改革。建设现代化经济体系，必须把发展经济的着力点放在实体经济上，把提高供给体系质量作为主攻方向，显著增强我国经济质量优势。供给侧结构性改革旨在调整经济结构，使要素实现最优配置，提升经济增长的质量和数量。普遍的供给约束、供给抑制和供给结构老化是中国经济当前的主要矛盾。加强供给侧结构性改革，要求继续降低融资成本，加大减税力度，取消更多行政管制，放松供给约束。同时，解除对人口和劳动力、土地和资源、资本和金融、技术和创新、制度和管理等五大财富源泉的供给抑制，提高供给效率，降低供给成本，并依靠“大众创业、万众创新”刺激新供给、创造新需求。

【例 1-7】

公司正在考虑投资一个项目，初始要投入1 000万元，1年后该项目会给公司带来1 100万元的无风险现金流。公司不是完全使用自有资金来支付初始要投入的1 000万元，而是考虑通过发行证券的方式筹集额外的资金，要发行的证券在1年后，需要无风险地向投资者支付525万元。无风险利率为5%。如果不发行新证券，这是个好的投资项目吗？如果发行新证券呢？

如果不发行新证券，项目的成本为当前的1 000万元，收益为1年后的1 100万元。把收益换算成现值：

1年后的1 100万元 ÷（1年后的1.05元/今天的1元）= 当前的1 047.62万元

项目的净现值NPV=1 047.62 - 1 000=47.62（万元）

假设公司发行新证券，在竞争市场中，证券的价格即为证券的未来现金流的现值：

证券价格=525÷1.05=今天的500万元

公司通过发行新证券融资500万元之后，只需再投入500万元即可实施这个项目。为了计算这种情形下该项目的净现值，注意到1年后公司将会得到项目的现金流入为1 100万元，但是在扣除公司欠新证券投资者的525万元后，还剩下575万元，其现值为：

1年后的575万元 ÷（1年后的1.05元/今天的1元）= 当前的547.62万元

项目的 NPV=547.62−500（自有资金）=47.62（万元），与前面的计算结果相同。

无论在哪一种情形下，都得到相同的净现值。分离原理表明，在竞争市场中，公司无论选择何种融资方式，其投资决策的结果都是一样的。我们不必明确地考虑公司选择不同融资方式的各种可能性，就可以对项目进行评估。

【例 1-8】

假如你开办了一项业务，后来你又决定重返学校读研。你要考虑现在或者满1年后转让这项业务。无论你在何时转让，某投资者都愿意确定出价12万元购买。假设无风险利率为5%，所有现金流均为无风险现金流，以下三个方案中哪个最优？

（1）现在就转让这项业务。

（2）缩减业务规模，接着经营1年后再转让。在这种情形下，你现在需要支出2万元的营业费用，但在年末会产生3万元的现金营业利润；

（3）当你在学校时，雇人代你管理业务，运营1年后再转让；要求你现在支出3万元的营业费用，在年末会产生5万元的现金营业利润。

表1-3计算了各种备选方案的现金流和净现值。对于这三种方案，最好的选择是净现值最高的方案：雇用一名管理者经营，运营1年后再转让。选择该方案相当于在今天获得13.19万元的现金收入。

表 1-3　**各种备选方案的现金流及净现值**　单位：万元

备选方案 \ 现金流及净现值	t=0	t=1	NPV
现在转让	12	0	12
缩减规模	−2	3+12	−2+15/1.05=12.29
雇用管理者	−3	5+12	−3+17/1.05=13.19

（二）净现值与现金需求

比较当前和未来现金流的模式不同的项目，或许会对何时收到现金有偏好。有些人可能今天就需要现金；而其他人可能宁愿存钱以备将来之用。在例1-8中，雇人经营1年后再出售，有着最高的净现值。不过，这一选择需要初始投资3万元，相反，现在就转让业务就可立即收到12万元。假如你现在需要支付4万元的学费，此时立即转让这项业务会是最好的选择吗？

如同第一节中珠宝商考虑是否用铂金交换黄金的交易，答案仍然是否定的。只要能够以5%的无风险利率借入和贷出资金，无论个人对现金流的时间安排的偏好如何，雇人经营的选择总是最好的。为什么会是这样？假设你以5%的利率借入7万元，并雇用了一名管理者，1年后你需偿还7.35万元（7×1.05），现金流合计见表1-4。将这些现金流与现在就出售业务、同时将出售业务所得收入中的8万元进行无风险投资（按5%的利率存入银行，1年后的投资价值将增长为8×1.05=8.4（万元））所产生的现金流对比，不难发现，这两种策略的当前现金流都是4万元，但1年后，雇人经营和借款的联合策略相比较而言，却多出9.65−8.4=1.25（万元）的现金。这笔额外的现金流的现值为1.25÷1.05=1.19

（万元），正是这两个方案的净现值的差异（13.19−12=1.19（元）），即使你现在需要4万元现金支付学费，雇人经营1年之后再转让仍然是最好的选择。

表1-4　　　　　　　　　　**各种备选方案的现金流**　　　　　　　　　　单位：万元

现金流 备选方案	t=0	t=1
雇用管理者	−3	17
借款	7	−7.35
净现金流	4	9.65
立即转让	12	0
投资（储蓄）	−8	8.4
净现金流	4	8.4

这个例子表明，无论偏好今天的现金还是未来的现金，投资者首先总是应该最大化净现值，然后可以通过借入或贷出资金来改变投资期内的现金流，以获得最满意的现金流模式。

二、一价定律与价值守恒原理

一价定律对于证券组合也同样适用。一种被称作股指套利的交易活动的背后，就暗含了价值可加性原理。指数套利者的行动保证了交易所的指数价格与个股的价格联系得非常紧密。更一般地，价值可加性意味着投资组合的价值等于它的组成部分的价值的总和，这称作“价值守恒原理”。考虑两只证券，证券A和证券B。假设有第三只证券C，其现金流与证券A和证券B的合并现金流相同。在这种情形下，证券C就相当于证券A和证券B的组合。由于证券C相当于由证券A和证券B所构成的组合，由一价定律可知，它们的价格必定相等，因此导出的价格关系称作价值可加性。也就是说，证券C的价格必然等于投资组合的价格，即证券A和证券B的价格之和：

自测题1-2

$$证券C的价格 =（证券A+证券B）的价格 = 证券A的价格 + 证券B的价格 \quad (1.5)$$

由于证券C的现金流等于证券A和证券B的现金流之和，因此，它的价值或价格就必须为证券A和证券B的价值（价格）总和，否则会产生套利机会，例如，如果证券A和证券B的总价格低于证券C的价格，就可以通过卖空证券C、然后买入证券A和证券B来套利。反之，如果证券A和证券B的总价格高于证券C的价格，就可以通过卖空证券A和证券B、然后买入证券C来套利。这种套利活动会迅速推动价格变动，直至证券C的价格与证券A和证券B的总价格相等、套利机会消失为止。

价值守恒原理对于公司整体的估值有着重要的启示。公司的现金流就等于公司的全部项目和投资的总现金流。根据价值可加性，整个公司的价值就等于公司所有项目和投资的价值总和，与公司的融资结构无关。从而，净现值决策法则与公司价值最大化理财目标的内在逻辑相一致：为使公司价值最大化，管理者应该制定使净现值最大的决策。决策的净现值代表了它对公司总价值的贡献。公司价值是由公司选择的资产（包括会计资产负债表所缺失的诸如声誉、品牌以及人力资本等隐性资产）和投资创造的。公司选择价值大于初始投资的净现值为正的项目，以提升公司价值。

三、一价定律与有效市场假说

资本市场汇聚了大量投资者的信息，并且这些信息反映在证券的价格上，这一观念是投资者竞争的自然结果。如果有信息表明，购买股票会得到正的净现值，那么获得这一信息的投资者会选择购买股票；他们的购买意图会驱动股价上升。按照同样的逻辑，投资者若得到信息表明出售股票会得到正的净现值，他们将愿意出售股票，从而引起股价下跌。投资者之间的竞争会消除所有净现值为正的交易机会，这一观念被称为“有效市场假说”（EMH，Efficient Markets Hypothesis）。这意味着，给定投资者知晓所有信息，基于证券的未来现金流，证券将被公平定价。

EMH理论认为，在弱式有效（weak form efficiency）市场中，市场价格已充分反映所有过去的证券价格信息，包括股票的成交价、成交量等；股票价格的技术分析失去作用，基本面分析还可能帮助投资者获得超常回报。半强式有效（semi-strong form efficiency）是指价格已充分反映所有历史价格信息和已公开的有关公司营运前景的信息，这些信息有成交价、成交量、盈利预测、公开披露的财务报表信息、公司管理状况信息等；假如投资者能迅速获得这些信息，股价应快速做出反应；如果半强式有效假说成立，在市场中利用技术分析和基本面分析都将失去作用，拥有内幕消息的投资者可能获得超常回报。强式有效（strong form efficiency）市场假说认为证券价格已充分反映所有关于公司营运的信息，这些信息包括已公开的或内部未公开的信息；在强式有效市场中，没有任何方法能帮助投资者获得超常回报，即使有内幕消息者也不能做到。[①]超常（异常）回报率（abnormal return）是指投资回报率超出与投资者承担的系统风险相适应的正常回报（正常回报通常由CAPM或系统风险的多因素模型给出）的那部分，即，实际回报率减去正常回报率。

有效市场假说的基本原理在于竞争和套利的存在。如果有影响公司价值的新信息出现，将会怎样？竞争的程度和有效市场假说的准确性，将取决于拥有这一信息的投资者的数量。假如作为一名新任初级分析师，你被安排去研究某公司的股票，评估其价值。你详细审查该公司最近的财务报表，观察行业的发展趋势，预计公司的未来收益、股利和自由现金流。通过仔细地运算，你估计出该股票的每股价值为30元。在给上司呈送你的估值分析报告的途中，你偶然碰见一位比你稍有经验的同事，结果你发现同事他也在研究这只股票。但是根据他的分析，每股价值仅为20元。对此，你会怎么做？

尽管你可以只假定你同事弄错了，但大多数人在这种情况下，会重新考虑自己的分析。别人也曾仔细地研究过同一只股票，并得出很不一样的结论，这一事实就是我们可能犯错的有力证据。面对从同事处得到的这一信息，你可能会下调对该股票的估值。当然，你同事也可能根据你的估值修改他的看法。在分享了各自的分析和估值之后，最终你们很可能在每股20元和30元之间的某个估计值上达成共识。这类相遇每天在股票市场上发生无数次。当买方寻求购买某只股票，而其他各方愿意出售，这表明他们对于股票的估值不同。这个信息会引导买方和卖方修改他们的估值。最后，直到他们关于股票价值达成共识才进行交易。股票市场聚集了大量投资者的不同信息和看法，如果你根据估值模型得出每股价值为30元，而同时该股票的市场交易价格是每股20元，这个差异相当于知道，很多

---

① MALKIEL B G，FAMA E F.Efficient Capital Markets：A Review of Theory and Empirical Work［J］. The Journal of Finance，1970，25（2）：383-417.

投资者——他们中有许多人是可以得到最好信息的专业人员——不同意你的估值。这一信息将会促使你重新考虑你原先的分析。当面对这些相反的意见时，你需要强有力的理由使你相信自己的估计。

对于所有投资者都可获得的公开的、易于判断的信息，如果该信息对公司未来现金流的影响容易被确定，那么所有投资者都可确定该信息对公司价值的影响，投资者之间的激烈竞争，将导致股价对这类信息几乎在瞬时做出反应。有些信息是私下或难以判断的信息，即使信息是可以公开获得的，它也可能难以理解和判断。当少数投资者获得私有信息时，这些投资者就可利用他们的私有信息套利。在这种情形下，从严格意义上讲，有效市场假说将不成立。然而，当这些知情交易者开始交易时，他们势必将推动价格变化，随着时间的推移，价格也将开始反映他们的私有信息。如果拥有此类信息的获利机会很大，其他人也将投入为获取信息所需要的资源。随着更多的人成为知情者，利用这类信息的竞争将加剧。从长远来看，应该预料到市场“无效率”的程度，将受到信息搜寻成本的限制。只有当自由竞争存在一些障碍或限制时，具有竞争优势的投资者才应该能在证券市场中识别净现值为正的交易机会。

下面通过两个简单的例子来说明上述观点。所有投资者都可获得的信息包括新闻报道、财务报表、公司新闻发布或其他公开资料来源中的信息。这些信息属于公开的、易于判断的信息。如果该信息对公司未来现金流的影响容易被确定，那么所有投资者都可确定该信息对公司价值的影响。在这种情形下，我们可以预料到，投资者之间的激烈竞争，将导致股价对这类消息几乎在瞬时做出反应。少数幸运的投资者或许在价格完全调整之前交易少量的股票。然而大多数投资者在他们原本可以利用该信息之前将会发现，股票价格已经反映了新信息。也就是说，可以预期，就这类信息而言，有效市场假说完全成立。

【例 1-9】

汽车制造商宣布，由于潜在刹车系统缺陷的影响，公司要将部分型号的汽车召回更换零部件。公司估计，在未来10年里，期望自由现金流每年将减少2 000万元。公司现有8 000万股流通股，没有债务，股权资本成本是8%。如果这个消息的宣布完全出乎投资者的意料，那么在消息宣布后，公司的股价应发生什么变化？

可以使用折现自由现金流法。公司没有债务，故加权平均资本成本和股权资本成本相等，$r_{wacc} = r_E = 8\%$。应用普通年金公式，每年期望自由现金流的减少，将使得公司价值减少 $2\,000 \times \dfrac{1}{0.08} \times \left(1 - \dfrac{1}{1.08^{10}}\right) = 13\,420$（万元），每股价格将下跌13 420/8 000=1.68（元）。由于这一消息是公开的，且其对期望自由现金流的影响是清楚的和投资者易于理解的，所以可预期股价几乎在瞬间下跌1.68元。

有些信息是无法公开获得的、私密或难以判断的，例如，财务分析师可能需要耗费大量时间和精力，从公司的雇员、竞争者、供应商或客户那里，搜集与公司未来现金流有关的信息。其他没有投入类似努力去搜集信息的投资者，就不会得到这类信息。

即使信息是可以公开获得的，它也可能难以理解和判断。非此领域的专业人员可能发现，评估关于新技术的研究报告很困难，例如，为理解高度复杂的商业交易的全部后果，可能需要大量的法律知识和会计知识，以及付出加倍的努力。某些咨询专家可能对消费者的品位和产品的认同度有更深入的理解和洞察。在这种情况下，尽管基本信息可能是公开的，但对该信息将怎样影响公司未来现金流的解释和判断本身，却是私有信息。

当少数投资者获得私密信息时，这些投资者就可利用他们的私密信息获利。不过，即使拥有私密信息，知情投资者也可能发现难以利用该信息获利，因为他们必须找到愿意与他们交易的其他投资者，也就是说，股票市场必须是充分流动的。流动的市场要求市场中的其他投资者具有别样的交易动机（例如，出售股票以购买住房），因而即使当面临其他交易者可能更知情的风险时，他也愿意交易。

【例1-10】

制药公司刚刚宣布，公司研发了一种新的疫苗，正在寻求药物监管机构的批准。基于估值模型测算，如果被批准，则疫苗于未来产生的利润，将使得公司的每股价格上涨12元。如果新疫苗的研发出乎投资者的预料，且预期监管机构批准新疫苗的平均可能性是10%。当这个消息发布后，你预计股价将发生什么变化？经过一段时间后，股价可能会怎样变动？

许多投资者很可能知道监管部门批准该种疫苗的可能性是10%，竞争应导致股价立即上涨10%×12=1.2（元）。然而等过段时间，这一领域（疫苗研发）的分析师和专家很有可能对该疫苗的大致疗效自行评估。如果他们得出的结论是，该疫苗被批准的可能性看起来比平均更高，那么他们将开始利用他们的私密信息进行交易，买入股票，股价将随时间而逐渐向更高的价格漂移。如果专家的结论是疫苗被批准的可能性看起来比平均可能性低，那么他们将倾向于卖出股票，股价将随时间而逐渐向较低的价格漂移。

第四节 风险溢价

一、投资者的风险偏好

在财务管理中关于投资者行为的一个重要特征就是风险厌恶。效用函数可用来描述投资的回报和风险对投资效用的影响。

例如，假设效用函数为$U = E(R) - 0.5 \cdot A \cdot \sigma^2$，$U$为投资的效用，$E(R)$为投资的期望回报率，$\sigma^2$为投资回报率的方差，$A$为投资者风险规避的程度（即为了承担额外风险而预期获得的边际回报）。对于风险厌恶投资者而言，$A>0$，投资风险（σ^2）越高，效用越低，效用函数为凹函数；对于风险中性投资者而言，$A=0$，表示投资风险对效用没有影响，效用函数为线性函数；而对于风险偏好者而言，$A<0$，表示投资风险越高，效用越大，效用函数为凸函数[①]。

风险厌恶投资者偏好确定的结果胜过偏好不确定的结果，在同样的回报水平下，追求更低风险，或在同样的风险水平下，追求更高回报。《伊索寓言》中的名言，“一鸟在手，

① 设函数$f(x)$在区间I有定义，考察它的图形：$y=f(x)$，$x \in I$，如果图形上任意两点（x_1，$f(x_1)$）和（x_2，$f(x_2)$）之间的曲线段都在联结这两点的弦的下方，意味着图形是向下方凸出的，即称$f(x)$为凸函数；类似地，可定义凹函数，如果图形上任意两点（x_1，$f(x_1)$）和（x_2，$f(x_2)$）之间的曲线段都在联结这两点的弦的上方，即图形是向上方凸出的，称$f(x)$为凹函数。

胜过双鸟在林”（A bird in the hand is worth two in the bush），说的就是这个道理。而风险中性投资者对于不确定的结果和确定的结果，没有偏好差异，只考虑期望回报率的高低，不考虑风险。风险偏好投资者更偏好不确定的结果，愿意为了更高的回报而冒险，可以接受较低的期望回报率。

假设效用函数为对数效用函数 $U(W)=\ln W$，W 为财富值。对数效用函数为凹函数，即，每增加1个单位的财富值，随之增加的效用值将不断递减（边际效用递减）[①]。考虑以下的投资决策：当前投入10万元，1期后将收到15万元或者5万元，出现这两种情形的概率相等，均为50%。投资的期望回报率为零，这相当于一个期望利润为零的“公平游戏”。将风险溢价为零的风险投资称作“公平游戏”，公平游戏看上去至少不差，因为它的期望回报为零而不是为负。

如图1-4所示，财富从当前的10万元增加到15万元时，投资者的效用从 U（100 000）=11.51增加到 U（150 000）=11.92，预期增加（11.92−11.51）×50%=0.21；财富从当前的10万元减少到5万元时，投资者的效用从 U（100 000）=11.51减少到 U（50 000）=10.82，预期效用减少（11.51−10.82）×50%=0.35，大于预期效用的增加。

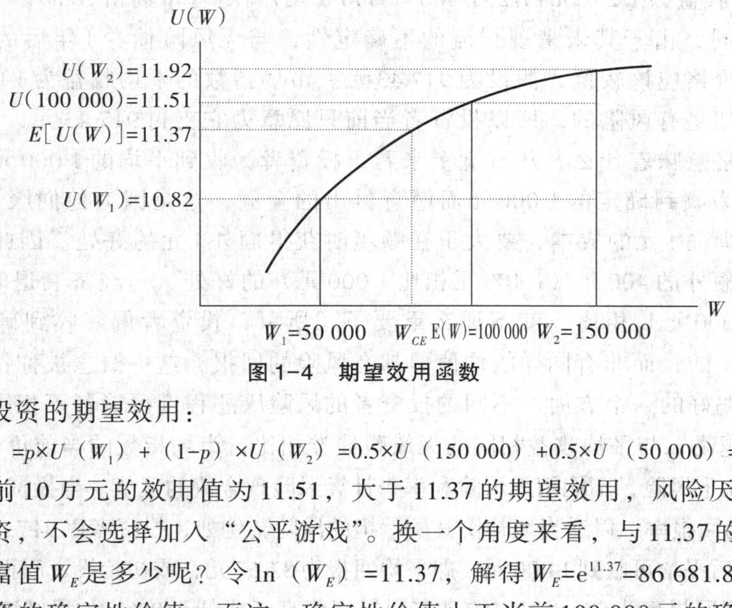

图1-4　期望效用函数

计算风险投资的期望效用：

$$E[U(W)]=p\times U(W_1)+(1-p)\times U(W_2)=0.5\times U(150\ 000)+0.5\times U(50\ 000)=11.37$$

投资者当前10万元的效用值为11.51，大于11.37的期望效用，风险厌恶型投资者不会接受这一投资，不会选择加入“公平游戏”。换一个角度来看，与11.37的期望效用值相当的确定的财富值 W_E 是多少呢？令 $\ln(W_E)=11.37$，解得 $W_E=e^{11.37}=86\ 681.87$（元）。W_E 即为该项风险投资的确定性价值，而这一确定性价值小于当前100 000元的确定性价值，风险厌恶型投资者不会接受这一投资。或者可以这样理解，该项投资的期望财富值为 $E(W)=150\ 000\times0.5+50\ 000\times0.5=100\ 000$，这一未来不确定的期望财富值仅相当于当前86 681.87元的确定性等值，13 318.13元（100 000−86 681.87）的差额就表示风险厌恶的投资者出于风险补偿（厌恶损失）考虑而对期望财富值的下调。

二、风险溢价

假设明年的经济走强或走弱的可能性相等。考虑两项投资：一项投资无风险零息票国债

① 例如，投资者在其财富为1 000元与财富为10 000元时相比，更愿意付出时间去挣额外的1元，也就是说，他在1 000元的基础上挣得1元钱所产生的效用，比在10 000元的基础上挣得1元钱带来的效用值要高得多。

（无风险利率为3%）；另一项投资股票市场指数（代表股票市场平均价格的一揽子股票组合）。无风险债券没有风险，无论明年的经济状况怎样投资者都将收到面值1 000元。然而，市场指数投资的现金流依赖于经济走势。如果明年经济表现强劲，则市场指数将价值1 400元，而如果经济陷入衰退，则市场指数只价值600元。表1-5总结了这些状态下的收益（payoff[①]）。

表1-5 投资无风险债券和市场指数的收益和市价 单位：元

证券	今天的市价	1年后的收益	
		经济衰退	经济强劲
无风险债券	970.87	1 000	1 000
市场指数	917.43	600	1 400

证券的无套利价格等于它的收益的现值。无风险债券的价格为：

无风险债券的价格 = *PV*（现金流）= 1年后的1 000元 ÷（1年后的1.03元/今天的1元）

= 今天的970.87元

当前，投资者购买市场指数，若1年后将其卖出，投资者要么得到600元，要么得到1 400元，平均收益为1/2×600+1/2×1 400=1 000（元）。尽管市场指数的平均收益与无风险债券的收益相同，由于其未来现金流的不确定性，与无风险债券1年后的确定现金流相比，它的当前价格应该较低，假设为917.43元。市场指数的平均收益为1 000元，但是它的实际现金流却是有风险的，所以投资者当前只愿意为它支付917.43元，而非970.87元。这一较低的价格意味着什么？从直觉上来看，投资者为收到平均的1 000元而愿意付出的金额，要小于为收到确定的1 000元而愿意付出的金额，这是因为他们厌恶风险。也即，在逆境时个人损失1元的成本，要大于在顺境时获得额外1元的好处。因此，当经济强劲时投资者收到额外的400元（1 400元相比1 000元）的好处，与经济衰退时损失的400元（600元相比1 000元）相比，就不那么重要了。所以，投资者偏好收到确定的1 000元。投资者偏好安全的，而非有同样的均值但却有风险的回报，这一概念被称作“风险厌恶”。它是投资者的偏好的一个方面，不同的投资者的风险厌恶程度可能各不相同。投资者对风险的厌恶程度越高，与平均收益相同的无风险债券相比，市场指数的当前价格就越低。

投资者很在乎风险，不能用无风险利率来计算风险现金流的现值。当投资风险项目时，投资者期待更高的回报率，以适当地补偿其所承担的风险，例如，投资者以917.43元的现价买进市场指数，1年后平均可收到1 000元，即平均回报为82.57元，或初始投资回报率为9%。尽管市场指数的期望回报率为9%，但它的真实回报率将高于或低于9%。如果经济强劲，市场指数的价格将上升到1 400元，投资回报率为（1 400−917.43）/917.43=52.60%；如果经济衰退，市场指数的价格将下跌到600元，投资回报率为（600−917.43）/917.43=−34.60%；可通过计算实际回报率的平均值得出9%的期望回报率：1/2×52.60%+1/2×（−34.60%）=9%。

市场指数投资者的期望回报率为9%，而非3%的无风险利率，6%的差额称作市场指数的“风险溢价”。证券的风险溢价表示投资者为补偿承担证券的风险而要求的额外回报。由于投资者是风险厌恶的，因此风险证券的价格就不能简单地以无风险利率来折现证券的期望现金流来计算。而正确的算法是：要计算风险现金流的现值，必须以无风险利率

---

① 关于payoff的含义，Collins（柯林斯）词典的解释是：The payoff from an action is the advantage or benefit that you get from it。Webster（韦伯斯特）词典的解释是：profit，reward，retribution。据此，payoff不应译成“支付”，而应译成“收益”、“回报”或“损益”。

加上适当的风险溢价得到的折现率，来折现期望现金流。

正如无风险利率是由投资者对储蓄和消费的偏好所决定的一样，市场指数的风险溢价是由投资者对风险的偏好来决定的。风险溢价大到使得市场指数的投资需求与供给相等。根据无风险利率可确定其他无风险证券的无套利价格，同样地，可以用市场指数的风险溢价为其他风险证券定价，例如，假设证券A在经济强劲时将向投资者支付800元，而在经济衰退时没有任何收益。怎样用一价定律来确定证券A的市场价格呢？

如表1-6所示，如果将证券A与1年后支付600元的无风险债券相组合，1年后这一投资组合的现金流，与上述市场指数的现金流相同。根据价值可加性原理，债券和证券A的总市值必定为917.43元，即市场指数的价值。给定无风险利率为3%，债券的市场价格为600÷1.03=582.52（元），则证券A的市场价格为917.43−582.52=334.91（元）。如果证券A的价格高于或低于334.91元，则由债券和证券A构成的投资组合的价值就会与市场指数的价值不同，这就违背了一价定律，从而产生套利机会。

表1-6　**确定证券A的价格**　单位：元

证券	今天的市价	1年后的收益	
		经济衰退	经济强劲
无风险债券	582.52	600	600
证券A	?	0	800
市场指数	917.43	600	1 400

给定证券A的价格为334.91元，证券A的期望收益为1/2×0+1/2×800=400（元），它的期望回报率为（400−334.91）/334.91=19.44%，这一期望回报率超过了市场指数的9%的期望回报率。证券A的投资者获得了高出无风险利率19.44%−3%=16.44%的风险溢价，而市场指数组合的风险溢价只有6%。为什么风险溢价会如此不同呢？如果比较这两只证券的真实回报率，那么就能清楚地看到产生风险溢价差异的原因。当经济衰退时，证券A的投资者一无所获，投资回报率为−100%；而当经济强劲时，投资回报率为（800−334.91）/334.91=138.87%。相比之下，当经济衰退时市场指数投资者损失34.60%；当经济强劲时，市场指数投资者赚得52.60%。鉴于证券A相对于市场指数而言波动幅度更大的回报率，证券A的投资者必须要求更高的风险溢价。关于证券A的例子表明，证券的风险溢价取决于其回报率的变动。但在得出任何结论之前，还要考虑另一种情形。

假设证券B在经济衰退时的收益是800元，在经济强劲时是0。它的无套利价格、期望回报率以及风险溢价分别为多少？

如果用市场指数和证券B构造一个投资组合，将得到与1年后收益为1 400元的无风险债券相同的收益，见表1-7。

表1-7　**确定证券B的价格**　单位：元

证券	今天的市价	1年后的收益	
		经济衰退	经济强劲
市场指数	917.43	600	1 400
证券B	?	800	0
无风险债券	1 359.22	1 400	1 400

无风险债券的当前市价为1 400÷1.03=1 359.22（元），根据价值可加性原理，证券B的当前市价必定为1 359.22−917.43=441.79（元）。如果经济衰退，证券B的投资回报率为（800−441.79）/441.79=81.08%；如果经济强劲，证券B没有收益，其回报率为−100%。证券B的期望回报率为1/2×81.08%+1/2×（−100%）=−9.46%，风险溢价为−9.46%−3%=−12.46%；也即，证券B平均要比无风险利率少支付给投资者12.46%。

证券B的结果令人吃惊。单独来看证券A和证券B，它们看上去非常相似——都有相等的可能收到800元或0元。然而证券A的价格比证券B低了很多（334.91元相比441.79元）。从回报率来看，证券A提供给其投资者的期望回报率为19.44%；证券B却为−9.46%，意即投资者持有证券B预期要付出回报，而非得到回报。为什么它们的价格和期望回报率会如此不同？为什么风险厌恶的投资者甚至会愿意购买期望回报率低于无风险利率的风险证券？

为了理解这一结果，注意证券A的投资者在经济强劲时收到800元，而证券B的投资者却是在经济衰退时收到800元。回顾前文关于风险厌恶的定义，投资者对逆境中的额外1元收益的估值，要高于顺境中的1元。证券B的投资者是在经济衰退、市场指数表现差时收到800元，即在投资者财富不多、把货币看得很值钱的时候得到收益，所以在其他方面相同的情形下，证券B对于投资者的价值更高。事实上，从投资者的角度来看，证券B不见得是“有风险”的；它倒可被看作是抵御经济衰退的保险单。通过同时持有证券B与市场指数，投资者可以消除市场波动带来的风险。厌恶风险的投资者愿意为获得这样的保险而接受低于无风险利率的回报率。

这一结论揭示了一条非常重要的原理：不应孤立地评价证券的风险。即使证券的回报率变动非常大，如果这种回报率的变动能够以某种方式抵消投资者面临的其他风险，那么该证券将减少而非增加投资者的风险。只有相对于投资者面临的其他风险时，才可正确地评估风险；也就是说，对证券风险的评估，必须与经济中其他投资的波动相联系。证券的回报率越是趋于随着总体经济和市场指数的变动而变动，它的风险溢价就越高。如果证券回报率的变动方向与市场指数回报率的变动方向相反，那么它就相当于为投资者提供保险，风险溢价为负。

当现金流有风险时，可以利用一价定律，通过构造会产生相同风险的现金流的投资组合来计算其现值。通过这种方式计算风险现金流的价格，就相当于以折现率r_s在当前现金流与未来收到的期望现金流之间进行转换，这一折现率包含了与投资风险相适应的风险溢价：

$$r_s = r_f + \text{投资的风险溢价} \tag{1.6}$$

【例1−11】

证券A和证券B在1年后的收益和当前的无套利价格见表1−8。

表1−8　**证券A和证券B的当前市价和1年后的收益**　单位：元

证券	当前市价	1年后的收益	
		经济衰退	经济强劲
A	231	0	600
B	346	600	0

假设证券C在经济衰退时的收益为600元，在经济强劲时的收益为1 800元。无风险利率为4%。

要求回答：

（1）证券C的无套利价格是多少？

（2）如果出现上述两种经济状态（经济衰退和经济强劲）的概率相等，则证券C的期望回报率是多少？它的风险溢价为多少？

（3）当经济强劲和经济衰退时，证券C的回报率之差是多少？

（4）如果证券C的风险溢价为10%，那么存在什么样的套利机会？

（5）持有由一份证券A和一份证券B所构成的组合，该组合的期望回报率是多少？

解答：

（1）比较证券A、证券B和证券C的收益可知，三者的收益存在如下关系：C=3A+B。根据价值可加性原理，C的无套利价格等于231×3+346=1 039（元）。

（2）C的期望回报率为$E[R_C]$=［（0.5×600+0.5×1 800）−1 039］/1 039=15.50%，风险溢价为15.50%−4%=11.50%。

（3）当经济强劲时，C的投资回报率是（1 800−1 039）/1 039=73.24%；当经济衰退时，C的投资回报率是（600−1 039）/1 039=−42.25%；回报率之差是73.24%−（−42.25%）=115.49%。

（4）如果证券C的风险溢价为10%，则其期望回报率是10%+4%=14%，C的价格应该为（0.5×600+0.5×1 800）/（1+14%）=1 052.63（元）；此时存在套利机会：当前，卖空C，得到1 052.63元，买入3份A和1份B，合计支出231×3+346=1 039（元），现在可套利1 052.63−1 039=13.63（元）；1年后持有3份A和1份B得到的收益正好可以用来偿付C，以结清卖空交易。

（5）持有由一份证券A和一份证券B所构成的组合，1年后组合的收益在两种经济状态下均为600元，证券的收益无变动，故组合的期望回报率等于4%的无风险利率。

【延伸阅读】　深证与上证股票市场指数体系

股票指数，也就是表明股票行市变动情况的价格平均数。股票指数是反映不同时点上股价变动情况的相对指标。通常是将报告期的股票价格与基期价格相比，并将两者的比值乘以基期的指数值，即为该报告期的股票指数。投资者根据指数的升降，可以判断出股票价格的变动趋势。加权股票指数是根据各期样本股票的相对重要性予以加权，其权数可以是成交股数、股票发行量等。

（一）深证指数体系

从1991年的深证综指开始，“深证”系列指数已经计算发布30余年。服务深交所发展战略，凸显深市运行特色和发展优势，“深证”系列指数建立多层次指数体系，推出了深证成指、创业板指、深证100等特征鲜明的标尺指数和投资型指数。聚焦创新驱动、民企发展、责任投资等深市特色主题，深交所还推出深创100、创新引擎、绿色债券等指数，进一步丰富指数产业生态，提供多元化的指数投资标的，助力投资者分享市场成长回报。

深证成指定位于深市标尺指数，选取深交所市场市值大、流动性好的500家公司为样本，历史悠久，代表性充分，刻画深交所多层次市场特色，反映深市整体运行情况。深证成指代表中国新兴成长性企业，与上证综指一起，已成为中国证券市场最重要的两大标尺指数。

创业板指充分体现深市创新创业特色，选取创业板市场市值大、流动性好的100家公司为样本，是创业板市场的标尺和产品指数。创业板指刻画中国战略新兴产业和创新创业企业，高新技术企业在指数中占比超过9成，战略新兴产业占比超过8成。

深证100定位为深市旗舰产品指数，选取深交所市场市值大、流动性好的100家公司为样本，是深市优秀企业的代表。深证100代表中国创新型、成长型龙头企业，历史收益表现突出、流动性好、成长性高，为资产配置提供了良好的投资标的。

沪深300指数是由沪、深两个交易所共同开发的跨市场综合股票指数，是以2004年12月31日为基日，基点为1 000点。指数成分股选取沪、深股市中300只规模大、流动性好的股票。

2022年1月7日，深证成指报收14 343.65点，创业板指报收3 096.88点。

（二）上证指数体系

上证综指于1991年7月15日发布，是上海第一只反映市场整体走势的旗舰型指数，也是中国资本市场影响力最大的指数，包含A股、B股等上交所全部上市股票，以总股本为权重加权计算。

上证180指数选择总市值和成交金额排名靠前的股票，按照中证一级行业的自由流通市值比例，分配并选取180只固定样本，以自由流通股本为权重加权计算。这些公司核心竞争力强、资产规模大、经营业绩好、产品品牌广为人知，是上海证券市场上最具代表性的大型蓝筹股票指数，于2002年7月发布。

上证50指数是在上证180指数的样本股中挑选规模最大、流动性最好的50只股票，反映最具市场影响力的一批龙头企业的状况，于2004年1月发布。

发布于2010年11月的上证380指数，代表了上海市场成长性好、盈利能力强的新兴蓝筹企业，这部分企业规模适中、具有成长为蓝筹企业的潜力，代表了国民经济发展战略方向和经济结构调整方向。它是在上证180指数之外的公司中，剔除亏损及近5年未分红送股公司，按中证二级行业的自由流通市值比例分配样本，在行业内选取规模、流动性、成长性和盈利能力综合排名靠前的380只样本股。

于2012年4月发布的上证100指数，是从上证380指数中选取营业收入增长率和净资产收益率综合排名靠前的100只股票作为指数样本，以突出反映上海市场新兴蓝筹板块内核心投资股票的整体走势。

上证150指数是在上证180、上证380指数成分股之外选择营业收入增长率、换手率综合排名前150名的股票作为指数样本，以集中反映潜力蓝筹板块内核心投资股票的整体走势，于2012年4月发布。

上证50、上证180指数集中于金融、能源、原材料和工业等传统行业，上证380指数、上证100指数和上证150指数则广泛分布于节能环保、新一代信息技术、生物、高端装备、新能源、新材料、TMT等新兴产业和消费领域，凸显了我国经济结构调整的方向。上证50、上证180、上证380、上证100、上证150指数是上海市场特大型、大型、中型和潜力蓝筹企业的代表，体现上海多层次蓝筹股市场的变化特征。

2022年1月7日，上证综指报收3 579.54点，上证180报收9 945.21点，上证50为3 223.27点，上证380为6 547.95点，上证100为8 010.32点，上证150报收5 593.64点。

——深交所网站、上交所网站。

第五节　财务管理的基本理论框架

根据上述章节的阐释，构建如图1-5所示的财务管理基本理论框架。由一价定律这一理论硬核出发，可归纳出财务管理的三条基本原理：分离原理、价值守恒原理以及有效市场假说；融资与资本结构、资产定价、资本预算与公司估值等理论模型中都蕴涵着一价定律理念。在此基础上，依据科学研究纲领方法论，逐步加入市场摩擦，调整理论模型的保护带，可以发展出关于财务管理决策的各种“解释”和“预期”，并用于和经验进行符合性参照，以塑造财务决策模式，对财务管理实践进行规范和引导。

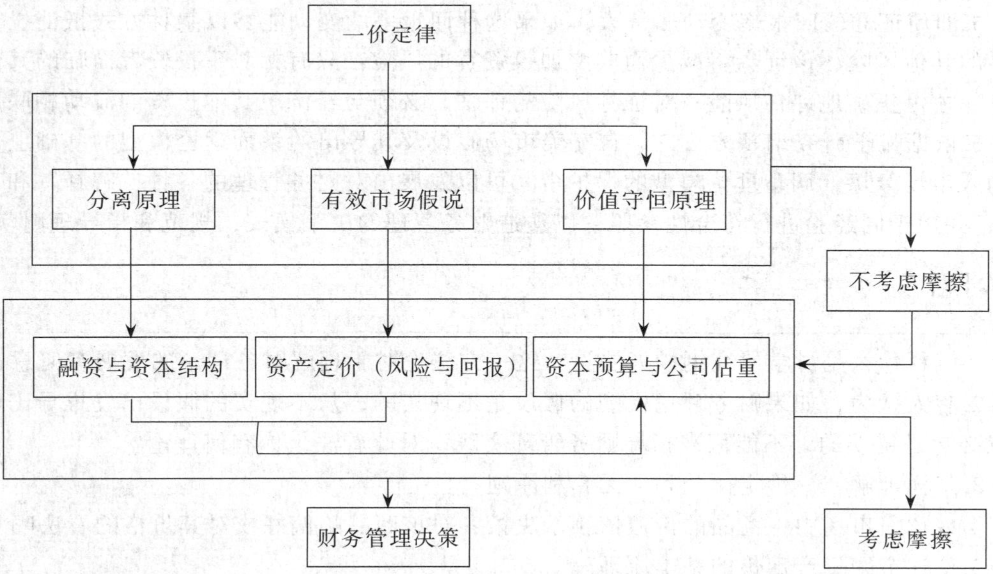

图1-5　财务管理的基本理论框架

根据科学研究纲领方法论，一价定律构成财务管理的硬核和后继理论延伸的本源，它次第生发出财务管理的各种基本概念、原理及模型，涵盖了财务管理的基本主题，在保护带和反面启示规则的“保护”下，这些原理和主题相互关联，共生互动，构成了脉络清晰而稳固的公司财务管理决策和分析框架。进一步地，依据正面启示规则，财务决策者可基于这个框架，在此基准上考虑更现实、更复杂的因素对财务决策的影响。在基于完美（竞争）市场得出结论的基础上逐步考虑市场摩擦和行为心理因素，这为不断深入理解公司财务管理决策机理指明了方向。

【本章小结】

1.无套利原理：在完美的竞争市场中，不存在一种零成本赚取无风险回报的投资方式。允许存在套利可能的价格不可能是市场均衡的结果，因为对任意一个具有不满足偏好的参与者来说，如果可能，他将进行大额的套利交易以产生额外的财富。其他参与者也会这样做，集体行动将驱动证券的价格变化，使得投资组合的净成本大于零从而消除套利机会。如果同一投资机会同时在不同的竞争市场上交易，则其在所有市场上的交易价格必然是相同的。这一重要性质就是一价定律。

2.一价定律暗含着如果能以另一种方法再造金融证券的未来现金流，证券的价格与它的再造成本必定相等。在竞争市场上，现金流的现值等于再造该现金流的成本。

3.在竞争市场上交易的商品——竞争市场是指，在这样的市场上可按相同的价格买进和卖出同一商品——是其价格决定了商品的现金价值。只要存在竞争市场，商品的价值就独立于决策者的看法或偏好。

4.由一价定律出发可导出公司财务管理的三项基本原理：分离原理、价值守恒原理以及有效市场假说。

5.即使证券的回报率变动非常大，如果这种回报率的变动能够以某种方式抵消投资者面临的其他风险，该证券将减少而非增加投资者的风险。只有相对于投资者面临的其他风险时，才可正确地评估风险；对证券风险的评估，必须与经济中其他投资的波动相联系。

6.依据科学研究纲领方法论，在完美市场假设及其导出的系列理论模型的基础上，逐步加入市场摩擦，调整理论模型的保护带，可以发展出对财务管理的各种"解释"和"预期"，并用于同经验进行符合性参照，以塑造财务管理的决策模式，规范和指导理财实践。

【复习思考】

1.解释什么是科学研究纲领方法论？这一方法论对于理解财务理论的发展有何意义？

2.有人认为，如果财务理论模型的假设是不现实的，从不现实的假设出发推导出的结论就必然是错误的，不能用来指导财务管理实践，对此看法，你有何评论？

3.怎样理解"一价定律"和"无套利原理"？

4.在竞争市场中，商品的价值依赖于决策者对该商品的偏好或对其价格的看法吗？

5.论述金融资产定价的基本原理。

6.财务管理中有哪些理论模型和一价定律相关联？

7.你怎样理解"不应该孤立地评价证券的风险"这一表述？

第二章

投资组合理论

【学习目标】

本章首先介绍一项基于美国资本市场的长达89年的模拟投资组合实验，初步考察风险和回报之间的联系；在此基础上量化分析投资组合及个股的风险和回报；同时引入系统风险和非系统风险以及风险分散的概念，将无风险资产加入风险投资组合，最终推导出风险和回报之间的最优权衡关系（即资本资产定价模型）。通过对本章内容的学习，学生应达到以下目标：

1. 了解基于美国发达成熟资本市场的模拟投资实验，以初步考察金融资产风险和回报之间的规律性联系，掌握关于个股与证券投资组合的风险和回报的量化计算方法。

2. 领会系统风险和非系统风险的概念。

3. 掌握如何权衡风险与回报，选择有效投资组合（从由两只股票构成的投资组合到引入无风险资产，资本市场线）。

4. 掌握资本资产定价模型的推导，理解其利用股票市场组合捕捉系统风险的含义。

5. 了解估计证券的贝塔系数的方法。

【内容导图】

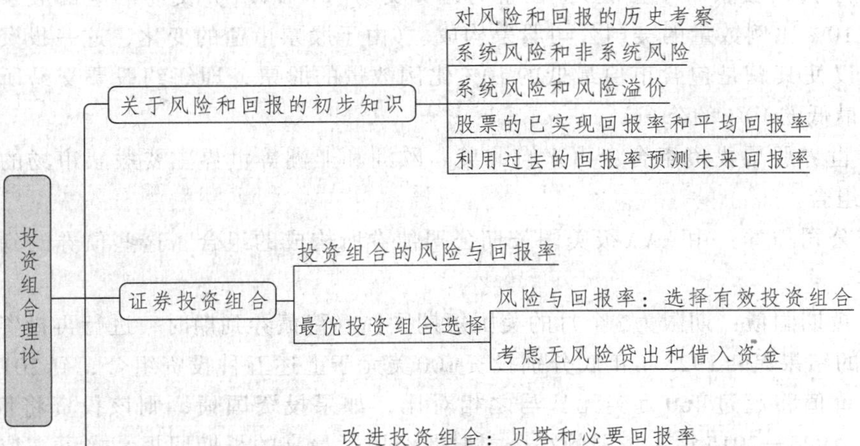

《伊索寓言》里有一则寓言，一只夜莺被鹰抓住了，夜莺乞求鹰放过它，说自己太小，不够鹰填饱肚子，林子里还有更多更大的鸟呢。鹰说，放弃手中已经抓住的鸟，去寻求连影子都还没有的鸟，我疯了吗？简而言之，在鹰看来，一鸟在手，胜过双鸟在林。这个看似简单的寓言故事蕴含的道理其实并不简单，其寓意关于资源的跨期配置、货币的时间价值和风险价值等概念内涵。换个角度来看，要想以未来不确定的鸟作为交换放弃当前已经抓到的鸟，至少要比一只鸟还要多才行，多出的鸟就代表着对延迟消费的时间补偿和风险承担补偿。将今天的钱进行投资，将当前消费延迟至未来，或将未来的收入（钱）提前到今天消费或投资，这就涉及在今天和未来之间跨期配置资源的问题。对于未来收益不确定的投资，投资者要求多高的回报率呢？所以，有必要考察风险和回报之间的规律性联系。

第一节　关于风险和回报的初步知识

一、对风险和回报的历史考察

基于美国资本市场的真实数据，进行如下一项模拟投资实验：假如在1925年年末，投资100美元，并且将账户中赚得的所有红利或利息，持续再投资直到2015年年初。如果将最初的100美元投资下列每个组合，忽略交易成本，这100美元在长达89年后最终将增长为多少钱？

（1）标准普尔500指数（S&P500）：由标准普尔公司构造的投资组合，在1957年之前，该组合由90只美国公司股票构成，此后该组合中的股票数量上升为500只。就市值而言，这些在美国市场上交易的公司，为各自行业的领先者和最大型公司（大盘股）。

（2）小公司股票（小盘股）：在纽约证券交易所（NYSE）交易的全部股票中，由市值最低的10%比例数量的美国公司股票构成。（由于股票市值的变化，这一投资组合经常被更新，以使其总是包含市值最低的10%比例数量的股票，即纽约股票交易所列出的以市值排序最低的10%的公司）

（3）世界股票投资组合：由来自北美、欧洲和亚洲等世界主要股票市场的国际股票所构成的组合。

（4）公司债券：由AAA级美国长期公司债券所构成的组合。这些债券的到期期限大约为20年。

（5）短期国债：期限为3个月的美国短期国债（待债券到期时，进行再投资）。

实验的结果是：1925年年底分别投资100美元于上述五种投资组合，到2015年年初，小盘股的价值将超过460万美元！与之相对比，如果投资国债，则该投资将仅值大约2 000美元。1925—2015年，美国的小公司股票经历了最高的长期回报，接下来依次为标准普尔500指数代表的大公司股票、世界股票投资组合中的国际股票、公司债券，最后是短期国债的回报最低。所有投资的增长速度都快于通货膨胀的增长（按CPI衡量）。尽管从长期来看，小盘股的表现最好，但它的价值也经历了最大的波动，例如，在20世纪30年代的大萧条时期，小盘股投资者损失最为惨重，要是投资于短期国债，在大萧条时期将不会遭受任何损失，而是每年享受稳定的、较低的回报。确实，如果按照价值增减的幅度（波动性）来对这些投资排序，将得到与投资回报率相同的排序：回报变化无常的小盘股，随后是标准普尔500综合指数、世界股票组合、公司债券，最后为价值较稳定的短期国债。

很少有人进行长达89年的投资。为了从另一个角度考察这些投资组合的风险和回报，根据芝加哥证券价格研究中心的一项研究，考察在初始投资年末分别投资100美元于上述每个投资机会的最终结果，投资年限分别为1年、5年、10年和20年。结果发现，小盘股在1年期的投资期限内的绩效波动最大，然后是大盘股和公司债券。投资期限越长，股票的相对绩效和表现就越好，但其风险仍然较高。如果按年度价值增减的波动性来对这些投资排序，与所观察到的绩效排序相同：首先是回报的变动性最大的小盘股，随后是标准普尔500综合指数、世界股票组合、公司债券，最后为短期国债。随着投资期限变长，股票组合的相对绩效也在改善。即便如此，即使在10年的投资期限下，也存在股票的表现不如国债的时期。尽管投资小盘股的投资者大多时候是盈利的，但是即使在20年的投资期限下也不能保证它总是盈利：对于20世纪80年代早期的投资者而言，在接下来的20年中，小盘股比标准普尔500综合指数和公司债券的表现都差。具有潜在长期投资计划的股票投资者会发现，与更安全的投资选择相比，他们可能会遇到在以后年度需求现金时将被迫亏损清算的问题。

长达89年的投资风险与回报

第一章解释了为什么投资者厌恶其投资价值的波动，对于那些在经济衰退时期更有可能遭受损失的投资，必须用更高的期望回报率来补偿投资者所承担的这一风险。显然，投资者不喜欢风险，对其承担的风险要求风险溢价；本章的学习目标就是要量化这种关系，想要解释，为承担给定水平的风险，投资者将要求多少回报。

基于不同投资期限的考察

如果将上述投资组合的风险（用标准差或波动率表示）和回报率都标示在同一坐标系上，可以看出投资组合的风险和回报率之间大致呈线性关系，风险越高，回报率就越高。个股的风险和回报率之间是否也存在稳定的线性关系？与上述考察投资组合的做法一样，考察一些典型的公司股票，结果发现个股的风险和回报之间并不存在明确的线性关系，但仍然可得出如下结论：首先，公司规模和风险有联系；总体来看，较大公司股票的波动率较低，即使是那些最大公司股票的波动率，通常也比大盘股投资组合——标准普尔500指数组合的要高。其次，在个股的波动率和回报率之间没有明确的联系；尽管最小公司的股票具有稍高一些的平均回报率，但很多股票比其他股票具有较高的波动率和较低的平均回报率。最后，与根据从大投资组合的数据得出的简单推断所预测的相比，所有股票似乎都有更高的风险和更低的回报率。

当评估大的投资组合时，尽管波动率似乎是一种合理的风险计量，但它不足以解释个股的回报率。与大投资组合相比，个股的平均回报率较低，而波动率较高。不像大投资组合那样，个股的波动率和平均回报率之间不存在明确的关系。怎么理解这一事实？为什么投资者对于具有较高波动率的股票不要求较高的回报率？标准普尔500股票组合的风险，怎么会比全部500只个股的风险低很多？

个股的波动率和回报率

二、系统风险和非系统风险

为什么单个证券的风险与由类似证券构成的投资组合的风险不同？例如，考虑保险公司可能提供的两种家庭保险：失窃保险和地震保险，假设这两种危险实际发生时的损失强度和赔付金额相同，对于某地区的每一户家庭而言，这两种危险中每一种出现的风险都是相似的。每年，该地区家庭失窃的概率大约为1%，房屋被地震损坏的概率也是1%。就这两类保险单而言，保险公司向单个家庭进行理赔支付的概率是相同的。假设有一家保险公司为该地区的住户，就上述每种类型的保险分别承保了10万份保险。单个保单的风险是相似的，但是各由10万份保单构成的两类保险组合的风险是相似的吗？

首先考虑失窃保险。对于任一户家庭，失窃的概率是1%，可预料到，10万户家庭中大约有1%的家庭可能会遭遇失窃，因此每年失窃索赔的数量预期大约是1 000起。每年实际索赔的数量可能比1 000起稍高点或稍低点，但变动不是很大。如果保险公司持有的现金储备足够赔付1 200份保单，则几乎可以确定，它有足够的能力履行失窃赔付义务。

再来考虑地震保险。有99%的可能性地震将不会发生。所有家庭都在同一地区，如果发生地震，则所有家庭都很可能受到影响和损坏，保险公司预期会有10万份索赔。结果，保险公司预期的赔付不是0份就是10万份，它将不得不持有足够多的现金储备（或其他投资），以履行地震发生时它所承保的全部10万份保单的赔付义务。

地震保险组合和失窃保险组合具有非常不同的风险特征。对于地震保险，索赔的数量极具风险。它很可能为零，但也有1%的可能性，保险公司必须对其所承保的全部保单进行赔付。地震保险单组合的风险与任意一份保险单的风险没有什么不同。而对于失窃保险，给定年份中的索赔数量是完全可以预测的。年复一年，它将非常接近保单总数的1%，或者为1 000份索赔。失窃保险单的组合几乎没有风险，在承保期内保险公司的收益是相当稳定并且可预测的，可通过计算索赔百分比的标准差来量化这一差别。首先考虑单个家庭的标准差。年初，房主预期，对于每类保险有1%的可能性提出索赔。但在年末，房主将可能已经提出索赔（100%）或没有（0）。标准差是：

$$SD(\text{索赔}) = \sqrt{Var(\text{索赔})} = \sqrt{0.99 \times (0-0.01)^2 + 0.01 \times (1-0.01)^2} = 9.95\%$$

对于房主来说，来自地震或失窃风险的标准差是相同的。

再从保险公司的角度来考虑索赔比例的标准差。就地震保险来说，由于风险是共同的，索赔百分比不是100%就是0，因此，地震保险承保商接受索赔的比例平均也是1%，标准差为9.95%。尽管失窃保险承保商平均接受的索赔比例也是1%，但因为各个家庭间的失窃风险是独立的，所以保单组合的风险要低得多。当事件的风险是独立的并且完全相同时，均值的标准差被称作标准误（或标准误差），它随观测数的平方根的增加而下降：

$$SD(\text{失窃索赔百分比}) = \frac{SD(\text{个体索赔})}{\sqrt{\text{观测数}}} = \frac{9.95\%}{\sqrt{100\,000}} = 0.03\%$$

对于失窃保险组合，保险公司几乎不承担风险。

为什么单个保单本身的风险非常相似，而保单组合的风险却又如此不同呢？直觉来看，它们之间的关键差别在于，地震同时影响所有家庭，所有家庭间的风险是完全相关联的，这意味着所有家庭要么都遭遇损失，要么都没有遭遇损失。我们将这种相关联的风险称作共同风险。相比之下，假设不同家庭的失窃事件之间没有相互联系，一家是否失窃对另一家失窃的概率没有影响。独立风险，比如盗窃风险，在不同家庭之间不是相关联的。当风险为独立时，有些家庭是不幸的，其他家庭则是幸运的，但总体来看索赔的数量相似。在大投资组合中，独立风险的这种相互抵消被称为分散化。

中心极限定理研究样本统计量（如样本均值）的概率分布。给定一个任意分布的总体，每次从这些总体中随机抽取n个样本，一共抽m次，然后把这m组样本分别求出平均值，这些平均值的分布接近正态分布。即使总体的数据分布不是正态的，从中抽取的样本均值的分布也是接近正态分布的。中心极限定理在理论上保证了可以用只抽样一部分的方法，达到推测研究对象统计参数的目的，例如，现在要统计某大学全部男生的体重，想了解平均体重是多少。把全部男生的体重都测一遍非常耗时，所以打算一共测30组，每组40个人。求出每一组的体重平均值，得到30个平均值。根据中心极限定理，这些平均值呈正态分布。并且，随着测试组数的增加，效果会更好。最后，再把这30个平均值加起来求平均值，这个平均值会接近全部男生的平均体重。

对于一个平均值为μ，有限方差为σ^2的总体，如果样本容量n足够大（$n>30$），则样本均值$\bar{X}$的抽样分布接近正态分布，该分布的平均值等于总体的平均值，即$\mu_{\bar{X}}=\mu$，该分布的方差等于总体的方差和样本容量之比，即${\sigma_{\bar{X}}}^2=\sigma^2/n$。样本均值的标准误（standard error）是指样本均值分布的标准差，等于总体的标准差与样本容量平方根之比，即$\sigma_{\bar{X}}=\sigma/\sqrt{n}$。标准误不同于标准差，标准误是指样本均值的标准差，描述均值抽样分布的离散程度及衡量均值抽样误差大小，反映的是样本均值之间的变异；标准差测量组内个体间的离散程度。标准误越小，表明样本统计量与总体参数的值越接近，样本对总体越有代表性，用样本统计量推断总体参数的可靠度越高。

【例2-1】

某公司工人的平均小时工资是30元，标准差是6元。假如分析师研究样本均值的分布，抽取的样本容量为36。求该分布的均值和标准误。

样本容量$n=36>30$，根据中心极限定理得到：$\mu_{\bar{X}}=\mu=30$，$\sigma_{\bar{X}}=\sigma/\sqrt{n}=6/\sqrt{36}=1$

举例来说，假如你和你的朋友正在玩一个简单的游戏：基于投掷硬币的结果赌1元钱。投掷一次硬币，你赌1元：硬币正面朝上，你赢你朋友1元；硬币背面朝上，你朋友赢你1元。如果玩这个游戏100次，每次赌1元，则你所面临的风险与你只赌一次、但赌注为100元所面临的风险有何不同？每次输的风险都是独立的：每次你输的可能性都是50%，并且每一次投掷的结果不会影响其他次投掷。如果玩这个游戏100次，你赢的次数是50%，输的次数也是50%。你的期望结果是50×1+50×（-1）=0，你将不赚不赔。即使你赢的次数不是恰好为半数，但你输掉全部100次（输100元）的可能性极小（100次全输的概率为0.5^{100}）。如果这种情形发生，你就应该非常仔细地检查那枚硬币，可能硬币本身有问题。相反，如果根据一次掷硬币的结果赌100元，你有50%的可能性赢100元，有50%的可能性输100元，期望结果是相同的，不赚不赔，但是你输掉100元的概率是50%，你的风险比赌100次（每次赌1元）的风险（输掉100元的概率为0.5^{100}）要大得多。与一次赌100元相比，赌100次、每次赌1元（将100元的风险分散于100次赌注中）可分散大部分风险。

【例2-2】

游乐场的幸运大转盘上标有1到36，共36个数字。当每次转动轮盘然后待其停下时，出现这些结果中的任一数字的可能性都是相等的。如果你在任一数字上下押注并且结果是正确的，则你得到的收益为20：1；也就是说，你押注1元，如果你赢了，你将得到21元（20元加上你的初始投入1元），如果输了，你什么都得不到。假设幸运大转盘每月通常会发生9万次押注（每次下注1元）。对于游乐场来说，每月的期望利润是多少？

转盘上有36个数字，你赢的概率是1/36，输的概率是35/36。如果你赢了，游乐场损失20元；如果你输了，游乐场赚得1元。计算游乐场的期望收益：

$$E(\text{收益}) = (1/36) \times (-20) + (35/36) \times 1 = 0.4167\ (\text{元})$$

对于每1元押注，游乐场平均赚0.4167元。对于单一押注，计算这一收益的标准差：

$$SD(\text{收益}) = \sqrt{(1/36) \times (-20 - 0.4167)^2 + (35/36) \times (1 - 0.4167)^2} = 3.45\ (\text{元})$$

计算出的标准差比期望收益大得多。但是，如果多次押注，风险就将被分散。每1元押注的期望收益（均值）的标准误仅为：

$$SD(\text{期望收益}) = \frac{3.45}{\sqrt{90\,000}} = 0.0115\ (\text{元})$$

大概有95%的可能性，游乐场从每1元押注中赚取的利润将会落在区间0.3941元至0.4391元（0.4166±（1.96×0.0115））内。给定9万元的下注额，游乐场每月的盈利差不多总是在35 469元和39 519元之间，而且风险很低。在这里关键的假设是，每次下注都是分开的，每次下注出现的结果是彼此独立的。如果单独一次下注9万元，则游乐场的风险将变得非常高——如果顾客赢了，则游乐场损失20×9=180（万元）。由于这个原因，因此，游乐场经常对单注的下注额施加限制。

置信区间是指在给定概率 $1-\alpha$ 的情况下，总体参数落入的范围。其中 α 为显著性水平，$1-\alpha$ 为置信度。置信区间 $=\bar{X} \pm z_{\alpha/2}\dfrac{\sigma}{\sqrt{n}}$，$z=(\bar{X}-\mu_{\bar{X}})/\sigma_{\bar{X}}$。正态分布的90%、95%、99%的置信区间对应的（均值左右）标准误个数（z）分别为1.65、1.96和2.58。

三、系统风险和风险溢价

在任何给定时期，持有股票的风险就是，股利加上股票的最终价格将高于或低于预期，从而导致已实现回报率产生风险。股价和股利的波动通常源于以下两类消息：

（1）公司或行业特有的信息，是指关于公司（或行业）本身的好消息或坏消息，例如，某家公司可能宣布，公司在其所处行业内成功地获得了大部分市场份额。或者，房地产发展的减速给建筑行业造成的损失。

（2）影响整个市场的消息，这类消息影响整体经济，因此影响所有股票，例如，央行可能宣布降息、财政部门实行宽松的财政政策以刺激经济发展①。

由公司或行业的特有消息而引起的股票回报率的波动，表示的是独立风险。如同家庭失窃一样，这些风险在股票之间是不相关的。这类风险又称“非系统风险”。由关于整个

① 降息导致公司贷款的资本成本降低，项目的净现值加大，从而刺激公司投资。

市场的消息而引起的股票回报率的波动，表示的是共同风险。与地震一样，所有股票同时受到这种消息的影响。这类风险又称“系统风险”。

当把许多股票组合成大的投资组合时，每只股票的非系统风险将通过多元化而被平均和消除掉。好消息将影响某些股票，坏消息将影响其他股票，但好消息或坏消息的总体数量将是相对不变的。然而，系统风险将影响所有公司——因而影响整个投资组合——是不能通过多元化被消除的风险。

投资者能够通过分散其投资组合从而“免费”地消除非系统风险，根据一价定律，承担非系统风险不要求回报或风险溢价。分散化投资不能降低系统风险，即使持有大的投资组合，投资者也将暴露于影响整体经济从而影响所有证券的风险中。可通过卖出股票，投资无风险债券来降低组合的系统风险，但这是以放弃更高的期望回报率为代价的。投资者可以通过分散化投资而“免费”地消除非系统风险，而只有牺牲期望回报率才能消除系统风险，是证券的系统风险决定了投资者要求的风险溢价。这一原理意味着，用于计量股票的总风险（系统风险和非系统风险）的波动率，在确定投资者将赚取的风险溢价方面不是特别有用。这也初步解释了前文提出的问题：为什么大投资组合的风险和回报呈线性关系，而个股却未体现出这一规律？这是因为，大投资组合由于分散化效应，组合的风险主要为系统风险，而系统风险要求风险溢价；个股的风险既包含系统风险，又包含非系统风险，其中只有系统风险要求风险溢价，而非系统风险由于可将个股置于大投资组合中而分散掉，故不要求补偿，所以，个股的风险和回报之间不存在明显的关系，除非将个股的系统风险分离出来考察。

【思政小课堂】　新冠疫情对经济和资本市场的影响

作为重大突发公共卫生事件，新冠疫情的暴发和扩散在短期内对社会生产生活秩序和宏观经济形势产生了极大的影响，但是从长期看，政府可能以此为契机大力推动改革、完善国家治理，同时催生出新的商业模式。新冠疫情将从供给端、需求端同时冲击宏观经济，并影响中观行业和微观主体，虽然疫情的短期冲击力非常大，但不改变中长期中国经济的走势。由于资本市场反映实体经济的未来预期，股市和债市在短期内波动加大，因此，疫情的防控需避免人口大规模流动和聚集。鉴于此，政府采取了居家隔离、鼓励在线办公等防控措施，远程办公、智慧办公等新的生产和商业业态将蓬勃发展。疫情暴露出的前期信息公开、媒体监督、应急医疗、民生支出、社会治理体系等短板，亟需强化。

疫情、经济、通胀、政策等因素依然是影响中国资本市场的重要变量。目前全球疫苗接种持续推进，新冠药物研发取得突破，但病毒变异仍令未来疫情形势充满不确定性。新出现的奥密克戎变异病毒表现出比已在全球流行的德尔塔病毒更高的传染性，可能导致全球新一轮疫情扩散，从而提高了疫情防控的难度。鉴于疫情自身特性与各国至今的防疫效果，疫情可能很难在两三年内完全终结，或将持续较长时间。未来随着疫情持续反复，一些国家可能需要调整防疫策略，加强对疫情防控的重视，而不是在疫情减弱后就实施经济的完全开放，这可能造成全球半封锁状态的持续时间超预期。全球高通胀及可能由此引致的流动性加速收缩风险值得高度关注。全球部分经济体疫后超常需求刺激政策带来的增长及物价“大起”与随后潜在的“大落”，以及对应的政策应对是分析今后资产配置的重要考量因素。未来的投资策略，重在依据市场主要矛盾变化把握阶段性和结构性的机遇。

四、股票的已实现回报率和平均回报率

股票的已实现回报率的计算公式为：

$$R_{t+1}=\frac{P_{t+1}-P_t+Div_{t+1}}{P_t}=\frac{Div_{t+1}}{P_t}+\frac{P_{t+1}-P_t}{P_t} \tag{2.1}$$

在2.1式中，P表示股价，Div表示现金股利。股票回报率由两部分构成：股利收益率Div_{t+1}/P_t和资本利得率（$P_{t+1}-P_t$）$/P_t$。

【例2-3】

表2-1给出W股票2022年10月1日至2023年9月30日之间的股价和现金股利资料，假如投资者在2022年10月1日购买W股票，持有1年后于2023年9月30日卖出。投资者的已实现回报率是多少？

表2-1 **股价和现金股利信息** 单位：元

日期	股价	股利
2022-10-01	28.08	
2022-11-15	26.34	3.08
2023-05-18	28.49	1.08
2023-08-20	27.58	1.02
2023-09-30	25.68	

如表2-2所示，以每次发放股利的日期为计算间隔，计算2022年10月1日到2022年11月15日期间的回报率、2022年11月16日到2023年5月18日期间的回报率、2023年5月19日到2023年8月20日、2023年8月21日到2023年9月30日的各个期间的回报率，然后再对这些期间的回报率逐期进行复利计算，从而求出1年期的回报率。

表2-2 **计算各个期间的回报率**

日期	股价	股利	期间回报率
2022-10-01	28.08		
2022-11-15	26.34	3.08	R_1=4.77%
2023-05-18	28.49	1.08	R_2=12.26%
2023-08-20	27.58	1.02	R_3=0.39%
2023-09-30	25.68		R_4=−6.89%

例如，从2022年11月16日到2023年5月18日期间，已实现回报率为：

$$R_{t+1}=\frac{Div_{t+1}+P_{t+1}-P_t}{P_t}=\frac{1.08+(28.49-26.34)}{26.34}=0.1226\text{（或 }12.26\%\text{）}$$

年回报率由$1+R_{annual}=(1+R_1)(1+R_2)(1+R_3)(1+R_4)$式解出：

$1+R_{annual}=1.0477\times1.1226\times1.0039\times(1-0.0689)=1.0994$

年度（已实现）回报率为9.94%。

可通过计算算术平均数来计算年均回报率。另一种方法是计算复合年均回报率（复合年增长率，或CAGR），它由计算年回报率R_1，R_2，…，R_T的几何平均数得到：

$$CAGR=[(1+R_1)(1+R_2)\cdots(1+R_T)]^{1/T}-1 \quad (2.2)$$

它相当于一段时期内投资的内含回报率（*IRR*）：(终值/初始投资)$^{1/T}-1$。先对各年的回报率进行复利计算，然后求该结果的1/*T*次幂，从而将其转换为年回报率，这样即可计算出从1年到*T*年的年均回报率。复合年均回报率是对投资的长期历史业绩的较好描述，它表示的是，投资者为复制同一期限的投资绩效，而要求的等价复合年均回报率。不同投资的长期业绩排序和其复合年均回报率的排序相符。复合年均回报率通常用于投资绩效的比较，例如，共同基金通常报告它们在过去5年或10年的复合年均回报率。

而基于投资的过去表现，投资者试图估计未来投资期内的期望回报率时，应该使用算术平均回报率。如果认为过去的年回报率为真实回报率（来自同一系列的可能回报率）的独立实现值，则算术平均回报率提供了真实期望回报率的无偏估计。

为考察波动的效应，假设一项投资今年有20%的年回报率，下一年的回报率为-20%，则年均回报率为1/2×（20%-20%）=0，但是1元的投资在两年后的价值为1×1.2×0.8 = 0.96（元），投资者本来是亏损的。这是因为，20%的资本利得发生在1元的投资上，然而20%的亏损却是发生在更多的1.2元的投资上。复合年均回报率为$0.96^{1/2}-1=-2.02\%$。这一逻辑表明，复合年均回报率将总是低于算术平均回报率，并且这两者之差，随着年回报率的波动率的加大而变大。

例如，如果上述投资的未来年回报率只可能是20%或-20%，且两种情形出现的概率相等，如果观察很多次的两年期投资，对于1元投资，在经过两年后将可能增长到：1.2×1.2=1.44；1.2×0.8=0.96；0.8×1.2=0.96；0.8×0.8=0.64；两年后，投资1元所产生的平均价值为（1.44+0.96+0.96+0.64）/4=1，所以期望年回报率和两年期回报率都是0。注意，要使这一结论成立，计算历史回报率时使用的时间间隔必须和估计期望回报率使用的间隔相同；也就是说，用过去的月回报率的平均值估计未来的月回报率，或用过去的年回报率的平均值估计未来的年回报率。由于存在估测误差，用不同间隔的数据计算的估计值，通常与简单的复合年均回报率不同。但是，数据越多，估计结果就越趋近。

计算股票回报率要用到股价，还需要注意，当上市公司宣布上年度分红派息方案并获董事会及证监会批准后，即可确定股权登记日。在股权登记日交易（包括股权登记日）后手中仍持有这种股票的投资者均有享受分红派息的权利。如果是派发现金股利，则称作“除息”；如果是送红股或者配股，则称作“除权”；如果既分红利又配股，则称作“除权除息”。除权除息时（股权登记日的次日），对前收盘价要进行调整，调整后的价格为除权除息价，它不是前一天的实际收盘价，其计算方法如下：

$$\frac{除权}{除息价}=\left(\frac{股权登记}{日的收盘价}-\frac{每股所分红}{利现金额}+配股价\times\frac{每股}{配股数}\right)\div\left(1+\frac{每股送}{红股数}+\frac{每股}{配股数}\right) \quad (2.3)$$

例如，某股票股权登记日的收盘价为每股20.35元，每10股派发现金红利4元，送1股，配2股，配股价为5.5元/股，即每股分红0.4元，送0.1股，配0.2股，次日除权除息价为（20.35-0.4+5.5×0.2）÷（1+0.1+0.2）=16.19（元）。

复权就是对股价和成交量进行权息修复，按照股票的实际涨跌绘制股价走势图，并把成交量调整为相同的股本口径，例如某股票除权前日流通盘为5 000万股，每股价格为10元，成交量为500万股，换手率为10%，10送10之后除权每股报价为5元，流通盘为1亿股，除权当日走出填权（即股价高于除权价，否则称作“贴权”）行情，收盘于5.5元，上涨10%，成交量为1 000万股，换手率也是10%（和前一交易日相比具有同样的成交量水平）。复权处理后股价为每股11元，相对于前一日的每股10元上涨10%，成交量为500万股，这样在股价走势图上真实反映了股价涨跌，同时成交量在除权前后也具有可比性。

五、利用过去的回报率预测未来回报率

为估算投资的资本成本，需要确定期望回报率，这个期望回报率是投资者因为承担投资风险而要求的补偿。如果假设过去回报率的分布和未来回报率的分布是一样的，可考察投资者在过去从相同或相似的投资中预期赚得的回报率，并且假设在未来他们将要求同样的回报率。然而，使用这种方法存在两个难题。第一个难题是，我们不知道在过去投资者预期的回报率是多少，而仅仅能够观察到已经实现的实际回报率，例如，在2008年，投资标准普尔500股票组合的投资者损失了37%，这肯定不是他们在当年年初的期望回报率。如果我们相信，平均而言，投资者既不过度乐观，又不过度悲观，长期来看，平均实际回报率应该与投资者的期望回报率一致。根据这一假设，可用证券的历史平均回报率来推断它的真实期望回报率。但在这里遇到了第二个难题，平均回报率只是真实期望回报率的估计值，因而存在估测误差。给定股票回报率的波动率，即使有许多年的数据，估测误差也可能会很大。

标准误为围绕真实价值波动的真实分布的均值的估计量的标准差，它是平均回报率的标准差。标准误表示样本均值偏离期望回报率到什么程度。假设股票回报率的分布每年都相同，且每年的回报率都独立于以前年度的回报率[①]，可计算期望回报率的标准误：

$$SD(\text{独立同风险分布的均值}) = \frac{SD(\text{个体风险})}{\sqrt{\text{观测值的个数}}} \tag{2.4}$$

由于平均回报率落在真实期望回报率左右两个标准误之间的概率大约为95%[②]，因此可用标准误来确定真实期望值的合理范围。期望回报率的95%的置信区间为历史平均回报率±2×标准误；例如，从1926年到2011年，标准普尔500指数的平均回报率为11.7%，波动率为20.3%；假设其每年的回报率来自于独立同分布（IID），在这段时期内，标准普尔500指数的期望回报率的95%的置信区间是 $11.7\% \pm 2 \times \frac{20.3\%}{\sqrt{86}} = 11.7\% \pm 4.4\%$，或者为从7.3%到16.1%的范围。可见，即使有多达86年的数据，也无法准确地估计出标准普尔500指数的期望回报率。如果回报率的分布可能随时间而改变，则只能用最近的数据估计期望回报率，由于观测值的个数减少，因此，结果估计值的准确度将变得更低。

个股的波动率往往比大投资组合的波动率更高，且很多股票的上市时间只有几年，可

① 证券回报率的独立同分布是指，回报率为某一给定结果的可能性每年都是一样的，与过去的回报率无关（这就如同掷硬币一样，出现正面向上的概率不依赖于过去的投掷结果）。期望回报率是股票回报率的合理的首近似值。

② 如果回报率是独立的且来自于同一正态分布，估计的均值落在真实均值的左右两个标准误范围内的概率为95.44%。即使回报率不是正态分布，当有足够多次的独立观测时，这个公式也是近似正确的。

用来估计回报率的数据很少。由于在这些情形中存在较大的估计误差，因此，投资者在过去赚得的平均回报率就不能作为证券期望回报率的可靠估计。需要推导出一种估计期望回报率的不同方法，这种方法依靠更可靠的统计估计量。接下来本章将考察如何计量证券的风险，然后利用风险与回报之间的联系，估计证券的期望回报率。

第二节　证券投资组合

一、投资组合的风险与回报率

假设 x_1，…，x_n 分别为投资组合中第 n 项投资的投资权重，这些投资对应的回报率分别为 R_1，…，R_n。投资组合的回报率 R_P，即为组合中这些投资的回报率的加权平均：

$$R_P = x_1R_1 + x_2R_2 + \cdots + x_nR_n = \sum_i x_iR_i \tag{2.5}$$

就投资组合的期望回报率而言，计算公式为：

$$E[R_P] = E\left[\sum_i x_iR_i\right] = \sum_i E[x_iR_i] = \sum_i x_iE[R_i] \tag{2.6}$$

投资组合的期望回报率就是根据投资权重对组合中各项投资的期望回报率的加权平均。

为确定投资组合的风险，不仅要知道投资组合中个股的风险（用股票回报率变动的标准差来表示，通常称作“波动率”）和回报率，而且要知道股票面对共同风险的程度，以及股票回报率同向变动的程度。协方差和相关系数可用来测量股票回报率的共同变动程度。

根据协方差的特性，可将投资组合的方差写成如下表达式：

$$Var(R_P) = Cov(R_P,\ R_P) = Cov(\sum_i x_iR_i,\ R_P) = \sum_i x_iCov(R_i,\ R_P) \tag{2.7}$$

用加权平均表达式替换上式中的第二个 R_P，可将其进一步化简为：

$$\begin{aligned} Var(R_P) &= \sum_i x_iCov(R_i,\ R_P) = \sum_i x_iCov(R_i,\ \sum_j x_jR_j) \\ &= \sum_i\sum_j x_ix_jCov(R_i,\ R_j) \end{aligned} \tag{2.8}$$

2.8式表明，投资组合的方差等于组合中所有两两配对股票的回报率的协方差与它们各自的投资权重的乘积之和。投资组合的总体风险取决于组合中全部股票之间的总体互动。

等权重投资组合是指组合中每一只股票的投资金额都相等的投资组合，是由权重为 x_i=1/n 的 n 只股票所构成的组合。对于由 n 种股票构成的投资组合而言，有 n 个方差项，每个方差项的相应权重为 $x_i^2=1/n^2$，这意味着，平均方差项的权重为 $n/n^2=1/n$。组合的总风险中有 n^2-n 个协方差项（$n\times n$ 个风险项减去 n 个方差项），每个协方差项的相应权重为 $x_ix_j=1/n^2$，平均协方差项的权重为（n^2-n）$/n^2$=（$n-1$）$/n$。由等权重股票构成的组合的方差为：

$$Var(R_P) = \frac{1}{n}(\text{个股的平均方差}) + \left(1-\frac{1}{n}\right)(\text{股票间的平均协方差}) \tag{2.9}$$

2.9式表明，随着股票的种类 n 增多，组合的方差主要取决于股票间的平均协方差。比如，考察一个由从股票市场随机选取的股票所构成的组合。假设典型的大公司股票回报率的历史波动率大约为40%，大公司股票回报率之间的相关系数是28%。根据2.9式，随着组合中股票种类的变动，等权重组合波动率的变动如下：

$$SD(R_P)=\sqrt{\frac{1}{n}\times 0.4^2+\left(1-\frac{1}{n}\right)(0.28\times 0.4\times 0.4)}$$

随着组合中股票种类数的增加，组合的波动率逐渐下降。由于分散化的缘故，在这个大的投资组合中，有将近一半的个股风险被消除了。分散化的好处在初始时表现最明显：股票从一种增加到两种时相应波动率的下降幅度，要比股票从100种增加到101种时相应波动率的下降大得多。用大约30种股票，就可以获得几乎全部的分散化收益。然而，即使对于非常大的投资组合，也无法消除所有风险。上述投资组合的方差收敛于平均协方差，组合的波动率至多下降到$\sqrt{0.28\times 0.4\times 0.4}=21.17\%$。

通过把资金分散投资于很多不同的投资上，可消除投资组合中的可分散风险，从而投资者可以显著地降低风险。如果通过投资很多年，也可分散任何特定年度的风险吗？如果每年的投资回报是独立的，则年均回报率的波动率将随着投资年数的增加而下降。作为长期投资者，并不在意平均回报率的波动率；相反，他关心的是在投资这段期间累积回报率的波动率，这一波动率随投资期限的延长而上升。回顾本章第一节的资本市场投资实验，一个长期投资者在1925年投资100美元于小盘股。如果投资期限是81年（到2006年年末），最终投资价值将稍微高于200万美元。但是，如果投资期限是83年（到2008年年末），则投资组合的价值会比投资81年的价值下跌50%还多，将只有100万美元。这个例子再一次证明，更长的投资期限并不能降低风险！

更一般地，如果各年的回报率都是独立的，过去的回报不影响未来的回报。那么在今天，投资组合价值的任何变动，将转化为在未来该投资组合价值相同百分比的变动，投资期限长是不能分散风险的。投资期限能够降低风险的唯一方式是，如果当前低于平均水平的回报率预示着未来回报率将更有可能超过平均水平（反之亦然），有时也把这种现象称作“均值回复”。如果这是正确的，均值回复意味着，在股票市场中，过去的低回报率可用于预测未来的高回报率。就几年的短时期而言，股票市场上不存在均值回复的证据。就较长时期而言，历史上有一些均值回复的证据，但我们并不清楚这一证据有多可靠（没有足够年数的股票市场精确数据可用）或者这一模式是否能够持续。即使在股票市场中存在长期均值回复，购买并且持有的分散化策略仍然不是最优的，因为均值回复预示着过去的回报率可用于预测未来的回报率，当预测未来回报率高时，应该增加投资；当预测未来回报率低时，应该减少投资。这种投资策略显著地区别于通过持有很多种股票而达到的分散化投资，而在分散化策略中，我们无法预测哪些股票将受到好的或坏的非系统性风险冲击。

二、最优投资组合选择

（一）风险与回报率：选择有效投资组合

1.由两只股票构成的投资组合

考虑计算机芯片制造公司I和啤酒酿造公司C。从2017年到2022年，I股票的年均回报率为26%，回报率的波动率为50%。在同一时期，C股票的年均回报率为6%，波动率为25%。两只股票的回报率不相关（相关系数为零）。假设投资者相信，这两只股票将分别继续保持这种期望回报率、波动率及相关系数表现。投资者应该怎样选择由这两只股票所构成的投资组合？

表2-3计算了这两只股票在不同的投资比例组合下，组合的期望回报率和波动率。

表2-3　两只股票的不同比例组合的期望回报率和波动率

投资权重		期望回报率（%）	波动率（%）
X_I	X_C	$E[R_P]$	$SD[R_P]$
1	0	26	50
0.8	0.2	22	40.3
0.6	0.4	18	31.6
0.4	0.6	14	25
0.2	0.8	10	22.3
0	1	6	25

由于投资风险分散化效应，可以找到一个比组合内任何一只股票的波动率都要低的组合：例如，投资20%的资金于I股票，投资80%的资金于C股票，这一组合的波动率仅为22.3%，比全部投资风险较低的C股票的波动率还要低。投资者关心的是波动率和期望回报率，在图2-1中绘出每一组合的波动率和期望回报率，形成的下面这条曲线就表示可构造的任意投资权重的一系列组合。

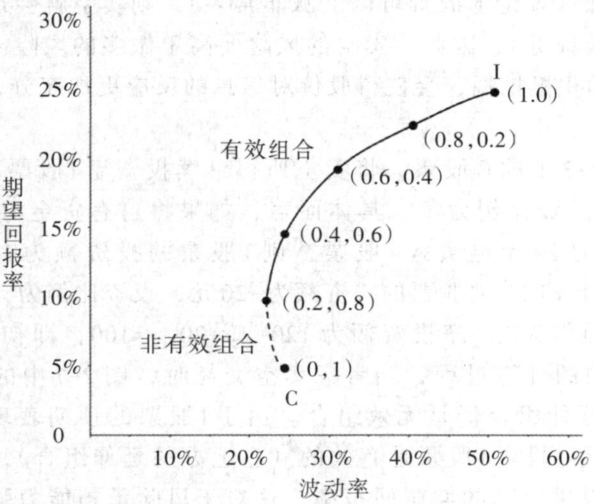

图2-1　两只股票组合的风险和回报

注：括号中的标注表明I股票和C股票的投资权重（x_I，x_C）。图中实线部分表示的组合（至少20%的资金投资I）为有效组合，虚线部分表示的组合（投资I的资金不足20%）为非有效组合。

由图2-1可见，将全部资金投资C股票，不如其他一些组合，比如，将20%的资金投资于I股票、80%的资金投资于C股票而形成的投资组合，在回报率和风险两方面都会使得投资者的处境变得更好：(1) 它们有更高的期望回报率；(2) 更低的波动率。因此，仅投资C股票不是一个好的策略。更一般地，如果随时都可能找到，从期望回报率和波动率两方面考察都比现有组合更优的另外一个组合，就称现有组合为“无效投资组合”。观察图2-1，对C股票的投资比例超过80%的组合（虚线部分）都是无效的。无效组合对于投资者而言不是最优的。相比之下，至少将20%比例的资金投资I股票，其余资金投资C股票，这样的一些组合是有效的（实线部分），因为不存在其他组合，在更低的波动率下却能提供更高的期望回报率。

寻求高回报和低风险的投资者应该只投资有效组合。对有效组合进行排序并不容易，因为投资者是基于其自身对回报和风险的偏好而选择投资组合的，例如，只关心风险最小化的极端保守的投资者，会选择波动率最低的组合（用20%的资金投资于I股票，用80%的资金投资于C股票）。激进的投资者可能会选择全部投资I股票，尽管这样做更冒险，投资者可能愿意抓住这个机会以获得更高的期望回报率。

如果I和C这两只股票的相关系数取不同的数值，则图2-1中的风险和回报率组合将随之变动。相关系数不影响组合的期望回报率，但组合的波动率却因相关系数而异。相关系数越低，波动率就越低。随着相关系数的减小，组合的波动率随之下降，表示投资组合的曲线的弯曲程度越大，风险分散效应就越强。

对证券的正的投资，称作证券的“多头”。通过卖空交易，投资者也可对证券进行负的投资，称作“空头”。卖空交易，即投资者卖出不属于他的证券（向券商借入证券卖出），再在约定的未来时期买回该证券以偿还原先所借证券（包含该期间证券分派的股利）。如果你预期未来股价将下跌从而卖空该股票，且股价确实下跌了，你于先前卖出股票所得到的，要多于未来所要偿付的，卖空就是有利可图的。但如果未来股价不但没有下跌，反而上涨（理论上股价可以上涨非常多），则卖空就会造成损失。由于卖空相当于加杠杆（借入证券），因此，卖空的风险要高于做多的风险。但是由于卖空交易者对公司负面信息的积极挖掘，会使得股价对信息的反应更加充分，从而有助于抑制股价的高估。

例如，卖空表2-3中的C股票，将卖空所得继续投资于I股票，则I股票的投资比例超过1，C股票的投资比例为负。具体而言，如果将自有资金100元投资I股票，用卖空C股票所得到的20元也买入I股票，则I股票的投资额为120元，投资比例为（100+20）/（120−20）=1.2；C股票的投资额为−20元，投资比例为（−20）/（120−20）=−0.2；投资权重之和仍为1，净投资额为120+（−20）=100，即初始自有资金100元。此时仍重复表2-3中的计算过程，当考虑卖空交易时，图2-1中的投资曲线向两端延伸，但是右下方的延伸组合仍是无效组合。由于I股票的预期表现要好于C股票，因此，用卖空C股票所得投资I股票是有效的（右上方的延伸组合），会导致更高的波动率，但也给投资者提供更高的期望回报率，这对于风险承担能力强的投资者来说是有吸引力的。

【例2-4】

假如你有20 000元现金进行投资。你决定卖空价值10 000元的C股票，将卖空得到的收入加上你自有的20 000元，投资I股票。年末，你决定将投资组合变现。如果两只股票的已实现回报率见表2-4，那么投资组合的回报率是多少？

表 2-4　**股价、股利及回报率**　金额单位：元

股票 \ 股价、股利及回报率	P_0	Div_1+P_1	回报率
I股票	25	31.5	26%
C股票	40	42.4	6%

卖空10 000元或250股（10 000 / 40）C股票，将这10 000元再加上自有的20 000元，投资I股票。也就是说，买进30 000元或1 200股（30 000 / 25）I股票。

年末，1 200股I股票价值1 200 × 31.5 = 37 800（元）。然而，还需要买回你曾经卖出的250股C股票，以结清卖空交易，这要花费250 × 42.4 = 10 600（元）。最终净收益是37 800–10 600 = 27 200（元）。给定初始支付的20 000元，你获得的回报率为（27 200–20 000）/20 000 = 36%，比组合内任何一只股票的回报率都高。

例 2-4 中，对C股票的初始投资为–10 000元（与投出资金的方向相反，用负号表示），I股票投资额为30 000元，总的净投资为30 000–10 000=20 000（元）。相应地，两只股票的投资权重分别是x_I = 30 000/20 000 = 150%，x_C = –10 000/20 000 = –50%，个股的投资权重相加仍然等于100%。根据上述投资权重，计算组合的回报率R_P为150%×26%+（–50%）×6%=36%。

2. 由多种股票构成的投资组合

若在前文的I股票和C股票组合中加入第三只股票，可把第三只股票同每一个I股票和C股票组合结合起来，并且也考虑卖空（则原先的曲线将向两端延伸），则得到的是有关风险和回报率全部可能组合的整个区域（曲面），而不只是一条单曲线。可以想象，加入越多的股票，有无穷多条类似形状的曲线叠加在一起，从而形成一个曲面。曲面组合中的大部分是无效的。有效投资组合——对于给定水平的波动率，能够提供最高可能期望回报率的那些组合——是指那些位于曲面的左上边界上的组合，称之为“有效边界”。

通常，增加新的投资机会，可以实现更大程度上的风险分散，投资机会集随之扩大，从而改进有效投资边界。为达到具有最优的风险和回报的机会集，应该继续增加股票，直到所有投资机会都出现。最终，基于对股票回报率、波动率及相关系数的估计，可构造出所有风险投资的有效边界，它表示，可通过最优风险分散而得到的风险和回报的最佳可能组合。

（二）考虑无风险贷出和借入资金

将所有的风险投资机会包含在内以构造有效边界，可达到最大程度的风险分散。除了分散化投资外，还有另外一种降低风险的方式：将一些资金投到安全的、无风险的资产上，比如国债（期限通常为1年内），这样做会降低期望回报率。相反，为寻求高的期望回报率而敢于冒险的积极投资者，可借入资金（或卖空国债）从而更多地投入到股票市场中。

考虑回报率为R_P的任意风险证券（股票）组合（以P表示）。将x比例的资金投资于这一风险证券组合，而将其余（1–x）比例的资金投资于回报率为r_f的无风险国债（称作无风险贷出资金），既包含风险组合，又包含无风险资产的投资组合（以xP表示）的回报

率 R_{xP} 为：

$$E[R_{xP}] = (1-x)r_f + xE[R_P] = r_f + x(E[R_P] - r_f) \tag{2.10}$$

无风险资产的波动率是0；无风险投资与风险证券组合之间的协方差为0，因此有：

$$SD(R_{xP}) = \sqrt{(1-x)^2Var(r_f) + x^2Var(R_P) + 2(1-x)xCov(r_f,\ R_P)} = xSD(R_P) \tag{2.11}$$

投资组合 xP 的波动率等于投资风险证券组合的比例乘以风险证券组合的波动率。

图2-2中的直线表示，对于选择的不同的投资比例 x，投资组合 xP 的波动率和期望回报率组合。当提高投资于 P 的比例 x 时，投资组合 xP 的风险和风险溢价也随之成比例地增加。这条投资机会线为始于无风险投资且经过风险证券组合 P 的直线。

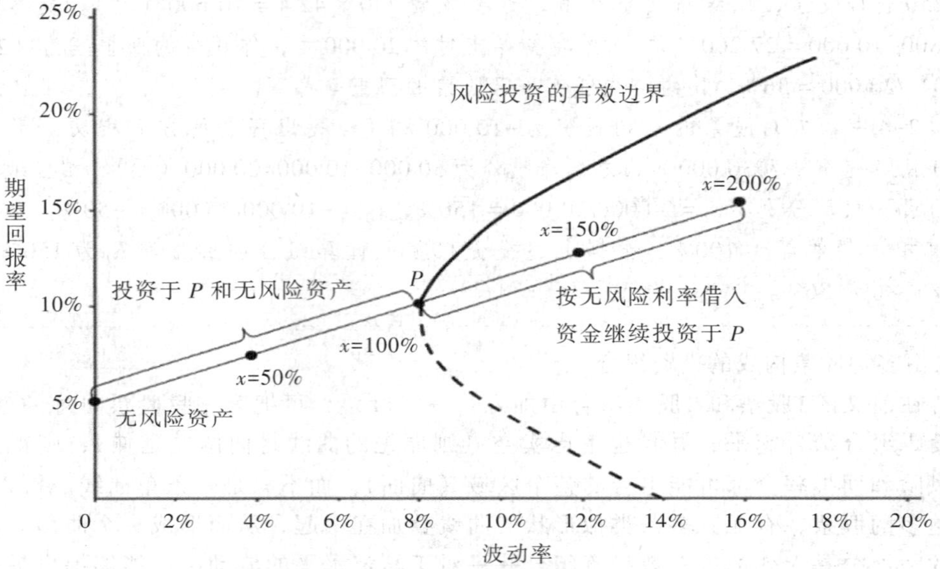

图2-2 由无风险资产和风险股票组合所构成的投资组合

随着将风险证券组合 P 的投资比例 x 从0逐步增加到100%，也就沿着图2-2中的直线从无风险投资移动到 P 组合。如果 x 超过100%，图2-2中会得到超越 P 组合的一些点。这种情形意味着卖空无风险资产，投资者必须支付无风险利率。卖空无风险资产相当于按无风险利率借入资金。借钱投资股票又称“保证金购买股票”。保证金投资为风险性投资策略。图2-2中的直线上对应 x >100% 的部分，比 P 组合本身的风险还要高。与此同时，保证金投资与仅用全部自有资金投资相比，前者可提供更高的期望回报率。

图2-2中的 P 组合并非可与无风险投资相结合的最优风险证券组合。通过构造一个包括无风险资产和在有效边界上比 P 点略高一些的风险证券组合的投资组合，可得到一条比经过 P 点的直线还要陡的直线。如果这条直线更陡，对于任意水平的波动率，相应地都将获得更高的期望回报率。这条直线的斜率，称作“夏普比率”，它表示投资组合 xP 的单位波动率所要求的超额回报率（风险溢价）。显然，恰好与风险投资的有效边界相切的投资组合机会线（包含无风险投资和风险资产组合），即为最优的投资机会线。所有其他风险资产组合都位于这条切线的下方。如图2-3所示，切点组合具有最高的夏普比率，它提供了每单位波动率的最高回报。这条切线被称作“资本市场线”（CML，Capital Market Line）。

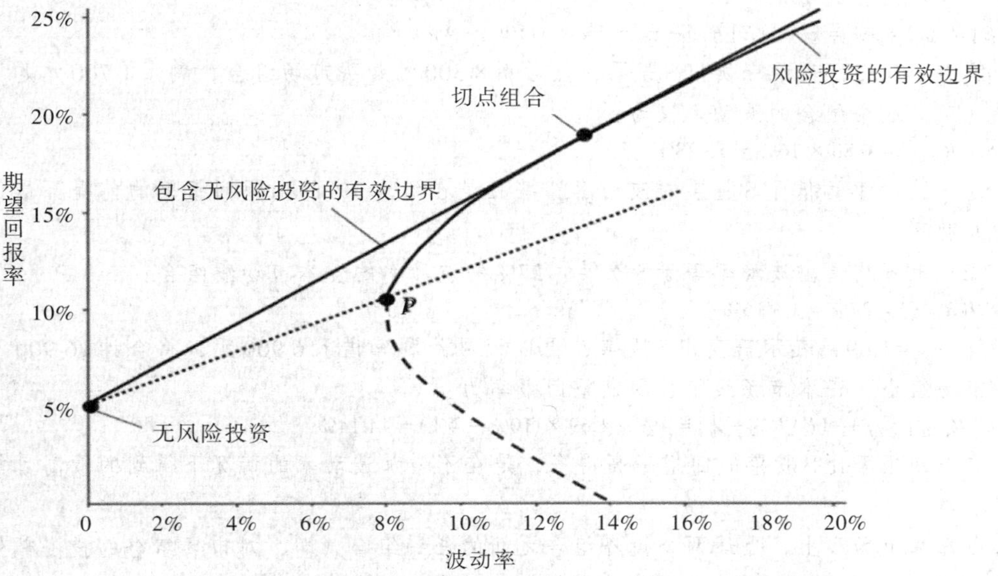

图2-3 资本市场线

从图2-3中可以清楚地看出，将无风险资产与切点组合相结合，可为投资者提供风险和回报之间的最佳权衡。它意味着切点组合是有效的，而一旦将无风险投资包含在内，则所有的有效投资组合就是无风险投资与切点组合的各种组合。除了切点组合外，其他仅由风险资产构成的组合都不是有效的。风险投资的最优组合不再取决于投资者是如何保守或冒进的了；每一个投资者都应该投资切点组合，而与他的风险偏好无关（这称作“分离定理”）。投资者的偏好只能影响和确定，将多少资金投资切点组合，将多少资金投资无风险资产。保守的投资者投资切点组合的数额要小一些，他们会选择切线上临近无风险投资的那些组合。冒进的投资者对切点组合的投资会更多，选择的投资组合靠近切点组合，甚至通过卖空无风险资产而超越切点组合。

价值投资之父格雷厄姆在其所著的《证券分析》一书中指出，投资组合应该采取多元化原则。投资者通常应该建立一个广泛的投资组合，将其投资分布在各个行业的多家公司中，其中包括投资国债，从而减少风险。

【例2-5】

假如你的投资只有价值10 000元的S股票。无风险利率是4%。S股票的期望回报率是9%，波动率（或称标准差）是27%。股票市场组合的期望回报率是10%，波动率是16%。假设资本市场为有效市场。

（1）在完美市场假设下，资本市场线上的哪一个投资组合具有与S股票相同的期望回报率，但波动率却更低？

（2）资本市场线上哪一个投资组合具有与S股票相同的波动率，但期望回报率却更高？

解答：

（1）最优风险回报组合为，由无风险投资和市场组合构成的组合，即资本市场线组合。首先要找到期望回报率为9%（等于S股票的回报率）的资本市场线组合。需要确定投资于市场组合的比例 x：

$$E[R_{xCML}]=9\%=r_f+x(E[R_M]-r_f)=4\%+x(10\%-4\%)$$

解得 x=0.83，表示应卖出S股票，然后用8 300元购买市场组合，剩余1 700元购买无风险资产。这个组合的波动率仅为：

$$SD(R_{xCML})=0.83\times16\%=13.28\%$$

这一波动率远低于S股票的波动率，并且是在给定9%的期望回报率的前提下最低可能的波动率。

（2）也可构造出波动率等于S股票的27%的波动率的资本市场线组合：

$$SD(R_{xCML})=27\%=x\cdot16\%$$

解得 x =1.69，表示需卖出S股票，再以无风险利率借入6 900元，将合计16 900元投资于市场组合。资本市场线组合的期望回报率为：

$$E[R_{xCML}]=r_f+x(E[R_M]-r_f)=4\%+1.69\times(10\%-4\%)=14.14\%$$

这一回报率比S股票的回报率高得多，是在不增加波动率的情况下得到的最高可能期望回报率。

在资本市场线上，上述两个投资组合之间的任一组合（即，对市场组合的投资额处于8 300元和16 900元之间），都要比仅投资S股票有更高的期望回报率和更低的波动率。

自测题 2-1　　自测题 2-2

第三节　资本资产定价模型

一、改进投资组合：贝塔和必要回报率

考虑风险证券组合 P。如果加大对 P 的投资，而投入较少的资金于无风险资产上，期望回报率和波动率将会改变。投资组合的夏普比率表明，对于给定的波动率的增加，相应的期望回报率将增加多少。如果 P 有最高的夏普比率，它就是有效的；对于给定的波动率的增加，如果投资组合能够提供最大的期望回报率的增加，它就是有效组合。

为确定 P 是否具有最高的夏普比率，可通过在特定条件下增加一些投资（股票）i 到该组合中，以提高 P 的夏普比率。i 股票对 P 组合的波动率的贡献或影响，取决于 i 与组合的共同风险，这种共同风险用 i 的波动率与它和 P 的相关系数的乘积来衡量。

2.12式为投资组合的方差：

$$\begin{aligned}Var(R_P)&=Cov(R_P,\ R_P)=Cov(\sum_i x_iR_i,\ R_P)=\sum_i x_iCov(R_i,\ R_P)\\&=\sum_i x_iSD(R_i)SD(R_P)Corr(R_i,\ R_P)\end{aligned}\tag{2.12}$$

将上式两端同时除以 $SD(R_P)$，得到：

$$SD(R_P)=\sum_i x_i SD(R_i)Corr(R_i,\ R_P)^{①} \tag{2.13}$$

i股票使组合的风险增加$x_i SD(R_i)Corr(R_i,\ R_P)$。

2.14式表示投资组合的期望风险溢价：

$$E[R_P-r_f]=E\left[\sum_i x_i(R_i-r_f)\right]=\sum_i x_i(E[R_i]-r_f) \tag{2.14}$$

i股票使组合的期望回报率增加$x_i(E[R_i]-r_f)$。

i股票给组合带来的单位风险的期望风险溢价为：

$$\frac{x_i(E[R_i]-r_f)}{x_i SD(R_i)Corr(R_i,\ R_P)}=\frac{(E[R_i]-r_f)}{SD(R_i)Corr(R_i,\ R_P)} \tag{2.15}$$

只要i给P组合带来的单位风险的期望风险溢价大于P组合的夏普比率，即如果2.16式成立：

$$\frac{(E[R_i]-r_f)}{SD(R_i)Corr(R_i,\ R_P)}>\frac{E[R_P]-r_f}{SD(R_P)} \tag{2.16}$$

那么就应该将i加入到P组合中，并且持续加大其投资比例，以提高组合的夏普比率。

进一步整理2.16式：

$$E[R_i]>r_f+\frac{SD(R_i)Corr(R_i,\ R_P)}{SD(R_P)}(E[R_P]-r_f) \tag{2.17}$$

如果通过借钱更多地投资i股票，那么将获得的回报率为i的期望回报率减去无风险利率。增加i到P组合中，将会提高夏普比率，前提是如果2.17式成立。根据2.17式，定义i相对于P的贝塔为：

$$\beta_i^P=\frac{SD(R_i)Corr(R_i,\ R_P)}{SD(R_P)}=\frac{Cov(R_i,\ R_P)}{Var(R_P)} \tag{2.18}$$

β_i^P衡量i股票回报率相对于P组合回报率的波动的敏感度。i和P有共同风险，P的超额回报率每变动1%，相应地，i的超额回报率预期要变动β_i^P%。根据这个定义，重新表述2.17式如下：

$$E[R_i]>r_f+\beta_i^P(E[R_P]-r_f) \tag{2.19}$$

如果i的期望回报率E［R_i］超出其必要回报率r_i，那么增加对i的投资额，将提高P（包含i）的夏普比率。i的必要回报率r_i由2.20式给出：

$$r_i=r_f+\beta_i^P(E[R_P]-r_f) \tag{2.20}$$

必要回报率是必须补偿i给投资组合所带来的风险的回报率。i的必要回报率等于无风险利率加上风险溢价，风险溢价等于投资者的当前投资组合P的风险溢价再乘以β_i^P。如果i的期望回报率高于这个必要回报率，那么在组合中增加对i的投入，将会提高组合的业绩。

二、期望回报率与有效投资组合

给定当前的投资组合，如果证券的期望回报率超过它的必要回报率，就可通过加大对该证券的投资的方式，提高投资组合的业绩。但是应该增加多少投资呢？当购进证券i时，它与现有组合的相关系数将增加，从而提升其必要回报率，直到最终E［R_i］$=r_i$为止。此时，投资者持有的证券i的投资份额就是最优的。同理，如果i的期望回报率低于

---

① 因为$Corr$（R_i，R_p）<1，所以有$SD(R_P)=\sum_i x_i SD(R_i)Corr(R_i,\ R_P)<\sum_i x_i SD(R_i)$，表明投资组合的风险低于组合中各项资产风险的加权平均值，从另一个角度说明投资组合可以分散风险。

必要回报率r_i，就应该减持证券i。这样做时，证券i与当前组合的相关系数和必要回报率r_i将下降，直到$E[R_i]=r_i$为止。

如果可以不受限制地在市场上买卖可交易证券，将持续交易直到每种证券的期望回报率等于它的必要回报率，直到对于所有证券i都有$E[R_i]=r_i$成立为止。这时候，不再有能够提高组合的风险—回报比率的交易，投资组合就是最优的有效组合。换言之，当且仅当每一只可交易证券的期望回报率等于它的必要回报率时，投资组合为有效的。这一结论意味着，任何证券的期望回报率和它相对于有效投资组合的贝塔之间存在如下关系：

$$E[R_i] = r_i = r_f + \beta_i^{eff}(E[R_{eff}] - r_f) \tag{2.21}$$

其中，R_{eff}为有效投资组合的回报率，有效投资组合具有最高的夏普比率。

【例2-6】

当前你持有O基金，该基金投资于期望回报率是15%、波动率是20%的股票组合。无风险短期国债的年利率为3%。R基金的期望回报率是9%，波动率是35%，其与O基金的相关系数为0.1。假设你有20万元投资O基金。除了这项投资外，是否还应该投资R基金，从而构建由这两只基金所组成的有效投资组合？

根据2.18式，计算R基金相对于O基金的贝塔为：

$$\beta_R^O = \frac{SD(R_R)Corr(R_R,\ R_O)}{SD(R_O)} = \frac{35\% \times 0.1}{20\%} = 0.175$$

要使在现有投资组合中加入R基金具有吸引力，R基金的必要回报率应该为：

$$r_R = r_f + \beta_R^O \times (E[R_O] - r_f) = 3\% + 0.175 \times (15\% - 3\%) = 5.1\%$$

R基金的期望回报率为9%，超过其5.1%的必要回报率。所以将一部分资金投资R基金，可提高投资组合的夏普比率。

假设对投资O基金的每1元，借入x_R元（或卖空价值x_R的国债）投资R基金。如此形成的投资组合的期望回报率为$E[R_P]=E[R_O]+x_R(E[R_R]-r_f)$，其中，$E[R_O]$为O基金的期望回报率，$E[R_R]$为R基金的期望回报率。表2-5显示，当加大对R基金的投资比例x_R时，投资组合的期望回报率和波动率的变动。

表2-5　对R不同比例投资对应的组合的夏普比率和R的必要回报率

x_R	$E[R_P]$	$SD(R_P)$	夏普比率	$Corr(R_R,\ R_P)$	β_R^P	r_R
0	15.00%	20.00%	0.6000	10.0%	0.18	5.10%
4%	15.24%	20.19%	0.6063	16.8%	0.29	6.57%
8%	15.48%	20.47%	0.6097	23.4%	0.40	8.00%
10%	15.60%	20.65%	0.6103	26.6%	0.45	8.69%
11%	15.66%	20.74%	0.6104	28.2%	0.48	9.03%
12%	15.72%	20.84%	0.6103	29.7%	0.50	9.35%
16%	15.96%	21.30%	0.6084	35.7%	0.59	10.60%

表2-5中数据的得出是基于如下公式：

$$Var(R_P) = Var[R_O + x_R(R_R - r_f)] = Var(R_O) + x_R^2 Var(R_R) + 2x_R Cov(R_R,\ R_O) \tag{2.22}$$

增加对R基金的投资，起初可以提高投资组合的夏普比率。然而，随着加大对R基金的投资，R基金与投资组合的相关系数就将上升，相关系数的计算如下：

$$Corr(R_R, R_P)=\frac{Cov(R_R, R_P)}{SD(R_R)SD(R_P)}=\frac{Cov[R_R, R_O+x_R(R_R-r_f)]}{SD(R_R)SD(R_P)}$$
$$=\frac{x_R Var(R_R)+Cov(R_R, R_o)}{SD(R_R)SD(R_P)} \tag{2.23}$$

随着对R基金的投资比例的提高，R基金相对于整个投资组合（包含R基金在内）的贝塔也随之升高。大约当x_R=11%时，R基金的必要回报率约等于9%的期望回报率，并且在这一投资水平下，投资组合具有最高的夏普比率。因此，由这两只基金构成的有效投资组合为每投资1元于O基金，就借入0.11元投资R基金。

必要回报率是必须补偿投资i给投资组合所带来的风险的期望回报率。如果i的期望回报率大于必要回报率，则应在风险资产组合中加大对i的投资，将会提高投资组合的业绩；而随着对i的投资比例的提高，i与风险资产组合的相关系数也随之加大，其相对于风险资产组合的系统风险也相应加大，则i的必要回报率随之上升，直到i的期望回报率和必要回报率相等为止。

夏普（William Sharpe）提出资本资产定价模型（CAPM，Capital Asset Pricing Model）。CAPM对投资者的行为给出三点假设：（1）投资者可以按竞争性的市场价格买入或卖出所有证券（无税收或交易成本），可以按无风险利率借入或贷出资金；（2）给定投资者愿意接受的波动率水平，他们会选择期望回报率尽可能高的证券投资组合；（3）对于证券的波动率、相关系数和期望回报率，投资者具有同质预期。

如果CAPM假设成立，那么选择最优投资组合就变得相对简单直接：它是无风险投资和股票市场组合的结合。如图2-3所示，经过市场组合的切线（资本市场线）表示的是，对于任意水平的波动率，投资者能够获得的最高可能的期望回报率。在CAPM假设下，有效风险证券组合（切点组合）就是股票市场组合。可以利用市场组合这一基准，确定证券的期望回报率和投资机会的资本成本。

根据前文分析，每个投资者都持有由切点所表示的风险证券组合，则所有投资者的风险证券组合结合起来，必定等于切点组合；而且，市场上的每个证券都有投资者持有，所有投资者持有的风险证券的总和一定等于市场提供的所有风险证券，因此，风险证券的有效切点组合一定与市场组合相同。所有投资者都需求有效风险证券组合，而提供全部风险证券的是股票市场组合，根据需求等于供给这一基本原理，股票市场组合即为切点组合。如果某一股票不在切点组合内，那么就意味着没有投资者想拥有它，对该股票的需求将不等于它的供给，该股票的价格将下跌，导致它的期望回报率将上升，直到变成有吸引力的投资为止。随着市场价格的调整，切点组合将与股票市场组合一致，对证券的需求等于供给。

如果市场组合是有效的，可把等式$r_i=r_f+\beta_i^P(E[R_P]-r_f)$重新改写为：

$$E[R_i]=r_i=r_f+\underbrace{\beta_i^{Mkt}(E[R_{Mkt}]-r_f)}_{\text{证券}i\text{的风险溢价}} \tag{2.24}$$

2.24式即为资本资产定价模型（CAPM），它表明，证券的风险溢价等于市场风险溢价（市场组合的期望回报率超过无风险利率的数值）乘以该证券的回报率呈现的系统风险系数，该证券的系统风险系数由它相对于市场组合的贝塔来表示。证券相对于市场组合的贝塔简称为证券的贝塔：

$$\beta_i^{Mkt}=\beta_i=\frac{\overbrace{SD(R_i)Corr(R_i,\ R_{Mkt})}^{\text{证券}i\text{随市场组合的波动}}}{SD(R_{Mkt})}=\frac{Cov(R_i,\ R_{Mkt})}{Var(R_{Mkt})} \tag{2.25}$$

贝塔可以较为恰当地衡量证券的系统风险，从而确定证券的风险溢价。据2.25式可推导出，投资组合的贝塔等于组合中各项资产贝塔的加权平均：

$$\begin{aligned}\beta_P^{Mkt}&=\frac{Cov(R_P,\ R_{Mkt})}{Var(R_{Mkt})}=\frac{Cov(\sum_i x_iR_i,\ R_{Mkt})}{Var(R_{Mkt})}\\&=\sum_i x_i\frac{Cov(R_i,\ R_{Mkt})}{Var(R_{Mkt})}=\sum_i x_i\beta_i\end{aligned} \tag{2.26}$$

自测题2-3

【延伸阅读】 股权资本成本

企业的资本成本反映了投资者对于风险的态度，更确切地说，反映了他们期望从承担风险获得怎样的回报的态度。如果投资者更加厌恶风险，那么企业就很难筹得资金，可能会因此取消或推迟某些投资，或者放弃一些并购计划。通过考查股权价值（股价）、预期利润和预期现金流的变化，投资者可以推算出股权资本成本的变化。但上面几种因素都无法直接测量。

——Richard Dobbs，Bin Jiang，Tim Koller，节选自《麦肯锡季刊》2008年12月。

【例2-7】

假设无风险利率是4%，股票市场组合的期望回报率为10%，波动率为18%。S股票的波动率为24%，它与市场组合的相关系数为0.52。S股票相对于市场组合的贝塔为多少？在CAPM假设下，它的期望回报率是多少？

计算S股票相对于市场组合的贝塔：

$$\beta_S=\frac{SD(R_S)Corr(R_S,\ R_{Mkt})}{SD(R_{Mkt})}=\frac{24\%\times0.52}{18\%}=0.69$$

根据CAPM，$E[R_S]=r_f+\beta_S(E[R_{Mkt}]-r_f)=4\%+0.69\times(10\%-4\%)=8.14\%$。

投资者会要求8.14%的期望回报率，以补偿与S股票相关的系统风险。

CAPM还意味着，股票的贝塔和它的期望回报率之间存在着线性关系，称作“证券市场线”（SML，Security Market Line），它经过无风险投资（贝塔等于0）和股票市场组合（贝塔等于1）。如果根据单个证券的期望回报率和贝塔画出它们在图中的位置，CAPM表明，它们都应该沿着证券市场线分布。相比之下，在显示资本市场线的图中，个股的波动率和期望回报率之间不存在明确的关系。股票的期望回报率只取决于它的波动率中与市场共有的那部分。只有当衡量系统风险而不是总风险时，单个证券的风险和回报率之间的关系才变得显而易见。

CAPM得出了两个主要结论：（1）市场组合为有效投资组合。最优的期望回报率与波动率组合为位于资本市场线上的投资组合；（2）证券的风险溢价和它相对于市场的贝塔成比例，风险和必要回报率之间的关系由证券市场线给定。

如果我们不得不使用历史数据估计贝塔，从而确定证券的期望回报率（或投资的资本成本），那么为什么不使用证券的历史平均回报率作为它的期望回报率的估计值呢？这种方法当然会更简单、更直接。这是因为从历史数据中推断个股的平均回报率是极端困难的。因为股票回报率的波动性强，即便有长达100年的数据，我们对真实均值的估计的置信度也是很低的（想象从一个满是排列着数字的池中找出100个数字，然后据以猜测池中所有数字的平均值）。更糟糕的是，很少有股票能存续100年，而且，那些100年前的公司与当今的公司相差太大。如果使用少于10年的数据，那么估计的置信度非常低。事实上，如果股票回报率的波动率为20%，那么需要1 600年的数据才能确保在95%的置信度下，对真实回报率的均值的估计值落在真实均值左右1%的范围内。而线性回归使得我们仅用几年的历史数据，就可从中合理而准确地推断出贝塔来。至少在理论上，CAPM提供的股票期望回报率的估计值，要比从历史平均回报率中得到的更准确。

投资者估计证券的贝塔时遇到的一个难题是，贝塔取决于未来的证券回报率与市场组合回报率的相关系数和波动率，它是基于投资者的期望而确定的。不过，习惯做法是基于历史相关系数和波动率来估计贝塔。如果股票的贝塔在一段时间内保持相对稳定，那么这一方法就是合理的。

许多资料来源提供了估计贝塔所需要的历史数据。这些用以估计相关系数和波动率的数据资料通常为2到5年的周或月回报率，并且用市场指数组合作为市场组合。证券的贝塔是，对于市场组合的超额回报率每1%的变动，证券的超额回报率的期望百分比变动(即变动了几个百分比)。如果证券的回报率平均来看倾向于随市场一致变动，则贝塔等于1。回报率的变动幅度通常超过市场组合变动的证券具有较高的贝塔，变动幅度小于市场组合的证券有较低的贝塔。在证券的超额回报率基于市场组合超额回报率的散点图中，证券的贝塔相当于最佳拟合直线的斜率（可通过Excel的斜率函数求解）。通过一系列的散点来确定最佳拟合直线的统计技术称作线性回归。当估计贝塔时，可能有一些其他原因需要将某些历史数据视为异常值而排除，或相应地用行业平均值替代，否则会扭曲贝塔的估计值[1]。

自测题2-4

【本章小结】

1.当评估大投资组合时，尽管波动率似乎是一种合理的风险计量，但它不足以解释个股的回报率。与大投资组合相比，个股的平均回报率较低，而波动率较高。不像大投资组合那样，个股的波动率和平均回报率之间不存在明确的关系。

2.标准误不同于标准差，标准误指的是样本均值的标准差，描述均值抽样分布的离散程度及衡量均值抽样误差大小，反映的是样本均值之间的变异；标准差测量组内个体间的离散程度。标准误越小，表明样本统计量与总体参数的值越接近，样本对总体越有代表性，用样本统计量推断总体参数的可靠度越高。

3.由公司或行业的特有消息而引起的股票回报率的波动，表示的是独立风险，或可分散风险。由关于整个市场的消息而引起的股票回报率的波动，表示的是共同风险或系统风险，所有股票同时受到这种消息的影响。

4.投资者能够通过分散其投资组合从而“免费”地消除非系统风险，根据一价定律，

① 例如，受到公司重要消息公告（如生物制药企业宣布临床试验成功或失败）的影响，股票回报率可能变得异常高或低；这些消息和对应的回报率反映的是公司的独特风险（非系统风险），所以，在测量反映个股系统风险的贝塔时需要将其剔除或以同期行业均值替代。

承担非系统风险不要求回报或风险溢价。

5. 分散化投资不能降低系统风险：即使持有大投资组合，投资者也将暴露于影响整体经济从而影响所有证券的风险中。

6. 投资者可以通过卖出股票，投资无风险债券来降低组合的系统风险，但这是以放弃更高的期望回报率为代价的。投资者只有牺牲期望回报率才能消除系统风险，是证券的系统风险决定了投资者要求的风险溢价。

7. 股票的平均回报率只是真实期望回报率的估计值，存在估测误差。

8. 任何证券的期望回报率和它相对于有效投资组合的贝塔之间存在如下关系：

$$E[R_i] = r_i = r_f + \beta_i^{eff} \times (E[R_{eff}] - r_f)$$

9. CAPM 得出两个主要结论：（1）市场组合为有效投资组合。最优的期望回报率与波动率组合为位于资本市场线上的投资组合；（2）证券的风险溢价和它相对于市场的贝塔成比例，风险和必要回报率之间的关系由证券市场线给定。

【复习思考】

1. 为什么不直接使用证券的历史平均回报率作为它的期望回报率的估计值？这种方法岂不更简单、更直接？

2. 描述股票的必要回报率等于期望回报率的动态均衡过程。

3. 怎样估计股票的贝塔？当利用历史回报率数据估计贝塔时需要注意哪些问题？

4. 解释资本资产定价模型（CAPM）的内涵。

5. 成本平均化策略是指投资者在每一期均买入相等金额的一种股票，例如，每月买进 5 000 元。这样做的理由是，每月固定金额的买入，长期平均，则股价低时买入股票更多，股价高时买得较少，结果就相当于投资者正确地选择了市场时机。这一策略合理吗？

6. 若 CAPM 对风险正确定价，市场组合就是有效投资组合，解释为什么。

7. 当贝塔为零时的股票的风险溢价是多少？这意味着在不改变投资组合的期望回报率的前提下，你可以通过利用无风险资产替换组合中的零贝塔股票，从而降低投资组合的波动率吗？

8. 假设 CAPM 是正确的，为什么 CAPM 的实证检验可能表明模型不起作用，也就是说，股票的阿尔法（即股票的实际平均回报率与基于 CAPM 得出的期望回报率之差）在统计意义上显著不为零，说明理由。

第三章
多因素定价模型

【学习目标】

本章参考行为金融学的研究框架，结合无套利原理指导下的线性定价技术，介绍其他可选择的主流系统风险模型，如Fama-French三因素模型、Fama-French-Carhart四因素模型、Fama-French五因素模型以及基于中国股票市场的四因素定价模型。通过对本章内容的学习，学生应达到以下目标：

1. 理解CAPM未能解释市场异象的可能原因，了解常见的市场异象，如规模、账面市值比（B/M）、动量等异象。

2. 了解个人投资者的非理性投资行为及其理论解释，如前景理论等。

3. 理解产生正α交易策略的启示，理解市场有效性的含义。

4. 掌握风险的多因素模型的基本原理，尤其是因素组合的构建方法。

【内容导图】

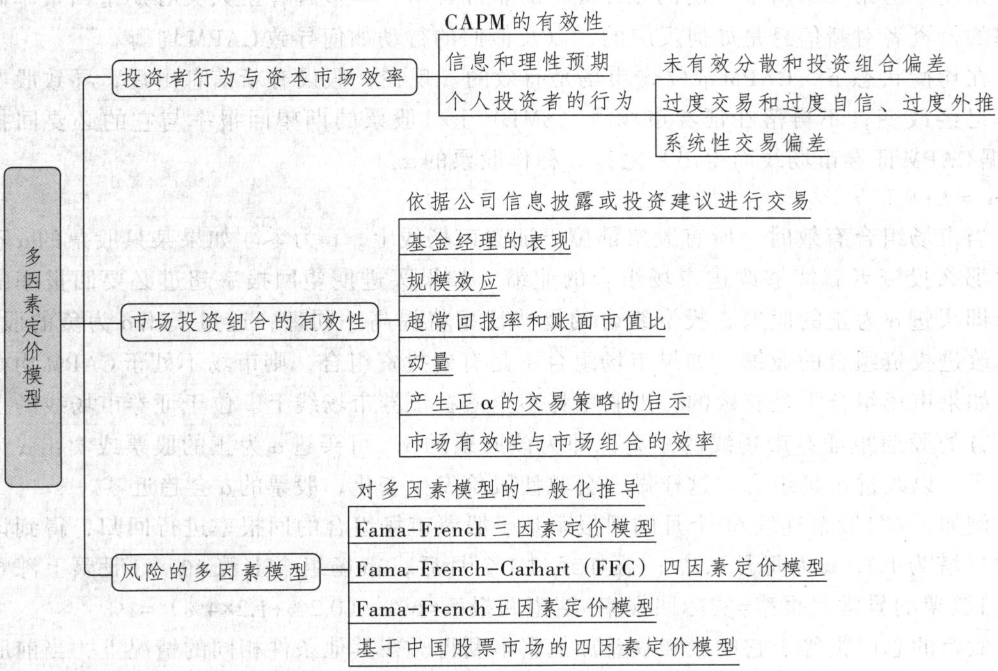

资产定价构成金融学的核心内容。传统金融学假设投资者具有理性信念、能够及时处理全部新信息以及依照预期效用最大化来进行决策。但行为金融学对上述假设逐一提出挑战。对于理性信念，行为金融学认为市场参与者的信念并不是完全理性的，主要表现为过度外推和过度自信；过度外推是指人们预测未来时，其预测值通常和当前数据更相关；过度自信是指决策者做判断时倾向于高估自己判断的准确性，认为自己的判断比他人更准确。对于及时处理新信息，认知学研究表明人的大脑对信息的处理能力是有限的，存在认知限制，无法对全部新信息进行及时处理。关于决策偏好，行为金融学认为人在做决策时难以做到完全理性，比如人们会因为问题描述方式的差异而做出不同的决策（框架效应），前景理论以及模糊厌恶比预期效用理论能够更好地描述市场参与者如何在不确定情形下做决策。有大量文献发现各种CAPM无法解释的市场异象，比如规模、价值、动量、盈利、反转等异象，随着有限套利理论被广泛接受，心理学关于人如何进行判断和决策的研究的不断进展，对于市场异象更具解释力的各种定价模型相继出现。

第一节　投资者行为与资本市场效率

一、CAPM的有效性

根据资本资产定价模型（CAPM），市场组合是有效的，基金不可能在不承担额外风险的情况下，持续跑赢大市。为了理解竞争在资本市场中扮演的角色，从个人投资者的行为的角度考虑第二章所推导出的CAPM均衡非常有用。本节解释了只关心期望回报率和波动率的投资者对新信息是如何反应的，以及他们的行动如何导致CAPM均衡。

在均衡状态下，CAPM成立，市场是有效的。现在，假设有新信息出现，导致股票回报率已经改变，不再落在证券市场线（SML）上。股票的期望回报率与它的必要回报率（依据CAPM证券市场线而得出）之差，称作股票的α：

$$\alpha_s = E[R_s] - r_s \tag{3.1}$$

当市场组合有效时，所有股票都位于证券市场线上，α为零。如果某只股票的α不为零，那么投资者就能够改进市场组合的业绩。如果买进期望回报率超过必要回报率的股票，即买进α为正的股票，投资组合的夏普比率将提高。同理，通过卖出α为负的股票，也可改进投资组合的业绩。如果市场组合不是有效投资组合，则市场不处于CAPM均衡状态。如果市场组合不是有效的，则股票将不全落在证券市场线上。位于证券市场线的上方或下方的股票距证券市场线的距离，即为该股票的α。可买进α为正的股票或卖出α为负的股票，以改进市场组合。这样做，会驱使股价发生变化，股票的α会趋近零。

例如，对J股票连续60个月的回报率基于股票市场组合的回报率进行回归，得到该股票的贝塔为1.2，α为每月0.2%；假如经过1个月后，市场组合上涨4%，J股票上涨6%，计算J股票的异常回报率=实际回报率−期望回报率=6%−（0.2%+1.2×4%）=1%。

股票的总回报等于它的股利收益加上资本利得。在其他条件相同的情况下，当前股价的上涨将导致未来的股利收益率和资本利得率下降，从而降低股票的期望回报率。当明智的投资者买进α为正的股票以改进其投资组合的绩效时，抬高了α为正的股票的价格，同时降低了股票的期望回报率；而卖出α为负的股票，将推动股价下跌和期望回报率上升。上述过程直到股票再次落到证券市场线上，市场组合变得有效时才停止。

尽管CAPM的市场组合总是有效的结论可能并不正确，但是精明的投资者试图战胜市场并赚得正α，他们之间的竞争会驱使市场组合在大多数时间里接近有效状态。在这种意义上，可以把CAPM看作竞争市场的近似描述，如Richard C.Grinold所比喻，“阿尔法就像蘑菇，见光就枯萎”[①]。当然，也可能存在一些交易策略，利用α不为零的股票进行交易，从而实际上能够战胜市场。格雷厄姆曾说过，“战胜市场平均水平非常难，如果你还是想试一试，那么，第一，你要有一个内在合理的策略；第二，这个策略应该是市场上不流行的。要战胜市场平均回报水平，有可能但很难，普通投资者没必要有此追求。”[②]

自测题 3-1

二、信息和理性预期

在什么样的情形下，投资者可从交易非零α的股票中获利？例如，在价格调整前，M股票的α为正，投资者预期其价格将会上涨，从而愿意以当前市价买进股票。如果可改变M股票的期望回报率的信息公开宣布，很可能会有大量的投资者获知该信息，并做出反应。同理，得到该信息的M股票持有者都不想按以前的价格卖出股票。股票的买卖极不平衡，消除这种不平衡的唯一方法就是使价格上涨，从而驱动α为零。在这种情况下，即使不进行交易，新的股价也很可能会产生。投资者之间的竞争非常激烈，在任何一个投资者真正地以过去的价格交易之前，价格就已经变化了，没有投资者可以从新信息中获利。如果想要通过买入α为正的股票获利，必须有人愿意卖出该股票。CAPM的同质预期假设表明，所有投资者都拥有相同的信息，似乎所有投资者都能意识到该股票有正的α，没有人愿意卖出。当然，同质预期假设不是对现实世界的一个准确描述。在现实中，投资者拥有不同的信息，投入不同程度的精力研究各种股票。可以预期，那些老练的投资者会知道M股票的α为正，从而他们能够从那些比较单纯的投资者手中购入M股票。然而，在这种情形下，即使是投资者的信息质量不同，也未必足以促使交易发生。CAPM的一个重要结论是，投资者应持有市场组合（与无风险资产相结合），这个投资建议并不依赖于投资者所掌握的信息的质量或他的交易技巧。即便没有掌握任何信息的单纯的投资者也可遵循这一投资建议，持有由市场组合与无风险资产构成的组合，从而避免被老练的投资者利用。

假如你是一个没有获得任何关于股票的信息的投资者。你知道市场中的其他投资者都拥有大量信息，并且他们积极地利用这些信息去选择有效投资组合。你担心因为你处于信息劣势，你的投资组合的表现将差于平均投资者。你怎样避免出现这样的结果，并确保你的投资组合的表现将与投资者的平均水平一样好呢？答案是，尽管你掌握的信息不多，你只需简单地持有市场组合，就可确保自己的回报率与平均意义上的投资者的回报率一样。因为所有投资者的风险证券组合的集合必然等于股票市场组合（对股票的需求必定等于供给），如果你持有市场组合，你的回报率一定与平均意义上的投资者的回报率相同。假设你未持有市场组合，其中有一些比例低于其市场价值权重的股票，比如，N股票。这一定

① Alpha is like a mushroom：when exposed to the light，it withers.
② 格雷厄姆，多德. 证券分析［M］. 6版. 巴曙松，等译. 成都：四川人民出版社，2019.

意味着，其他所有投资者持有的N股票总计要超过N股票的市场价值权重。其他投资者比你掌握的信息要多，他们必定意识到N股票是一笔不错的交易，并能从你的损失中获利。

每个投资者，不管他获得多少信息，都能通过简单地持有市场组合来确保他得到平均回报率和零α，没有投资者会选择α为负的投资组合。不过，因为所有投资者的平均投资组合为市场组合，所以全部投资者的平均α为零。如果没有投资者获得负α，那么就不会有投资者能够赚得正α，这意味着市场组合一定是有效的。因此，CAPM并不严格依赖同质预期假设。CAPM仅要求投资者具有理性预期，所有投资者正确地解释和使用自己拥有的信息，以及从市场价格或其他投资者的交易中推测出来的信息。某个投资者要想获得正α并战胜市场，一些投资者就必须持有负α的投资组合。由于这些投资者本可以通过持有市场组合获得α为零的回报率，因此，只要有相当数量的投资者出现下面任何一种情形，市场组合就可能是无效的（某些投资者有可能战胜市场）：（1）没有理性预期，错误地理解信息，当他们实际上获得负α时，却认为获得正α；（2）除了期望回报率和波动率以外，他们还在意投资组合的其他方面，从而愿意持有非有效的证券投资组合。

三、个人投资者的行为

实际上，许多投资者似乎并未持有有效投资组合，相反，他们的投资组合并没有充分分散，而且交易频繁。

（一）未有效分散和投资组合偏差

第二章所讨论的风险和回报的一个重要启示就是分散化（多元化）带来的好处。投资者可通过适当地分散其投资组合，在不降低期望回报率的前提下减少总风险。所有投资者都应该利用分散化投资的好处，但存在很多证据表明，个人投资者无法适当地分散其投资组合，大多数投资者持有不到10种股票，而且，这些投资通常集中于同一行业或地理位置接近的公司，这进一步限制了分散化程度。

针对这一行为有若干可能的解释。一种解释是，投资者遭受熟悉度偏误，喜欢投资于他们熟悉的公司。另一种解释是，投资者具有相对财富考虑，最关心他们的投资组合相对于其同事的表现。“互相攀比”的心理导致投资者为了与同事相比，而选择未能有效分散的组合。这种未有效分散是个人投资者选择次优组合的一项重要证据。

（二）过度交易和过度自信、过度外推

根据CAPM，投资者应该持有由无风险资产和包含所有风险证券的市场组合所构成的组合。市场组合是价值加权组合，也是被动式投资组合，为了维持市场组合，投资者不需要进行交易以应对每天的价格变动。理论上，如果所有投资者都持有市场组合，那么股票市场的成交量就会相对很少。但在现实中，股票市场每天都在发生着大量的交易。个人投资者往往非常活跃地进行交易，股票的平均换手率较高。如果人们完全理性，且公司未来的基本面未发生变化，那么市场中的成交量应该很低，但事实却相反。

如何解释这种交易行为？心理学家已经意识到，非知情的个人往往会高估其认知的准确度，例如，许多坐在看台上的球迷自信满满地猜测教练在赛场上的决策，坚信如果他们是教练，会做得更好。个人投资者相信其有能力挑选出盈利的和亏损的股票，事实上，他们不能；很多投资者似乎并非基于对股票表现的理性评估而交易，这种过度自信会导致过度交易。当新信息出现后，由于过度自信的投资者对新信息的处理方式不同，以及过度自

信偏误，因此，他们会认为自己对该资产价格未来走势的看法更加正确，这就导致投资者之间的意见分歧，从而造成交易的契机，产生庞大的交易量。

过度外推（over-extrapolation）的意思是，当人们预测股票未来的回报率（价格变化）时，偏好给近期的回报率赋予更高的权重。如果最近股价涨得多，倾向于认为它未来还会涨得更高；如果最近股价跌得多，倾向于认为它在未来会继续下跌。人们在金融市场中无法做到完全理性，持有很多带有偏差的信念。群体的非理性过度外推和过度自信，促成了在各个大类资产类别中都能观察到的现象——中期动量、长期反转、价值溢价以及和基本面变化不相符的高成交量等。过度自信偏差的一个启示是，假设投资者不具备真正的选股能力，其交易越多，并不会获得较高的回报。一旦考虑交易成本（股票交易佣金和买卖价差），他们的表现反而会更差。

（三）系统性交易偏差

在现实中，个人投资者的投资并未有效分散，且交易过多，违背了CAPM的一个重要预测。这个观察结果意味着其余的CAPM结论也是无效的吗？答案未必如此。若个体投资者对CAPM的背离是随机的、异质的，尽管每个人事实上都未持有市场组合，但是，把他们的投资组合结合起来，就像任何其他异质风险一样，这些偏离往往相互抵消。如果是那样，个人投资者在总体上将持有市场组合，不会影响市场的有效性。非知情投资者的行为若能对市场产生影响，一定是因为有能够导致其系统性地背离CAPM的行为模式，从而给价格带来系统的不确定性。投资者必须具有相同的动机，他们的交易才能这样相互关联。

个人投资者的行为对市场价格的影响，给更老练的投资者创造了盈利的机会。在个人投资者所犯的错误类型中，存在一些可预见的、系统性的模式。行为金融学认为，传统金融理论忽视了在现实中市场参与者是怎样做决策的以及人与人之间的差别，当制定决策时表现出一些非理性行为。产生非理性的两个前提是：首先，投资者处理信息时并不总是正确的，会错误地推断未来回报率的概率分布；其次，即使给定概率分布，投资者也常常做出不一致的决策或系统性地做出次优的决策。非理性投资者的存在本身不足以导致资本市场无效，如果这样的非理性投资确实影响资产价格，可期待精明老练的套利者利用套利机会使价格恢复到原有的价值水平。但是，套利行动由于实施成本高（如卖空限制）、套利资金不足、股价反应慢等而受到限制。

1.信息处理错误

信息处理错误会导致投资者错误估计资产回报率的真实概率分布，表现为预测错误、过度自信、保守主义以及忽视样本的大小和代表性。人们做预测时更看重当前的经历而不是以前的信念，而且会在信息不确定情况下容易做出极端的预测，通常会低估自己的认识误差和预测的不精确程度，并高估自己的能力。保守主义偏好是指投资者对最近出现的事件反应不足，导致价格逐渐地反映新信息。投资者在推断未来时似乎将小样本作为一个总体的代表而得出一种模式，并以此预测未来，从而会产生过度反应或反应不足，比如基于为数不多的盈利报告或股票的高回报来修正对未来业绩的评估，产生推动价格上涨的购买压力。

2.心理账户

心理账户是人们将决策归类的特殊框定形式，例如，投资者在一个投资账户上追求高风险高回报，但在另一个投资账户上持有很保守的头寸以准备支付孩子的教育费用。一些投资者非理性地偏好派发更高现金股利的股票（因为派发与消费股利可使他们不用动本钱），同时具有长时间持有亏损股票头寸的倾向（不愿意体验亏损），例如，某投资者认为国际股票的投资风险更高，因而在他设定的“投机账户”中交易国外股票，而在他认为在相对安全的“退休金账户”中交易国内证券，且必须是分配现金股利的股票和支付利息的债券。投资或投资分类决策应考虑整个资产组合的风险和回报特性，而不是任何个别账户的预期盈亏，对于整个资产组合应持有一致的风险态度。

3.继续持有亏损股票与处置效应

Kahneman和Tversky（1979）提出的关于投资者决策的前景理论（prospect theory）认为，大多数投资者往往都是非理性的，当面临盈利时，往往规避风险；而当面对亏损时，则偏好风险。而盈利和亏损又是相对于参考点而言的。改变投资者在决策时所使用的参考点，可以改变其对风险的态度。作为期望效用理论的替代，前景理论首次将心理学与经济学相结合，从新的角度分析了决策者的行为。

价值函数评价的是一个决策的结果x给人带来的主观价值$v(x)$的大小。结果x，即盈利与亏损，是相对一个给定的参考点而言的，而主观价值$v(x)$是x的非线性函数。无论对于盈利或者亏损，价值函数的敏感性递减。当结果为正收益时，价值函数为凹函数，表现为厌恶风险；当结果为负收益时，价值函数为凸函数，表现为偏好风险。亏损带来的主观价值的减少，高于同样幅度盈利带来的主观价值的增加。通俗地讲，亏损带来的痛苦大于盈利带来的快乐。

前景理论认为，人们根据现状或类似的参考点（框架效应）来评估结果，为了避免遭受损失将会冒险，会过于看重一些不可能发生的事件。处置效应是从前景理论推导出来的，假定投资者通过比较每只股票的买价和卖价来框定他们的决策。当股价高于买入价（参考点），即暂时处于盈利时，投资者是风险厌恶者，希望锁定收益；而当股价低于买入价，暂时处于亏损时，投资者就会转变为风险偏好者，拒绝实现亏损。当组合中既有盈利股票又有亏损股票时，投资者倾向于较早卖出盈利股票，而将亏损股票保留在组合中，回避实现损失，这就是“处置效应”（disposition effect）。投资者往往对损失比对收益更为敏感。当投资者感觉某一价格带来的是“损失”而不是“收益”时，他们对价格就越敏感。处置效应是由于投资者面临可能的损失时，其承担风险的意愿增强而引起的，和价值函数在盈利和亏损两端的非线性凹性和凸性有关，也和人们的风险厌恶有关。与此相关的“框架效应”（framing effect）指的是决策中因情景表述的改变而导致选择偏好改变的现象，即对于同一问题，当被描述为得益情景时人们回避风险，而被描述为损失情景时人们倾向冒险，这也是投资者非理性的一种体现①。

4.投资者的认知限制

个人投资者通常不是专职交易者，他们在投资决策上花费的时间和关注是有限的，可能会被一些引人关注的新闻故事或其他事件所影响。有研究表明，个人投资者更可能购买那些最近出现在新闻报道中、致力于广告宣传、经历异常高的成交量、或有极端（正或负）回报率的股票。投资者往往过于看重自己的经验，而不是深思熟虑所有的历史证据。投资者的情绪似乎也影响其行为，例如，阳光通常对情绪有积极的影响，研究发现，在股

① 比如，两个口渴的人看到有半杯水；一个人说道，“真幸运，还有半杯水”；而另一个人则说，“真可惜，怎么只剩下半杯水？”

票交易所，要是当天阳光明媚，股票的回报率一般较高，推测这是由投资者的好情绪所导致的。

由于认知限制，人们无法实现完全理性下的最优解。一方面，由于人脑对信息的分析处理能力是有限的，在任何给定的时刻，并不能处理所有的信息，而是偏好去应对最显著、最重要的信息。由于人们对新的基本面信息反映不足，因此，造成价格无法迅速对其反应到位，而是会在盈余宣告之后继续漂移。认知限制的第二个方面是分类思维。市场中有成千上万种资产，为了简化思维，投资者会把它们进行分类，比如把股票按风格分成价值股、成长股、高质量股、小盘股等。如此多的分类使得投资者判断这些资产时，更多地考虑它们所处的资产类别，而非每项资产本身的基本面。这就造成了同类资产中的显著的联动性。如果投资者是完全理性的，那么价格联动发生的唯一前提应该是该股票的基本面和其他成分股的基本面联动，然而经验证据并不支持这种看法。

5.羊群行为

投资者犯相似的交易错误的另一个原因是，他们在积极地试图追随彼此的行为。个人彼此间模仿他人行动的现象，被称作“羊群行为”（herd behavior）。交易者在其投资组合决策中可能会随大流，这有以下几个原因：第一，他们可能相信他人具有优势信息，可以通过复制别人的交易来利用这一优势。这种行为会导致信息追随效应（informational cascade effect），即交易者忽视自己拥有的信息，希望从别人的信息中获利。第二，出于相对财富考虑，个人为了避免比其同事的投资绩效表现差的风险，从而选择追随别人。第三，如果专业基金经理的行动偏离其同行太远，则可能会面临声誉风险。

投资者会做出错误的决策，产生系统性的偏差。尽管犯错的经济成本高昂，而且还存在可以避免犯错的相对容易的方法（持有市场组合），但是，这些错误仍会持续发生。如果个人投资者正在从事赚取负α的策略，则更有经验的投资者就有可能利用个人投资者的这一行为，赚得正α。

第二节 市场投资组合的有效性

一、依据公司信息披露或投资建议进行交易

精明老练的投资者要想从中获利，需要具备以下两个条件：第一，决策失误对股价的影响要足够普遍和持久。投资者的行为一定要能推动价格，这样，非零α的交易机会就会出现。第二，利用这些非零α机会的竞争一定要有限。如果竞争太过激烈，在任何交易者对其进行很大程度的利用之前，这些机会很快就会被消除。

寻找可获利的交易机会的一个自然的方法是，对重大消息宣布或分析师的建议做出反应。如果有足够多的其他投资者没有关注这些信息，或许某个投资者就能从这些公开信息中获利。在对股价的影响方面，一个重大的消息宣布就是公司成为被收购的目标。通常，收购要约会给目标公司的当前股价带来相当大的溢价，消息一公布，目标公司的股价通常会跳涨，但一般股价不会完全上涨到要约给出的价格。尽管这种价格差异似乎能创造有利

可图的交易机会，但在大多数情况下，仍然存在关于交易是否会按照初始要约价格，或者更高的价格进行，或者交易根本就没有发生的不确定性。市场对于许多此类收购的消息宣布的平均反应，显示了目标公司股票的累计异常回报率（CAR，Cumulative Abnormal Return），它衡量的是，当消息宣布（或事件发生）时，股票的实际回报率相对于根据其贝塔预测的正常回报率的差额。由于股价的初始跳涨太高，以至于其未来的回报率平均而言没有胜过市场。但是，如果投资者能够预测到公司最终是否会被收购，就可根据这一信息进行交易并获利。

二、基金经理的表现

简单地依据新闻和消息进行交易可能并不容易获利，但成熟老练的投资者也许能够这样做，例如，能更好地预测收购的结果，或卖空小盘股。专业的基金经理应该能充分有效地利用这些机会。平均意义上的基金经理能够找到获利的交易机会并不意味着所有的基金经理都能够做到。事实上，大多数都找不到。排序处于中位数的基金实际上在毁损价值；大多数基金经理看起来跟个人投资者的行为表现非常相像，他们也过度交易，导致交易成本超过了从其可能发现的任何交易机会中获得的盈利。这些关于共同基金表现的研究结论可能令人惊讶，但它们与竞争性的资本市场一致。如果投资者能够预测某位投资技能强的基金经理在未来能产生正α，他们就会争相投资该经理掌管的基金，大量的资金将涌向他。随着新资金的加入，基金的回报率会下降，直到α不再为正。过度自信也可造成负α，投资者过分相信他们选择基金经理的能力，从而交付了过多的资本给基金经理，较好的投资绩效被基金经理以收取费用的形式攫取了。在竞争性的劳动力市场中，基金经理应该获取与他的独特技能相关的经济租金。基金经理的获利意味着有可能在市场上找到盈利的交易机会，但是，能持续这样做则需要一种稀缺的才能，而只有投资技能最高超的基金经理才具备。想要战胜市场，应该具备特殊的技能，比如对信息进行缜密、全面的分析，或较低的交易成本。个人投资者可能在这两种技能上存在劣势，而且还遭受行为偏差。CAPM暗含的“投资者应持有市场组合”的理念，或许就是给予大多数投资者的最好建议。

三、规模效应

如第二章所述，小盘股的历史平均回报率高于市场组合的历史平均回报率。通常小公司股票的市场风险高，即便考虑其较高的贝塔，它们的回报率也显得格外高。这一经验结论称作“规模效应”（size effect）。Fama和French（1993）每年基于股票的总市值排序，把股票分为10个组合，选择股票市值规模最小的10%数量（10%分位数）的股票作为第1个投资组合，接下来的10%的股票作为第2个组合，直到市值最大的10%的股票形成第10个组合。然后，记录下一年的每个组合的每月超额回报率，对样本的所有年份重复这个过程。最后，计算出每个组合的平均每月超额回报率和贝塔。结果表明，虽然具有较高贝塔的组合产生较高的期望回报率，但是大多数组合都位于证券市场线（SML）的上方，除了一个组合外，其他组合都具有正α。由市值最小的10%数量的股票所构成的组合，其表现最为极端。当然，估计误差也有可能造成这一结果；由于标准误较大，没有哪一个组合的α估计值显著地不为零。然而，在10个组合中有9个组合位于证券市场线的上方。如果正α纯粹是由于统计误差所致，那么可以预期位于证券市场线上方的组合与下方的组合会一样多。因此，关于所有10个组合的α是否都共同等于零的检验，在统计上可以被拒绝[①]。在信息披露越发透明、市场参与者之间高度竞争的前提下，对于规模效应（小盘股效应）最可能的解释是，用于估计期望回报率的模型（CAPM）是不正确的，还存在一些尚未被确认的系统风险因素。

自测题3-2　　自测题3-3

四、超常回报率和账面市值比

研究者利用账面市值比（B/M，Book-to-Market Ratio）标准排序构造10个投资组合，也发现了类似的结论。账面市值比为股票的账面价值与股票的市场价值之比（市净率P/B的倒数）。高账面市值比股票被称作“价值型股票”（绩优股），低账面市值比股票被称作“成长型股票”。价值型股票的α通常为正，成长型股票的α往往较低或为负。关于这10个组合的α是否为零的联合检验再次被拒绝。

在其他条件相同的情况下，正α意味着该股票有相对高的期望回报率。较高的期望回报率意味着较低的股价，因为投资者得到较高的期望回报率的唯一方式是以较低的价格购买股票的股利现金流。较低的价格意味着较低的市值（从而具有较高的账面市值比）。因此，当投资者以低市值（或高账面市值比）的股票构造组合时，在组合中所包含的股票将很可能具有较高的期望回报率，并且如果市场组合不是有效的，这些股票将产生正α。同样地，在其他条件相同的情况下，位于证券市场线下方的股票将具有较低的期望回报率和较高的价格，暗示着它有较高的市值和较低的账面市值比。如果市场组合不是有效的，由高市值或低账面市值比股票所构成的组合，会有负α。

【例3-1】

预期S股票和B股票分配的股利相同，都为每年100万元的永续年金。S的股利现金流的风险比B的高，它每年的资本成本是14%。B的资本成本是10%。哪家公司有较高的市场价值呢？哪家公司会有较高的期望回报率？不管是由于估计误差还是因为市场组合无效，现在假设这两只股票都有相同的估计贝塔。基于这一贝塔，根据CAPM，两只股票的期望回报率都是12%。公司的市场价值与它们各自的α有怎样的联系？

S股票的市场价值=100/0.14=714.3（万元）；B股票的市场价值=100/0.1=1 000（万元）。S股票有较低的市场价值与较高的期望回报率（14%对10%），也具有较高的α为2%（14%−12%）。B股票的α较低，为−2%（10%−12%）。可见，市值较低的公司具有较高的α。

---

① 在统计推断中，从不证明确定的事实，要做的是在一定的置信度下接受或拒绝一个特定的假设。无论统计检验的结果如何，小盘股效应也有可能仅仅是一种统计偶然性，尽管可能性非常小。

五、动量

研究者也利用股票的历史回报率构造具有正α的投资组合。例如，有文献发现，表现最好的股票在接下来的3~12个月中有正α。这一证据与CAPM不符：市场组合为有效时，基于过去的回报率无法预测α。投资者可以利用这一研究结论，通过买进历史回报率高的股票，卖出（或卖空）历史回报率低的股票，从而来套利，这被称作“动量（惯性）策略”（momentum strategy）。

六、产生正α的交易策略的启示

自从创立CAPM以来，理论研究者和金融理财从业者都逐渐清楚地认识到，通过基于股票市值、账面市值比、过去的回报率等标准构造投资组合，投资者可构建产生正α的交易策略。可以得出以下两种结论：

（1）正α的交易策略表明投资者系统性地忽视净现值为正的投资机会。也就是说，CAPM正确地计算出要求的风险溢价，但是投资者却忽视了不用承担额外风险就可获取超常回报的机会，或者因为他们没有意识到，或者是因为实施这种策略的成本大于其净现值。

（2）正α的交易策略包含了投资者不愿承担的风险，但是CAPM却没有捕捉到这种风险。股票相对于市场组合的贝塔并没有恰当充分地度量股票的系统风险，于是CAPM就无法正确地计算风险溢价。

市场中可能持续存在正净现值机会的唯一方式是，某种进入障碍限制了投资者的竞争。但是，上述这些广为人知的交易策略已存在很多年，构造这样的投资组合所需要的信息不仅可以随时获得，而且许多共同基金也遵循动量策略，以及基于总市值或账面市值比的策略。因此，上述第一个结论似乎是不正确的。剩下第二种可能性，即市场组合不是有效的，股票相对于市场组合的贝塔无法恰当地衡量它所暴露的系统风险。来自交易策略的获利（正α），其实是对投资者承担了他厌恶的风险的回报，而CAPM并未捕捉到这一风险。为什么市场组合可能是无效的？有几种原因，下面逐一考察每种可能性。

第一种原因可能是市场替代错误。真实的市场组合可能是有效的，但是我们使用的市场组合替代可能是不准确的。真实的市场组合包含经济中所有可交易的投资财富，还包括债券、不动产、艺术品以及贵金属等等。不可能将这些投资的大部分纳入市场替代中，因为无法获得竞争性的价格数据。与真实的市场组合相比，标准的市场组合替代，比如标准普尔500指数或其他股票市场指数，可能是无效的，于是股票的α将不为零。在这种情况下，α仅仅表明所使用的市场替代是错误的；它们并不表示放弃具有正净现值的投资机会。

第二种可能的原因来自于投资者的行为偏差。正如本章上一节所讨论的，一些投资者可能存在系统性的行为偏差，例如，投资者可能会被有大量新闻报道的大型成长股所吸引。他们可能会遵循反转交易策略，卖出盈利股票，继续持有亏损股票。这些投资者深受这些偏见之害，从而持有无效组合。更加精明老练的投资者持有有效组合，但是因为供给与需求必定相等，所以这个有效组合一定要包含更多的小公司股票、价值型股票和动量股票，这样才能与存在行为偏差的投资者的交易相互抵消。虽然这个有效组合的α为零，但

与市场组合（存在行为偏差的投资者和老练的投资者所持有的组合的结合）相比，有效组合的α是正的。

第三种原因是投资者另类的风险偏好和非流通财富。投资者可能也会选择无效组合，因为他们关心的是风险特征，而不是所交易的组合的波动率，例如，投资者可能被收益呈偏态分布的投资所吸引，在偏态分布中，异常高的收益的出现概率很小。为得到异常高的收益，他们也许乐意承担一些本来可以被分散的风险。而且，在其投资组合之外，投资者还暴露于其他重大的不可交易风险，其中，最重大的不可交易风险是由人力资本造成的，例如，银行从业人员受到金融业风险的影响，软件工程师会受到高科技行业风险的影响，所以当选择投资组合时，投资者可能偏离市场组合，以抵消这些固有的风险。

仅因为市场组合不是有效的这一点，并不能排除另外一个投资组合是有效的可能性，知道这一点很重要。事实上，正如第二章所指出的，无论什么样的有效组合，CAPM定价关系都是成立的。鉴于有证据表明市场组合不是有效的，研究者已经提出了有关风险和回报的其他可供选择的模型，尤其是，这些模型不依赖于市场组合的有效性。

七、市场有效性与市场组合的效率

有效市场假说指出，竞争应该能消除净现值为正的交易机会，或相当于，具有同等风险的证券应该有相同的期望回报率。但是因为“同等风险”不好定义，无法直接测试有效市场假说。然而，在CAPM假设下，可以很好地测量风险，于是可通过测试市场组合是否有效，以及所有交易策略的α是否都为零，来检验CAPM中不存在正净现值交易机会的这一观点。

有效市场假说进一步将这类检验划分为弱式、半强式和强式效率检验。弱式有效表示，不可能基于过去的价格信息进行交易而获利，例如，卖出盈利股票，继续持有亏损股票，或相反地，实施动量交易，在弱势效率市场中，这些交易都无法获利。半强式有效指的是，不可能基于任何公开的信息交易而持续获利，比如，公司宣布的消息或分析师的投资建议。强式有效表示，除了历史价格、成交量信息和公开信息外，即便依据私人信息进行交易，也不可能持续获利。

有文献证据表明，当利用CAPM测量风险时，关于市场有效性的证据是混合的：个人投资者平均来看似乎并没有战胜市场，然而同时，特定的交易策略似乎又是有利可图的。问题是，如何正确地测量风险？这些“可获利”的策略是否承担了不能被CAPM识别的系统风险？可依据比CAPM更通用的风险模型为这些风险公平定价吗？或者，它们代表了当不增加风险时能赚取更高回报率的真正投资机会吗？

依据无套利原理，如果是非理性行为造成了错误定价，那么它也应该是转瞬即逝的，因为理性投资者必然会对它进行套利，在获得回报的同时消除错误定价。但有限套利理论指出，当错误定价出现时，理性投资者想要利用它赚取回报，要面对基本面风险、噪音交易者风险以及实施成本。这些风险的存在导致理性投资者无法充分套利，使得错误定价无法被消除并长时间存在于市场中。

正如巴菲特所说，“市场经常是有效的这一观察是正确的，但由此得出结论说市场永远是有效的，这就错了。这两个假设的差别如同白天与黑夜。”市场的有效性就像从远处看海面是平的，但近距离观察则是起伏不定。

自测题3-4

【延伸阅读】 关于行为金融学的一个综述（节选）

传统金融学的两大假设为，人的理性预期以及依照预期效用最大化来决策。从这两大假设中可以引申出三个要素：（1）理性预期；（2）及时处理全部信息；（3）完全理性的风险偏好。行为金融学则对上述三个要素逐一提出挑战。对于理性预期，行为金融学认为人们的预期并非完全理性，会出现诸如过度自信、锚定效应等偏差；对于及时处理信息，认知学研究表明人的大脑对信息的处理能力是有限的，存在认知限制、无法对全部信息进行及时处理；对于理性风险偏好，行为金融学指出，人在不确定性下做决策时也难以做到完全理性，存在风险偏好偏差，而前景理论以及模糊厌恶比预期效用理论能够更好地描述人如何在不确定情境下做决策。

行为金融学的两大支柱是心理学（包括预期偏差、风险偏好偏差以及认知限制）和套利限制。预期偏差可细分为过度自信、乐观主义、代表性启发法、保守主义、确认偏误、锚定效应以及可得性启发法；风险偏好偏差包括前景理论和模糊厌恶；认知限制包括有限注意力和分类思维。套利限制包括基本面风险、噪声交易者风险和实施成本。

关于上述心理学概念，除了前文提到的相关解释外，具体而言：（1）可得性启发法是一种心理捷径，它指的是当人们评估问题、概念、方法或决策时，往往依赖于脑海中最容易想起来的那些示例。其背后的逻辑是，如果人们能够很容易想起某个示例，它一定是重要的。在这种认知偏差下，人们在投资中往往错误地被近期发生的事情所左右。不成熟的交易者会过分看重最近交易的结果，并做出让这些交易来支配未来的决定。（2）锚定效应是指，个人在做决定时过度依赖其被提供的初始信息（称为“锚”），哪怕该信息和所做决策毫无关联。（3）保守主义的含义是，一旦观点形成，就拒绝接受信息；如果必须改变，那也是非常缓慢的。保守主义的原因是沉没成本，因为当一个人已经花费了很多努力（包括财力、物力和精力）才得到当前的结论时，他便不愿意轻易推翻它，哪怕它是错误的。（4）确认偏误，又称证实性偏差，指的是人们选择性地回忆、搜集有利细节，同时忽略不利或矛盾的资讯，以支持已有想法的片面诠释。（5）在充满着不确定性的博弈中，人们讨厌结果分布未知的情况，这正是模糊厌恶。

Barberis、Shleifer和Vishny（1998）认为，投资者在面对上市公司新的财务报告消息时会受到保守主义和代表性启发法的影响，这会导致一些常见的异象。首先，当超出预期的盈利消息出现时，投资者因保守主义而愿意相信自己的先验判断，对新消息反应不足。他们会对这个利好持怀疑态度、不情愿更新其对该公司基本面的认知，因此新消息无法有效地反映在股价上。随着时间的推移，当该公司又逐渐出现新的盈利利好时，其股价才会慢慢对其新的基本面调整到位，而这造就了动量异象。其次，当好的盈利消息接二连三出现时，投资者会受到代表性启发法和小数定律信仰的影响，出现对股票回报率以及代表公司基本面的现金流过度外推的情形，并将错误的外推用到对未来股价的预测上。一旦未来盈利没有达到预期，就会引起他们的恐慌，造成股价下跌，从而导致长期反转和价值异象。

在套利限制层面，噪声交易者的非理性行为会造成价格在短期内持续偏离价值，无法在套利者的投资期限内回归。当噪声交易者的非理性加大了错误定价时，由于套利策略的持续亏损，资产组合的管理人将面临巨大的资金赎回压力，这将迫使他们结清手中的头寸，无法等待价格的回归。

实施成本具体包括两部分：一部分是为了建立套利头寸需要付出的成本，包括手续费、交易价差、价格冲击以及做空需要付出的费用等。在有些市场，做空难以实现，这便进一步提升了实施套利的风险。实施成本的另一部分是为了寻找错误定价所付出的成本。由于内在价值难以确定，因此，判断价格是否等于内在价值本身就是非常困难的。

认知限制也会产生市场异象。发表在金融学顶级期刊上的学术论文发现，企业间关联包括行业动量、重要客户动量、科技关联度、地理动量以及分析师共同覆盖等，这些由企业间关联产生的超常回报的来源是投资者对关联信息的有限注意力所导致的反应不足。

——石川，刘洋溢，连祥斌. 因子投资：方法与实践［M］. 北京：电子工业出版社，2020.

第三节　风险的多因素模型

一、对多因素模型的一般化推导

无套利原理对证券价格和收益之间的关系或资产定价关系做出了限制（线性定价）。具有同等风险的证券应该有同样的期望回报率。证券的期望回报率，可表达为基于有效投资组合的期望回报率的函数：

$$E[R_s] = r_f + \beta_s^{eff} \times (E[R_{eff}] - r_f) \tag{3.2}$$

若市场组合不是有效的，就需要找到另一种确定有效组合的方法。首先，有效组合是充分分散的。其次，有效组合可由其他充分分散的投资组合来构造，这意味着，其实没有必要确定有效组合自身。只要可以确定，有效组合可由一组有效分散的因素组合构造出来，那么这一集合本身就可用来测量风险。假设已确定两个因素组合，将它们组合在一起可形成有效组合；分别用R_{F1}和R_{F2}表示因素组合的回报率。有效组合是由这两个因素组合按照某种（未知的）比例组合形成的，它们的投资权重分别用x_1和x_2表示：

$$R_{eff} = x_1 R_{F1} + x_2 R_{F2} \tag{3.3}$$

对股票S的超额回报率基于这两个因素组合的超额回报率进行回归：

$$R_s - r_f = \alpha_s + \beta_s^{F1}(R_{F1} - r_f) + \beta_s^{F2}(R_{F2} - r_f) + \varepsilon_s \tag{3.4}$$

若这两个因素组合可构造有效组合，3.4式中的常数项α_s就为零（相当于估计误差）。要想知道为什么，考虑如下组合：买进股票S，然后卖出β_s^{F1}比例的第一个因素组合和β_s^{F2}比例的第二个因素组合，用卖出因素组合所得的资金投资无风险资产。将这一投资组合称作P，其回报率为：

$$\begin{aligned} R_P &= R_s - \beta_s^{F1} R_{F1} - \beta_s^{F2} R_{F2} + (\beta_s^{F1} + \beta_s^{F2}) r_f \\ &= R_s - \beta_s^{F1}(R_{F1} - r_f) - \beta_s^{F2}(R_{F2} - r_f) \end{aligned} \tag{3.5}$$

利用3.4式替换R_s并化简，得到P的回报率为：

$$R_P = r_f + \alpha_s + \varepsilon_s \tag{3.6}$$

由于ε_s与每一个因素都不相关，所以它一定与有效投资组合不相关：

$$Cov(R_{eff},\ \varepsilon_s) = Cov(x_1 R_{F1} + x_2 R_{F2},\ \varepsilon_s) = x_1 Cov(R_{F1},\ \varepsilon_s) + x_2 Cov(R_{F2},\ \varepsilon_s) = 0 \tag{3.7}$$

与有效投资组合不相关的风险是公司特有的可分散风险，可分散风险不要求风险溢价。因此，P的期望回报率是r_f，意味着α_s必定为零。

令α_s等于零，并对3.4式的等号两边取期望值，得到期望回报率的两因素模型：

$$E[R_s] = r_f + \beta_s^{F1}(E[R_{F1}] - r_f) + \beta_s^{F2}(E[R_{F2}] - r_f) \tag{3.8}$$

假设已确定若干因素组合，将它们组合在一起形成有效组合；股票S的期望回报率可由下式给出：

$$\begin{aligned} E[R_s] &= r_f + \beta_s^{F1}(E[R_{F1}] - r_f) + \beta_s^{F2}(E[R_{F2}] - r_f) + \cdots + \beta_s^{FN}(E[R_{FN}] - r_f) \\ &= r_f + \sum_{n=1}^{N} \beta_s^{FN}(E[R_{FN}] - r_f) \end{aligned} \tag{3.9}$$

β_s^{FN}为每一个风险因素所对应的因素贝塔，与CAPM中的贝塔有着相同的解释。每个因素贝塔的含义是，对于该因素组合的超额回报率每变动1%，证券的超额回报率的期望百分比变动（其他因素保持不变）。

3.9式说明，有价证券的风险溢价可以表示为，每一因素的风险溢价乘以股票相对于该因素的敏感度（因素贝塔）的总和。3.9式基于多个因素给出股票的期望回报率，而CAPM仅基于市场组合给出股票的期望回报率，这两个等式其实是一致的。它们的差别仅仅在于使用的是哪一种因素组合。当使用市场组合时，它将独自捕捉和衡量所有的系统风险，通常把这个模型称作“单因素模型”。如果使用多个投资组合作为因素组合，由这些因素一起来捕捉和测量所有的系统风险（3.9式的每一个因素捕捉的是系统风险中的不同部分），这种模型称作“多因素模型”。每个因素组合，既可视作它自身的一个风险因素，又可作为与某个不可观察的风险因素相关联的股票投资组合。这个模型也被称作“套利定价理论”（APT，Arbitrage Pricing Theory）。

进一步化简3.9式，可将每个因素的期望超额回报率$E[R_{FN}]-r_f$看作某个投资组合的期望回报率，这个组合为，以利率r_f借入资金，然后投资买入因素组合。构建这一组合没有付出任何成本，完全是通过借入资金来投资的，称其为“自融资组合”（self-financing portfolio）。也可通过买进（做多）一些股票，同时卖空相等市值的其他股票，来构造一个自融资组合。通常，自融资组合为投资权重的总和是0而不是1的投资组合。如果要求所有因素组合都是自融资组合（通过借入资金或者卖空股票以投资因素组合），3.9式可改写为：

$$\begin{aligned} E[R_s] &= r_f + \beta_s^{F1} E[R_{F1}] + \beta_s^{F2} E[R_{F2}] + \cdots + \beta_s^{FN} E[R_{FN}] \\ &= r_f + \sum_{n=1}^{N} \beta_s^{FN} E[R_{FN}] \end{aligned} \tag{3.10}$$

使用多因素风险模型计算投资的资本成本，实际上不必确定有效投资组合。多因素模型依赖于这样的一个较弱的条件，即有效投资组合可由一组充分分散的投资组合或因素构造出来，而非依赖单个投资组合（比如市场组合）的有效性。

自测题3-5　　自测题3-6

二、Fama-French三因素定价模型

系统风险因素描述了众多资产共同暴露于其中的某种系统性风险，该风险是资产回报率背后的驱动力；因素回报率正是这种系统风险的风险溢价或风险补偿，是这些资产的共性收益。可将系统风险因素之于资产（股票）类比为营养之于食物。人们的日常生活离不开对各种食物的摄入，这些食物之所以对人体重要是因为它们所包含的营养成分，比如，碳水化合物、蛋白质、纤维和脂肪等。这些营养成分就是食物的“因素”（因子）。虽然食物种类五花八门，但归根结底都可归结为不同营养成分的组合；同理，虽然股票资产有成百上千种，但归根结底它们都可归结为不同因素的组合，是因素驱动了资产回报率的共同变动。

当确定一组相当于有效投资组合的因素组合时，最明显的因素组合就是市场组合本身。从历史上来看，相对于短期无风险投资，比如短期国债，市场组合要求较高的溢价。即使市场组合不是有效的，它仍然捕捉了系统风险的许多部分。具有较高平均回报率的投资组合确实往往有较高的贝塔。因此，这些因素组合中的第一个因素就是这样的自融资组合，该组合由市场组合的多头和为其融资的无风险债券的空头所构成。

前文曾指出，投资者已基于股票总市值、账面市值比、动量等标准构建出α为正的交易策略，正α表明，实施上述交易策略的投资组合捕捉到市场组合未能捕捉到的风险。这些投资组合就构成了多因素模型中除市场组合以外的其他有代表性的因素组合。基于这些交易策略，可构造另外三种因素组合：第一种交易策略是基于股票的市值选择股票投资组合，第二种交易策略的选择标准为投资组合的账面市值比，第三种策略使用过去的回报率。

Fama-French（1993）在CAPM的市场组合单因素的基础上，加入规模因素（*SMB*）和价值因素（*HML*），形成三因素定价模型：

$$E[R_s] = r_f + \beta_s^{Mkt}(E[R_{Mkt}] - r_f) + \beta_s^{SMB}E[R_{SMB}] + \beta_s^{HML}E[R_{HML}] \tag{3.11}$$

在3.11式中，β_s^{Mkt}、β_s^{SMB}、β_s^{HML}分别为股票S的市场因素贝塔、规模因素贝塔及价值因素贝塔，衡量该股票对每一个因素组合的敏感度。

为构建规模和价值因素组合，基于股票市值和*B/M*（账面市值比，Book to Market）这两个指标，进行如表3-1所示的2×3双重排序。以上市公司的市值中位数为界，将公司分成小盘股（S，small）和大盘股（B，big）两组。类似地，以*B/M*指标的30%和70%分位数为界，将公司分成三组：*B/M*高于70%分位数的为H组、*B/M*低于30%分位数的为L组、位于中间的为M组。通过以上划分后得到6个股票组合，分别记为S/H、S/M、S/L、B/H、B/M以及B/L。

表3-1　构建规模和价值因素组合

分组		*B/M*		
		H	M	L
市值	S（小盘股）	S/H	S/M	S/L
	B（大盘股）	B/H	B/M	B/L

将每个组合中的个股回报率按流通市值加权得到组合回报率；使用如下方法构造*SMB*（“小减大”组合，每年卖空投资组合B，并用卖空所得买进投资组合S，换言之，用卖空B组合的所得，为投资S组合融资，通过这样的交易策略，投资者可获得正的风险调整回报率）与*HML*（“高减低”组合，每年通过卖空组合L，用卖空所得买进组合H，这一交易策略会产生正的风险调整回报率①）这两个因素组合：

SMB =（S/H + S/M + S/L）/ 3 -（B/H + B/M + B/L）/ 3

HML =（S/H + B/H）/ 2 -（S/L + B/L）/ 2

在每年的6月末，使用上一年最新的财务数据对股票重新排序，对这两个因素组合进行再平衡，即随着市场的波动，需要再次排序并重新调整分组组合。

三因素模型虽然有足够的开创性，但仍有很多其无法解释的异象（anomaly）。假使投资者根据基本面特征或量价指标（统称为“特征”），挑选出一揽子股票并构建多空投资组合；如果该组合的回报率无法被用于资产定价的多因素模型解释，则称该特征为一个“异象”。这意味着该投资组合存在多因素模型无法解释的α回报率，如果α显著不为零，则说明该特征是一个异象，例如，Lee et al.（2018）使用基于科技关联度选股的多空对冲投资组合，获得了主流多因素模型无法解释的α回报率，因此它是一个异象②。

从有效市场假说的观点出发，市场中不应该存在很多异象。产生如此多的异象主要有两个原因：第一个也是最主要的一个原因是数据挖掘；第二个原因和定价模型有关，如果仅以CAPM为定价模型，很多异象都能获得CAPM无法解释的异常回报率，但随着定价模型中因素个数的增加，更多的异象变得不再显著，然而真正的定价模型仍然是未知的。

三、Fama-French-Carhart（FFC）四因素定价模型

美国股票市场中发现的数百个异象，主要涵盖动量、价值/成长、投资、盈利、无形资产以及交易摩擦六大类。Carhart（1997）在Fama-French三因素模型中加入截面动量因素，构建了四因素模型。动量因素组合的构建方法是，每月末将全部股票按t-12到t - 1这11个月的总回报率排序，通过做多排名前30%（高回报率）同时做空排名后30%（低回报率）的股票构建动量因素组合。

FFC四因素定价模型的四个因素组合分别为市场超额回报率（$R_{Mkt}-r_f$）、*SMB*、*HML*以及*PR1YR*（上一年动量组合，Prior One-Year Momentum Portfolio）。依据这几个组合，证券S的期望回报率可由3.12式给出：

$$E[R_s]=r_f+\beta_s^{Mkt}(E[R_{Mkt}]-r_f)+\beta_s^{SMB}E[R_{SMB}]+\beta_s^{HML}E[R_{HML}]+\beta_s^{PR1YR}E[R_{PR1YR}] \tag{3.12}$$

① 也可把该组合看作由价值型股票的多头和成长型股票的空头所构成的自融资组合。

② LEE M C，SUN S T，WANG R，et al.Technological Links and Predictability Returns［J］. Journal of Financial Economics，2018，132（3）：76-96.

在3.12式中，β_s^{Mkt}、β_s^{SMB}、β_s^{HML}、β_s^{PR1YR}分别为股票S的因素贝塔，衡量该股票对每一个因素组合的敏感度，或对某种因素风险的暴露程度。

与单因素模型相比，多因素模型有一个明显的优势，那就是，识别和确定一组能够捕捉系统风险的投资组合，要比仅用单一的投资组合来捕捉全部系统风险容易得多。一个因素应该能够对解释资产（个股或由多只股票构成的投资组合）预期回报率的截面差异有显著的增量贡献，才能构成定价因素。不过，这些因素组合也存在一个重大的缺点，即必须估计每一个因素组合的期望回报率。由于期望回报率不易估计，因此，往因素集合中每加入一个因素组合，都会增加实施这一模型的难度。造成模型的应用变得特别复杂的另一个原因是我们不清楚每个因素组合捕捉的是哪一种经济风险，无法指望多因素模型能够基于经济解析而合理地估计期望回报率（就像在应用CAPM时一样）。要想应用这个模型，除了使用投资组合的历史平均回报率，几乎别无选择。

四、Fama-French五因素定价模型

2015年，Fama和French在其三因素定价模型的基础上添加盈利和投资两个因素，提出新的五因素模型：

$$E[R_s]=r_f+\beta_s^{Mkt}(E[R_{Mkt}]-r_f)+\beta_s^{SMB}E[R_{SMB}]+\beta_s^{HML}E[R_{HML}]+\beta_s^{RMW}E[R_{RMW}]+\beta_s^{CMA}E[R_{CMA}] \quad (3.13)$$

其中，盈利因素组合的构建方法是依据净资产回报率*ROE*的排序高低，将全部股票划分为稳健（Robust，即*ROE*在70%分位数之上）、中性（Neutral，*ROE*处于30%和70%分位数之间）以及疲弱（Weak，*ROE*在30%分位数之下）三组，用这三组与市值高低分组双重排序共得到6个分组组合：S/R、S/N、S/W、B/R、B/N、B/W，每个分组组合的回报率使用各组股票回报率的市值加权得到。对于盈利因子，由于预期盈利和期望回报率正相关，所以使用稳健组（S/R和B/R）与疲弱组（S/W和B/W）的回报率之差构建盈利因素组合（RMW，Robust-Minus-Weak）：

$RMW=$（S/R + B/R）/ 2 -（S/W + B/W）/ 2

投资因素组合的构建方法是，以公司总资产增长率排序的30%和70%分位数为界，将全部股票划分为激进（Aggressive，总资产增长率在70%分位数之上）、中性（Neutral，总资产增长率处在30%和70%分位数之间）以及保守（Conservative，总资产增长率在30%分位数之下）三组，用这三组与市值高低分组进行双重排序就得到6个分组组合：S/A、S/N、S/C、B/A、B/N、B/C。由于预期投资和期望回报率负相关，因此使用保守组（S/C和B/C）与激进组（S/A和B/A）的回报率之差构建投资因素组合（CMA，Conservative-Minus-Aggressive）：

$CMA=$（S/C + B/C）/ 2 -（S/A + B/A）/ 2

在上述多因素模型中，除了市场因素外，所有因素组合的构造方法都是首先通过排序得到多个投资组合，继而选择其中一些做多、另一些做空。通过排序划分得到的每个分组组合内部的股票均是按流通市值加权来配置的。得到这些分组组合的回报率之后，当计算因素组合的回报率时，使用的则是这些分组组合回报率的简单平均，无论是多头还是空头，不同分组组合之间都是等权配置，这种处理方式已成为构建因素组合的惯例。

五、基于中国股票市场的四因素定价模型

Fama-French三因素模型通常是研究股票定价的基准。要想证明一个新的潜在异象能够解释截面预期回报率差异，就必须说明它的α不能被Mkt、SMB和HML（Fama-French三因素）因素所解释。然而，在中国的A股市场中，很多照搬Fama-French三因素的研究并没有取得非常理想的结果。究其原因，Liu et al.（2019）认为是中国市场特有的IPO监管造成的壳价值问题，导致上述常见的主流因素在资产定价时的效果被破坏，他们将这一现象称为"壳价值污染"[①]。

中国证监会（CSRC）通过限制IPO活动而对上市公司总数进行宏观管理。与美国资本市场中IPO申请会在几周内通过监管审查不同，中国的IPO过程往往比较漫长，很有可能在耗时数年（从IPO申请到挂牌，至少需要两年）后得到一个不确定的结果。漫长的等待时间会产生高额的经济成本，在等待过程中，企业业务上的变化可能会引发额外的审查，导致企业在IPO过程中往往不会选择扩张业务，但却必须产生持续的季度收益。在多年的审批过程中，进行IPO的公司可能会放弃大量的投资机会。在这种情况下，需要上市的公司通常会选择反向收购（又称"借壳上市""买壳上市"），因为其涉及的行政步骤更少也更快，例如，顺丰控股选取上市公司鼎泰新材（壳公司的当时市值约为30亿元）作为反向收购目标，在不到1年的时间内就快速完成了上市过程。

壳价值（shell value）在小公司的总价值中占据相当高的比例（据粗略估计，大约为30%），相对于基本面价值，小公司股票的回报率对IPO活动更为敏感。根据Liu et al.（2019）的统计，在2007—2016年共133宗反向收购案例中，有83%的壳公司来自于股票市值排序位于后30%分位数以内的小规模上市公司，超过一半的壳公司来自于市值排序最低的10%分位数以内的公司，因此，当构建多因素模型时应该剔除市值较小的30%的公司样本，以避免壳价值对股价产生的影响。中国股市中市值最小的30%的公司会受到壳价值"污染"（这类股票的价值主要体现为"壳"价值）的严重影响，造成定价模型不能正确反映股票截面预期回报率的差异，所以需要去除这些市值最小的30%的公司股票。这正是中国版因素模型对Fama-French三因素模型的第一项改动。第二项改动是选择E/P（盈市比，Earnings-to-Price）来构建价值因素组合。

第三项改动是考虑到中国市场上的换手率（turnover）异象，同时加入换手率因素PMO（Pessimistic-Minus-Optimistic），这样做的逻辑是，低换手率的股票比高换手率的股票能获得更高的回报；换手率高往往意味着更多的非理性投资以及舆情驱动型交易者的过度关注，频繁交易往往造成这些股票近期价格的虚高，导致未来回报率下降；而卖空限制意味着空头无法利用这种非理性来做空，因此无法抑制高换手率股票价格的上涨。

上述四个因素即构成中国市场的四因素定价模型。Liu et al.（2019）的研究指出，市场组合、价值、市值规模以及换手率可以解释中国股市的绝大多数异象。虽然模型是针对剩余的70%股票而言的，但它对于A股的选股实践也很有价值，例如，很多指数增强策略是针对沪深300或者中证500的成分股（而非全部股票）来选股的。

参照Liu et al.（2019），构建中国股票市场四因素回归模型：

---

① LIU J，STAMBAUGH R F，YUAN Y.Size and Value in China［J］. Journal of Financial Economics，2019，134（1）：48-69.

$$R_{i,t} - r_f = \alpha + \beta_{Mkt}(R_{Mkt} - r_f) + \beta_{SMB}SMB_t + \beta_{VMG}VMG_t + \beta_{PMO}PMO_t + \varepsilon_t \tag{3.14}$$

初始样本为沪深A股股票，数据均来自万得（WIND）数据库，对初始样本进行如下剔除：（1）以t-1月末最后一个交易日的个股总市值排序，剔除市值最低的位于30%分位数之下的低市值股票，以避免壳价值的干扰（每月月末基于股票市值重新排序，剔除30%的低市值股票）；（2）剔除上市不满6个月的公司；（3）剔除上一年股票交易记录小于120条或上月交易记录小于15条的公司。

模型中的四个因素分别为：

（1）市场组合因素（*Mkt*）

每月股票市场组合的加权平均回报率减去当月无风险利率，权重为总市值加权，权重=t-1月末的个股总市值/t-1月末的市场组合总市值。个股月回报率$R_{i,t}$为考虑现金红利再投资的回报率，r_f为月度无风险利率，等于t月1年期国债利率除以12。

（2）规模因素（*SMB*，Small-Minus-Big）

按t-1月末个股市场价值排序的中位数，将样本公司分为小盘股组合（S）和大盘股组合（B）。

（3）价值因素（*VMG*，Value-Minus-Growth）

按t-1月末盈市比（不含非经常性损益的净利润/个股市值），将样本公司分为：位于前30%分位数的高盈市比组合（V）、位于中间40%分位数（M）的中等盈市比组合以及处于后30%分位数的低盈市比组合（G）。

（4）投资者情绪因素（*PMO*，Pessimistic-Minus-Optimistic）

按异常换手率[①]（t-1月末的股票换手率/过去250天的日均换手率）排序的中位数，将样本公司分为换手率低的悲观预期组合（P）和换手率高的乐观预期组合（O）两组。其中，t-1月末的股票换手率=过去20天的日均换手率。构建投资者情绪因素的理论依据在于，中国股票市场以散户为主，持有大多数流通股股份[②]，存在大量非理性、受到情绪驱动的投资者，加之卖空障碍限制了悲观预期投资者的卖空行为，而乐观预期的投资者可以积极购买股票抬高股价，造成股价的过度反应，股价高于其基本面价格，从而降低未来期望回报率[③]。

SMB、*VMG*、*PMO*因素组合的构建方法是：首先，按照上述分类标准（规模、价值和换手率），将所有股票基于分类指标排序的中位数或30%、70%分位数划分为12个分组组合（2×3×2=12），持有由此产生的投资组合1个月；然后，对个股的月回报率基于市值加权平均计算得到12个分组组合的月平均回报率；最后，通过以下方式构建*SMB*、*VMG*、*PMO*因素组合：

$$SMB = (S/V + S/M + S/G)/3 - (B/V + B/M + B/G)/3$$

$$VMG = (S/V + B/V)/2 - (S/G + B/G)/2$$

$$PMO = (S/V_P + S/M_P + S/G_P + B/V_P + B/M_P + B/G_P)/6 - (S/V_O + S/M_O + S/G_O + B/V_O + B/M_O + B/G_O)/6$$

依此类推，在每月的月末，根据个股市值大小排序，剔除市值最低的30%股票，然

① 股票换手率等于特定交易时段内的成交量除以该股票的流通股总数。

② 依据上交所发布的《上海证券交易所统计年鉴（2019卷）》，截至2018年年末，沪市个体投资者占全部投资者比例高达99.7%，在资本市场中占有重要地位。

③ 如果市场上以乐观预期投资者为主，高换手率和更高的流动性往往伴随着乐观情绪推高股价；如果市场上以悲观预期投资者占主导，未持有股票的投资者将不会购买股票，加之卖空限制阻碍了对股价高估的纠正，导致股票换手率低；股票换手率可以被视作反映投资者情绪和股票流动性的指标之一。

后基于分类指标排序，重新调整分组组合，最终构建因素组合。根据理论预期，小盘股组合的回报率应高于大盘股组合；价值股组合的回报率高于成长股组合；换手率低的悲观预期组合的回报率高于换手率高的乐观预期组合。

【延伸阅读】 反向收购借壳上市

借壳上市是资产重组的一种方式，非上市公司（私营公司，private company）通过将自身优质资产注入到上市公司，实现公司上市的目的。壳，是指上市发行股票的资格，非上市公司为了能获得上市发行股票的资格，以购买股票的方式对一些虽然上市但是经营不善从而业绩差、股价低的小公司进行收购，这种被收购的公司称为“壳公司”。借壳上市的审核时间较短，涉及的审核程序也较为简单。IPO上市的烦琐流程会耗费公司大量的时间，并且如果在审核过程中某个环节出现问题，再次申请审核需要重新排队。

反向收购的基本原理是，非上市公司股东通过收购一家壳公司（上市公司）的股份控制该公司，再由壳公司发行股份反向收购非上市公司的资产和业务，使之成为上市公司的子公司，原非上市公司的股东可以获得上市公司的大部分控股权，从而达到间接上市的目的，例如，B公司拟通过收购A公司的方式达到上市目的。A公司为一家规模较小的上市公司，净资产为500万元，股份总数为100万股；B公司为一家规模较大的非上市公司，净资产为4 500万元。A公司向B公司的原股东按每股10元的价格发行450万股普通股（共计4 500万元），用以交换B公司原股东持有的对B公司100%的股权。交易完成后，B公司成为A公司的全资子公司；B公司原股东取得A公司81.82%（450/550）的股权，可对A公司实施控制。

2016年5月23日，鼎泰新材（壳公司）发布公告，向证监会申请拟以全部资产及负债与顺丰控股全体股东持有的顺丰控股100%股权的等值部分进行置换。2016年10月11日，证监会有条件地通过了该申请，仅两个月后最终正式批准，合并后的公司于2017年2月23日在深交所上市，2月24日鼎泰新材更名为顺丰控股（证券代码不变，仍为002352）。

反向收购交易方案包括重大资产置换、发行股份购买资产以及募集配套资金。（1）重大资产置换：鼎泰新材（壳公司）以其净资产作价8亿元，与顺丰控股全体股东持有的顺丰控股100%股权的等值部分进行置换，顺丰控股资产作价433亿元。（2）发行股份购买资产：资产置换的差额（433-8=425（亿元）），由鼎泰新材按每股10.76元的价格发行394 981.41万股普通股（共计425亿元），向顺丰控股的全体原股东购买。（3）募集配套资金：鼎泰新材拟以不低于每股11.03元的价格，向其他不超过10名特定投资者发行股份不超过72 595.47万股，共计80亿元，拟用于航材购置及飞行支持项目、冷运车辆与温控设备采购及信息服务平台建设等项目。交易完成后（考虑配套融资），由王卫控制的明德控股（顺丰控股的原大股东）将持有鼎泰新材总股本的55.04%，明德控股将成为公司的控股股东，王卫成为上市公司的实际控制人，顺丰控股借助资产置换实现借壳上市。

【例3-2】

你正在考虑投资一个项目。你确定这个项目与投资海尔智家（600690）股票[①]有相同水平的不可分散风险。使用中国股票市场的四因素模型确定该项目的资本成本。

利用过去22年的数据估计海尔智家股票的因素贝塔。根据3.14式，用被解释变量——海尔智家股票的每月超额回报率（每月实际回报率减去每月无风险利率），对每个因素组合的月回报率进行回归。因素组合的每月回报率数据，可从四因素模型的作者之一Robert F.Stambaugh的个人主页下载获得（https://finance.wharton.upenn.edu/~stambaug/）。系数的估计值即为因素贝塔。表3-2给出的是基于2000年1月1日到2021年12月31日的数据[②]，估计出的四个因素贝塔值及其95%的置信区间，见表3-2：

表3-2　**估计海尔智家的因素贝塔**

因素组合	贝塔估计值	置信区间下限	置信区间上限
$Mkt-r_f$	0.978	0.833	1.122
SMB	0.103	−0.177	0.382
VMG	0.365	0.026	0.705
PMO	−0.098	−0.389	0.193

四个因素组合（分别为$Mkt-r_f$、SMB、VMG及PMO）的月均回报率（%）分别为0.66、0.51、1.10和0.80，利用因素贝塔的估计值、因素组合的月均回报率以及当前的无风险月利率（2022年6月的1年期国债利率为2.04%，月利率为2.04%/12=0.17%），计算海尔智家股票的期望月回报率为：

$$E[R_S]=r_f+\beta_S^{Mkt}(E[R_{Mkt}]-r_f)+\beta_S^{SMB}E[R_{SMB}]+\beta_S^{VMG}E[R_{VMG}]+\beta_S^{PMO}E[R_{PMO}]$$
$$=0.0017+0.978\times0.0066+0.103\times0.0051+0.365\times0.011-0.098\times0.008=0.0119$$

将其表示为APR，期望年回报率为1.19%×12=14.28%。所以，这一投资机会的资本成本大约是14.28%。不过要注意，因素贝塔和因素组合的期望回报率都存在很大的不确定性。

作为对照，利用同一时期的数据做CAPM回归，估计出海尔智家的市场贝塔是0.944（估计值的95%的置信区间上下限分别为0.809和1.078），它与前面估算的0.978的市场贝塔不同，这是因为，在CAPM回归中仅使用一个因素。利用CAPM，每月的期望回报率为0.0017+0.944×0.0066=0.793%，或者，每年的期望回报率（APR）约为9.52%。

总可以找到非常多的能够解释资产预期回报率截面差异的因素。如何确定在一个多因素模型中到底有几个以及哪些因素，可以从以下两点考虑。首先，很多因素之间都存在一定的相关性，高度相关的因素代表的是资产回报率所暴露的同一类风险。当选择模型包括的系统风险因素时，必须要考虑相关性的影响，加入模型的因素应该是相互独立的，每个因素都能对解释资产预期回报率的截面差异有显著的增量贡献。第二个考虑是简约法则，每个因素代表的是资产暴露的某种共性风险，因此从常识来说，多因素模型中因素的个数

① 自2019年开始，公司名称由“青岛海尔”改名为“海尔智家”。
② 剔除海尔智家股票缺失的2006年4月、2015年11月和12月以及2016年1月的回报率数据，观测值共为260个月。

一定是有限的。学术界的主流多因素模型通常包括3～5个因素。选定多因素模型后，如果在某项资产的预期回报率中存在一部分回报率无法被多因素模型所解释，且这部分回报率显著大于零，则该部分回报率就是一个异象。

与横截面角度只关心因素的预期回报率不同，在时序角度，投资者关心的是因素回报率如何随时间波动（因素择时）。因素代表了资产共同暴露于其中的某种系统风险，而长期大于零的因素溢价正是对该系统风险的补偿。这说明每个因素的回报率在时间序列上是有波动性的，有时收益高，有时则面临亏损；且不同因素的回报率在不同宏观经济周期对应的市场环境中其表现也是不同的。

时至今日，多因素模型早已渗透到不同大类的资产投资中。投资者更是从因素组合的角度对各类资产回报率的底层驱动逻辑进行分析，使用因素组合进行跨类别的大类资产配置。没有哪一个多因素定价模型的解释力能够做到“放之四海而皆准”，因为新的异象在不断出现，模型也随之不断改进。重要的是，我们应该尽量清楚地理解每一项因素背后所代表的系统风险及其经济含义。有大量的学术研究发现，大多数风险因素的回报，会随着该因素被发掘而随时间剧烈递减；而且，在考虑了交易成本和套利限制之后，即便那些能用来套利的因素，其真实利润以及成交量也相当有限（Novy-Marx，2016）。学术研究对投资实战收益的平均贡献是微弱的，但确实起到了加速内卷（即鼓励研究者去挖掘系统风险因素）和促进市场向有效市场前进的作用。

自测题3-7

【本章小结】

1.股票的期望回报率与根据证券市场线（SML）计算的该股票的必要回报率之差，就是该股票的α。

2.市场总是有效的，这一CAPM结论可能并不正确，但精明的投资者试图战胜市场并取得正α，他们之间的竞争，应该使市场组合在大多数时间内接近于有效。

3.CAPM的一个重要结论是，投资者应该持有市场组合（与无风险资产的结合），这一投资建议不依赖于投资者所拥有信息的质量和交易技巧。持有市场组合可以避免被更精明老练的投资者利用。

4.为了使非知情投资者的行为对市场产生影响，一定要存在使非知情投资者系统性地偏离CAPM的行为模式，这样，价格就被注入了系统性的不确定性。

5.前景理论认为，大多数投资者往往都是非理性的，当面临盈利时，往往规避风险；而当面对亏损时，则偏好风险。盈利和亏损又是相对于参考点而言的。改变投资者在决策时所使用的参考点，可以改变其对风险的态度。

6.投资者的系统性的投资行为例子有：处置效应（继续持有亏损股票、卖出盈利股票的倾向），投资者的情绪随着常见事件如天气而变化，过度看重其自身的经历。投资者也可能会随大流——积极地追随彼此的行为（羊群效应）。

7.规模效应指的是这样的一种现象，从历史上观察，低市值股票的回报率与基于CAPM预测的回报率相比，具有正α。规模效应证明了市场组合不是有效的，它表明CAPM未能准确地估计证券的期望回报率。研究者利用账面市值比标准构造投资组合，也发现了相似的结论。

8.卖空以往的风险调整回报率低的股票，买进以往回报率高的股票，这样的交易策略称作动量（惯性）策略，它也会产生正α，这进一步表明，市场组合不是有效的，CAPM无法准确地估计期望回报率。

9.多因素模型使用两个以上的因素组合来捕捉系统风险，将每个因素组合的风险溢价表示为自融资组合的期望回报率，股票的期望回报率可表示为：

$$E[R_s]=r_f+\beta_s^{F1}E[R_{F1}]+\beta_s^{F2}E[R_{F2}]+\cdots+\beta_s^{FN}E[R_{FN}]$$
$$=r_f+\sum_{n=1}^{N}\beta_s^{FN}E[R_{FN}]$$

10.Fama-French（1993）在CAPM的市场组合单因素的基础上，加入规模因素（*SMB*）和价值因素（*HML*），构建三因素定价模型：

$$E[R_s]=r_f+\beta_s^{Mkt}(E[R_{Mkt}]-r_f)+\beta_s^{SMB}E[R_{SMB}]+\beta_s^{HML}E[R_{HML}]$$

11.多因素模型中最常使用的因素组合为：市场组合（*Mkt*）、小减大（*SMB*）组合、高减低（*HML*）组合以及前1年动量（*PR1YR*）组合；这一模型被称作Fama-French-Carhart（FFC）四因素定价模型：

$$E[R_s]=r_f+\beta_s^{Mkt}(E[R_{Mkt}]-r_f)+\beta_s^{SMB}E[R_{SMB}]+\beta_s^{HML}E[R_{HML}]+\beta_s^{PR1YR}E[R_{PR1YR}]$$

12.Fama和French（2015）在其三因子定价模型的基础上添加盈利和投资两个因素，提出新的五因素模型：

$$E[R_s]=r_f+\beta_s^{Mkt}(E[R_{Mkt}]-r_f)+\beta_s^{SMB}E[R_{SMB}]+\beta_s^{HML}E[R_{HML}]+\beta_s^{RMW}E[R_{RMW}]+\beta_s^{CMA}E[R_{CMA}]$$

13.Liu et al.（2019）认为，中国股票市场特有的IPO监管造成的壳价值"污染"，导致定价模型不能正确反映股票截面预期回报率的差异，所以需要去除这些市值最小的30%的公司股票，继而提出基于中国资本市场的四因素定价模型：

$$E[R_s]=r_f+\beta_s^{Mkt}(E[R_{Mkt}]-r_f)+\beta_s^{SMB}E[R_{SMB}]+\beta_s^{VMG}E[R_{VMG}]+\beta_s^{PMO}E[R_{PMO}]$$

【复习思考】

1.如果你能利用历史回报率构造出一种盈利的交易策略（有正α），则可以证明市场投资组合不是有效的，说明理由。

2.什么是股票回报率的规模效应？

3.股票回报率的可预测性有什么启示意义？

4.虽然真实的市场组合是有效的，但如果替代组合与真实的市场组合不是高度相关的，则可预期股票的α可能不为零。解释这一推论。

5.只关注期望回报率和波动率的员工投资本公司股票的比例，将很可能低于不为这家公司效力的投资者投资该公司股票的比例。解释为什么。

6.假设所有投资者都拥有相同的信息，并且只关心股票的期望回报率和波动率。如果给出一只股票的新信息，这一信息会影响该股票的价格和回报率吗？

7.你知道股票市场中存在知情交易者，但是你是不知情的。请提出一项投资策略，保证你不会赔钱给知情交易者，并解释其奏效的原因。

8.只有在一种情况下，市场投资组合可能不是有效组合，是什么情况？

9.市场会对利好消息做出积极反应。诸如经济衰退结束之类的好消息至少在一定程度上可以被准确预测到。为什么在经济复苏时我们不能预计市场会因而上扬？

10.举例说明支持或不支持有效市场假说的实证证据。

11.成长型股票通常是指在未来具有超过平均水平的每股收益增长率的股票（组合），较低的当前收益、较高的市净率和市盈率是此类股票（组合）的典型特征。价值型股票一般是指当期具有较低的市净率和市盈率、超过平均水平的股利回报、市场价格低于内在价值的股票。

（1）解释在一段相当长的时期内，价值型股票的投资业绩可能超过成长性股票的理由。

（2）为什么第（1）问的结论在一个普遍被认为是高度有效的市场中不会发生？

12.某基金经理这样描述他的投资策略，“如果一种投资的价值低于购买价格，则应该持有到回报能够补偿成本为止；反之，对成功的投资，我偏好于较快地实现利润。”该投资者的行为体现了行为金融学中的哪种效应？

13.某公司刚宣布其每股收益增加，但其股价却下跌了，为什么？

第二篇
资本结构决策

第四章

税收与资本结构

【学习目标】

本章首先探讨完美市场中的资本结构决策；然后初步放宽这一假设，考虑有所得税和破产成本时的资本结构选择模型。后续章节将基于信息不对称、公司控制权、代理理论等进一步深入研究公司的融资选择。通过对本章内容的学习，学生应达到以下目标：

1. 掌握完美资本市场中的MM第一定理、第二定理；理解如何利用自制杠杆复制杠杆股权和无杠杆股权。

2. 掌握确定投资项目的资本成本的方法。

3. 领会完美市场中的杠杆资本重整对股价和每股收益的影响。

4. 了解考虑公司所得税时的MM定理，包括债务无风险和有风险时的模型推导。

5. 掌握完美资本市场中的股利分配理论（股利政策无关论）以及税收政策对股利分配的影响。

【内容导图】

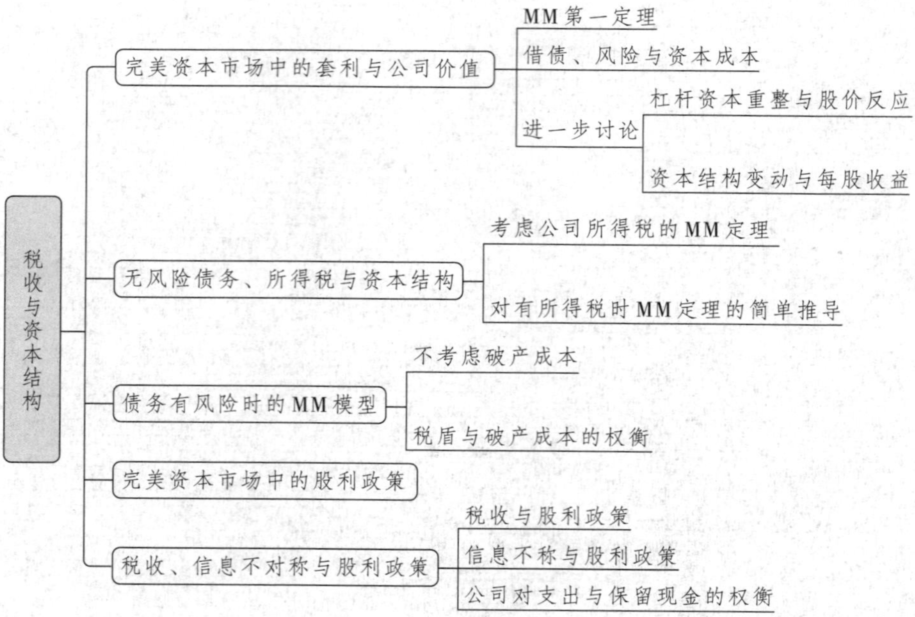

MM定理的创始者米勒（Miller）在一次访谈中曾经这样解释MM定理：披萨饼送货员在约吉·贝拉（Yogi Berra，著名棒球运动员）比赛结束后来到他面前，问道，“约吉，你想怎么切披萨饼，是切成四份还是八份？”约吉回答道：“还是切八份吧，因为我今晚饿极了。”大家都知道这是一个笑话，显然，披萨饼份额的多少和形状不会影响披萨饼的大小。类似地，在完美资本市场和公司的投资与资产保持不变的前提下，公司发行的股票和债券也不会影响公司的总价值，它们只是以不同的方式分割资产的收益而已。MM定理其实就是第一章提到的分离原理，它告诉我们，公司价值是由那些投入资本回报率大于资本成本的投资活动所创造的，与融资结构无关。

对MM定理的直觉理解可能像分割披萨饼一样简单，但其对公司财务管理的影响却是深远的。作为后续研究基准的MM定理表明，公司财务政策的真正作用是应对（和可能利用）诸如税收和交易成本等金融市场不完备因素。

第一节　完美资本市场中的套利与公司价值

一、MM第一定理

公司的债务[①]（包括尚未偿还的银行借款和流通的债券）、股权和其他衍生证券的相对比例，构成公司的资本结构。公司向外部投资者筹集资金时，要选择发行哪种类型的证券。最常见的选择是单纯以股权进行筹资，或者股权融资与债务融资相结合。本书有时将债务称作“杠杆”（借债会放大公司财务风险和股权回报率，故称其为杠杆），两者通用。

【例4-1】

在完美资本市场中，公司仅有一项投资机会：现在需要初始投资850万元，公司仅运营1年后被清算，预期明年产生的现金流为1 410万元或830万元（取决于未来经济形势为强劲还是衰退，或出现这两种情形的概率相等）。

投资项目的现金流取决于总体经济形势，因而面临系统风险。项目的投资者在当前4%的无风险利率基础之上，要求一定的风险溢价作为补偿。假设在给定该投资的系统风险下，合理的风险溢价为8%。

无风险利率为4%，风险溢价为8%，项目的资本成本是12%。1年后的期望现金流为1/2×1 410+1/2×830=1 120（万元），项目的净现值为：

NPV=−850+1 120/1.2=83.33（万元）

如果该项目所需资金完全以股权融资来解决，在无套利情形下，股权价值等于该项目所产生的现金流的现值。公司没有其他负债，项目在1期产生的现金流将全部归股东所有。公司股权的价值为：

① 负债（liability）的含义比债务（debt）的含义要广。本书所称“债务”是指“融资性负债”，由公司的融资活动产生，包括来源于商业银行、资本租赁公司在内的金融机构负债，以及公开或私下发行债券所筹集的资金；公司需要为融资性负债支付市场利率水平的利息。而经营性负债由公司的日常生产经营活动产生，主要来源于供应商和客户的负债等，包括应付账款和预收账款等，公司无须为经营性负债支付市场利率水平的利息，其本身性质上不属于公司的融资活动，不是公司融资结构和所有权结构的构成部分，通常其合约是短期的，其债权人不参与公司治理。

PV（股权现金流）=1 120 /1.12=1 000（万元）

公司通过发行股票可以筹集1 000万元，在支出850万元的投资成本后，可以保留剩余的150万元，此即项目的净现值。

无债务公司的股权称作“无杠杆股权”。由于没有债务，在t=1期，无杠杆股权的现金流就等于项目的现金流。给定股权的初始价值为1 000万元，股东的回报率为41%（（1 410−1 000）/1 000）或−17%（（830−1 000）/1 000）。假设未来经济强劲或衰退的概率相等，无杠杆股权的期望回报率为12%（1/2×41%+1/2×（−17%））。无杠杆股权的风险等于投资项目的风险，股东得到的回报恰好补偿其所承担的风险。

假设公司除了发行股票外，还决定在最初借入500万元的债务。项目产生的现金流总能满足债务的偿付，因而债务是无风险的。公司能够以4%的无风险利率借入债务，1年后将向债权人偿还520万元（500×1.04）。

有未偿付债务时的公司股权，称作“杠杆股权”。公司向债权人承诺的支付，必须先于对股东的任何支付。给定520万元的债务支付义务，当经济强劲时，股东将收到890万元（1 410−520）；当经济衰退时，股东将收到310万元（830−520）。表4−1给出债务、杠杆股权、公司总体的现金流及初始价值。

表4−1　**有杠杆时债务和股权的价值与现金流**　单位：万元

资本结构	t=0	t=1：现金流	
	初始价值	经济强劲	经济衰退
债务D	500	520	520
杠杆股权E（或E_L）	E=?	890	310
公司V_L	1 000	1 410	830

杠杆股权的价值E应该为多少？哪种资本结构选择为最优？Modigliani和Miller（1958）认为，在无摩擦（无交易成本、无所得税；投资者完全理性，对投资决策具有同质预期；不存在信息不对称）资本市场中，公司的总价值不依赖于资本结构，两者是无关的①。就本例而言，推理过程为：虽然资本结构改变，但公司的总现金流仍然等于项目的现金流，根据一价定律，公司价值与项目的现值相同，都为先前计算的1 000万元。由于债务和股权的现金流之和等于项目的现金流，因此，根据价值可加性原理，债务和股权的价值之和必定等于1 000万元。如果债务的价值为500元，杠杆股权的价值必定为E=1 000−500=500（万元）。

杠杆股权的现金流比无杠杆股权的要少，杠杆股权势必要以较低的价格发行（无杠杆股权的价值为1 000万元，而杠杆股权的价值是500万元）。然而，杠杆股权的价值较低并不意味着公司状况的恶化。公司既借债，又发行股票，仍可融资1 000万元，如同单纯以无杠杆股权筹资一样，公司并不在意两种资本结构的选择。

这一结论与常识相抵触。直觉来看，杠杆股权的价值会超过500万元，因为股权的期望现金流以12%的折现率折现后的现值为（1/2×890+1/2×310）÷1.12=536（万元）。然而

① MODIGLIANI F，MILLER M. The Cost of Capital，Corporation Finance and the Theory of Investment［J］. American Economic Review，1958，48（3）：261−297.

这一推导并不正确，原因是借债提高了股权的风险，以适用于无杠杆股权的12%的折现率，来折现杠杆股权的现金流是不恰当的。如表4-2所示，假如杠杆股权的价值为536万元，当t=0时，投资者可以卖空杠杆股权，获得536万元，同时以4%的利率借入500万元债务，再以1 000万元的价格买入无杠杆股权，则t=0时的净现金流为36万元。当t=1时，投资者买入的无杠杆股权所产生的现金流，正好可以用来偿还卖空的杠杆股权和借入的债务，从而当前净套利36万元。在完美（竞争）资本市场中，其他潜在投资者也将发现和利用这一套利机会，卖空杠杆股权，买入无杠杆股权，于是驱动杠杆股权的价格下跌，无杠杆股权的价格上涨，直到套利机会消失。假如控制无杠杆股权的价值不变，仍是1 000万元，杠杆股权的价值必将下跌至500万元才会消除套利机会，所以杠杆股权的价值不会是536万元，而是500万元，从而有杠杆时的公司价值为1 000万元，与无杠杆（全权益）公司的价值相等，公司价值不因资本结构的改变而改变。

表4-2　**套利机会**　单位：万元

套利活动	t=0：现金流	t=1：现金流	
		经济强劲	经济衰退
卖空杠杆股权E	536	−890	−310
无风险借入D	500	−520	−520
买入无杠杆股权U	−1 000	1 410	830
合计	36	0	0

本质上，杠杆股权的投资者要求更高的回报率，以补偿增加的风险。当有杠杆和无杠杆时，股东的回报率显著不同。无杠杆股权的回报率在不同的经济状态下分别为41%和−17%，期望回报率为12%。股东是在债权人之后取得剩余收益，所以杠杆股权的风险较高，在不同的经济状态下其回报率分别为78%（（890−500）/500）和−38%（（310−500）/500）。为补偿因公司借债而对股东所施加的额外风险，杠杆股权的所有者要求得到较高的期望回报率为20%（1/2×78%+1/2×（−38%））。尽管公司并没有债务违约风险，债务（或财务杠杆）的使用却提高了股权的风险。虽然当单独考虑债务筹资时，它比较便宜，但它增加了股权的资本成本。同时考虑这两种资本来源，公司有杠杆时的加权平均资本成本为1/2×4%+1/2×20%=12%，与公司无杠杆时的资本成本相同。

财务杠杆不影响公司的总价值（等于公司能够筹集到的全部资金），它仅仅改变现金流在债权人和股东之间的分配，而没有改变公司的整体现金流。在完美资本市场的一系列假设下，上述结论具备一般性。

完美（竞争）资本市场假设为：(1) 投资者和公司能够以竞争性的市场价格买卖同一集合的证券，竞争性市价等于证券的未来现金流的现值；(2) 没有税负、交易成本、财务困境成本和破产成本以及证券发行成本；(3) 公司的融资决策不改变投资产生的现金流，也不会揭示有关投资的新信息；(4) 投资者为理性预期，不存在信息不对称。在这些条件下，Modigliani和Miller（简称MM）证明了关于资本结构对公司价值影响的下述结论：

MM第一定理：在完美资本市场中，公司的总价值等于公司资产产生的全部现金流的市场价值，它不受资本结构选择的影响。

$$V_U = V_L = E + D = A \tag{4.1}$$

4.1式中，V_U表示无杠杆（unleveraged）公司的价值，V_L表示有杠杆（leveraged）公司的价值，E表示公司有杠杆时的股权价值（或杠杆股权价值），D表示债务价值，A表示总资产的价值。

MM通过简单的论证即确立了上述结论：若没有税收和其他交易成本，公司向所有的公司证券持有者支付的现金流，等于公司资产产生的全部现金流。根据无套利原理（或价值可加性原理），公司发行的全部证券和公司资产必定拥有相同的总市值。只要公司的证券选择不改变公司资产产生的现金流，融资决策就不会影响公司的总价值或公司能够筹集的资本量。无套利原理的含义是，无摩擦市场不存在一种零成本赚取无风险回报的投资方式。允许存在套利可能的价格不可能是市场均衡的结果，因为对任意一个具有不满足偏好的参与者来说，如果可能，他将进行大额套利交易。其他参与者也会这样做，集体行动将驱动证券价格变动，使得投资组合的净成本大于零从而消除套利机会，一种证券（或资产组合）只能有一个价格，证券的无套利价格即为证券支付的全部现金流的现值。

还可以这样证明MM定理：回顾第一章的内容，如果证券被公允定价，则买卖证券的净现值为零，买卖证券就不会影响公司价值。公司对债务的未来偿付的价值（现值）等于公司预先收到的贷款的价值。债务的使用不会产生净利得或损失。公司价值是由当前和未来投资所产生的现金流的现值决定的。

MM定理表明公司价值不受资本结构选择的影响。但是假如相对公司选定的资本结构，投资者更偏好另一种资本结构，又将怎样呢？MM定理认为，在这种情形下，投资者可以通过自行借入或贷出资金而实现相同的结果（偏好的资本结构），例如，相对公司已选定的债务水平，假如投资者偏好更高的债务水平，他就可以借入资金，从而提高他个人投资组合中债务的比例。只要投资者能够以与公司相同的利率借入或贷出资金，自制杠杆就可以完全取代公司使用的财务杠杆。

仍以例4–1说明投资者如何复制杠杆。假如投资者偏好持有杠杆股权，就可以通过借债并买入无杠杆股权的方式[①]，复制杠杆股权的现金流（890万元或310万元），见表4–3。

表4–3 **利用自制杠杆复制杠杆股权** 单位：万元

套利活动	t=0	t=1：现金流	
	初始成本	经济强劲	经济衰退
买入无杠杆股权	1 000	1 410	830
借债	–500	–520	–520
杠杆股权	500	890	310

上述自制组合的净投资成本为500万元（1 000–500），根据一价定律，杠杆股权的价值等于为构造杠杆股权现金流而付出的（复制组合的）成本，即为500万元。

假如投资者偏好持有无杠杆股权，见表4–4，投资者可通过买入杠杆公司发行的债券和股权，从而复制无杠杆股权的现金流。持有的债券和股权所产生的现金流之和等同于无

① 在一定限额内，投资者可以向其经纪商借入资金购买证券，在所使用的资金中有一部分是属于投资者自己的，其余的则是借来的，属于自己的这部分称作“保证金”，这种购买证券的方式即为“保证金购买”。

杠杆股权产生的现金流（1 410万元或830万元）。自制组合的净投资成本为1 000万元（500+500），等于无杠杆股权的价值。

表4-4　**通过买入债券和杠杆股权来复制无杠杆股权**　单位：万元

套利活动	t=0	t=1：现金流	
	初始成本	经济强劲	经济衰退
买入杠杆公司债券	500	520	520
买入杠杆股权	500	890	310
无杠杆股权	1 000	1 410	830

【例4-2】

假设有两家公司，1年后的现金流均为1 400万元或900万元（基于未来经济形势表现为强劲或衰退，出现这两种情形的概率相等）。无风险利率为5%。除资本结构外，这两家公司完全相同。一家公司无债务，其股权市值为990万元。另一家公司当前以无风险利率借债500万元，其股权市值为510万元。在本例中，MM第一定理成立吗？可以利用自制杠杆套利吗？

MM第一定理表明，公司的总价值应该等于其资产的价值。这两家公司持有相同的资产，它们的总价值应该相等。但是题中假定无杠杆公司的价值为990万元，而杠杆公司的总市值为1 010万元（510+500）。出现两种不同的价值，违背MM第一定理。

如表4-5所示，套利者在t=0借入500万元，以990万元买入无杠杆公司的股权，通过使用成本只有490万元（990-500）的自制杠杆，再造（复制）杠杆公司的股权现金流（875万元或375万元）。再以510万元的价格卖出杠杆股权，从而可套利20万元。

表4-5　**套利过程描述**　单位：万元

套利活动	t=0：现金流	t=1：现金流	
		经济强劲	经济衰退
借款	500	−525	−525
买入无杠杆股权	−990	1 400	900
卖出杠杆股权	510	−875	−375
净现金流	20	0	0

套利者买入无杠杆公司的股权（或股票），同时卖出杠杆公司的股权（或股票），这一套利行为将导致无杠杆股权的价格上升，杠杆股权的价格下降，直到两家公司的价值相等，套利机会消失为止，MM定理成立。

【延伸阅读】　价值守恒原理

价值创造指导原则的推论认为，没有增加现金流的投资也就没有创造价值，这就是通常所说的价值守恒，例如，当一家公司用债券取代股权或发行债券回购股票时，只是改变了现金流的所有权，但并未改变可获得的总现金流，因此，只是实现了价值守恒，但并未创造价值。同样，改变会计处理方法只会改变现金流的账面值，但不会真正影响现金流，因而不会改变公司价值。公司管理者应着力于增加现金流，而非仅仅将价值在投资者之间重新分配或者变更报告结果。

——Timothy M.Koller，原载于《麦肯锡季刊》，发表时间为2010年6月。

二、借债、风险与资本成本

例4-1中，如果项目单纯以股权筹资，股东要求12%的期望回报率。公司也可选择以4%的无风险利率借款，债务资本成本确实比股权资本成本低，但不应孤立地考虑债务成本。债务本身可能是便宜的，但它却提高了股权的风险，从而提高了股权资本成本。低债务资本成本产生的节约，恰好被高股权资本成本所抵消，公司没有任何净节约。

借助MM第一定理，可推导出债务比率和股权资本成本之间的明确关系。通过持有杠杆股权和债务的组合，可复制无杠杆股权的现金流。根据第二章的投资组合理论，投资组合的回报率等于组合中的各种证券回报率的加权平均值，杠杆股权的回报率R_E、债务的回报率R_D和无杠杆股权的回报率R_U之间，存在如下关系：

$$R_U = \frac{E}{E + D} R_E + \frac{D}{E + D} R_D \tag{4.2}$$

从公司融资的角度来看，将4.2式中的回报率替换为资本成本，得到4.3式：

$$r_U = \frac{E}{E + D} r_E + \frac{D}{E + D} r_D \tag{4.3}$$

4.3式中，r_U表示公司无杠杆时的股权资本成本或无杠杆资本成本；r_E表示有杠杆时的股权资本成本；r_D表示债务资本成本（利率）。

求解4.3式，得到杠杆股权的资本成本r_E：

$$r_E = r_U + \frac{D}{E}(r_U - r_D) \tag{4.4}$$

此即MM第二定理：

杠杆股权的资本成本等于无杠杆资本成本加上与以市值计算的债务股权比率（D/E）成比例的财务风险溢价。

就例4-1而言，无杠杆股权的资本成本是12%，债务资本成本是4%。根据MM第二定理，杠杆股权的资本成本（或期望回报率）为：

$$r_E = 12\% + \frac{500}{500} \times (12\% - 4\%) = 20\%$$

与前文计算的期望回报率一致。

根据4.4式，随着债务融资比例的增加，股权和债务的风险都提高，它们的资本成本也随之上升。然而由于低成本债务的权重更高，故加权平均资本成本保持不变，它等于无杠杆资本成本。

【例4-3】

公司当前以市值计算的债务股权比率为2，债务资本成本为6%，股权资本成本为12%。假如公司发行股票并用所筹集的资金偿还债务，债务股权比率降为1，同时债务资本成本下降到5%。在完美资本市场中，这项交易对公司的股权资本成本和加权平均资本成本（WACC）将产生什么影响？

计算初始WACC：

$$r_{WACC}=\frac{E}{E+D}r_E+\frac{D}{E+D}r_D=\frac{1}{1+2}\times 12\%+\frac{2}{1+2}\times 6\%=8\%$$

在完美资本市场中，WACC不因资本结构的变动而改变。根据4.3式，无杠杆资本成本r_U等于8%。再根据MM第二定理（4.4式），计算杠杆水平降低后的股权资本成本：

$$r_E=r_U+\frac{D}{E}(r_U-r_D)=8\%+\frac{1}{1}\times(8\%-5\%)=11\%$$

杠杆的减少使股权资本成本下降到11%；WACC保持不变，仍为8%（1/2×11%+1/2×5%）。

公司资产负债表中的资产包括所持有的（超额）现金或无风险证券，而这些资产是无风险的，它们降低了公司资产的风险，从而降低了投资者对公司资产要求的风险溢价。持有现金会产生与债务对风险和回报的影响相反的效应。可将超额现金视为“负债务”。超额现金是指没有投入到公司运营中的多余的现金及其等价物，即从货币资金总额中扣除用于维持日常经营所需要的现金后剩下的余额，属于公司的非经营性资产[①]。如果公司持有1元超额现金和1元无风险债务，持有现金获取的利息等于为债务支付的利息。现金资产和债务的现金流可相互抵消，如同公司没有现金和债务一样。当评估除持有超额现金之外的其他经营性资产时，评估人员可以用净债务测量公司的借债水平：

净债务=债务-超额现金和无风险证券　　(4.5)

用公司价值衡量公司经营性资产的价值，公司价值就等于公司股权和净债务的市场价值之和。同样地，使用净债务的市值计算WACC，以估测公司经营性资产的资本成本。

MM定理的意义并不在于它是否是对现实世界的一个客观准确的描述，而在于它为以后的财务研究提供了基准；每一个假设都可能与现实不符，但它为解释现实的理论的进一步发展提供了参照系，只有知道无关的假定条件才能知道相关的前提条件。MM定理是最早证明一价定律对于在竞争市场中为证券定价和公司估值有着重要启示的理论之一，它标志着现代公司财务理论的开端。MM定理表明，任何看上去能够增加价值的金融交易事项，要么是虚假的，要么利用了某些市场摩擦。财务政策的真正作用是应对或利用诸如税收、交易成本、代理成本、信息不对称等市场摩擦，是市场摩擦塑造了公司的资本结构和股利政策。

自测题 4-1

三、进一步讨论

（一）杠杆资本重整与股价反应

无杠杆公司的股票数量为N，股价为P_0，则$V_U=NP_0$。现假设公司借入市场价值为D的债务，所获资金用于同时回购M股本公司股票（回购价格为P_r）并注销。这一过程称作“杠杆资本重整”（leveraged recapitalization）。下面来研究资本结构重新配置后的股价P_1。

由于股票回购交易立即完成，回购的同时即为回购完成后，故有$P_r=P_1$；否则，如果

---

① 对超额现金的处理往往采用比较简单的方法，用财务报表中的货币资金代替。这样做的原因有：一是通常资产负债表中只有一个现金项，无法从表中了解到多余的现金是多少；二是虽然可以通过了解公司日常运行的规律估计出公司每天参与运营的现金的数量，并以此计算出多余现金，但这种估计带有很强的主观性；三是在我国，很多公司习惯于将长期闲置不用的资金存在银行，对于这些公司，多余现金基本上等于所有的现金；四是相比于公司价值，现金一般很少，对多余现金进行近似的处理不会对公司价值的估计造成很大影响。

$P_r<P_1$，股东不会卖出股票，回购无法完成；如果$P_r>P_1$，股东有卖出全部股票的动力，驱使P_r下降，直至二者相等；于是有$D = MP_r = MP_1$。剩下的未被回购的股票市值为$E_L=$（$N-M$）P_1。根据MM第一定理，$V_L=E_L+D=$（$N-M$）$P_1+MP_1=NP_1=V_U=NP_0$，可得到$P_0=P_1$。

上述推导表明，在完美资本市场中，公司无法通过回购股票来提升股价，不能通过改变资本结构以使股东财富增加，从而进一步验证了“资本结构决策不能为股东创造价值”的结论。

（二）资本结构变动与每股收益

资本结构变动将对每股收益产生影响。财务杠杆可以增加公司的预期每股收益。假设无杠杆公司预期明年将产生1 000万元息税前利润（*EBIT*），不考虑公司所得税。公司当前有1 000万股流通股，每股交易价格为7.5元。公司正打算以8%的利率借款1 500万元，并用所借资金以每股7.5元的价格回购200万股股票，从而调整资本结构。

当公司没有债务时，预期每股收益*EPS*=净利润/股数=1 000/1 000=1（元）；新债务使得公司每年支付的利息为120万元（1 500×8%），预期支付利息后的利润为880万元（1 000−120），同时流通股的数量在股票回购后也将减少为800万股（1 000−200），故预期每股收益为1.1元（880/800），每股收益随杠杆的增加而增加。每股收益的增加似乎会使股东的处境变得更好，可能会促使股价上升。然而只要证券被公允定价，借债并回购股票交易的净现值就为零，不能为股东提供任何价值。该如何调和这一看似矛盾的结论？

答案就在于，每股收益的风险已经发生变化。假设支付利息前的利润仅为400万元。如果无杠杆，每股收益为0.4元（400÷1 000）；但如果借入新债，支付利息后的利润为280万元（400−120），则每股收益变为0.35元（280÷800）。可见，当公司收益较低时，财务杠杆将导致*EPS*比无杠杆时下降得更多。如果息前利润超过600万元，则有杠杆时的*EPS*要更高；如果息前利润低于600万元，则有杠杆时的*EPS*要低于无杠杆时的*EPS*。尽管预期每股收益随着杠杆的增加而增加（从1元增加到1.1元），但每股收益的风险同时也在增加。有杠杆时的*EPS*线比无杠杆时的*EPS*线更加陡峭（横轴为*EBIT*，纵轴为*EPS*），这表明，一旦引入杠杆，相同幅度的*EBIT*的波动，会导致*EPS*比无杠杆时有更大幅度的波动。尽管平均而言*EPS*将增加，但这种增加对补偿股东额外承担的风险而言是必要的，因此，股价并未因资本结构重整而增加。

假设*EBIT*预期在未来不会增长，所有利润都将作为股利发放。如果没有债务，则每年的预期每股收益和股利都是1元，股价是每股7.5元。r_U表示无杠杆资本成本。根据永续年金公式计算股票价值$P_0 = 7.5 = Div/r_U = EPS/r_U = 1/r_U$，当前股价表明$r_U$=1/7.50=13.33%。

当公司没有债务时，股票市值为7 500万元（7.5×1 000）。如果用债务融资回购价值1 500万元的股票（即200万股），根据MM第一定理，剩余股票的价值为6 000万元（7 500 − 1 500）。交易完成后，债务股权比率为1 500÷6 000= 0.25。根据MM第二定理，杠杆股权的资本成本为：

$$r_E = r_U + \frac{D}{E}(r_U - r_D) = 13.33\% + 0.25 \times (13.33\% - 8\%) = 14.66\%$$

给定资本重整后1.1元的预期*EPS*，新股价$P_0=1.1/r_E=1.1/14.66\%=7.5$（元/股），股价不变。

尽管每股收益较高，由于存在额外的风险，因此，股东将要求较高的回报。这些效应相互抵消，结果是每股价格将保持不变。所以，无法简单地用每股收益来比较不同资本结构的优劣，因为没有考虑与资本结构相关的风险。债务影响每股收益和市盈率，这表明无法可靠地比较资本结构不同的公司的这些财务指标。大多数财务分析师偏好使用基于利息支付前收益的绩效衡量指标和估值乘数，例如，当对资本结构显著不同的公司进行分析时，公司价值与*EBIT*（或*EBITDA*，即息税折旧摊销前收益）比率，比*P/E*（市盈率）比率更有用。

【例4-4】

U公司预期永久性的年度现金流为100万元，现金流的对应折现率ρ为10%，无风险利率r小于ρ。公司共有100万股流通股，无债务，不考虑所得税及交易成本。

（1）投资者愿意为每股付出的最高购买价格为多少？

（2）计算预期EPS以及收益率（EPS/P_0）。

（3）财务分析师认为债务与股权调换（借入无风险债务同时回购等额的股票并注销）会提升公司价值，因为借债会提高股东的收益率，你认同分析师的看法吗？

（4）假如公司最终借债而使得收益率提升为原来的2倍，计算要借入多少利率为4%的永久性债务以达到这一目标？

（5）接第（4）问，考察资本重整以后的各财务要素。

（6）原股东的处境有何改变？

解答：

（1）永续年金的折现率ρ=10%，公司价值为100/0.1=1 000（万元），每股价格P_0=1 000/100=10（元）。

（2）EPS为100/100=1（元），收益率EPS/P_0=1/10=0.1。

（3）令K为股票回购数量，P_0、P_1分别为股票回购前后的股价，回购价格为P_r。易知$P_r=P_1$。假设债务融资额为D，回购等额股票注销，股票回购数量为K万股，债务利率为r，则有$D=KP_1$；根据MM第一定理，$V_U=V_L=E_L+D=E_L+KP_1$，且有$V_U=NP_0$，$E_L=(100-K)P_1$，于是得到$NP_0=100P_0=(100-K)P_1+KP_1=100P_1$，故$P_0=P_1$；

$$EPS_L=(100-rD)/(100-K)=(100-rKP_1)/(100-K)=(100-rKP_0)/(100-K)>(100-\rho KP_0)/(100-K)$$

且有$(100-\rho KP_0)/(100-K)=(100-10\%\cdot K\cdot 10)/(100-K)=1$，即，$EPS_L>1$，$EPS_L>EPS_U$，债务股权调换后，收益率增加。但是公司价值并无变化，收益率的增加并不意味着公司价值的增加，较高的每股收益反映了股东因杠杆而承担的附加风险。

（4）目标收益率为0.2，EPS_L=0.2×10=2（元），$EPS_L=(100-rKP_0)/(100-K)=2$，解得$K$=62.5（万股），借债额度为62.5×10=625（万元）。

（5）债务的市值为625万元；$V_U=V_L=E_L+D=E_L+625=1\,000$，$E_L$=375万元；资本重整后的股权资本成本为（100−625×4%）/375=20%；加权平均资本成本为4%×（625/1 000）+20%×（375/1 000）=10%，与无杠杆资本成本相等；流通股股数为37.5万股（100−62.5），股权价值为375万元，每股价格仍为10元（375/37.5）。

（6）原股东的处境既没有改善，又未变差。资本结构变动后的价格仍是每股10元，股票回购价格也是每股10元，公司价值不变。

自测题4-2　　自测题4-3

第二节　无风险债务、所得税与资本结构

一、考虑公司所得税的MM定理

公司按扣除利息以后的利润纳税，利息费用减少了公司必须支付的所得税。税法的这一特征，激励了公司对债务的运用。即使公司有债务时的净利润相对要低些，但有债务时公司的处境却更好。公司价值等于它能够向所有投资者筹集的资金总量，而不仅仅是向股东筹集的资金。如果公司在有债务时可以向投资者支付得更多，那么它最初就应该能够筹集更多的资本。

投资者从利息支付的税收抵扣中可获得利息抵税收益（利息税盾），是假若当公司无杠杆时需要额外支付的税额，可按如下等式计算每年的利息抵税收益：

利息抵税收益=公司所得税税率×利息费用　　(4.6)

当公司使用债务时，利息税盾每年都将产生纳税节约。公司每年都要支付利息，有债务时公司支付给投资者（股东和债权人）的现金流，要比无债务时支付给投资者（股东）的现金流多，多出的部分就是利息抵税收益。公司有杠杆时的现金流等于（除资本结构不同外所有其他方面完全相同）无杠杆时的现金流与利息税盾之和，根据第一章的价值可加性原理，这些现金流的现值也必定相同。令V_L和V_U分别表示公司有杠杆和无杠杆时的价值，当存在公司所得税时，对MM第一定理进行如下调整：

$$V_L = V_U + PV\text{（利息抵税收益）} \tag{4.7}$$

要计算由利息抵税收益引起的价值增加，需预测债务以及支付的利息将如何变化。在预测未来利息支出的基础上，可确定利息抵税收益，然后用与其风险相适应的折现率将其折现，得出利息抵税收益的现值。

债务的利息抵税收益也可用加权平均资本成本来表示。公司使用债务融资时支付的利息成本，部分地被利息费用产生的节税收益所抵消。由于存在利息费用抵税，因此，实际的税后借债成本为$r_D(1-\tau)$。有税时的加权平均资本成本为：

$$r_{WACC} = \frac{E}{E+D}r_E + \frac{D}{E+D}r_D(1-\tau) = \underbrace{\frac{E}{E+D}r_E + \frac{D}{E+D}r_D}_{\text{税前}WACC} - \underbrace{\frac{D}{E+D}r_D\tau}_{\text{利息抵税}} \tag{4.8}$$

令$d=D/(D+E)$，d为债务与公司价值比率，4.8式可改写为：

$$r_{WACC} = r_U - d\tau r_D \tag{4.9}$$

4.9式表明，*WACC*随着债务融资比例的增加而降低。

如果公司持续调整债务以维持固定不变的目标债务股权比率，就可用*WACC*折现公司自由现金流计算杠杆公司的价值V_L。将V_L与无杠杆价值V_U相比较，可确定利息税盾的价

值。V_U是将公司自由现金流以无杠杆资本成本r_U（或税前$WACC$）折现得出的。

【例4-5】

公司预计明年产生的自由现金流为400万元，此后，自由现金流每年按4%的固定比率永续增长。股权资本成本为10%，债务资本成本为6%，所得税税率是25%，公司始终维持0.5的目标债务股权比率。利息税盾的价值是多少？

用税前$WACC$折现公司自由现金流，计算无杠杆价值V_U：

$$税前WACC=\frac{1}{1+0.5}\times 10\% + \frac{0.5}{1+0.5}\times 6\% = 8.67\%$$

V_U=400/（8.67%-4%）=8 565（万元）

用税后$WACC$折现公司自由现金流，计算杠杆价值V_L：

$$税后WACC=\frac{1}{1+0.5}\times 10\% + \frac{0.5}{1+0.5}\times 6\% \times (1-25\%) = 8.17\%$$

包含利息税盾的公司价值V_L= 400/（8.17%-4%）= 9 592（万元）

利息税盾的价值= V_L - V_U = 9 592 - 8 565 = 1 027（万元）

二、对有所得税时MM定理的简单推导

考虑两家公司U（无杠杆）与L（有杠杆），除资本结构以外，两家公司的现金流、投资政策、资产等完全相同。假设每期的自由现金流均为x，无杠杆股权和杠杆股权的回报率分别为r_U和r_E（与风险水平相关），V表示公司价值，D表示债务价值（假设为永久性的公开募集债务，不需要偿还，公司总是可以借到新债偿还旧债），r_D表示债务利率，τ表示所得税税率。考虑如下投资策略：

策略1：买入α比例U的股权；

策略2：买入α比例L的股权，同时买入（投资）$\alpha(1-\tau)$比例L的债务（债券）。

策略1将于1期后收到现金流$\alpha x(1-\tau)$。

策略2将于1期后收到现金流$\alpha(x-r_D D)(1-\tau)+\alpha(1-\tau)r_D D=\alpha x(1-\tau)$。

策略1与2产生相同的现金流，根据一价定律，它们的投资成本必然相同；策略1的投资成本为αV_U，策略2的成本为$\alpha E_L+\alpha(1-\tau)D$：

$$\alpha V_U=\alpha E_L+\alpha(1-\tau)D=\alpha(E_L+D)-\alpha\tau D\Rightarrow V_L=V_U+\tau D \tag{4.10}$$

4.10式即为考虑所得税的MM第一定理。

接下来考虑个人所得税的影响。令公司所得税税率为τ_c，债权人的利息收入的个人所得税税率为τ_i，股权投资者的股权收益税率平均（包括股利收入和资本利得）为τ_e。为研究问题方便，仍设定债务为固定余额的永久性债务。

假设投资者持有U公司的股权比例为α，其每期的净现金流为$\alpha x(1-\tau_c)(1-\tau_e)$，投资的当前市值为$\alpha V_U$。现在，该投资者欲采取如下投资策略：

卖出所持有的U公司股权，买入α比例L公司股权，以及β比例L公司债券，其中，$\beta=\alpha(1-\tau_c)(1-\tau_e)/(1-\tau_i)$。

再来分析投资者每期的净收益：

从股权投资可得到$\alpha(x-r_D D)(1-\tau_c)(1-\tau_e)$，从债券投资可得到$\beta r_D D(1-\tau_i)$；

合计为：$\alpha(x-r_DD)(1-\tau_c)(1-\tau_e)+\frac{\alpha(1-\tau_c)(1-\tau_e)}{(1-\tau_i)}r_DD(1-\tau_i)=\alpha x(1-\tau_c)(1-\tau_e)$

与投资者先前持有U公司股权时的净收益完全一样，根据一价定律，这两种投资策略应该有相同的投资成本，有如下等式成立：

$$\alpha V_U=\alpha(V_L-D)+\beta D=\alpha(V_L-D)+\frac{\alpha(1-\tau_c)(1-\tau_e)}{1-\tau_i}D=\alpha V_L-\alpha\left[1-\frac{(1-\tau_c)(1-\tau_e)}{1-\tau_i}\right]D$$

整理后得到：

$$V_L=V_U+\left[1-\frac{(1-\tau_c)(1-\tau_e)}{1-\tau_i}\right]D=V_U+\tau^*D \tag{4.11}$$

$$\tau^*=1-\frac{(1-\tau_c)(1-\tau_e)}{1-\tau_i} \tag{4.12}$$

4.11和4.12式即为考虑个人所得税和公司所得税时的MM定理。τ^*为债务的有效抵税税率。当不考虑个人所得税，或者债务利息收益和股权收益的个人所得税税率相同（$\tau_i=\tau_e$）时，τ^*等于τ_c。若股权收益相比利息收益的个人所得税税率低（$\tau_i>\tau_e$），则τ^*就小于τ_c。

令$\tau_c=\tau_i=\tau_e=0$，则4.11式变为$V_L=V_U$，即为完美资本市场中的MM第一定理。令$\tau_i=\tau_e=0$，即不考虑个人所得税，仅考虑公司所得税，4.11式变为$V_L=V_U+\tau_cD$，即为仅考虑公司所得税时的MM定理。

如果$(1-\tau_c)(1-\tau_e)=(1-\tau_i)$，则$\tau^*=0$，可得到$V_L=V_U$。可以这样理解这一结论：$(1-\tau_i)$为债权人的单位税后收益，$(1-\tau_c)(1-\tau_e)$为股东获得股利与资本利得的税后收益，两者相等意味着投资债券和投资股权的税后收益相等，投资者就不必在意公司的资本结构差异。如果$(1-\tau_i)>(1-\tau_c)(1-\tau_e)$，公司将偏好债务融资；反之则偏好股权融资。

接着考察有公司所得税时的MM第二定理（公司所得税税率记为τ）：

据$r_U=x(1-\tau)/V_U$可知，$x=r_UV_U/(1-\tau)$，将其代入$r_E=(x-r_DD)(1-\tau)/E_L$：

$$r_E=\frac{\left[\frac{r_UV_U}{1-\tau}-r_DD\right](1-\tau)}{E_L}=\frac{r_UV_U-r_DD(1-\tau)}{E_L} \tag{4.13}$$

将$V_U=V_L-\tau D=E_L+D-\tau D=E_L+D(1-\tau)$代入4.13式：

$$r_E=\frac{r_U[E_L+D(1-\tau)]-r_DD(1-\tau)}{E_L}=r_U+(r_U-r_D)\frac{D}{E_L}(1-\tau) \tag{4.14}$$

4.14式即为有税时的MM第二定理。

继续考察加权平均资本成本。将4.14式代入$WACC=r_D(1-\tau)\frac{D}{V_L}+r_E\frac{E_L}{V_L}$中得到：

$$\begin{aligned}WACC&=r_D(1-\tau)\frac{D}{V_L}+\left[r_U+(r_U-r_D)\frac{D}{E_L}(1-\tau)\right]\frac{E_L}{V_L}=r_U\frac{D+E_L-\tau D}{V_L}\\&=r_U\frac{V_L-\tau D}{V_L}=r_U\left[1-\tau\frac{D}{V_L}\right]=r_U-d\tau r_U\end{aligned} \tag{4.15}$$

4.15式为债务是永久性固定余额债务时的$WACC$表达式，这与债务股权比率固定不变情形下的$WACC$（$r_U-d\tau r_D$）不同。

由4.15式可见，$WACC$与杠杆水平负相关。当有公司所得税时，投资者不能无视融资结构差异的影响。既然存在公司税，公司价值随杠杆比率而增加，那么可以期望股价与杠杆正相关，公司可通过“借债同时回购股票从而提高杠杆水平”来提升股价。

假设无杠杆公司的流通股股数为N，股价为P_0。公司现在发行市值为D的永久性债券，所获资金用于同时回购M股本公司股票，回购股价P_r等于回购完成后的股价P_1（如果$P_r<P_1$，没有股东愿意向公司卖出股票；如果$P_r>P_1$，股东争相向公司卖出股票，推动回购价格P_r下跌，直至与P_1相等为止）。

根据MM定理，$V_L = V_U + \tau D = NP_0 + \tau D$，且有$V_L = E_L + D = (N - M)P_1 + MP_1 = NP_1$，可得到$NP_1 = NP_0 + \tau D \Rightarrow P_1 = P_0 + \dfrac{\tau D}{N}$，表明资本重整后股价升高，原因是利息税盾所致。当公司宣布杠杆资本重整消息后（此时尚未进行股票回购），资本市场即对这一信息做出反应，股价立即上涨，以反映利息税盾带来的价值增加，股票回购价格就应是考虑利息抵税收益后的价格，而非资本重整消息宣布前的股价。

【例4-5】

公司有200万股流通股，每股市价是10元，没有债务。公司收益稳定，所得税税率为25%。公司计划进行杠杆资本重整，借入800万元的永久性债务，并用借债所得全部资金回购股票，假设股票回购于瞬间完成。预期这项交易产生的纳税节约将会提升公司股价，从而使股东受益。公司的这一预期是否能现实？

当无杠杆时，公司的总市值V_U=200×10=2 000（万元）。当有杠杆时，公司每年支付的税费将减少。如果借入800万元的永久性债务，未来节税额的现值τD=25%×800=200（万元），杠杆公司的价值$V_L=V_U+\tau D$=2 200（万元），杠杆股权的价值$E=V_L-D$=1 400（万元），尽管股票的价值下降到1 400（万元），但股东同时也收到公司通过股票回购支付给股东的800万元，总共收到2 200万元，比无杠杆时他们所持股份的价值增加了200万元。

假设公司以当前每股10元的价格回购股票，将回购800÷10=80（万股），剩余200−80=120（万股）。由于股票回购完成后股权的总市值为1 400万元，因此，新的股价为1 400/120=11.67（元）；保留股票的股东每股获得的资本利得为11.67−10=1.67（元），总收益为1.67×120=200（万元），在这种情形下，资本重整后仍持有公司股票的股东得到了税盾收益。上述分析看似合理，不过，计算过程中的奇怪之处在于，假设以每股10元的初始价格回购股票，然后再算出交易完成后的股票价值为11.67元，我们不禁要问，为什么当股票价值为11.67元时，股东会同意以每股10元的价格卖出股票？

这一情形代表一种套利机会。投资者在股票回购前的即刻可按每股10元买入股票，回购完成后，再立即以较高的价格卖出股票。但是，这种套利行为甚至在回购前就会使股价上涨到每股10元以上：一旦投资者得知公司将进行杠杆资本重整，股价就会立即上涨到一定水平，以反映公司将得到的200万元的利息抵税价值。股权的价值将立即从2 000万元增加到2 200万元，股价将立即上涨到2 200÷200=11（元），所以公司必须至少以每股11元的价格回购股票。

若回购价格为每股11元，公司将回购约800÷11=72.73（万股），剩余200−72.73=127.27（万股）流通股。回购完成后股权的总市值为1 400万元，新的股价为1 400/127.27=11（元/股），与回购价格相等。向公司卖出股票的股东和保留股票的股东，都将因这项交易而获得每股11−10=1（元）的收益。利息抵税收益全部由公司现有的200万股流通股的所有股东分享，总收益为1×200=200（万元）。换言之，当证券被公平定价时，公司的原先股东获得了因杠杆增加而产生的全部利息抵税价值。

对应每一回购价格，可计算出要回购的股数和回购后仍在流通的股数。将价值为1 400万元的股权总价值，除以剩余的流通股股数，就可得出回购交易完成后的新的股价。一方面，除非回购价格至少与回购后的股价一样高，否则没有股东愿意卖出股票，因为股东若等待以后再卖出会更好。而如果公司提供的回购价格高于每股11元，则现有股东都将迫不及待地卖出股票，这是因为在回购交易完成后，股票的价值将会变得较低，例如，如果以每股12元的价格回购股票，则可回购800÷12=66.67（万股），流通股剩余200−66.67=133.33（万股）。回购完成后股权的总市值为1 400万元，新的股价为1 400/133.33=10.50（元/股），低于每股11元的回购价格，理智的股东都将选择参与回购交易。在这种情形下，股东将超额卖出股票，公司要采用抽签摇号的方式，或者其他的分配机制来选择目标回购对象。假如那样，更多的资本重整收益将由那些幸运地被选为回购对象的股东所享有。

综上分析，只有当回购价格与回购完成后的价格相等时，回购交易才能够顺利完成，每股11元的回购价格才是正确的价格。当公司宣布进行杠杆资本重整（即借债并用借债所得资金回购股票）时，股价将立即因增加的债务利息税盾价值而上涨，公司必须以上涨后的股价来回购股票，现有股东将获得利息税盾的全部价值。

自测题4-4　　自测题4-5　　自测题4-6

第三节　债务有风险时的MM模型

一、不考虑破产成本

本节继续放宽无风险债务的假设，即存在公司收益不足以完全偿付债务的状态，但暂不考虑破产成本的影响，探讨债务有风险时的MM模型。

【例4-6】

公司的未来经营前景有很大的不确定性。取决于公司正在开发的某种新产品，如果产品开发成功，预计1年后的公司价值将是12 000万元，如果失败，公司价值将仅有4 000万元。公司当前有两种融资选择：（1）完全股权融资；（2）借入1年期债务，到期需要偿还5 000万元。

表4-6比较了有杠杆和无杠杆时，新产品开发成功和失败两种情形下的结果。

表4-6　　有杠杆与无杠杆时，债务和股权的价值　　单位：万元

价值	无杠杆		有杠杆	
	成功	失败	成功	失败
债务价值	—	—	5 000	4 000
股权价值	12 000	4 000	7 000	0
投资者的总价值	12 000	4 000	12 000	4 000

如果不考虑破产成本和所得税，若产品开发成功，无论公司有杠杆还是无杠杆，1年后的公司价值都是12 000万元；若产品开发失败，无论公司有杠杆还是无杠杆，1年后的公司价值都是4 000万元。假设新产品开发成功和失败的概率相等，为简化分析，假设公司现金流与经济状况无关（风险被充分分散），项目的贝塔为0，资本成本即3%的无风险利率。在有杠杆和无杠杆两种情形下，分别计算年初时公司价值如下：

无杠杆公司价值V_U=（0.5×12 000+0.5×4 000）/1.03=7 766.99（万元）；当有杠杆时，公司的股权价值E=（0.5×7 000+0.5×0）/1.03=3 398.06（万元），债务价值D=（0.5×5 000+0.5×4 000）/1.03=4 368.93（万元），公司在有杠杆时的价值为$V_L=E+D$=3 398.06+4 368.93=7 766.99（万元）=V_U。在有杠杆和无杠杆两种情形下，公司的总价值相同，从而验证了MM第一定理成立。不论公司使用哪种资本结构，都能够向投资者筹集到相同的资本。

建立简单的单期模型将上例一般化。公司于$t=0$时设立，仅营运1期，经营收益（现金流）由分布于［X_0，X_1］的随机变量$\tilde{X}$来表示，累积概率分布函数为$F(\tilde{X})$；$\hat{X}$表示收益的期望值，$\hat{X}=\int_{X_0}^{X_1}\tilde{X}\mathrm{d}F(\tilde{X})$，$\mathrm{d}F(\tilde{X})=f(\tilde{X})\mathrm{d}\tilde{X}$，$f(\tilde{X})$为$\tilde{X}$的概率密度函数。

公司于刚设立时，借入面值为D的风险债务，$X_0<D<X_1$；收益在$t=1$期实现时，公司被清算，其证券持有者将根据各自的索取权得到相应的收益。假设所有投资者均可完全分散风险（风险中性），要求回报率即为无风险利率r。公司股权和债务的市场价值分别由E（D）和B（D）来表示：

$$E(D)=\frac{1}{1+r}\int_{D}^{X_1}(\tilde{X}-D)\mathrm{d}F(\tilde{X}) \tag{4.16}$$

$$B(D)=\frac{1}{1+r}\left[\int_{X_0}^{D}\tilde{X}\mathrm{d}F(\tilde{X})+\int_{D}^{X_1}D\mathrm{d}F(\tilde{X})\right] \tag{4.17}$$

$t=0$时的公司价值为：

$$V(D)=E(D)+B(D)=\frac{1}{1+r}\left[\int_{X_0}^{D}\tilde{X}\mathrm{d}F(\tilde{X})+\int_{D}^{X_1}\tilde{X}\mathrm{d}F(\tilde{X})\right]=\frac{\hat{X}}{1+r} \tag{4.18}$$

4.18式表明公司价值等于经营收益的现值，V（D）与D不相关，公司价值与资本结构和融资无关，仅与投资相关。这与例4-6的结论一致。

假设D可全部在税前扣除，公司在有偿付能力时支付税费。计算无杠杆公司在$t=0$时的价值：

$$V(0)=\frac{1}{1+r}\int_{X_0}^{X_1}(\tilde{X}-\tau\tilde{X})\mathrm{d}F(\tilde{X})=\frac{\hat{X}(1-\tau)}{1+r} \tag{4.19}$$

假设债务为无风险债务（$D<X_0$），计算股权、债务及公司价值：

$$E(D)=\frac{1}{1+r}\int_{X_0}^{X_1}[\tilde{X}-D-\tau(\tilde{X}-D)]\mathrm{d}F(\tilde{X})=\frac{(\hat{X}-D)(1-\tau)}{1+r}$$

$$B(D)=\frac{1}{1+r}\int_{X_0}^{X_1}D\mathrm{d}F(\tilde{X})=\frac{D}{1+r}$$

$$V(D)=E(D)+B(D)=\frac{(\hat{X}-D)(1-\tau)+D}{1+r}=\frac{\hat{X}(1-\tau)+\tau D}{1+r}=V(0)+\frac{\tau D}{1+r} \tag{4.20}$$

V（D）与V（0）的区别就在于债务利息抵税收益的现值。

进一步分析借入风险债务（$X_0<D<X_1$）时的公司价值：

$$E(D)=\frac{1}{1+r}\int_{D}^{X_1}[\tilde{X}-D-\tau(\tilde{X}-D)]\mathrm{d}F(\tilde{X})$$

$$B(D)=\frac{1}{1+r}\left[\int_{X_0}^{D}\tilde{X}\mathrm{d}F(\tilde{X})+\int_{D}^{X_1}D\mathrm{d}F(\tilde{X})\right]$$

$$\begin{aligned}
V(D)&=E(D)+B(D)\\
&=\frac{1}{1+r}\left[\int_{D}^{X_1}[\tilde{X}-D-\tau(\tilde{X}-D)]\mathrm{d}F(\tilde{X})+\int_{X_0}^{D}\tilde{X}\mathrm{d}F(\tilde{X})+\int_{D}^{X_1}D\mathrm{d}F(\tilde{X})\right]\\
&=\frac{1}{1+r}\left[\int_{D}^{X_1}\tilde{X}(1-\tau)\mathrm{d}F(\tilde{X})-\int_{D}^{X_1}D\mathrm{d}F(\tilde{X})+\int_{D}^{X_1}\tau D\mathrm{d}F(\tilde{X})+\int_{X_0}^{D}\tilde{X}\mathrm{d}F(\tilde{X})+\int_{D}^{X_1}D\mathrm{d}F(\tilde{X})\right]\\
&=\frac{1}{1+r}\left[\int_{D}^{X_1}\tilde{X}(1-\tau)\mathrm{d}F(\tilde{X})+\int_{X_0}^{D}\tilde{X}\mathrm{d}F(\tilde{X})+\int_{D}^{X_1}\tau D\mathrm{d}F(\tilde{X})\right]\\
&=\frac{1}{1+r}\left[\int_{D}^{X_1}\tilde{X}(1-\tau)\mathrm{d}F(\tilde{X})+\int_{X_0}^{D}\tilde{X}(1-\tau)\mathrm{d}F(\tilde{X})-\int_{X_0}^{D}\tilde{X}(1-\tau)\mathrm{d}F(\tilde{X})+\int_{X_0}^{D}\tilde{X}\mathrm{d}F(\tilde{X})+\int_{D}^{X_1}\tau D\mathrm{d}F(\tilde{X})\right]\\
&=\frac{1}{1+r}\left[\int_{X_0}^{X_1}\tilde{X}(1-\tau)\mathrm{d}F(\tilde{X})+\int_{X_0}^{D}[\tilde{X}-\tilde{X}(1-\tau)]\mathrm{d}F(\tilde{X})+\int_{D}^{X_1}\tau D\mathrm{d}F(\tilde{X})\right]\\
&=V(0)+\frac{1}{1+r}\left[\int_{X_0}^{D}\tau\tilde{X}\mathrm{d}F(\tilde{X})+\tau D(1-F(D))\right]
\end{aligned}\tag{4.21}$$

V（D）与 V（0）的区别在于4.21式等号右边中括号里的两项。第一项表示公司破产时无须支付税费所带来的纳税节约；第二项表示公司有偿付能力时债务利息所产生的抵税价值。

二、税盾与破产成本的权衡

如果只考虑债务的抵税收益，公司应尽可能多地采取债务融资，但在现实中公司几乎都是股权融资与债务融资相结合，而且股权融资的比例更高些，这是因为上述讨论没有考虑债务融资带来的财务困境成本、破产成本、代理成本等因素。接下来，着重考察破产成本对资本结构选择和公司价值产生影响的原理。

【例4-7】

再来考察例4-6。在全权益融资的情形下，如果新产品开发成功，1年后公司资产的价值为12 000万元；如果新产品开发失败，资产价值为4 000万元。相比之下，在公司有5 000万元债务的情形下，如果经营失败，公司将被迫破产。由于存在财务困境成本和破产成本，公司将损失一部分资产价值，债权人得到的价值将不足4 000万元。表4-7给出这些成本的影响，假定由于存在破产成本，1年后债权人将只能得到3 000万元。

表4-7 **有杠杆与无杠杆时，债务和股权的价值** 单位：万元

价值	无杠杆		有杠杆	
	成功	失败	成功	失败
债务价值	—	—	5 000	3 000
股权价值	12 000	4 000	7 000	0
投资者的总价值	12 000	4 000	12 000	3 000

如果新产品开发失败，则所有投资者在有杠杆情形下的总价值比无杠杆时的总价值要

少。破产成本的存在导致1年后的公司价值减少4 000-3 000=1 000（万元），此时，MM第一定理不再成立。

同例4-6，公司的无杠杆价值为7 766.99万元；根据表4-7，当有杠杆时，公司的股权价值仍为3 398.06万元，但债务的价值为（0.5×5 000+0.5×3 000）/1.03=3 883.5（万元），有杠杆时公司价值 $V_L=E+D$=3 398.06+3 883.5=7 281.56（万元），比无杠杆价值少7 766.99-7 281.56=485.43（万元），等于新产品开发失败时公司将付出的1 000万元破产成本的现值：（0.5×0+0.5×1 000）/1.03=485.44（万元）。

破产成本导致公司对债权人的支付减少。此时，股东已损失其投资，在公司中再也没有利益诉求了。从股东的角度看，这些成本似乎与他们无关。公司破产后，股东确实对破产成本关注较少。但理智的债权人早已意识到，若公司违约，他们将不能得到公司资产的全部价值。于是，最初向公司贷出资金时，就会贷得更少。会少贷出多少债务呢？恰好等于他们最终将放弃的金额，即破产成本的现值。如果债权人贷出更少的资金，那么公司用于分配股利、回购股票和进行投资的资金就更少，减少的资金相当于钱从股东的手中流出。若证券被公平定价，则公司的原有股东将支付破产成本的现值。

接上例，假设公司当前有770万股流通股，没有债务。公司宣布计划发行面值为5 000万元期限为1年的债务，拟用所筹现金回购股票（杠杆资本重整）。给定表4-7中的数据，回购完成后，新的股价将是多少？假设无风险利率为3%，新产品开发成功或失败的概率相等，风险被完全分散。

公司的无杠杆价值为7 766.99万元，有770万股流通股，相应的初始股价约为每股10.09元。有杠杆时，公司价值为7 281.56万元。因为投资者事先就预测到公司价值的减少，所以当公司宣布资本重整的时，股价将立即下跌至每股7 281.56÷770=9.46（元）。

下面来验证上述结论。由于存在破产成本，债务的当前价值为3 883.5万元。给定每股9.46元的股价，公司将回购3 883.5÷9.46=410.52（万股），剩余770-410.52=359.48（万股）仍在流通。杠杆股权的价值为3 398.06万元，除以流通股股数，得出资本重整完成后的股价为3 398.06÷359.48=9.45（元/股）（与9.46元的微小差异是由于计算误差所致）。资本重整使得每股股价降低10.09-9.46=0.63（元），总价值减少0.63×770=485.1（万元），等于例4-7中破产成本的现值（与485.44万元的微小差异是由于计算误差所致）。这意味着，尽管债权人承担了破产成本，但股东却提前支付了破产成本的现值。

【例4-8】

将上述分析一般化，考虑一个简化的单期模型：企业家于 $t=0$ 时设立公司，仅营运1期后公司就被清算，$t=1$ 期的公司期望收益由 $\hat{X}=\int_{X_0}^{X_1}\tilde{X}\mathrm{d}F(\tilde{X})$ 决定。公司于刚设立时，借入面值为 D 的风险债务（$X_0<D<X_1$）。沿用以前的假设，资本市场完全竞争，投资者能够完全分散风险从而保持风险中立，投资者要求的回报率为无风险利率 r。引入破产成本，因破产而施加额外的固定成本 C，如诉讼费、向债权人转让所有权而产生的交易成本等，假设 $C<X_0$。公司所得税税率为 τ，不考虑个人所得税，D 全部可以抵税[①]。计算股权、债务及公司价值：

① 类似于永久性债务，本金永远不必偿还，所有利息费用的现值等于 D。

$$E(D)=\frac{1}{1+r}\int_{D}^{X_1}[\tilde{X}-D-\tau(\tilde{X}-D)]\mathrm{d}F(\tilde{X})$$

$$B(D)=\frac{1}{1+r}\left[\int_{X_0}^{D}(\tilde{X}-C)\mathrm{d}F(\tilde{X})+\int_{D}^{X_1}D\mathrm{d}F(\tilde{X})\right]$$

结合 $V(0)=\frac{1}{1+r}\int_{X_0}^{X_1}(\tilde{X}-\tau\tilde{X})\mathrm{d}F(\tilde{X})=\frac{\hat{X}(1-\tau)}{1+r}$，得到 $t=0$ 时的公司价值：

$$\begin{aligned}V(D)&=E(D)+B(D)\\&=\frac{1}{1+r}\left[\int_{D}^{X_1}[\tilde{X}-D-\tau(\tilde{X}-D)]\mathrm{d}F(\tilde{X})+\int_{X_0}^{D}(\tilde{X}-C)\mathrm{d}F(\tilde{X})+\int_{D}^{X_1}D\mathrm{d}F(\tilde{X})\right]\\&=\frac{1}{1+r}\left[\int_{X_0}^{X_1}\tilde{X}(1-\tau)\mathrm{d}F(\tilde{X})+\int_{X_0}^{D}(\tau\tilde{X}-C)\mathrm{d}F(\tilde{X})+\int_{D}^{X_1}\tau D\mathrm{d}F(\tilde{X})\right]\\&=V(0)+\frac{1}{1+r}\left[\int_{X_0}^{D}\tau\tilde{X}\mathrm{d}F(\tilde{X})-CF(D)+\tau D(1-F(D))\right]\end{aligned}\tag{4.22}$$

4.22式等号右边中括号里有三项：第一项表示破产时公司无须交税而带来的节约；第二项为破产的期望成本（破产成本乘以破产概率）；第三项表示公司有偿付能力时的债务利息税盾价值。

令 D^* 为使公司价值最大化的最优债务水平，此时，$V(D)$ 与 $V(0)$ 之差为最大。令 $V(D)$ 对 D 的一阶导数为零：

$$\begin{aligned}V'(D^*)&=\frac{1}{1+r}\left[(\tau D^*-C)f(D^*)+\tau(1-F(D^*))-\tau D^*f(D^*)\right]\\&=\frac{1}{1+r}\left[\tau(1-F(D^*))-Cf(D^*)\right]=0\end{aligned}\tag{4.23}$$

二阶导数 $V''(D)=\frac{-\tau f(D)-Cf'(D)}{1+r}$ (4.24)

如果 $V''(D)<0$，据4.23式将得到最大值；如果 $V''(D)>0$，据4.23式将得到最小值。

令 $D=X_0$，如果此时 $V'(X_0)>0$，则公司价值将随着债务水平的增加而增加，将有最优债务水平 $D^*>X_0$；反之，如果此时 $V'(X_0)<0$，则公司应限制其债务水平至 X_0。

$$V'(X_0)=\frac{1}{1+r}\left[\tau(1-F(X_0))-Cf(X_0)\right]=\frac{\tau-Cf(X_0)}{1+r}\tag{4.25}$$

分析4.25式，如果 $C<\frac{\tau}{f(X_0)}$，$V'(X_0)>0$，将有最优债务水平 $D^*>X_0$；如果 $C>\frac{\tau}{f(X_0)}$，$V'(X_0)<0$，公司将不会借入风险债务，而借入安全的债务（$D\leqslant X_0$）。

风险债务的前提条件是 $D\geqslant X_0$，如果 $C<\frac{\tau}{f(X_0)}$，$D^*>X_0$，对4.24式化简后得到：

$$\tau(1-F(D^*))=Cf(D^*)\tag{4.26}$$

4.26式等号左边表示有偿付能力时（概率为 $1-F(D^*)$）债务的边际抵税收益；等号右边为债务引发的边际破产成本。如果无破产成本，则 $C=0$，$F(D^*)=1$，或者 $D^*=X_1$，表示在没有破产成本的前提下，正如MM定理所预测，当有所得税时，公司应尽可能多地借债；当没有所得税时（$\tau=0$），公司无从获得债务的抵税收益，不会借入风险债务，即 $D^*\leqslant X_0$。

为简化分析，假设现金流的概率分布函数 $F(\tilde{X})$ 在区间［0，X］均匀分布，即 $F(\tilde{X})=\tilde{X}/X$，$f(\tilde{X})=1/X$，进一步假设 $\tau X>C$；根据4.26式，当债务产生的边际抵税收益等于债

务引发的边际破产成本时，对应的债务水平为最优，解得$D^* = X - \frac{C}{\tau}$；这表明，最优债务水平随着τ的增加而增加，随着C的增加而降低。

【例4-9】

公司准备开发一种新产品。取决于新产品的开发是否成功，1年后的公司价值可能为100万元、150万元或191万元，出现上述三种结果的概率相等。假设投资风险是可分散的，项目的贝塔为0，项目的资本成本等于5%的无风险利率。假设在债务违约的情形下，因为破产成本，公司将损失20%的资产价值。

（1）公司的初始无杠杆价值是多少？

（2）假设公司下一年将有面值125万元的零息票债券到期，债券的初始价值和到期收益率（*YTM*）分别为多少？

（3）假设公司下一年将有面值125万元的零息票债券到期，股权的初始价值和公司的总价值分别为多少？

（4）破产成本的现值是多少？

（5）假设在年初，公司没有债务，流通股股数为5.6万股，公司的股价是多少？

（6）假设在年初，公司没有债务，流通股股数为5.6万股；现在如果公司发行将于下一年末到期的债券，债券到期时需要偿还125万元，使用发行债券所得资金回购股票，公司宣告发行债券并回购股票的消息时，股价为多少？

解答：

（1）V_U=（1/3×100+1/3×150+1/3×191）/1.05=140（万元）

（2）V_D=［1/3×100×（1−0.2）+1/3×125+1/3×125］/1.05=104.76（万元）

YTM=125/104.76 −1=19.32%

（3）V_E=［1/3×0+1/3×（150−125）+1/3×（191−125）］/1.05=28.89（万元）

V_L=V_D+V_E =104.76+28.89=133.65（万元）

（4）*PV*（破产成本）=（1/3×20+1/3×0+1/3×0）/1.05=6.35（万元）

（5）据第（1）问，V_U=140万元，P_0=140/5.6=25（元）

（6）据第（3）问，V_L=133.65万元，P_0=133.65/5.6=23.87（元）

【例4-10】

公司于$t=0$设立，仅营运1期后被清算。公司的收益为均匀分布于区间［X_0，X_1］的随机变量$\tilde{X}$①。当$\tilde{X}$遵循均匀分布时，平均收益为（X_1+X_0）/2。公司债务将于t=1到期，到那时，公司被清算，股东与债权人根据各自的收益索取权得到现金流。如果无法完全偿付债务D，公司将破产，因破产而施加于债权人的额外成本为$C = b(D - \tilde{X})$，$b>1$。所得税税率为τ，D全额可以抵税，公司只有在有偿付能力时才需要纳税。

（1）若$D<X_0$，计算股权价值E、债务价值B和公司价值V；为最大化V，公司应借入多少债务？

（2）如果$X_0<D<X_1$，描述股东和债权人的收益；再次计算E、B与V。

① 均匀分布意即：若$z<X_0$，$\tilde{X}$低于z的概率为0；若$z>X_1$，$\tilde{X}$低于z的概率为1；若$z\in$［X_0，X_1］，$\tilde{X}$低于z的概率为$z/(X_1-X_0)$。

(3) 公司选择D，以最大化V，计算最优的D^*，τ、b如何影响D^*?

解答:

(1) $D<X_0$，债务可以被足额偿付，债务无风险，计算E、B、V如下:

股权价值$E(D)=\int_{X_0}^{X_1}\frac{(\tilde{X}-D)(1-\tau)}{X_1-X_0}\mathrm{d}\tilde{X}$

债务价值$B(D)=\int_{X_0}^{X_1}\frac{D}{X_1-X_0}\mathrm{d}\tilde{X}$

公司价值$V(D)=E(D)+B(D)=\int_{X_0}^{X_1}\frac{\tilde{X}(1-\tau)+D\tau}{X_1-X_0}\mathrm{d}\tilde{X}$

只要债务无风险，D增加，V (D) 也将增加，公司应借入尽可能多的债务（至多为X_0)。原因是，只要债务无风险，债务的抵税收益就会给公司带来好处（同时却不会带来成本)。

(2) 股东和债权人的收益（payoff）见表4-8:

表4-8 股东、债权人的收益

状态	债券持有者	股东	公司
$\tilde{X}<D$	$\tilde{X}-b(D-\tilde{X})$	0	$\tilde{X}-b(D-\tilde{X})$
$\tilde{X}\geqslant D$	D	$(\tilde{X}-D)(1-\tau)$	$\tilde{X}(1-\tau)+D\tau$

股权价值$E(D)=\int_{D}^{X_1}\frac{(\tilde{X}-D)(1-\tau)}{X_1-X_0}\mathrm{d}\tilde{X}$

债务价值$B(D)=\int_{X_0}^{D}\frac{\tilde{X}-b(D-\tilde{X})}{X_1-X_0}\mathrm{d}\tilde{X}+\int_{D}^{X_1}\frac{D}{X_1-X_0}\mathrm{d}\tilde{X}$

公司价值$V(D)=E(D)+B(D)=\int_{X_0}^{D}\frac{\tilde{X}-b(D-\tilde{X})}{X_1-X_0}\mathrm{d}\tilde{X}+\int_{D}^{X_1}\frac{\tilde{X}(1-\tau)+D\tau}{X_1-X_0}\mathrm{d}\tilde{X}$

(3) 根据含参数积分的求导公式:

$J(y)=\int_{a}^{b}f(x,\ y)\mathrm{d}x,\ \frac{\mathrm{d}J(y)}{\mathrm{d}y}=\int_{a}^{b}\frac{\partial}{\partial y}f(x,\ y)\mathrm{d}x+\frac{\mathrm{d}b}{\mathrm{d}y}f(b,\ y)-\frac{\mathrm{d}a}{\mathrm{d}y}f(a,\ y)$

V (D) 对D求一阶导数得到:

$$\begin{aligned}V'(D)&=-\int_{X_0}^{D}\frac{b}{X_1-X_0}\mathrm{d}\tilde{X}+\frac{D}{X_1-X_0}+\int_{D}^{X_1}\frac{\tau}{X_1-X_0}\mathrm{d}\tilde{X}-\frac{D}{X_1-X_0}\\&=-\frac{b(D-X_0)}{X_1-X_0}+\frac{\tau(X_1-D)}{X_1-X_0}\end{aligned}\tag{4.27}$$

4.27式等号右边第一项表示与预期破产成本增加相关的借债边际成本；第二项表示与债务抵税收益（公司有偿债能力时）相关的借债边际收益。令$V'(D^*)=0$，解得$D^*=(bX_0+\tau X_1)/(b+\tau)$。可见，$D^*$随着$\tau$的增加而增加，因为增大了债务利息抵税价值；$D^*$随着$b$的增加而减少，因为$b$的增加导致债务成本加大。

自测题4-7 自测题4-8 自测题4-9

【思政小课堂】 “三去一降一补”

“三去一降一补”即去产能、去库存、去杠杆、降成本、补短板五大任务：去低利润、高污染的过剩产能；去库存是为新的产能提供空间；去杠杆是降低长期性和系统性风险；降成本是提高效率的基础；补短板是提高整体资源配置效率和平衡供需关系的必然手段。

“杠杆”是指特定主体通过借入债务，以较小规模的自有资金撬动大量资金，以此扩大经营规模。比如个人、企业和政府等主体向金融机构借贷或发债等，都是加杠杆的行为。微观上一般以总资产与权益资本的比率（或有息债务与总资产之比）衡量杠杆率水平，宏观上一般以“债务/GDP”衡量杠杆率水平。适度加杠杆有利于企业盈利和经济发展，但如果杠杆率过高，债务增速过快，还债的压力就会反过来增大金融风险甚至拖累发展。中央经济工作会议把“去杠杆”列为结构性改革的重点任务之一，积极推动在提高生产效率、推动经济增长的过程中改善债务结构，提升权益资本比例，以可控方式和可控节奏逐步减少杠杆，防范金融风险压力，促进经济持续健康发展。

第四节 完美资本市场中的股利政策

发放现金股利直接影响公司的留存收益数额，而留存收益又是公司可持续发展的主要资金来源，是资本结构的重要组成部分，所以本书将股利政策相关内容置于资本结构专题中讨论。同对资本结构问题的探讨一样，先来考察完美市场中的股利政策与公司价值。

公司如果决定向股东派发现金，可以选择发放股利（股利即现金股利，本书不涉及股票股利）或回购股票。公司如何选择呢？本节将论证，在MM完美资本市场假设下，这两种利润分配方式无关紧要。

【例4-11】

公司有2 000万元超额现金，没有债务。预期以后每年都将产生2 400万元的自由现金流。如果公司的无杠杆资本成本为12%，持续经营前提下的公司价值$EV=PV$（未来FCF）=2 400/12%=20 000（万元），包含超额现金的公司股权价值$E=EV-D+Cash$=22 000（万元）。

董事会正在商量如何向股东发放2 000万元的超额现金。此时有三种选择：(1) 向公司的1 000万股流通股支付每股2元的现金股利；(2) 用回购股票代替现金股利；(3) 在当前及未来筹措额外的现金以发放更多的股利。

当前的股利分配额会影响公司股价吗？股东会偏好哪种股利政策？为了给股利政策的讨论提供基准，首先，在完美资本市场假设下，分析每一种股利政策的后果，并对它们进行比较。然后，在此基础上，探讨诸如税收和交易成本这样的市场摩擦如何影响股利分配政策。本章侧重阐释股利政策的基本原理，不再叙述财务管理实务中股利分配的细节问题。

股利政策选择1：用超额现金派发股利。

假设董事会选择第一种方案，用全部超额现金派发股利。给定1 000万股流通股，公司将能够立即发放每股2元的股利。公司预期未来每年会产生2 400万元的自由现金流，预计此后每年可支付每股2.4元的股利。为了确定这项决策的影响，需要计算除息日前后的股价。

由估值原理可知，股票的公允价值等于预期股利按股权资本成本折现的现值。公司没有债务，它的股权资本成本就等于无杠杆资本成本。恰在除息日之前的股票称为附息股票（cum-dividend），任何人购买附息股票都将有权得到股利。在这种情形下：

P_{cum} =当前股利+PV（未来股利）=2+2.4/0.12=22（元/股）

股票除息（ex-dividend）之后，新买入股票的投资者不会收到当前股利，此时的股价将只反映后续年份的股利：

P_{ex} =PV（未来股利）=2.4/0.12=20（元/股）

股价在除息日将会下跌，从每股22元跌到每股20元。股价下跌的数额等于当前每股2元的股利。尽管股价下降，但股东总体上并未遭受损失。发放股利前，股票价值每股22元。派发股利后，股票价值每股20元，并得到每股2元的现金股利，总价值仍为每股22元。在完美资本市场中，当派发现金股利时，除息日的股价会立即下跌，股价跌幅等于每股股利。

股利政策选择2：股票回购。

假设不派发股利，而是用2 000万元现金在公开市场上回购股票。股票回购会对股价产生何种影响？

若初始股价为每股22元，公司可回购2 000÷22=90.91（万股）股票，剩余1 000−90.91= 909.09（万股）在流通。公司支出现金，资产市值下跌，但流通股的数量同时也从1 000万股减少到909.09万股。回购股票后，公司价值EV=2 400/0.12=20 000（万元），超额现金已经支出，股权总市值E=20 000万元，每股股价为20 000/909.09=22（元）。资产市值的下跌与流通股股数的减少相互抵消，股价保持每股22元不变。

还可通过考察股票回购对未来股利的影响，来解释股票回购后股价为什么没有下跌。预计未来每年将产生2 400万元的自由现金流，可用于每年派发每股2 400÷909.09=2.64（元）的股利。股票回购完成后，股价为P_r=2.64/0.12=22（元）。换言之，用股票回购代替现金股利分配，能够提升未来的每股股利。未来股利的增加补偿了股东今天所放弃的股利。在完美市场中，公开市场股票回购对股价没有影响，股价与现金股利政策下的附息股价相同。

投资者希望公司派发现金股利还是回购股票呢？这两种政策下的初始股价都是每股22元。但是交易完成后，股东的价值会有所不同吗？考虑一位投资者，他当前持有1 000股该公司股票。假设该投资者不进行股票交易，发放股利或回购股票的即刻，投资者的价值都是22 000元。唯一的差别在于价值在现金和持有股票之间的分割。投资者更喜欢哪种分配方式或许取决于他是否需要现金。如果公司回购股票，而投资者需要现金，投资者可以卖出股票来获得现金，例如，可以卖出100股，得到100×22=2 200（元）的现金，还持有900股价值为900×22=19 800（元）的股票。在股票回购情形下，他可以通过卖出股票来自制现金股利。同理，如果公司派发股利，而投资者却不需要现金，则可以用2 000元的现金股利，以每股20元的除息股价再买进100股，结果他将持有1 100股总价值为1 100×20 =22 000（元）的股票。事实上，许多公司允许投资者登记参与股利再投资计划，该计划自动地将股利再投资于购买本公司的新股票。

通过卖出股票或将股利再投资，投资者能够构造出任何想要的现金和股票组合。在完美资本市场中，投资者并不关心公司是通过派发股利还是回购股票来发放现金。通过将股利再投资或卖出股票，他们可以自行复制任何一种股利分配方式。

股利政策选择3：派发高额现金股利（通过发行股票融资）。

假设董事会希望现在派发比每股2元更高的股利。这有可能吗，如果这样做，更高的股利会使股东的处境变得更好吗？

假设公司打算发放2 440万元的现金股利，但现在只有2 000万元现金，还需要再筹措额外的440万元。公司可通过缩减投资来筹措现金，但如果投资的净现值为正，那么减少投资就会降低公司价值。公司也可选择借钱或发行新股来筹措更多的现金。先考察发行新股的方式。给定当前每股22元的股价，可发行4 400 000/22=200 000（股）新股，以筹集440万元。新股发行使得流通股总数增加到1 020万股，当前每股股利是2 440/1 020=2.392（元）（新股东参与当前的股利分配），未来每年的每股股利是2 400/1 020=2.353（元）；当前附息股价P_{cum}=2.392+2.353/0.12=22（元/股）。除息日后的股价P_{ex}=2.353/0.12=19.61（元/股），股价跌幅等于每股股利，在除息日前后，股东财富不变。初始股价不因股利政策而改变，增加股利并未给股东带来任何额外的好处。如果通过借钱增发股利，则股数不变，但公司未来要还债，未来股利减少额的现值与当前股利增加额必定相等，初始股价和股东财富都不变。

表4–9给出了上述股利分配政策对应的各年股利。

表4–9　　　　三种备选方案下公司的年度每股股利　　　　单位：元/股

备选方案	初始股价	每股将派发的股利			
		t=0	t=1	t=2	…
方案1	22.00	2.00	2.40	2.40	…
方案2	22.00	0	2.64	2.64	…
方案3	22.00	2.39	2.35	2.35	…

表4–9表明了一种重要的权衡：如果当前发放较多的股利，那么未来就会发放较少的股利，例如，如果公司通过发行新股为当前的股利分配融资，那么它将会有更多的股份，未来也就有更少的每股现金流来支付股利。如果减少当前股利并回购股票，那么未来将因为更少的股数，有能力分配较多的每股股利。这种权衡产生的净效应是，所有未来股利的总现值，也就是当前股价，将保持每股22元不变。

本节的逻辑与前文对资本结构的讨论是一致的。在完美资本市场中，发行股权和债务的净现值为零，从而不会影响公司价值。任何由公司选择的财务杠杆，都可由投资者运用自制杠杆来复制，公司的资本结构选择与公司价值不相关。就股利分配而言，不管公司手头有多少现金，它既可以选择分配较少的股利（并用剩余的现金回购股票），又可选择分配较多的股利（通过发行股票或借债筹措现金）。买卖股票是一项净现值为零的交易，这样的交易不会影响初始股价。而且，股东可通过自行买卖股票来构造任何规模的自制股利。

MM股利无关论：在完美资本市场中，保持公司的投资政策不变，股利政策选择是无关的，不会影响公司的初始股价。

公司通过股票回购或发行股票，能够轻易地改变股利分配。这些交易不会改变公司的价值，股利政策也是如此。这一结论乍看上去，似乎与“股票价值等于未来股利的现值”的原理相矛盾。然而，如例4-11所表明的那样，公司当前对股利政策的选择，会以一种抵消的方式，影响未来可发放的股利。尽管股利确实决定了股价（基于股票定价的股利折现模型），公司的股利政策选择却不能决定股票价值。股利无关论并不是说股利本身不重要，只是表明股利政策（比如股利的延期发放与否、发放的数额多少）与公司价值无关。

MM清楚地阐明，公司价值最终源于公司的基础业务所产生的自由现金流。自由现金流决定公司对投资者的利润分配水平。在完美市场中，不论这些利润分配是通过派发股利还是回购股票的方式完成，这都不重要。当然，现实中的资本市场并不完美，如同资本结构决策一样，是资本市场摩擦塑造了公司的股利政策。

第五节　税收、信息不对称与股利政策

一、税收与股利政策

同资本结构决策一样，纳税因素是影响公司分配股利或回购股票决策的一种重要的市场摩擦。公司发放股利，股东要依据股利（个人所得税）税率纳税。如果公司回购股票，而股东卖出股票来构造自制股利，则自制股利就将按资本利得税率纳税。如果股利所得的适用税率比资本利得的税率要高，则股东可能会偏好股票回购胜过股利发放，即使股利和资本利得的税率相等，由于资本利得税被递延到资产卖出时才支付，因此对于长期投资者而言，股票回购与股利相比仍具有纳税优势。较高的股利税率也使得公司不愿意为分配股利而融资。当无税收和无证券发行成本时，如果公司通过发行股票的方式筹措资金，然后再将这些现金作为股利返还给投资者，则股东的处境既没有变好也没有变坏——他们只是取回了他们投入的资金。然而，若股利税率高于资本利得税率，这项交易会损害股东的利益，因为股东收到的税后股利将少于其初始投资，例如，假设公司向股东筹措1 000万元现金，并将其全部以股利的形式发放给股东，如果股利税率为25%，资本利得税率为10%；则股东将缴纳1 000万元的25%，即250万元的股利税。当分配股利时，股票价值会下降，此时股东若卖出股票，股东的资本损失将为1 000万元（股票价值因股利分配而减少），从而节省资本利得税为1 000万元的10%，即100万元，股东合计将需要支付250-100=150（万元）的税费，他们只能从1 000万元的投资中收回850万元。

若股利税率高于资本利得税率，公司通过回购股票而非派发现金股利的方式向投资者分配利润，则股东将支付较少的税费。股票回购相对于发放股利所产生的节税收益，会增加公司价值。发放现金股利的公司需要向其投资者提供更高的税前回报，以使得投资者的税后回报，与股票回购情形下的税后回报相等。股利税率高于资本利得税率时，最优股利

政策就是根本不发放股利。然而，公司确实仍然发放股利，尽管有大量证据表明，许多公司已意识到它们的股利纳税劣势。公司不顾股利的纳税劣势，仍继续发放股利的这一事实被称作“股利之谜”（dividend puzzle）。

相对于现金股利，许多投资者对股票回购存在税收偏好，但偏好的程度取决于他们面对的股利税率与资本利得税率的差异。个人所得税税率因收入、管辖属地、投资期限以及股票是否由退休基金账户持有等因素而变化。由于这些差别，公司可以利用其股利政策，吸引不同的投资者群体。为比较投资者的偏好，需要量化股利税和资本利得税的综合效应，以确定投资者的有效股利税率。为简化分析，考虑一位投资者恰在股票除息日的前一天买入股票，并在除息日后立即将股票卖出，从而该投资者将有权“捕获”股利。如果该股票分配数额为 Div 的股利，投资者的股利税率为 τ_d，其来自股利的税后现金流为 $Div(1-\tau_d)$。依据本章第四节的解释，就在除息日之前的股价 P_{cum} 高于除息日之后的股价 P_{ex}，投资者预期这项交易将发生资本损失。资本利得税率为 τ_g，其税后损失为 $(P_{cum}-P_{ex})(1-\tau_g)$。如果税后现金股利超过税后资本损失，投资者应通过交易来捕获股利以获利。相反，如果税后资本损失超过税后股利，投资者可就在除息日之前卖出股票并在除息日之后再将其买回而套利，在此情形下，投资者将拒绝接受现金股利。除非税后资本损失（股价下跌）与税后现金股利相等，否则将产生套利机会：

$$(P_{cum}-P_{ex})(1-\tau_g)=Div(1-\tau_d) \tag{4.28}$$

将4.28式改写为股价的跌幅：

$$P_{cum}-P_{ex}=Div\left(\frac{1-\tau_d}{1-\tau_g}\right)=Div\left(1-\frac{\tau_d-\tau_g}{1-\tau_g}\right)=Div(1-\tau_d^*) \tag{4.29}$$

定义 τ_d^* 为有效股利税率：

$$\tau_d^*=\frac{\tau_d-\tau_g}{1-\tau_g} \tag{4.30}$$

有效股利税率 τ_d^* 衡量用现金股利替代每1元税后资本利得收益时，需额外支付的税费，取决于投资者适用的股利税率和资本利得税率。不同类型投资者适用的税率并不相同，导致其有效股利税率不同。收入水平不同的投资者被划分为不同的税收等级，适用不同的税率；长期投资者可以递延资本利得税的支付，这进一步降低其有效资本利得税率；不同税收管辖属地对于投资者的权益投资所得的征收税率也可能不同；不同类型的投资账户的税率也各不相同，比如，美国资本市场中的退休金账户的个人投资者持有股票产生的收益，不需缴纳股利税和资本利得税。不同投资者的适用税率的差异，使其对公司的股利政策产生不同的偏好，此即股利的“税收客户效应”（clientele effects），换言之，股利政策被有效利用以吸引具有某种纳税偏好的投资者。处于最高纳税等级的个人投资者，偏好不派发或者派发低额股利的股票，而免纳税投资者偏好分派高额股利的股票，从而公司的股利政策因其投资者的纳税偏好而优化或被固定下来。

还存在另一种税收客户策略，即动态税收客户效应，又称“股利捕获理论”（dividend-capture theory）。这一理论认为，在无交易成本的条件下，投资者可以在股利发放时进行股票交易，结果是，免税投资者收到股利。免税投资者没有必要一直持有派发高额现金股利的股票，只有当股利实际发放时，他们才有必要持有。股利捕获理论的一个推论就是，投资者应该会观察到除息日前后股票成交量的放大，预期到股利的发放，处于高税级的投资者将会卖出股票，而低税级的投资者则买进股票，接着就在除息日之后，进行反向交易即可，例如，价值线（Value Line）公司在2004年4月23日宣告，公司将用累积的现金向股东派发每股17.50美元的特别股利，除息日为5月20日。在特别股利宣告日和除息日前后，股票的成交量显著放大。股利宣告日之后的当月股票成交量，是股利宣告日之前的当月成交量的25倍还多。在股利宣告后的3个月内，累计成交量超过该公司流通股总量的65%。尽管有证据支持了股利捕获理论，但事实上，许多处于高税级的投资者，即使公司发放股利时，也仍继续持有股票。对于小额正常股利，交易股票的风险和交易成本有可能抵消股利捕获的收益。只有大额特别股利，比如价值线股票的例子，会导致成交量显著放大。尽管股利的税收客户效应和股利捕获策略在一定程度上相对减弱了股利的纳税劣势，但并没有完全消除它。

【例4-12】

假设股票市场中只有三种类型投资者，分别是社保基金投资者、共同基金投资者及个人投资者。社保基金投资者的股利所得税税率和资本利得税率均为零；共同基金投资者的股利所得税税率为10%，资本利得税率为20%；个人投资者的股利所得税税率为25%，资本利得税税率为5%。这些投资者都从A、B、C三只股票中选择持有，追求税后投资回报最大化。个人投资者共持有股票60亿元，共同基金持有股票总市值为80亿元，其余股票被社保基金持有。预计这三只股票的年度每股税前股利和资本利得见表4-10：

表4-10 预计股利和资本利得 单位：元/股

股票	股利	资本利得
A	2	6
B	2	3
C	10	1

预期投资收益都是永续的。A、B、C三只股票的总市值分别为100亿元、50亿元和180亿元。假设规模最大的社保基金是决定股票价格的边际投资者（对资产具有边际定价权），边际投资者要求10%的税后回报率。每种类型投资者持有的三只股票的市值分别是多少？

首先，计算A、B、C三只股票的价格：

$$E[R]=\frac{Div_1+(P_1-P_0)}{P_0}\Rightarrow P_0=\frac{Div_1+(P_1-P_0)}{E[R]}$$

$P_A=(2+6)/0.1=80$（元/股）

$P_B=(2+3)/0.1=50$（元/股）

$P_C=(10+1)/0.1=110$（元/股）

其次，计算每种类型投资者投资三只股票的税后回报率：

对于社保基金投资者而言，投资每只股票的税后回报率都是10%；

个人投资者投资A股票的税后回报率是（2×0.75+6×0.95）/80=9%，B股票的税后回报率是（2×0.75+3×0.95）/50=8.7%，C股票的税后回报率是（10×0.75+1×0.95）/110=7.68%；

共同基金投资者投资A股票的税后回报率是（2×0.9+6×0.8）/80=8.25%，B股票的税后回报率是（2×0.9+3×0.8）/50=8.4%，C股票的税后回报率是（10×0.9+1×0.8）/110=

8.91%。

最后，根据税后投资回报率的高低，个人投资者应持有60亿元A股票，共同基金投资者应持有80亿元C股票，社保基金投资者应持有其余股票，包括40亿元A股票、50亿元B股票以及100亿元C股票。

二、信息不对称与股利政策

管理者比投资者拥有更好（信息的质量和数量）的关于公司未来前景的信息，他们的股利决策就有可能传递这一信息。接下来简要考察管理者设定股利政策的动机，评估公司的股利决策可能向投资者传递何种信息。

公司可以随时调整股利，但实际上对股利规模的调整相对来说并不频繁。公司不频繁调整股利，股利的波动要比收益的波动小得多。财务管理实践中维持股利相对稳定的做法，称作“股利平滑”（dividend smoothing）。当收益变化时，公司通过调整回购或发行股票的数量和保留现金的额度，可在短期内维持任意的股利水平。然而，若通过发行新股筹集分配股利所需资金，由于存在税收和交易成本，因此，管理者不希望承诺分配超出公司正常收益的股利。公司一般基于对其未来收益前景的预期，来设定能够维持的股利水平。正常的逻辑是，管理者相信投资者偏好持续成长基础上的平稳股利，从而管理者希望将股利的长期目标水平维持为收益的一定比例；只有当公司认为期望未来收益将长期持续增长时，才会增加股利，而削减股利只能是最后一招。

如果公司平滑股利，股利政策选择就将体现管理者对未来收益预期的信息。公司增加股利，就向投资者传递了一个积极的信号，即管理者预期在可预见的未来有能力向投资者提供较高的股利。相反，削减股利是一个消极的信号，传递出管理者对近期内收益的反弹不抱希望，因而需要削减股利以节约现金。股利调整反映了管理者对公司未来收益前景的看法，这一观点被称作“股利信号传递假说”（dividend signaling hypothesis）。有关资本市场对股利改变的反应的研究，与股利信号传递假说相符。公司宣告提升股利后，股价通常上涨；而发布削减股利的消息后，股价通常下跌；股价反应的平均程度与股利的变动大小正相关，尤其对于股利削减而言，股价的下跌幅度更大。

公司增加股利向外界传递了管理者关于公司未来现金流的乐观估计的信息，但同时或许它也表明公司缺乏投资机会，例如，微软在2003年开始分派股利，市场和投资者大多将其视为公司预期成长的下滑，而不是其未来盈利能力的增加信号。相反，削减股利可能表明公司对新的正*NPV*投资机会的利用，股利削减可能带来积极的股价反应。必须将股利传递的信号置于管理者可能拥有的新信息类型的背景下去理解；对于从不同视角提出的各种理论假说，不应机械僵化地生搬硬套。

同股利一样，公司回购股票也可能向市场传递管理者掌握的信息。股票回购的成本取决于回购时的股票市价。如果管理者认为股价当前被高估，那么对于选择继续持有股票的股东而言，股票回购的成本和代价高，因为按当前市价回购被市场高估的股票，属于*NPV*为负的交易。相比之下，对于这些股东而言，在管理者认为股票被市场低估时的回购，属于*NPV*为正的交易。管理者基于长期股东的利益行事，并试图最大化公司的未来股价，如果他们相信股价被市场低估，那么将更有可能回购股票，股票回购就成为管理者认为股票被低估的可信信号；如果投资者相信管理者对于公司的前景有比他们所知道的更好的信息，投资者对于股票回购消息的宣布应该会产生积极的反应。有文献证据表明，当公开市场股票回购计划宣布时，股价通常上涨，回购股票的比例越大，股价反应越强烈。

公司除了使用现金或本公司的股票发放股利外，还可以派发其附属公司的股票，这项交易被称为“股票分拆”（spin-off）。非现金特别股利常运用于分拆资产或将附属公司分拆出去成为独立公司，例如，Pharmacia公司在2000年10月的一次IPO中，卖出15%的Monsanto公司股票后，又于2002年7月，宣告将分拆其持有的Monsanto公司剩余85%的股份。该项分拆通过发放特别股利的方式实现：Pharmacia的股东，每持有1股Pharmacia股票，都将收到0.170593股Monsanto股票，从而将其与原先的母公司分离开来，单独交易。2002年8月13日为股利发放日，Monsanto股票的平均交易价格为16.21美元/股，因而特别股利的价值为每股0.170593×16.21=2.77（美元），一个初始拥有100股Pharmacia股票的股东将会收到17股Monsanto股票，加上0.0593×16.21=0.96（美元）的现金（不足1股的按照市价以现金支付）。Pharmacia原本也可以通过卖出其所持有的Monsanto股票得到现金，然后再以现金股利的形式分派给股东；与之相比，选择股票分拆有两个优势：（1）避免卖出股票时的交易成本；（2）特别股利不像派发现金那样需要纳税，只有在将来卖出股票时才需缴纳资本利得税。

三、公司对支出与保留现金的权衡

公司又该如何决定应向股东发放和公司留存的现金数额呢？公司保留现金，可以将现金投资新项目或购买金融资产。在竞争资本市场中，只要公司已投资并实施了所有*NPV*为正的投资项目，它是保留超额现金还是将其派发给股东就没有什么区别。可一旦考虑市场摩擦，就存在权衡：保留现金可以减少未来的融资成本，但同时也加大税负和代理成本。

如果公司保留现金，可以将资金投资于新项目。投资*NPV*为正的项目，将会为公司的投资者创造价值，而反之保留现金或发放现金则不能创造价值。一旦公司已经投资全部*NPV*为正的项目，而额外的投资项目的*NPV*不是零就是负值，若投资*NPV*为负的项目，将减少股东的价值。在竞争资本市场中，买卖证券是一项*NPV*为零的交易，不会影响公司价值。若公司向股东发放现金，股东可自行投资公司所能做的任何投资。公司选择保留现金还是发放现金的决策，如同选择发放股利还是回购股票一样，和公司的总价值不相关。

但是在现实中要考虑到，公司派发还是保留现金的决策也可能影响股东的税负。养老和退休基金投资者享有纳税豁免，而大多数个人投资者必须支付利息税、股利税和资本利得税。公司留存现金，所得利息需支付公司所得税。当公司价值增加时，投资者还要承担资本利得税。实质上，公司保留现金的利息收益被双重征税，保留超额现金存在显著的纳税劣势。

既然保留现金不具备纳税优势，那么为什么一些公司还要积累大量的现金余额？通常，公司保持现金余额是为了应对潜在的未来现金短缺。如果未来的收益很可能无法满足*NPV*为正的投资机会所需要的资金，则公司就可能开始积累现金，以弥补资金缺口。对于需要为大规模的研发和并购项目融资的公司，这种保留现金的动机尤为强烈。此外，持有现金以应对未来潜在的现金需求，其优势是可以避免为筹集新资本而发生的交易成本（如证券发行费用等）。由于存在代理成本和逆向选择成本，融资的间接成本也很高，因此，公司必须在持有现金的纳税成本与避免未来外源融资成本的潜在收益这两者之间取得平衡。收益波动性较大的公司，更应建立现金储备，以顺利度过暂时性的经营亏损期。公司保留充足的现金，有助于规避财务困境及其相关成本，例如，在2020年年初席卷全球的新冠肺炎（COVID-19）疫情期间，大多数企业的营业收入锐减，此时保留大量现金的企业应对系统性危机的能力就要高于现金不足的企业。有实证研究发现，在其他方面相同的条件下，保留现金较多的公司，其在新冠肺炎疫情期间股价下跌的幅度要低于现金较少的公司（Fahlenbrach et al.，2020）[①]。

然而，若公司持有的现金超过其未来投资或流动性需求，这对股东没有什么好处。除了纳税成本外，公司持有过多现金还可能产生代理成本。当拥有超额现金时，管理者运用资金的效率就可能下降，诸如继续投资于一些不赚钱的特别偏好的项目，支付过高的管理者津贴，或为并购过度支付。杠杆可以作为减少公司超额现金和避免这些成本的一种方式；股利和股票回购通过将超额现金从公司发放出去，减少了浪费，或将公司的资源转移给其他利益相关者，从而能提升股价。

对于高杠杆公司，股东更有动机支出现金。一些留存现金的价值将使债权人受益。因此，股东可能偏好"抽逃现金"，增加公司的分配支出。债权人将预期到股东会这样做，于是对债务收取更高的成本，或在债务的保护性条款中限制公司的利润分配政策。

公司选择保留超额现金的理由与选择低杠杆的理由相同，即为未来的成长机会保持财务弹性，避免财务困境成本。但公司必须在保留超额现金的益处与持有现金的纳税劣势以及浪费性投资的代理成本之间取得平衡。

自测题4-10

【延伸阅读】　中国神华的股利政策解读

中国神华（601088.SH；01088.HK）2020年年报显示，公司当年实现2 332.6亿元营业收入和391.7亿元归母净利润。受疫情等因素影响，2020年中国神华平均煤炭销售价格同比下降3.8%，导致营收和净利润均有所下降，但公司依然提出了每10股18.1元的高额分红方案。这次拟派发的现金股息为359.6亿元，占公司归母净利润的91.8%。按2021年3月26日中国神华A股收盘价每股18.13元计算，公司的股息率高达10%。包括此次拟分配的股息，中国神华自上市以来向股东的现金分红累计将超过3 000亿元。

近年来，在"碳达峰""碳中和"的国家战略背景下，中国神华面临发展空间萎缩的忧虑。然而，公司涉及煤炭能源全产业链，能在较大程度上对冲煤价波动的风险，供给侧结构性改革后经营的稳定性较高。公司在2016年供给侧结构性改革后明显加大了现金分红的力度，显示其对未来经营盈利的稳定性有着较为强烈的预期。由于供给侧结构性改革的限制和碳排放的约束，煤炭行业自身面临着发展空间萎缩和投资需求减少的状况。中国神华没有挥霍其产生的巨额自由现金流，而是选择通过现金派息将其返还给股东，充分体现了公司管理层的明智权衡。

第一，监管政策推动分红。2012年证监会出台《关于进一步落实上市公司现金分红

---

① FAHLENBRACH R，RAGETH K，STULZ R M. How Valuable is Financial Flexibility when Revenue Stops? Evidence from the Covid-19 Crisis［EB/OL］.（2020-06）. http：//www.nber.org/papers/w27106.

有关事项的通知》后，中国神华就据此于2013年6月通过股东大会修改了公司章程，明确了除特殊情况外每年以现金方式分配的利润不少于归母净利润的35%。在2020年年初，中国神华又通过股东大会议案，将2019—2021年度现金分红比例提高至不少于归母净利润的50%。

第二，客户迎合理论认为上市公司会迎合股东的偏好来制定对应的股利政策，大股东的税务偏好正是公司分红政策的决定因素之一。根据税法规定，自2015年9月8日起，对于持股期限超过1年的投资者，股息红利所得暂免征收个人所得税。而不管大股东是企业还是个人，减持所获得的资本利得需要支付20%甚至更高的所得税。因此，从税收的角度，上市公司大股东目前偏好现金分红。

第三，代理成本理论认为，在缺乏增长机会的情况下，大量留存于企业内部的现金得不到充分利用，甚至容易被滥用；而增加现金股利的派发可以降低企业的自由现金流和低效现金留存，加大管理者的经营压力并缓解代理成本，从而提升公司价值。此外，在A股财务信息质量的可靠性较差的背景下，上市公司愿意进行高分红往往意味着其财务报告盈利的真实性会更高。因此，公司治理的变化往往会和分红意愿存在显著关系。从2017年中国神华突然进行异常巨额分红的事件或可窥见这种博弈。2017年3月17日，中国神华发布了总额高达590.7亿元的分红预案。2016年年末，中国神华的控股股东为神华集团，持股比例73.1%，分红意愿较强，神华集团可从该次分红获得431.5亿元现金。此次异常分红事件的背后是公司控制结构的潜在变化。公司于2017年8月正式公布了中国国电集团与神华集团重组合并为国家能源集团的消息。合并完成后，国家能源集团成为中国神华的控股股东，截至2020年年末其持股一直稳定在69.5%。央企的公司治理较为规范，侵吞中小股东利益、掏空上市公司的动机较弱。充沛的现金流、大股东较高的持股比例和较低的代理成本往往会带来高的比例分红，对中小股东也极为有利，能较大幅度提升公司价值。

第四，外部投资者根据公司分红率的预期水平来主动选择投资标的。部分机构投资者对于高分红公司具有较强的偏好，原因之一是其资本利得需要缴纳所得税，但现金分红收入却不需要纳税。因此，高股息率的公司将吸引这些股利偏好型的机构投资者。2017年一季度末，中国证券金融股份有限公司对中国神华的持股比例为2.88%，较2016年年末仅增持了200万股，但在第二季度却大幅度增持了1.06亿股，其持股比例达3.41%。分红的除权除息日后，该公司减持至三季度末的3.33%，但在2017年年末又增持回到3.4%的持股比例。该公司的持仓变化说明中国神华的巨额分红增强了其长期持股兴趣，而且其交易策略是围绕着现金分红的实际分配。

——陈欣，“中国神华高分红的权衡与博弈”（节选），刊载于《证券市场周刊》2021年第35期。

【本章小结】

1.MM第一定理：在完美资本市场中，公司的总价值等于公司资产产生的全部现金流的市场价值，它不受资本结构选择的影响。只要公司的证券选择不改变资产产生的现金流，筹资决策就不会影响公司的总价值或能够筹集的资本量。

2.杠杆股权的资本成本等于无杠杆资本成本加上与以市值计算的债务股权比率成比例的财务风险溢价，此即完美市场中的MM第二定理。

3.放宽完美资本市场假设，考虑公司所得税因素，此时公司价值等于公司的无杠杆价值加上债务利息抵税收益的价值。

4.资本结构决策要权衡债务的利息抵税价值和破产成本。最优债务水平随着公司所得税税率的增加而增加，随着破产成本的增加而降低。当债务的边际利息抵税收益完全被边际破产成本所抵消时，此时债务水平为最优，公司价值最大。

5.MM股利无关论：在完美资本市场中，保持公司的投资政策不变，股利政策选择不影响公司的初始股价。

6.同资本结构决策一样，纳税因素是影响公司分配股利或回购股票决策的一种重要的市场摩擦。

7.在竞争资本市场中，只要公司已投资所有*NPV*为正的项目，它是保留超额现金还是将其发放给股东就没有什么区别。可一旦考虑市场摩擦，就存在权衡：保留现金可以减少未来的融资成本以及提高财务灵活性，但同时也加大了税负和代理成本。公司要在保留超额现金的益处，与持有现金的纳税劣势及浪费性投资的代理成本之间取得平衡。

【复习思考】

1.在完美资本市场中，无杠杆公司进行资本重整，财务杠杆提高了公司的每股收益，股价是否也会上涨？为什么？

2.有人说，既然MM定理的假设都不符合现实，依据这些不符合现实的假设得出的定理或结论自然也就没有多大意义，对于此种看法，你怎样评论？MM定理对于完善我国的股票市场有哪些启示意义？

3.有CFO用公司的账面资产负债率计算杠杆水平，但财务管理教科书则强调利用市场价值资产负债表计算各种财务比率。你认为哪种度量方式是正确的？

4.解释以下说法（观点）错在哪里（假设资本市场为无摩擦的完美资本市场）：

（1）随着公司债务增加，债务风险变高，股东和债权人都要求更高的回报率；因此，减少债务既降低债务资本成本，又降低股权资本成本，公司的总资本成本（加权平均资本成本）会降低，这对公司而言是有利的。

（2）适度借债不会严重影响公司陷入财务困境或发生破产的概率，因此，适度负债不会增加股东要求的回报率。

5.股利折现模型表明，股票的价值由公司未来的股利决定（同时也取决于投资者对股票的期望回报率），这与MM股利无关论是否矛盾？为什么？

6.有实证研究发现，现金股利和市盈率正相关，这是否表明分配更多的现金股利可提升股价？

7.如果公司回购股票而非分配现金股利，股票数量减少，每股收益增加，那么，股票回购一定比支付股利更受股东偏爱。这一说法是否正确？

第五章

信息不对称与融资选择

【学习目标】

本章主要基于信息不对称理论来探讨公司的融资决策问题。通过对本章内容的学习，学生应达到以下目标：

1. 理解信息不对称的内涵。
2. 领会信息不对称导致股权错误定价（IPO折价）的原理，掌握基本的建模方法。
3. 领会股权融资的信号传递效应，能够通过建模分析信号传递的均衡状态。
4. 理解和领会融资排序假说。

【内容导图】

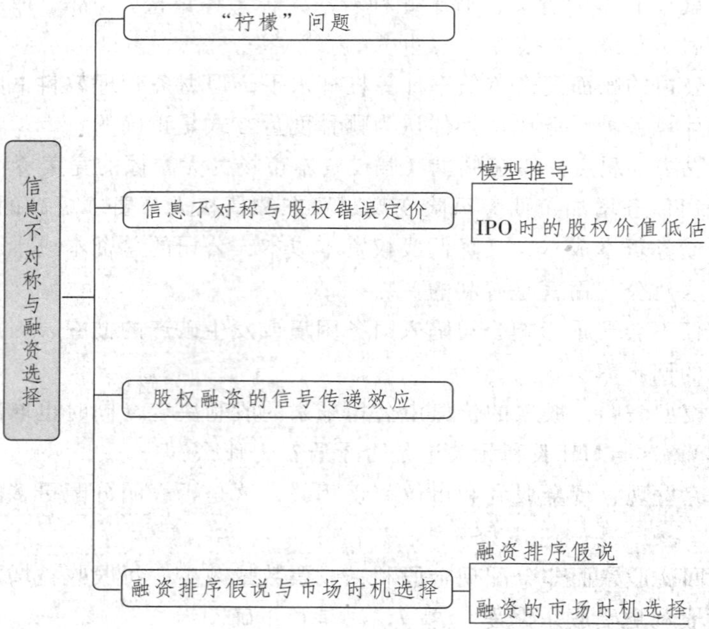

有一个古董商，发现一个人用珍贵的古董茶碟做猫食碗，于是假装很喜欢这只猫，要从主人手里买下，主人不肯，为此，古董商出了大价钱。成交之后，古董商假装不在意地说："这个碟子猫已经用惯了，那就一块送给我吧。"猫主人不干，他说："你知道用这个碟子，我已经卖出去多少只猫了？"古董商万万没有想到，猫主人不但知道碟子的价值，而且还利用了自己"认为对方不知道"的错误大赚了一笔。这是一个典型的信息不对称博弈的例子。古董商掌握了"猫碗是古董"这一信息之后，自作聪明地认为猫主人不知道，但是猫主人技高一筹，他不但知道猫碗价值连城，还将计就计，利用古董商以为自己不知道的错误信息大赚了一笔。信息不对称的结果是，掌握信息多的一方占便宜，掌握信息少的一方吃亏。

信息不对称理论是指在市场经济活动中，掌握信息比较充分的一方往往处于比较有利的地位，而信息贫乏的一方则处于比较不利的地位。信息不对称造成的后果是逆向选择和道德风险，从而不利于交易的达成。信息不对称理论认为：市场中卖方比买方更了解有关商品的各种信息；掌握更多信息的一方可以通过向信息贫乏的一方传递可靠信息而在市场中获益；买卖双方中拥有信息较少的一方会努力从另一方获取信息；市场信号传递在一定程度上可以缓解信息不对称。资本市场中的交易者之间必然存在某种程度的信息不对称，从而影响公司的融资选择行为。

第一节　"柠檬"问题

第四章假定管理者、股东和债权人拥有相同的信息，但这一假设在财务管理实践中并不准确。管理者很可能比外部投资者掌握更多的关于公司及其未来现金流的信息，管理者和投资者之间存在信息不对称。本章旨在探讨信息不对称如何激励和影响管理者的融资决策。

信息不对称理论的核心观点是，在市场经济活动中，与买方相比，卖方拥有更为详尽真实的商品信息。信息弱势方会尝试进行信息搜寻，而拥有信息优势的一方可以向信息弱势方进行信息传递，借此来获益，而市场上的信号传递能够在一定程度上缓解这种信息不对称。

根据契约的签订时间，可以将信息不对称分为两种：事前信息不对称导致的逆向选择问题以及事后信息不对称导致的道德风险问题。阿克尔洛夫（George Akerlof）在名为《柠檬市场：质量的不确定性与市场机制》的论文中，描述了二手车市场中的逆向选择问题，并提出劣车将好车驱逐出市场，从而产生"劣币驱逐良币"效应[①]。这一效应对经济学的贡献在于它揭示了传统市场中的信息不对称，加深了对真实市场现象的理解。市场经济的有效运行需要买卖双方有足够的共同信息，如果信息不对称非常严重，可能会限制市场功能的发挥，导致市场交易效率低下，甚至导致市场失灵，扭曲市场资源配置。道德风险是指在最大化自身效用的同时，做出损害他人利益的行为。这个术语来自保险行业，最典型

---

① AKERLOF G A. The Market for "Lemons": Quality Uncertainty and the Market Mechanism [J]. The Quarterly Journal of Economics, 1970, 84 (3): 488-500.

的例子就是人们在投保后改变了他们的行为，例如，如果一个人的车有保险，他们开车时就会比没有保险时更粗心。被保险人参加保险后的行为变化会给保险公司带来损失。然而，由于投保后存在信息不对称，保险公司无法对被保险人进行全面、彻底的监控，而只有参保人的道德自律才能保证参保前后行为的一致性。事后信息不对称所造成的损失被称为道德风险，公司治理中的股东与管理层之间、国家治理中的公民与政府之间都存在一定程度的道德风险。

信息不对称的存在导致逆向选择问题。假设消费者无法区分产品质量因而只愿意支付平均价格，价格对于产品质量差的卖方，比对产品质量高的卖方更具吸引力。市场上将充斥着质量差的商品（“柠檬”在此是劣质品的代名词）。假如消费者是理性的，消费者相对卖方而言处于信息劣势，他们应该预见到这种逆向选择，并认为在任何给定价格下随机选择的商品更可能是质量差的商品。当然，这种预期加剧和阻碍了高质量商品的提供。最终，市场也许将完全崩溃。

同理，假如投资者在投资于公司（证券）之前，无法准确地观察公司的价值，则投资者愿意支付的价格仅仅是平均价格，于是，在资本市场上发行股票对于差公司的所有者而言，比对于好公司的所有者更有吸引力，这一动态过程将导致市场上公司的实际平均价值将低于先前投资者预期的平均水平（因为越来越多的差公司倾向于发行股票而将好公司逐渐退出市场）。这意味着理性投资者应该对发行股票公司的价值表示怀疑，认为其实际上要低于平均水平，因而投资者将不再愿意为股票支付平均价格，这进一步加剧了市场机制的扭曲。

下面的极端例子突出说明了信息不对称的重要影响和作用原理：假设有大量上市公司，公司无债务，它们的收益服从［0，100］的均匀分布。假如投资者为风险中立态度，无法准确获知某一随机选取的公司的收益，投资者愿意为买入该公司股票而支付的最高金额为市场平均价格，即50。但是，给定平均价格50，收益超过50的公司（较好的公司）的股东显然不愿意卖出股票，在市场平均价格为50的情况下，只有收益低于50的公司的股东才愿意卖出股票，理性投资者会预期50的价格水平吸引的只是那些收益低于50的公司，于是投资者将修正其关于市场中公司收益的看法，公司收益的分布服从［0，50］的均匀分布，平均值为25，投资者将仅愿意支付至多为25的价格。给定25的平均价格，收益超过25的公司股东将退出交易，投资者认为公司收益将服从［0，25］的均匀分布，新的平均价格为12.5。上述过程将持续进行下去。在均衡情形下，只有价值为0的公司的股东会卖出股票，投资者支付的买价为0。换言之，只有最差的公司才会在资本市场中交易，最终导致市场无交易。

第二节　信息不对称与股权错误定价

一、模型推导

公司要为投资项目融资，假设公司发行股权（股票），购买股权的外部投资者将成为合伙人，不仅分享项目的投资收益，而且分享公司的当前资产。投资者有理由怀疑公司资产价值不值那么多。这暗示着，处于信息劣势的外部投资者因为害怕欲投资购买的股权所代表的资产所有权价值不高，从而不愿意为股权投资支付较高的价格。而如果实际情况与外部投资者的预期相反，即公司资产价值较高，则公司的股权价值就被低估了。下文举例说明信息不对称对股权定价的影响。

【例 5-1】

企业家于 $t=0$ 设立公司，需从外部融资 I 以进行投资。公司仅营运 1 期后被清算。$t=1$ 期的收益为：如果企业家投资，则收益为 $X+R$；如果企业家未投资，则收益为 X；$X>0$。为简化分析，不考虑货币时间价值、风险溢价和折现。投资净现值为正，即 R 超过投资成本 I。显然，如果企业家个人有足够的资金为该项目投资，将使其个人财富增加 $R-I$，且无任何风险。

现在假设企业家资金不足，需要从外部融资 I。他可以发行面值为 I 的债券，由于 $t=1$ 期的收益超出 I，因而债务是无风险的，投资者将会在 $t=0$ 时购买债券。外部债券投资者不必担心公司的内在价值 X 的大小，这是因为由于项目的实施，收益的增量 R 足以满足债务偿付 I。所以，此时的债务融资不成为一个问题。下文将公司融资限定于股权融资来研究。我们将会看到，公司的内在价值 X 的大小（外部投资者由于信息不对称而无法确知），将成为一个重要的影响因素。

为使叙述具有层次性，首先考虑信息透明的状态。此时，外部投资者精确获知公司的内在价值 X。当 $t=0$ 时，一旦外部投资者答应向企业家支付 I，他们就会要求足够大比例的股权以获得补偿。外部投资者所获取的公司股权比例为 α，他们在 $t=1$ 的财富为 $\alpha(X+R)$，如果资本市场完全竞争，则有：

$$I=\alpha(X+R) \tag{5.1}$$

企业家要向外部投资者发行总股权的 α 比例，以获取 I 用于项目投资：

$$\alpha=I/(X+R) \tag{5.2}$$

企业家的个人财富为：

$$W=(1-\alpha)(X+R)=X+R-I \tag{5.3}$$

由于 $R>I$，企业家将通过发行股权为项目融资，其个人财富增加，否则，其个人财富仅为 X。

现假设 X 可能有两种取值：X_L 与 X_H，$X_H>X_L$，由于信息不对称，因此，只有企业家本人知道公司的内在价值为 X_L 还是 X_H。外部投资者不能够观察到真实的公司内在价值，但是他们认为 $X=X_L$ 的概率为 p，$X=X_H$ 的概率为 $1-p$。

令 $\hat{X}=pX_L+(1-p)X_H$ 为根据外部投资者的预期得到的期望公司内在价值。

如果企业家不融资、不投资，期末时其个人财富在不同类型下（*type* = *Low*, *High*）为：

$$W_t(NI)=\begin{cases}X_L, & if\ t=L\\ X_H, & if\ t=H\end{cases} \tag{5.4}$$

NI 表示不融资、不投资的情形。

假设企业家决定从资本市场融资，资本市场完全竞争，下式成立：

$$I=\alpha(\hat{X}+R) \tag{5.5}$$

注意5.5式与5.1式的区别：5.5式中的$\hat{X} = pX_L + (1 - p)X_H$，这是因为外部投资者无法确知公司的内在价值，只能以期望值代替。

企业家要向外部投资者发行总股权的α比例，以获取I用于项目投资：

$$\alpha = I/(\hat{X} + R) \tag{5.6}$$

α随着p的增加而增加，表明公司越倾向于为差（L）的类型，外部投资者要求持有的股权比例就越高。

在融资并投资情形下，企业家个人财富为：

$$W_t(I) = (1 - \alpha)(X_t + R) = \frac{\hat{X} + R - I}{\hat{X} + R}(X_t + R) \tag{5.7}$$

W_t（I）表示在企业家融资并投资的情形下，其在t=1期的个人财富；5.7式与5.6式的一个显著区别在于X_t和$\hat{X}$。企业家确知X_t，而外部投资者由于信息不对称，无法确知真实的X_t，只能以期望值$\hat{X}$来代替。

比较W_t（I）与W_t（NI），即可说明企业家是否需要进行股权融资：

$$\begin{aligned} W_t(I) - W_t(NI) &= \frac{\hat{X} + R - I}{\hat{X} + R}(X_t + R) - X_t \\ &= \frac{R(\hat{X} + R) - I(X_t + R)}{\hat{X} + R} = R - I\frac{X_t + R}{\hat{X} + R} \end{aligned} \tag{5.8}$$

企业家个人财富的增加取决于投资。在信息完备的情形下，$X_t = \hat{X}$，5.8式变为$R-I$。在信息不对称的情形下，如果公司的真实内在价值较低，例如$X_t = X_L$，$\frac{X_t + R}{\hat{X} + R}$将小于1；如果真实内在价值较高，例如$X_t = X_H$，$\frac{X_t + R}{\hat{X} + R}$将大于1。5.8式中$I$的系数$\frac{X_t + R}{\hat{X} + R}$，可以解释为企业家的单位外部融资成本。

如果公司的真实内在价值较低，系数小于1，W_t（I）$-$ W_t（NI）$> R-I$，表明企业家于公司内在价值较低时肯定会进行股权融资并投资。原因是，从企业家的角度看，投资成本降低了，这是因为，与完全信息时相比，企业家向外部投资者提供的股权比例小了，在公司内在价值被外部投资者错误高估的情形下，外部投资者误以为股权投资划算，故其所要求参与的股权比例和补偿就要小些。

相反，如果公司的真实内在价值较高，系数大于1，W_t（I）$-$ W_t（NI）$< R-I$，从企业家的角度看，投资成本增加了。这是因为，与完全信息时相比，企业家向外部投资者提供的股权比例加大了，在公司内在价值被外部投资者错误低估的情形下，外部投资者所要求参与的股权比例和补偿就要大些。

综上分析，由于信息不对称，内在价值低的公司，其股权价值被高估；内在价值高的公司，其股权价值被低估。在公司内在价值低的情形下，企业家乐于投资；在真实的公司内在价值高的情形下，企业家的投资决策又会怎样？

前提是$X_t = X_H$（企业家知道）。令p趋近0，$\hat{X}$趋近于X_H，即外部投资者相信公司的内在价值接近X_H，此时系数$\frac{X_t + R}{\hat{X} + R}$趋近1，低估效应将显著减小（信息趋于对称），尽管从企业家的角度看，投资成本仍然高于I（与信息透明时相比），但由于p趋近0，致使投资成本不会超出过多，企业家仍然会选择投资；如果p非常趋近1，$\hat{X}$趋近X_L，即外部投资者倾向于相信公司内在价值接近X_L，此时系数$\frac{X_t + R}{\hat{X} + R}$趋近$\frac{X_H + R}{X_L + R}$，此系数如果非常大，信息不对称非常严重，投资成本过高，企业家甚至根本不会进行任何投资。

此外，企业家的投资决策还依赖于R。仍然考察$X_t = X_H$的情形，此时单位外部融资成本为$\frac{X_H + R}{\hat{X} + R}$，此系数随着$R$的增加而减小，当$R$无穷大时系数趋近1。这意味着，$R$越大，企业家越发倾向于投资。表明在股权融资约束下，好公司倾向投资于收益高的项目。

【例5-2】

延续例5-1，假如$X_L = 0$，$X_H = 200$，$I = 30$，$R = 50$。假如企业家不进行融资，也不投资，其个人财富为：

$$W_t(NI) = \begin{cases} 0, & if\ t = L \\ 200, & if\ t = H \end{cases} \tag{5.9}$$

如果企业家进行融资，则在完全竞争的资本市场中，依据5.6式，外部投资者的股权参与度为：

$$\alpha = \frac{30}{200(1-p) + 50} \tag{5.10}$$

α随着p的增加而增加。假如外部投资者认为公司为L类型（p=1），他们向公司贡献了30，但是收到的公司补偿却为50α。为补偿投资成本，外部投资者至少要求60%的股权参与度才行。假如外部投资者认为公司是H类型（p=0），向公司贡献了30，能够收到的补偿则为250α，于是要求的股权参与度为12%（30/250）就足以补偿其投资。

给定α，企业家的个人财富（融资并投资时）为：

$$W_t(I) = \begin{cases} 50(1-\alpha), & if\ t = L \\ 250(1-\alpha), & if\ t = H \end{cases} \tag{5.11}$$

比较5.9式与5.11式，显然，W_L（NI）=0，而W_L（I）>0，表明L类型公司的企业家始终将融资并投资，原因是投资能够增加其个人财富。H类型公司的企业家是否愿意投资？

将5.10式中的α代入5.11式中的第二行，得到：

$$W_H(I) = \frac{200(1-p) + 50 - 30}{200(1-p) + 50}(200 + 50) = \frac{100(11 - 10p)}{5 - 4p} \tag{5.12}$$

$$W_H(I) - W_H(NI) = \frac{100(11 - 10p)}{5 - 4p} - 200 = \frac{100(1 - 2p)}{5 - 4p} \tag{5.13}$$

据5.13式，只有当p<1/2时，H类型公司的企业家才会发行股权融资并投资，即只有当外部投资者对公司内在价值看低的概率足够低的时候（信息不对称程度较小），H类型公司才会选择投资。

二、IPO时的股权价值低估

IPO（首次公开发行股票，Initial Public Offering）的一个显著特点就是，IPO完成前的公司为非上市公司，不在资本市场中公开交易，IPO公司的内部人与外部人之间存在严重的信息不对称。有实证证据表明，短期内IPO公司的股权价值被市场低估，IPO首日的股票收盘价平均要高于发行价，表明IPO时的发行价格被低估，存在IPO折价。

【例5-3】

公司的未来收益X以密度函数f（X）分布于单位区间［0，1］，公司期望价值就简单地等于期望收益：$\hat{X}=\int_0^1 X\mathrm{d}F(X)$。为简化分析，假设公司无债务，且不考虑对收益的折现。假设在资本市场中，有N+1位风险中立的投资者，每位投资者希望投资K，且有，$K<\hat{X}<NK$，即单个投资者没有足够的资金购买整个公司，但是集中起来，N个投资者就有足够资金购买整个公司。另外还假设，公司向外部投资者发行其全部股票，此假设是为了避免出现企业家与外部投资者之间的信息不对称问题。

假设所有N+1个投资者都不了解X，不知道X的真实实现值，而只知道X的分布。既然投资者知道X的分布，他们就可估算出公司的期望收益$\hat{X}$。一个投资者购买α比例的股权，其期望收益为$\alpha\hat{X}$。不考虑折现，$\alpha\hat{X}$也是该投资者为购买α比例的股权而愿意向公司支付的最大金额。公司的市场价值$E=\hat{X}$。每个投资者都投资K，则每个投资者的股权比例为$\alpha=K/\hat{X}$，外部投资者的总体股权投资比例为$(N+1)K/\hat{X}$。根据假设$\hat{X}<NK$，总体股权投资比例$(N+1)K/\hat{X}$大于1，对股权的需求超出股权的供给。需求超出供给导致股权供不应求，所以上述每个投资者将仅能得到其初始订单（初始需求的股权投资比例）的一部分，该比例为$\hat{X}/[(N+1)K]$。于是，每一位投资者的股权投资比例为$\frac{K}{\hat{X}}\cdot\frac{\hat{X}}{(N+1)K}=\frac{1}{N+1}$，即每一位投资者的参股比例为1/（$N$+1）。

假设在资本市场中只有一个公司收益的知情者（informed），即他知道IPO公司的未来收益实现情况（知情者必定是极少数的）。只有在IPO公司的市场价值小于或等于X的状态下，该知情投资者才会参与投资；这是因为，如果他购买α比例的股权，需向公司支付αE（E为公司的市场价值），而其收益为αX，如果$E>X$，净收益小于0，则该知情投资者将不会投资。知情投资者的投资策略（该投资者拥有关于X实现的准确信息）为：

$$S^I(X)=\begin{cases}\text{参与IPO}, & if\ E\leqslant X\\ \text{不参与IPO}, & if\ E>X\end{cases}\tag{5.14}$$

非知情投资者（uninformed）无法观察到知情投资者是否参与IPO，即市场是匿名的，否则非知情投资者将模仿知情投资者的投资策略，不会再有信息不对称。尽管非知情投资者无法观察到知情投资者是否参与IPO，但是，非知情投资者完全可以预测知情投资者的投资策略S^I（X）。非知情投资者会推测，如果$E>X$，唯一的知情投资者将不会参与投资，只有非知情投资者参与IPO，则每人取得的公司股权比例为1/N；如果$E\leqslant X$，唯一的知情投资者也将参与IPO，非知情投资者每人取得的公司股权比例为1/（N+1）。

综上分析，给定知情投资者的投资策略S^I（X），非知情投资者的IPO股权参与度为：

$$\alpha^U(X)=\begin{cases}1/(N+1), & if\ E\leqslant X\\ 1/N, & if\ E>X\end{cases}\tag{5.15}$$

某一个非知情投资者从公司得到的期望净收益为：

$$
\begin{aligned}
Y^U(E) &= \int_0^E \alpha^U(X)(X-E)\mathrm{d}F(X) + \int_E^1 \alpha^U(X)(X-E)\mathrm{d}F(X) \\
&= \int_0^E \frac{X-E}{N}\mathrm{d}F(X) + \int_E^1 \frac{X-E}{N+1}\mathrm{d}F(X)
\end{aligned}
\tag{5.16}
$$

在完全竞争的资本市场中，必有$Y^U(E)$ =0。如果$Y^U(E)$ >0（有利可图），每一位投资者都将竞相为取得较大比例的股权而支付较高的买价；如果$Y^U(E)$ <0，非知情投资者都不会参与IPO。在竞争均衡状态下，公司的市场价值E^*隐含地由等式$Y^U(E)$ =0决定。

改写5.16式如下：

$$
\begin{aligned}
Y^U(E) &= \int_0^E \frac{X-E}{N}\mathrm{d}F(X) + \int_E^1 \frac{X-E}{N}\mathrm{d}F(X) - \int_E^1 \frac{X-E}{N}\mathrm{d}F(X) + \int_E^1 \frac{X-E}{N+1}\mathrm{d}F(X) \\
&= \int_0^1 \frac{X-E}{N}\mathrm{d}F(X) + \int_E^1 \left\{\frac{X-E}{N+1} - \frac{X-E}{N}\right\}\mathrm{d}F(X) \\
&= \frac{\hat{X}-E}{N} - \int_E^1 \frac{X-E}{N(N+1)}\mathrm{d}F(X)
\end{aligned}
\tag{5.17}
$$

令$Y^U(E^*)$ =0，求解E^*：

$$
Y^U(E^*) = \frac{\hat{X}-E^*}{N} - \int_{E^*}^1 \frac{X-E^*}{N(N+1)}\mathrm{d}F(X) = 0 \tag{5.18}
$$

$$
E^* = \hat{X} - \int_{E^*}^1 \frac{X-E^*}{N+1}\mathrm{d}F(X) < \hat{X} \tag{5.19}
$$

5.19式表明，在均衡状态下，IPO公司的市场价值将低于公司的期望收益。这是因为，非知情投资者在买价较高的情形下取得公司的全部股权，而在买价较低的情形下仅取得公司的$N/$（N+1）比例股权。当非知情投资者以投资亏损结束时（如$E^*>X$），他们承担了全部损失；而当他们最终投资盈利时（如$E^*<X$），他们却不得不与知情投资者分享盈余。换言之，每一位非知情投资者所可能承担的损失要大于其可能获得的盈利，因为知情投资者只有在有利的情形下才参与IPO，而当IPO价格被高估时却不愿参与。理性的非知情投资者很清楚其自身处于不利态势，故必然要求补偿。非知情投资者为参与IPO而必须保持预期的收支持平，故其预期盈余要高于预期损失才行。为保证这一逻辑成立，IPO时的股权市场价值（也是IPO时外部投资者对公司的总体支付）就必须低于公司的期望价值（以期望收益表示，是参与IPO的投资者期望未来从公司得到的收益），从而使得非知情投资者的预期盈余超出其预期损失。于是，E^*就是公司IPO时为吸引非知情投资者参与的最高股权售价。

考察$E^* = \hat{X} - \int_{E^*}^1 \frac{X-E^*}{N+1}\mathrm{d}F(X) < \hat{X}$中的积分项，当$N$增大时，积分项变小，$E^*$将增加，逐渐向$\hat{X}$接近。一种解释是，当$N$增大时，市场中的知情投资者的比例1/（$N$+1）将显著下降，资本市场中的"知情/不知情"信息不对称程度将相对减弱。另一种解释是，当公司价值被市场低估时，由于资本市场中的一个知情投资者的存在（当公司价值被市场低估时，该知情投资者会参与IPO），使得非知情投资者的股权参与比例降低，意即知情投资者对非知情投资者施加了负的外部性；当N增大时，负的外部性在一定程度上被稀释了。

接下来，重点讨论IPO后的股价。待IPO一结束，资本市场就可以知道有多少投资者参与了IPO。在上述模型中，只需考察对股票的总体需求即可：如果股权总需求为$NK/\hat{X}$，则表示有N个投资者参与了IPO；如果股权总需求为$(N+1)K/\hat{X}$，则表示有N+1个投资者参与了IPO。在第一种情形下，只有非知情投资者参与IPO，必有$X<E^*$，否则，知情投资者将会参与；在第二种情形下，$N+1$个投资者包括唯一的知情者都参与了IPO，必有$X\geq E^*$。

首先来考察只有N个投资者参与IPO的情形。在IPO完成后，非知情投资者可推测出在此情形下有$X<E^*$，公司的未来收益分布于区间［0，E^*］，在获知知情投资者未参与IPO后，收益X的概率分布密度函数为$f(X)/F(E^*)$。$f(X)/F(E^*)$的分母保证了从0到E^*区间基于$f(X)$的积分为1。

此时已得知知情投资者未参与IPO，公司的市场价值E^P为：

$$E^P=\int_0^{E^*}\frac{X}{F(E^*)}\mathrm{d}F(X) \tag{5.20}$$

将E^P与IPO时的E^*相比较：

$$E^P-E^*=\int_0^{E^*}\frac{X}{F(E^*)}\mathrm{d}F(X)-\frac{E^*\cdot F(E^*)}{F(E^*)}=\int_0^{E^*}\frac{X-E^*}{F(E^*)}\mathrm{d}F(X)<0 \tag{5.21}$$

据5.21式，如果非知情投资者获知知情投资者未参与IPO，对于市场而言这是一个坏消息，基于市场定价的公司价值必然要下降。

再来考察$N+1$个投资者参与IPO的情形。在IPO完成后，非知情投资者可推测出在此情形下有$X\geq E^*$，公司的未来收益分布于区间［E^*，1］，在获知知情投资者也参与IPO后，收益X的概率分布密度函数变为$f(X)/(1-F(E^*))$。

此时资本市场得知知情投资者也已参与IPO，公司的市场价值为：

$$E^P=\int_{E^*}^{1}\frac{X}{1-F(E^*)}\mathrm{d}F(X) \tag{5.22}$$

将E^P与IPO时的E^*相比较：

$$E^P-E^*=\int_{E^*}^{1}\frac{X}{1-F(E^*)}\mathrm{d}F(X)-\frac{E^*[1-F(E^*)]}{1-F(E^*)}=\int_{E^*}^{1}\frac{X-E^*}{1-F(E^*)}\mathrm{d}F(X)>0 \tag{5.23}$$

据5.23式，如果非知情投资者获知知情投资者也参与了IPO，对于市场而言这是一个好消息，表明公司收益比预先想象得好，基于市场定价的公司价值必然上升。

由于IPO折价的存在，投资新的IPO似乎是一项获利非常可观的交易。假如在每周，你都会投资一项新的IPO，并且在每周结束时卖出股票，在每年的52周中总是如此持续地再投资，假设平均每周的回报率都是10%，你的累计年回报率将达到$1.1^{52}-1=141.042932$，为什么投资者都不会这样做呢？

原因是，假设你参与每周的IPO。当IPO进展顺利时，对股票的需求超过供给，分配给每个投资者的股票是限量配售的。相反，当IPO进展不顺利时，在发行价格下的需求不足，导致所有的初始股票订单都是完全饱和的。如果你遵循将上一次IPO中所赚得的钱再投资下一笔IPO的策略，当股价下跌时，你的订单将会完全得到满足，但当股价上涨时，你却只能得到限量配售的股票。这是一种被称作“赢者诅咒”（winner’s curse）的逆向选择：若IPO表现不佳，他人对股票的需求不足，你能“获胜”（得到你所要求的全部股票）。这种效应可能相当大，以至于持续再投资每项IPO的策略所产生的回报，不会超过市场回报率。而且，这种效应意味着，为了促使掌握信息较少的投资者愿意参与IPO，正如例5-4要表明的，承销商平均低估发行价格可能是有必要的。

【例 5-4】

投资银行向其客户提供如下投资机会：投行将保证它所承销的每一笔IPO交易发行成功。你是它的客户，对于每一笔交易，你必须承诺买进2 000股股票。如果发行的股票充足有余，你的订单将会得到满足；但如果股票被超额认购，你就只能按超额认购总量的特定比例获得配售相应的股份。市场分析表明，该投行的IPO交易被超额认购的概率通常为80%，超额认购的比率为16比1（即在每16笔订单中，只有1笔能够被满足）。这种超额需求将导致股价在上市交易的第一天上涨20%。然而，有20%的概率股票不会被超额认购，尽管投行尽力支撑市场价格，但平均而言上市交易第一天的股价将趋于下跌5%。基于上述数据，该投行承销的IPO的平均折价是多少？你的平均回报率是多少？

IPO交易的平均首日回报率为0.8×20%+0.2×（−5%）=15%。如果投行每月承销一笔IPO，1年后，你的年回报率（*EAR*）为$1.15^{12}-1=435\%$。

实际上，你不可能获得这么高的回报率。对于成功的IPO，你将获得20%的回报率，但只能得到2 000/16=125（股）股票。假设IPO的平均价格为每股15元，你所获得的利润为15×125×20% = 375（元）。对于不成功的IPO，你将得到你的全部认购股份2 000股。由于此时股价一般将下跌5%，你所获得的利润为15×2 000×（−5%）= −1 500（元）。80%的IPO交易是成功的，期望利润为0.8×375+0.2×（−1 500）=0（元）。平均来看，你的盈亏平衡。

这个例子说明，即使平均而言IPO投资可能是盈利的，但是因为在不成功的IPO投资中，相比成功的IPO而言，你收到了较多的股票配售，你的平均回报就会低得多。而且，如果平均的IPO折价少于15%，不知情的投资者将亏本，从而不愿意参与IPO。

【例 5-5】

公司欲在竞争性的资本市场中进行IPO。公司收益为X，且收益的实际值只有公司当前的所有者知悉（私有信息）。在资本市场中有N（$N>1$）个投资者，每个投资者都希望在公司的股权投资中至多（小于等于）投资1元，假如这样做会得到非负收益。所有投资者都相信X均匀分布于区间［0，1］。不考虑对收益的折现。

（1）计算公司市值V，并与X被所有利益相关者知悉情形下的公司市值相比较。

（2）假设在资本市场中，除了有N个非知情投资者外，还有L个知情投资者，他们确切知道收益X。每个投资者都希望在公司的股权投资中至多（小于等于）投资1元，假如这样做将得到非负收益。给定V，知情投资者对股权的需求如何？不知情投资者对股权的需求又是怎样？在均衡状态下，投资者得到的股权比例是多少？

（3）证明在均衡状态下，存在股票定价低估。

（4）N与L如何影响股票定价的被低估？

（5）如果资本市场得知对股票的需求为N，计算公司市值；如果市场得知对股票的需求为$N+L$，计算公司市值。

解答：

（1）在完全信息情形下，若不考虑折现，$V=X$；当信息不对称时，$V=1/2$（均匀分布）。

（2）如果$V\leq X$（公司价值被市场低估），每个知情投资者都将投资1元，知情投资者的总体股权需求为L；若$V>X$（公司价值被市场高估），知情投资者的总体股权需求为零。

非知情投资者将始终希望购买股票。如果$V\leqslant X$（公司价值被市场低估），此时若他们不购买股票，市场则变成知情投资者的市场，在完全信息情形下，股价将为X，而这就意味着如果非知情投资者购买股票，他们将不会遭受损失；如果$V>X$，这本身就是非知情投资者的预期，所以他们必然购买。总之，非知情投资者将始终希望购买股票。

所以，如果$V\leqslant X$，则每一位投资者（包括知情者和不知情者）将得到1/（$N+L$）的股权；如果$V>X$，则每一位非知情投资者将得到$1/N$的股权。

(3) 根据第（2）问的持股比例分析，每一位非知情投资者的期望净收益为：

$$Y^U = \int_0^V \frac{X-V}{N}\mathrm{d}X + \int_V^1 \frac{X-V}{N+L}\mathrm{d}X = \left(\frac{X^2}{2N} - \frac{V}{N}X\right)\Bigg|_0^V + \left(\frac{X^2}{2(N+L)} - \frac{V}{N+L}X\right)\Bigg|_V^1$$
$$= \frac{N-2NV-LV^2}{2N(N+L)} \tag{5.24}$$

5.24式中，X是投资者作为公司股东未来将得到的收益，V是投资者按照市价购买股票时付出的价格，二者之差为投资者的净收益。

在完全竞争的资本市场中，$Y^U=0$，据此解得公司在均衡状态下的价值V^*为：

$$V^* = \frac{\sqrt{N^2+NL}-N}{L} \tag{5.25}$$

容易证明：

$$V^* = \frac{\sqrt{N^2+NL}-N}{L} < \frac{\sqrt{N^2+NL+(L/2)^2}-N}{L} = \frac{\sqrt{(L/2+N)^2}-N}{L} = 1/2 \tag{5.26}$$

$V^*<1/2$，而据第（1）问，当信息不对称时，$V=1/2$，这表明在均衡状态下，存在股票定价被低估问题。

(4) 股价被低估的程度由$1/2-V^*$来衡量。当V^*减少（增加）时，被低估程度加大（减弱）。可证明$\dfrac{\partial V^*}{\partial N}>0>\dfrac{\partial V^*}{\partial L}$；故当$N$增加时（或者当$L$减少时），$V^*$随之增加，股价被低估程度减弱。在其他方面相同的情形下，N增加，意味着在$V>X$的状态下，每一位非知情投资者的损失变小，即有更多的非知情投资者来分担损失，于是通过价值低估来补偿这些投资者的必要性就降低了。类似地，当L减少，且好的状态出现时（只有在好的状态下，知情投资者才会参与），非知情投资者将得到较高的利润分享比例，通过价值低估来补偿投资者的必要性也就降低了。

(5) 如果市场得知投资者对股票的需求为N，根据第（2）问的分析，公司收益小于V^*，在约束条件$X<V^*$下，由于收益为均匀分布，公司的期望收益是$V^*/2$，此即公司的市值；如果市场得知对股票的需求为$N+L$，则公司收益大于V^*，在约束条件$X>V^*$下，公司的期望收益为（$1+V^*$）/2，此即公司的市值。

【例5-6】

公司正在考虑扩张其经营业务。扩张业务的风险和公司现有资产的经营风险相同。经营扩张需要6 000万元的初始投资，投资后预期每年将产生1 200万元永久性的息税前收益。初始投资以后，预期未来每年的资本性支出等于折旧，预计不需要再投入净营运资本。公司当前的资本结构是由40 000万元股权和18 000万元债务（均为市场价值）构成，流通股有1 000万股。无杠杆资本成本为10%，债务为无风险债务，利率为4%。公司所得税税率为25%。

（1）公司最初计划通过发行股票为业务扩张融资。如果投资者没有预期到这一扩张，并且他们将分享公司所预期的扩张收益，一旦宣布业务扩张计划，公司股价会是多少？

（2）假设投资者认为业务扩张所产生的息税前收益每年只有600万元，而非公司所宣称的1 200万元，此时股价又将是多少？公司需要发行多少股股票？

（3）假设公司在第（2）问的情形下发行股票，发行股票不久后，由于新信息的出现，使得投资者相信，实际上管理者关于业务扩张产生的未来现金流的估计原本是正确的。则此时的股价会是多少？为什么与第（1）问中计算的股价不同？

（4）假设公司通过发行6 000万元的永久性无风险债券为业务扩张融资，一旦新消息发布，那么新的股价将是多少？将答案与第（3）问比较，分析此时债务融资的两种优势是什么？

解答：

（1）计算扩张业务的净现值，预计投资项目每年的自由现金流为：

$FCF = EBIT \times (1-\tau) = 1\,200 \times (1-0.25) = 900$（万元）

项目的 $NPV = 900/0.1 - 6\,000 = 3\,000$（万元）

在消息宣布前，股价是每股40元；消息宣布后，股价将立即上涨，以反映新投资创造的价值：

$P=$（40 000+3 000）/1 000=43（元/股）

（2）如果投资者认为$EBIT$每年只有600万元，项目的净现值为：

$NPV = 600\times$（1−0.25）/0.1−6 000 =−1 500（万元）

相应地，股价将立即下跌为：

$P=$（40 000−1 500）/1 000=38.5（元/股）

需要发行的股票数量为6 000/38.5=155.8442（万股）

（3）此时股价为：

$P=$（40 000+6 000+3 000）/（1 000+155.8442）=42.39（元/股）

低于第（1）问中计算的股价（43元/股），这是由于公司在股价被低估的情形下发行股票所致；新股东在股票发行过程中获得的收益为（42.39−38.5）×155.8442=606（万元），约等于原有股东损失的（43−42.39）×1 000=610（万元），数值差异是由于计算误差造成的，理论上两者是相等的。

（4）债务融资的利息抵税价值是0.25×6 000=1 500（万元），并且假设投资者相信管理层的预期，新投资的净现值仍是3 000万元，此时股价为：

$P=$（40 000+3 000+1 500）/1 000=44.5（元/股）

与第（3）问中42.39元/股的股价相比，债务融资情形下的股价要高出2.11元/股。采取债务融资的优势在于，不仅可获得债务利息的抵税价值（1.50元/股），而且可避免发行股票时由于信息不对称造成的股价被低估（43−42.39=0.61（元/股））。

第三节 股权融资的信号传递效应

在信息不对称客观存在的条件下，好公司的股权价值常被市场低估，此种低估之严重甚至可能使公司放弃有利可图的投资项目。问题是，好公司是否能够解决这一因信息不对称而引起的价值被低估的问题，以向市场表明公司实际上是好的。公司的所有者可以通过持有大部分本公司股权的方式，向资本市场表明（传递）他们所拥有的公司是好的这一信息（信念）。这是因为，资本市场相信公司的所有者是风险厌恶的，可以推论，公司的所有者应该卖出整个公司而将风险现金流代之以确定的收益；可是所有者不但没有卖出公司，而且还持有大部分本公司股权，尽管股权是有相当风险的，这有力地说明了该公司的平均回报率将大到足以补偿所有者承担的风险，这就表明公司确实是好的。

【例5-7】

企业家在t=0创立公司，公司仅营运1期，随后被清算。在t=1期，公司的收益（或现金流）为随机变量$\tilde{X}$，收益的期望值可能是X_L，也可能是X_H，$X_H>X_L$。收益$\tilde{X}$的方差（风险）为σ^2。假设有L与H两类公司，其区别仅在于t=1期收益分布的期望值不同。当企业家设立公司时，他确知公司是属于L类型还是H类型，但他无法确知$\tilde{X}$的真实实现值。假设企业家为风险厌恶，资本市场中的投资者为风险中立，投资者仅要求无风险回报。企业家欲向市场发行1−α比例的公司股权，以降低其自身所承担的风险。

企业家在t=1时的财富由下式得到：

$$W_t = \alpha\tilde{X}_t + (1-\alpha)V \quad t = L,\ H \tag{5.27}$$

t（type）表示公司类型，V表示公司在资本市场中的市场价值，V之所以无下标t，是因为公司的市场价值直接取决于资本市场中投资者关于公司类型的普遍信念（看法），而非取决于公司的真实类型。公司最初由企业家创立，现在企业家向市场出售1−α比例的公司股权（按市值），企业家将收到现金（1−α）V，财富增加，其个人的持股比例由100%下降为α。

假设企业家的期望效用函数仅取决于其财富的期望值EW_t，以及财富的方差Var（W_t）：

$$EU(W_t) = EW_t - \frac{b}{2}Var(W_t) \quad t = L,\ H \tag{5.28}$$

企业家的期望效用随着W_t的期望值的增加而增加，随着W_t的风险的增加而减少（反映企业家的风险厌恶），系数b衡量企业家的风险厌恶程度。

据5.27式，企业家财富的期望值为：

$$EW_t = \alpha X_t + (1-\alpha)V \quad t = L,\ H \tag{5.29}$$

$$Var(W_t) = E\left[\alpha\tilde{X}_t + (1-\alpha)V - EW_t\right]^2 = E\left[\alpha(\tilde{X}_t - X_t)\right]^2 = \alpha^2\sigma^2 \tag{5.30}$$

将5.29式、5.30式代入5.28式：

$$EU_t(\alpha,\ V) = \alpha X_t + (1-\alpha)V - \frac{b}{2}\alpha^2\sigma^2 \quad t = L,\ H \tag{5.31}$$

在完全信息下，资本市场将确定知道t=1期公司收益的期望值为X_L还是X_H。投资者风险中立，公司的市场价值为$V_t = X_t$，代入5.31式，企业家的期望效用为：

$$EU_t(\alpha,\ V) = X_t - \frac{b}{2}\alpha^2\sigma^2 \quad t = L,\ H \tag{5.32}$$

观察5.32式可知，α越小，企业家的期望效用就越高。这一结论很直观，因为企业家为风险厌恶，所以倾向于将随机变动的公司收益取代为资本市场中的确定平均值。注意前提是在完全信息下，资本市场将确定知道t=1期公司收益的期望值为X_L还是X_H，公司的市场价值等于公司收益的期望值。在完全信息下，企业家将不持有任何比例的公司股权。

在不完全信息下，资本市场中的投资者只知道，t=1期公司收益的期望值可能为X_L或X_H，但无法确知到底是哪一种类型。如果此时企业家欲在市场中出让公司股权，外部投资者的出价将为X_L与X_H的平均值。如果投资者认为公司收益的期望值为X_L的概率是q，为X_H的概率为$1-q$，则其出价为qX_L+（$1-q$）X_H。如果企业家作为内部人确知公司收益为X_H，他此时将面临股权价值被低估的问题。问题是，企业家是否可为此（公司价值被低估）做些什么。如果企业家直接向市场宣称公司收益的期望值为X_H，这就像向他人夸赞自己孩子的智力一样，市场是不会相信的，市场反倒会认为，即使公司实际的收益期望值为X_L，企业家也会有动机宣称其为X_H。

接下来，将寻找一个分离均衡（如果存在），来考察资本市场能否通过观察两种不同类型企业家的不同行动从而将他们区分开来。

“分离均衡”与“混同均衡”都是对博弈的分类。在分离均衡下，持有不同私人信息的参与者可以选择不同的均衡策略，从而实现“人以群分”；而混同均衡只存在完全相同的策略。分离均衡可以将两种群体区分开，避免由于信息不对称造成的低效率。在分离均衡下，没有任何类型选择与其他类型相同的行为，从而能把不同类型的卖方完全区分开来。举例来说，分离均衡模型假定，在企业发行新股的过程中，高质量企业折价发行IPO，而且仅融取一部分资金。当较低的发行价格吸引投资者的注意，对折价企业加深了解后，投资者就会认识到企业的真实价值，信息不对称问题也就随之解决了。这时企业再以较高的价格进行后续股权再融资（Seasoned Equity Offering，SEO），较高的后续发行价格能够弥补IPO折价以及两阶段融资的发行成本。对低质量企业而言，模仿高质量企业的行为不是最优选择，因此低质量企业会在第一次发行中筹集尽量多的资金。高低质量企业两种不同的行为就导致了分离均衡：高质量企业选择两阶段融资、高折价发行，低质量企业选择单阶段融资、低折价发行。

在分离均衡下，每一个企业家的特征将完全展现于资本市场，公司的市价等于其收益的期望值。H类型的企业家必须通过持有足够比例的本公司股权，以阻止L类型企业家的模仿和混淆市场，从而将二者区分开来。这是因为，L类型公司的股权平均回报率要显著低于H类型公司，如果L类型企业家模仿H类型企业家也持有大量本公司股权，无疑将导致其股权回报很低，即模仿成本太高。

根据上述分析，L类型企业家没有理由持有公司股权，即当分离均衡时，$\alpha_L{}^* = 0$。L类型公司的市值为X_L，根据5.31式，L类型企业家在分离均衡时其期望效用为：

$$EU_L(0,\ X_L) = X_L \tag{5.33}$$

H类型企业家则需持有足够比例的股权以阻止L类型企业家的模仿，其持股比例α要满足下列约束条件：

$$EU_L(\alpha,\ X_H) \leqslant X_L \tag{5.34}$$

只有满足5.34式，即L类型企业家因模仿而持有α比例股权时的期望效用，小于不模仿（不持股）时的效用，L类型企业家才真正不会模仿H类型企业家。

模仿的目的是混淆市场信念，使市场对L类型公司的估值变为X_H，V等于X_H还是X_L，直接取决于资本市场关于公司类型的信念。

将5.31式代入5.34式：

$$\alpha X_L + (1-\alpha)X_H - \frac{b}{2}\alpha^2\sigma^2 \leqslant X_L \tag{5.35}$$

令$\Delta x = X_H - X_L$，求解不等式5.35，得出α的最小值：

$$\hat{\alpha}_L = \frac{\sqrt{\Delta x(\Delta x + 2b\sigma^2)} - \Delta x}{b\sigma^2} \tag{5.36}$$

对于任何$\alpha \geqslant \hat{\alpha}_L$，都将足以阻止$L$类型企业家模仿$H$类型企业家。

再来考察H类型企业家持有α比例的股权是否有利，据5.31式：

$$EU_H(\alpha,\ X_H) = X_H - \frac{b}{2}\alpha^2\sigma^2 \tag{5.37}$$

$EU_H(\alpha,\ X_H)$至少要不小于X_L：

$$X_H - \frac{b}{2}\alpha^2\sigma^2 \geqslant X_L \Rightarrow \Delta x \geqslant \frac{b}{2}\alpha^2\sigma^2$$

$$\text{等价于}\ \alpha \geqslant \hat{\alpha}_H = \sqrt{\frac{2\Delta x}{b\sigma^2}} \tag{5.38}$$

$\hat{\alpha}_H$是L类型企业家所允许持有的能导致其同H类型企业家相互分离的最大持股比例。

已知$\hat{\alpha}_H$大于$\hat{\alpha}_L$，持股比例$\alpha \in [\hat{\alpha}_L,\ \hat{\alpha}_H]$，将产生分离均衡。但是企业家应尽量少持有本公司股权，故H类型企业家应持有$\hat{\alpha}_L$比例的股权，并向市场传递了区分信号。在分离均衡下，$\alpha_L{}^* = 0$，而$\alpha_H{}^* = \hat{\alpha}_L$。

基于上述分析，可得出如下推论：

（1）若管理者持有本公司的股权比例较高，该公司的获利能力，要高于管理者持有股权比例较低（或不持股）的可比公司（两家公司应具有可比性，如相同的经营领域、业务规模等）。

（2）管理者转让其所持本公司股份，资本市场会视其为坏消息，继而对公司的股价产生负面影响。

（3）$\hat{\alpha}_L$随着Δx（$\Delta x = X_H - X_L$）的增加而增加，而与b、σ^2呈负相关。这很容易解释：Δx增加意味着资本市场中的信息不对称程度加剧，从而吸引L类型企业家假装为H类型企业家，这种模仿可能会为L类型企业家带来收益。H类型企业家为了和L类型企业家保持明显的区分，就应持有更高比例的本公司股权。L类型企业家随着b、σ^2的增加，持有股权的风险，因而效用显著降低，于是L类型企业家有降低持股比例的动机，故此时H类型企业家不需要像原先那样持有较高的股权比例，而只需持有相对先前低一些的股权就足以阻止L类型企业家的模仿。

可以推论，在信息不对称程度相对较严重的行业中，如新兴快速成长行业，或研发（R&D）支出较高的高科技行业，公司所有者的持股比例要比信息不对称相对较轻的行业

（如钢铁、公用事业、食品加工业等传统成熟行业）公司所有者的持股比例高一些。

【例5-8】

企业家于t=0创立公司，需要融资I投资于经营项目，I<1。公司仅营运1期，随后被清算。若企业家投资，公司在t=1期的收益为$\tilde{X}+1$；如果不投资该项目，t=1期的收益为$\tilde{X}$。$\tilde{X}$为均匀分布于区间［0，1］的随机变量。假设$\tilde{X}$的实现值仅为企业家所知；外部投资者仅知道$\tilde{X}$的分布，而未知其真实实现值。不考虑对收益的折现。

（1）证明：如果企业家可以借债，他将会投资。

（2）假如企业家需要通过发行股权以筹集I，给出确保企业家愿意融资并投资的条件；并证明：当$\tilde{X}$较小时，该条件才成立。

（3）令X_H为企业家选择投资后所能实现的收益的最大值，给定X_H，假如企业家需要通过发行股权以筹集I，给出确保企业家愿意融资并投资的条件；并证明，若$I \leqslant 3/4$，不管$\tilde{X}$的实现值大小，企业家总会选择投资。

（4）假设$I=4/5$，分析当实现何种类型的收益时，企业家将选择投资？

解答：

（1）假如企业家可以进行债务融资，他将借入面值为I的债务，因为公司在t=1期的收益为$\tilde{X}+1$，大于I期，债务为完全无风险的，所以债权人在t=0愿意为公司提供资金I。如果企业家借债融资，在t=1，企业家的收益为$\tilde{X}+1-I$，高于$\tilde{X}$，而$\tilde{X}$为公司没有进行投资时的价值。显然，假如企业家可以借债融资，他就必然会投资，以创造价值。

（2）假如企业家不筹集I并投资，则他在t=1期的财富为$W_0=\tilde{X}$；假如企业家通过发行股票筹集I并投资，新股东的持股比例为α，资本市场充分竞争，有下式成立：

$$I=\alpha(\hat{X}+1) \tag{5.39}$$

其中，$\hat{X}+1$为公司的期望收益。投资者仅知道公司收益的概率分布，不知具体实现值。向企业家永久性提供资金I，外部股权投资者要求的持股比例为：

$$\alpha^*=I/(\hat{X}+1) \tag{5.40}$$

给定α^*，企业家的财富为：

$$W_1=(1-\alpha^*)(\tilde{X}+1)=\left(1-\frac{I}{\hat{X}+1}\right)(\tilde{X}+1)=\frac{\hat{X}+1-I}{\hat{X}+1}(\tilde{X}+1) \tag{5.41}$$

比较W_1与W_0：

$$W_1-W_0=\frac{\hat{X}+1-I}{\hat{X}+1}(\tilde{X}+1)-\tilde{X}=1-I\cdot\frac{\tilde{X}+1}{\hat{X}+1} \tag{5.42}$$

只要$1-I\cdot\dfrac{\tilde{X}+1}{\hat{X}+1}\geqslant 0$，企业家就将进行股权融资并投资。$\tilde{X}$越小，不等式越可能成立。

（3）若X_H为企业家投资后所能实现收益的最大值，给定X_H，$\tilde{X}$为均匀分布于区间［0，1］的随机变量，则有$\hat{X}=X_H/2$，根据第（2）问中的不等式，得到：

$$1-I\cdot\frac{\tilde{X}+1}{X_H/2+1}\geqslant 0 \tag{5.43}$$

5.43式的左边，随着$\tilde{X}$的增加而减小，如果当$\tilde{X}=X_H$时不等式还成立，则对于任意$\tilde{X}<X_H$，不等式也必然成立。令$X_H=1$，对于所有$\tilde{X}$，不等式成立的充分条件为：

$$1 - I \cdot \frac{X_H + 1}{X_H/2 + 1} \geqslant 0 \Rightarrow I \leqslant \frac{3}{4} \tag{5.44}$$

（4）如果 $I = 4/5$，上式不成立，某些类型的企业家将不会投资。令 $I = 4/5$，则有：

$$1 - \frac{4}{5} \cdot \frac{\tilde{X} + 1}{X_H/2 + 1} \geqslant 0 \tag{5.45}$$

为保证企业家投资，至少5.45式等于0：

$$1 - \frac{4}{5} \cdot \frac{X_H + 1}{X_H/2 + 1} = 0 \Rightarrow X_H = \frac{2}{3} \tag{5.46}$$

结果表明，只有当 $\tilde{X} \leqslant 2/3$ 时，企业家才选择投资。

自测题5-1　　自测题5-2

第四节　融资排序假说与市场时机选择

一、融资排序假说

公司在价值被低估时倾向于不发行股票，这就产生了前面遇到过的同样的“柠檬”问题：知道公司证券的真实价值高于当前市价的管理者将不会发行证券，而知道证券的真实价值低于当前市价的管理者会选择发行。由于逆向选择，投资者只愿意为证券投资支付低于其真实价值的折扣价格。柠檬问题的产生加大了那些需要为新投资融资的公司的融资成本。如果公司试图发行股票，那么投资者将在他们原先愿意支付的价格上打折，以此来反映管理者隐藏坏消息的可能性。

基于上述分析，如果公司要发行股票，它就向投资者传递了股价可能被高估的信息，结果投资者愿为股权投资而支付更低的价格，股价将下跌。研究发现，在美国，公开交易的公司一旦宣告发行股票，该公司股价平均下跌大约3%，侧面证实了上述结论。

【例5-9】

某生物科技公司没有债务，有2 000万股流通股，当前交易价格为10元/股，股票总市值为20 000万元。基于正在研发的某种新药的前景，公司的管理者相信，当前公司的真实价值应该为30 000万元，相应地股价应该为15元/股。管理者相信，待明年药物的临床试验结束后，股价将反映这一更高的价值。公司已经宣布计划融资6 000万元建立新的实验室。依据当前10元/股的价格，公司需要发行600万股新股。明年，好消息（研发实验成功）公布后，公司资产的价值将变为30 000万元（现有资产）+6 000万元（新实验室的价值）=36 000万元。流通股总数为2 600万股，新的股价将是36 000÷2 600=13.85（元/股）。

但是，假设公司等待好消息公布后，股票价格上升到15元/股时，再发行新股。到那时，公司要发行400万股以筹集6 000万元。公司资产的总价值又将为36 000万元，但公司却只有2 400万股流通股，每股股价为36 000÷2 400=15（元）。

当管理者知道股票价值被低估时，发行新股将使公司原有股东遭受损失。他们每股股票将只值13.85元而非15元。结果是，如果管理者主要关注现有股东的利益，则他们将不愿意以低于其真实价值的价格发行股票。如果管理者认为当前股票被低估，则他们宁愿等待，待股价上涨后再发行股票。

在20世纪90年代后期的互联网泡沫期间，许多互联网公司的股票价格飙升到极端的高度。如果公司股价被严重地高估，则用公司被高估的股票换取非互联网公司的股票（换股合并）就是一种明智的选择，即使为了收购，主并方必须要为目标股票的公允市值支付超出10%的溢价，只要主并公司的股票被高估10%以上，长远来看这种换股收购对于主并公司而言就是有利可图的。

为避免因逆向选择问题而引起的股价下跌，管理者可以选择，在他们相对于投资者的信息优势最小时（此时信息不对称程度最低）发行股票，例如，当盈余宣告时公司向投资者披露了大量信息，公司通常会选择在盈余宣告后立即发行股票。

管理者发现，当股票被低估时发行股票的成本高昂，所以可能会选择其他融资方式。虽然发行债务也可能遭遇逆向选择问题，但由于低风险债务的价值对管理者关于公司的私密信息不是非常敏感（债务价值主要由市场利率决定），债务价值被低估的程度一般要比股权的小，而且由于债务的破产威胁和约束，债务融资也具有一定程度的信号传递效应：管理者对公司未来经营前景有信心时才敢借债，债务融资可被视为公司经营良好的信号。当然，如果公司尽可能地使用现金（留存收益）为投资项目融资，就能够完全避免股权和债务的价值被低估。因此，认为公司股权价值被低估的管理者，将会偏好使用留存收益或债务为投资活动融资，而非依靠股权融资。反过来说也是正确的：认为公司股权价值被高估的管理者，将偏好股票融资，而不是靠借债或留存收益融资。然而，由于发行股票时股价的负面反应，股票价值被高估的可能性较小。事实上，忽略其他的股票发行动机，如果管理者和投资者都很理性，股票发行宣告时伴随的股价下跌，就可能足以抑制公司发行股票，除非公司别无选择，只能将发行股票作为最后一招。

公司偏好首选留存收益融资，而仅将发行新股作为最后的选择，这一观点被称为“排序假说”（pecking order hypothesis）。虽然这一假说难以被直接检验，但它与美国公司融资的总体经验数据相一致。基于美国公司1995—2005年的资本支出和融资数据发现，公司往往成为股权的净回购者（即股权融资总金额为负数，这主要是由于公司回购股票所致），但却是债务的发行者（债务融资总额为正数）。而且，绝大部分投资（资本支出）是通过留存收益方式融资，导致净外源融资金额在大多数年份里不足资本支出规模的30%。不过，也有大量证据表明公司并非遵循排序假说，比如，即使能够借入债务，公司也通常发行股票。

尽管融资排序假说认为公司应首先使用留存收益作为资金来源，其次是债务，然后才是股权，但其实留存收益仅是股权融资的另一种形式。若公司具有较低的杠杆水平，这或许是因为它无法借入额外的债务而被迫依赖股权融资，或许是因为公司盈利能力高到用留存收益就足以为所有投资融资。

【例5-10】

公司没有债务，有流通股1 000万股。股票的准确价格要么是每股14.5元，要么是每股12.5元，投资者认为出现这两种结果的概率相等，于是股票当前的交易价格为每股13.5元。公司需要筹集5 000万元来建造一项新的生产设施。管理者意识到，如果公司遭遇财务困境，随着客户和技术人才的流失，将会给公司带来极大的损失；管理者还估计，公司如果借债5 000万元，财务困境成本的现值将超出债务利息的抵税价值达200万元。同时，由于投资者认为管理者知道公司股票的准确价格，如果公司通过发行股票筹集5 000万元，将会面临逆向选择问题。

(1) 如果公司发行股票，每股价格仍为13.5元。一旦管理者知道公司的真正价值（假设为a或b），管理者会选择发行股票，还是会选择借债？

a.管理者知道每股的准确价值为12.5元，

b.管理者知道每股的准确价值为14.5元。

(2) 根据第（1）问的答案，如果公司发行股票，投资者应该得出什么结论？股价将怎样变化？

(3) 根据第（1）问的答案，如果公司借债，投资者应该得出什么结论？股价又将怎样变化？

(4) 如果没有财务困境成本，只有杠杆的节税收益，答案有何不同？

解答：

(1)

a.假如管理者知道每股的准确价值为12.5元。借债的净成本为200万元，或借债的每股成本为200÷1 000=0.2（元）；融资需要发行股票5 000÷13.5=370.37（万股），溢价发行股票的总收益为370.37×（13.5−12.5）=370.37（万元），或每股发行收益为370.37÷（1 000+370.37）=0.27（元）；显然应该发行股票。

b.假如管理者知道每股的准确价值为14.5元，借债的净成本为200万元，或借债的每股成本为200÷1 000=0.2（元）；融资需要发行股票5 000÷13.5=370.37（万股），折价发行股票的总损失为370.37×（14.5−13.5）=370.37（万元），或每股损失370.37÷（1 000+370.37）=0.27（元），大于借债的损失，所以应该借债。

(2) 如果发行股票，投资者认为股票价值被市场高估，则每股股价将立即下跌至12.5元。

(3) 如果借债，投资者认为股票价值被市场低估，则每股股价将立即上涨至14.5元。

(4) 如果没有财务困境成本，只有杠杆的节税收益，只有当股票价值被高估时公司才会发行股票；但若如此，投资者只愿意以尽可能低的价格买入股票，公司就不会发行股票了，只有借债这一选择。所以，公司将选择借债融资。

二、融资的市场时机选择

对逆向选择引发的成本的考虑，通常会促使公司偏好运用留存收益或债务而非股权作为资金来源，但却无助于对公司总体资本结构的预测。相反，逆向选择成本表明管理者的融资选择，除了取决于本章所讨论过的其他成本和收益外，还取决于他们是否认为公司当前被投资者低估还是高估。如果市场不能有效识别出股权融资所传递的不利信号，那么股票市场行情就会影响公司的融资选择。公司倾向于选择当股价被高估时发行股票，当股价被低估时回购股票，这种依赖性有时被称作融资的"市场时机选择"（market timing），例如，Baker和Wrugler（2002）检验了公司的融资决策与*M/B*（市值与账面价值比）之间的关系发现，公司的*M/B*值与资产负债率的变化呈负相关关系，当年*M/B*值较高时，则下一年的资产负债率较低，表明公司偏好在股价被高估时进行股权融资[①]。加之其他类似的经验证据，不支持权衡理论和排序理论，而与市场时机选择理论一致。基于这一理论推断，公司的总体资本结构部分地取决于它以前融资时的市场状态，同一行业中类似公司的资本结构尽管可能显著不同，但仍可能是优化的。

【延伸阅读】 如何理解公司的市场价值和内在价值的差异？

应全面分析公司市场价值及其与管理层所估计的公司内在价值之间的关系，投资者沟通战略应以此为基础。公司所发布的信息或"投资声明"应与它的基本战略和业绩保持一致。公司最好对其业绩以及价值创造的驱动因素保持透明。透明意味着不仅要提供财务报告，而且要阐明企业用来经营业务的营运措施。要制定良好的投资者沟通战略，首先必须客观地评估管理者对公司内在价值的看法与公司股票市场价值之间的差距。一些调查通常显示，两者之间或者不存在显著差异，或者该差异可由公司历史业绩相对于预期业绩的状况得到解释。

来看一家大型化工企业Chemco公司。这家公司的资本回报率很诱人，但由于其产品线位于增长缓慢的细分市场，因此收入的增长速度一直较慢。最近，公司采取了一项战略：在该行业中增长较快的领域收购小型企业，然后运用自己的制造与销售技能提高这些企业的业绩。这些增长快速的细分市场中的公司也拥有较高的资本回报率。但该公司最新的季度报告显示，来自这些快速增长细分市场的收入仅占Chemco总收入的5%。Chemco股票的市盈率落后于很多该公司用来进行对比的其他公司，管理层对此忧心忡忡，并抱怨资本市场不理解该公司。

评估价值差异的第一步是帮助这些管理者更好地了解Chemco的价值与竞争对手价值的对比情况。一些竞争对手的收入全部来自快速增长的细分市场，而不像Chemco那样只有5%。此外，一些竞争对手正在大幅重组，从而降低了它们的当期盈利。将竞争对手进行细分后发现，Chemco的市盈率与其接近的竞争者一致，但落后于快速增长领域的企业。重组的公司有较高的倍数，那是因为重组使当期盈利显得较低。与快速增长细分市场的公司相比，Chemco及其最接近的竞争对手的投入资本回报率（ROIC）也较低，而增长速度则更为逊色。因此从历史的角度看，相对于其最接近的竞争对手，Chemco的价值和其业绩是一致的。

下一步是反推Chemco及其竞争对手的股价，方法是假设公司的未来业绩与当前股价相符，则其未来业绩如何。结果是，若Chemco的收入在其最近的利润率和资本周转率水平上以每年4%的速度增长，则其折现现金流的价值将等于其当前股价。此增长速

① BAKER M，WURFLER J. Market Timing and Capital Structure［J］. The Journal of Finance，2002，57（1）：1-32.

度与其最接近的竞争对手的隐含增长速度一致，而低于快速增长细分市场内公司的增速。当对管理层宣布的收入增长目标（每年6%）进行评估时，评估人员发现若实现这些目标，将使公司的市场价值提高36%。沟通能够转变市场的观望态度吗？不会明显改变，因为Chemco的估值与其最接近的竞争对手是一致的。此外，几乎没有证据表明，它的核心业务增长速度能够超过整个行业，并且它能够成功地收购并整合快速增长产品领域里的公司。

——Tim Koller，节选自《麦肯锡季刊》2005年3月。

【本章小结】

1.信息不对称理论的核心观点是，在市场经济活动中，与买方相比，卖方拥有更为详尽真实的商品信息。根据契约的签订时间，可以将信息不对称分为两种：事前信息不对称导致的逆向选择问题以及事后信息不对称导致的道德风险问题。

2.假如投资者在投资于公司（证券）之前，无法准确地观察公司的价值，则投资者愿意支付的价格仅仅是平均价格，于是，在资本市场上发行股票对于差的公司的所有者而言，比对于好的公司的所有者更有吸引力，这一动态过程将导致市场上公司的实际平均价值将低于先前投资者预期的平均水平。这意味着理性投资者应该对发行股票公司的价值表示怀疑，认为其实际上要低于平均水平，因而投资者将不再愿意为股票支付平均价格，这进一步加剧市场机制的扭曲。

3.由于信息不对称，内在价值低的公司，其股权价值被高估；内在价值高的公司，其股权价值被低估。

4.短期内，IPO公司的股权价值被市场低估，IPO首日的股票收盘价平均要高于发行价，表明IPO时的发行价格被低估。

5.公司的所有者（或企业家）可通过持有大部分本公司股权的方式，向资本市场传递他们所拥有的公司是好的这一信息（信念）。

6.公司偏好首选留存收益融资，而仅将发行新股作为最后的选择，这一观点通常被称为“排序假说”。

7.公司融资存在市场时机选择，通常倾向于当股票价值被高估时发行股票，当股票价值被低估时回购股票；公司的总体资本结构部分地取决于它以前融资时的市场状态。

【复习思考】

1.公司的股票价值可能为每股100元、80元或60元。投资者认为出现上述每种情形的概率相等，当前每股股价等于平均价值80元。假设公司CEO宣布，他将卖出他所持有的大部分股份以分散风险。风险分散的价值为股票价格的10%，也就是说，为获得风险分散的好处，CEO愿意接受比股票价值低10%的买价。如果投资者相信CEO知道股票的真实价值，当他试图卖出股份的消息宣布时，股价将如何变化？CEO会以新的股价卖出股份吗？

2.运用信息不对称理论证明，在极端情形下，信息不对称有可能导致市场崩溃。

3.在IPO中，任何投资者都有权利申购股票。你发现，平均来看，这些股票的抑价率为9%，而且在个别IPO案例中，只允许投资者申购每笔发行的固定比例。令你感到困惑和失望的是，普遍存在的IPO抑价并不能使连续参与申购新股的投资者得到丰厚的回报。解释为什么会是这样？

4.解释融资排序假说以及融资的市场时机选择。

5.公司可采取哪些方式向资本市场传递其股票价值被低估的信号？

第六章

公司控制权与融资选择

【学习目标】

本章从公司控制权的视角来研究资本结构选择。控制权，是指公司形成之后，契约一方（或由多方形成的集体）在特定情境下影响公司行动路径的权利。债券、股票等证券所代表的财务契约中除了货币收益权以外，还必须有恰当的控制权，应该内生性地从治理工具的视角来理解证券及其组合。通过对本章内容的学习，学生应达到以下目标：

1. 理解公司控制权的概念，公司控制权与资本结构选择的内在关联。
2. 理解并购中存在的“搭便车”问题及如何解决。
3. 领会公司通过股权融资影响其未来被收购的可能性与状态。
4. 领会债务融资对公司并购的影响。
5. 知晓不完全契约理论对公司融资（结构）的解释。

【内容导图】

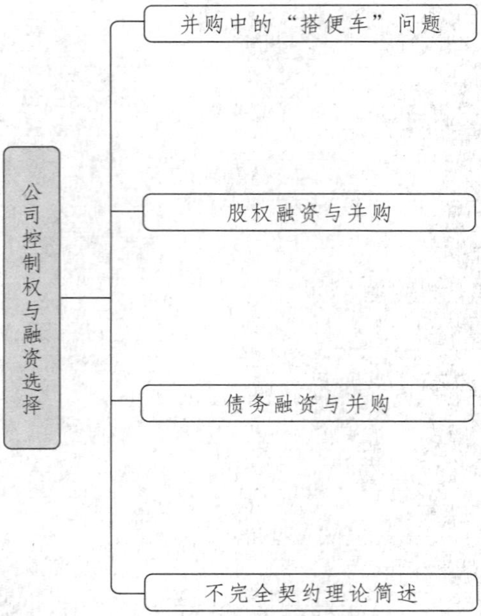

雷士照明的控制权争夺，可谓一波三折。1998年年底，创始人吴长江出资45万元，他的两位同学杜刚与胡永宏各出资27.5万元，总计以100万元的注册资本创立了雷士照明。在公司经营过程中三人产生矛盾。2005年，在经销商的支持下，吴长江收购杜刚、胡永宏的股份，杜、胡二人各拿到8 000万元离开公司。但为了支付收购另外两位创始人的股权以及收购世通投资公司，由吴长江控制的雷士照明不得不到处融资，结果造成吴长江的股份逐步被稀释，从而失去第一大股东的地位。纵观整个融资过程，吴长江先是引入软银赛富，后者以2 200万美元的注资取得雷士照明超过35%的股份。为了制衡软银赛富，吴长江又引入高盛融资，但软银赛富在这波融资中又跟投了1 000万美元，使得创始人吴长江的股份进一步被稀释。在软银赛富的牵头下，雷士照明引入施耐德电气作为第三大股东，软银赛富的控制权进一步得到巩固。后来吴长江与软银赛富的矛盾逐步激化，软银赛富联合施耐德电气将吴长江逐出董事会。但软银赛富作为职业投资人，因无法协调与供应商、员工以及经销商间的利益关系，加之经销商的力挺，不得不与吴长江和解。吴长江重回雷士照明后，以相互换股的方式引入主营LED芯片业务的德豪润达，王冬雷由此成为雷士照明的最大股东，吴长江成为德豪润达的第二大股东，最终由德豪润达的王冬雷出任雷士照明董事长，吴长江任CEO。吴长江与王冬雷联手逼退软银赛富。但好景不长，两年后（2014年）作为雷士照明第一大股东的王冬雷强行接管雷士照明，而吴长江则因挪用资金罪、职务侵占罪被追究刑事责任。

第一节 并购中的“搭便车”问题

财务管理的一个重要原则是，公司价值取决于谁在管理和运营公司，以及采取什么样的战略，称之为“最佳所有者原则”。任何一项业务本身都没有一种固有的价值，不同的所有者基于其独特的价值创造能力，将会产生不同的现金流。公司的内在价值有没有一个确定的值，还取决于所有者以及执行者，例如，通过并购改变目标公司的所有者，产生经营协同或财务协同效应，或通过并购加快技术的商业化进程，加之新所有者对市场和行业的敏锐洞察力，更出色的公司治理模式等，从而可创造价值。企业的最佳所有者不是静态的，是随着时间的变化而变化。企业处于生命周期的不同阶段，最佳所有者可以是企业家个人、风险投资基金、上市公司、债权人（公司破产清算，控制权被转移给债权人）等等。

公司需要特定的治理结构来激励各方真实地显示各自的信息，并在此基础上选择各种长期或短期决策，消弭利益冲突，这些利益冲突涉及日常管理、再融资或股利分配、投资、并购等等。控制权是指公司形成之后，契约一方（或由多方形成的集体）在特定情境下影响公司行动路径的权利。控制权可以是状态依存性的，例如，如果某项契约被违背，债权人将获得控制权；如果特定的财务标准或非财务标准已经得到满足，风险投资者会将控制权让渡给企业家。

公司控制权是由股东所有权派生出来的、与选举或更换董事会的法定权利和影响力有关，控制权主要是由那些有实权挑选董事会的个人或群体所支配，能够对股东大会的决议和公司经营决策产生实质决定性影响的能力，主要基于对公司直接或者间接的股权投资关系。公司控制权可通过资本市场、并购市场和经理人市场上的交易来实现转移或变更，公司各方股东为谋求控制权，引发激烈的控制权争夺[①]。

【例6-1】

公司的当前价值为X。如果将其全部的股票数量数标准化为1，X也代表每1股流通股的市场价值。现假设某收购者（突袭者，raider）要收购该公司，如果成功购买足够的股份，例如超过流通股股数的一半，该收购者将拥有公司的控制权，从而使得公司价值提升为R，被收购后，公司价值变为$X+R$。为购买股份，收购方需要向目标公司的当前股东提供一个购买股票的报价。为简化分析，假设成功报价（要约收购出价）的前提条件是：在特定出价下，收购方能够购买到足够的股份，收购才能成功。否则，收购方将不会购买股份，也没有任何支出。显然，收购者的出价最低要高于X，否则没有任何当前股东会出让股份。假设收购者的出价为$X+P$，P为超出每股当前市值的溢价。P值究竟应该有多大才能够吸引当前股东卖出其所持有的股份？

考察目标公司的一位股东的行为，其持股比例为α。如果该股东不出让其所持股份，其期望收益为：

$$\alpha[\gamma_1(X+R)+(1-\gamma_1)X]=\alpha(X+\gamma_1 R) \tag{6.1}$$

其中，γ_1为在该股东不出让其所持股份的前提下，收购方成功收购的概率。

如果该股东出让其所持股份，其期望收益为：

$$\alpha[\gamma_2(X+P)+(1-\gamma_2)X]=\alpha(X+\gamma_2 P) \tag{6.2}$$

γ_2为在该股东出让其所持股份的前提下，收购方成功收购的概率。

显然，$\gamma_2>\gamma_1$，这是因为，如果该股东卖出其所持股份，收购方买进足够多的股份成功收购继而控制公司的可能性就越高。假设成功报价的前提条件是，在特定出价下，收购方能够买到足够的股份，收购才能成功。否则，收购方将不会购买任何股份，也没有任何支出。如果没有这一假设，则不管收购是否成功，出让股份的股东总能收到的净收益为αP。

比较6.1式和6.2式易知，只有在下列约束条件下，卖出股份对于该股东而言，将是一种最优策略：

$$\gamma_2 P \geqslant \gamma_1 R \tag{6.3}$$

假如每一个股东的持股比例极低，所持股份数量可以被忽略，在股权极其分散的情形下，单个股东出让还是不出让股份的行为，对成功收购的影响极其微弱；从而，γ_2与γ_1的区别也可以被大致忽略掉；于是，在上述前提下，只要$P\geqslant R$，收购就可能成功。然而，收购者在收购成功后，他所持的每股价值为$X+R$，但是收购者却为每股支付$X+P$，成本大于收益。再加上在收购过程中发生的交易成本，收购者从收购过程中得到的净收益为负

① 股东性质具体可划分为如下几类：（1）国有股东（SOE），具体包括国家通过政府相关部门如国有资产管理机构直接控制所形成的股东，或通过国家控制的实业公司和政府独资的投资管理公司所形成的股东；（2）自然人或家族（family），由我国境内的自然人或家族进行投资所形成的股东；（3）外资股东（foreign），依照相关法律在境外设立的法人企业（包括中国港澳台地区法人企业及国外法人企业）、外商投资企业或境外自然人持有的中国公司股票所形成的股东；（4）民营企业（Non_SOE），我国境内属于非公有制法人（诸如非政府机构、事业单位及金融机构等）的民营企业进行投资形成的股东；（5）机构投资者（institution），金融市场中从事证券投资的法人机构投资所形成的股东，包括LOF（上市型开放式基金）、QFII（合格的境外机构投资者）、保险、基金及证券公司与金融机构等；（6）其他（others），除上述五类性质以外的其他股东，包括研究所、高等事业单位、事务所、集合体及非盈利机构等。

数，收购将不会发生。这一悖论被称为“搭便车”(free rider)。

“搭便车”问题的内涵就是：除非有$P \geqslant R$，否则目标公司的任一股东都不会卖出其所持股份，因为每一个股东都不考虑自己的行为对收购成功的可能性所造成的影响，而寄希望于其他股东卖出股份（意为“搭便车”）。只要$0<P<R$，每一个股东都希望其他股东转让股份（而自己保持股份）以保证收购成功，从而完全获取收购成功后公司价值的净增长R。如果卖出股份，则只能获取净收益P，而$P<R$。

解决“搭便车”问题的一种方法是，一旦收购者控制被收购公司后，将修改规则，以稀释未出让股份的股东的股权价值，这可以通过诸如向收购者自己支付额外工资、或者以低于公司股票价值的发行价格向收购者自己发行新股、或向收购者所控制的另一家公司低价出售资产等手段，来达到稀释未转让股份股东的股权价值的目的。稀释效应将使得坚持不出让股份的小股东无法完全获取前述的公司价值增长。

假设在收购成功后，已经控制目标公司的收购方将制定规则，允许收购者稀释公司价值为ϕ。给定收购溢价P，对于某个出让股份的股东而言，其预期收益为$\alpha(X+\gamma_2 P)$；如果在收购过程中，某个股东不向收购者出让其所持股份，预期得到的收益为：

$$\alpha[X+\gamma_1(R-\phi)] \tag{6.4}$$

仍然假设目标公司的股权极其分散，每一个股东所持股份数量都可以被忽略，单个股东出让股份与否的行为，对成功收购的影响极其微弱，γ_2与γ_1的区别可以被大致忽略。于是，只有当符合以下约束条件时，当前股东选择卖出股份将是其最优策略：

$$P \geqslant R-\phi \tag{6.5}$$

目标公司的当前股东如果卖出股份，每股将得到$X+P$；如果不出让股份，每股将得到$X+R-\phi$。

对于收购者而言，其最佳出价策略为：

$$P^*=R-\phi \tag{6.6}$$

如果每一个股东都悲观地认为其他股东将出让股份，那么该股东就必须也要向收购者出让股份以得到$X+P$，否则，他将得到$X+R-\phi$，而$R-\phi \leqslant P$，所以不转让股份不是一个明智的选择。基于目标公司的所有股东都持有悲观的看法，都将卖出股份，收购活动将顺利完成，收购成本也将较低。

令C为不包含收购溢价的初始收购成本，C等于目标公司的收益X以及收购方支付的中介费用等其他费用，收购溢价P^*可保证目标公司的所有股东将出让股份，收购者的预期净收益为：

$$X+R-P^*-C=X-C+\phi \tag{6.7}$$

令$X-C+\phi>0$，得到$C<X+\phi$，这表明，只有当$C<X+\phi$时，收购才会发生。

现在假设，何时修改公司规则、收购者的特征以及发动收购的初始成本C均未知。假设目标公司的创立者对最大化股权市值感兴趣，并相信C由概率分布函数F（C）在区间$[0,\infty)$得到。因为成功收购发生的条件是$C<X+\phi$，所以目标公司被收购（同时收购方支出收购成本）的事前概率为$F(X+\phi)$。当目标公司刚创立时，其股权市值为：

$$V(\phi)=F(X+\phi)(X+P^*)+[1-F(X+\phi)]X=X+F(X+\phi)(R-\phi) \tag{6.8}$$

目标公司的创立者选择ϕ以最大化$V(\phi)$。令ϕ^*为最优的稀释值，当选择ϕ^*时，公司的创立者将面临如下权衡：

一方面，当ϕ朝着R的方向增加，收购概率将趋近1，因为没有任何一个股东预期当收购后其净收益将被稀释至0时还要继续保留股权；这是增加ϕ的正面效应。

另一方面，当ϕ增加时，目标公司的每股市价将下跌，这是因为，目标公司的当前股东知道，当ϕ增加较多时，如果收购交易发生，收购者付出的收购溢价将减少（$P^* = R - \phi$）；这是增加ϕ的负面效应。

为求解ϕ^*，根据6-8式，对ϕ求一阶导数，并令导数为0：

$$V'(\phi^*) = f(X + \phi^*)(R - \phi^*) - F(X + \phi^*) = 0 \tag{6.9}$$

收购者可以稀释（减少）公司价值的最优水平ϕ^*由6.9式决定，$f(X + \phi^*)(R - \phi^*)$表示$\phi$增加导致收购可能性加大的边际收益；$-F(X + \phi^*)$表示收购溢价减少而给目标公司股东带来的边际成本。

第二节　股权融资与并购

通过向外部投资者发行股票，可能被收购的目标公司能够影响其在将来被收购时的可能性与状态。

【例6-2】

企业家当$t=0$时设立公司，同时需要从外部筹集资金K以投资。当$t=1$时，如果企业家仍然控制公司，公司的收益为X，$X > K$。然而，在$t=1$之前，一个突袭者出现，欲收购并控制公司。为简化分析，假设在收购者控制下公司的收益仍为X。意即，尽管收购者没能提升目标公司的收益，他仍希望收购公司，因为能借此获得运营公司所带来的控制权私人收益B_r（下标r表示收购者，raider）。

企业家当$t=0$设立公司时就预见到收购者将会出现，但不清楚被收购后的B_r有多大。假如企业家相信B_r由概率分布函数F（B_r）在区间［0，∞）得到。

为了成功收购目标公司，收购者需要收购目标公司至少一半的流通股。模型中的一个重要假设是，企业家永远不会将其个人所持股份转让给收购者，这主要是考虑到，企业家也因运营企业而获得控制权私人收益B_e（下标e表示企业家，entrepreneur）。一旦企业家失去对公司的控制权，其控制权收益B_e也将失去，所以企业家不愿意出让其所持股份。为了成功收购公司，收购者就需要向其他外部股东买进足够多的股份以保证收购者控制公司半数以上的股份，而外部股东只有当得到较高的买价时才会卖出股份。根据前述假设，公司收益独立于由谁控制公司，所以不存在上一节所提到的“搭便车”问题。

假如将目标公司的股份数量标准化为1，X同时也就是每股价值。模型还假设，除企业家外的其余外部股东是异质性的，不同的股东对于股票有不同的保留价值，例如，卖出股票时缴纳不同水平的资本利得税等原因所致。这种股东的异质性，有利于或促进股票的供给。股票供给函数S（P）描述了，当目标公司的外部股东面对$X+P$的收购价格时，愿意出让其所持股份的外部股东的持股比例。

假设企业家的持股比例为α，所有外部股东的持股比例为$1-\alpha$。P为超出每股当前市价的收购溢价。股份数量标准化为1，P既是总体溢价，又是每股溢价。

收购者为获得半数的公司股权而必须向外部股东提供的最小P值，隐含地由下式决定：

$$(1-\alpha)\ S\ (P)\ =1/2 \tag{6.10}$$

令P（α）为6.10式的解。假设S（P）为线性增函数，即收购溢价越高，股票供给越多。如果α增加，外部股东的股票供给减少，收购者就要提升出价（支付并购溢价）的力度，导致P（α）增加，从而可知P（α）的一阶导数$P'(\alpha)>0$。

如果收购者收购了目标公司，他的预期净收益为B_r-P（α）；只有在B_r-P（α）>0，即$B_r>P$（α）的前提下，收购者才愿意采取收购行动。

事前的B_r是一个随机变量，在t=0、收购者出现之前，目标公司被收购的可能性为：

$$Prob(P(\alpha)<B_r)=1-F(P(\alpha))$$

当t=0时，创立公司的企业家决定向外部投资者出让股份（外部投资者的持股比例为公司全部股权的1−α比例），以最大化企业家个人的收益。企业家的收益包括三项：企业家基于其持股比例α得到的公司收益，加上其对外出售股份时收到的现金（等于当时外部股权的市场价值），以及在t=1如果公司未被收购则企业家将获得的控制权私人收益。

假设资本市场为完全竞争，企业家对外发行股权的市场价值为：

$$\begin{aligned}E(\alpha)&=(1-\alpha)\left[(1-F(P(\alpha)))(X+P(\alpha))+F(P(\alpha))X\right]\\&=(1-\alpha)\left[X+(1-F(P(\alpha)))P(\alpha)\right]\end{aligned} \tag{6.11}$$

6.11式中，公司被收购的概率为1−F（P（α）），每股收购溢价为P（α），每股市价为X+P（α）；公司未被收购的概率为F（P（α）），在此状态下的每股价值为X。

给定6.11式中的E（α），即企业家对外发行股权的市场价值，企业家的期望收益为：

$$\begin{aligned}Y(\alpha)&=F(P(\alpha))B_e+\alpha X+E(\alpha)\\&=F(P(\alpha))B_e+\alpha X+(1-\alpha)\left[X+(1-F(P(\alpha)))P(\alpha)\right]\\&=X+F(P(\alpha))B_e+(1-\alpha)(1-F(P(\alpha)))P(\alpha)\end{aligned} \tag{6.12}$$

考察6.12式，等号的右边有三项：

第一项X表示由于资本市场的完全竞争，企业家拥有的公司收益；第二项$F(P(\alpha))B_e$表示，在t=1期企业家继续经营公司而带来的控制权收益；第三项$(1-\alpha)(1-F(P(\alpha)))P(\alpha)$表示，在$t$=0公司出让部分股份时的股权市价。

企业家选择α，以最大化$Y(\alpha)$。令α^*为企业家在t=0持有的最优股权比例。为求解α^*，令Y（α）的一阶导数等于0即可：

$$Y'(\alpha^*)=f(\omega)P'(\alpha^*)B_e-(1-F(\omega))P(\alpha^*)+(1-\alpha^*)(1-F(\omega)-f(\omega)P(\alpha^*))P'(\alpha^*)=0 \tag{6.13}$$

在6.13式中，用ω表示P（α），等号右边有三项，分别说明如下：

第一项表示企业家保持更多股权所带来的边际收益，包括因为被收购的可能性降低从而企业家继续经营公司所获得的控制权收益；

第二项表示企业家持有更多股份的边际机会成本，机会成本是指当公司设立时，企业家可按$(1-F(\omega))P(\alpha)$的价格向收购者出让股份，若不出让则产生机会成本；

最后一项可能为正数也可能为负数，它表示股权价值的边际变化。这种变化是因为，α增加，导致P（α）增加，收购难度加大，这就为企业家带来了边际收益$1-F(\omega)$，即收购发生从而得到收购溢价的概率；但同时也给企业家带来边际成本$-f(\omega)P(\alpha)$，它表示随着α的增加，公司被成功收购的概率降低，从而企业家得不到收购溢价的可能性加大。

当$\alpha>1/2$时，收购者将不可能收购公司，因为可供收购的目标公司股份不足半数，也就无法获取控制权。α^*应该小于1/2，这意味着企业家不应独自持有超出半数的本公司股份。换言之，当公司刚设立时，企业家应该向外部投资者出让超出半数的公司股份，以确保在t=1期存在公司被收购的可能性。

上述模型还有一个有趣的特征：尽管事后企业家对外发行股权，可企业家并不希望公司被收购（如果被收购，企业家将丧失控制权收益），而在事前企业家向潜在的投资者出让股份之前，却希望公司存在被收购的可能性，这主要是为了企业家在出让部分股份时得到一个较高的卖价（通俗讲就是卖一个好价钱；可参阅下文的"延伸阅读"）。这个相对较高的价格，反映了外部股东当公司被收购时对获得收购溢价的期待。

【延伸阅读】 先发制人，阻止恶意收购

面对恶意收购，许多管理者在不安地思索自己的公司被收购的可能性，公司应如何躲开不必要的关注。特别是当公司受到攻击时，管理者的第一反应往往不是为公司创造最大价值的行为，而是在最后一刻才去防御性地行动，不惜一切代价抵制恶意竞购。一般而言，这种反应的目的仅仅在于保护企业的独立性，而完全不顾是否有利于公司股东利益的最大化。既能服务于股东利益，又要保持企业长期的战略独立性，最好的办法是先发制人地思考和行动。公司可以先行自我评估，发现如果更换所有者后公司有哪些"可利用"的价值点，从而自己先利用起来，公司就有最大的机会通过战略、运营、财务和业务组合配置获得价值，不至于被急于获利的恶意收购者当作有利可图的收购或恶意收购对象。

由于对公司运营和总体情况有着更深入的了解，与所有潜在的收购者相比，现任管理者都具有天然优势。如果现任管理者能够抢在恶意收购者之前，制定恶意收购者可能想到的所有价值创造举措并研制推行，那么在理论上，现任管理者可以创造的价值，应至少不低于任何恶意收购者能够预期得到的水平。若在可能的收购竞标之前就很好地抓住这些机遇，即使恶意竞标最终没有实现，管理者也能为现有股东创造最大的价值。不仅如此，他们还能改善公司在控制权市场的地位，避免恶意收购对公司带来的损害。这种风格激进的独立性战略可以创造巨大的价值，使得潜在收购者只能另觅其他低成本的收购机会。

管理者可通过一些久经验证的概念框架方法分析所在公司被收购的可能性，发现有哪些方面存在可能被外来者关注的价值，并据此制定未来的对策。许多公司都有大量尚未挖掘的潜能，如提高运营水平、重构投资组合、管理资产负债水平、提高公司治理水平，都能创造很高的价值。具体而言：（1）管理者应开展类似私募基金所做的客观而切合实际的尽职调查，从而为所有能创造运营价值的策略设定既富于挑战、又可以实现的绩效目标；尽快发现并利用这些机遇，例如通过改革激励措施形成更强有力的绩效文化、实施精益流程或对生产进行转移或外包。（2）评估公司当前投资组合的业务逻辑、未来战略和"可并购性"并寻求机遇改善其组成结构，从而打消潜在收购者的兴趣，例如，公司可以出售非核心资产并将收益投入到高增长、高回报型业务中，或向股东增加股利派发。（3）惊人的长期现金余额、流动资产水平过高和杠杠效率较低的资产负债状况都可能引起外部企业善

意的或恶意的关注。管理层应分析资产负债表，从而确定哪些过剩资金能通过增发股东股息等方式得到释放，与此同时又保留足够现金以实现未来的有效增长。杠杆利用率的不断提高不仅会对公司近期的财务绩效产生影响，而且会促使公司形成更强有力的绩效激励手段，比如管理者的现金流取向和重新焕发的紧迫感。（4）强大或薄弱的治理对上述所有措施的有效与否起到了举足轻重的作用。如果公司给人治理力度薄弱，或管理团队利益与股东不一致的印象，那么会使公司既容易遭到外部收购者的攻击也容易遭到本公司股东的攻击。当治理成为问题时，补救措施包括使高层管理者与股东的利益相一致、提高治理透明度、有的放矢地进行董事会与管理团队变动，借此使公司的核心能力与当前遇到的挑战相匹配。

无论公司是否能够阻止被收购，但有一点是肯定的：如果能把所有价值潜力挖掘出来，并采取系统方式缩小差距（也就是减少恶意收购者的机会），即使最终公司被收购，也能大大提高身价，而且这样做也能使股东满意。

——Jenny Askfelt Ruud等，原载于《麦肯锡金融季刊》2007年夏季刊。

第三节　债务融资与并购

以上模型探讨了股权融资与外部收购，本节着重研究债务融资对公司被收购的影响。

【例6-3】

企业家在t=0设立公司，在t=1期该公司可能被收购。为简化分析，假设在企业家的经营下，公司收益为0，被收购后由收购方经营，公司收益为R，$R>0$。也就是说，收购交易产生了$R-0=R$的盈余。当公司刚设立时，企业家不知道收购者的特征以及R的确切值。R由概率分布函数$F(R)$在区间$[0, \infty)$得到。假如收购者在决定收购公司时，R就为利益相关者所共知（common knowledge），给定R，收购者与企业家就购买公司的股份讨价还价，假设讨价还价的结果是，因收购产生的盈余R在企业家与收购者之间进行划分，其中，γ比例的盈余归属于企业家，$1-\gamma$比例的盈余归属于收购者。事实上，γ与$1-\gamma$也决定着企业家与收购者各自的谈判动力。如果没有发生收购，公司的收益仍为0，则企业家和收购者得到的收益均为0。

本例的目的是研究债务融资对公司被收购的影响。首先来考察无杠杆公司情形，作为参照的基准。假设公司股权由企业家独自持有，可避免股权极其分散状态下的小股东“搭便车”问题，以免与所要考察的债务融资影响相混淆。

当t=0时，企业家得知R的取值之前，企业家的期望收益（即无杠杆公司在t=0时的市场价值）为：

$$V(0)=\int_{0}^{\infty}\gamma R\mathrm{d}F(R)=\gamma\hat{R} \tag{6.14}$$

现在假设，在t=0公司设立后、企业家确知R之前，公司借入面值为D、需要在t=1期期末偿付的债务。给定D，（如果存在）收购后，公司股权价值为$R-D$；只有当$R>D$时，收购交易才会发生，否则$R\leqslant D$，公司将破产（被收购后，由收购方经营的公司的收益为R）。当$R\leqslant D$时，如果收购成功，全部剩余收益（$R-0=R$）将被债权人获取，收购者也就没有动力采取收购行动了，所以收购交易不会发生，公司收益就仍为0，公司将确定破产，企业家、债权人以及收购者的收益都为0。当$R>D$时，因为在偿付债权人之后仍有剩余可供企业家与收购者分享，所以收购方将会采取收购行动。假设发生收购，企业家的收益为$\gamma(R-D)$，收购方的收益为$(1-\gamma)(R-D)$。

公司于$t=0$借债，债权人清楚地知道，如果$R\leqslant D$，他将什么也得不到，因为在此状态下，收购不会发生，公司收益仍为0；如果$R>D$，债权人将得到完全偿付；债务的市值必然与R相关。假如债权人知道R的累积概率分布函数$F(R)$，$t=0$时的债务价值为：

$$B(D)=\int_D^{\infty} D\mathrm{d}F(R) \tag{6.15}$$

$t=0$时的股权价值为：

$$E(D)=\int_D^{\infty}\gamma(R-D)\mathrm{d}F(R) \tag{6.16}$$

基于6.15式和6.16式，得到$t=0$时的公司价值：

$$V(D)=E(D)+B(D)=\int_D^{\infty}(\gamma(R-D)+D)\mathrm{d}F(R) \tag{6.17}$$

6.17式也是企业家在$t=0$时的价值，因为公司为企业家所独自拥有。令D^*为从企业家角度来看的最优债务水平，企业家选择D^*，以最大化V（D）。借债的好处在于，公司被收购后，债权人得到完全偿付D。既然企业家在$t=0$时通过借债独自获得债务资金D，这就意味着通过借债，企业家减少了收购发生后他需要与收购者分割的收益。但这样做也有成本，D越大，公司被收购的可能性就越低。D^*的确定，就必须在收购发生的可能性与收购发生后企业家的收益二者之间进行权衡。

对6.17式求一阶导数：

$$\begin{aligned}
V'(D)&=\lim_{A\to\infty}\frac{\mathrm{d}\{\int_D^A[\gamma(R-D)+D]\mathrm{d}F(R)\}}{\mathrm{d}D}\\
&=\lim_{A\to\infty}\{\int_D^A(1-\gamma)\mathrm{d}F(R)+\frac{\mathrm{d}A}{\mathrm{d}D}\{[\gamma(A-D)+D)]f(A)\}-\frac{\mathrm{d}D}{\mathrm{d}D}\{[\gamma(D-D)+D]f(D)\}\\
&=\lim_{A\to\infty}\{(1-\gamma)[F(A)-F(D)]-Df(D)\}\\
&=(1-\gamma)[1-F(D)]-Df(D)
\end{aligned}$$

也即：

$$V'(D)=(1-\gamma)[1-F(D)]-Df(D) \tag{6.18}$$

6.18式等号右边第一项表示公司借债获得的边际收益；在发生收购的状态下，每增加1单位的债务，企业家的收益（包括企业家分享的盈余和其可支配的债务资金）增加$(1-\gamma)(1-F(D))$；$\{\gamma[R-(D+1)]+(D+1)\}-[\gamma(R-D)+D]=(1-\gamma)$，$1-\gamma$表示边际债务给企业家带来的收益，$1-F$（$D$）表示收购交易发生的概率。

等号右边第二项表示借债导致收购发生的概率降低而带来的债务边际成本。

令V（D）对D的一阶导数等于0：

$$V'(D^*)=(1-\gamma)[1-F(D^*)]-D^*f(D^*)=0 \tag{6.19}$$

改写6.19式得到：

$$1-\gamma=\frac{D^{*}f(D^{*})}{1-F(D^{*})} \tag{6.20}$$

当企业家的谈判力量γ增加时，D^{*}将减小，这一结论符合直觉：γ增加，意味着企业家将从收购产生的盈余中获取较高的比例，于是其通过借债产生收益的需求就要减少。或者也可这样解释：借债有可能产生风险，相对于D，R可能不够大到诱使收购者收购公司，当γ增加时，企业家显然更期待收购发生，因为收购成功后企业家将分享较高比例的盈余，根据前文的逻辑推理，为加大公司被成功收购的概率，企业家就要降低D。确实，当γ=1时，企业家将获取全部收购盈余而根本不会借债。

自测题6-1　　自测题6-2　　自测题6-3　　自测题6-4

第四节　不完全契约理论简述

长期契约能够通过克服市场交易的知识困境与道德困境导致的交易方机会主义行为，使得专业分工的交易关系趋近更高效的协调和流畅的合作，进而达到提升价值创造效率的目的。从产权收益分配的角度看，契约反映了交易双方对于稀缺资源剩余权利而达成的、双方均能够接受的收益分配结果。不完全契约理论将公司控制权划分为特定控制权和剩余控制权，前者是指契约明确规定的对财产和资源配置的控制权，后者则是指契约中没有约定的权利。从公司治理的视角看，管理层通常控制着很多本应由董事会或股东控制的决策；即使没有足够的股权票数来正式地控制决策，持股较多的中小股东往往也能直接影响最终的结果。管理层激励和投资者目标之间的吻合程度，以及拥有信息的投资者影响决策制定的程度对控制权的配置至关重要。也就是说，高管层（或者非控股大股东）之所以能够影响决策，是因为与缺乏信息的股东或者董事会成员相比，他们拥有更多的信息。

在20世纪80年代中期以前，经典的委托代理理论成为企业理论的主流。这个框架所要解决的中心问题是委托人如何设计最优契约来克服代理问题。由于这些最优契约被假定为完全契约，包容了几乎所有可能出现的情况，因而不需要事后谈判。因此，除了假定委托人有权选择代理人和设计契约以外，在该分析框架中一般不会涉及控制权、权威等变量。也正因为这个原因，委托代理理论无法解释企业在经营过程中控制权和权威的来源和作用。

不完全契约理论是一个突破性的创新。由于契约不完全，因此，必然存在事后谈判的可能。交易双方在事后谈判过程中讨价还价的能力又取决于其事前所做的关系专用性投资。这种投资水平越高，事后总收益越高，但投资方事后讨价还价的能力却越低。由于交易双方事前就能预期到以后被对方敲竹杠的危险（专用性投资所产生的收益不可避免地会在事后谈判中被对方分享），因此，双方同时选择（使总收益最大化的）最优的专用性投资水平不是一个纳什均衡，双方都有动机降低其专用性投资水平，从而偏离帕累托最优状态。

不完全契约理论提出的解决方法是，在事前决定剩余控制权，以最大化企业的总收益。获得剩余控制权的一方增强了在事前进行专用性投资的积极性，但同时也无可避免地打击了另一方进行专用性投资的积极性。专用资产是在要素市场不完备的状态下，公司拥有的稀缺资源；是企业投入大量资本与资源形成的在特定方面具有竞争力的资产，如专用物质资产、专用人力资产、特定用途资产、品牌和声誉等，以期望在未来的产品市场竞争中获取独特的竞争优势。只有当某种资产和某项特殊用途结合在一起时（专用资产因特定用途而生），这种资产才是有价值的，否则它的价值基本上体现不出来，或者即使有价值，与为了获得这项资产所进行的投入相比，资产的所有者也是受损失的。资产的专用性越强，其所有者在和对方进行谈判时的“筹码”也就越少。资产专用性（asset specificity）这一概念最早是由威廉姆森提出来的，其内涵是指用于特定用途后被锁定很难再作他用的资产，若改作他用则价值会减损，甚至可能变得毫无价值。相对于通用资产，资产专用性分为五种类型：（1）场地专用性，是指为节约库存和运输成本而被排列的相互密切联系的一系列站点；（2）物质资源专用性，比如生产某零件所必须的专用模具；（3）以“干中学”方式获得的人力资本专用性；（4）专项资产，主要指根据客户的紧急要求特意进行的投资；（5）品牌资产专用性，包括组织或产品的品牌和企业的商誉等。威廉姆森用资产专用性来解释交易成本的起源，再由交易成本来研究合约，从各类合约中发现相应的治理结构，由此考察各种经济制度，再从效率上对这些制度进行比较。

不完全契约理论认为，使总收益最大化的控制权配置是最优的，也会在均衡状态下实现。由此得出的重要结论是，其行为会严重影响契约总收益的一方应该获得控制权。Hart（1995）还进一步指出，拥有剩余控制权的一方应该同时拥有剩余索取权[①]。公司应设计合理的股权结构和最优化地配置控制权，尤其是如何应对股权分散造成的控制权减弱，以及股权过度集中所产生的大股东侵占问题。

Aghion和Bolton（1992）的文献是对不完全契约理论的一个发展[②]：如果公司管理者的利益与公司整体利益相一致，则控制权应由管理者掌握；如果外部投资者的利益与公司整体一致，则控制权应由外部投资者掌握；如果双方的私人利益均与整体利益不一致，则管理者在企业经营状态好时获得控制权，反之投资者获得控制权。总之，其核心思想是“控制权要相机转移”。Aghion和Tirole（1997）[③]强调了代理人的信息优势；股东虽然拥有名义控制权，但代理人的信息优势使得股东愿意听从代理人的建议；代理人就获得了实际控制权。

在如何约束代理人的问题上，有许多不同的看法。Allen和Gale（2000）[④]、Demsetz（1983）[⑤]、Demsetz和Lehn（1985）[⑥]等强调了竞争的作用。他们认为，市场竞争的压力

① HART O D.Corporate Governance：Some Theory and Implications［J］. The Economic Journal，1995，105（5），678-689.

② AGHION P，BOLTON P.An Incomplete Contracts Approach to Financial Contracting［J］. The Review of Economic Studies，1992，59（3）：473-494.

③ AGHION P，TIROLE J.Formal and Real Authority in Organizations［J］. Journal of Political Economy，1997，105（1）：1-29.

④ ALLEN F，GALE D.Bubbles and Crises［J］. The Economic Journal，2000，110（460）：236-255.

⑤ DEMSETZ H.The Structure of Ownership and the Theory of the Firm［J］. The Journal of Law and Economics，1983，26（2）：375-390.

⑥ DEMSETZ H，LEHN K.The Structure of Corporate Ownership：Causes and Consequences［J］. Journal of Political Economy，1985，93（6）：1155-1177.

可以淘汰治理结构不当的企业，也可以激励管理者努力工作，从而最大限度地降低代理成本。但是，认识到竞争的作用并不意味着不可能通过改善治理机制来提高公司的经营绩效。Harris 和 Raviv（1989）①认为，剩余索取权应该与控制权相对应，否则“廉价投票权”会使得不称职的经理人更有可能控制企业。这里的“廉价投票权”是指对结果不负责任的投票权。Dewatripont 和 Tirole（1994）②也指出，剩余索取权是促使有控制权的一方采取恰当行动的激励机制。外部市场的竞争无疑是一种有效的治理机制，但其有效性必须以“低效率的企业会被淘汰”作为前提。

控制权的配置是一种重要的治理机制，现有文献说明了控制权要与剩余索取权尽量对应。不完全契约理论带来的启发是，国有企业的控制权配置是重要的，需要考虑到企业管理者与（没有剩余索取权但有部分控制权的）政府官员事后谈判中双方讨价还价的能力，会影响到企业管理者事前付出努力的激励，从而影响企业的经营绩效。就国有企业而言，国家拥有大部分剩余索取权，因而必须保留一些重要的控制权；但是行使这些控制权的是各级政府官员和政府机构，因为国家的控制权必须要由代理人行使，他们只是国家的代理人，也基本上不能占有企业的剩余收益，导致剩余控制权和剩余索取权的不对称以及权利配置的低效率。如何在国有企业内部合理配置剩余控制权与索取权，避免所有者缺位，以最大限度地降低代理成本，就成为国企改革的一个重要议题。本书第七章将深入探讨公司融资中的代理问题。

【思政小课堂】　混合所有制改革

党的十八届三中全会提出积极发展混合所有制经济，并强调国有资本、集体资本、非公有资本等交叉持股、相互融合的混合所有制经济是基本经济制度的重要实现形式。混合所有制改革主要有两条路径：国有企业引入非国有资本，以及国有资本参股非国有企业，即国有资本和非国有资本交叉持股，相互融合。混合所有制改革的动因主要为“治理效应”和“资源效应”。“治理效应”意在通过引入异质性股东，在企业内部形成有效制衡的多元股权结构，降低代理冲突；“资源效应”通过引入异质性资本，以使企业获取特殊群体扶持、税收减免和融资便利等资源优势。发展混合所有制经济应从产权开放和产业开放两个方面着手。

从产权开放看，发展混合所有制经济应实行“四线并进”。第一条线，立足于国有企业，吸引民营资本、外资与国有资本融合。第二条线，立足于民营企业，让国资、外资与民营资本融合。第三条线，立足于外资企业，让国资、民资与外资融合。第四条线，立足于企业员工，实行员工持股。在这四条线中，前两条线是重点，而第一条线又是重中之重。两条重点线实际是两个思路：一个是瞄准国有企业的“国企改革式”；一个是立足于民营企业的“民企发展式”。二者并不是矛盾的和排斥的，而是平等竞争的、共同发展的。

从产业开放看，发展混合所有制经济的重点是推进垄断行业改革。垄断行业改革应明确“三不破”“三破”。“三不破”是指：真正的自然垄断性环节不破，但要实行一定范围的市场竞争；真正的法令性垄断（比如烟草行业）不破；在竞争基础上形成的产业集中不

---

① HARRIS M，RAVIV A.The Design of Securities［J］. Journal of Financial Economics，1989，24（2）：255-287.

② DEWATRIPONT M，TIROLE J.A Theory of Debt and Equity：Diversity of Securities and Manager - Shareholder Congruence［J］. The Quarterly Journal of Economics，1994，109（4）：1027-1054.

破。重点在“三破”：过时的、假冒的或本来就是垄断性行业中的竞争环节，要坚决破；不合理的行政垄断，要坚决破；阻碍和限制竞争的经济性垄断如价格操纵、厂商串谋、垂直约束、纵向一体化、掠夺性定价和搭配销售等，要坚决破。

民营资本如何进入垄断性行业？从战略上看，首先需明确国有资本控制的几条底线：第一，涉及国家安全的产业；第二，真正的自然垄断性环节，是指具有网络系统性特征的环节，如电网、民航网、铁路网、邮政网等；第三，公共产品的生产和服务行业；第四，承担政府特殊任务的企业。在底线之上，应积极推进垄断性行业开放，逐步使民营资本进入垄断性行业。涉及国家安全的少数国有企业和国有资本投资公司、国有资本运营公司，可以采用国有独资形式；涉及国民经济命脉的重要行业和关键领域的国有企业，可保持国有绝对控股；涉及支柱产业和高新技术产业等行业的重要国有企业，可保持国有相对控股；国有资本不需要控制并可以由社会资本控股的国有企业，可采取国有参股形式或者可以全部退出。

【本章小结】

1.控制权是指公司形成之后，契约一方（或由多方形成的集体）在特定情境下影响公司行动路径的权利。

2.控制权可以是状态依存性的，例如，如果某项契约被违背，债权人将获得控制权；如果特定的财务标准或非财务标准已经得到满足，风险投资者会将控制权让渡给企业家。

3.公司控制权是由股东所有权派生出来的、与选举或更换董事会的法定权利和影响力有关，控制权是由那些有实权挑选董事会的个人或群体所支配，能够对股东大会的决议和公司经营决策产生实质决定性影响的能力，主要是基于对公司直接或间接的股权投资关系形成的。

4.“搭便车”问题的内涵是：除非收购方支付的并购溢价大于预期收购完成后产生的价值增值，否则任一股东都将不会转让其所持股份，因为每一个股东都不考虑自己的行为对收购可能性的影响，而寄希望于其他股东转让股份；只要并购溢价小于收购后的价值增值，每一个股东都希望其他股东转让股份（而自己则保留股份）以保证收购成功，从而完全获取收购成功后公司价值的净增长。

5.解决“搭便车”问题的一种方法是：一旦收购者控制了被收购的目标公司后，将修改规则，以稀释（在当初的收购过程中）未转让股份的股东的股权价值，这可以通过诸如，向收购者支付额外工资、或者以低于公司股票价值的发行价格向收购者发行新股、或向收购者所控制的另一家公司低价出售资产等手段，来达到稀释未转让股份的股东的股权价值的目的。稀释效应将使得坚持不转让股份的小股东无法完全获取公司价值的增长。

6.通过向外部投资者发行股票，可能被收购的目标公司能够影响其在将来被收购的可能性与状态；债务融资也会影响公司被收购的概率以及收购发生后企业家的收益；公司控制权市场中的竞争与公司的资本结构选择相关联。

7.不完全契约理论将公司控制权划分为特定控制权和剩余控制权，前者是指契约明确规定的对财产和资源配置的控制权，后者是指在契约中没有约定的权利。

8.不完全契约理论指出，应在事前决定剩余控制权，以最大化企业的总收益；获得剩余控制权的一方因此增强了在事前进行专用性投资的积极性。

【复习思考】

1. 什么是公司控制权？公司控制权与资本结构选择有何内在关联？
2. 怎样解决在并购过程中目标公司股东的“搭便车”问题？
3. 不完全契约理论关于公司控制权配置的核心观点有哪些？
4. 专用资产与通用资产相比，有何特征？资产专用性如何影响控制权配置？

第七章

融资的代理成本

【学习目标】

代理理论综合考察企业的管理行为、所有权结构和融资结构，为理解最优资本结构的配置提供了理论指导。本章主要阐释债务融资和股权融资所产生的代理问题及其对融资结构和公司价值的影响。通过对本章内容的学习，学生应达到以下目标：

1. 明晰委托代理关系、代理成本、两类代理问题、所有权和经营权分离、所有权和控制权分离等基本概念。

2. 掌握如何建模分析债务融资的代理成本，即资产替代效应（过度投资）和债务积压问题（投资不足）。

3. 领会债务融资的另一种代理成本：资产毁损与债务的重新协商。

4. 学习建模分析债务融资、股权融资对管理者激励的改变，继而影响公司投资和价值。

5. 结合前几章内容，掌握权衡理论。

【内容导图】

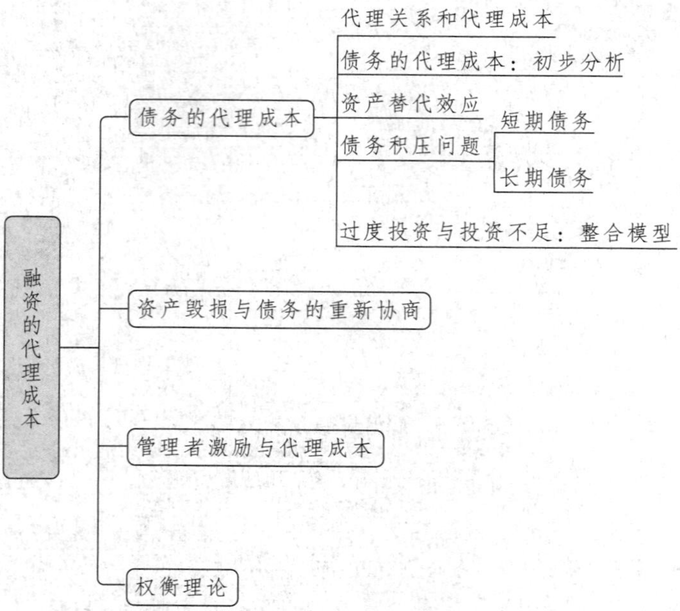

在传统的经济学分析中，企业一般只被当作一个“黑箱”处理。这个黑箱受利润最大化原则的驱使，进行着投入产出。这种对于企业的简单处理为研究一些问题提供了洞见，但却完全忽视了企业内部的组织结构、利益相关者之间的协调和治理等问题。自科斯（Coase）以来，不少经济学家致力于打开这个“黑箱”，对企业的本质、其内部的组织、激励、协调进行了不少有益的探索。但是，在Jensen和Meckling（1976）之前[①]，还有很多问题并没有得到较好的回答，其中一个重要问题就是公司的资本结构问题。在Jensen等看来，对于资本结构的考察，应该联系所有权结构来分析。股票和债券的最大区别在于，股票代表着股东控制企业的权利，而债券则没有这一功能。无论是通过发行股票还是债券进行融资，都会产生代理成本，资本结构的设置，就是要权衡这两种融资的代理成本，使得总代理成本最小化。

第一节 债务的代理成本

一、代理关系和代理成本

代理的一般含义是，代理人受当事人委托，代表其担任某种职务或从事某种活动。广义的代理关系泛指承担风险的委托人授予代理人某些决策权并与之订立显性或隐性的契约。公司代理问题产生于所有权和经营权两权分离后，所有者即股东希望管理者按股东财富最大化的目标尽心尽力地经营企业，但由于管理者不是公司的所有者，或者因其持股比例较低，加之管理者和股东之间存在信息不对称，其经营决策往往利用信息优势，从自身的利益和目标出发，比如，通过在职消费等途径获取除工资薪酬外的额外私人利益，导致所有者的利益受损。第五章曾讲过，委托人和代理人之间的信息不对称，会造成准确测度代理人业绩的成本和履约成本很高，产生逆向选择和道德风险问题。逆向选择表现为代理人在签订委托代理契约之前讨价还价、说谎欺骗等隐藏信息的事前机会主义行为[②]；道德风险则是代理人在签订契约之后隐藏其减少要素投入、偷懒、在职消费等事后机会主义行为。由于存在严重的信息不对称，代理人事前隐藏信息和事后隐藏行为很难被委托人识别，或者由于委托人收集信息、监督识别的成本太高，因此，不可避免地造成效率损失。

一方面，由于管理者不持股或持股比例很低，其努力工作创造的剩余利润大部分归股东所有而自己只能得到约定的报酬或较少的利润分配，付出和回报的不平衡容易导致管理者降低其努力程度；另一方面，管理者通过在职消费、构建公司帝国等带来的效用完全由其个人独享，但由此引发的高额成本主要由股东承担，从而侵害了股东的利益，这种收益和成本的不平衡很容易“激励”管理者侵蚀公司利益为自己谋取福利，而较少承担或不承担成本。

代理成本是指由代理人的行为扭曲而造成的效率损失和委托人为激励、监督代理人而

---

① JENSEN C, MICHAEL, WILLIAM H. Theory of the Firm, Managerial Behavior, Agency Costs and Ownership Structure [J]. Journal of Financial Economics, 1976, 3 (4): 305-360.

② 机会主义行为是指在信息不对称情形下不完全如实披露信息或从事损人利己的行为，如说谎、欺诈等谋取个人私利的行为。

付出的成本费用，包括：(1) 因代理人的道德风险和逆向选择行为使得公司利益不能最大化而导致的损失；(2) 委托人为激励代理人、协调委托代理目标而产生的激励成本，兼顾管理者的个人收入（工资、奖金、补贴福利）、职务消费、工作成就感、社会地位等；(3) 委托人为监督代理人而支付的费用以及因代理人的经营行为受到限制而产生的效率损失。

委托代理理论是契约理论的重要内容之一。委托代理关系是指委托人通过与受托人（代理人）签订隐性或者显性的契约，委托人将一定的决策权授予代理人，并根据代理人提供服务的数量和质量向其支付一定的回报。在公司中典型的委托代理双方为股东和管理者，股东将经营权让渡给管理者，并根据管理者的经营业绩授予相应的薪酬。在股权高度分散的背景下，由于股东和管理者之间的效用函数并不一致，因此，股东追求的是最大化自己的财富和价值，而管理者追求的则是最优化薪酬水平以及闲暇效用等，这种利益冲突可能导致管理者的盈余管理、在职消费、偷懒等行为，从而降低公司资源配置效率，不利于公司的长远发展。股东和管理者之间的代理问题又被称为第一类代理问题。

然而，高度分散的所有权结构在全球资本市场并不常见，在以中国为代表的发展中国家中，股权结构并非是高度分散的，而是表现出相对集中的股权结构。La Porta et al. (1999) 发现，公司控股股东（尤其是家族控股）非常普遍，这种现象在亚洲尤为明显①。与第一类代理问题下的股东和管理层的代理冲突相比，大股东和中小股东之间的代理问题更为突出。出于自利动机，大股东可能利用控制权从事机会主义行为以谋取私有收益，进而侵占中小股东的利益。在股权集中的情况下，控制权和现金流权不对等（在股权金字塔和/或交叉持股结构下，控制权往往大于现金流索取权），拥有控制权的控股股东可能通过弱化高管的业绩激励而与高管勾结，实施关联交易、违规担保、占用上市公司资金等一系列利益输送和掏空行为。控股股东和高管勾结起来利用控制权谋取私有收益，进一步加剧控股股东和中小股东之间的利益冲突。由于信息不对称，加之持股比例较低，因此，中小股东"搭便车"，不积极监督公司的经营活动，难以对控股股东或高管实施有效监督。在中小投资者权益保护相对薄弱的地区，大股东的这种"掏空"行为（隧道效应，tunnelling）更甚，大股东和中小股东之间的第二类代理问题更为严重。

投票权和现金流权分离可导致利益侵占动机，继而可能发生利益侵占的经济行为。终极控制人实施利益侵占行为所转移的资源再投资所能获得的收益，要大于不进行利益侵占而将资源留在公司进行再投资所能获得的收益时，利益侵占行为才会发生。

【例 7-1】

考虑一个单期模型。最终控制人在期初做出利益侵占决策，在期末获得投资收益。终极控制人在公司的现金流索取权为 α，公司在期初拥有资金为 I，投资回报率为 r。利益侵占行为是有成本的，假设控制人在期初侵占 $0 \leqslant s \leqslant 1$ 比例的资金，他只能获得 $sI - c(k, s)I$。$c(k, s)$ 为利益侵占的成本函数，表示侵占 s 比例的资金所发生的成本占公司资金总额的比例，其中 k 为法律对投资者保护的有效程度。控制人对利益侵占的判断和决策取决于其将转移出去的资源再投资的期望回报及其对于再投资项目的现金流索取权。假设利益侵占转出资源再投资的期望回报率为 R，最终控制人对转出资源再投资收益的现金流索

① PORTA R, LOPEZ-DE-SILANES, SHLEIFER A. Corporate Ownership Around the World [J]. The Journal of Finance, 1999, 54 (2): 471-517.

取权为β。根据上述分析，发生利益侵占行为的约束条件为：

$$[s-c(k,\ s)]I(1+R)\beta > sI(1+r)\alpha \tag{7.1}$$

整理7.1式可得：

$$\alpha(1+r)/[\beta(1+R)] < 1-c(k,\ s)/s \tag{7.2}$$

不等式7.2的左侧反映的是公司特征；右侧反映的是法律对中小投资者的保护程度，其中$1-c(k, s)/s$和$c(k, s)/s$分别是控制人实施利益侵占的收益比例和成本比例。在给定的公司特征下（不等式左侧既定），当$c(k, s)/s$即利益侵占的成本趋近0时，投资者保护力度弱，不等式右侧逐渐增加至最大，不等式成立的可能性高，表示利益侵占发生的可能性就越高。同理，当$c(k, s)/s$趋近1时，利益侵占的成本高，投资者保护增强，利益侵占发生的可能性就越低。而在给定的投资者保护程度下（不等式右侧既定），α/β或$(1+r)/(1+R)$越小，利益侵占行为就越容易发生；表明公司特征也是影响控制人是否实施利益侵占行为和利益侵占程度的重要因素。

若股东的利益和管理者自身的利益相冲突，则管理者就缺乏为股东利益而效力的动机。尽管管理者受雇于股东，作为股东的代理者，他们却置自身利益于股东利益之上。管理者常陷入这样的道德困境，是履行职责优先实现股东的利益，还是采取一切措施最大化自身的利益。实践中解决委托-代理问题最常用的方式是，公司对管理者和核心员工实行股权激励，以缓解第一类代理问题。此外，对于那些会引起管理者自身利益和股东利益相冲突的决策，尽量削减管理者的决策权，例如，管理者薪酬补偿合同的设计，其目的就是确保大多数决策是基于兼顾股东和管理者的利益的前提而做出的；股东通常将高管薪酬与公司的利润或股价相挂钩。股东和债权人之间、管理者和债权人之间也会产生类似的代理问题。债务融资会扭曲经营者的投资决策，与此种扭曲相关联的成本被称为债务的代理成本。本章首先考察债务融资的代理问题，然后再来阐述股权融资的代理成本。

【思政小课堂】　中国股权激励制度的演进

股权激励是为提升公司治理水平和价值创造，将资本市场、人力资源与企业本身有机联结的一体化解决方案。我国的股权激励实务与法律规则的沿革紧密相关。梳理相关立法，可分为三个阶段：自2005年股权分置改革开启后《上市公司股权激励管理办法（试行）》出台，至2016年《上市公司股权激励管理办法》（下文简称《管理办法》）正式发布，属于第一阶段。股权激励的一系列法律法规和配套文件相继发布，明确了股权激励的税务处理、信息披露等问题，股权激励开始步入正轨。

第二阶段从2016年《管理办法》发布之后，到2019年《科创板上市公司持续监管办法（试行）》出台，是股权激励制度走向规范化的关键阶段。《管理办法》就激励对象、考核目标、激励强度等要素，对公司股权激励做了更加明确的规定，在激励条件、定价、预留权益等方面赋予企业更大的自主权。

第三阶段从2019年《科创板上市公司持续监管办法（试行）》发布至今。基于股权激励保留人才、鼓励创新的特征，该监管办法进一步放宽了科创板公司的激励对象和激励强度限制，扩大激励对象人员范围、放宽限制性股票的价格限制、提升激励股票在总股本中的占比，并强调股权激励须与绩效相挂钩，以避免出现公司业绩下滑而管理层却仍能因股权激励而获益的不正常情形。

二、债务的代理成本：初步分析

管理者的决策一般会增加公司股权的价值。当公司有债务时，如果投资决策对股权价值和债务价值产生不同的影响，此时就会发生利益冲突。如果公司陷入财务困境的风险较高，那么利益冲突最有可能发生。在某些情形下，管理者可能会采取一些使股东受益但会损害债权人利益的行动，结果导致公司的总价值下降。

【例7-2】

公司有一笔年末到期的100万元贷款。到年末，公司资产的市值将只值90万元，公司将违约。管理者正在考虑一项新的经营策略，这一资产重组策略似乎可行，但仔细分析后，实际充满风险。它不需要预先投资，但是成功的可能性只有50%。如果成功，将使公司的资产价值增加到130万元；如果失败，资产价值将急剧减少到30万元。在新的策略下，公司资产的期望价值为80万元（50%×130+50%×30），与原先90万元的公司价值相比，减少10万元。尽管如此，管理者仍然建议应该继续实施新策略。

如表7-1所示，如果不执行新策略，公司最终将违约，股东必定一无所有。如果公司尝试这一风险策略，股东也没有什么可损失的。但是，如果策略成功，偿付债务后，股东将得到30万元，股东的期望收益为15万元。

表7-1 **在每种策略下，债务与股权的价值** 单位：万元

价值	现状	实施新的风险策略		
		成功	失败	期望值
总资产	90	130	30	80
债务	90	100	30	65
股权	0	30	0	15

新策略的期望净收益为负（80-90=-10），但股东仍然可从实施新策略中获利，而债权人将遭受损失：如果公司采取新策略，债权人的总体期望所得为65万元，与原先将会收到的90万元相比，损失25万元。债权人损失的25万元，相应地包含股东期望得到的15万元，以及因新策略的风险提升而遭致的资产预期损失10万元。实质上，股东是在拿债权人的钱冒险。这个例子表明，当公司遭遇财务困境时，即使投资的净现值为负，股东仍可能从公司的高风险投资中获利，此即"过度投资"（over investment）：管理者和股东有动机投资净现值为负的高风险项目。净现值为负的投资减少了公司的整体价值。由于事前预期到这种过度投资行为，因此，债权人最初愿意贷给公司的资金将减少。对于那些可以轻易增加投资风险的公司而言，这种成本将变得更高。

假设公司不采取高风险的经营策略，相反，管理者考虑另一个有吸引力的投资机会，要求初始投资10万元，1年后产生的收益为15万元，且不存在风险。如果当前的无风险利率为5%，那么这项投资的净现值明显为正。问题是，公司手头没有充足的现金进行投资，当前已陷入财务困境，无法发行新股筹资。假设现有股东向公司提供所需要的10万元资金，结果他们只能收回5万元，项目产生的另外10万元流向债权人，债权人的所得从

90万元增加到100万元。由于债权人得到该项目的大部分收益，因此，尽管该项目为公司提供正的净现值，但是对股东来说却是一项净现值为负的投资机会（5-10=-5）。这表明，当公司面临财务困境时，它可能不会选择为净现值为正的新项目筹资。在这种情形下，存在"投资不足"（under investment）：股东不愿意投资净现值为正的项目。股东拒绝投资净现值为正的项目，放弃投资机会的净现值，这将对债权人和公司的总价值造成损失。对于那些未来可能有大量的盈利性增长机会需要投资的公司而言，这种成本将更高。

例7-2的简化分析表明，债务的存在可能会激励管理者和股东从事减少公司价值的行为。在上述每一种情形下，股东的获利都是以债权人的损失为代价的。但是，同财务困境成本一样，这些代理成本最终还是要由股东来承担。

三、资产替代效应

在讨论正式的模型之前，我们先来玩一项游戏：在一个黑箱里，有三个密封的信封，第一个信封里装有100元的纸币一张，第二个信封里装有50元的纸币一张，第三个信封是空的。允许你从箱子里抽取一个信封，当你打开信封并清楚里面的内容后，你可以选择保留它从而结束游戏，或者不保留，接着再从箱里剩下的（尚未被抽取的）两个信封中选取其中的一个。

显然，如果第一次抽到的是空信封，你不应该保留，而是从剩下的两个信封中再抽取一个，可能为50元，也可能为100元。如果第一次抽到的是装有100元的信封，无疑你将保留它。有趣的事情发生在，如果第一次抽到的是50元的信封，你将如何做？

假设你为风险中立者，对你而言，是保留信封，还是不保留并再次抽取，两者没有区别。道理很简单，保留信封，你将确定获得50元，如果不保留并再次抽取，期望所得将是（0+100）/2=50（元）。

现在假设第二个信封里装有价值70元的纸币（不是50元）。如果你抽取了空信封，或者装有100元的信封，你的行为将和前面叙述的一样。然而，如果你恰巧抽到装有70元的信封，你应该保留它，因为如果不保留并再次抽取，期望所得将是（0+100）/2=50（元），少于手头现有的70元。

为这个游戏再加一点细节：假如根据游戏规则，你必须从你的所得中分配给你的朋友50元，当然，如果你的所得为0，就不必向你的朋友分配。粗略一看，似乎这个新的游戏规则没有带来什么影响：你仍将接受装有100元或70元的信封，或者不保留空的信封。可是一旦比较新旧游戏规则下你的收益，将发现事情不是想象得那么简单。当然，如果抽到100元的信封，无论如何，你都将保留它，因为这是你最期望的；如果抽到空的信封，无论如何，你都不会接受，因为这是你最不希望出现的状态，你肯定还要选择再抽取一次。问题是，如果恰巧抽到装有70元的信封，在新的游戏规则下，下一步你将怎么办？如果保留它，你必须付给朋友50元，于是你的净收益为20元；如果替换它（不保留），你或许抽到空的信封，收益为0，或许抽到100元的信封，根据规则，支付给朋友50元，你还剩50元，则你的期望收益为（0+50）/2=25（元），比保留70元的情形下的收益要多出25-20=5（元）。所以，你不应该接受装有70元的信封，而应该再从余下的两个信封中随机抽取。

如果保留70元的信封，要向朋友支付50元，你的净收益确定为70-50=20（元）；如果不接受70元的信封，那么你如同在投机。如果投机成功，抽到装有100元的信封，扣除支付给朋友的50元后，你将获取50元的净收益；但是如果投机失败，遗憾地抽到了空信封，此时你将仅仅失去20元（保留70元的信封时的确定净收益），而朋友当你投机失败时失去50元。但是当进行投资决策时，你只关注你个人的净收益，而不考虑朋友的损失。换言之，一旦当你需要向朋友支付50元时，你的激励（动机）将不再如从前。从某种意义上讲，你将变得更具冒险性，原因是，如果冒险成功，你将独享收益，如果失败，朋友（关联方）将承受大部分损失。

这个游戏揭示了资产替代效应的本质。杠杆公司（假设管理者按股东利益行事，不存在第一类代理问题）倾向于做出更具风险性的决策，即使期望收益可能为负也不顾，因为如果决策执行成功，股东将独自获得收益；而如果决策失误，债权人将可能遭受更大的损失。

【例7-3】

公司有一投资项目（或一项资产），能够在区间［0，100］产生均匀分布的随机收益。一旦项目收益被披露，公司或者保留该项目，或者用另外一个产生类似收益分布的备选项目取代它，备选项目的期望收益为50。公司清楚地知道现有项目的收益，但仍未知备选项目的准确收益。用未来收益不确定的项目来替代收益已知（确定）的项目，类似于投机。如果现有项目的收益超过50，公司将保留该项目，反之应替换。

假设公司有价值为D的债务，$D\in(0,100)$。现有项目的收益为X。如果保留该项目，股东的净收益为$Y_1=Max\{X-D,0\}$，如果公司用另外一个产生类似收益分布的项目取代它，股东的净收益为：

$$Y_2=\int_D^{100}\frac{\tilde{X}-D}{100}\mathrm{d}\tilde{X}=\frac{1}{100}\left(\frac{\tilde{X}^2}{2}-DX\right)\bigg|_D^{100}=\frac{(100-D)^2}{200} \tag{7.3}$$

比较Y_1与Y_2，如果$Y_2>Y_1$，应以备选项目替换现有项目：

$$\frac{(100-D)^2}{200}>Max\{X-D,0\} \tag{7.4}$$

不等式7.4的左边始终为正，如果现有项目的收益低于债务价值D，则公司应替换现有项目，因为保留现有项目将导致公司破产，而替换它或许可能使股东的净收益为正；如果$X>D$，$Y_1=Max\{X-D,0\}=X-D$，7.4式可改写为：

$$X<X^c(D)=D+\frac{(100-D)^2}{200}=50+\frac{D^2}{200} \tag{7.5}$$

如果$X<X^c(D)$，应替换收益确定的现有项目；否则，保留该项目。

如果公司无债务，$X^c(0)=50+D^2/200=50$；如果现有项目的收益小于50，那么就应以风险项目替换它，反之则保留现有项目。

比较有债务与无债务两种情形下的项目替换决策：当无债务时的项目替换临界值为50，当有债务时的临界值为$50+D^2/200$。当有债务时，只要原项目的收益小于$50+D^2/200$（这比无债务时要求必须小于50的条件宽松得多），就应该替换原项目。当有债务时，公司的投资决策更具冒险性。$D^2/200$随着D的增加而增加。在本例中，当$D=100$时，$X^c(100)=50+100^2/200=100$，恒大于$X$，意味着原项目一定要被替换。

如果公司有债务，公司倾向于冒险，投资于风险高的项目，这是因为，如果投资收益低于D，收益将被全部支付给债权人，股东什么也得不到，于是，管理者和股东倾向于仅考虑收益超过D的项目，而有意忽略收益低于D的项目。

接下来，将例7-3模型化。假设备选项目的收益为$\tilde{X}$，以累积概率分布函数$F(\tilde{X})$分布于区间$[0,\ \bar{X}]$，$\hat{X}$表示期望收益。公司现有项目的收益为X（确切已知）。如果保留该项目，则股东的净收益为$Y_1=Max\ \{X-D,\ 0\}$。如果该项目被具有同样风险特征的另一个项目（但收益不确定）所替换，则股东的净收益为：

$$Y_2=\int_D^{\bar{X}}(\tilde{X}-D)\mathrm{d}F(\tilde{X}) \tag{7.6}$$

由于$Y_2>0$，$X<D$时，$Y_1=0<Y_2$，意味着公司必定要替换原项目。

如果$X>D$，比较Y_1与Y_2；如果$Y_2>Y_1$，应以有风险的备选项目替换原（现有）项目：

$$\int_D^{\bar{X}}(\tilde{X}-D)\mathrm{d}F(\tilde{X})>X-D \tag{7.7}$$

继续对7.7式整理得到：

$$\begin{aligned}X<X^c(D)&=D+\int_D^{\bar{X}}(\tilde{X}-D)\mathrm{d}F(\tilde{X})\\&=D+\int_0^D(\tilde{X}-D)\mathrm{d}F(\tilde{X})-\int_0^D(\tilde{X}-D)\mathrm{d}F(\tilde{X})+\int_D^{\bar{X}}(\tilde{X}-D)\mathrm{d}F(\tilde{X})\\&=D+\left[\int_0^D(\tilde{X}-D)\,\mathrm{d}F(\tilde{X})+\int_D^{\bar{X}}(\tilde{X}-D)\,\mathrm{d}F(\tilde{X})\right]-\int_0^D(\tilde{X}-D)\mathrm{d}F(\tilde{X})\\&=\hat{X}+\int_0^D(D-\tilde{X})\mathrm{d}F(\tilde{X})\end{aligned}$$

即，$$X<X^c(D)=\hat{X}+\int_0^D(D-\tilde{X})\mathrm{d}F(\tilde{X}) \tag{7.8}$$

注意到，$X^c(0)=\hat{X}+\int_0^0(0-\tilde{X})\mathrm{d}F(\tilde{X})=\hat{X}$，当表明无债务时，如果现有项目的收益小于期望值，就应替换它，选择新的项目；这是无杠杆公司投资决策的一条简单有效的准则。

7.8式等号右边的第二项表示公司为保留现有项目而要求的溢价。

$$\frac{\mathrm{d}X^c(D)}{\mathrm{d}D}=D'\int_0^D\mathrm{d}F(\tilde{X})=F(D)>0 \tag{7.9}$$

据7.9式，杠杆水平越高，X^c（D）将随着D的增加而快速增加，公司更加倾向于替换现有投资（要求更高的溢价才能保留现有项目）。问题是，为什么要关注公司是否倾向于冒险（投机）？管理者可能从股东的角度做出优化决策，公司价值可能与资本结构无关。确实，当公司实际做出投资项目的替换决策时，从股东的角度来看，决策行为是优化的；但是公司的行为对债权人而言却不是优化的，债权人因公司的非有效决策而损失价值，而这一点将反映在债权人对公司发行的债务（或债券）的贷款（购买债券）意愿上。由于股东可支配的现金流包含债务资金，因此，公司的非有效决策也将损害股东的价值。在债务融资后，公司通常站在股东的立场而更换原投资项目，倾向于选择较高风险的项目，然而在公司借债之前，此种替换和冒险却不是有效的，因为如前分析，这将减少股东的价值。

首先，考察无杠杆公司。在无债务的情形下，只有当$X<\hat{X}$时，现有项目才会被替换，被替换的概率为$F(\hat{X})$。如果$\tilde{X}$的分布是对称的，则$F(\hat{X})=1/2$。

股权价值（同时也是公司价值）等于：

$$V(0)=F(\hat{X})\hat{X}+\int_{\hat{X}}^{\bar{X}}\tilde{X}\mathrm{d}F(\tilde{X}) \tag{7.10}$$

7.10式等号右边第一项$F(\hat{X})\hat{X}$为公司替换现有项目的概率乘以（若）替换后新项目的期望收益；右边第二项$\int_{\hat{X}}^{\bar{X}} \tilde{X} \mathrm{d}F(\tilde{X})$表示如果保留现有项目时的期望收益。$V$（0）括号中的0表示无债务。

公司价值也可表示如下：

$$V(0)=\hat{X}+\int_{\hat{X}}^{\bar{X}}(\tilde{X}-\hat{X}) \mathrm{d}F(\tilde{X}) \tag{7.11}$$

7.11式表示，公司价值等于备选新项目的期望收益加上保留现有项目的选择权（期权）的价值（如果现有项目的收益超出期望收益$\hat{X}$，则保留）。公司总是可以通过替换现有项目而实现$\hat{X}$的收益，但如果现有项目的收益超出$\hat{X}$，公司将额外获得价值$\tilde{X}-\hat{X}$的收益。7.11式等号右边第二项就表示通过保留现有项目而实现的额外回报的期望值。

假设公司有债务，当现有项目的收益小于X^c（D）时，现有项目将被备选的新项目取代。替换现有项目的概率为F（X^c（D））。

当公司有债务时，股权价值为：

$$E(D)=F(X^c(D))\int_{D}^{\bar{X}}(\tilde{X}-D) \mathrm{d}F(\tilde{X})+\int_{X^c(D)}^{\bar{X}}(\tilde{X}-D) \mathrm{d}F(\tilde{X}) \tag{7.12}$$

7.12式等号右边第一项表示股东以新的风险项目替换现有项目所产生的期望收益，第二项表示继续经营现有项目时的期望收益。

债务价值为：

$$B(D)=F(X^c(D))\left[\int_{0}^{D} \tilde{X} \mathrm{d}F(\tilde{X})+\int_{D}^{\bar{X}} D \mathrm{d}F(\tilde{X})\right]+\int_{X^c(D)}^{\bar{X}} D \mathrm{d}F(\tilde{X}) \tag{7.13}$$

7.13式等号右边分成两部分：$\int_{X^c(D)}^{\bar{X}} D \mathrm{d}F(\tilde{X})$为未替换（保留原项目）时债权人的期望收益；$F(X^c(D))\left[\int_{0}^{D} \tilde{X} \mathrm{d}F(\tilde{X})+\int_{D}^{\bar{X}} D \mathrm{d}F(\tilde{X})\right]$为原项目被替换时债权人的期望收益。

根据7.12式和7.13式，公司的总价值为：

$$\begin{aligned}
V(D)=E(D)+B(D)&=F(X^c(D))\int_{D}^{\bar{X}}(\tilde{X}-D) \mathrm{d}F(\tilde{X})+\int_{X^c(D)}^{\bar{X}}(\tilde{X}-D) \mathrm{d}F(\tilde{X}) \\
&\quad+F(X^c(D))\left[\int_{0}^{D} \tilde{X} \mathrm{d}F(\tilde{X})+\int_{D}^{\bar{X}} D \mathrm{d}F(\tilde{X})\right]+\int_{X^c(D)}^{\bar{X}} D \mathrm{d}F(\tilde{X}) \\
&=\left\{F(X^c(D))\int_{D}^{\bar{X}}(\tilde{X}-D) \mathrm{d}F(\tilde{X})+F(X^c(D))\int_{D}^{\bar{X}} D \mathrm{d}F(\tilde{X})\right\} \\
&\quad+\left\{\int_{X^c(D)}^{\bar{X}}(\tilde{X}-D) \mathrm{d}F(\tilde{X})+\int_{X^c(D)}^{\bar{X}} D \mathrm{d}F(\tilde{X})\right\} \\
&\quad+F(X^c(D))\int_{0}^{D} \tilde{X} \mathrm{d}F(\tilde{X}) \\
&=F(X^c(D))\int_{D}^{\bar{X}} \tilde{X} \mathrm{d}F(\tilde{X})+\int_{X^c(D)}^{\bar{X}} \tilde{X} \mathrm{d}F(\tilde{X})+F(X^c(D))\int_{0}^{D} \tilde{X} \mathrm{d}F(\tilde{X}) \\
&=F(X^c(D))\left\{\int_{D}^{\bar{X}} \tilde{X} \mathrm{d}F(\tilde{X})+\int_{0}^{D} \tilde{X} \mathrm{d}F(\tilde{X})\right\}+\int_{X^c(D)}^{\bar{X}} \tilde{X} \mathrm{d}F(\tilde{X}) \\
&=F(X^c(D))\int_{0}^{\bar{X}} \tilde{X} \mathrm{d}F(\tilde{X})+\int_{X^c(D)}^{\bar{X}} \tilde{X} \mathrm{d}F(\tilde{X})=F(X^c(D))\hat{X}+\int_{X^c(D)}^{\bar{X}} \tilde{X} \mathrm{d}F(\tilde{X})
\end{aligned}$$

对 $V(D)=F(X^c(D))\hat{X}+\int_{X^c(D)}^{\bar{X}}\tilde{X}\mathrm{d}F(\tilde{X})$ 继续整理得到：

$$V(D)=\hat{X}+\int_{X^c(D)}^{\bar{X}}(\tilde{X}-X^c(D))\mathrm{d}F(\tilde{X}) \tag{7.14}$$

7.14式表明，公司价值等于备选新项目的期望收益加上保留原项目的选择权的价值。

基于7.14式，进一步对 V（D）进行分析：

$$\begin{aligned}V(D)&=\hat{X}+\int_{X^c(D)}^{\bar{X}}(\tilde{X}-X^c(D))\mathrm{d}F(\tilde{X})=\hat{X}+\int_{X^c(D)}^{\bar{X}}(\tilde{X}-X^c(D))\mathrm{d}F(\tilde{X})\\&\quad+\int_{\hat{X}}^{\bar{X}}(\tilde{X}-\hat{X})\mathrm{d}F(\tilde{X})-\int_{\hat{X}}^{\bar{X}}(\tilde{X}-\hat{X})\mathrm{d}F(\tilde{X})\\&=\left\{\hat{X}+\int_{\hat{X}}^{\bar{X}}(\tilde{X}-\hat{X})\mathrm{d}F(\tilde{X})\right\}-\int_{\hat{X}}^{\bar{X}}(\tilde{X}-\hat{X})\mathrm{d}F(\tilde{X})+\int_{X^c(D)}^{\bar{X}}(\tilde{X}-X^c(D))\mathrm{d}F(\tilde{X})\\&=V(0)-\left\{\int_{\hat{X}}^{\bar{X}}(\tilde{X}-\hat{X})\mathrm{d}F(\tilde{X})-\int_{X^c(D)}^{\bar{X}}(\tilde{X}-X^c(D))\mathrm{d}F(\tilde{X})\right\}\\&=V(0)-\left\{\int_{\hat{X}}^{X^c(D)}(\tilde{X}-\hat{X})\mathrm{d}F(\tilde{X})+\int_{X^c(D)}^{\bar{X}}(\tilde{X}-\hat{X})\mathrm{d}F(\tilde{X})-\int_{X^c(D)}^{\bar{X}}(\tilde{X}-X^c(D))\mathrm{d}F(\tilde{X})\right\}\\&=V(0)-\left\{\int_{\hat{X}}^{X^c(D)}(\tilde{X}-\hat{X})\mathrm{d}F(\tilde{X})+\int_{X^c(D)}^{\bar{X}}(X^c(D)-\hat{X})\mathrm{d}F(\tilde{X})\right\}\\&=V(0)-\int_{\hat{X}}^{X^c(D)}(\tilde{X}-\hat{X})\mathrm{d}F(\tilde{X})-\int_{X^c(D)}^{\bar{X}}(X^c(D)-\hat{X})\mathrm{d}F(\tilde{X})\end{aligned}$$

$$V(D)=V(0)-\int_{\hat{X}}^{X^c(D)}(\tilde{X}-\hat{X})\mathrm{d}F(\tilde{X})-\int_{X^c(D)}^{\bar{X}}(X^c(D)-\hat{X})\mathrm{d}F(\tilde{X}) \tag{7.15}$$

7.15式表明，在其他条件相同的情况下，公司有杠杆时的价值低于无杠杆时的价值。原因是，债权人预期公司将不顾（损失）债权人的利益去冒风险，理性的债权人将不愿意如同公司进行有效投资时那样向公司提供足够多的资金。

四、债务积压问题

风险债务会产生一种特殊的代理成本，被称为“债务积压”（debt overhang）或“投资不足”。借入风险债务的公司有投资不足的动机，有时会放弃净现值为正的项目。

【例7-4】

企业家在 t=0设立公司，公司没有资产，也没有债务，只有一项未来的投资机会。在 t=1期，公司必须决定是否投资 I 以产生价值 X 的收益。假设在 t=1期当公司选择是否投资时，X 是已知的。然而当公司刚设立时，只有 I 是确定的，公司不清楚 X 将如何实现。从 t=0时来看，投资收益为随机变量 $\tilde{X}$，以累积概率分布函数 $F(\tilde{X})$ 分布于区间 $[0,\ \bar{X}]$，$\hat{X}$ 为公司的期望收益，$\hat{X}=\int_0^{\bar{X}}\tilde{X}\mathrm{d}F(\tilde{X})$。公司的目标是企业家财富最大化。假设所有代理人为风险中立，不考虑对收益的折现。只有当 $\tilde{X}\geqslant I$（NPV 为正）时，投资才有价值。当 t=0、公司没有债务（$D=0$）时，公司价值或企业家的预期财富（预计未来要投资）等于：

$$V(0)=\int_I^{\bar{X}}(\tilde{X}-I)\mathrm{d}F(\tilde{X}) \tag{7.16}$$

假设在 t=0，公司有尚未偿付的价值为 D 的债务，例如，公司借债以开始经营，或为研发融资，目的是在t=1期能够投资该项目。公司也可选择运用借债所筹集的资金，作为股利分配给企业家。在t=1期，公司必须决定是否投资I。但这时，公司需要从投资收益中向债权人支付D。公司的投资决策就要依赖债务的到期期限。考虑存在两种状态：在第一种状态下，债务为短期，并且在公司做出投资决策之前到期；在第二种状态下，债务为长期，债务在公司已经做出投资决策之后到期。将会发现，在第二种状态下，即当债务为长期时，就会产生“债务积压”问题。

（一）短期债务

债务为短期，在企业家做出投资决策之前到期。当t=1时，企业家要决定是否偿付到期债务。如果决定偿付，由于在做出投资决策之前公司尚缺乏资金，需要借入新债来偿还旧债，公司就又产生一项新的短期债务D^{st}（与原债务的本金和利率相同，但期限不必相同），D^{st}被用来向原债权人偿还债务，企业家仍拥有对公司的控制权。如果决定不履行债务的偿还，公司宣告破产，控制权转移，债权人成为新的所有者。当破产时企业家受到有限责任保护，其收益为0。

当t=1时，企业家还必须就是否投资做出决策。如果债务被偿还，则投资决策权仍属于企业家；如果企业家不履行偿还债务的义务，则投资决策权就相应地归属于债权人。如果$\tilde{X}-I\geqslant D^{st}$，此时若投资，不仅会产生足够的收益用以偿付债务，而且还将获取$\tilde{X}-I-D^{st}$的净收益，这显然比不履行偿付债务的义务而一无所获要好得多。于是，当$\tilde{X}-I\geqslant D^{st}$时，企业家会借入新的短期债务$D^{st}$以偿付原债务，同时企业家对项目投入资金$I$。

如果$\tilde{X}-I<D^{st}$，即使公司投资，产生的收益也不足以完全偿付债务；如果至少要保证不亏损，只有少偿付债务（此时净收益$\tilde{X}-I-D^{st}$向趋近0的方向移动）才能达到（不完全偿付债务）；而如果完全偿付债务，公司必然亏损（$\tilde{X}-I-D^{st}<0$），企业家就不会投资。换个角度分析，如果$\tilde{X}-I<D^{st}$，企业家也将无法得到新的短期债务资金D^{st}，因为债权人意识到即使公司投资也无力完全偿付债务，所以，如果$\tilde{X}-I<D^{st}$，公司只能宣告破产，由原债权人接管与控制公司。一旦接管公司，只要$\tilde{X}\geqslant I$，债权人就会投资，获取收益$\tilde{X}-I$。于是，当$\tilde{X}\geqslant I$时，投资会被再次实施。

综上所述，如果$\tilde{X}-I\geqslant D^{st}$（$\tilde{X}\geqslant D^{st}+I$），则企业家仍控制公司并进行投资，债权人得到$D^{st}$；如果$D^{st}\geqslant\tilde{X}-I\geqslant 0$（$D^{st}+I\geqslant\tilde{X}\geqslant I$），则债权人将接管公司并进行投资，得到净收益为$\tilde{X}-I$。可见，短期债务不影响公司的投资决策，只要$\tilde{X}>I$，公司都将投资。

根据以上分析，债务价值为：

$$B(D^{st})=\int_{I}^{D^{st}+I}(\tilde{X}-I)\mathrm{d}F(\tilde{X})+\int_{D^{st}+I}^{\bar{X}}D^{st}\mathrm{d}F(\tilde{X}) \tag{7.17}$$

股权价值为：

$$E(D^{st})=\int_{D^{st}+I}^{\bar{X}}(\tilde{X}-I-D^{st})\mathrm{d}F(\tilde{X})+\int_{I}^{D^{st}+I}0\mathrm{d}F(\tilde{X})=\int_{D^{st}+I}^{\bar{X}}(\tilde{X}-I-D^{st})\mathrm{d}F(\tilde{X}) \tag{7.18}$$

当t=0时，企业家的财富为（包含债务价值与股权价值）：

$$\begin{aligned}E(D^{st})+B(D^{st})&=\int_{D^{st}+I}^{\bar{X}}(\tilde{X}-I-D^{st})\mathrm{d}F(\tilde{X})+\int_{I}^{D^{st}+I}(\tilde{X}-I)\mathrm{d}F(\tilde{X})+\int_{D^{st}+I}^{\bar{X}}D^{st}\mathrm{d}F(\tilde{X})\\&=\int_{I}^{\bar{X}}(\tilde{X}-I)\mathrm{d}F(\tilde{X})=V(0)\end{aligned} \tag{7.19}$$

比较7.19式与7.16式，表明短期债务对企业家的预期财富没有影响，MM资本结构不相关定理在此条件下仍然成立。

（二）长期债务

假设债务为长期，在公司投资决策做出之后债务才到期。用D^{lt}表示长期债务，如果$\tilde{X}-I \geqslant D^{lt}$，若公司投资，不仅会产生足够的收益偿付债务，而且将获取$\tilde{X}-I-D^{lt}$的净收益。如果$\tilde{X}-I<D^{lt}$，即使公司投资，产生的收益也不足以完全偿付债务，不管企业家是否投资，企业家的财富都为0。公司的目标是企业家价值最大化。当$\tilde{X}-I<D^{lt}$时，公司不投资，企业家的收益为0。公司因为无力偿还先前的长期债务而宣告破产，债权人接管和控制公司，但是由于公司的投资决策已经做出，公司已经放弃投资机会，公司价值为0，债权人的收益也为0。

简单总结就是，只有当$\tilde{X} \geqslant I+D^{lt}$时，有长期债务的公司才会投资；当$I+D^{lt} \geqslant \tilde{X} \geqslant I$时，即使投资的净现值为正，公司也不会投资。产生此种非效率投资的原因在于，当投资具有获利能力，但尚不足以保证公司的偿债能力时，公司根本不考虑债权人的利益。当公司破产时，（如果已投资）企业家独自承担投资成本，而破产时的投资收益（尽管不足以偿债）则由债权人独占，从而导致公司投资不足和无力偿债，这就是债务积压问题。

基于上述分析，股权和债务的价值分别为：

$$E(D^{lt})=\int_{D^{lt}+I}^{\bar{X}}(\tilde{X}-I-D^{lt})\mathrm{d}F(\tilde{X})+\int_{I}^{D^{lt}+I}0\mathrm{d}F(\tilde{X})=\int_{D^{lt}+I}^{\bar{X}}(\tilde{X}-I-D^{lt})\mathrm{d}F(\tilde{X}) \tag{7.20}$$

$$B(D^{lt})=\int_{D^{lt}+I}^{\bar{X}}D^{lt}\mathrm{d}F(\tilde{X}) \tag{7.21}$$

公司在借债时，将面临一种权衡：公司向债权人承诺的支付越多，公司切实履行承诺的可能性就越小。来看两种极端情况，$D^{lt}=0$或$D^{lt}=\infty$（此时公司不投资，债权人的价值为0），由7.21式知，$B(D^{lt})=0$。在某个D^{lt}取值下，$B(D^{lt})$将达到最大值，这个D^{lt}值就是公司最大的借债能力。最大借债能力随着I的增加而降低，因为若投资需要的资金越多，公司实施投资并偿债的可能性就越低。

比较7.21式与7.17式可知，长期债务的价值低于短期债务的价值。这是因为，债权人清楚地知道，当债务为长期债务时，如果公司不履行债务偿付，债权人接管公司并欲投资则为时已晚，投资机会已经失去。

当债务为长期时，企业家的财富为：

$$\begin{aligned}E(D^{lt})+B(D^{lt})&=\int_{D^{lt}+I}^{\bar{X}}(\tilde{X}-I-D^{lt})\mathrm{d}F(\tilde{X})+\int_{D^{lt}+I}^{\bar{X}}D^{lt}\mathrm{d}F(\tilde{X})\\&=\int_{D^{lt}+I}^{\bar{X}}(\tilde{X}-I)\mathrm{d}F(\tilde{X})<\int_{I}^{\bar{X}}(\tilde{X}-I)\mathrm{d}F(\tilde{X})=V(0)\end{aligned} \tag{7.22}$$

7.22式表明，长期债务融资将导致企业家预期财富的缩水。随着D^{lt}的增加，财富缩水程度也就越大。原因是，由于资本市场完全竞争，由债务积压导致的投资决策的低效率成本将完全由企业家承担。企业家往往在事前承诺关注债权人的收益，在事后企业家可能不履行事前承诺，而理性的债权人将会预见到这种情形，因此在事前债权人就会通过折价投资公司债券（或减少贷款）而对公司的预期行为进行惩罚。

【例7-5】

假设$F(\tilde{X})$均匀分布于［0，1］区间，即$F(\tilde{X})=\tilde{X}$，$f(\tilde{X})=1$；假设$0<I<1$。当未借

债时，只要$\tilde{X} \geqslant I$，公司将投资，无杠杆公司在t=0时的价值为：

$$V(0) = \int_I^1 (\tilde{X} - I)\mathrm{d}\tilde{X} = (\tilde{X}^2/2 - I\tilde{X})\Big|_I^1 = (1 - I)^2/2 \tag{7.23}$$

假设$D^{lt} + I < 1$，否则公司将破产，价值为0。当$\tilde{X} \geqslant I + D^{lt}$时，有长期债务的公司才会在$t$=1期进行投资，此时债务的价值为：

$$B(D^{lt}) = \int_{D^{lt}+I}^1 D^{lt}\mathrm{d}\tilde{X} = D^{lt}(1 - D^{lt} - I) \tag{7.24}$$

最大借债能力为使得B（D^{lt}）达到最大值时的债务水平，令7.24式对D^{lt}的一阶导数为0，解得最大借债能力为（1−I）/2。

根据7.22式，企业家在t=0时的价值为：

$$V(D^{lt}) = \int_{D^{lt}+I}^1 (\tilde{X} - I)\mathrm{d}\tilde{X} = (\tilde{X}^2/2 - I\tilde{X})\Big|_{D^{lt}+I}^1 = \frac{(1 - I)^2 - D_{lt}^{\ 2}}{2} \tag{7.25}$$

比较7.25式与7.23式发现，借入长期债务导致企业家的价值减少。

【例7-6】

公司在t=0时向银行借债b，向债券持有者借债D，债务超过公司在t=1期的收益Y，公司处于财务困境。在t=1期，公司可投资某个需要资金I的项目。如果投资，t=2期的收益就为$\tilde{X}$，$\tilde{X}$为分布于区间［0，∞）的随机变量，服从累积概率分布函数$F(\tilde{X})$。$\tilde{X}$的期望值为$\hat{X}$，投资将产生盈余$\hat{X} - I$。假设向银行的负债b以及债券面值的q比例于t=1期到期，剩余1−q比例的债券于t=2期到期。假设债券的持有是如此分散，以至于公司无法对债券进行重组（因为协商成本太高）。如果破产（t=1期或t=2期），公司被清算，其收益（在t=1期为Y、在t=2期为$\tilde{X}$）归属于债权人（银行和债券持有者），各债权人按照索取权比例分配收益。如果公司在t=1期被清算，则所有债券立即到期，此时债券持有者的索取权就为D。

假如在t=1期，公司可以与银行协商，将债务偿付b推延到t=2期，并在t=1期取得一笔价值$I + qD - Y$的新债务，新债务将于t=2期偿付。公司使用这笔钱（新债务）加上t=1期的收益Y，就可以不仅为项目提供资金I，而且可偿付债券持有者qD。如果公司能够从银行得到上述新债务，要求计算：

（1）公司在t=2期要偿付债务的总面值；给定债务总值，计算在t=1期开始前，债券的价值B（D）（在债券持有者收回qD之前）；B（D）如何随着q的变动而变动？

（2）如果公司于t=1期被清算，写出债券持有者的收益L_D的表达式；给定B（D）、L_D，给出确保银行同意给予公司新贷款的条件；该条件如何受到q的影响？如果q增加，则公司的事前处境会变得更好还是更差？

（3）如果债券的索取权优先级别低于银行贷款，如果公司被清算（在任一时期），银行首先得到偿付，然后才轮到债券持有者，针对第（2）问所提出的问题，答案将有何变化？

（4）假设公司在t=1期可发行一笔索取权优先级高的债券，将要在t=2期偿付，而且，假设该笔债券的面值很高，以至于t=2期公司的全部收益都将被支付给更高级别的债券持有者；写出确保公司能够发行此债券的约束条件，该条件如何受q的变动的影响？

（5）比较第（2）问与第（4）问的答案，当公司可以发行索取权优先级高的债券时，公司是更愿意还是更不愿意投资呢？

（6）如果债券的索取权优先级低于银行贷款，即如果公司于t=1期被清算，银行首先得到偿付，然后才轮到债券持有者，假设在t=1期，公司仍将发行新的具有优先索取权的债券，针对第（4）问的问题，答案有何变化？解释现存债券相对于银行债务的优先级以及与债券到期期限之间的相关性。

解答：

（1）不考虑对收益的折现，计算公司在t=2期要偿付债务的总面值：

借入新债务后，银行债务的价值为（$I+qD-Y+b$）；加上尚未偿付的债券价值（1−q）D；在t=2期要偿付的债务总价值为（$I+D-Y+b$）。

给定债务总额，计算在t=1期开始前，债券的价值B（D）：

$$B(D) = qD + \int_0^{(I+D-Y+b)} \frac{(1-q)D}{(I+D-Y+b)} \tilde{X} \mathrm{d}F(\tilde{X}) + \int_{(I+D-Y+b)}^{\infty} (1-q) D \mathrm{d}F(\tilde{X}) \tag{7.26}$$

7.26式等号右边第一项qD表示债券持有者在t=1期得到的收益；

第二项$\int_0^{(I+D-Y+b)} \frac{(1-q)D}{(I+D-Y+b)} \tilde{X} \mathrm{d}F(\tilde{X})$表示，当$t$=2期公司收益小于债务总额时，债券持有者按照其索取权比例期望得到的收益；

第三项$\int_{(I+D-Y+b)}^{\infty} (1-q) D \mathrm{d}F(\tilde{X})$表示，当$t$=2期公司收益大于债务总额时，债券持有者期望得到完全偿付。

为考察债券价值B（D）如何随着q的变动而变动，对其基于q求一阶导数如下：

$$\begin{aligned}
\frac{\partial B(D)}{\partial q} &= D - \int_0^{(I+D-Y+b)} \frac{D}{I+D-Y+b} \tilde{X} \mathrm{d}F(\tilde{X}) - \int_{(I+D-Y+b)}^{\infty} D \mathrm{d}F(\tilde{X}) \\
&= D - \int_0^{(I+D-Y+b)} \frac{D}{I+D-Y+b} \tilde{X} \mathrm{d}F(\tilde{X}) - D\left(1 - \int_0^{(I+D-Y+b)} \mathrm{d}F(\tilde{X})\right) \\
&= \int_0^{(I+D-Y+b)} D \mathrm{d}F(\tilde{X}) - \int_0^{(I+D-Y+b)} \frac{D}{I+D-Y+b} \tilde{X} \mathrm{d}F(\tilde{X}) \\
&= \frac{D}{(I+D-Y+b)} \int_0^{(I+D-Y+b)} (I+D-Y+b-\tilde{X}) \mathrm{d}F(\tilde{X}) \geqslant 0
\end{aligned} \tag{7.27}$$

积分上下限表明$0 < \tilde{X} \leqslant (I+D-Y+b)$，故被积函数$I+D-Y+b-\tilde{X} \geqslant 0$。据7.27式，$\frac{\partial B(D)}{\partial q} \geqslant 0$，$B$（$D$）随着$q$的增加而增加。随着$q$的增加，在$t$=1期得到偿付的债券的比例加大，若成功地与银行协商，得以增大q，则债券持有者得到足额偿付的可能性较高；而在t=2期，由于公司收益可能比较低，债务金额又较大，因此，银行得到足额偿付的可能性较低；综合来看，q的增加相当于将资金从银行转移给债券持有者。

（2）如果公司于t=1期被清算，则收益Y将按照债权人的索取权比例进行分配。如果公司在t=1期被清算，所有债券立即到期，此时债券持有者的索取权就为D，债券持有者的收益为$L_D=DY/$（$b+D$）；对比在协商和不协商银行债务的两种状态下，债券持有者的收益变动为B（D）$-L_D$。此变动额可能为正数，也可能为负数。当银行债务被重新协商时，债券持有者可能获益也可能受损。重新协商可能使得公司和银行攫取所有的投资盈余$\hat{X}-I$，再扣除由于重新协商而流向债券持有者的部分收益，最终结果要大于等于0，即银行同意将贷款b延迟至t=2期并且同时给公司提供新贷款的条件是：

$$\hat{X} - I \geqslant B(D) - L_D \tag{7.28}$$

如果7.28式不成立，银行最好让公司清算。由于B（D）随着q的增加而增加，随着q的增加，7.28式不成立的可能性就越大。原因是，q增加，相当于债券的到期期限缩短，债券持有者从银行债务协商过程中得到更多好处，银行得到的收益就将减少（当银行同意重新协商），换言之，债券持有者搭上银行就债务重新协商意愿的便车。随着q的增加，搭便车问题变得愈发严重，银行不再愿意就债务重新协商。若B（D）$-L_D>0$，且当$\hat{X}-I$为较小的正数时，由于剩余的盈余过少，公司就有可能放弃净现值为正的投资（投资不足）。B（D）的进一步增加会伤害公司，使得公司的投资不足问题变得更加严重。而若B（D）$-L_D<0$，则7.28式表明，即使$\hat{X}-I$为负数，只要$\hat{X}-I\geqslant B(D)-L_D$，公司也有可能采纳净现值为负的投资（过度投资）。随着B（D）的加大，B（D）$-L_D<0$的可能性就趋于降低，B（D）的增加使得公司过度投资的可能性降低，对公司是有益的。这就产生了B（D）的增加与减少之间的权衡问题。所以，q的大小依赖于公司投资不足或过度投资的倾向。

（3）如果债券的收益索取权优先级低于银行贷款，在t=1期，公司必须支付给债券持有者qD后才能继续运营，但是在t=2期，只有当收益$\tilde{X}$超出银行债务的面值（$I+qD-Y+b$）时，债券持有者才能得到（部分）偿付。在t=1期之前，债券的价值等于：

$$B^J(D)=qD+\int_{(I+qD-Y+b)}^{(I+D-Y+b)}[\tilde{X}-(I+qD-Y+b)]\mathrm{d}F(\tilde{X})+\int_{(I+D-Y+b)}^{\infty}(1-q)D\mathrm{d}F(\tilde{X}) \tag{7.29}$$

B（D）的上标J表示债券持有者的索取权优先级低于银行。

如果在t=1期公司被清算，债券持有者的收益为$L_D^J=Max\{Y-b,\ 0\}$。债券持有者只有在银行先得到（足额或部分）偿付后，才能得到偿付。

在投资前债务协商的条件为：

$$\hat{X}-I\geqslant B^J(D)-L_D^J \tag{7.30}$$

$$\begin{aligned}\frac{\partial B^J(D)}{\partial q}&=D-\int_{(I+qD-Y+b)}^{(I+D-Y+b)}D\mathrm{d}F(\tilde{X})-\int_{(I+D-Y+b)}^{\infty}D\mathrm{d}F(\tilde{X})\\&=D-\left(\int_{(I+qD-Y+b)}^{(I+D-Y+b)}D\mathrm{d}F(\tilde{X})+\int_{(I+D-Y+b)}^{\infty}D\mathrm{d}F(\tilde{X})\right)=D-\int_{(I+qD-Y+b)}^{\infty}D\mathrm{d}F(\tilde{X})\\&=D-D[1-F(I+qD-Y+b)]=D\cdot F(I+qD-Y+b)>0\end{aligned} \tag{7.31}$$

据7.31式，债券的价值还是随着q的增加而增加。道理很简单，在t=1期就得到确切偿付的债券的比例提高，债券价值就将增加。随着q的增加，债券持有者的搭便车问题变得越发严重，银行将不愿意重新协商债务。若B^J（D）$-L^J{}_D>0$，如前分析，投资不足问题将变得突出，从而对公司造成损失；但若B^J（D）$-L^J{}_D<0$，则随着q的增加，B^J（D）$-L^J{}_D$将减小（尽管差额仍然小于0），过度投资问题将会得到某种程度的缓解，从而对公司有益。

（4）原先的债券持有者在t=2期的收益为0，持有的债券价值为qD。确保公司发行优先级更高的新债券的约束条件为：

$$\hat{X}-I\geqslant qD-L_D \tag{7.32}$$

7.32式不等号的左边表示若公司发行新债券并投资，公司价值的增加；不等号右边表示向现有债券持有者转移的财富（债务重新协商所致，为协商前后的差额）。

若公司价值的增加，扣除向现有债券持有者转移的财富后为正，公司将发行新债券。当q增加，7.32式右边的$qD-L_D$将增加，7.31式趋于难以成立。

（5）比较第（2）问与第（4）问的答案，由于 $B(D) > qD$，7.32式相对于7.28式更容易成立，表明当可以于 $t=1$ 期发行优先级更高的新债券时，公司更倾向于投资。一方面，当 q 趋近1时，7.28式、7.32式不等号的右边为正数，投资不足问题变得突出，若此时允许公司发行新债券，由于当公司可以于 $t=1$ 发行优先级更高的新债券时，公司倾向于投资，因此，将部分地缓解投资不足问题；另一方面，当 q 趋近0时，7.28式、7.32式不等号的右边趋近负数，过度投资问题变得突出，此时如果允许公司发行新债券，由于当公司可以于 $t=1$ 期发行优先级更高的新债券时，公司更倾向于投资，从而会加剧过度投资，导致情况变得更糟。

可以推论，发行长期债券（q 接近0）的公司应当设立禁止发行优先级更高的新债券的条款，而发行短期债券（q 接近1）的公司则不应该有这样的禁止条款。

（6）如果债券的索取权优先级低于银行贷款，即如果公司于 $t=1$ 期被清算，银行首先得到偿付，然后才轮到债券持有者，现有债券的持有者在 $t=1$ 期的清算价值为：$L_D^J = Max\{Y - b,\ 0\}$；假设在 $t=1$ 期，公司仍发行具有优先索取权的新债券，确保公司发行优先级更高的新债券的约束条件为：

$$\hat{X} - I \geq qD - L_D^J \tag{7.33}$$

当 q 增加时，7.33式不等号的右边增加，约束条件趋于难以成立。因为 $L_D^J < L_D$，$qD - L_D^J > qD - L_D$，相比7.32式，条件更难以满足，公司的投资动机被进一步弱化。

当 q 趋近1时，7.32式、7.33式不等号右边为正数，投资不足问题变得突出，由于7.33式成立的条件更苛刻，这表明，如果现有债券的索取权优先级低于银行贷款，公司再来发行新债券，投资不足问题将进一步恶化，对公司不利。

而当 q 趋近0时，7.32式、7.33式不等号右边趋于负数，过度投资问题将变得突出，因为7.33式表明发行新债券具有弱化投资动机的作用，从而在某种程度上能够遏制过度投资问题，也即，如果现有债券的索取权优先级低于银行贷款，公司再来发行新债券，在一定程度上可抑制过度投资问题，对公司有利。可以推论，当允许发行新债券时，公司的现有次级债券（索取权优先级低于银行贷款）应该为长期债券（q 接近0）较好。

自测题 7-1　　自测题 7-2

五、过度投资与投资不足：整合模型

杠杆公司可能投资于期望收益为负的风险项目，也可能在项目净现值为正时却放弃项目，上述现象分别被称为过度投资和投资不足。过度投资和投资不足是否会相互内在地产生影响？以下模型将过度投资和投资不足整合起来考察。

【例7-7】

企业家于 $t=0$ 设立公司。刚设立时，公司发行面值为 D、将于 $t=2$ 期到期的债务。公司在 $t=1$ 期产生收益之后，有一个投资机会。如果决定投资 I，$t=2$ 期的收益为 $zg(I)$，

$g'(I) > 0 > g''(I)$；z为分布于$[0, \bar{z}]$区间的随机变量，累积概率分布函数为$F(z)$。

在t=1期，公司收益为X，投资水平为I；如果$X > I$，在t=1期公司将拥有超额现金；如果$X < I$，在t=1期将产生现金缺口。如果t=1期有现金盈余，则过剩现金将保留至t=2期，同随后的投资收益，一起支付给公司证券的持有者。如果产生现金缺口，公司将通过发行新股来弥补资金缺口并投资。

根据上述条件，公司在t=2期的收益为$zg(I) + (X-I)$（如果t=1期有现金过剩），或者为$zg(I)$（如果t=1期存在现金缺口）。给定D、t=1期的收益X，在t=2期末，如果收益超出D，则公司具备偿债能力。

如果t=1期现金过剩，当$zg(I) + (X - I) > D$，或$z > z_1^*(D, X) = (D + I - X)/g(I)$时，则公司具备偿债能力；股东的期望收益为：

$$E_1(D, X) = \int_{z_1^*}^{\bar{z}} [zg(I) + X - I - D] \mathrm{d}F(z) \tag{7.34}$$

如果t=1期存在现金缺口，当$zg(I) > D$，或$z > z_2^*(D, X) = D/g(I)$时，公司有偿债能力；股东的期望收益为：

$$E_2(D, X) = \int_{z_2^*}^{\bar{z}} [zg(I) - D] \mathrm{d}F(z) - (I - X) \tag{7.35}$$

在7.35式中，$I-X$为存在现金缺口时，股东需要额外支出资金向公司提供融资，以确保在t=1期有足够的资金从事投资。

检查上述两种状态下的投资水平。令I_1^*为在t=1期现金过剩时选择的投资水平；令I_2^*为在t=1期现金不足时选择的投资水平。

根据7.34式，对I求一阶导数：

$$\begin{aligned}\frac{\partial E_1(D, X)}{\partial I} &= \int_{z_1^*}^{\bar{z}} [zg'(I) - 1] \mathrm{d}F(z) = \int_{z_1^*}^{\bar{z}} zg'(I) \mathrm{d}F(z) - \int_{z_1^*}^{\bar{z}} \mathrm{d}F(z) \\ &= z\int_{z_1^*}^{\bar{z}} g'(I) \mathrm{d}F(z) - \int_{z_1^*}^{\bar{z}} \mathrm{d}F(z)\end{aligned} \tag{7.36}$$

令导数等于0：

$$g'(I_1^*) = \frac{\int_{z_1^*}^{\bar{z}} \mathrm{d}F(z)}{\int_{z_1^*}^{\bar{z}} z\mathrm{d}F(z)} = \frac{1 - F(z_1^*)}{\int_{z_1^*}^{\bar{z}} z\mathrm{d}F(z)} = \frac{1}{\dfrac{\int_{z_1^*}^{\bar{z}} z\mathrm{d}F(z)}{1 - F(z_1^*)}} \tag{7.37}$$

7.37式表明，公司将投资直到投资的边际收益等于z的期望值的倒数（在$z > z_1^*$的前提下）。

根据7.35式，同理可得：

$$\frac{\partial E_2(D, X)}{\partial I} = \int_{z_2^*}^{\bar{z}} zg'(I) \mathrm{d}F(z) - 1 = 0 \Rightarrow g'(I_2^*) = \frac{1}{\int_{z_2^*}^{\bar{z}} z \,\mathrm{d}F(z)} \tag{7.38}$$

当t=1现金过剩时，公司价值等于：

$$\begin{aligned}V_1(D, X) = &\int_0^{z_1^*} [zg(I) + X - I] \mathrm{d}F(z) + \int_{z_1^*}^{\bar{z}} D\mathrm{d}F(z) \\ &+ \int_{z_1^*}^{\bar{z}} [zg(I) + X - I - D] \mathrm{d}F(z)\end{aligned} \tag{7.39}$$

7.39式等号右端的前两项表示债权人的期望收益，第三项表示股东的期望收益。

当$t=1$现金不足时，公司价值等于：

$$V_2(D,\ X)=\int_0^{z_2^*}zg(I)\mathrm{d}F(z)+\int_{z_2^*}^{\bar{z}}D\mathrm{d}F(z)+\int_{z_2^*}^{\bar{z}}[zg(I)-D]\mathrm{d}F(z)-(I-X) \tag{7.40}$$

7.40式等号右端的前两项表示债权人的期望收益，后两项表示股东的期望收益。

进一步化简7.39式、7.40式：

$$\begin{aligned}V_1(D,\ X)&=\int_0^{z_1^*}[zg(I)+X-I]\mathrm{d}F(z)+\int_{z_1^*}^{\bar{z}}[zg(I)+X-I-D+D]\mathrm{d}F(z)\\&=\hat{z}g(I)+(X-I)\end{aligned} \tag{7.41}$$

$$\begin{aligned}V_2(D,\ X)&=\int_0^{z_2^*}zg(I)\mathrm{d}F(z)+\int_{z_2^*}^{\bar{z}}[zg(I)-D+D]\mathrm{d}F(z)-(I-X)\\&=\int_0^{\bar{z}}zg(I)\mathrm{d}F(z)-(I-X)=\hat{z}g(I)+(X-I)\end{aligned} \tag{7.42}$$

由7.41式、7.42式可见，公司价值等于投资的期望收益加上$t=1$期的过剩现金（$I<X$），或减去$t=1$时股东需要注入公司的资金（$I>X$）。

令I^m为使得公司价值最大化的投资水平，即$V(D,\ X)=\hat{z}g(I)+(X-I)$对$I$求导，并令一阶导数等于0，得到$g'(I^m)=\frac{1}{\hat{z}}$，对应的$I^m$为使得公司价值最大化的最优投资水平。

据7.37式，$g'(I_1^*)=\dfrac{1}{\dfrac{\int_{z_1^*}^{\bar{z}}z\mathrm{d}F(z)}{1-F(z_1^*)}}$，当对应的$I_1^*$为$t=1$期现金过剩时，股东选择的投资水平；

据7.38式，$g'(I_2^*)=\dfrac{1}{\int_{z_2^*}^{\bar{z}}z\,\mathrm{d}F(z)}$，当对应的$I_2^*$为$t=1$现金不足时，股东选择的投资水平。

已知$z_1^*(D,\ X)<z_2^*(D,\ X)$，$\int_{z_2^*}^{\bar{z}}z\mathrm{d}F(z)<\int_{z_1^*}^{\bar{z}}z\mathrm{d}F(z)$，于是下式成立：

$$\int_{z_2^*}^{\bar{z}}z\mathrm{d}F(z)<\hat{z}<\frac{\int_{z_1^*}^{\bar{z}}z\mathrm{d}F(z)}{1-F(z_1^*)} \tag{7.43}$$

根据7.43式、7.37式、7.38式以及$g'(I^m)=\frac{1}{\hat{z}}$得到：

$$g'(I_2^*)>g'(I^m)>g'(I_1^*) \tag{7.44}$$

且由于$g''(I)<0$，所以有：

$$I_2^*<I^m<I_1^* \tag{7.45}$$

7.45式表明，当存在现金缺口时，投资不足；当现金过剩时，过度投资。公司的投资水平依赖公司的现金持有状况。

当现金过剩时，股东意识到，在某种可能性上，过剩现金将“属于”债权人，如果此时股东利用过剩现金投资于风险项目，那么股东将不会失去太多；公司用项目的风险收益来替代安全的现金（用高风险资产替代低风险资产），如果冒险成功，那么股东将获取项目收益；如果冒险失败，那么债权人将失去本该属于自己的现金。因此，当现金过剩时，股东有过度投资的动机。

而当现金不足时，股东要用自己的资金投资。但由于意识到有可能项目将不能获得足够收益而导致公司破产，破产时债权人将获取全部收益，而股东一无所获，于是股东产生投资不足的激励。

基于上述分析，可以推论：成熟行业的公司拥有相对大量的过剩资金，但是投资机会却比较少；快速成长行业的公司相对而言资金不足，但是投资机会却很多；成熟行业公司的过度投资问题和快速成长行业公司的投资不足问题相对更严重。

自测题 7-3

公司在现金过剩时倾向于过度投资这一问题，实际上也是Jensen（1986）的“自由现金流假说”的一种翻版①。当公司有自由现金流时，管理者可能会浪费资金。应该迫使经营者将自由现金流作为股利派发给股东，或偿付债务，从而纠正过度投资问题。当股东预期公司发放较高的股利时，公司价值将会提升，这种价值提升反映了公司投资决策的优化：当没有好的投资项目时，公司将自由现金流作为股利返还给投资者，而非进行浪费性的过度投资。

第二节 资产毁损与债务的重新协商

债务融资会改变对股东的激励，当公司陷入财务困境时，公司（股东）甚至会毁损资产以胁迫债权人重新协商债务的偿付。

【例 7-8】

企业家于$t=0$创立公司，公司仅营运1期，随后被清算。$t=1$期的收益由分布于$[X_0, X_1]$的随机变量$\tilde{X}$来表示，累积概率分布函数为$F(\tilde{X})$。在$t=0$，公司借入面值为D、将于$t=1$期期末公司收益已实现后到期的债务。借债所得资金用来投资实物资产，或用于研发，或向企业家分配股利。假设在$t=1$期债务到期之前，企业家可以与债权人就债务偿付重新协商。而且，在收益实现后债务到期前，企业家都有可能浪费公司资源，比如随意花钱，毁损资产（如果资产仍未变现）等，而债权人无法阻止企业家的资产毁损行为，因为当时债务尚未到期，而且企业家有时将资产毁损行为伪装成商业决策，债权人也难以发现。

公司的所有者竟然会浪费有价值的公司资源，这似乎令人难以理解。但是通过分析会发现，这一行为将使得在企业家与债权人的交易中，为企业家带来战略利益。

如果企业家在$t=1$期，既没有浪费资源，又没有请求与债权人就债务偿付重新协商，企业家的收益为$Y_E = Max\{\tilde{X} - D, 0\}$，债权人的收益为$Y_D = Min\{\tilde{X}, D\}$。如果企业家请求债权人就债务重新协商，债权人可能同意，也可能不同意。如果债权人不同意，且企业家不浪费资源，则此时双方的收益分别为$Y_E = Max\{\tilde{X} - D, 0\}$，$Y_D = Min\{\tilde{X}, D\}$；如果债权人不同意，而企业家浪费资源，比如损失价值为R的资产，则此时双方的收益分别为$Y_E = Max\{\tilde{X} - D - R, 0\}$，$Y_D = Min\{\tilde{X} - R, D\}$。只要$\tilde{X} > D$，且$Y_E > 0$，企业家毁损资

① JENSEN M C. Agency Costs of Free Cash Flow, Corporate Finance, and Takeovers [J]. American Economic Review, 1986, 76 (2): 323-329.

产的威胁就是不可信的。所以，只要 $\tilde{X} > D$，企业家就会推测债权人不会答应债务的重新协商，因为债权人知道企业家会因此损失 R，企业家得不到好处，毁损资产就是无用的。当 $\tilde{X} > D$ 时，企业家的收益就是 $\tilde{X} - D$。企业家向债权人要求重新协商债务时，公司收益已实现，债权人清楚地知道这一点。

而当 $\tilde{X} \leqslant D$ 时，事情完全发生变化。此时 $Y_E = 0$，企业家毁损资产的威胁就成为可置信的，因为毁损资产不会给企业家带来任何损失，公司资不抵债，全部资产都属于债权人，浪费的是债权人的钱，不是企业家（股东）的钱。这时债权人就不能够再忽视企业家的债务重新协商要求了。假设双方决定分享债务重新协商的收益：企业家得到的比例为 γ，债权人得到其余。定义债务重新协商带来的收益等于公司收益 $\tilde{X}$ 与不协商因而资产被部分毁损后的收益 $\tilde{X} - R$ 之差，即：$\tilde{X} - (\tilde{X} - R) = R$。企业家得到的债务重新协商收益为 γR，债权人得到 $(1 - \gamma)R$。

若企业家威胁浪费越多，则企业家的收益就越大。只要 $\tilde{X} \leqslant D$，企业家就将威胁债权人，如果债权人拒绝协商债务，企业家将在债务到期前耗尽所有资源，导致债权人一无所获；而债权人也意识到这种威胁是可信的。所以，当 $\tilde{X} \leqslant D$ 时，债务的重新协商将会发生，企业家将得到 $\gamma\tilde{X}$ 的收益。

例如，D=1 000，γ=1/2；当 $\tilde{X}$=999，即 $\tilde{X} \leqslant D$ 时，企业家的收益为 999/2=499.5；但是当 $\tilde{X}$=1 001，即 $\tilde{X} > D$ 时，企业家的收益为 1 001–1 000=1。企业家的收益，当公司收益由 1 001 降为 999 时，竟然从 1 升至 499.5。仅毁损价值为 2（1 001–999）的资产，竟然可为企业家带来如此之高的收益。显然，企业家有动机在提出重新协商债务之前，甚至更早，就可能毁损公司资产，以胁迫债权人就债务偿付重新协商。所以，当 $\tilde{X} > D$ 时，企业家就有动机毁损价值 $\tilde{X} - D$ 的资产，以使公司资产的价值接近重新协商债务的边缘。如果企业家这么做，其收益为 $\gamma[\tilde{X} - (\tilde{X} - D)] = \gamma D$；如果企业家什么也不做，其收益为 $\tilde{X} - D$；如果 $\tilde{X} - D \geqslant \gamma D \Rightarrow \tilde{X} \geqslant (1 + \gamma)D$，资产毁损就不会发生；反之，如果 $\tilde{X} \leqslant (1 + \gamma)D$，资产毁损对于企业家（或股东）而言就是有价值的。

对上述分析的总结见表 7–2。

表 7–2 **企业家与债权人的收益**

状态	企业家的收益	债权人的收益	收益合计
$\tilde{X} > (1 + \gamma)D$	$\tilde{X} - D$	D	$\tilde{X}$
$D < \tilde{X} \leqslant (1 + \gamma)D$	γD	$(1 - \gamma)D$	D
$\tilde{X} \leqslant D$	$\gamma\tilde{X}$	$(1 - \gamma)\tilde{X}$	$\tilde{X}$

据表 7–2，当 t=0 时，股权价值为：

$$E(D) = \int_0^D \gamma\tilde{X}\mathrm{d}F(\tilde{X}) + \int_D^{(1+\gamma)D} \gamma D\mathrm{d}F(\tilde{X}) + \int_{(1+\gamma)D}^{X_1} (\tilde{X} - D)\mathrm{d}F(\tilde{X}) \tag{7.46}$$

7.46 式等号右边第一项表示，在债务协商已经发生、企业家不必通过毁损资产而迫使债权人同意协商的状态下企业家的期望收益；第二项表示，在企业家毁损价值 $\tilde{X} - D$ 的资产以迫使债权人同意协商的状态下企业家的期望收益；第三项表示，企业家的剩余收益充足，不需要重新协商债务，在此状态下企业家的期望收益。

$t=0$ 时的债务价值为：

$$B(D)=\int_{0}^{D}(1-\gamma)\tilde{X}\mathrm{d}F(\tilde{X})+\int_{D}^{(1+\gamma)D}(1-\gamma)D\mathrm{d}F(\tilde{X})+\int_{(1+\gamma)D}^{X_1}D\mathrm{d}F(\tilde{X}) \tag{7.47}$$

结合7.46式和7.47式，当 $t=0$ 时，企业家的价值为：

$$\begin{aligned}V(D)=E(D)+B(D)&=\int_{0}^{D}\tilde{X}\mathrm{d}F(\tilde{X})+\int_{D}^{(1+\gamma)D}D\mathrm{d}F(\tilde{X})+\int_{(1+\gamma)D}^{X_1}\tilde{X}\mathrm{d}F(\tilde{X})\\&=\int_{0}^{D}\tilde{X}\mathrm{d}F(\tilde{X})+\int_{D}^{(1+\gamma)D}\tilde{X}\mathrm{d}F(\tilde{X})+\int_{(1+\gamma)D}^{X_1}\tilde{X}\mathrm{d}F(\tilde{X})+\int_{D}^{(1+\gamma)D}D\mathrm{d}F(\tilde{X})-\int_{D}^{(1+\gamma)D}\tilde{X}\mathrm{d}F(\tilde{X})\\&=\int_{0}^{X_1}\tilde{X}\mathrm{d}F(\tilde{X})-\int_{D}^{(1+\gamma)D}(\tilde{X}-D)\mathrm{d}F(\tilde{X})\end{aligned}$$

整理得到：

$$V(D)=\hat{X}-\int_{D}^{(1+\gamma)D}(\tilde{X}-D)\mathrm{d}F(\tilde{X}) \tag{7.48}$$

7.48式表明，借债将导致企业家（或股东）的价值减少，这是因为借债给了他在某种状态下毁损资产以胁迫债权人协商债务的动机，毁损资产自然会导致价值减少。

资产毁损对于债权人的成本很高，债权人希望立即协商，因为意识到如果等待，企业家可能已经毁损价值 $\tilde{X}-D$ 的资产，企业家有动机在提出协商债务偿付之前，甚至更早些时间就可能毁损资产。因此，只要 $\tilde{X}\leqslant(1+\gamma)D$，不需要企业家毁损资产，债务的重新协商也将自动发生。总之，若 $\tilde{X}>(1+\gamma)D$，企业家得到 $\tilde{X}-D$，债权人得到 D；若 $\tilde{X}\leqslant(1+\gamma)D$，企业家得到 $\gamma\tilde{X}$，债权人得到 $(1-\gamma)\tilde{X}$。

综上分析可得到：

$$E(D)=\int_{0}^{(1+\gamma)D}\gamma\tilde{X}\mathrm{d}F(\tilde{X})+\int_{(1+\gamma)D}^{X_1}(\tilde{X}-D)\mathrm{d}F(\tilde{X})$$

$$B(D)=\int_{0}^{(1+\gamma)D}(1-\gamma)\tilde{X}\mathrm{d}F(\tilde{X})+\int_{(1+\gamma)D}^{X_1}D\mathrm{d}F(\tilde{X})$$

$$V(D)=E(D)+B(D)=\int_{0}^{(1+\gamma)D}\tilde{X}\mathrm{d}F(\tilde{X})+\int_{(1+\gamma)D}^{X_1}\tilde{X}\mathrm{d}F(\tilde{X})=\int_{0}^{X_1}\tilde{X}\mathrm{d}F(\tilde{X})=\hat{X} \tag{7.49}$$

7.49式 $V(D)=\hat{X}$ 表示，在资产未被毁损状态下，债务与公司价值无关，这与充分竞争资本市场中的MM定理的本质是一致的。

既然债务的重新协商成本较高，为什么公司还要借债？因为债务的利息抵税收益与债务协商时的资源浪费相权衡，从而得到最优债务水平。在资产未被毁损状态的协商模型中，协商成本等于零，为获取利息抵税收益，公司应成为全负债公司。

公司的借债能力 D^c（capacity）是有上限的，因为债权人预期当 $t=1$ 时公司可能通过重新协商债务而侵占债权人的利益，而且债务面值 D 越大，这种利益侵占动机就越强烈，所以债务资金的供给将是有限的。

对 $B(D)=\int_{0}^{(1+\gamma)D}(1-\gamma)\tilde{X}\mathrm{d}F(\tilde{X})+\int_{(1+\gamma)D}^{X_1}D\mathrm{d}F(\tilde{X})$ 求 D 的一阶导数：

$$B'(D)=D'\cdot\int_{(1+\gamma)D}^{X_1}\mathrm{d}F(\tilde{X})=\int_{(1+\gamma)D}^{X_1}\mathrm{d}F(\tilde{X})=1-F((1+\gamma)D) \tag{7.50}$$

$$\begin{aligned}&B'(D^c)=1-F((1+\gamma)D^c)=0\Rightarrow F((1+\gamma)D^c)=1\\&\quad\Rightarrow F((1+\gamma)D^c)=F(X_1)\Rightarrow(1+\gamma)D^c=X_1\Rightarrow D^c=X_1/(1+\gamma)\end{aligned} \tag{7.51}$$

给定 $D^c=X_1/(1+\gamma)$，公司的最大借债额度为：

$$B(D^c)=\int_0^{(1+\gamma)D^c}(1-\gamma)\tilde{X}\mathrm{d}F(\tilde{X})+\int_{(1+\gamma)D^c}^{X_1}D^c\mathrm{d}F(\tilde{X})$$
$$=\int_0^{X_1}(1-\gamma)\tilde{X}\mathrm{d}F(\tilde{X})+\int_{X_1}^{X_1}D^c\mathrm{d}F(\tilde{X})=\int_0^{X_1}(1-\gamma)\tilde{X}\mathrm{d}F(\tilde{X})=(1-\gamma)\hat{X} \tag{7.52}$$

据7.52式，如果企业家向债权人承诺不会重新协商债务，则$\gamma=0$，最大借债能力为$D^c=X_1/(1+\gamma)=X_1$，公司当前能够借到的债务资金为$(1-\gamma)\hat{X}=\hat{X}<X_1$。可见，即使企业家和股东没有真实毁损资产，存在毁损资产的动机也减少了公司能够借到的债务资金。

第三节 管理者激励与代理成本

债务融资和股权融资会改变对管理者的激励，比如，影响管理者经营公司的努力程度。

【例7-9】

企业家于t=0时创立公司。公司只有一个要求投资成本为1的项目。在t=1期，项目的收益为Y（$Y>1$）的概率是p，收益为0的概率是$1-p$。除了货币收益外，企业家还可从项目运营中得到非货币收益，如闲适和安逸等，用$Y(1-p^2)$表示。在t=0，企业家可以选择p的大小，较高的p值表示企业家较大的努力程度和更高的投资成功可能性，但同时企业家运作项目的个人直接效用却降低。企业家的目标是最大化其期望效用，包括投资产生的期望净收益和企业家的直接效用。

假设企业家用自己的钱为该项目融资，企业家会选择多大的p值或努力程度？

企业家的期望净收益为：

$$U^E(p,\ 0)=pY+Y(1-p^2)-1 \tag{7.53}$$

$U^E(p,\ 0)$括号里的0表示未借债，企业家用自己的资金投资。对p求一阶导数，并令导数等于0：

$$\frac{\partial U^E(p,\ 0)}{\partial p}=Y-2p^*Y=0 \tag{7.54}$$

解得$p^*=0.5$，企业家的期望收益为：

$$U^E(p^*,\ 0)=p^*Y+Y(1-p^{*2})-1=\frac{5Y}{4}-1 \tag{7.55}$$

假设企业家在完全竞争的资本市场中借入面值为D的债务来为项目融资，债务的抵押品价值为0.5。如果债权人在t=1期未得到完全偿付，则债权人取得抵押品，企业家的收益为-0.5。如果债权人在t=1期得到完全偿付，企业家在t=1期的收益为$Y-D$。假设$D>0.5$，此时再来考察企业家欲选择的努力程度。

企业家完全偿债的概率为p，无法完全偿债的概率为$1-p$，企业家的期望收益为：

$$U^E(p,\ D)=p(Y-D)+Y(1-p^2)-0.5(1-p) \tag{7.56}$$

对p求一阶导数，并令导数等于0：

$$\frac{\partial U^E(p,\ D)}{\partial p}=Y-D+0.5-2p^*Y=0 \tag{7.57}$$

解得 $p^*(D)=0.5-\frac{D-0.5}{2Y}$，且 $D>0.5$，故 $p^*(D)<p^*$，表示在借债的约束条件下，企业家的努力程度下降，项目成功的可能性降低。在此模型中，代理成本是由于债务融资而非股权融资引起的。

假设债权人由于为公司提供资金而期望得到的偿付为1.5，再来求解 D 值（假设 $Y>8$）。

债权人的期望收益为：

$$p^*(D)D+0.5(1-p^*(D))=1.5 \tag{7.58}$$

且有 $p^*(D)=0.5-\frac{D-0.5}{2Y}$，联立解得：

$$D^*=\frac{1+Y-\sqrt{Y(Y-8)}}{2} \tag{7.59}$$

给定 D^*，

$$p^*(D^*)=0.5-\frac{\frac{1+Y-\sqrt{Y(Y-8)}}{2}-0.5}{2Y}=\frac{Y+\sqrt{Y(Y-8)}}{4Y} \tag{7.60}$$

企业家的期望收益为：

$$\begin{aligned}U^E(p^*(D^*),\ D^*)&=p^*(D^*)(Y-D^*)+Y(1-p^*(D^*)^2)-\frac{1-p^*(D^*)}{2}\\&=\frac{9Y-8+\sqrt{Y(Y-8)}}{8}\end{aligned} \tag{7.61}$$

易知，$U^E(p^*(D^*),\ D^*)<U^E(p^*,\ 0)$，表明借债融资与不借债相比，企业家的期望净收益减少，外源债务融资产生的代理成本使得企业家的状况变差。原因在于，企业家的努力程度下降，企业家为此要承担投资决策偏离最优水平而带来的成本或损失。接下来再通过一个简化的例子来分析外部股权融资的代理成本。

【例7-10】

假设企业家拥有无杠杆公司。为进行生产，企业家需要投资0.25，付出努力 e，致使其个人收益减少 $0.5e^2$。给定努力水平 e，企业价值为 e。企业家拥有公司100%的股权，其期望收益为：

$$U^E=V-0.5e^2=e-0.5e^2 \tag{7.62}$$

令7.62式的一阶导数等于0，解得 $e^*=1$，公司价值 $V=1$，$U^E=0.5$，企业家要投资0.25，其净收益为0.5−0.25=0.25。

假如企业家需要向外部潜在投资者发行股票以筹集资金0.25进行生产性投资，外部股东因此获得 $1-\alpha$ 比例的公司股权，企业家的持股比例为 α，在这种情形下，企业家的期望收益为：

$$U^E=\alpha V-0.5e^2=\alpha e-0.5e^2 \tag{7.63}$$

令7.63式的一阶导数等于0，解得 $e^*=\alpha$，于是 $V=\alpha$；

股权融资额等于外部股东的持股价值：

$$(1-\alpha)E=(1-\alpha)V=(1-\alpha)\alpha=0.25 \tag{7.64}$$

解得 $\alpha^*=0.5$；此即企业家的最优持股比例。

给定 α^*，则有 $e^*=\alpha^*=0.5=V$，企业家的净收益为：

$$U^E=\alpha V-0.5e^2=\alpha e-0.5e^2=0.5\times0.5-0.5^3=0.125 \tag{7.65}$$

与公司未融资时比较，企业家的净收益减少0.25-0.125=0.125，外部股权的代理成本即为0.125。当存在外部股权时，企业家在考虑其付出努力的水平时，他仅仅考虑付出努力所产生收益的50%水平（就本例而言），与他完全拥有公司时相比，企业家仅付出原来努力水平的一半程度。企业家（内部股东）的工作努力程度会随着其持股比例的减少而降低，而其在职消费则会增加。原因是，一方面，努力的成本全部由自己承担而努力的收益却有更大比例归于他人；另一方面，在职消费的全部好处由自己享有而消费的成本却有更大比例由他人负担。

自测题7-4　　自测题7-5

第四节　权衡理论

本章考察债务融资和股权融资的代理成本，再结合前几章的内容，综合考虑债务融资的利息抵税收益、财务困境成本以及代理成本，以确定公司为最大化公司价值而应该筹集的债务资本水平，这一分析被称作“权衡理论”（tradeoff theory）。公司有杠杆时的现金流等于无杠杆时的现金流与债务利息抵税收益之和，再减去当期的财务困境成本和代理成本，根据价值可加性原理，公司有杠杆时的总价值等于无杠杆价值加上债务利息费用所产生的抵税收益的现值，再减去债务的财务困境成本和代理成本的现值：

$$V_L=V_U+PV（利息抵税收益）-PV（财务困境成本）-PV（债务的代理成本） \tag{7.66}$$

债务融资所产生的财务困境成本和代理成本，可以解释为什么公司选择的债务水平过低以至于不能充分利用利息税盾。财务困境成本、代理成本的大小与公司现金流的波动性，在一定程度上能够解释不同行业间杠杆水平的差异。

大股东有强烈的利益动机去做最有利于公司的事情。债务融资的一个优势就是，使得公司原先的股东能够维持其股权不被进一步稀释。发行股票（因而股权被稀释）的一个负面影响就是可能会诱使管理者享受在职消费。管理者努力程度的降低和过度在职消费，构成了代理成本的另一种形式。这些代理成本的产生，部分地是由于公司发行股票从而导致股权被稀释所致。如果证券被公平定价，则由公司的原先股东承担这种代理成本。

管理者要想从事浪费性投资，就必须有可投资的现金。Jensen（1986）提出的“自由现金流假说”认为，如果公司在满足所有净现值为正的投资以及对债权人的偿付所需要的现金后，仍有剩余现金流，这样的公司就更易于发生浪费性开支。当现金流紧缺时，管理者更可能会竭尽所能有效地经营公司。根据这一假说，债务的存在使得公司承担未来支付本金和利息的责任和义务，从而减少公司的剩余现金流，进而减少管理者的浪费性投资。此外，当公司的债务水平较高时，债权人自己也会密切监督管理者的行为，为抑制管理者的疏忽失职提供额外的防护。但是，过多的债务也可能削弱公司，使公司的财务状况变得脆弱，从而束缚公司的未来投资，所以很多成长性高的行业公司往往更关注财务灵活性。

考虑债务的代理成本和代理收益后，资本结构的权衡模型可以扩展为如下形式：

$$V_L=V_U+PV（利息抵税收益）-PV（财务困境成本）-PV（债务的代理成本）+PV（债务的代理收益） \quad (7.67)$$

权衡理论解释了公司应该如何选择资本结构以最大化公司价值。但这些结论不一定与公司的实际做法相一致。同投资决策一样，资本结构决策也是由管理者按自己的动机制定的。现实中的资本结构决策还要考虑更多的因素，如此前几章所论述的信息不对称时融资的逆向选择和信号传递（排序理论）、公司控制权争夺等。

【本章小结】

1.代理成本是指由代理人的行为扭曲而造成的效率损失和委托人为激励、监督代理人而付出的成本费用。

2.股东和管理者之间的代理问题又被称第一类代理问题，在股权高度分散的公司中尤为突出。出于自利动机，大股东可能利用控制权从事机会主义行为以谋取私有收益，进而侵占中小股东的利益；大股东和中小股东之间的利益冲突即为第二类代理问题。

3.股东和债权人之间、管理者和债权人（债券持有者）之间也会产生代理问题。债务融资会扭曲经营者的投资决策，与此种扭曲相关联的成本被称为债务的代理成本。

4.公司遭遇财务困境时，即使投资的净现值为负，股东仍可能从公司的高风险投资中获利，此即“过度投资”或“资产替代效应”。

5.陷入财务困境的公司，可能不会选择为净现值是正的新项目筹资；在这种情形下，存在“投资不足”或“债务积压”问题。

6.企业家有可能通过威胁毁损公司资产以达到与债权人就债务偿付重新协商的目的。

7.债务融资和股权融资会改变对管理者的激励，比如，影响管理者的努力程度或其他行为，从而影响公司价值。

8.资本结构的权衡模型可以扩展为如下形式：

$$V_L=V_U+PV（利息抵税收益）-PV（财务困境成本）-PV（债务的代理成本）+PV（债务的代理收益）$$

【复习思考】

1.解释概念：代理关系，代理成本，第一类、第二类代理问题。

2.解释过度投资和投资不足的含义以及产生这类问题的动因。

3.公司的主要业务是机床制造，公司资产的当前市值为220亿元。公司正在考虑出售部分业务以筹集20亿元用于投资AR（增强现实，Augmented Reality）技术和产品的可能性。虽然这项新投资前景广阔，预期能增加利润，但同时也将显著地提升公司的风险。公司有债务时与无债务时相比，这项投资将对股东产生更大还是更小的吸引力？

4.为什么接近资不抵债的公司可能毁损公司资产？

5.发表于*Journal of Corporate Finance*（1994）的一篇论文，考察了1977—1988年间在多伦多证券交易所上市的300家公司的股利分配情况，结果发现：当公司内部人（如

CEO、董事长等高管层）拥有较高比例本公司股票时，公司倾向于很少发放现金股利，特别地，当内部人拥有股权比例超过51%时，公司根本就不分配任何股利。根据当时的加拿大公司税法，机构投资者和外部投资者的股利收入免税，且在证券市场中平均有30%~35%的股票为大的机构投资者所拥有。请运用至少两种（或两种以上）理论来解释上述研究结论（提示：可以从税收、信息不对称和信号传递、自由现金流的代理理论等角度解释）。

6.债务融资和股权融资对管理者的激励分别可能产生何种影响？

7.解释公司融资的权衡理论。

第三篇
资本预算

第八章

资本结构与资本预算

【学习目标】

与上一篇的资本结构决策理论相衔接，本章考察资本结构对资本预算的影响，主要阐述有杠杆时资本预算的基本原理、方法、决策法则和一些简单示例；重点叙述资本预算的三种基本方法：WACC法、APV法和FTE法。通过对本章内容的学习，学生应达到以下目标：

1. 掌握资本预算的决策法则和基本原理，重点在于预测投资项目的自由现金流和估算加权平均资本成本。

2. 基于资本结构决策理论，熟练掌握有杠杆时资本预算的三种方法的前提假设、基本原理和步骤。

3. 掌握其他杠杆政策（如固定利息保障比率、预先设定债务水平、定期调整债务水平等）下的调整现值法。

4. 领会债务融资对资本预算的其他影响，如证券发行错误定价、财务困境成本和代理成本等。

5. 了解杠杆变动时的加权平均资本成本法和股权自由现金流法。

【内容导图】

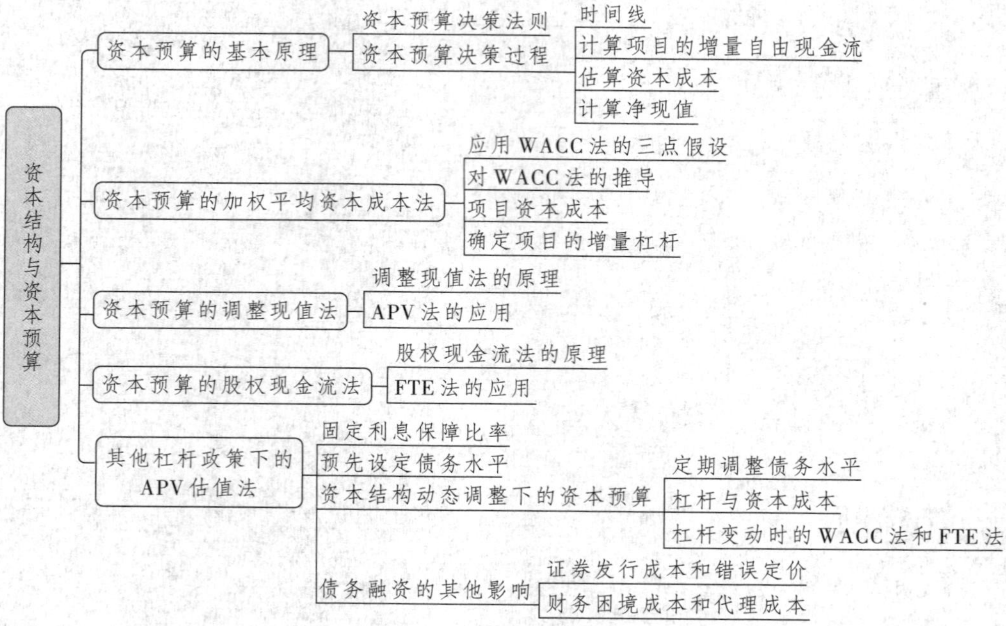

在星巴克公司2005年的年报中，董事长霍华德·舒尔茨与CEO吉姆·唐纳德向股东传达这样的信息：当星巴克计划继续增开分店，仅2006年就增加1 800家，今后5年的销售收入预计增长约20%。星巴克的股东读到这份年报时（2006年年初），公司股价大约为36美元/股。到2007年年末，股价已下跌到21美元/股。股价“跌跌不休”，CEO被董事会解雇。董事长在发给员工的邮件中写道，星巴克最近的扩张导致其“丢了魂”，星巴克成功的关键和客户的忠诚度已经缩水了。星巴克雄心勃勃地投资扩张为什么没有给股东创造价值？业务扩张固然可以带来利润和现金流的增长，但这种增长可能并不是有价值的增长。资本预算创造价值的核心在于，项目的净现值大于零，投资的回报率高于资本成本，这就是资本预算的决策法则。

本书第一篇第一章指出，在完美资本市场中，公司融资不创造价值，融资和融资结构不影响企业价值。但在现实市场中，如第二篇各章所阐述，由于存在信息不对称、公司所得税、财务困境成本和破产成本、代理成本等市场摩擦，导致资本结构选择会影响企业价值，因此，有必要在学习资本预算基本原理的基础上，再来深入考察资本结构（或杠杆）选择对资本预算的影响。

第一节　资本预算的基本原理

一、资本预算决策法则

公司需要决定应该接受和从事哪些项目或投资，在此过程中，将资金分配给不同的项目，即为资本预算。资本预算的决策法则，主要有净现值（*NPV*）法则、内含回报率（*IRR*）法则、投资回收期（包括不考虑对现金流折现的静态投资回收期和考虑折现的动态投资回收期）法则以及获利指数（*PI*）等。根据估值原理可知，*NPV*法则是唯一正确的投资决策法则。*IRR*法则的优点是，*IRR*表明在不改变决策结果的前提下，项目的资本成本估计的最大误差（或估计资本成本的边界）。*IRR*可能存在的问题有：*IRR*不存在、产生多重*IRR*、依据*IRR*的项目决策排序与依据*NPV*的排序相矛盾（*IRR*违背价值可加性原理）等等。*IRR*法则产生错误的主要原因在于，*IRR*法则是假设将项目每期产生的现金流均以等于*IRR*的回报率再投资于该项目，而*NPV*法则是假设将每期现金流均以等于资本成本的回报率进行再投资，显然，后者的假设更符合现实，基于这种考虑，计算修正的*IRR*（*MIRR*）即可解决*IRR*的再投资回报率假设不正确的问题，依据*MIRR*决策与依据*NPV*决策就会得出一致的结论，且可消除多重*IRR*。根据*IRR*的定义，并修正其再投资回报率假设，得到*MIRR*的表达式为：

$$\sum_{t=0}^{n}\frac{CFO_t}{(1+r)^t}=\frac{\sum_{t=0}^{n}CFI_t(1+r)^{n-t}}{(1+MIRR)^n} \tag{8.1}$$

8.1式中，CFO_t表示现金流出，CFI_t表示现金流入，n为项目的期限，r为资本成本。

二、资本预算决策过程

在资本预算决策中画出现金流发生的时间线，有助于简洁、清晰地描述资本预算过程。

（一）时间线

资本预算的第一步是要画出项目的时间线，以清楚地表明项目的现金流入量和现金流出量，以及现金流发生的时点。对于一些复杂的投资，有必要画出双重时间线（实际时间线和决策时间线）。

【例 8-1】

公司生产的奶酪，依照发酵的时间不同，有四种类别在售：2个月、9个月、15个月及2年期。每种产品每千克的售价分别是52元、62元、70元以及78元。考虑公司是否要继续发酵奶酪的决策。当发酵到2个月时，公司可以把奶酪立即卖掉，也可把奶酪发酵得更久。如果现在销售，则可以立即收到52元。如果待继续发酵后出售，则必须放弃当前的52元，以在未来收到较高的金额。如果放弃当前的520元，而选择将10千克当前为期2个月的奶酪继续发酵，在发酵时间达到9个月时（间隔7个月后）卖出4千克，达到15个月时卖出4千克，达到2年时卖出剩余的2千克，这一投资的内含回报率（以每月的百分比回报率来表示）是多少？

如图8-1所示，首先画出决策的时间线。有必要也画出实际时间线（最上方的时间线），然后再将其转换为决策时用到的时间线：

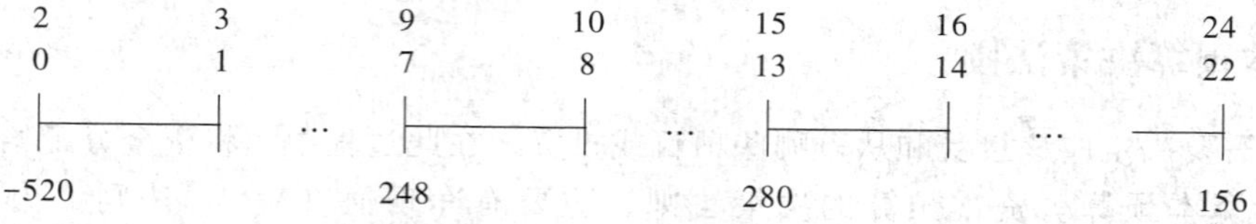

图 8-1 资本预算决策时间线

依据时间线，系列现金流的现值之和为：

$$NPV=-520+\frac{248}{(1+r)^{7}}+\frac{280}{(1+r)^{13}}+\frac{156}{(1+r)^{22}}$$

令 $NPV=0$，利用试错法，解得每月的 $IRR=2.21\%$，以 APR 表示为 26.52%。

（二）计算项目的增量自由现金流

要制定一项资本预算决策，必须要确定它对公司可动用现金的影响后果。投资项目对公司可动用现金的增量影响即为该项目的自由现金流（FCF，Free Cash Flow），即扣除为了项目的未来成长而投入的长期资本支出和短期净营运资本之后剩余的、可供投资者自由支配的现金流。可运用财务报表分析中所介绍的收益预测技术，预测项目的自由现金流：

$$\text{自由现金流}=\text{息税前利润}\times(1-\tau)+\text{折旧}-\text{资本支出}-\text{净营运资本的变动}$$

$$=(\text{销售收入}-\text{付现成本费用}-\text{折旧})\times(1-\tau)+\text{折旧}-\text{资本支出}-\text{净营运资本的变动} \tag{8.2}$$

用变量符号表示为：

$$FCF_t=EBIT_t(1-\tau)+Dep_t-CapEx_t-\Delta NWC_t \tag{8.3}$$

8.3式中，$EBIT$为息税前利润，τ为公司所得税税率，Dep为折旧费用（包含摊销费用在内，简化起见，以折旧费用代替），$CapEx$为资本支出，NWC表示净营运资本，ΔNWC表示净营运资本的变动。$EBIT$（$1-\tau$）又称“无杠杆净收益”，这是因为资本预算注重考察的是投资项目整体的投入资本回报（$ROIC$），当预测未来收益（和现金流）时，不区分债务资本和股权资本，将投入的债务资本也视作股权资本，不考虑资本结构的影响，也就相当于投资项目无杠杆（并非项目融资真的无杠杆）；而在以税后加权平均资本成本折现自由现金流时，将债务利息抵税效应考虑在内（体现为税后债务利率）；这样来看，自由现金流的测算未考虑利息抵税，而折现率又体现利息抵税效应，从而既考察投入资本的总体回报，又考虑利息抵税，而且可避免重复计算利息抵税效应。

计算项目的增量收益，先减去折旧，然后计算自由现金流，又将其加回（折旧为非现金费用）。折旧带来的唯一效应就是，减少了公司的税费。

可将8.2式改写为：

$$\text{自由现金流}=\left(\text{销售收入}-\text{付现成本费用}\right)\times(1-\tau)-\text{资本支出}-\text{净营运资本的变动}+\tau\times\text{折旧}$$

$$=\text{息税折旧摊销前利润}\times(1-\tau)-\text{资本支出}-\text{净营运资本的变动}+\tau\times\text{折旧} \tag{8.4}$$

用变量符号表示为：

$$FCF_t=EBITDA_t(1-\tau)-CapEx_t-\Delta NWC_t+\tau Dep_t \tag{8.5}$$

8.4式的最后一项$\tau\times$折旧，称作“折旧抵税”，是由于扣除折旧（和摊销）费用而产生的节税额。折旧费用对自由现金流有正的影响，公司经常出于会计目的和纳税目的而报告不同的折旧费用。由于只有折旧的纳税后果与自由现金流有关，因此，在自由现金流的预测中，应该使用公司为纳税目的而报告的折旧费用。当扣除所得税费用时，要以所得税现金流出的实际发生时间为准。在经济表现低迷时期，政府为了刺激企业投资和经济发展，通常允许企业加速扣除折旧费用，这一措施可增加资本支出的折旧抵税的价值，提高投资的净现值，使得投资更有吸引力，从而部分地达到激励企业投资的目的。

付现成本费用是指不包含折旧摊销费用在内的、需要支出现金的那些成本费用，包括销售成本中的付现成本费用和期间费用中的付现成本费用。在无杠杆净收益$EBIT$（$1-\tau$）的计算过程中，将折旧摊销费用从销售成本和期间费用中分离出来并单独汇总处理，导致在销售成本和期间费用中不包含折旧摊销费用，这与会计利润表中销售成本包括机器设备等的折旧、期间费用包括办公设施等的折旧的含义不同。

需要考虑投资的增量收益（增量收入减去增量成本）和增量现金流，但不用考虑投资项目的沉没成本，同时也不能忽略投资的机会成本和外部性。许多投资要使用公司已有的资源。由于公司不必为新项目而支付现金购置这些资源，因此，决策者不禁会认为，这些资源的取得是免费的。然而，在许多情况下，这些资源可通过其他机会或项目为公司创造价值。使用资源的机会成本就是，假如该资源作为他用时可为公司提供的最大价值。资本的机会成本可定义为，投资者从具有同等风险的其他投资上所能获得的回报。我们把在项目中使用现有资产的机会成本定义为，该资产的其次最佳使用方式所产生的现金流。若另一项目使用这一资源，这一价值就失去了，在资本预算时应将机会成本作为项目的增量成本包含在内。

项目的外部性是指，项目带来的可能增加或减少公司其他经营活动利润的间接效应。比如，公司推出新产品，可能会吸引一部分原本要购买公司现有产品的客户，这种现有产品销售收入的减少是由新产品决策所引起的，所以计算项目的增量收益时，要考虑这种外部性，例如，公司预期新产品每年的销售收入为2 000万元。尽管新产品的大部分销售收入将来自新客户，但是公司还是预计有40%的销售收入将来自老客户，他们将放弃现有产品而准备购买新款产品。假设客户在新旧两款产品上花费的金额相同，引进新产品的增量销售收入就是2 000 −0.4×2 000=1 200（万元）；假如公司不引进新产品，那些原本要从现有产品转向新产品的客户中，将有50%的客户转向消费其他品牌的产品。在这种情形下，引进新产品的增量销售收入则是2 000−0.5×0.4×2 000=1 600（万元）。

沉没成本是指公司已经发生的不可收回的成本，不论项目决策是否继续，沉没成本已经支付。沉没成本与现有决策的增量无关，在决策分析中不应考虑。比如，项目的前期市场调查和可行性研究费用，由于在决策前已经支出，因此，为沉没成本。

（三）估算资本成本

资本预算要以资本的机会成本（简称资本成本）折现项目的增量自由现金流，它是资本市场上与所要折现的现金流具有可比（类似）风险和期限的投资的最高期望回报率。公司向外部投资者筹集资金时，其提供给投资者的期望回报，必须至少与他们投资于其他具有相同风险和期限的项目所获得的回报一样。同样的逻辑也适用于从公司内部筹集资金的项目，因为投资新项目的资金最终要返还给股东并投资于其他项目，所以一个新项目只有比股东的其他投资机会提供更好的回报，才会被采纳。资本的机会成本为基于何种折现率来评估新投资的现金流提供了基准。对于无风险项目而言，它的资本成本通常相当于具有类似期限的国债的利率。风险项目的资本成本通常超过无风险项目的资本成本，风险溢价的高低取决于风险的性质和强度。

1.估计股权资本成本

在CAPM假设下，市场组合是一个充分分散的有效投资组合，它代表经济中的不可分散风险。如果投资项目对市场风险的敏感度（由该投资相对于市场组合的贝塔衡量）相同，这些投资就具有相似的风险。任何投资机会的资本成本都等于具有相同贝塔的可选择投资的期望回报率。给定投资机会的贝塔，它的资本成本为：

$$r_i = r_f + \underbrace{\beta_i(E[R_{Mkt}] - r_f)}_{\text{证券}i\text{的风险溢价}} \tag{8.6}$$

市场组合是证券的总供给，其中每只证券的投资比例，正好与每只证券的总市值占市场组合整体价值的比例相符，这样的市场组合被称作“价值加权组合”。价值加权组合（例如股票市场指数基金）是被动式投资组合，因为当股价发生变动时，不需要进行交易以重新调整组合权重；只有投资组合中的公司发行或回购股票，或组合中的公司集合发生变化时，才需要重新调整组合。价值加权组合的投资者，持有每只股票的流通股总数的相同比例。

确定无风险利率。通常用国债的收益率确定无风险利率。理论上应选择到期期限与股权投资期限相同的国债。当利用收益曲线确定利率时，大多数的大公司和财务分析师使用长期（10年到30年）政府债券的收益率确定无风险利率。

历史风险溢价。估计市场风险溢价$E[R_{Mkt}]-r_f$的一种方法是，使用市场超额回报率

（市场回报率与无风险利率之差）的历史平均值。需要很多年的数据才能得到对期望回报率的适度准确的估计，但过于久远的数据可能与今天的投资者对市场风险溢价的预期没有多大关系，所以需要权衡计算历史平均值的期限长短。市场的未来期望回报率很可能更接近较近期的历史数据，其大致范围为，超出短期国债利率达4%～6%（超出长期国债利率达3%～5%）。

估计贝塔。证券的贝塔测量证券的回报率相对于市场组合回报率的敏感度。贝塔"捕捉"证券的市场风险。对于充分分散的投资者而言，贝塔是衡量风险的适当方法。实践做法是基于股票历史回报率的敏感度来估计贝塔。如果股票的贝塔在一段时期内保持相对稳定（似乎大多数公司都是如此），这一方法就是合理的。

贝塔衡量的是证券的市场风险，即市场组合的回报率每1%的变动所引起的证券回报率的百分比变动。最优拟合直线表示的就是在证券回报率中可由市场（系统）风险因素来解释的那部分，它的斜率就是证券的贝塔。在任何一个月，证券的回报率将高于或低于最优拟合直线。偏离最优拟合直线是由于那些与系统性的市场风险无关的风险所致。直线上方的点与直线下方的点离直线的差距相互抵消，这些偏差的平均值为0。这些偏离表示可分散的公司特有风险，它们在大投资组合中可以被分散掉。

证券的超额回报率可以写成三个组成部分：

$$(R_i - r_f) = \alpha_0 + \beta_i (R_{Mkt} - r_f) + \varepsilon_i \tag{8.7}$$

可运用Excel或Stata的回归分析工具，对股票至少两年的周回报率或至少5年的月回报率数据进行回归分析，估计其贝塔和估计贝塔的95%的置信区间。尽管日回报率可提供更多的样本观测值，但一般不使用它们，原因是（尤其对于小公司和流动性差的股票）短期因素可能影响日回报率，但日回报率并不能代表长期风险对于证券的影响。在实践中，为得到足够多的数据，每月为最长的回报率间隔。假设股票对市场风险的敏感度在一段时间内保持稳定，有了估计贝塔，就可估计股权资本成本。

从线性回归中得到的贝塔估计值对异常回报率（绝对值异乎寻常大）非常敏感。当估计贝塔时，评估人员需要排除异常值或用同期同行业股票回报率的均值来代替，使用历史回报率预测未来的贝塔时，还要注意经营环境的改变，例如，一家公司要是转行，使用它的历史贝塔不如使用新行业中的其他公司的贝塔。

为什么不直接估计期望回报率？CAPM使用历史数据估计贝塔，从而确定证券的期望回报率（或投资的资本成本），为什么不直接使用证券的历史平均回报率作为它的期望回报率的估计值？这样做岂不更简单、更直接？原因是从历史数据中推断个股的期望回报率存在很大的估测误差。例如，思科（CISCO）股票从2000年到2012年间的年均回报率为-1.3%，波动率为42%。给定12年的数据，估计期望回报率的标准误为$42\%/12^{0.5}=12.1\%$，期望回报率的95%的置信区间为-25.5%～22.9%。即便有长达100年的数据，95%的置信区间也会达到-9.7%～7.1%，而且公司跟100年前比也相差甚远，几乎不存在相似之处。而只用两年的历史数据，就可从中较为合理而准确地推断出贝塔。至少在理论上，CAPM提供的期望回报率的估计值，要比从历史平均回报率中得到的更准确。

利用CAPM估计公司或项目的股权资本成本，要做出很多实际选择、近似和估计。这些假设并不完全是现实的，根据这种方法得到的结果的可信度如何？首先，用来估计资本成本的这些近似，跟贯穿资本预算过程的其他近似是相同的。特别是，在为股票或新项目投资进行估值时，必须预测收入和现金流，这很可能比资本成本的估计更具推测性。CAPM的缺陷在资本预算中可能不是关键的，项目现金流的估计误差的影响，很可能远比资本成本估计上的小的差异的影响更大。其次，与依据历史平均回报率推算资本成本相比，CAPM导致的误差相对会小得多。再次，CAPM要求公司遵循严格的程序来确定资本成本，很少有参数可以被操纵以达到其想要的结果，所做出的假设也可以直接地记录在案。与管理者无根据地设定项目的资本成本相比，CAPM可使资本预算过程较少受到管理者的操纵。最后，即使CAPM模型不完全准确，但它能促使管理者用正确的方法思考风险。股票被广泛持有的公司的管理者不必担心可分散风险，股东可以在其投资组合中轻易地消除可分散风险。管理者应该关注和准备补偿投资者的是在制定决策过程中所包含的市场风险。

2.债务资本成本

债务资本成本即公司偿付债务的资本成本。债券的到期收益率（*YTM*）是投资者持有债券至到期、收到债券的承诺支付从而将赚取的内含回报率（*IRR*）。如果公司债券的违约风险很低，就可近似地用债券的到期收益率估计债券投资者的期望回报率。但如果公司债务违约的风险高，公司债券的到期收益率，也就是它的承诺回报率，会高估投资者的期望回报率。债券的到期收益率反映了无违约风险时债券的承诺回报率。一旦考虑违约风险，投资者持有债券的期望回报率通常就会低一些。尽管如此，公司用其债务（债券）的收益率作为债务资本成本的近似估计还是常见的。如果债务非常安全，违约风险很低，这种近似可能是合理的。如果债务的风险高，债务的收益率就将高估债务资本成本，而且随着债务风险的提升，这种近似估计的误差就会变得更大。

为了理解债务的收益率和期望回报率之间的关系，考虑到期收益率为y的1年期债券。今天每投资1元于该债券，债券承诺1年后支付（$1+y$）元。假如债券违约的概率是p，在违约情形下，债券持有者仅能收到（$1+y-L$）元，L表示违约时每1元债券投资的预期损失。债券的期望回报率为：

$$r_d = (1-p)\ y + p\ (y-L) = y-pL = \text{到期收益率}-\text{违约概率}\times\text{预期损失率} \tag{8.8}$$

信用评级越低（到期收益率越高）的债券，其违约风险就越大。在非经济衰退时期，AAA级债券的违约率几乎可以忽略，其收益率可以作为期望回报率的合理估计，例如，在2022年中期，公司有尚未偿还的5年期B级债券，债券的到期收益率是6%。假如根据债券市场的经验数据，B级债券违约率的平均估计值为5.5%，预期损失率为60%。鉴于债券较低的评级，将相关数据代入8.8式得到，r_d=6%−5.5%×0.6=2.7%，债券的期望回报率远低于其承诺的到期收益率。这种估算是从外部投资者的视角关注债务资本成本，如果考虑债务利息费用的税费抵减效应，债务的资本成本会更低。

3.融资与加权平均资本成本

在完美资本市场中，没有税负，没有交易成本或其他市场摩擦，融资选择不影响项目的资本成本和净现值，项目的资本成本和净现值仅由其自由现金流及相应的现金流风险所决定。无论项目是否部分地由债务融资以及有多少债务融资，项目的资本成本都是相同的。所有融资交易的净现值都为零，不影响价值。

但存在市场摩擦时，公司关于项目的融资决策可能会影响项目的价值。税法允许公司从它的应税所得中扣除支付的债务利息。如果公司为其债务支付的利率为r_D，考虑到利息的抵税效应，净利息成本即有效税后利率为r_D（$1-\tau$）。当计算*NPV*时，评估人员使用公司的有效税后资本成本，可以把利息抵税收益包含在内。有效税后资本成本称作“加权平均资本成本”（*WACC*， Weighted Average Cost of Capital）：

$$r_{WACC}=\frac{E}{E+D}r_E+\frac{D}{E+D}r_D(1-\tau)=\frac{E}{E+D}r_E+\frac{D}{E+D}r_D-\frac{D}{E+D}r_D\tau \\ =r_U-dr_D\tau \tag{8.9}$$

8.9式中，r_U称作“无杠杆资本成本”或“税前加权平均资本成本”（pretax *WACC*）。d为债务融资占全部融资额的比例。*WACC*等于无杠杆资本成本减去与债务有关的税费节约，反映利息费用的抵税效应。r_U与r_{WACC}的主要区别如下：

（1）无杠杆资本成本（税前*WACC*）是投资者持有公司资产获得的期望回报率。存在税负时，可用无杠杆资本成本来评估和公司具有相同风险的全权益融资项目的价值。

（2）加权平均资本成本（税后*WACC*）为公司的有效税后资本成本。由于利息费用的抵税效应，*WACC*比公司资产的期望回报率低。当存在税负时，*WACC*可用于评估和公司的融资结构及风险完全一致的项目的价值。

（四）计算净现值

资本预算的基本程序是，首先估计投资所产生的增量自由现金流；然后以项目的资本成本折现自由现金流，从而确定项目的净现值。具体而言，分别估算项目融资的股权资本成本和债务资本成本，再结合项目的资本结构，计算项目的*WACC*，然后以*WACC*对预测自由现金流进行折现，从而得到项目的净现值。

【例8-2】

公司于1年前耗资11万元购买了一台设备。而新设备可以提供许多好处，现在购买它需要花费15万元。新设备采用直线法计提折旧，折旧年限为10年，折旧期满无残值。预计在未来的10年里，新设备每年将产生4万元的毛利润（为销售收入减去除折旧摊销之外的经营费用）。预计当前的旧设备每年将产生毛利润2万元。旧设备也按直线法计提折旧，折旧年限为11年，期满无残值，旧设备每年的折旧费是1万元。旧设备的当前市场价值是5万元。公司所得税税率是25%，此类设备的资本机会成本为10%。公司应该更新这台旧设备吗？

自由现金流=（销售收入−支付现金的成本费用）×（1−τ）−资本支出−净营运资本的变动+τ×折旧

上式中的销售收入与付现成本费用之差，即为息税折旧摊销前利润*EBITDA*。在本例的固定资产更新决策中，由于新旧设备的净营运资本的变动是一致的，因此，更新决策的经营期增量现金流可以简化为：

$$\Delta FCF_t=\Delta EBITDA_t\times(1-\tau)+\Delta Dep_t\times\tau \tag{8.10}$$

从第1到第10年，替换旧设备可使每年的*EBITDA*增加40 000−20 000 = 20 000（元），折旧费用增加15 000−10 000=5 000（元），每年的*FCF*将增加20 000 ×（1−0.25）+0.25 × 5 000 = 16 250（元）。

在t=0，购买新设备的初始成本为150 000元。旧设备的账面价值为110 000−10 000= 100 000（元），以50 000元的价格出售旧设备，资本利得为50 000 − 100 000= −50 000（元），可节税0.25×50 000=12 500（元），出售旧设备的税后现金流为50 000+12 500=62 500（元）。在t=0时替换旧设备的增量*FCF*为−150 000 + 62 500 = −87 500（元）。

替换旧设备的*NPV* = −87 500 + 16 250 ×（1 / 0.10）（1 − 1 / 1.10^{10}）= 12 349（元）。因

此，替换旧设备的方案可行。

【例8-3】

公司正在考虑购买一台新设备以扩大生产能力。新设备的成本是275万元。安装调试这台设备需要花费几个月的时间，导致生产部分中断。公司刚花费5万元完成了关于购买新设备的决策可行性研究，以下为评估结果：

一旦新设备明年投入运营，预计产能的提高将使得在设备的10年使用期内，每年的销售收入增加1 000万元。本年由于安装设备而引起的部分生产中断，将减少500万元的销售收入。同公司现有产品一样，由新设备生产的产品的销售成本预计为售价的70%。在项目寿命期内，产量的增加要求在每年的年初增加存货100万元。产能扩张导致每年需要增加的销售和管理人员费用为200万元。新设备在10年寿命期内按直线法计提折旧，折旧期满无残值。公司预计由新增销售额所产生的应收账款为新增销售收入的15%，应付账款为新增已销商品成本的10%。公司的边际所得税税率是25%。如果这一扩张项目的资本成本是10%，计算购买新设备的净现值（每一步的计算结果保留整数位）。

计算过程见表8-1。

表8-1 计算购买新设备的净现值 单位：万元

年	0	1	2~9	10	11
1. 销售收入	（500）	1 000	1 000	1 000	
2. 减：销售成本	350	（700）	（700）	（700）	
3. 减：销售及管理费用		（200）	（200）	（200）	
4. 减：折旧		（27.5）	（27.5）	（27.5）	
5. *EBIT*	（150）	72.5	72.5	72.5	
6. 减：所得税（25%）	37.5	（18.1）	（18.1）	（18.1）	
7. 无杠杆净收益	（112.5）	54.4	54.4	54.4	
8. 加：折旧		27.5	27.5	27.5	
9. 减：资本支出	（275）				
10. 减：*NWC*的增加	（60）	（120）	0	100	80
11. *FCF*	（447.5）	（38.1）	81.9	181.9	80
计算*NWC*					
12. 应收账款（15%）	（75）	150	150	150	0
13. 减：应付账款（10%）	35	（70）	（70）	（70）	0
14. 加：存货	100	100	100	0	0
15. *NWC*	60	180	180	80	0

以10%的折现率对增量自由现金流折现，计算购买新设备产生的净现值为：

$$NPV=-447.5-\frac{38.1}{1.10}+81.9\times\frac{1}{0.10}\times\left(1-\frac{1}{1.10^{8}}\right)\times\frac{1}{1.10}+\frac{181.9}{1.10^{10}}+\frac{80}{1.10^{11}}=13.24\text{（万元）},$$

公司应该购买新设备。

对于投资项目还应进行盈亏平衡（保本）分析，分析会计利润为零或净现值为零时，项目要达到的保本销售量、售价、成本（销售成本、资本成本）等。基于*NPV*的盈亏平衡销售水平，要比基于会计利润的盈亏平衡销售水平高，这是因为*NPV*考虑资本的机会成本而会计利润没有。盈亏平衡分析对于合理地估计资本预算决策的输入参数是有用的。

另一种重要的资本预算决策工具是敏感性分析，即将*NPV*计算分解为各组成成分假设，显示当基本假设改变时，*NPV*是如何随之变动的，从而得知哪些假设对于项目决策和实施是相对重要的，应投入更多资源来改进对这些假设的预测，例如，对于每一个参数，除了基准情形外，在假定的最好和最差情形下（或基于该参数一定的增减变动幅度），分别重新计算项目的*NPV*（此时要控制其他参数保持初始假设不变）。也可考察同时改变多个参数对*NPV*的影响，比如，降低产品售价，可能会增加销售量，考察各种可能的价格和销售量组合所产生的*NPV*，并与基准情形进行比较，可借此分析产品的定价策略。

自测题8-1

第二节　资本预算的加权平均资本成本法

一、应用WACC法的三点假设

运用WACC法，是基于以下三点假设：

1. 投资项目承担平均风险。假设项目的市场风险相当于公司投资的平均市场风险，在此假设下，项目的资本成本可基于公司的风险来估计。

2. 公司的债务股权比率（*D*/*E*）保持不变。假设公司可以持续地调整其杠杆，以使按照市值计算的债务股权比率保持不变。这一假设决定了公司接受新项目时将要承担的债务水平，同时也表明，公司的股权和债务的风险，以及*WACC*不会随着杠杆的变动而变动。

3. 公司所得税是唯一要考虑的市场摩擦。假设杠杆对估值的影响主要通过利息抵税效应起作用。暂不考虑个人所得税和证券发行成本，并假设其他市场摩擦（如财务困境成本或代理成本）在所选择的债务水平上并不显著。

上述假设对很多投资项目和公司来说是合理的近似。第一个假设可能适合于，集中在单一行业投资的公司的典型投资项目。第二个假设在现实中难以准确保持，但也反映了公司成长扩张时倾向于提高其债务水平这一事实，一些公司甚至对其债务股权比率设定了明确的目标。最后，对于债务水平并不是很高的公司，利息抵税可能是影响资本预算决策最重要的市场摩擦。

如果项目的市场风险类似于公司投资的平均市场风险，则其资本成本等于公司的加权平均资本成本。假设公司保持固定不变的债务股权比率，$WACC$就保持不变。$WACC$包含债务的利息抵税作用，可用来计算杠杆投资的价值。FCF_t为第t期期末投资的期望自由现金流，杠杆融资项目的最初价值V_0^L可表示为：

$$V_0^L = \frac{FCF_1}{1 + r_{WACC}} + \frac{FCF_2}{(1 + r_{WACC})^2} + \frac{FCF_3}{(1 + r_{WACC})^3} + \cdots \tag{8.11}$$

二、对WACC法的推导

考虑一项通过债务和股权融资的投资项目。股东的期望回报率为r_E，债权人的期望回报率为r_D，下一年投资者从项目获得的总收益为：

$$E(1 + r_E) + D(1 + r_D) \tag{8.12}$$

项目在年末产生的自由现金流为FCF_1。债务利息抵税带来的节税额为$\tau r_D D$。如果在下一年之后，投资仍然持续，令其持续价值为V_1^L。为了满足投资者，项目的现金流为：

$$E(1 + r_E) + D(1 + r_D) = FCF_1 + \tau r_D D + V_1^L \tag{8.13}$$

已知$V_0^L = E + D$，且$WACC$可表示如下：

$$r_{WACC} = \frac{E}{V_0^L} r_E + \frac{D}{V_0^L} r_D (1 - \tau) \tag{8.14}$$

将8.13式中的利息税盾移至等式左边，再运用8.14式，将8.13式改写为：

$$\underbrace{E(1 + r_E) + D[1 + r_D(1 - \tau)]}_{V_0^L(1 + r_{WACC})} = FCF_1 + V_1^L \tag{8.15}$$

将8.15式等号两边同时除以$(1 + r_{WACC})$，将投资的当前价值表示为下一期的自由现金流与持续价值之和的现值：

$$V_0^L = \frac{FCF_1 + V_1^L}{1 + r_{WACC}} \tag{8.16}$$

同理，可将1年后的项目价值V_1^L，表示为项目在第2年年末的自由现金流与持续价值之和的现值。如果各年的$WACC$不变，得到：

$$V_0^L = \frac{FCF_1 + V_1^L}{1 + r_{WACC}} = \frac{FCF_1 + \frac{FCF_2 + V_2^L}{1 + r_{WACC}}}{1 + r_{WACC}} = \frac{FCF_1}{1 + r_{WACC}} + \frac{FCF_2 + V_2^L}{(1 + r_{WACC})^2} \tag{8.17}$$

对8.17式中的持续价值反复替换，可推导出资本预算的WACC法的表达式：

$$V_0^L = \frac{FCF_1}{1 + r_{WACC}} + \frac{FCF_2}{(1 + r_{WACC})^2} + \frac{FCF_3}{(1 + r_{WACC})^3} + \cdots \tag{8.18}$$

杠杆融资的投资项目的价值，等于用$WACC$对项目的自由现金流折现的现值。

【例8-4】

电子产品制造商A公司正考虑引进一条新的生产线。工程师预计新生产线和产品的技术4年后将会过时。市场营销部门预计在未来4年间，这一生产线的年销售收入会达到5 000万元，预期每年的制造成本和营业费用分别为1 500万元和900万元。产品开发需要前期投入研发费用和营销费用550万元，需要为生产设备投资2 400万元。设备将于4年后报废，按直线法计提折旧，期满无残值。公司预先向大多数客户收取货款，项目不需要净营运资本。公司所得税税率是25%。基于以上信息，表8-2预测了项目的期望自由现金流。

表8-2 **预测新项目的期望自由现金流** 单位：万元

年	0	1	2	3	4
预测增量收益					
1.销售收入		5 000	5 000	5 000	5 000
2.减：销售成本		（1 500）	（1 500）	（1 500）	（1 500）
3.毛利润		3 500	3 500	3 500	3 500
4.减：（付现）营业费用	（550）	（900）	（900）	（900）	（900）
5.减：折旧		（600）	（600）	（600）	（600）
6.*EBIT*（息税前利润）	（550）	2 000	2 000	2 000	2 000
7.减：所得税（25%）	137.5	（500）	（500）	（500）	（500）
8.无杠杆净收益	（412.5）	1 500	1 500	1 500	1 500
预测自由现金流					
9.加：折旧		600	600	600	600
10.减：资本支出	（2 400）				
11.减：净营运资本的增加					
12.*FCF*	（2 812.5）	2 100	2 100	2 100	2 100

预计新项目的市场风险与公司其他业务的风险相似，可使用公司的股权和债务资本成本来确定新项目的*WACC*。公司当前的资本结构和资本成本为：股权和债务的市值分别是20 000万元和22 000万元，为投资需求已经积累了2 000万元的超额现金，股权资本成本为10%，税前债务资本成本为6%。

公司的净债务[①] D=22 000-2 000=20 000（万元）。企业价值，即它的非现金资产的市场价值可表示为$E+D$=40 000万元。公司计划在可预见的未来保持类似的（净）债务股权比率不变，包括对新项目的融资也要维持这一固定的资本结构。

在这一资本结构下，公司的加权平均资本成本为：

$$r_{WACC} = \frac{E}{E+D} r_E + \frac{D}{E+D} r_D (1-\tau)$$

$$= \frac{20\,000}{40\,000} \times 10.0\% + \frac{20\,000}{40\,000} \times 6.0\% \times (1-0.25) = 7.25\%$$

① 有时公司持有大量现金余额，超出了其运营的需要。在资产负债表上，现金代表无风险资产，它降低了公司资产的平均风险。利益相关者感兴趣的是公司的基本业务运营风险，与公司的现金持有量相分离。公司价值（*EV*）等于公司的股权和债务的市场价值之和，再减去超额现金。如果公司持有1元现金和1元无风险债务，则持有现金获取的利息等于为债务支付的利息。超额现金和债务产生的现金流相互抵消，如同公司没有现金和债务一样。净债务等于债务与超额现金之差。如果公司持有的现金多于债务，则该公司的净债务为负。在这种情况下，无杠杆贝塔和无杠杆资本成本将超过股权贝塔和股权资本成本，因为公司持有大量现金降低了股权的风险。

用 *WACC* 折现未来各期自由现金流，计算包含债务利息抵税效应的项目价值（可利用普通年金现值公式）：

$$V_0^L=\frac{2\ 100}{1.0725}+\frac{2\ 100}{1.0725^2}+\frac{2\ 100}{1.0725^3}+\frac{2\ 100}{1.0725^4}=7\ 073.18（万元）$$

开发生产线的前期成本（t=0）为 2 812.50 万元，项目的 *NPV* 为 7 073.18−2 812.50=4 260.68（万元），该项目可行。

简要总结资本预算的 WACC 法的关键步骤如下：（1）确定投资的自由现金流；（2）计算 *WACC*；（3）使用 *WACC* 对自由现金流折现，计算包含杠杆抵税价值在内的投资价值。

【例 8-5】

接上例，假设 A 公司正在考虑收购其所处行业的另一家公司。预计此次收购将在第 1 年使得 A 公司增加 340 万元的自由现金流，从第 2 年起，自由现金流将以每年 3% 的速度逐年增长。协议收购价格为 7 000 万元。交易完成后，公司将调整其资本结构，以维持公司当前的债务股权比率不变。如果此次收购业务的风险与 A 公司其他投资的风险相当，那么这项收购交易的价值为多少？

收购交易所产生的自由现金流可视为稳定增长的永续年金。收购交易的风险与公司其他投资的风险相当，而且由于公司也将继续保持相同的债务股权比率，因此，可用 7.25% 的 *WACC* 折现并购项目的预测现金流。收购交易的价值为：

$$V_0{}^L=\frac{340}{7.25\%-3\%}=8\ 000（万元）$$

给定 7 000 万元的收购价格，并购交易的净现值为 1 000 万元。

资本预算的 WACC 法假设公司采用不变的债务股权比率的财务政策。若保持债务股权比率不变，公司（和项目）的总债务会随着新投资而变化。在例 8-4 中，公司当前的债务股权比率是 20 000/20 000=1，债务与企业价值比率 *D*/（*E*+*D*）是 50%。为保持这一比率不变，新投资的债务融资额必须等于新投资的总价值的 50%。通过投资新的生产线，公司增加了初始价值为 7 073.17 万元的新资产，为使债务股权比率保持不变，必须同时增加 50%×7 073.17= 3 536.59（万元）的新债务。公司可通过减少超额现金持有或借债的方式来增加这一净债务。假设在 t=0，公司决定支出现金 2 000 万元（超额现金相当于负债务），同时额外借入 1 536.59 万元债务，即可达到新增债务 3 536.59 万元。该项目只需要投入 2 812.50 万元，可将剩余的 3 536.59−2 812.50=724.09（万元）作为股利（或通过股票回购）发放给股东。新项目的初始价值为 7 073.17 万元，债务股权比率为 1，该项目给股东带来的价值增值为 7 073.17×50%=3 536.59（万元），再加上股东分得的 724.09 万元股利，股东的总收益为 4 260.68 万元，等于该项目的净现值。

也可这样解释：对于该项目先期 2 812.50 万元的投资成本，其中 50%（1 406.25 万元）可通过债务融资解决。另外，项目还产生 4 260.68 万元的净现值，将增加公司的市场价值。为保持债务股权比率为 1，在投资之前，公司必须增加 50%×4 260.68=2 130.34（万元）债务。因此，全部新增债务为 1 406.25+2 130.34=3 536.59（万元）。

项目的借债水平 D_t 是指在 t 期为维持公司的目标“债务与企业价值比率”（d）而需要借入的债务额度；用 V_t^L 表示项目在 t 期的持续价值，即杠杆融资项目在 t 期后的自由现金流的价值，有下式成立：

$$D_t = d \cdot V_t^L \tag{8.19}$$

利用WACC折现项目的未来自由现金流，计算出每一期的持续价值。每一期的持续价值包含所有后续现金流的价值，因此更简便的算法是，从第4期向当前逐期推算，对未来一期的自由现金流和持续价值之和进行折现，从而计算出每期的价值：

$$V_t^L = \frac{FCF_{t+1} + \overbrace{V_{t+1}^L}^{t+2\text{及以后各期}FCF\text{的价值}}}{1 + r_{WACC}} \tag{8.20}$$

计算出每期价值V_t^L之后，再应用8.19式，得出每期债务余额。如表8-3所示，项目的债务余额逐年下降，直至第4年年末降为0。

表8-3　**新项目的持续价值和借债水平**　单位：万元

年	0	1	2	3	4
项目的借债水平					
1. 自由现金流	（2 812.5）	2 100	2 100	2 100	2 100
2. V_t^L（r_{wacc} = 7.25%）	7 073.18	5 485.99	3 783.72	1 958.04	
3. 借债水平D_t（d = 50%）	3 536.59	2 743.00	1 891.86	979.02	

【例8-6】

假设公司继续例8-5所描述的收购交易，在保持债务与企业价值比率不变的前提下，必须为收购融资借入多少债务？收购成本中的多少要通过股权融资来实现？

根据例8-5的解答，收购的资产价值为8 000万元。为保持50%的债务与企业价值比率，公司当前要增加债务4 000万元。在7 000万元的收购成本中，其余3 000万元要由股权融资来获得。除了3 000万元的新增股权，公司现有股权的价值将由于收购实现的净现值而增加1 000万元，所以股权总价值将增加4 000万元。

自测题8-2　　自测题8-3　　自测题8-4

三、项目资本成本

利用公司加权平均资本成本作为项目资本成本必须满足假定：一是项目的系统风险与公司当前资产的平均系统风险相同；二是公司继续采用相同的资本结构为新项目筹资。如不满足上述假定，公司就应当为每一个项目确定一个单独的可接受标准，即以项目资本成本作为评价标准。项目资本成本的大小主要取决于项目的系统风险，前文假设项目的风险和杠杆与公司整体的杠杆和风险特征保持一致，于是项目资本成本与公司资本成本一致。但在现实中，某一具体项目的系统风险可能与公司投资的平均风险水平存在差异。如果项目的风险和杠杆与公司主营业务的风险和杠杆不同，那么应该如何计算项目的资本成本？

【例8-7】

A公司要开办一项新的软件开发业务，这项业务与公司主营的电子产品制造业面临不同的市场风险。如何估算软件开发业务投资适用的无杠杆资本成本？可通过考察其他具有相似经营风险、且只单纯从事软件开发业务的公司的资本成本，来估计软件业务分部的r_U，例如，假设有两家软件开发业务上市公司（B和C）与A公司拟投资的软件业务具有可比性，并具有下列特征（见表8-4）：

表8-4　**可比公司的资本成本及杠杆**

公司	股权资本成本	债务资本成本	债务与企业价值比率
B	12%	6%	40%
C	10.7%	5.5%	25%

假设这两家公司都保持目标杠杆比率，可利用税前*WACC*计算式，估计每家可比公司的无杠杆资本成本r_U：B公司为9.6%（0.6 × 12% + 0.4 × 6%）；C公司为9.4%（0.75 × 10.7% + 0.25 × 5.5%）。

可通过同时持有公司债务和股权的方式，再造对公司资产的索取权。公司的现金流或者被用于支付给债权人，或者支付给股东，通过持有这两种证券，投资者就有权得到公司资产所产生的全部现金流。公司资产的回报率从而与由债务和股权所构成的组合的回报率相同，公司资产的贝塔将与这个组合的贝塔相匹配。投资组合的期望回报率等于组合中的各证券的期望回报率的加权平均，权重等于组合中的持有的各种证券的相对市值。同理，公司资产的资本成本或无杠杆资本成本，即公司的投资者持有公司的基础资产所要求的回报率，等于股权资本成本和债务资本成本的加权平均。

税前*WACC*表示投资者持有整个公司（股权和债务）而要求的回报率，它只取决于公司的总体风险。只要公司的杠杆选择不改变公司的总体风险，则不管公司有无杠杆，其税前*WACC*必定相同。这一结论依赖于这样的假设：公司的总体风险独立于杠杆的选择。在完美资本市场中，这一假设总是成立的。在有公司所得税的情形下，当利息抵税收益的风险与公司现金流的风险相同时，抵税收益的大小将不会改变公司的总体风险，上述结论仍然成立。如果公司维持目标杠杆比率（公司基于项目的价值或现金流，以固定比例调整其债务）不变，利息抵税收益的风险就和公司自由现金流的风险相同。资本预算的WACC法下固定的债务股权比率，就是目标杠杆比率的一种特例。

税前*WACC*或无杠杆资本成本可表示资产的总体回报率。根据这两家可比公司的r_U的平均值，可估计软件业务资产的期望回报率为9.5%（（9.6%+9.4%）/2）。假设公司根据目标杠杆比率来为该项目融资。不同的投资部门或不同类型的投资可能有不同的最优借债能力，这一目标杠杆比率不同于公司总体的杠杆比率，例如，假设软件业务的增量债务融资与股权融资额相等，预期借债成本仍为6%。给定项目的无杠杆资本成本为9.5%，软件业务投资项目的股权资本成本为：

$$r_E = r_U + \frac{D}{E}(r_U - r_D) = 9.5\% + \frac{0.5}{0.5} \times (9.5\% - 6\%) = 13\%$$

得出项目的股权资本成本后，可确定软件业务项目的*WACC*：

r_{WACC}=0.5×13%+0.5×6%×（1−0.25）=8.75%

若公司为投资项目保持目标杠杆比率，令$d=D/(D+E)$为项目的债务与总价值比率，可直接得到计算项目*WACC*的公式：

$$r_{WACC} = r_U - d\tau r_D \tag{8.21}$$

就软件业务项目的例子而言，项目的*WACC*为：

r_{WACC}=9.5%−0.5×0.25×6%=8.75%

公司资本成本，就是公司的现有证券总体所形成的投资组合的期望回报率，可以用来折现与公司总体风险相似的项目现金流。真实的项目资本成本（项目的折现率）决定于资本的投资对象，取决于项目的风险，而不是接受项目的公司本身的风险。为什么还要估计公司及其行业的资本成本？原因在于：首先，大多数项目与公司的主营业务资产的总体风险不相上下。对于这些项目，公司资本成本就是正确的折现率。其次，即使对风险极高或者极其安全的项目，公司资本成本依然对确定投资项目的折现率相当有益，是一个很好的出发点。毕竟对公司资本成本进行适当增减修正较之估计每个项目的资本成本，一切从零开始要容易得多。布雷利等曾这样比喻：这样的情形与美妙的音乐好有一比。大多数人都没有完美的音高感，唱歌要想不跑调，就需要有很好的参照基调，如中音C调之类。不过，五音健全的人总能正确地把握相对声高。经商的人对相对风险的直觉甚佳，至少对其熟悉的行业能够如此，但对项目的绝对风险或者要求的回报率就难以把握。因此，他们就以公司范围的或行业范围的资本成本作为基准[①]。

也可将可比公司的无杠杆贝塔（即资产的贝塔，$\beta_U = \beta_E \frac{E}{E+D} + \beta_D \frac{D}{E+D}$）的平均值作为项目的无杠杆贝塔，然后再基于项目的资本结构，估计项目的杠杆贝塔（$\beta_E = \beta_U + (\beta_U - \beta_D)\frac{D}{E}$），继而利用CAPM估计项目的股权资本成本。

同一行业中各公司的股权贝塔或股权资本成本之间可能存在很大差异，但这并不能反映它们在经营中所面临的市场风险的差异，只不过是因为股权的市场风险被公司的财务杠杆放大了，主要是由于杠杆水平差异所致。但是，同一行业中各公司的资产贝塔必定是比较接近的，因为同一行业的基本业务具有相似的市场风险，例如，不同航空公司的股权贝塔可能相差较大，它们的资产贝塔却往往比较接近。此外，那些对市场和经济状况相对不敏感的公司，如公用事业公司，其资产贝塔往往比那些更具周期性和更敏感的行业公司的资产贝塔低，像高科技公司一般都处于周期性强的行业，其资产贝塔和资产回报率较高。

四、确定项目的增量杠杆

为计算项目的股权资本成本或加权平均资本成本，需要知道该项目的债务融资额。也就是有项目和没有项目相比，公司的总债务（减去超额现金后的净债务）的变化量。项目

---

① 布雷利，迈尔斯，艾伦. 公司金融（原书第12版·进阶篇）[M]. 赵冬青，译. 北京：机械工业出版社，2019.

的增量债务融资不必对应于直接为该项目筹措的资金。举例来说，假设某个项目涉及购置一台新设备，对于新设备的购置，其中90%的资金需求要通过抵押贷款获得。然而，如果公司总的财务政策是要保持40%的债务与企业价值比率（d），要想购置设备且试图保持d不变，就要减少公司的其他投资的债务融资额。如果是那样，对新项目估值适用的债务与总价值比率就应该是40%，而不是90%。新项目之所以能有较高的债务融资比例，是因为公司的资产能够支撑其获取较高水平的债务（以公司资产为抵押），换言之，不应孤立地考察项目的债务融资水平，而要结合公司现有资本结构来考虑。

能带来较安全现金流的投资项目，在加大公司的财务困境风险之前能够支持更多的债务融资。公司所能承受的财务困境风险的可能性取决于它可能面临的财务困境成本、代理成本和信息不对称成本的大小。这些成本并不是项目所特有的，而是取决于公司的总体特征。所以，项目的最优杠杆将视项目和公司两者的特征而定。

如何调整分析，以应对项目间的风险差异和融资模式差异？公司的资产贝塔反映了公司内的平均项目的市场风险。但是，单个项目可能对市场风险更为敏感，或者更不敏感。当评估新投资时，评估者应该尽量评估这个项目与平均项目相比如何，例如，3M公司既有卫生保健分部，又有计算机显示和图形分部。这些分部可能具有非常不同的市场风险。3M公司自身的资产贝塔代表3M的所有分部（包括这两个分部和其他分部）的平均风险，不适合衡量各个分部的项目风险。当制定资本预算决策时，企业应根据专注经营相同或相似业务的可比公司的资产贝塔，来评估项目。对于具有多个业务分部的公司而言，当估计各个分部的合适的资本成本时，为每个分部确定一组“单纯经营”的可比公司是有用的。

影响项目的市场风险的另一个因素是项目的经营杠杆。经营杠杆是固定成本和变动成本的相对比例。较高比例的固定成本会增加项目的现金流对市场风险的敏感性，提高项目的贝塔。固定成本的比例高于平均水平的项目，从而其经营杠杆也高于平均水平的项目，它的资本成本应该更高，经营杠杆（用息税前利润变动率与销售量变动率之比来衡量）会放大公司的经营风险。

【例8-8】

考察一个投资项目，它的预期年收入是130万元，成本是50万元，这些现金流都是永续现金流。项目成本完全是变动成本，该项目的边际利润率将保持不变。假设该项目的贝塔是1.0，无风险利率是5%，市场组合的期望回报率是10%。计算该项目的价值是多少？如果项目营业收入的贝塔一直是1.0，但全部成本完全是固定成本，每年的固定成本为50万元，则此时项目的价值和贝塔分别是多少？

该项目每年的期望现金流为130-50=80（万元）。给定项目贝塔为1.0，项目资本成本为r=5%+1.0×（10%-5%）=10%。如果成本完全是变动成本，则项目价值为80/10%=800（万元）。

如果项目成本完全是固定成本，可通过对收入和成本分别折现的方法计算项目的价值。收入的贝塔仍是1.0，从而收入的资本成本仍是10%，收入的现值为130/10%=1 300（万元）。项目成本完全是固定成本，所以应该用5%的无风险利率对其折现，成本的现值为50/5%=1 000（万元）。当全部成本为固定成本时，项目价值仅为1 300-1 000=300（万元）。

当项目成本完全为固定成本时，可以把该项目看作一个组合，该组合由收入的多头和成本的空头构成。项目的贝塔等于收入贝塔和成本贝塔的加权平均：

$$\beta_P = \frac{1\,300}{1\,300 - 1\,000} \times 1.0 - \frac{1\,000}{1\,300 - 1\,000} \times 0 = 4.33$$

给定4.33的项目贝塔，当全部成本为固定成本时，项目的资本成本为：

$r = 5\% + 4.33 \times （10\% - 5\%）= 26.65\%$

为验证这一结果，该项目的期望利润的现值是80/26.65%=300（万元）。可见，提高投资项目中的固定成本相对于变动成本的比例，会显著提高项目贝塔，从而减少项目的价值。

自测题8-5　　自测题8-6

第三节　资本预算的调整现值法

一、调整现值法的原理

如果投资项目在存续期内始终保持固定不变的债务股权比率（D/E），应用WACC法比较简单易行；但如果不保持不变的资本结构，则调整现值法（APV，Adjusted Present Value）成为确定杠杆投资价值的另一种更有效的估值方法。它首先计算投资的无杠杆价值V^U，① 即不考虑杠杆时的价值，然后加上利息抵税收益（税盾）的价值：

$$V^L = APV = V^U + PV（利息抵税收益） \tag{8.22}$$

假设投资者持有由公司全部股权和债务所构成的组合，投资者将收到公司的自由现金流以及利息抵税收益。这与投资者从持有的复制组合（即，持有无杠杆公司，产生自由现金流）与“税盾”证券（每期向投资者支付利息税盾）中所获得的现金流是相同的。根据一价定律，它们一定有相同的价值：

$$V^L = E + D = V^U + T \tag{8.23}$$

8.23式即为APV法的基础。T为利息税盾的现值。上述投资组合产生相同的现金流，所以它们一定有相同的期望回报：

$$Er_E + Dr_D = V^U r_U + Tr_T \tag{8.24}$$

8.24式中，r_T为利息税盾的期望回报率。r_E、r_D、r_U之间的关系，取决于利息税盾的期望回报率r_T，r_T由利息税盾的风险决定。下面来考察两种情形：

① “无杠杆价值”，不要从字面上将其理解为公司无债务时的价值，它指的是不考虑所得税时的公司价值，因为根据完美市场中的MM定理，当不考虑所得税（和其他市场摩擦）时，公司在任意杠杆水平下的价值都始终等于其无杠杆（全权益公司）时的价值（除杠杆不同外，所有其他方面都一样）。称其为“无杠杆价值”，并非意指公司无债务。

1. 目标杠杆比率

假设公司持续地调整债务，以保持一个目标“债务与企业价值比率”（d），或目标“利息费用与自由现金流比率”。由于债务和利息费用将随着公司（项目）的价值和现金流而变动，所以可合理地预期，利息税盾的风险与公司（项目）自由现金流的风险相同，$r_T=r_U$，则8.24式变为：

$$Er_E + Dr_D = V^U r_U + Tr_U = (V^U + T)r_U = (E + D)r_U \tag{8.25}$$

将上式两边同时除以（$E+D$），得到：

$$r_U = \frac{E}{E+D}r_E + \frac{D}{E+D}r_D = 税前WACC \tag{8.26}$$

2. 预先设定未来各期的债务水平

假设公司（项目）的一些债务独立于公司（项目）的价值增长，是根据预先设定的计划确定的，则预设债务的利息抵税收益就是已知的，是相对安全的现金流。源于预定债务的利息税盾价值为T^s，其余来自于根据目标杠杆比率调整的债务的利息税盾价值为$T-T^s$（在此假设债务有两种类型：预先设定各期的债务水平和基于目标杠杆比率调整的各期债务）。预定债务的利息抵税风险与债务本身的风险相同，8.24式变为：

$$Er_E + Dr_D = V^U r_U + Tr_T = V^U r_U + (T - T^s)r_U + T^s r_D \tag{8.27}$$

8.27式等号两边同时减去$T^s r_D$，令$D^s=D-T^s$，得到：

$$Er_E + D^s r_D = (V^U + T - T^s)r_U = (V^L - T^s)r_U = (E + D^s)r_U \tag{8.28}$$

将8.28式两边同时除以（$E+D^s$）：

$$r_U = \frac{E}{E+D^s}r_E + \frac{D^s}{E+D^s}r_D，或\quad r_E = r_U + \frac{D^s}{E}(r_U - r_D) \tag{8.29}$$

二、APV法的应用

同WACC法一样，APV法只关注债务的利息抵税收益，暂不考虑杠杆融资的其他后果。如8.22式所示，APV法直接加入利息抵税的价值，而不是像WACC法那样通过调整折现率来实现。仍然通过例8-4的投资项目来阐释APV法的应用。

【例8-9】

APV法的第一步为，运用项目的无杠杆资本成本计算自由现金流的价值。新项目与公司的主营业务具有相似的风险，项目的无杠杆资本成本与公司的无杠杆资本成本相同：

$$r_U = \frac{E}{E+D}r_E + \frac{D}{E+D}r_D = 0.5 \times 10\% + 0.5 \times 6\% = 8\%$$

8%的无杠杆资本成本小于10%的股权资本成本（含有杠杆的财务风险），但大于7.25%的税后$WACC$（考虑杠杆的利息抵税收益）。

计算项目的无杠杆价值：

$$V_0^U = 2\,100 \times \frac{1}{0.08} \times \left(1 - \frac{1}{1.08^4}\right) = 6\,955.47（万元）$$

项目的无杠杆价值没有包含利息税盾的价值，相当于项目进行纯粹股权融资时的价值。根据表8-3给出的项目在各期的借债水平，可估计预期的利息支付和利息抵税收益（见表8-5）。第t年的利息费用，要根据上一年年末的未偿还债务的余额来估算：

表 8-5 新项目的预期借债水平、利息费用和利息税盾 单位：万元

年	0	1	2	3	4
1.借债水平 D_t（d=50%）	3 536.59	2 743.00	1 891.86	979.02	
2.支付的利息（r_D = 6%）		212.20	164.58	113.51	58.74
3.利息抵税（τ= 25%）		53.05	41.15	28.38	14.69

要计算利息抵税收益的现值，需要确定合适的资本成本。表 8-5 的利息抵税收益是期望值，每年的利息抵税收益的真实值会随着项目的现金流而改变。公司保持固定的债务股权比率，如果项目经营得好，其价值会更高，可支持更多的债务融资，从而利息税盾也更高。如果项目运作差，价值减少，公司将减少其债务水平，利息税盾变得更低。从表 8-5 中利息税盾的计算过程来看，利息税盾随着借债水平而变动，保持固定（目标）杠杆比率，借债水平又随着项目价值继而随着项目现金流的波动而波动，所以利息税盾的风险和项目本身的风险相同，应该以表征项目资产总体风险水平的无杠杆资本成本来折现利息税盾。

$$PV（利息税盾）=\frac{53.05}{1.08}+\frac{41.15}{1.08^2}+\frac{28.38}{1.08^3}+\frac{14.69}{1.08^4}=117.73（万元）$$

在项目的无杠杆价值的基础上加上利息税盾的价值，得到项目的杠杆价值：

$V^L=V^U+PV$（利息税盾）=6 955.47+117.73=7 073.20（万元）

项目要求的初始投资为 2 812.50 万元，净现值为 7 073.20−2 812.50=4 260.70（万元），与本章第二节使用 WACC 法计算出的价值一致①。

应用 APV 法确定杠杆投资的价值，步骤如下：

1.用无杠杆资本成本 r_U 对自由现金流折现，确定项目的无杠杆价值 V^U。

2.确定利息税盾的现值：

（1）确定预期的利息税盾：给定 t 期的预期债务 D_t，t+1 期的利息税盾为 $\tau r_D D_t$；

（2）对利息税盾折现；如果保持不变的债务股权比率，用 r_U 折现。

3.利息税盾的现值与无杠杆价值 V^U 相加，等于杠杆投资的价值 V^L。

在本例中，为计算 V^L，就要知道债务余额，但在保持不变的债务股权比率时，要知道项目在各期的价值才能计算出债务余额，就要同时求解项目在各期的债务水平和价值。以表 8-6 来说明 APV 法的计算过程。暂时在第 3 行插入任意借债数额（以斜体数字表示），第 3 行规定的债务余额同本例中 50% 的债务与企业价值比例并不一致，在每一期，第 3 行所示的债务余额与对应的第 7 行所示的项目价值的 50% 不一致。解决的办法就是，在表 8-6 的第 3 行插入公式，令债务余额等于第 7 行同时期项目价值的特定比例（在本例中，d=50%）。第 7 行的数值依赖于第 3 行的数值，而第 3 行的数值也依赖于第 7 行的数值，即在数据表中产生循环参照。在 Excel 表中进行迭代运算，直至第 3 行和第 7 行的数值保持一致的比例为止，最终结果见表 8-7。

① 计算结果的微小误差是由于手动计算过程中四舍五入所致，如果利用 Excel 电子表格嵌入公式计算，可减少计算误差。

表 8-6　　在任意债务水平下计算项目的APV　　单位：万元

年	0	1	2	3	4
无杠杆价值					
1. 自由现金流	（2 812.50）	2 100	2 100	2 100	2 100
2. 无杠杆价值 V^U（$r_U=8\%$）	6 955.46	5 411.90	3 744.85	1 944.44	
利息税盾					
3. 债务余额（任意水平）	*3 000*	*2 000*	*1 000*	*500*	
4. 支付的利息（$r_D=6\%$）		180	120	60	30
5. 利息税盾（$\tau=25\%$）		45	30	15	7.5
6. 税盾价值 T（$r_U=8\%$）	84.81	46.59	20.32	6.94	
调整后现值（APV）					
7. 杠杆投资的价值（$V^L=V^U+T$）	7 040.27	5 458.49	3 765.17	1 951.38	

表 8-7　　内生性地求解债务水平，计算项目的APV　　单位：万元

年	0	1	2	3	4
无杠杆价值					
1. 自由现金流	（2 812.50）	2 100	2 100	2 100	2 100
2. 无杠杆价值 V^U（$r_U=8\%$）	6 955.46	5 411.90	3 744.85	1 944.44	
利息税盾					
3. 债务余额	*3 536.59*	*2 743.00*	*1 891.86*	*979.02*	
4. 支付的利息（$r_D=6\%$）		212.20	164.58	113.51	58.74
5. 利息税盾（$\tau=25\%$）		53.05	41.15	28.38	14.69
6. 税盾价值 T（$r_U=8\%$）	117.72	74.09	38.87	13.60	
调整后现值（APV）					
7. 杠杆投资的价值（$V^L=V^U+T$）	7 073.18	5 485.99	3 783.72	1 958.04	

如果公司不能保持固定不变的债务股权比率，APV 法就比 WACC 法更易于应用。它也给管理者提供了关于利息抵税收益的明确估值，且 APV 法易于扩展到复杂的情形，以包括其他市场摩擦，比如考虑财务困境成本、代理成本和证券发行成本等。

【例 8-10】

再次考虑例 8-5 的收购交易。预计此次收购将会在第 1 年产生 340 万元的增量自由现金流，现金流在以后年度以每年 3% 的速度增长。收购交易需要初始投入资金 7 000 万元，其中 4 000 万元将通过新债务融资获得。假设公司为收购保持不变的债务股权比率，使用 APV 法计算收购交易的价值。

公司的无杠杆资本成本 r_U 为 8%，首先计算交易的无杠杆价值：

V^U = 340/（8% - 3%）= 6 800（万元）

公司初始将新增债务 4 000 万元为收购融资。利率为 6%，第 1 年的利息费用为 6%×4 000=240（万元），利息税盾为 25%×240=60（万元）。预期并购交易的价值将以每年 3% 的速度增长，所以并购交易所支持的债务融资额度以及相应的利息税盾，预期也将以相同的速度增长。利息税盾的现值为：

PV（利息税盾）= 60/（8% - 3%）= 1 200（万元）

应用 APV 法，计算杠杆收购的价值为：

$V^L=V^U+PV$（利息税盾）=6 800+1 200=8 000（万元）

这与例 8-5 所计算的价值相等。该项收购的净现值为 8 000-7 000=1 000（万元）。如果没有利息抵税价值，净现值等于 6 800-7 000=-200（万元）。

第四节 资本预算的股权现金流法

一、股权现金流法的原理

WACC 法和 APV 法对项目的估值是基于项目的自由现金流。如果估值的目标是要确定项目给股东带来的收益，那么也应该关注股东将收到的现金流。股权现金流（FTE，Flow-to-Equity）估值法考虑公司对债权人的支付以及股东从债权人得到的资金，计算股东所得到的自由现金流，然后用股权资本成本折现股权自由现金流。FTE 法的第一步是，确定项目为股东带来的股权自由现金流 $FCFE$（Free Cash Flow to Equity）。$FCFE$ 是在调整利息支付、借债以及偿债之后剩余的自由现金流。

应用股权现金流法对杠杆投资估值的主要步骤如下：（1）确定投资项目的股权自由现金流；（2）确定股权资本成本 r_E；（3）以股权资本成本折现股权自由现金流，计算投资项目对股权价值的贡献 E。

二、FTE 法的应用

【例 8-11】

还是以例 8-4 的投资为例，表 8-8 计算新项目的 $FCFE$：

表 8-8　　预测新项目的期望股权自由现金流　　单位：万元

年	0	1	2	3	4
预测增量收益					
1.销售收入		5 000	5 000	5 000	5 000
2.减：销售成本（不含折旧）		（1 500）	（1 500）	（1 500）	（1 500）
3.毛利润		3 500	3 500	3 500	3 500
4.减：（付现）营业费用	（550）	（900）	（900）	（900）	（900）
5.减：折旧		（600）	（600）	（600）	（600）
6.*EBIT*	（550）	2 000	2 000	2 000	2 000
7.减：利息费用（$r_D = 6\%$）		（212.20）	（164.58）	（113.51）	（58.74）
8.税前利润	（550）	1 787.80	1 835.42	1 886.49	1 941.26
9.减：所得税（$\tau = 25\%$）	137.5	（446.95）	（458.86）	（471.62）	（485.32）
10.净利润	（412.5）	1 340.85	1 376.56	1 414.87	1 455.94
股权自由现金流					
11.加：折旧		600	600	600	600
12.减：资本支出	（2 400）				
13.减：净营运资本的增加					
14.加：净借债	3 536.59	（793.59）	（851.14）	（912.84）	（979.02）
15.*FCFE*	724.09	1 147.26	1 125.42	1 102.03	1 076.92

比较表 8-8 中的股权自由现金流估计和表 8-2 中的自由现金流估计，有两处变化。首先，在第 7 行于税前减去利息费用，第 10 行计算的是项目的增量净收益，而非无杠杆净收益。第二个变化出现在表 8-8 的第 14 行，加上公司净借债的进款。当净债务增加时，进款额为正，而当偿还本金（或保留现金）减少净债务时，该项为负。公司为项目投资最初借债 3 536.59 万元，在 t=1 期，项目的借债水平下降到 2 743 万元，公司要偿还 3 536.59−2 743=793.59（万元）的债务。给定项目的借债水平 D_t，t 期的净借债=D_t−D_{t-1}。

也可根据自由现金流直接计算 *FCFE*。第 7 行的利息费用是在税前扣除的，可通过税后利息费用调减公司（项目）自由现金流，再加上净借债来确定股权自由现金流：

$$FCFE=FCF-(1-\tau)\cdot \text{利息费用}+\text{净借债} \quad (8.30)$$

表 8-9 展示了股权自由现金流的这一替代算法：

表 8-9 **由项目的 *FCF* 计算 *FCFE*** 单位：万元

年 股权自由现金流	0	1	2	3	4
1.公司自由现金流	(2 812.50)	2 100	2 100	2 100	2 100
2.减：税后利息费用		(159.15)	(123.44)	(85.13)	(44.06)
3.加：净借债	3 536.59	(793.59)	(851.14)	(912.84)	(979.02)
4.*FCFE*	724.09	1 147.26	1 125.42	1 102.03	1 076.92

股权自由现金流表示公司每年可用于分配股利（或回购股票）的预期可自由支配的现金，应以股权资本成本来折现。在本例中，项目的风险和杠杆与公司整体的风险和杠杆相同，并且预期公司的股权资本成本保持不变，可用公司的股权资本成本折现 ***FCFE***：

$$NPV\text{（}FCFE\text{）}=724.09+\frac{1\,147.26}{1.10}+\frac{1\,125.42}{1.10^2}+\frac{1\,102.03}{1.10^3}+\frac{1\,076.92}{1.10^4}=4\,260.67\text{（万元）}$$

然而，同 WACC 法一样，只有当公司保持不变的债务股权比率时，这一假设才是合理的。如果债务股权比率随时间而改变，股权的风险及其资本成本也会相应地改变。

股权自由现金流的价值代表了股东从项目中获得的收益，这与使用 WACC 法和 APV 法计算得出的净现值相同。既然已从项目现金流中扣除利息和债务偿付，为什么项目的净现值没有变得更低呢？这是因为，债务的这些成本被借债时收到的现金抵消了。如表 8-10 所示，假设债务被公允定价，债务现金流的净现值就为零。债务融资对项目价值的唯一影响来自税费的减少（利息费用抵税）。当债务被公允定价时，杠杆投资的净现值归属于股东。

表 8-10 **项目的利息费用和本金偿付** 单位：万元

年	0	1	2	3	4
1.净借债	3 536.59	(793.59)	(851.14)	(912.84)	(979.02)
2.利息费用		(212.20)	(164.58)	(113.51)	(58.74)
3.债务的现金流	3 536.59	(1 005.79)	(1 015.72)	(1 026.35)	(1 037.76)

以 6% 的利率对表 8-10 第 3 行的债务现金流折现，计算债务融资的净现值：

$$3\,536.59+\frac{-1\,005.79}{1.06}+\frac{-1\,015.72}{1.06^2}+\frac{-1\,026.35}{1.06^3}+\frac{-1\,037.76}{1.06^4}=0$$

本例中的 FTE 法与 APV 法存在同样的缺点：在最终制定资本预算决策之前，需要计算项目在各期的借债水平，以确定利息费用和净借债。与 APV 法类似，仍可通过在 Excel 中运用迭代运算的方法内生性地求解各期的债务水平和股权价值。

【例 8-12】

再次考虑例 8-5 中的收购交易。收购将在第 1 年产生 340 万元的增量自由现金流，以后现金流将以每年 3% 的速度增长。收购成本为 7 000 万元，其中 4 000 万元通过新债务融资解决。运用 FTE 法计算此次收购的价值。

收购交易所需资金中的4 000万元通过债务融资获得，其余3 000万元由股权融资提供，故 $FCFE_0$ = −7 000+4 000=−3 000（万元）；

当 t=1 时债务的利息费用为6%×4 000=240（万元），保持债务股权比率不变，与收购相关的债务预期也将随着项目价值以3%的速度增长，t=1 期将新增债务 4 000×3%=120（万元），根据8.30式可得到：

$FCFE_1$ = 340−240×（1−25%）+120=280（万元）

自 t=1之后，$FCFE$ 将以3%的速度增长，股权资本成本为10%，计算净现值如下：

NPV（$FCFE$）= $FCFE_0$ +PV（$FCFE_{1-\infty}$）=−3 000+280/（10%−3%）=1 000（万元）

与应用WACC法和APV法得出的结果一致。

自测题 8-7

杠杆投资的三种估值方法分别是WACC法、APV法和FTE法，如果应用得当且内在逻辑连贯一致，无论哪种方法都会得出相同的估值。方法的选择主要是出于简便的目的。如果公司在项目投资的整个寿命期内都保持固定不变的债务与企业价值比率（d），则WACC法简便易行。而在其他杠杆政策下，APV法通常最直接明了。一般只有在复杂情形下，比如，资本结构中其他证券的价值或利息税盾本身难以确定，才应用FTE法。

第五节　其他杠杆政策下的APV估值法

此前一直假设，投资项目的增量债务被设定为保持不变的债务股权比率（或不变的债务与企业价值比率）。固定不变的债务股权比率假设有助于简化分析，但并非所有公司都采用这样的杠杆政策。若放松不变的债务股权比率这一假设，股权资本成本和 $WACC$ 会随着债务股权比率的改变而改变，导致WACC法和FTE法难以应用，而应用APV法则相对简单直接，成为在其他杠杆政策下投资估值的优先选择方法。

一、固定利息保障比率

如果公司使用杠杆避税，它将调整其债务水平，以使利息费用随着公司收益的增加而增加。在此情形下，自然地会把公司增加的利息支付设定为项目自由现金流（或应纳税收益）的一个目标比例 k：

$$t\text{期的利息支付}=k\cdot FCF_t \tag{8.31}$$

若保持利息支付为自由现金流的一个目标比例，则称作“固定利息保障比率”。因为债务的利息税盾与项目的自由现金流成固定比例，所以利息税盾的风险与项目自由现金流的风险相同，也应以相同的折现率——无杠杆资本成本，来折现利息税盾现金流：

$$PV(\text{利息税盾}) = PV(\tau\cdot k\cdot FCF_t) = \tau k\cdot PV(FCF_t) = \tau k V^U \tag{8.32}$$

在固定利息保障比率的杠杆政策下，杠杆投资的价值为：

$$V^L=V^U+PV(\text{利息税盾}) = (1+\tau k)\,V^U \tag{8.33}$$

二、预先设定债务水平

公司可能根据事先设定的计划来调整债务水平，而非基于目标债务股权比率或利息保障比率来确定债务融资水平。假设例8-4中，公司计划在项目投资初始时期借债3 536.59万元，然后以预定的进程在1年后将债务余额减少到2 000万元，两年后减少到1 000万元，3年后降为零。不论项目成功与否，都不会对公司的杠杆造成其他影响。像这样预先知道未来的债务水平而非保持不变的债务股权比率的投资，应该怎样估值？

由于债务水平已知，可计算利息费用和相应的利息抵税，见表8-11：

表8-11　**基于预先设定的债务融资计划，计算利息支付和利息抵税**　单位：万元

年	0	1	2	3	4
利息税盾					
1.债务余额 D_t（预先设定）	3 536.59	2 000	1 000	0	—
2.利息费用（$r_D=6\%$）		212.20	120	60	—
3.利息抵税（$\tau=25\%$）		53.05	30	15	—

在预定的债务计划下，债务余额不再随项目现金流或价值而波动，利息税盾的风险比项目的风险低，应以较低的折现率来折现。实际上，利息税盾的风险与债务现金流的风险相似[①]，可使用债务资本成本 r_D 折现预先确定的利息税盾。据表8-11计算的利息税盾，确定利息税盾的价值：

$$PV\text{（利息税盾）}=\frac{53.05}{1.06}+\frac{30}{1.06^2}+\frac{15}{1.06^3}=89.34\text{（万元）}$$

然后将利息税盾的价值与项目的无杠杆价值加总，得到项目的总价值：

$$V^L=V^U+PV\text{（利息税盾）}=6\,955.46+89.34=7\,044.80\text{（万元）}$$

预先设定未来债务水平的一种简单情形就是，公司永久保持不变的债务水平。此时每期的利息税盾 $\tau r_D D$ 为永续现金流，用 r_D 对其折现，得到利息税盾价值为 τD，杠杆融资的项目价值为 $V^L=V^U+\tau D$。

若投资项目的债务融资计划被预先设定，公司将不基于项目现金流或价值的变化，依据目标杠杆比率动态调整债务水平，所以利息税盾的风险不同于项目现金流的风险，也就是说，债务融资改变了公司资产的总体风险，这导致税前 $WACC$ 不再和无杠杆资本成本 r_U 一致（见8.29式），8.9式将不再适用。

三、资本结构动态调整下的资本预算

（一）定期调整债务水平

前几节考察公司根据目标杠杆比率持续调整债务水平，或基于固定的债务计划确定债务的杠杆政策。现实中的大多数公司并不会随时持续地调整债务水平使之始终保持目标杠杆比率，而是允许其债务股权比率偏离目标水平，并定期地调整杠杆，使其恢复到与目标比率一致。

---

① 利息税盾的风险并不真正等同于债务现金流的风险，因为利息税盾仅仅是基于债务偿付中的利息部分，并且易受公司的边际税率波动风险的影响。

如图8-2所示，假设公司每隔s期就调整杠杆，至$t=s$的利息税盾就可被预先确定，故应以r_D对其折现。而$t=s$之后的利息税盾取决于公司在未来对债务的调整，它是有风险的。如果根据目标债务股权比率或利息保障比率调整债务水平，对于未来的利息税盾，在利息税盾为已知的时期内应以r_D折现，在利息税盾仍有风险的所有早期则应以r_U折现。

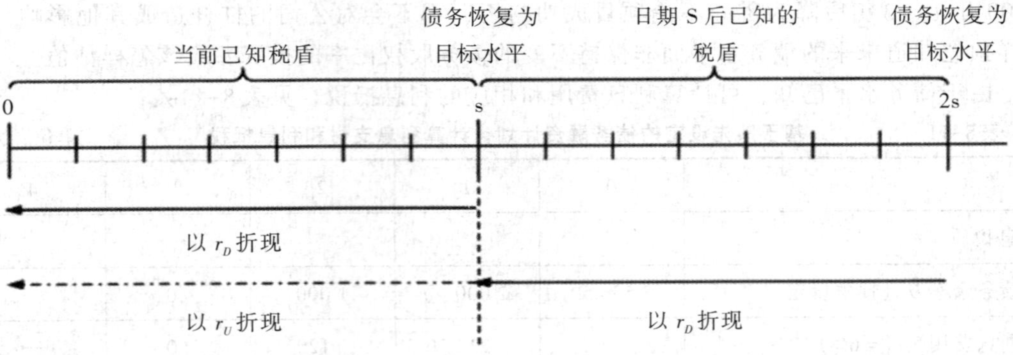

图8-2 定期调整债务时对利息税盾的折现

注：每隔s期就将债务调整至目标杠杆比率的水平，在第1个s期内，利息税盾为已知，应以r_D折现。而在$t=s$之后发生的利息税盾是未知的，其在利息税盾为已知的时期内应以r_D折现，在利息税盾仍有风险（未知）的早期应以r_U折现。

一个特例是，公司每年都调整债务。t年的预期利息费用Int_t，在$t-1$年时就知道。从$t-1$至t的1年中的利息税盾可用r_D折现，然后再以r_U将其从$t-1$年折现至$t=0$：

$$PV(\tau \cdot Int_t) = \frac{\tau \cdot Int_t}{(1+r_U)^{t-1}(1+r_D)} = \frac{\tau \cdot Int_t}{(1+r_U)^t} \cdot \frac{1+r_U}{1+r_D} \tag{8.34}$$

8.34式表示，对于利息税盾的估值，可先以r_U折现，由于1年前已预先知道利息税盾，所以还应再将结果乘以系数（$1+r_U$）/（$1+r_D$）。

若每年对债务进行一次调整，而非持续地调整至目标债务与企业价值比率（d），项目$WACC$变为：

$$r_{wacc} = r_U - d\tau r_D \cdot \frac{1+r_U}{1+r_D} \tag{8-35}$$

若每年都基于期望自由现金流来确定债务水平，则固定利息保障比率（设定利息支付为自由现金流的目标比例k）模型变为：

$$V^L = \left(1 + \tau k \cdot \frac{1+r_U}{1+r_D}\right) V^U \tag{8-36}$$

【例8-13】

公司预期未来第一年的自由现金流为600万元，随后将以每年4%的速度永续增长。公司当前有2 400万元债务，这一杠杆水平在年内保持不变，但在每年年末，公司将增加或减少债务以保持固定的债务股权比率。公司为债务支付5%的利息，公司所得税税率为25%，无杠杆资本成本为12%。估计公司在此杠杆政策下的价值。

应用APV法，无杠杆价值$V^U=600/(12\%-4\%)=7\ 500$（万元）。在第1年，利息税盾为$\tau r_D D=25\%\times5\%\times2\ 400=30$（万元）。公司将在1年后调整债务，预计利息税盾将以每年4%的速度增长，利息税盾的现值为：

$$PV（利息税盾）=\underbrace{\frac{30}{(12\%-4\%)}}_{以r_U折现得到的现值}\times\underbrace{\frac{1.12}{1.05}}_{1年前预先设定债务水平}=400（万元）$$

公司有杠杆时的价值 $V^L=V^U+PV$（利息税盾）=7 500+400=7 900（万元）

也可用WACC法计算。根据8.35式，$WACC$为：

$$r_{WACC}=r_U-d\tau r_D\cdot\frac{1+r_U}{1+r_D}=12\%-\frac{2\,400}{7\,900}\times25\%\times5\%\times\frac{1.12}{1.05}=11.595\%$$

$V^L=600/（11.595\%-4\%）\approx7\,900$（万元）

在固定的现金流增长率下，不变的债务股权比率意味着利息保障比率不变。应用固定利息保障比率模型，已知第1年的利息费用为5%×2 400=120（万元），代入8.36式：

$$V^L=\left(1+\tau k\cdot\frac{1+r_U}{1+r_D}\right)V^U=\left(1+25\%\times\frac{120}{600}\times\frac{1.12}{1.05}\right)\times7\,500=7\,900（万元）$$

忽略计算误差，结果不变。

（二）杠杆与资本成本

8.9式中的杠杆与资本成本之间的关系，依赖于保持目标杠杆比率的假设。这种关系成立是因为在那种假设情形下，利息税盾与项目现金流有相同的风险。但若根据融资计划预先设置某些时期内的债务水平，则预设债务的利息税盾就是已知的，是相对安全的现金流。这些安全的现金流可减少杠杆对股权风险的影响。当评估杠杆时，评估人员应从债务中减去这些“安全”的税盾的价值，这与从债务中减去超额现金的方式一样。以T^s表示预先设定的债务的利息税盾的现值，股权的风险取决于扣除预先确定的利息税盾现值后的债务净额：

$$D^S=D-T^S \tag{8.37}$$

在预先设定的债务计划下（未来每期的债务水平被预先设定，不随项目的现金流或价值而成比例变动），无杠杆资本成本和股权资本成本之间更一般的关系式为：

$$r_U=\frac{E}{E+D^s}r_E+\frac{D^s}{E+D^s}r_D，或等价于\quad r_E=r_U+\frac{D^s}{E}(r_U-r_D) \tag{8.38}$$

相应地，在预先设定的债务计划下，$WACC$的表达式为：

$$r_{WACC}=r_U-d\tau[r_D+\phi(r_U-r_D)] \tag{8.39}$$

8.39式中，$d=D/（D+E）$，表示债务与企业（项目）价值比率；$\phi=T^s/(\tau D)$，衡量债务水平的变动性。根据为适应投资的增长而调整债务的频率不同，下面列出了资本预算实践中常用的三种情形：

1. 持续动态调整债务：$T^S=0$，$D^S=D$，$\phi=0$；

2. 每隔1年定期调整债务：$T^s=\dfrac{\tau r_D D}{1+r_D}$，$D^s=D\left(1-\tau\dfrac{r_D}{1+r_D}\right)$，$\phi=\dfrac{r_D}{1+r_D}$；

3. 始终保持余额不变的永久性债务：$T^s=\tau D$，$D^s=D(1-\tau)$，$\phi=1$。

除非d和ϕ一直保持不变，否则，$WACC$和股权资本成本必须逐期计算。

【例8-14】

公司正在考虑一项投资。预计投资每年可产生360万元的永续自由现金流，项目的无杠杆资本成本为8%。公司将永久性地为此项目而增加债务2 000万元。公司所得税税率是25%。运用APV法计算投资的价值，并用WACC法验证。

应用 APV 法，无杠杆价值 $V^U=FCF/r_U=360/8\%=4\ 500$（万元）；债务余额始终保持不变，利息抵税的价值为 $\tau D=25\%\times 2\ 000=500$（万元）；$V^L=4\ 500+500=5\ 000$（万元）。

应用 WACC 法，$\phi = T^s/(\tau D) = 1$，$d=2\ 000 / 5\ 000 = 40\%$，代入 8.39 式：

$$r_{WACC} = 8\% - 40\% \times 25\% \times 8\% = 7.2\%$$

$$V^L = FCF / r_{WACC} = 360 / 7.2\% = 5\ 000\text{（万元）}$$

WACC 法与 APV 法的计算结果一致。

（三）杠杆变动时的WACC法和FTE法

如果公司不为投资项目保持固定不变的债务股权比率，应用APV法最为简单直接，而WACC法和FTE法则较难应用，因为当债务比例变动时，项目的股权资本成本和 *WACC* 不会保持不变。虽然如此，这两种方法仍然可用，并得出与应用APV法相同的结果。

【例 8-15】

假设例 8-4 的 A 公司制订固定的债务融资计划（见表 8-12 第 3 行，预先设定未来每年的债务余额）。根据表 8-12 的计算过程和结果可知，当项目的杠杆比率 D^S/E 下降时，股权资本成本也随之下降。到第 3 年年末偿还全部债务后，股权资本成本就等于 8% 的无杠杆资本成本。

表 8-12　**在预定的债务计划下，项目的调整后现值和资本成本**　金额单位：万元

年	0	1	2	3	4
无杠杆价值					
1. 自由现金流	（2 812.50）	2 100	2 100	2 100	2 100
2. 无杠杆价值 V^U（r_U=8%）	6 955.46	5 411.90	3 744.85	1 944.44	
利息税盾价值					
3. 债务计划 D_t	3 536.59	2 000	1 000	0	
4. 利息费用（r_D=6%）		212.20	120	60	
5. 利息税盾（τ=25%）		53.05	30	15	
6. 税盾价值 T^S（r_D=6%）	89.34	41.65	14.15		
调整后现值					
7. 杠杆项目的价值：$V^L = V^U+T^S$	7 044.80	5 453.55	3 759	1 944.44	
有效杠杆和资本成本					
8. 股权 $E=V^L-D$	3 508.21	3 453.55	2 759	1 944.44	
9. 有效债务 $D^S=D-T^S$	3 447.25	1 958.35	985.85		
10. 有效债务股权比率 D^S/E	0.9826	0.5671	0.3573	0	
11. 股权资本成本 r_E	9.97%	9.13%	8.71%	8.00%	
12. 加权平均资本成本 r_{WACC}	7.22%	7.43%	7.59%	8.00%	
WACC 估值法					
13. 自由现金流	（2 812.50）	2 100	2 100	2 100	2 100
14. 加权平均资本成本 r_{WACC}	7.22%	7.43%	7.59%	8.00%	
15. 项目价值 V^L（r_{WACC}）	7 045.23	5 453.90	3 759.12	1 944.44	

利用8.38式计算股权资本成本、8.9式计算*WACC*后，即可应用WACC法或FTE法对项目进行估值。资本成本随时间而变动，每年要使用不同的折现率，例如，当应用WACC法时，每年的价值计算如下：

$$V_t^L = \frac{FCF_{t+1} + V_{t+1}^L}{1 + r_{WACC}(t)} \tag{8.40}$$

8.40式中的r_{WACC}（t）是项目在第t年的*WACC*。应用WACC法和FTE法计算的项目价值与应用APV法的结果是相同的。不过，在表8-12中，计算每期的债务股权比率进而计算r_E和r_{WACC}时，要用到待求解的每期的项目价值V^L，所以仍需运用例8-9所描述的迭代运算方法，内生性地求解项目价值和资本成本。

自测题8-8

【延伸阅读】　确定资本结构的实用框架

公司要确定资本结构，就必须充分了解未来的收入和投资需求。具备了这些先决条件后，就可以开始考虑改变资本结构，使之能够支持公司的战略。以某全球性消费品公司的例子来加以说明。该公司的增长一直较为平稳。剔除收购与货币流动的影响，在过去5年中公司的收入大约每年增长5%。收购使每年的增长另增加了7%，而营业利润率则稳定在14%左右。长久以来，该公司的负债水平一直很低：2001年以前，其债务占公司价值的比例不到10%。但近几年来，为了支付收购款项，公司将负债提高到了相当于公司总价值25%左右的水平。收购完成后，管理层需要决定，在之后几年里是把公司的现金流用于恢复原来较低的债务水平，还是用于向股东返还现金，而将债务稳定在较高的水平。公司的决策流程包括以下步骤：

1.估算融资不足或盈余。首先，管理层对在行业的整个商业周期中公司运营和战略投资将产生的融资不足或盈余做出预测。当进行一般情景预测时，预计内涵式收入增长为5%，利润率约为14%。公司不打算在之后4年里进行任何收购。公司扣除股利与利息后的现金流将于2006年出现正数，然后稳定增长至2008年。息税摊销前收益（EBITA）利息保障比率将迅速回升到历史高位，甚至超过利息费用的10倍。

2.设定目标信用评级。接下来，公司设定了目标信用评级，并估算出相应的资本结构。在正常情况下，公司的运营业绩保持稳定，管理层将目标设定在BBB级。然后，他们把目标信用评级换算成4.5倍的目标利息保障比率（EBITA对利息费用的比率）。实证分析显示，使用行业、规模与利息保障这三个因素可以建立起良好的信用评级模型。通过对其他大型消费品公司进行分析，可估计出在不同的保障水平上可能获得的信用评级。

3.制定整个商业周期内的目标债务水平。最后，管理层设定了在2008年应达到的57亿欧元的目标债务水平。在情景分析中，管理层预测2008年的息税摊销前收益（EBITA）为19亿欧元。与4.5倍的目标保障比率对应的债务水平为83亿欧元。其中5亿欧元的借债能力被用作遭遇意外情况或不可预测事件时的融资缓冲，因此2008年的目标债务水平实际为78亿欧元。随后，管理层按不利情景对此预测进行检验。在不利情景下，2008年的息税摊销前收益只能达到14亿欧元。按照同样逻辑，得出在不利情景下维持投资级信用评级所需的目标债务水平为57亿欧元。

4.确定公司应如何转向目标资本结构。这一转变需要公司决定在未来年份中新借款、偿债、股利、股票回购和股票发行的适当搭配。资金盈余的公司可通过派发股利或股票回购等形式将现金返还给股东。考虑到增长平稳和现金流强劲等因素，该公司的股利支付比率目前还比较低。公司可以轻易地将该比率从占收益的30%提高到45%。提高正常股利会向股市传递一个强烈的信号，表明公司认为自己能轻松地支付更高的股利。剩余的13亿欧元通常将在以后几年中通过股票回购的形式返还给股东。由于股市的流动性问题，公司也许只能回购大约10亿欧元的股票，但公司可以考虑将剩余现金以一次性股利的形式派发出去。

当决定是派发股利还是回购股票时，信号效应也许是最重要的考虑因素（市场认为回购显示了管理层对股票被低估的信心，或管理层对不需要这些现金来履行未来承诺（例如用于支付利息和资本支出）的信心）。此外，公司还应考虑派发股利与回购股票之间的税收差异，以及股东可以选择不参与回购的事实，因为他们拿到现金后还必须设法重新投资出去。尽管这些税收影响和信号效应确实存在，但它们主要是影响如何转向既定的长期目标资本结构的战术选择，而该目标结构应在较低债务的灵活性与较高债务的约束性（和节税效果）之间实现平衡，从而最终支持公司的商业战略。

——Marc H. Goedhart、Timothy Koller and Werner Rehm，摘自《麦肯锡金融季刊》(2006年冬季)。

四、债务融资的其他影响

债务融资除了产生利息抵税效应外，还会有其他一些潜在的市场摩擦。比如，要考虑证券发行成本、证券错误定价、财务困境成本以及代理成本等问题。

（一）证券发行成本和证券错误定价

公司通过借款或发行证券筹集资本时，提供贷款或承销证券的投资银行要收取中介费用。与项目融资相关的费用应该包括在投资成本中，从而减少项目的净现值。在完美资本市场中，所有证券都被公允定价，发行证券是一项净现值为零的交易。但在现实中有时管理者也许会认为，公司所发行的证券的价格低于（或高于）其真实价值，因此，当制定决策时，管理者就应该考虑证券发行交易的净现值，即实际筹集的资金与卖出的证券的真实价值的差额，例如，如果管理者认为股票的发行价格低于其真实价值，这种错误定价对于现有股东而言就是该项目的成本，应该与其他发行成本一起从项目的净现值中扣除。

当公司借款时，如果所支付的利率不同于与贷款的实际风险相适应的利率，错误定价也会发生，例如，如果将来会提高公司信用评级的新闻还没有被公布于众，那么公司也许会支付较高的利率。较高的利率将导致较高的加权平均资本成本和相应较低的投资价值。应用APV法时，应按与借款的实际风险相适应的正确的利率来估值，将债务现金流的净现值加进项目的价值中。

【例8-16】

公司正考虑借款1 000万元用于扩大生产经营。考虑到投资者对于公司前景的不确定性的预期，公司需要为这笔借款支付6%的利率。但是，管理者知道这笔借款的实际风险是非常低的，其适用的利率应该为5%。假设借款期限为5年，所有本金在第5年年末偿还。公司的边际所得税税率为25%。计算这笔借款对于投资价值的净效应。

公允借款和实际借款的现金流及利息抵税收益见表8-13。公允借款的利率为5%，实际借款的利率为6%。对于公允借款和实际借款，分别使用正确的利率（5%）计算借款现金流的净现值和利息抵税收益的现值。

表8-13 **借款现金流的净现值和利息税盾价值** 单位：万元

年	0	1	2	3	4	5
1.公允借款	1 000	(50)	(50)	(50)	(50)	(1 050)
2.利息抵税		12.5	12.5	12.5	12.5	12.5
3.按5%的利率折现						
4.*NPV*（借款现金流）	0					
5.*PV*（利息税盾）	54.12					
6.实际借款	1 000	(60)	(60)	(60)	(60)	(1 060)
7.利息抵税		15	15	15	15	15
8.按5%的利率折现						
9.*NPV*（借款现金流）	(43.3)					
10. *PV*（利息抵税）	64.94					

对于公允借款而言，借款现金流的净现值为零，借款为公司带来的利益就是利息抵税的现值54.12万元。就实际借款而言，较高的借款利率增加利息抵税的价值，但也意味着借款现金流的净现值为负，这两者带来的合并效应为21.64万元（−43.3+64.94）。由于利息抵税效应，债务融资仍然是有价值的，但支付较高的利率减少了杠杆为公司带来的价值（54.12−21.64=32.48（万元））。

（二）财务困境成本和代理成本

债务融资的后果之一就是，公司可能会陷入财务困境而遭致财务困境成本和代理成本。预期与财务困境和代理问题相关的成本将减少项目的期望自由现金流。财务困境成本和代理成本也会影响资本成本。例如，当经济状况差时，公司更容易陷于财务困境，财务困境成本导致在市场低迷时期公司价值的进一步下降。财务困境成本趋于加大公司价值对市场风险的敏感性，进一步增加高杠杆公司的资本成本。

怎样将财务困境成本加入本章所叙述的估值方法中呢？一种方法是，考虑财务困境所导致的成本和风险的增加，从而调整对自由现金流的估算。另一种方法是，对项目进行估值时，先忽略这些成本，然后再分别加上与财务困境和代理问题相关的增量现金流的现值。

【例8-17】

公司有面值1 000万元的零息票债券，5年后到期，没有其他未偿付债务。当前的无风险利率是4%，但是由于存在违约风险，债券的到期收益率是8%。假设公司存在违约，有1/3的损失是由于财务困境成本所致的，请估算财务困境成本的现值。

基于8%的到期收益率，债券的当前市场价值是1 000/1.08^5=680.58（万元）。如果债务无风险，则其价值应该是 $1\,000/1.04^5=821.93$（万元）。141.35 万元的差值，即为债权人预期的违约损失的现值。若这些损失的 1/3 是由于财务困境成本所致的，则财务困境成本的现值是 $141.35/3=47.12$（万元）。

【本章小结】

1. 资本预算的基本程序：首先，估计项目投资所产生的增量自由现金流；然后，分别估算项目融资的股权资本成本和债务资本成本，再结合项目的资本结构，计算项目的 *WACC*；最后，以项目的资本成本折现自由现金流，从而确定项目的净现值。

2. 如果公司债务的风险高，则债务的到期收益率将高估债务资本成本，而且随着债务风险的增加，这种近似估计的误差就会变得更大。

3. 资本预算决策的三种主要方法包括：加权平均资本成本法（WACC）、调整现值法（APV）和股权现金流法（FTE）。

4. 如果投资项目的风险不同于公司总体的平均风险，则要分开估计公司的资本成本和项目的资本成本。可参照其他具有相似市场风险的可比公司的无杠杆资本成本，来估计该项目的无杠杆资本成本。

5. 如果公司计划在投资期限内保持目标债务股权比率，则 WACC 法最易于应用。对于其他杠杆政策下的资本预算决策，APV 法通常最为直接。

6. 证券的发行成本以及已发行证券的错误定价所带来的成本或收益，应该被包含于项目的估值之中。

7. 财务困境成本可能会：（1）减少项目的期望自由现金流；（2）增加公司的资本成本。考虑这些影响以及其他的代理成本和信息不对称成本，公司可能会限制杠杆的使用。

【复习思考】

1. 杠杆融资项目的资本预算决策有几种方法？

2. 应用 WACC 法的前提假设是什么？

3. 若投资项目的风险不同于公司主营业务风险，则应如何估计项目的资本成本？

4. 解释 APV 估值法的基本原理。

案例分析

第九章

资本预算中的实物期权

【学习目标】

本章通过大量示例，分类演示实物期权方法在资本预算中的应用。通过对本章内容的学习，学生应达到以下目标：

1. 掌握实物期权概念和决策树分析方法。

2. 对资本预算中嵌入的延迟期权、增长（扩张）期权、放弃（关停）期权的分析方法要求熟练掌握。

3. 掌握如何在期限不同的互斥投资决策中考虑实物期权的影响。

4. 领会分阶段相互依赖的投资中的实物期权及决策方法。

5. 了解获利指数法则和预设回报率法则。

【内容导图】

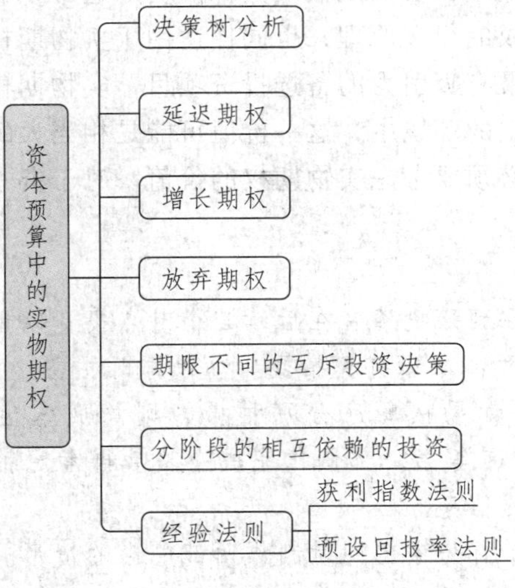

传统资本预算使用净现值法估算项目的静态价值，没有考虑项目的选择性和灵活性所带来的价值。净现值法假设预计的现金流入在期末肯定可以实现，将初始投资和未来现金流以资本成本折现。其缺点是考虑的因素简单，缺乏对未来不确定性的考量，容易造成对投资项目真实价值的低估。在不确定的市场中，公司对于投资项目的选择拥有经营灵活性和战略适应能力，当对目标项目进行估值时，不仅要考虑项目直接产生的现金流，而且要考虑项目可以提供的进一步决策的有用信息和灵活的选择权，而选择权在某种程度上意味着可控，主动选择对自己有利的交易，能够创造一些新的投资机会和价值，这种资本预算中蕴含的选择权就是实物期权。

实物期权在公司的生产、经营和交易活动中广泛存在。实物期权要求决策者周详考虑在投资过程中可能出现的各种状况，例如，推迟、扩张、收缩、放弃投资项目或改变投资方向等，尽可能地避免错误的判断。市场在不断变化，技术在不断革新，对于经营灵活性强的投资项目，实物期权就可以实现对这种经营管理选择权的估值。

由于实物期权定价的原理和方法与金融期权定价类似，建议先学习第十二章“金融期权定价”后，再来学习本章内容。

第一节　决策树分析

实物期权（real options）就是在获知新信息后做出特定经营决策的权利。实物期权和金融期权的一个关键区别在于，实物期权及其标的资产通常不在竞争市场中交易。尽管存在这一差异，有关金融期权的很多原理，也同样适用于实物期权。实物期权允许决策者在获得新信息后，再来选择最有吸引力的备选投资项目，实物期权的存在增加了投资机会的价值。特别是在高度不确定的环境中，这一价值可能是相当大的。要想正确地做出投资决策，在决策制定过程中，必须要考虑实物期权的价值。对于资本预算中的实物期权，常用的方法是决策树分析。

【例 9-1】

大多数投资容许（考虑到）投资者在后续某个时点投资以重新评估决策的可能性。例如，电影制作公司当前有两部电影打算拍摄。如果同时拍摄这两部电影会节约制作成本，则总预算为 52 500 万元。如果按顺序分别拍摄，则总成本估计将上升为 57 500 万元，多出 5 000 万元。但是，如果等第一部制作完成上映后再考虑拍摄第二部续集，公司将获取更多关于续集票房前景的信息。

不考虑货币时间价值。首先考虑同时制作两部电影的情形。预计电影制作完成后，将获得共计 65 000 万元的收入，净利润为 12 500 万元。这一情形可用图 9-1 的决策树来表示，即图形化显示当前和未来的决策以及相应的风险和现金流。

决策树不同于金融期权定价中用到的二叉树。在二叉树中，树枝所表示的不确定性是不受控制的；而在决策树中，树枝表示决策者可以进行的不同选择，是决策者可控的选择。图 9-1 的决策树表示的是一个标准的投资决策问题，不含实物期权。要么投资，获得净现值；要么不投资，一无所获。显然最优决策是选择投资，预计可获得 12 500 万元的净利润。

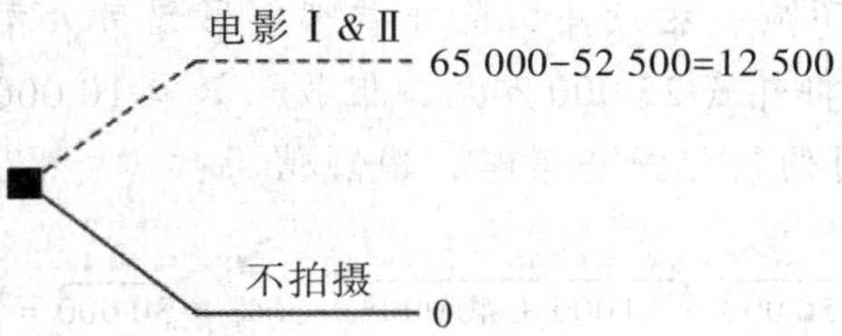

图9-1　不考虑实物期权的决策树

票房收入的预测具有很大的不确定性。65 000万元的总收入其实反映的是两种可能结果的期望值。公司相信第一部电影有50%的可能性票房大卖，第一部将收入50 000万元，随后制作的第二部续集预计收入40 000万元。但如果第一部的票房表现反响平平，估计有30 000万元，预计续集的收入将只有10 000万元。将上述不确定性用图9-2的决策树表示：

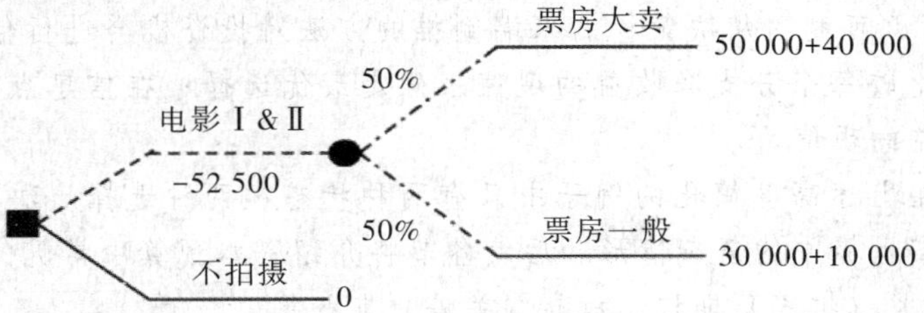

图9-2　表示未来的不确定性

图9-2所示的决策树中既显示有决策点（以黑色小实心方框的两个分支表示投资或不投资的决策），又有信息点（以黑色小实心圆点的两个分支表示未来的不确定性，比如票房是否大卖）。图9-2的决策树对电影公司决策的描述并不完全。公司其实不必同时投拍两部电影，而是可以先拍第一部，待观察其票房表现后再决定是否投拍续集。制作第一部电影的成本预算是30 000万元。如果上映后反响一般，预计制作续集的成本是25 000万元；如果首部电影票房大卖，第二部续集的制作成本将为30 000万元（在此情形下，续集值得投资更多，演员也会要求更高的片酬）。总体来看，按顺序制作这两部电影的预期总成本为57 500万元(30 000+0.5×25 000+0.5×30 000)，比同时制作这两部的总成本（52 500万元）高出5 000万元。

按顺序先后投拍两部电影的决策树如图9-3所示。图9-3与图9-2的区别在于，图9-3表明了这样一个事实：公司在决定是否拍摄续集之前可以选择等待，直到了解第一部电影的票房有多成功后再做决定。决策树上的决策点发生在信息点之后，这就是实物期权。这种延迟决策的选择权是有价值的，因为公司将了解到新的信息。

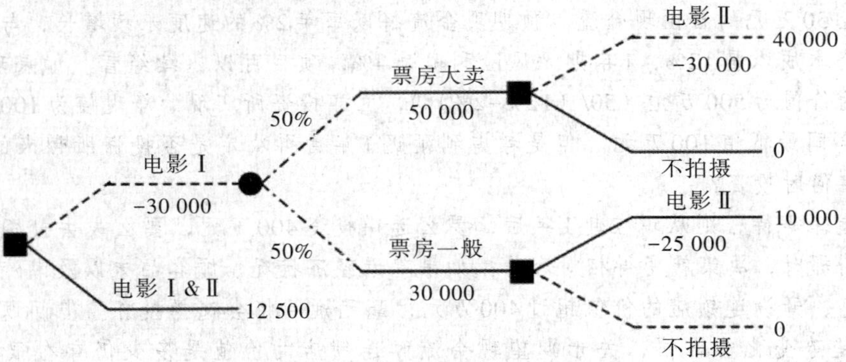

图9-3　考虑按顺序先后投拍的实物期权

如图9-3所示，公司不应投拍续集，除非首部电影票房大卖。若第一部电影的票房表现平平，则此时拍摄续集将耗资25 000万元，但收入只有10 000万元，拍摄续集的净现值为-15 000万元。基于公司的最优投资策略，净现值为：

$$NPV = -30\,000 + 50\% \times \overbrace{(50\,000 - 30\,000 + 40\,000)}^{\text{票房成功，继续拍摄续集}} + 50\% \times \overbrace{30\,000}^{\text{票房一般，不拍摄续集}} = 15\,000\text{（万元）}$$

与同时投拍相比，选择等待并在后续决定是否拍摄续集，等待期权的价值为15 000－12 500＝2 500（万元）。这一期权价值等于规避15 000万元损失（50%的概率）所得到的7 500万元收益，再减去预期增加5 000万元拍摄成本后的净收益，即为7 500－5 000＝2 500（万元）。

决策点表示在每一个阶段可以做出的选择；信息点表示要获知的与未来收益相关的信息。创立决策树后，可利用从决策树的末端倒推的方法对投资机会进行估值。在决策点，通过比较每个分支净收益的现值来确定最优选择；在信息点，计算后续分支净收益的现值。

自测题9-1

在上述高度简化的例子中只有两种状态和两种选择。决策树分析可应用于真实世界中的复杂情形。后续各节将介绍资本预算中常见的各类实物期权，包括延迟期权、增长（扩张）期权、放弃（关停）期权等。

第二节　延迟期权

在现实中，延迟投资决策往往是有成本的，例如，由于选择等待更多的信息，放弃了投资项目在等待期间可能产生的利润。竞争对手也许会利用这段延迟的时间开发竞争性的产品。等待的决策涉及为保持灵活性而产生的收益和付出成本的权衡。

【例9-2】

假定你已经与某品牌特许经营商签订加盟连锁店的合同，合同规定，你或者现在立即开设，或者等待1年后才开设。如果这两种选择你都不接受，你将失去开设连锁店的机会。不管现在开设还是于1年后开设，都将耗资400万元。如果现在开设，则预期在第1年将会产生50万元的自由现金流。预期现金流将以每年2%的速度永续增长，与这项投资相适应的资本成本是12%，1年期无风险利率是4%，项目可以永续经营。如果现在投资，估计项目的价值为500万元（50/（12%-2%）），立即投资所实现的净现值为100万元，意味着这份合同最低值100万元。但是考虑到延迟1年后再决定是否投资所带来的灵活性，你又应该在何时投资？

如果选择等待，则从现在起1年后，要么选择投资400万元，要么失去投资机会而一无所获。到那时，决策就变得相对容易：如果基于经济状况、顾客品味以及潮流趋势等方面的新信息，开设连锁店的价值超过400万元，毫无疑问将会选择投资。但问题是，该行业的发展趋势变化非常快，关于期望现金流和连锁店的价值是多少仍存在很大的不确定性。

可将延迟投资视为以连锁店为标的资产、执行价格为400万元的1年期欧式看涨期权。可通过公开交易的可比公司股票回报率的波动率来估计连锁店价值的波动率，假设年度波动率为40%。此外，如果选择等待，则你将失去现在投资第1年本该获得的50万元自由现金流。这一现金流相当于标的股票发放的股利，欧式看涨期权的持有者在执行期权前不会收到股利（假设这一成本是延迟投资的唯一成本）。

应用布莱克-斯科尔斯（B-S）公式对上述延迟投资的欧式看涨期权估值。首先，计算不含股利的标的资产的当前价值：

$S^x=S-PV(Div)=500-50/1.12=455.357$（万元）

接下来，计算1年后投资的成本的现值。这一现金流是确定的，以无风险利率折现：

$PV(K)=400/1.04=384.615$（万元）

再来计算d_1和d_2：

$$d_1=\frac{\ln[S^x/PV(K)]}{\sigma\sqrt{T}}+\frac{\sigma\sqrt{T}}{2}=\frac{\ln(455.357/384.615)}{0.4}+0.2=0.622$$

$$d_2=d_1-\sigma\sqrt{T}=0.622-0.4=0.222$$

利用Excel的NORMSDIST（）函数，得到$N(d_1)=N(0.622)=0.733$，$N(d_2)=N(0.222)=0.588$。

将以上参数代入B-S公式得到：

$C=S^x\cdot N(d_1)-PV(K)\cdot N(d_2)=455.357\times0.733-384.615\times0.588=107.623$（万元）

等到1年后只在有利可图时才投资的当前价值为107.623万元。等待的价值超过今天立即投资将获得的100万元净现值。因此，最好延迟投资。如果今天就投资，这意味着放弃了“离开”的选择权。只有当今天投资的净现值超过等待期权的价值时，才会选择在今天投资。若未来投资的价值的不确定性越大，等待的期权就越有价值。等待的成本越高，延迟投资期权的吸引力也就越小。

假设其他条件都不变，只是第1年的自由现金流变为60万元，重复上述计算过程。此时，投资的当前价值是600万元，立即投资的净现值是600-400=200（万元），等待1年后再决定是否投资的等待期权的价值是180.537万元，小于200万元，等待不再是最优选择，而应立即投资。假设第1年的现金流为x，令当前立即投资的净现值等于1年期看涨期权的价值，可解出对应的决策无差别x_i以及标的资产价值S_i。如图9-4所示，横坐标表示标的资产的当前价值，纵坐标表示价值，当前投资即为立即行权（期权到期），其价值可用折线（实线）的倾斜部分表示，折线的拐点即为行权价格，在本例中为400万元的投资成本。看涨期权的价值用曲线（虚线）表示。折线和曲线的交点所对应的横坐标为S_i。在交点的左侧，期权的到期前价值高于立即行权（立即投资）的价值（虚线位于实线之上），所以应选择等待1年后再做决定；在交点的右侧，期权的到期前价值低于立即行权的价值（虚线位于实线之下），应该选择立即投资而非等待。

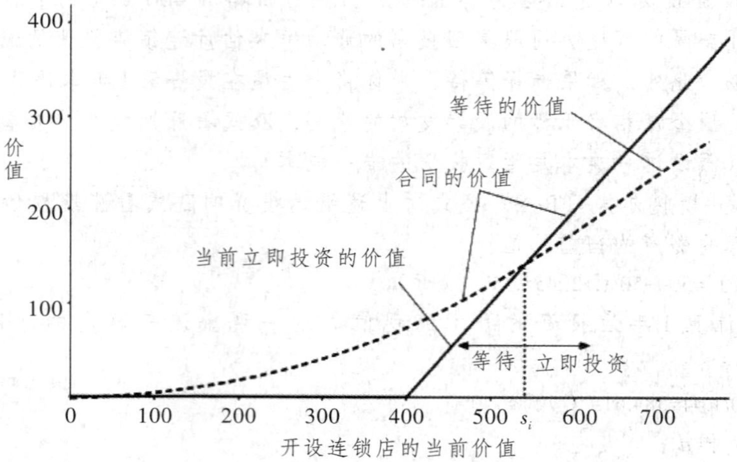

图9-4 开设连锁店的投资决策

再举一例，预计一家餐饮店每年产生的期望净现金流为60万元。假设可永续经营，现金流随机波动，不呈现上升或下降的趋势，每年的波动率为18%，资本的机会成本为r，包含自有地产的价格在内，如果出售餐饮店，售价始终为460万元。这可以看作基于餐饮店价值的美式看跌期权，行权价格为460万元，餐饮店的当前价值为$60/r$，资产价值变动的年度波动率为18%。还是这个例子，假设每年的固定经营成本为20万元，每年的期望净现金流（60万元）等于扣除变动成本后的营业收入（80万元）减去固定成本（20万元），扣除变动成本后的营业收入的波动率是15%。不考虑所得税，无风险利率为5%。此时，仍可视作美式看跌期权，但行权价格除了460万元外，还应加上餐饮店关停后将不再于每年支付的固定成本的现值，即$460+20/5\%=860$（万元），而标的资产的价值是每年扣除变动成本后的营业收入的现值，等于$80/r$，资产价值的年度波动率则是15%。

【例9-3】

公司正在考虑进入VR（虚拟现实，Virtual Reality）行业。公司相信，现在进入的时机正好，从现在起的1年后也将是一个很好的进入机会，除此之外不存在更好的进入时机。进入这一市场的成本为3 500万元。由于其他主营VR业务上市公司的存在，因此，可以构造一个完全可比的公司。经营VR业务的可比上市公司的当前价值是4 000万元；由于客户流不确定等原因，公司价值的波动率每年为25%；每年将产生相当于它的当前价值的15%的自由现金流，可作为股利派发给股东；假设现金流是在一年中持续不断地获得的，不考虑股利现金流的时间价值。1年期无风险利率是4%。公司是否应该进入VR行业？是现在进入还是等待1年后进入？如果完全可比的VR公司的当前价值为3 600万元，而非4 000万元，其他条件保持不变，那么公司的决策将如何变化？

现在进入VR行业，投资机会的价值为4 000−3 500=500（万元）；若在1年后进入，根据B-S模型的参数设定：S=4 000万元，K=3 500万元，T=1年，$r_f=4\%$，$\sigma=25\%$，可得到：

$S^x=S-PV(Div)$=4 000×（1−15%）=3 400（万元），$PV(K)$=3 500/1.04=3 365.38（万元）

$$d_1=\frac{\ln[S^x/PV(K)]}{\sigma\sqrt{T}}+\frac{\sigma\sqrt{T}}{2}=\frac{\ln(3\,400/3\,365.38)}{0.25}+0.125=0.166$$

$$d_2=d_1-\sigma\sqrt{T}=0.166-0.25=-0.084$$

当 d_2 为负数时，$N(d_2)=1-N(-d_2)$。

利用NORMSDIST（）函数得到，$N(d_1)=0.566$，$N(d_2)=0.467$，将参数代入B-S模型：

$C=S^x\cdot N(d_1)-PV(K)\cdot N(d_2)=3\,400\times0.566-3\,365.38\times0.467=352.77$（万元）

等待1年后再投资的价值为352.77万元，小于立即投资的价值（500万元），所以应立即投资。

当可比公司的当前价值为3 600万元时，若现在进入，投资价值为3 600−3 500=100（万元）；若1年后投资，则有：

$S^x=S-PV(Div)=3\,600\times(1-15\%)=3\,060$（万元）

$PV(K)=3\,500/1.04=3\,365.38$（万元）

$$d_1=\frac{\ln[S^x/PV(K)]}{\sigma\sqrt{T}}+\frac{\sigma\sqrt{T}}{2}=\frac{\ln(3\,060/3\,365.38)}{0.25}+0.125=-0.2562$$

$$d_2=d_1-\sigma\sqrt{T}=-0.256-0.25=-0.506$$

利用NORMSDIST（）函数得到，$N(d_1)=0.399$，$N(d_2)=0.306$，将参数代入B-S模型：

$C=S^x\cdot N(d_1)-PV(K)\cdot N(d_2)=3\,060\times0.399-3\,365.38\times0.306=191.13$（万元）

1年后投资的价值约为191万元，大于立即投资的价值（100万元），应该等待1年后再投资。

【例9-4】

公司准备研发一种新产品，需要投资1 000万元。不考虑研发期，预期投产后每年平均可产生110万元的永续净现金流。市场对该产品的需求具有较大的不确定性，如果消费需求量较大，则每年的净现金流为160万元；如果消费需求量较小，则每年的净现金流为80万元。如果延期执行这一研发项目，1年后可以判断出市场对该产品的需求，继而做出实施还是放弃产品开发的决策。该项投资的资本成本是10%，无风险利率是5%。公司应在何时投资？

首先，计算不考虑期权的项目净现值：

$NPV=110/10\%-1\,000=100$（万元）

其次，考虑延迟决策的期权价值：

当 $t=1$ 时，若市场需求量较大（决策二叉树处于上行状态），项目的价值为160/10%=1 600（万元），接受项目的 NPV 为1 600−1 000=600（万元）；若市场需求量较小（决策二叉树处于下行状态），项目的价值为80/10%=800（万元），假如实施项目，NPV 为800−1 000=−200（万元），此时应放弃投资。

上行状态回报率=（t=1时上行现金流+上行期末价值）/年初投资−1=（160+1 600）/1 000−1= 76%

下行状态回报率=（t=1时下行现金流+下行期末价值）/年初投资−1=（80+800）/1 000−1= −12%

根据风险中性概率定义得到：

无风险利率=5%=上行概率×76%+（1−上行概率）×（−12%）

解得上行概率约为0.1932，下行概率为0.8068。

当t=1时，期权的到期日价值=上行概率×上行状态期权价值+下行概率×下行状态期权价值=0.1932×600+0.8068×0=115.92（万元），延迟期权的现行价值=115.92/1.05=110.4（万元）。

延迟该项目的期权价值为110.4万元，大于立即投资的价值（100万元），因此应延迟1年后执行该项目。

【例9-5】

公司的管理者正考虑把未来全部收益的10%投资于公司的发展和增长。有一个增长机会，可以现在采纳，也可以等待1年后再实施。管理者不确定投资的回报率，但知道每年的投资回报率不是10%就是14%，两者的发生概率相等。经过1年后，就可以确定是哪一种状态。当前，公司把所有的1 000万元利润都用来派发股利；如果不投资，预期股利将始终保持这一水平。如果投资，新的股利将反映投资的已实现回报率，并以这个回报率一直增长下去（假设将收益的10%比例用于投资的政策以及投资回报率都保持不变）。投资机会的资本成本为12%。就在当前的股利支付之前，公司价值（含有股利）为多少？公司是否应立即采纳这一增长机会？

如果现在决定投资，则派发的股利为1 000×（1−10%）=900（万元）；若投资回报率为10%，现金流的增长率为g=10%×10%=1%；若投资回报率为14%，现金流的增长率为g=10%×14%= 1.4%。

（1）假如选择等待，经过1年待确定投资回报率后，再决定是否投资。在这种情况下，需要考虑t=1期是否采纳这个增长机会。

若采纳增长机会，当投资回报率为10%时，公司在t=1期的价值（分配股利前的价值）为：

$$P_{t=1}^{invest} = 900 + \frac{900 \times 1.01}{0.12 - 0.01} = 9\,163.64\text{（万元）}$$

如果选择不投资，价值为：

$$P_{t=1}^{no-invest} = 1\,000 + \frac{1\,000}{0.12} = 9\,333.33\text{（万元）}$$

可见，若投资回报率为10%，应该选择不投资。

重复上述步骤，如果回报率为14%，当选择投资时，在t=1期的价值为：

$$P_{t=1}^{invest} = 900 + \frac{900 \times 1.014}{0.12 - 0.014} = 9\,509.43\text{（万元）}$$

9 509.43 > 9 333.33，当投资回报率为14%时，应选择投资。

发生上述两种状态的概率相等，在t=1期的价值为：

$$V_{t=1}^{wait} = 9\,509.43 \times 0.5 + 9\,333.33 \times 0.5 = 9\,421.38\text{（万元）}$$

综上分析，若选择等待，则t=0时（含有股利）的价值为：

$$V_{t=0}^{wait} = \frac{9\,421.38}{1.12} + 1\,000 = 9\,411.95\text{（万元）}$$

（2）假如公司不选择等待，而是在今天就投资。

当投资回报率为较高的14%（用下标h表示）时，未来股利在t=0时的现值为：

$$PV_h^{invest} = \frac{900 \times 1.014}{0.12 - 0.014} = 8\,609.43\text{（万元）}$$

当投资回报率为较低的10%（用下标l表示）时，未来股利在t=0时的现值为：

$$PV_l^{invest} = \frac{900 \times 1.01}{0.12 - 0.01} = 8\,263.64\text{（万元）}$$

公司在t=0时的价值为当前股利和未来期望股利的现值之和：

$$V_{t=0}^{invest} = 900 + 8\,609.43 \times 0.5 + 8\,263.64 \times 0.5 = 9\,336.54\text{（万元）}$$

比较（1）与（2）的结果可知，立即投资的价值为9 336.54万元，小于等待1年后再做决定的价值（9 411.95万元），管理者应该选择等待。

【例9-6】

假如现在是9月初，你有如下的高山滑雪机会。如果选择在明年一月的第一周进行且现在付款，要支出2 500元。然而，如果由于坏天气导致索道关闭，或者没有下雪，又或者你生病导致不能去滑雪，你将得不到任何退款。你不能去滑雪的概率为40%。如果等到最后一刻，确定滑雪的条件很完美，而你本人身体也很健康的情况下才去，你就要为滑雪支出4 000元。你估计从滑雪活动中得到的效用价值6 000元。如果投资决策的资本成本为8%，你应该提前预订还是选择等待呢？

首先绘出决策树如图9-5所示：

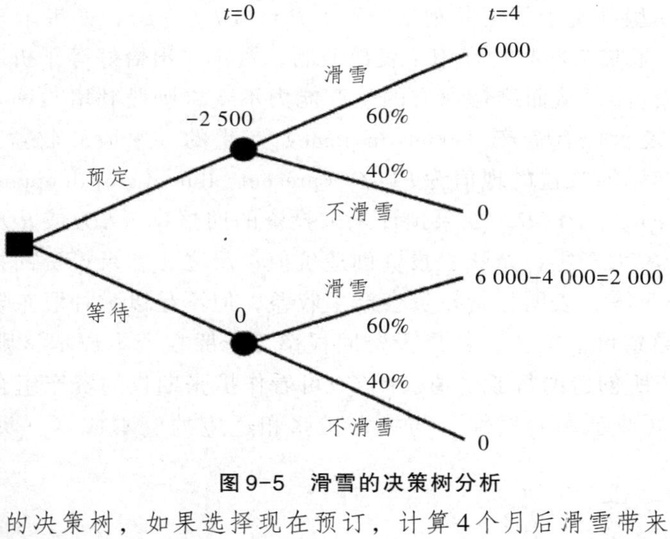

图9-5　滑雪的决策树分析

根据图9-5的决策树，如果选择现在预订，计算4个月后滑雪带来的期望收益：

6 000×0.6+0×0.4=3 600（元）

今天预订的净现值：

NPV=3 600/1.08$^{4/12}$−2 500=1 008.82（元）

如果选择等待4个月后再做决定，期望收益为：

（6 000−4 000）×0.6+0×0.4=1 200（元）

收益的现值为 1 200/1.08$^{4/12}$=1 169.61（元），大于现在就预定的方案的净现值（1 008.82元），所以应该选择等待，到明年一月份再做决定。

延迟投资的优势在于，可以更多地了解关于投资成功的可能性的信息。如果投资计划对投资者不利，则可取消投资计划。在资源开采、技术研发、种植和不动产等投资周期较长、不确定性较高的行业中，延迟投资期权尤其有价值。

自测题9-2 自测题9-3 自测题9-4

第三节　增长期权

未来的投资机会可被看作基于潜在的投资项目的实物看涨期权的集合。虚值看涨期权比实值看涨期权的风险更高，并且因为大多数增长期权，很可能处于虚值状态，所以公司价值中的增长部分的风险，可能比公司正在经营的资产的风险更高。这种观点或许能够解释，为什么初创的小公司要比已成立多年的大公司有更高的期望回报率。它同时也能解释，为什么研发密集型公司，即使在大多数研发项目的风险具有特异性（风险可分散）的情形下，通常仍然有很高的资本成本。

根据股票定价模型（基于固定股利增长率）$P_0=Div_1/(r_e-g)$，如果未来净投资（资本支出减折旧）为零，未来全部收益都用于发放股利，资本支出恰好等于折旧（累计折旧可用于更新已损耗的设备），从而维持原有的生产能力不变，则股利增长率g等于零，$Div_1=eps_1$，$P_0=eps_1/r_e$，即表示现有资产（assets in place）产生的（每股）收益所创造的价值。令未来投资机会所产生的收益的现值为$PVGO$（present value of growth opportunities），股票的价值可表示为$P_0=eps_1/r_e+PVGO$。如果预计未来投资的回报率（ROI或ROE）大于股权资本成本（r_e），则$PVGO$大于零，意味着投资创造价值；反之，如果投资回报率小于股权资本成本，则$PVGO$小于零，表明尽管投资会产生收益，但不足以弥补股东要求的最低回报（资本成本），从而导致价值损失。如果投资回报率等于股权资本成本，则$PVGO$等于零，股价就等于现有资产所创造的每股价值。$PVGO$可看作扩张期权的资产组合。$PVGO$增加，股票回报率的风险（波动率）增加，与投资扩张相适应的资本成本（贝塔）也要随之加大。

【例9-7】

公司的唯一资产就是拥有一项新药品的专利权。如果药品投产，在专利期限内，每年将产生确定的利润为100万元，专利期限为15年（过了专利期限后，竞争将会驱使利润变为零）。若现在投产，需付出950万元的投资成本。假设15年期的无风险年金的当前年收益率为7%。

根据年金现值等式，计算在今天投资的净现值：

$$NPV=100\times\frac{1}{0.07}\times\left(1-\frac{1}{1.07^{15}}\right)-950=-39.21\text{（万元）}$$

可见，若现在投资，从来都不具有可行性，因为净现值为负。但是，如果利率发生变动又会怎样？假设1年后利率将发生变化。到那时，无风险利率将是9%或4%（假设只有这两种可能），并且随后永远保持不变。显然，利率的升高会带来不利影响；在利率上升状态下，增长期权的价值为零。然而，如果利率下降，1年后再开始投资的净现值将变为：

$$NPV_{t=1} = 100 \times \frac{1}{0.04} \times \left(1 - \frac{1}{1.04^{14}}\right) - 950 = 106.31\text{（万元）}$$

待利率下降后，投资具有可行性。

要确定利率变动的风险中性概率，需要求解使得金融资产的当前价值与它的未来现金流的现值相等的概率。在本例中，将每年收到100万元、15年的无风险年金，作为金融资产。年金的当前价值为：

$$S = 100 \times \frac{1}{0.07} \times \left(1 - \frac{1}{1.07^{15}}\right) = 910.79\text{（万元）}$$

从现在起的1年后，年金每年将收到100万元，还剩14年期限，包括第1年年末的现金流在内，如果未来利率上升，则t=1期的年金价值为：

$$S_1^u = 100 + 100 \times \frac{1}{0.09} \times \left(1 - \frac{1}{1.09^{14}}\right) = 878.62\text{（万元）}$$

如果未来利率下降，则t=1期的年金价值为：

$$S_1^d = 100 + 100 \times \frac{1}{0.04} \times \left(1 - \frac{1}{1.05^{14}}\right) = 1\,337.33\text{（万元）}$$

假设当前1年期无风险利率为6%。以ρ表示利率上升至9%的风险中性概率，也就是当年金资产的期望回报率等于6%的无风险利率时的概率：

$$\rho = \frac{(1 + r_f)S - S_1^d}{S_1^u - S_1^d} = \frac{1.06 \times 910.79 - 1\,337.33}{878.62 - 1\,337.33} = 81.07\%$$

投资机会的当前价值就是，以无风险利率折现1年后的投资价值（依据风险中性概率计算1年后投资的期望价值）而得到的现值：

$$PV = \frac{106.31 \times (1 - 81.07\%) + 0 \times 81.07\%}{1.06} = 18.99\text{（万元）}$$

本例表明，即使投资项目的现金流是确定已知的，关于未来利率走势的不确定性，也会为公司带来相当大的期权价值。而且，为了确保抓住未来的投资机会，公司有时进行净现值为负（基于传统资本预算方法得到）的投资也是合理的。

【例9-8】

估计平均每3年，公司的研发部门会开发两个项目，即，每年开发1个项目的可能性为67%。通常研发部门开发的投资机会需要1 000万元的初始投资，于第1年产生100万元的利润，利润随后每年以固定的增长率永久性地增长，年增长率可能为3%、0或者-3%，对于任何给定的项目，出现每种增长率的可能性都相等。这些投资机会全部为“接受”或“拒绝”类型，如果不能立即实施，则机会就将永远消失。假设每年的资本成本总是保持12%。公司所有的未来增长机会的现值是多少？

投资机会的净现值（价值单位为万元）为：

NPV（g=3%）=100/（0.12-0.03）-1 000=111.11（万元）

NPV（g=0）=100/（0.12-0）-1 000=-166.67（万元）

NPV（g=-3%）=100/（0.12+0.03）-1 000=-333.33（万元）

只有净现值为正的项目才会被采纳，所以任何一项投资机会的期望价值为：

EV=111.11/3=37.04（万元）

每年成功开发1个项目的可能性为67%，在给定的任何一年（比如n年），项目的期望价值为：

G_n=37.04×0.67=24.82（万元）

计算所有的未来增长机会的现值：

V_0=24.82/0.12=206.83（万元）

保持其他数据不变，假设所有概率均为风险中性概率，这意味着在风险中性假设下，资本成本总是无风险利率。无风险永续年金的当前利率是8%；1年后，无风险永续年金的利率有60%的概率为10%并永远保持，有40%的概率为6%并永远保持。当前的1年期无风险利率为7%。再来求解所有项目在当前的价值。

任一投资机会的净现值为：

NPV（g，r）=100/（$r-g$）−1 000（万元）

如果1年后无风险永续年金的利率是10%，年增长率可能是3%、0或者−3%，可得到：

NPV（3%，10%）=100/（0.1−0.03）−1 000=428.57（万元）

NPV（0，10%）=100/（0.1−0）−1 000 = 0

NPV（−3%，10%）=100/（0.1+0.03）−1 000=−230.77（万元）

公司只采纳净现值为正的项目，即投资机会的期望价值为：

EV=428.57/3=142.86（万元）

每年成功开发1个项目的可能性为67%，在给定的任何一年，项目的期望价值为：

G_n=142.86×0.67=95.72（万元）

无风险永续年金的利率为10%时（以上标h表示较高的利率），所有的增长机会在1年后的价值为：

V_1^h=95.72+95.72/0.1=1 052.92（万元）

与上述步骤类似，如果1年后无风险永续年金的利率是6%，可得到：

NPV（3%，6%）=100/（0.06−0.03）−1 000=2 333.33（万元）

NPV（0，6%）=100/（0.06−0）−1 000=666.67（万元）

NPV（−3%，6%）=100/（0.06+0.03）−1 000=111.11（万元）

公司将实施净现值为正的项目，任一投资机会的期望价值为：

EV=（2 333.33+666.67+111.11）/3=1 037.04（万元）

每年成功开发1个项目的可能性为67%，在给定的任何一年（假如为n年），项目的期望价值为：

G_n=1 037.04×0.67=694.82（万元）

当无风险永续年金的利率为6%时（以上标l表示较低的利率），所有的增长机会在1年后的价值为：

V_1^l=694.82+694.82/0.06=12 275.15（万元）

综上，计算未来增长机会在1年后的期望价值：

V_1 =V_1^l×0.4+V_1^h× 0.6=12 275.15×0.4+1 052.92×0.6=5 541.81（万元）

未来增长机会的现值V_0=5 541.81/1.07=5 179.26（万元）

当制定资本预算决策时，增长期权的一种常见情形是扩张期权：通过承担投资项目，公司通常就获得了本行业外的公司所不能轻易获得的投资新项目的机会，同时也将拥有在项目收益表现好时逐步扩张项目规模的选择权。

【例 9-9】

考虑一项含有增长期权的投资机会，需要初始投资 1 200 万元。1 年后，将会知道项目是否成功。该项目每年产生 120 万元永续年金的风险中性概率为 50%（即项目成功的概率）；不然，项目将一无所获。在任何时候，都可将项目原先的规模扩大一倍。

假设每年的无风险利率保持为 6% 不变。如果忽略可将项目规模扩大一倍的选择权，今天就进行投资，则每年的期望现金流为 120×0.5=60（万元）。计算项目的净现值：

$NPV_{无增长期权}=60/0.06-1\,200=-200$（万元）

结果表明，在当前进行投资似乎不可行，这也意味着投资者将永远不会知道项目是否能成功。

考虑在 1 年的观察期内，若产品大受欢迎，就将实施项目，并执行增长期权，扩大项目规模。在此状态下，1 年后追加投资所实现的净现值（不含当前投资所产生的净现值）为：

$NPV^{t=1}_{若成功则规模翻倍}=120/0.06-1\,200=800$（万元）

出现这一（项目成功）状态的风险中性概率为 50%，增长期权的期望价值为 800×50%=400（万元），其现值为：

$PV^{t=0}_{增长期权}=400/1.06=377.36$（万元）

只有选择现在就投资，才会获得增长期权；否则，将无法了解产品的市场表现。当前实施投资的净现值就等于，未考虑扩张期权时的净现值，再加上因实施项目而获得的扩张期权的价值：

$NPV=NPV_{无增长期权}+PV_{增长期权}=-200+377.36=177.36$（万元）

考虑项目的扩张期权后，投资机会的净现值为正，公司应该投资。

只是因为存在未来扩张的期权，才使得今天的投资变得可行。如果在不实际投入生产的情形下，就能知道产品是否畅销，那么在掌握相关信息之前进行投资就是不合理的。而要了解产品是否成功的唯一途径就是生产并销售，所以一开始就投产是合理的。可以先小规模地尝试，同时保留以后扩张的期权。很多公司在投资大项目时通常都采用这种策略。公司宁可分阶段地尝试着投资，而不愿在最初就投入整个项目。首先小规模地实施项目；如果小规模的项目被证明成功，那么就再执行扩大投资规模的增长期权。

【例 9-10】

公司计划开发一种新产品。预计投资分两期进行，第一期于 20×2 年年初投产，第二期于 20×5 年年初投产，各年产生的税后净现金流以及净现值的计算过程，见表 9-1。投资的资本成本是 12%，无风险利率是 4%。经营类似业务的可比公司股票回报率的年度标准差为 35%。根据表 9-1 的数据，计算该项投资的价值。

表 9-1　　**预计项目现金流及净现值**　　单位：万元

年	20×1	20×2	20×3	20×4	20×5	20×6	20×7	20×8	20×9
	0	1	2	3	4	5	6	7	8
第一期投资									
税后净现金流		500	600	800	800	800			
复利现值系数（12%）		0.8929	0.7972	0.7118	0.6355	0.5674			
现金流的现值		446.45	478.32	569.44	508.40	453.92			
现值合计	2 456.53								
初始投资	（3 000）								
净现值	（543.47）								
第二期投资									
税后净现金流					1 600	1 600	1 600	1 600	1 600
复利现值系数（12%）					0.8929	0.7972	0.7118	0.6355	0.5674
现金流的现值					1 428.64	1 275.52	1 138.88	1 016.80	907.84
现值合计	4 105.43			5 767.68					
初始投资（4%）	（4 178.30）			（4 700）					
净现值	（72.87）								

如果不考虑第二期投资的扩张期权，由于项目的净现值为负，因此，不应投资。但是，如果公司当前投资，就取得了未来进行第二期扩张投资的选择权，而这一期权可能是有价值的。

计算实物期权价值的有关数据如下：

（1）投资第二期项目的决策须在20×4年年末制定，这是一项期限为3年的看涨期权。

（2）第二期的投资额是4 700万元，为期权的执行价格，因其是确定的现金流，在20×1—20×3年年中并未投入风险项目，将其以4%的无风险利率折现至20×1年年末，执行价格的现值是4 178.30万元。

（3）预计未来经营活动净现金流的现值是5 767.68万元（20×4年年末数额），再折算到20×1年年末为4 105.43万元，这是期权标的资产的当前价格。

（4）经营活动净现金流的波动率是35%。

根据B-S模型，计算看涨期权的各项参数：

$$d_1=\frac{\ln[S/PV(K)]}{\sigma\sqrt{T}}+\frac{\sigma\sqrt{T}}{2}=\frac{\ln(4\,105.43/4\,178.30)}{0.35\times\sqrt{3}}+\frac{0.35\times\sqrt{3}}{2}=0.274$$

$$d_2=d_1-\sigma\sqrt{T}=-0.332$$

利用NORMSDIST（）函数得到，$N(d_1)=0.608$，$N(d_2)=N(-0.332)=0.370$，将参数代入B-S模型：

$$C=S\cdot N(d_1)-PV(K)\cdot N(d_2)=4\ 105.43\times0.608-4\ 178.30\times0.370=950.13\text{（万元）}$$

第一期投资不考虑期权时的净现值是-543.47万元，它可以被看作取得第二期开发选择权的成本。投资第一期项目使得公司有了开发第二期项目的扩张期权，扩张期权的价值是950.13万元。考虑扩张期权后，投资的净现值为406.66万元（950.13-543.47），所以公司应立即投资。

自测题9-5

第四节　放弃期权

放弃期权就是离开项目的选择权。放弃期权可以增加投资项目的价值。如果项目结果不成功，就可放弃该项目。

【例9-11】

假设你准备在某地区开设一家销售当地特产的店铺。该地区将来很有可能发展成为旅游景点，如果你今天不签订租赁店铺的协议，那么就会有其他人签订协议，以后你将不再会有在此处经营的机会。在租赁协议中有一项条款是，允许你在两年后解除协议而不发生任何成本，包括店铺的租赁费用在内，预计每月的运营成本为8 000元。每月永续产生的收入为6 000元。如果该地区成为旅游景点，店铺的收入将会翻番。估计该地成为旅游景点的概率有50%。初始投资成本为26万元。无风险年利率保持为6%的*APR*不变。假设投资的风险可以完全分散，资本成本就是6%的无风险利率，每月的折现率是0.5%（6%÷12=0.5%）。

如果在所有情形下都投资，则每月的期望收入为6 000×50%+12 000×50%=9 000（元），投资的净现值*NPV*=（9 000-8 000）/0.005-260 000=-60 000（元），这项投资不可行。

当然，你没有必要一直经营下去，你拥有在两年之后无成本地退出租赁合约的选择权。投资后，如果该地成为旅游景点，投资机会的净现值为：

$$NPV=(12\ 000-8\ 000)/0.005-260\ 000=540\ 000\text{（元）}$$

如果在两年内没有成为旅游景点，两年后你将关闭店铺，投资机会的净现值就是经营该项目两年所产生的净现值：

$$NPV=\frac{6\ 000-8\ 000}{0.005}\times\left(1-\frac{1}{1.005^{24}}\right)-260\ 000=-305\ 126\text{（元）}$$

出现上述每一状态的概率相等，且由于项目风险为可分散的异质性风险，所以实际概率与风险中性概率相同。考虑期权价值后，项目的净现值就等于使用实际概率计算的期望价值：

540 000×50%+（-305 126）×50%=117 437（元）

通过执行放弃投资的期权，限制了损失，使得从事投资的净现值为正。放弃期权的价值就等于附有期权和不附有期权时投资的净现值之差：

放弃期权的价值=117 437-（-60 000）=177 437（元）

【例 9-12】

公司拥有一座铝矿。当前的铝价为每千克21元，铝矿每年可以产出约45万千克铝，每年的运营成本为1 300万元，铝矿足可以开采70年。关闭铝矿要达到环保局的土地恢复标准，预期关闭铝矿的成本为2 800万元。给定当前的环境标准，一旦关闭，就无法重新开启。在未来两年，铝价每年将上涨或者下跌20%，且这两种情形发生的概率相等，然后以变动后的价格水平永远保持不变。铝矿投资的资本成本为15%，且每年保持不变。计算继续经营铝矿的净现值，判断公司应选择关闭还是继续经营？

铝价变动的二叉树如图9-6所示：

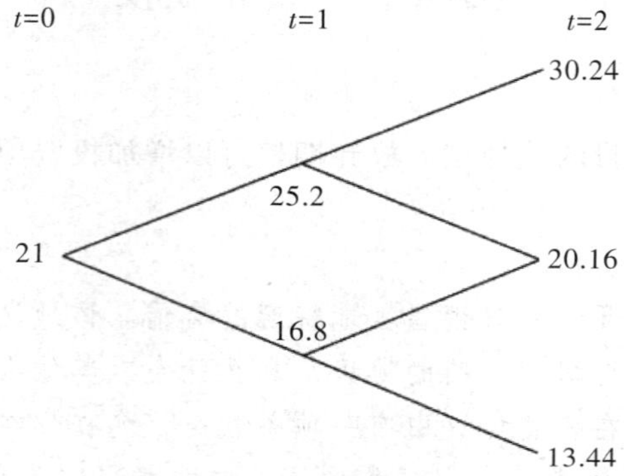

图 9-6　铝价变动二叉树

（1）首先来决定当t=2时，在每种状态下是应该继续开采还是关闭铝矿。

当铝价为每千克30.24元时，经营铝矿每年产生的利润为30.24×45−1 300=60.8（万元），再过68年后关闭铝矿的成本为2 800万元，计算当t=2时的价值：

$$PV_{30.24}^{t=2}=\frac{60.8}{0.15}\times\left(1-\frac{1}{1.15^{68}}\right)-\frac{2\,800}{1.15^{68}}=405.09\text{（万元）}$$

此时应该选择继续经营；

同理，当铝价为每千克20.16元时，每年的利润为20.16×45−1 300=−392.8（万元），若继续经营，计算当t=2时的价值：

$$PV_{20.16}^{t=2}=\frac{-392.8}{0.15}\times\left(1-\frac{1}{1.15^{68}}\right)-\frac{2\,800}{1.15^{68}}=-2\,618.68\text{（万元）}$$

−2 618.68万元的现值大于−2 800万元（此时关闭铝矿的现金流出），应选择继续经营；

当铝价下跌到每千克13.44元时，每年的利润为13.44×45−1 300=−695.2（万元），若继续经营，计算当t=2时的价值：

$$PV_{13.44}^{t=2}=\frac{-695.2}{0.15}\times\left(1-\frac{1}{1.15^{68}}\right)-\frac{2\,800}{1.15^{68}}=-4\,634.53\text{（万元）}$$

−4 634.53万元的现值小于−2 800万元（此时关闭铝矿的现金流出），应选择关闭。

（2）接下来先计算当t=1且铝价为每千克25.2元时，经营铝矿的价值：

$$PV_{25.2}^{t=1}=\frac{(405.09+60.8)\times 50\%+(-2\,618.68-392.8)\times 50\%}{1.15}=-1\,106.78（万元）$$

由于−1 106.78万元的现值大于−2 800万元的关停成本，因此，当t=1时铝矿应继续经营；

然后，当t=1且铝价为每千克16.8元时，经营铝矿的价值为：

$$PV_{16.8}^{t=1}=\frac{(-2\,800)\times 50\%+(-2\,618.68-392.8)\times 50\%}{1.15}=-2\,526.73（万元）$$

−2 526.73万元的现值仍然大于−2 800万元的关停成本，此时还是选择继续经营。

（3）最后，计算当t=0时经营铝矿的价值：

当t=1且铝价为每千克25.2元时，当年利润（现金流）为25.2×45−1 300=−166（万元）；当铝价为每千克16.8元时，当年利润为16.8×45−1 300=−544（万元）；计算当t=0时的价值：

$$PV_{21}^{t=0}=\frac{(-1\,106.78-166)\times 50\%+(-2\,526.73-544)\times 50\%}{1.15}=-1\,888.48（万元）$$

当前，铝矿的经营价值为−1 888.48万元，尽管价值为负，但若立即关闭铝矿，将支出2 800万元；因此，公司当前应该继续经营铝矿。

【例9-13】

公司在今年可以产生100万元的销售收入。下一年，销售收入或者下降10%，或者上升5%，出现这两种状态的概率相等，随后每年的收入会一直保持那种水平，直到经营结束。每年的运营成本为90万元。关停公司不发生成本，并且总是可以按照50万元的价格将公司清算。公司的资本成本固定为10%。计算公司价值，判断公司是否应该继续经营。

公司价值为所有未来利润的现值和清算公司所得两者之间的较大值。

1年后，如果销售收入减少10%，则1年后的利润为0，应该对公司清算转让，计算t=1时的公司价值为50万元；

1年后，如果销售收入增加，未来盈利在t=1期的现值为：

（105−90）+（105−90）/0.1=165（万元）

此时应该选择继续经营；

综合考虑上述两种状态，在t=1时，附有放弃期权的期望价值为：

V_1=165×50%+50×50%=107.5（万元）

计算t=0时的现值：

V_0=107.5/1.1=97.73（万元）

附有放弃期权的公司价值为97.73万元，大于50万元的清算价值，所以应继续经营。

【例9-14】

公司拟投资开发一座矿藏，预计需要投资33 000万元。该种矿物的产量每年约为300吨，该矿藏只有5年的开采量，矿产品的当前价格为每吨40万元。预计矿产品的价格每年上涨10%，但是价格很不稳定，价格变动的标准差为35%。投资的资本成本为14%，每年的固定营业成本为5 000万元。忽略其他成本和税收问题。对于固定营业成本可使用4%的无风险利率折现。1～5年后，矿藏的残值分别为5 500万元、5 000万元、4 000万元、3 000万元和2 000万元。计算包含（放弃）期权的投资净现值。

（1）计算标的资产的价值，也就是未考虑期权时的项目价值。如表9-2所示，利用折现现金流法计算的净现值为-246.21万元。

表9-2　　不考虑实物期权的项目净现值　　单位：万元

年	0	1	2	3	4	5
价格增长率		10%	10%	10%	10%	10%
预计销售收入		13 200	14 520	15 972	17 569.20	19 326.12
复利现值系数（14%）		0.8772	0.7695	0.6750	0.5921	0.5194
销售收入的现值		11 579.04	11 173.14	10 781.10	10 402.72	10 037.99
收入现值合计	53 973.99					
矿藏残值						2 000
残值的现值（14%）	1 038.80					
固定成本支出		（5 000）	（5 000）	（5 000）	（5 000）	（5 000）
复利现值系数（4%）		0.9615	0.9246	0.8890	0.8548	0.8219
固定成本的现值		（4 807.50）	（4 623）	（4 445）	（4 274）	（4 109.50）
固定成本现值合计	（22 259）					
初始投资	（33 000）					
净现值	（246.21）					

如果不考虑关停项目的选择权，净现值为负，则该项目不可行。

（2）接着考察项目的实物期权（放弃期权）。

第一步，确定标的资产价格上行乘数 u（$S_u=S_0 \cdot u$）和下行乘数 d（$S_d=S_0 \cdot d$）：

价格的标准差为35%，u=1+价格上涨百分比=$e^{\sigma\sqrt{\Delta t}}=e^{0.35}=1.4191$，$d$=1-价格下跌百分比=$e^{-\sigma\sqrt{\Delta t}}=1 \div u=1 \div 1.4191=0.7047$。

第1年的上行收入为12 000×1.4191=17 029.20（万元），第1年的下行收入为12 000×0.7047=8 456.40（万元）；后续各年的销售收入二叉树依此类推。销售收入二叉树各节点减去5 000万元的固定营业成本，得到营业利润二叉树，见表9-3。

表9-3　　考虑放弃期权的项目投资决策　　单位：万元

年	0	1	2	3	4	5
销售收入	12 000	17 029.20	24 166.14	34 294.17	48 666.86	69 063.14
		8 456.40	12 000.48	17 029.88	24 167.10	34 295.54
			5 959.23	8 456.74	12 000.96	17 030.56
				4 199.47	5 959.47	8 457.08
					2 959.37	4 199.64
						2 085.47

续表

年	0	1	2	3	4	5
营业利润 =收入−固定成本	7 000	12 029.20	19 166.14	29 294.17	43 666.86	64 063.14
		3 456.40	7 000.48	12 029.88	19 167.10	29 295.54
			959.23	3 456.74	7 000.96	12 030.56
				(800.53)	959.47	3 457.08
					(2 040.63)	(800.36)
						(2 914.53)
未修正的项目价值 =［p·（后期上行营业利润+后期期末价值）+（1−p）·（后期下行营业利润+后期期末价值）］/（1+r）	39 379.21	51 671.69	60 396.49	61 003.81	45 780.74	2 000
		17 383.15	23 901.77	26 476.83	21 281.75	2 000
			5 779.13	9 331.35	9 115.97	2 000
				817.19	3 074.67	2 000
					74.66	2 000
						2 000
固定资产余值		5 500	5 000	4 000	3 000	2 000
修正项目现值（当清算价值大于经营价值时，以清算价值取代经营价值）	39 379.21	51 671.69	60 396.49	61 003.81	45 780.74	2 000
		17 383.15	23 901.77	26 476.83	21 281.75	2 000
			5 779.13	9 331.35	9 115.97	2 000
				4 000	3 074.67	2 000
					3 000	2000
						2000
重新从未来向当前倒推项目价值	39 577.57	51 671.69	60 396.49	61 003.81	45 780.74	
		17 771.86	23 901.77	26 476.83	21 281.75	
			6 540.87	9 331.35	9 115.97	
				2 309.96	3 074.67	
					3 000	

第二步，计算上行状态和下行状态的风险中性概率：

期望回报率=价格上涨百分比×上行概率+价格下跌百分比×（1−上行概率）

4%=（1.4191−1）×上行概率+（0.7047−1）×（1−上行概率）

解得，上行概率=0.4693，下行概率=0.5307。

第三步，确定未调整的项目价值：

第一步，确定第5年年末各节点未经调整的项目价值。项目在第5年年末终止，无论哪一条路径，最终的清算价值均为2 000万元。

第二步，确定第4年年末的项目价值，顺序为先上后下。上行节点价值取决于第5年的上行利润和下行利润，它们又都包括第5年的营业利润和第5年年末的残值。

例如，在第4年年末的最上方节点，项目价值 =［p·（第5年上行营业利润+第5年年末价值）+（1−p）·（第5年下行营业利润+第5年年末价值）］/（1+r），代入数据即为［0.4693×（64 063.14+2 000）+0.5307×（29 295.54+2 000）］/（1+4%）=45 780.74（万元）；第4年年末第2个节点价值=［0.4693×（29 295.54+2 000）+0.5307×（12 030.56+2 000）］/1.04=21 281.75（万元）；第4年年末第4个节点价值为［0.4693×（3 457.08+2 000）+0.5307×（−800.36+2 000）］/1.04=3 074.67（万元）；第4年年末第5个节点价值为［0.4693×（−800.36+2 000）+0.5307×（−2 914.53+2 000）］/1.04=74.66（万元）。其余各年各节点价值的计算可依此类推。

第三步，确定调整的项目价值：

各个路径第5年的年末价值（不含营业利润），均为2 000万元，不必调整。

第4年年末各节点的价值由上而下进行，检查项目价值是否低于3 000万元的清算价值。第4年年末第5个（最下方）节点的价值低于清算价值，清算比继续经营更有利，应放弃项目，将清算价值填入“调整后的项目价值”二叉树的相应节点。类似地，对于其余各年年末价值也做相应调整，例如，第3年年末的第4个节点，也要调整为清算价值4 000万元。

第四步，完成对上述节点价值的调整后，重新计算各节点价值。计算的顺序仍然是从未来向当前，从上到下，依次进行，并将结果填入相应的位置。最终得出t=0时点的净现值为6 577.57万元（39 577.57 − 33 000），考虑关停（清算）项目的实物期权后，应投资该项目。

【延伸阅读】 重视项目评估中的实物期权

正确的项目评估方法应以实物期权理论为核心，通过对项目各种权利及其价值的分析来确定项目的价值。中国商用飞机有限责任公司（以下简称“中国商飞”）于2008年5月11日正式挂牌成立，其意义不同于一般的公司成立，因为以往像这样涉及重大国计民生和国家安全的项目，从来都是国家直接拨款、“秘密”研究和运行的。而现在情况变了，过去属于高度机密的运载火箭项目都要成立公司面向市场了。这一方面反映政府行为的透明性，有着重要的社会意义，另一方面也给决策者今后重大经济决策创造了市场基础，经济意义更加重大。中国商飞包含从研发、制造和试验等一系列资产，如果这些资产能分阶段打包上市，就可以给整个“大飞机”项目的评估提供最客观的决策依据。这也许才是这些大项目组建公司的最大意义所在。

以“大飞机”项目为例，除了明确的现金流（比如，期初投资）之外，它还包含诸如扩充期权（以追加成本为执行价格“购买”一定比例的规模扩大的“买方期权”）、收缩期权（以节省下来的费用为执行价格卖出一定经营规模的“卖方期权”），以及日后转为他用的期权（以现行技术或产品为代价“购买”其他项目的“买方期权”）等一系列权利的组合，这些权利不仅体现项目的资产价值，而且体现它的战略价值和竞争优势价值，只有把这些因素都考虑进去，才能对“大飞机”项目做出较为科学合理的判断和决策。可以先从飞机的研发开始，分阶段发行股票或者债券，并标以具体的融资目的。比如开始阶段先研发支线客机，以这个项目为融资目标增发股票或债券，如果市场对公司的融资行为认可（如推高股价），就说明市场对这个项目的预期是好的；如果市场对整个研发过程中的任何一个环节有怀疑都会做空证券，于是决策者就应认真反思，并组织重新设计项目内容。市场反应不仅是对当前项目的判断，而且包含对以后相关项目的预判，也就是对扩展期权、转向期权等权利价值的定价，这对下一步的决策也可以起到评判的作用，也就等于在一个连续的时间序列里为公司的未来发展确立了方向，这是传统项目评估方法无法做到的。

——田立，摘自《上海证券报》(2008-05-14)。

第五节 期限不同的互斥投资决策

怎样比较期限不同的互斥投资决策？传统上，管理者使用等价年收益法来选择期限不同的项目。这一方法考虑了项目期限的差异，其原理是，计算出在项目期限内，其现值相当于项目净现值的每年固定不变的收益或现金流，然后选择等价年收益较高的项目。但是这种方法忽视了实物期权的价值，它仍然假设项目在期满后通常会按原先的条件被替换。

【例 9-15】

M公司要求一家科技公司设计一款新设备。科技公司提出了两种方案。较便宜的设计方案需要投入1 000万元，设备的使用年限为5年；较贵的设计方案需要投资1 700万元，设备的使用年限为10年。在这两种情形下，预期这款机器可为M公司每年节约310万元。如果设备投资的资本成本为10%，M公司应采纳哪种方案？

短期设计方案的净现值为：

$$NPV = 310 \times \frac{1}{0.1} \times \left(1 - \frac{1}{1.1^5}\right) - 1\,000 = 175.14\text{（万元）}$$

长期设计方案的净现值为：

$$NPV = 310 \times \frac{1}{0.1} \times \left(1 - \frac{1}{1.1^{10}}\right) - 1\,700 = 204.82\text{（万元）}$$

如果简单地依据较高的净现值来选择方案，就会选择设备使用年限较长的方案。然而，上述计算忽视了这两个方案期限的差异。较长期限方案的净现值高的一个原因就是，它的收益持续期更长。这些额外增加的收益是否与增加的净现值对等，取决于短期方案的设备在下一个5年将发生什么。假设短期使用年限的设备的成本每年将增加4%。经过5年后，一台新的5年期设备的购置成本约为1 217万元（$1\,000 \times 1.04^5$）。到那时，用新设备替换旧设备所产生的净现值为：

$$NPV = 310 \times \frac{1}{0.1} \times \left(1 - \frac{1}{1.1^5}\right) - 1\,217 = -41.86\text{（万元）}$$

由此可见，5年后，用另一台期限较短的新设备，来代替同样的旧设备是不可行的。在现实中，机器设备的未来成本往往是不确定的。由于技术进步，机器设备一般会变得更加便宜而不是更贵。相反，由于通货膨胀，成本往往会上升。关于设备的未来成本的不确定性，为公司带来了放弃期权：只有当这样做有利时才替换期限较短的设计方案。假设短期方案的设备成本或者逐年将上升4%，或者逐年将下降4%。假设出现这两种状态的风险中性概率均为50%。在这种情况下，什么是最优的决策？

如果成本上升，公司不会替换旧设备，而使用原有的技术。如果成本下降，设备的成本将变为815万元（1 000×（1−0.04)^5）。到那时，替换旧设备的净现值为：

$$NPV = 310 \times \frac{1}{0.1} \times \left(1 - \frac{1}{1.1^5}\right) - 815 = 360.14\text{（万元）}$$

因此，采纳5年期方案的净现值，就等于使用设备满5年所产生的净现值，再加上假如5年后替换旧设备的净现值：

$$NPV = 175.14 + \frac{0.5 \times 360.14}{1.1^5} = 286.95\text{（万元）}$$

现在看来，采纳5年期方案并且于5年后最优地替换旧设备所产生的净现值，超过10年期方案的净现值（204.82万元），因此，5年期的方案为较优的选择。选择期限长的方案，相当于放弃了应对技术和市场变化的实物期权。

接上例继续讨论，假设5年后，期限较短的设备的成本上升到1 250万元，或仍然保持1 000万元，或下降到815万元的概率是相等的，而且假设这种风险是可分散的异质性风险，不会改变项目的资本成本。应该选择哪种期限的设备呢？

如果成本上升到1 250万元，则公司将不会选择替换旧设备，因而得到的净现值是0。如果成本保持不变或者下降，将替换设备，分别得到175.14万元或360.14万元的净现值。给定这一概率分布，在10年的时间跨度内，使用年限为5年的设备的净现值为：

$$NPV_{\text{5年期，替换条件不确定}} = 175.14 + \frac{\frac{1}{3} \times 0 + \frac{1}{3} \times 175.14 + \frac{1}{3} \times 360.14}{1.10^5} = 285.93\text{（万元）}$$

鉴于这一不确定性，在10年内，使用期限较短的设备给公司带来的净现值，超过了期限较长的设备所产生的204.82万元的净现值。如果接受较长期的方案，公司就放弃了对技术进步和市场变化做出反应的实物期权。

再来应用等价年收益法。令x表示等价年收益，等价年收益的现值等于净现值。

计算短期设计方案的等价年收益：

$$175.14 = \frac{x}{0.1}\left(1 - \frac{1}{1.1^5}\right)，\text{解得 } x=46.20\text{ 万元}$$

长期设计方案的等价年收益为：

$$204.82 = \frac{x}{0.1}\left(1 - \frac{1}{1.1^{10}}\right)，\text{解得 } x=33.33\text{ 万元}$$

基于等价年收益法的分析，应选择设备使用期限较短的方案。如果未来设备的购置成本都不发生变化，那么这就是正确的决策。但是如果在寿命期结束后，新设备的未来成本（或收益）是不确定的，那么就必须运用实物期权方法来决策。

第六节　分阶段的相互依赖的投资

阶段式投资的优势是，它允许推迟投资直到掌握了重要的新信息之后。除非有新的信息预示该项目是有价值的，否则就可以选择放弃投资从而避免损失。大多数投资项目的各个阶段是有着自然而然的顺序的，比如，在大规模推广之前，先小规模尝试。但在某些情形下，可以选择各个发展阶段的顺序。如果是这样，又该怎样最大化实物期权的价值？

【例9-16】

汽车制造商正在考虑研发一种电动汽车，要想成功，必须攻克三项技术难关，分别是：材料、充电器和电池。假设这三项任务的风险都具有特异性（风险可分散），无风险利率是5%。如表9-4所示，给定公司现有的资源约束条件，一次只能专注于一项技术研发。通过合理地安排这些投资的顺序，可以为公司增加价值。

表9-4　**各研发项目所要求的时间、成本和成功的概率**

项目	成本（万元）	时间	成功的概率
材料	10 000	1年	50%
充电器	40 000	1年	50%
电池	10 000	4年	25%

电动汽车项目代表一种相互依赖的投资机会，一个项目的价值取决于其余项目的结果。在本例中，三个子项目都必须成功，否则收益为零。因此要确定能够最小化预期开发成本的最优投资顺序。

首先考察投资成本。材料和充电器这两个项目，除前期投资成本外都是相同的。如果从材料研发开始，完成这两项任务的预期成本为：

$$\underbrace{10\,000}_{\text{投资材料项目}} + \underbrace{0.5}_{\text{材料项目成功概率}} \times \underbrace{\frac{1}{1.05}}_{\text{延迟的现值}} \times \underbrace{40\,000}_{\text{投资充电器项目}} = 29\,048\text{（万元）}$$

如果先从充电器项目开始，预期成本为：

$$\underbrace{40\,000}_{\text{投资充电器项目}} + \underbrace{0.5}_{\text{充电器项目成功概率}} \times \underbrace{\frac{1}{1.05}}_{\text{延迟的现值}} \times \underbrace{10\,000}_{\text{投资材料项目}} = 44\,762\text{（万元）}$$

可见，应首先投资研发材料技术，之后再着手开发充电器技术。因为充电器项目的成本更高，如果材料技术开发失败，公司也就不必在充电器项目上浪费投资。在其他条件相同的情况下，首先投资于成本最小的项目，把成本更高昂的投资延迟到它有明确的保证时为止，这样做是有利的。

继续考察投资期限和风险。接下来比较材料和电池项目。这两个项目的成本相同，但电池技术的开发期限更长，失败的可能性更大。仅考虑这两个项目，如果从材料技术开发开始，完成这两个项目的预期成本为：

$$\underbrace{10\,000}_{\text{投资材料项目}} + \underbrace{0.5}_{\text{材料项目成功概率}} \times \underbrace{\frac{1}{1.05}}_{\text{延迟的现值}} \times \underbrace{10\,000}_{\text{投资电池项目}} = 14\,762\text{（万元）}$$

如果从研发电池技术开始，预期成本为：

$$\underbrace{10\,000}_{\text{投资电池项目}} + \underbrace{0.25}_{\text{电池项目成功概率}} \times \underbrace{\frac{1}{1.05^4}}_{\text{延迟的现值}} \times \underbrace{10\,000}_{\text{投资材料项目}} = 12\,057\text{（万元）}$$

显然，应该先从事电池技术研发，而后才是材料项目。鉴于电池项目的风险更高，如果它成功，公司将对整个项目的可行性了解更多。由于电池项目需要的时间更长，公司也受益于推迟后续投资所带来的时间价值。总之，在其他条件相同的情况下，首先投资于风险更高、期限更长的项目，并把未来投资延迟到掌握最多信息时为止，这样做是有利的。每个项目的成本、期限和风险决定着投资的最优次序。基于直觉理解，通过首先投资于规模较小、但风险较高的项目，能以最低的成本获得最多有用的信息。

一旦投资的顺序确定了，就能计算出完整投资机会的净现值。接上例，管理者预计突破这些技术难关后，就可开发出电动汽车，所有未来利润的现值为42亿元。为了确定开发电动汽车项目是否有价值，要基于所确定的最优投资顺序，计算项目的净现值：

$$NPV = -10\,000 - 0.25 \times \frac{10\,000}{1.05^4} - 0.25 \times 0.5 \times \frac{40\,000}{1.05^5} + 0.25 \times 0.5 \times 0.5 \times \frac{420\,000}{1.05^6} = 3\,614\text{（万元）}$$

结果表明，开发电动汽车项目是有利可图的。这个结果与最优阶段式投资的顺序紧密相关。如果选择其他投资顺序，项目的净现值为负。

第七节　经验法则

在实践中，对不确定性的来源正确地建模以及适当的动态决策，通常需要大量的时间和丰富的财务专长；解决方法也因问题而异，在一个问题上耗费的时间和采用的技术方法不能被简单地移植到其他问题上去。公司大多寻求遵循经验法则来解决问题，在此考察两条常用的经验法则：获利指数与预设回报率（要求的最低回报率）。

一、获利指数法则

正如本章第二节所分析，如果投资机会可以被延迟，只有当投资的净现值足够高时投资才是最佳的。一些公司使用这样的经验法则：若获利指数超过一个特定的水平，就进行投资。在项目具有唯一的初始投资的简单情形中，获利指数（*PI*）等于项目的净现值（*NPV*）与初始投资之比。若投资不能被延迟，只要获利指数大于零，实施投资就是最优的。当存在延迟期权时，常用的经验法则是，只有当获利指数超过某一较高的临界值（例如1）时，才进行投资。公司通常设置更高的获利指数门槛，等待更长的时间，一般要比急于投资（设定过低的获利指数标准）更好。

二、预设回报率法则

与获利指数法则提高净现值的标准不同，预设回报率法则提高了折现率的标准，运用比资本成本更高的折现率来计算净现值：只有当运用更高的折现率计算所得的净现值为正时，就可投资。这个较高的折现率被称作“预设回报率”或要求的最低“门槛回报率”，如果投资的回报率能越过这一障碍（即，以这个较高的折现率计算得到的净现值为正），它就应该被接受。

若产生等待动机的不确定性来自利率的不确定性，对于这种特殊情形，可用资本成本乘以可赎回年金的利率（即随时可被赎回的无风险年金的利率）与无风险利率之比作为投资项目的预设（门槛）回报率，即，预设回报率=资本成本×（可赎回年金利率/无风险利率）。如果用预设回报率作为折现率计算得出的净现值为正，就应该投资。

这一法则的内涵是什么？假设你拥有一个可以延迟投资的无风险项目，它当前的净现值为正。你打算通过借款进行初始投资，但你又不确定是否应等待以期利率下降。如果现在取得普通借款，事后利率又有所下降，你将因为不得不支付较高的利率而蒙受损失。然而，如果采用可赎回借款，当利率下降时，你就可为该笔借款再融资，从而获得低利率的好处。如果以可赎回年金的利率作为折现率计算所得项目的净现值为正，就可以“鱼和熊掌兼得”：不但可获得立即投资的好处，而且若利率下降，还可利用较低利率的优势。

预设回报率和资本成本之间的差异有多大？基于按揭贷款利率和无风险利率之间的差异，使用高出公司资本成本20%的预设回报率[①]，可能是对于资本成本的合理调整，它考虑了公司等待直到利率足够有利于投资时的能力。预设回报率法则意味着，决策者对于现在投资和等待这两种选择是中立的。

【思政小课堂】 应对世界经济不确定性，加快构建“双循环”新发展格局

当今世界经济的一个显著特点是充满不确定性，特别是自2018年以来，由于中美贸易摩擦与地缘政治冲突、新冠肺炎疫情大流行以及俄乌战争后世界政治经济格局的分化等原因，整个世界经济面临的不确定性大大增加。在这一大背景下，以国内大循环为主体，成为应对世界经济不确定性的有效手段。

百年未有之大变局，是中国共产党针对当前世界发展局势提出的重要论断，这一判断对于在新时期认识和判断国际局势，明确中国发展方向、制订相关任务计划，并进行中国国内外的决策有着重要的指导意义。党的二十大报告指出，高质量发展是全面建设社会主义现代化国家的首要任务，发展是党执政兴国的第一要务。没有坚实的物质技术基础，就不可能全面建成社会主义现代化强国。必须完整、准确、全面贯彻新发展理念，坚持社会主义市场经济改革方向，坚持高水平对外开放，加快构建以国内大循环为主体、国内国际双循环相互促进的新发展格局。

---

① 按揭贷款利率高于国债利率，原因在于按揭贷款具有提前偿还的选择权而国债没有选择权，借款人可以在任何时间提前偿还按揭贷款。如果利率下降，借款人可再融资以偿还现有的按揭贷款，并以较低的利率取得新的按揭贷款。如果利率上升，则银行陷入贷款利率低于现行市场利率的困境。银行的可赎回按揭贷款，相当于卖出利率期权，于是对按揭贷款要求更高的利率，比长期无风险利率要高出至少20%。

【本章小结】

1. 实物期权允许决策者在获得新信息后，再来选择最有吸引力的备选投资项目，实物期权的存在增加了投资机会的价值。特别是在高度不确定的环境中，这一价值可能相当大。

2. 对于资本预算中的实物期权，常用的方法是决策树分析；常见的实物期权有延迟期权、增长期权和放弃期权。

3. 延迟期权的等待决策，需要权衡保持灵活性所产生的收益和额外付出的成本。延迟投资的优势在于，可以更多地了解关于投资成功的可能性的信息。如果投资计划对投资者不利，则可以取消投资计划。

4. 未来的投资机会可被看作基于潜在的投资项目的实物看涨期权的集合。公司投资大项目时通常分阶段地尝试着投资，而不愿在最初就投入整个项目；首先小规模地实施项目；如果小规模的项目被证明成功，就再执行扩大投资规模的增长期权。

5. 放弃期权就是离开项目的选择权；放弃期权可以提升项目的价值；如果项目结果不成功，就可放弃该项目。

6. 管理者通常使用等价年收益法来比较和选择期限不同的互斥项目（如机器设备投资）。但是，如果在项目期限结束后，新设备的未来成本（或收益）是不确定的，就要运用实物期权方法来进行决策。

7. 在某些情形下，可以选择项目的各个发展阶段的顺序。每个子项目的成本、期限和风险决定着投资的最优次序。通过首先投资于规模较小、但风险较高的项目，投资者能以最低的成本获得最多有用的信息。

【复习思考】

1. 解释实物期权概念，实物期权和金融期权的主要区别是什么？
2. 常见的实物期权有哪些种类？
3. 如何进行决策树分析？
4. 若使用等价年收益法来选择期限不同的项目，可能会存在什么问题？
5. 解释获利指数法则和预设回报率法则的内涵。

第四篇
并购与公司估值

第十章

公司估值的基本原理

【学习目标】

本章主要阐述公司估值的基本原理和方法，包括可比公司估值法（乘数法）、先例交易分析、折现自由现金流（DCF）估值法以及剩余收益模型等。在运用DCF法估值的过程中，深入透彻的财务分析和财务报表预测是关键，本章详细介绍财务报表重构、分析和预测内容，并讨论价值创造的驱动因素以及杠杆收购的财务评价和融资安排。通过对本章内容的学习，学生应达到以下目标：

1. 明晰价格、价值、公司价值、核心资产及非核心资产等概念。

2. 掌握公司估值的主要方法、原理和基本步骤，包括可比公司估值法、先例交易分析以及折现自由现金流估值法；要求掌握应用相对估值法时对每股收益等财务指标的调整，应用DCF估值法时的经营绩效分析、财务报表重构及财务报表预测等相关知识。

3. 领会价值创造的驱动因素。

4. 掌握剩余收益估值模型和EVA估值法的基本原理和简单应用。

5. 明晰杠杆收购概念，了解杠杆收购的主要参与者、收购目标的主要特征、收购决策分析及融资结构安排等知识。

【内容导图】

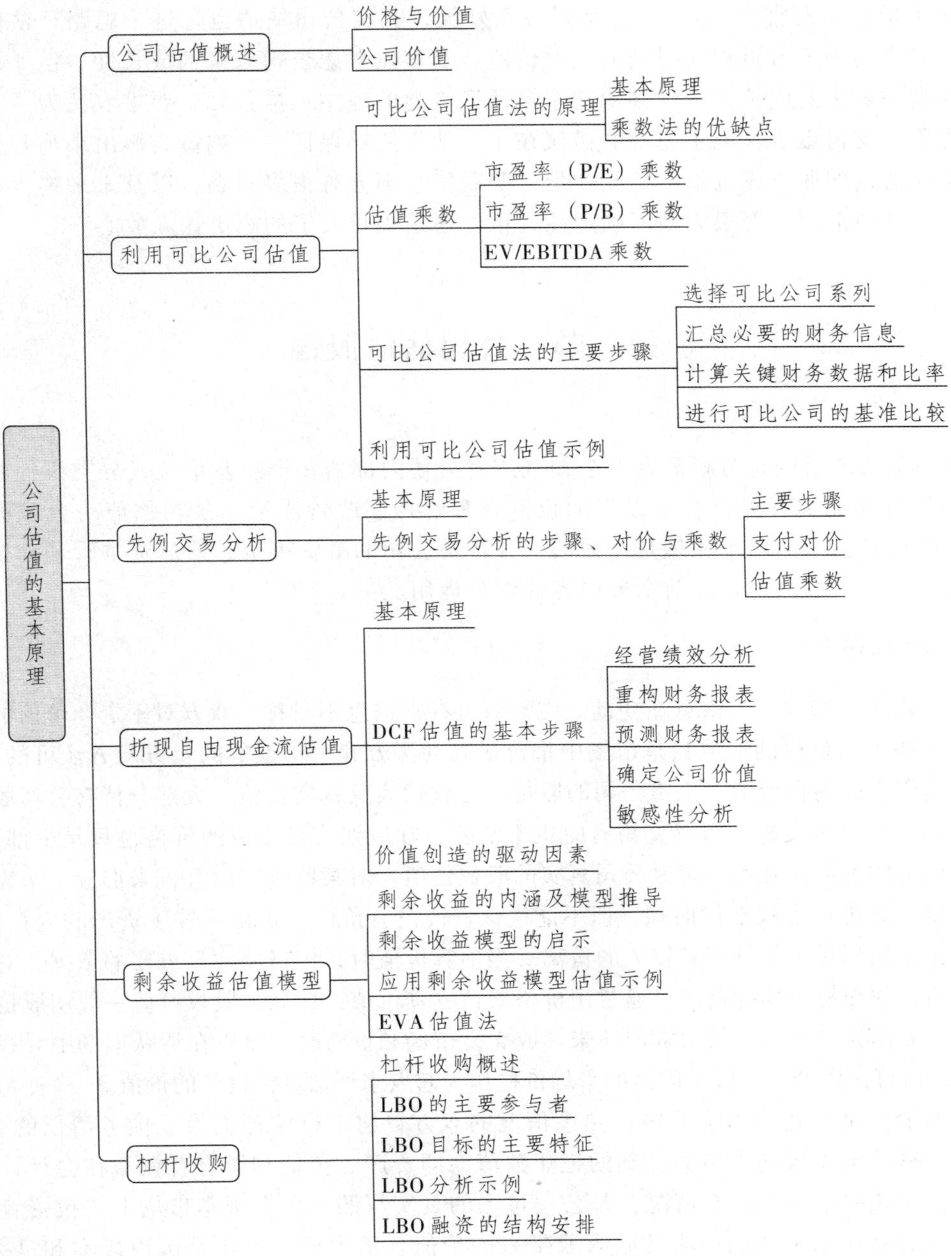
公司估值的基本原理
公司估值概述
价格与价值
公司价值
利用可比公司估值
可比公司估值法的原理
基本原理
乘数法的优缺点
估值乘数
市盈率（P/E）乘数
市盈率（P/B）乘数
EV/EBITDA乘数
可比公司估值法的主要步骤
选择可比公司系列
汇总必要的财务信息
计算关键财务数据和比率
进行可比公司的基准比较
利用可比公司估值示例
先例交易分析
基本原理
先例交易分析的步骤、对价与乘数
主要步骤
支付对价
估值乘数
折现自由现金流估值
基本原理
DCF估值的基本步骤
经营绩效分析
重构财务报表
预测财务报表
确定公司价值
敏感性分析
价值创造的驱动因素
剩余收益估值模型
剩余收益的内涵及模型推导
剩余收益模型的启示
应用剩余收益模型估值示例
EVA估值法
杠杆收购
杠杆收购概述
LBO的主要参与者
LBO目标的主要特征
LBO分析示例
LBO融资的结构安排

有这样一则笑话：一个农民打碎了地主的一个鸡蛋，地主要农民赔偿一百两银子。农民气愤地问，“为什么要赔这么多？”地主说，“你看，我这一个鸡蛋，今年可以生一只小鸡，小鸡长大以后明年可生十只小鸡，三年以后就是一千只小鸡。现在一个鸡蛋只让你赔一百两银子，多便宜！”尽管听起来好气又好笑，其实公司估值也是这个思路，估值就是将公司未来的现金流折现而得到的现时价值，要重点考虑公司未来的成长性，但如果不切实际地高估未来的成长性，就会像这个笑话里贪婪的地主一样荒谬，要求农民为“不切实际的想象”支付溢价。地主诡辩的错误在于，他不能够保证一个鸡蛋会孵出小鸡并且小鸡一定会成活，即便长成也不一定能产蛋，明后年会不会有很多只鸡，以及未来鸡蛋和鸡的价钱，这其中都存在着很大的不确定性，也许还是买长大了的鸡更让人放心。

第一节　公司估值概述

公司估值的目的是分析和衡量公司（或者公司内部的一个经营单位、分支机构）的公平市场价值并提供有关信息，以帮助投资者和管理层改善决策。公司估值与金融资产定价、投资项目估值的基本原理是一致的，并且与公司的融资决策、营运资本管理和投资决策密切相关。本章内容是此前章节内容的综合运用。

一、价格与价值

受供需关系影响，价格总在变动。交易双方存在信息不对称，双方对于资产价值的预期也会有差距，而价格的形成只是市场中报价最高的买方和出价最低的卖方双方认可的价格，不一定是资产的内在价值。上市公司的股价未必就代表其真实价值，大部分持有公司股份的股东并未参与日常交易，股票交易有时也不活跃，在股票市场形成的价格也只是少部分新、老股东认可的价值，并不一定是公司真实的股权价值。对某些资产而言，未形成一个完善的交易市场，其价格也就不得而知，但不能说该资产没有价值。价格不等于资产的内在价值，但也不会长期相对于其价值有较大的偏离。当估算价值时，价格往往是重要的依据，对于那些存在活跃的交易市场的资产，通常用价格来估算其价值，比如，股权价值一般用股价乘以流通股股数作为参考。当某项资产还未形成交易市场和价格时，可以在活跃市场中寻找可比资产，以该可比资产在一段时间内的平均价格作为起点来评估目标资产的价值。

市场价值是指在公平交易中，熟悉情况的双方自愿进行资产交换或债务清偿的金额；账面价值是以历史成交价格为基础的记账数值，即资产、负债和所有者权益在会计计量时的价值，反映的是历史运营情况，是公司过去的真实写照。但在资本市场上，投资者关注的是某项交易在未来所能产生的收入或带来的价值，历史成本已经是沉没成本和过去时，无论历史成本高低与否、公司经营状况如何，公司管理者都已无法改变，只能依靠更明智的决策和更合理的运营使公司在未来取得更好的经营业绩，能给投资者带来回报的只有未来的收益，与历史成本无关。投资者无法仅仅通过账面价值就做出决策，而需重新评估其市场价值，只有在通过其他方法无法获得恰当的市场价值时才将账面价值作为价值的替代。

公司持续经营所产生的未来现金流的现值称为“持续经营价值”；当期停止经营、将经营性资产出售所产生的现金流，称为“清算价值”。公司的公平市场价值应该是持续经营价值与清算价值两者中较高的一个。

投资者买入公司的少部分股权，是因为认可公司现行的管理和经营策略，认为能够产生回报，不具有对公司的控制权；而买入公司的控股权，投资者不仅取得对未来现金流的索取权，而且获得掌控公司经营决策的权力。在股票市场上交易的只是少部分股票，大多数股票并未参与交易。掌握控股权的股东很少参加日常交易。在市场上看到的股价，通常只是少部分已经交易的股票价格，衡量的只是部分非控股股权的价值。企业进行并购交易就可以观察到非控股股权与控股股权的价值差异。一旦有控股股权参与交易，股价往往会有明显的溢价。评估公司的股权价值，要明确评估对象是非控股股权价值还是控股股权价值。

二、公司价值

公司价值（EV，Enterprise Value），是指公司所有出资人（包括股东和债权人）共同拥有的公司的核心经营性资产运营所产生的价值，包括股权价值和债权（或净债务）价值。

公司价值=净债务价值+股权价值，净债务=债务-超额现金　　(10.1)

10.1式中的各项都是基于市场价值而言的，且隐含的一个重要假设是，公司所有的资产都是与主营业务对应的核心经营性资产，没有非核心资产、非经营性资产，并且仅有债务和股权两种资本。非核心资产对应的是非主营业务，例如，交易性金融资产或投资性房地产，其价值不应包含在公司价值当中。就债务而言，通常用债务的账面价值代替市场价值，因为正常运营的公司，债务的市场利率变动幅度较小，债务的账面价值一般和市场价值差别不大，但在特殊情况下可能差别很大，如公司濒临破产时其债务价值将大幅减少，此时应使用债务的市场价值。

但是，核心资产与非核心资产的划分不是绝对的。对于制造业公司而言，如果购买房地产，不将其用于生产经营而仅作为投资，该房地产就属于非核心资产。对于房地产公司而言，其购买的待出售房地产存货就属于核心资产。同理，非金融机构在股票市场上买卖其他公司的股票，这些交易性金融资产属于非核心资产，而金融机构尤其是保险公司对其保费收入进行投资管理，在股市买入其他公司的股票或债券，则构成其核心资产。

区分核心资产与非核心资产，主要基于以下原则：第一，核心资产的运营（主营业务）是相对稳定的，其收入具有可预测性，而非核心资产的规模相对不稳定，给公司带来的收益有很强的不确定性，较难预测。第二，站在投资者的角度看，投资者之所以要投资一家公司，是因为他们认为该公司在其主营业务经营方面具有专业性，能够带来较高的回报。如果公司拿投资者的钱去投资交易性金融资产，投资者还不如直接把钱交给专业的投资机构打理，比如购买基金等。投资者看中一家公司的应该是公司主营业务未来发展能够带来多少回报，即公司价值，非核心资产对应的价值不应包含在公司价值中。

公司价值等式还可表达为：

（超额）现金+非核心资产价值+公司价值=债务+少数股权价值+归属于母公司股东的股权价值　　(10.2)

超额现金本质上也属于非核心资产，10.2式将其单独列示。大多数上市公司的合并财务报表中都有少数股东权益这一项。当母公司拥有子公司的投票权超过50%、不足100%时，母公司需要编制合并财务报表，此时子公司中不属于母公司的权益部分在母公司的合并资产负债表中被列示为“少数股东权益”。

也可这样理解公司价值的含义：公司价值等于其被收购时，收购方付出的成本或代价（根据一价定律，为收购所付出的成本即为目标公司的价值），即，取得公司的全部股权、得到其超额现金、偿付其所有债务从而拥有整个公司所付出的净成本。假设不存在除超额现金外的非经营性资产，公司价值（理论上收购价格的计量值）的定义式为：

公司价值=股权的市场价值+债务[①]-超额现金 (10.3)

10.3式中的超额现金，是指超出公司营运资本需求的现金，即没有投入到公司运营中的多余的现金及其等价物，等于从货币资金总额中扣除用于维持日常经营所需要的现金后剩下的余额，是可按竞争市场利率投资的现金额。对于超额现金，一般简单地用账上的货币资金代替。原因是，资产负债表只有一个货币资金账项目，因此，无法准确获知多余的现金是多少；而且虽然可以通过公司日常运行的规律粗略估计出每天参与运营的现金的数量并以此计算出多余现金，但这种估计的主观性太强；很多公司习惯于将长期闲置不用的资金存在银行，多余现金基本上等于所有的现金；另外，相比于公司价值，所需现金往往很少，这种简单近似的处理不会对公司价值的估计造成很大影响。

债务只包含具有付息义务的融资性负债，如长、短期借款、应付公司债券等，而没有付息义务的经营性负债，如应付账款、应付票据等，不在债务范围之内。经营性负债不用向债权人支付利息，即使付息，债权方也不是以获得利息为目的，所以不构成融资性债务。

公司价值是由公司选择的资产（包括资产负债表所缺失的诸如声誉、品牌以及人力资本等隐性资产）和投资创造的。公司选择那些价值大于初始投资的净现值为正的项目，以提升公司价值，公司估值与资本预算紧密相联，公司价值最大化的财务管理目标与净现值决策法则在本质上是一致的。

公司估值提供的信息不仅是公司价值的一个数字，而且包括在评估过程中产生的大量信息，例如，公司价值是由哪些因素驱动的，如何通过财务管理提升公司价值等。即使公司价值的最终评估值不是很准确，这些中间信息也是有意义的。估值所依赖的公司信息和市场信息在不断变化，新信息的出现随时可改变评估结论，估值结论有很强的时效性。

公司估值的对象是公司整体的经济价值。公司的整体性功能，表现为它可以通过特定的生产经营活动为股东增加财富，这是任何单项资产所不具备的。公司是有组织的资源，各种资源的结合方式不同就可以产生不同效率的公司。公司整体能创造价值，在于它可以为投资者产生现金流。这些现金流是所有资产联合起来运用的结果，而不是资产分别出售获得的现金流。如果公司停止运营，整体功能随之丧失，不再具有整体价值，那么它就只剩下一堆机器、存货和厂房，此时公司的价值是这些财产的变现价值，即清算价值。

【延伸阅读】 为何要重视价值？

重新学习如何以久经考验的可靠方式创造和衡量价值，才是加强经济安全和防范未来危机的根本所在。企业要创造价值，就必须利用从投资方筹集的资本，以超过资本成本（即投资者要求的回报率）的回报率来创造未来现金流，这便是价值创造的指导原则。企

① 负债（liability）的含义或外延比债务（debt）的含义广。公司价值表达式中的“债务”是指“融资性负债”，由公司的融资活动产生，包括来源于商业银行、资本租赁公司在内的金融机构提供的负债，以及公开或私下发行债券所筹集的资金；公司需要为融资性负债支付市场利率水平的利息。经营性负债由公司的日常生产经营活动产生，主要来源于向供应商和客户的负债等，包括应付账款和预收账款等，公司无须为经营性负债支付市场利率水平的利息，其本身性质上不属于公司的融资活动，不是公司融资结构和所有权结构的构成部分，通常其合约是短期的，其债权人不参与公司治理。

业增加收入的速度越快，以诱人的回报率配置的资本越多，创造的价值就越多。推动价值创造的真正因素是增长与相对于资本成本的投入资本回报率（*ROIC*）二者的结合。企业只有具备明显的竞争优势，才能保持强劲的增长和较高的*ROIC*。竞争优势、企业战略核心理念就是这样与价值创造的指导原则相互联系的。

这些原则经受住了时间的考验。事实表明，如果管理层、董事会和投资者忘记这些简单的原理，那么后果往往是灾难性的。20世纪70年代大型企业集团的兴衰、80年代美国出现的恶意收购浪潮、90年代日本泡沫经济的崩盘、1998年的东南亚金融危机、21世纪初的网络经济泡沫，以及2008年暴发的美国次贷危机，从某种程度上讲都是源于对上述原则的误解和误用。若要运用上述原则创造价值，需要理解两个问题：一是价值创造的经济原理，例如，竞争优势如何使某些企业获得比其他企业更高的*ROIC*；二是衡量价值的方法，例如，怎样根据企业的会计报表计算*ROIC*。理解这两个问题之后，企业就能做出更加明智的战略和运营决策，例如，应保留哪些业务、如何在增长和*ROIC*之间进行权衡等，而投资者亦可更加自信地计算投资的风险和回报。

——Timothy M.Koller，原载于《麦肯锡季刊》，发表时间为2010年6月。

第二节　利用可比公司估值

一、可比公司估值法的原理

（一）基本原理

根据无套利原理，可基于预期在未来将产生与待估值公司非常相似的现金流的其他可比公司的价值，来评估目标公司的价值。将公司价值用估值乘数表示，就可以调整业务相近公司间的规模差异。估值乘数为公司价值除以衡量公司规模的一些指标所形成的比率。比如，考虑评估一栋办公楼的价值。很自然想到的衡量指标是在同一区域最近出售的其他建筑物每平方米的价格；将待评估办公楼的建筑面积乘以每平方米的平均售价，通常可提供对其价值的合理估计。同样可将这一思想应用到股票上，用一些能够衡量公司规模的更合适的指标取代建筑面积。

可比公司分析方法，通过提供一个市场基准，依照该基准来确定目标公司（私有公司或上市公司）、业务分部或资产组合在任何时点的价值，常用于各种并购（M&A）、IPO、公司重组和投资决策中的估值。其基本思想是，类似的可比公司能为评估某个给定目标提供一个相关性很强的参考点，这些类似公司表现出相同的关键性业务和财务特征、绩效驱动因素及风险，可通过确定目标在可比公司中的相对定位来设定其估值参数。核心在于选定目标公司的一个可比公司系列。首先，以财务数据和财务比率为基础在可比公司之间以及可比公司与目标公司之间进行比较，然后分别计算可比公司的交易乘数，确定目标公司适用的乘数范围。最后，将确定的乘数范围乘以目标公司的相关财务数据而计算出目标公司的估值区间。

（二）乘数法的优缺点

乘数法作为估值的一种“捷径”，不用单独估计资本成本、未来收益或自由现金流，只依靠具有相似未来前景的其他公司的市场估值。除了简单外，乘数法的优点是，估值过程是基于真实公司的实际价格，而非基于对未来现金流的可能不切实际、不准确的预测。

可比公司间乘数的差别很可能是由于期望未来增长率和风险（资本成本）的差异而引起的。投资者知道这些差异存在，股票的定价已经考虑了这些差异。乘数法的局限性在于，它提供的只是关于待评估公司相对其他可比公司的价值的信息。如果整个行业都被市场高估或低估，利用乘数估值将不能做出正确的决策。而且，它没有考虑公司间的重要差异，诸如某家公司拥有高水平的管理团队、高效的制造工艺和程序，或刚取得一项新技术的保护专利等。相比之下，折现现金流法的优势是，它可将关于公司资本成本或未来增长的具体特定信息，吸收进估值模型中。公司价值的真正动因是其为投资者创造现金流的能力，折现现金流法很可能比使用估值乘数更准确。

可比公司估值法的一个优势在于，可根据当前市场形势和投资者情绪现状来反映“当前”估值，其与市场的相关性超过内在估值（折现自由现金流法）分析。但是，市场交易水平有可能受到非理性投资者情绪的影响，导致估值过高或者过低。此外，任何两家公司都不会完全相同，依据类似公司的交易价值来确定目标公司价值，可能无法准确反映目标公司的真实价值。可比公司分析应该和内在估值分析结合使用。如果根据各种方法推算出的估值范围差异很大，则可能需要重新审视关键性的估值假设。

二、估值乘数

（一）市盈率（P/E）乘数

1.市盈率乘数的内涵及计算

在成熟资本市场中，实证研究已经证实股票价格与会计盈余之间的相关性，会计盈余能在一定程度上解释股价的形成：

$$P_t = \alpha_0 + \beta EPS_t + \varepsilon_t \tag{10.4}$$

P_t为在会计期间t的股票收盘价，β为股价与盈余之间的相关系数，EPS_t是该会计期间的每股收益，α_0为截距项，ε_t为随机扰动项。将数据代入模型，进行回归分析。若β显著为正数，则每股盈余能够部分地解释股价变动。截距和误差项表示的是风险（未来收益的不确定性）、公司的成长性等收益之外的因素对股价的影响。将β定义为市盈率，即每股价格与每股会计盈余之比，衡量的是投资者为获取公司的每1元收益需要付出的代价。低市盈率股票的价格相对于当前的盈余水平显得比较“便宜”，意味着这些股票可能有很好的投资价值，因此被称作“价值股”。高市盈率表示投资者愿意为每股收益支付较高的价格，是对该股票成长性的肯定，高科技板块的公司要比制造业板块具有更高的市盈率，高市盈率的股票通常被称作“成长股”。市盈率不是越高越好，畸高的市盈率表明资本市场不成熟，投资者的投资理念缺乏理性。此外，市盈率是与市场利率水平相关联的，市盈率的倒数即为“每股收益 /每股股价”，表示投资者的投资收益率。从长期来看，投资者的预期收益率应该向银行利率回归，这也是检验一国资本市场是否成熟的标准之一。当然，不能够机械地单以市盈率论估值，还必须结合宏观经济、产业政策、行业景气、资本市场阶段热点、股市的不同区域、公司盈利增长的持续性等多种因素来综合评价。

市盈率本身并不反映未来盈利增长情况，为弥补市盈率的不足，引入市盈增长比率*PEG*指标，即用*P*/*E*除以公司未来3或5年的每股收益年均复合增长率（除以百分比增长率的分子）。比如一只股票当前的*P*/*E*为20倍，其未来5年的预期每股收益复合增长率为20%，这只股票的*PEG*就是1（20/20）。*PEG*等于1，表明市场赋予这只股票的估值可以充分反映其未来业绩的成长性，该股票估值得当。如果*PEG*大于1，则股票价值就可能被高估，或市场认为该公司的业绩成长性会高于预期。通常，成长型股票的*PEG*都会高于1，甚至在2以上，投资者愿意给予其高估值，表明公司未来很有可能会保持业绩的快速增长。当*PEG*小于1时，要么是市场低估股票价值，要么是市场认为其业绩成长性可能比预期的要差。价值型股票的*PEG*一般都会低于1，以反映低业绩增长的预期。

使用市盈率估值背后的直觉是，当你购买股票时，从某种意义上说，你购买的是对公司未来收益的要求权，以及可能持续存在的公司间的收益差别。你应该愿意对当前收益较高的股票相应地支付更高的价格。可通过将待评估公司当前或预期的每股收益，乘以可比公司的平均市盈率的方式，来估计公司股权的价值。

当计算*P*/*E*时，既可以使用历史收益（过去12个月或上一财年的收益），又可使用预测收益（未来12个月或下一年的期望收益）。出于估值目的，通常首选预测*P*/*E*，因为投资者最关注的是未来收益，且是公司收益中的持久构成部分，所以当出于估值目的计算*P*/*E*时，习惯做法是把不会再度发生的非经常性项目排除在外。可根据股利折现模型来解释预测*P*/*E*。基于不变股利增长率模型可得到：

$$\text{预测}P/E=\frac{P_0}{EPS_1}=\frac{Div_1/EPS_1}{r_E-g}=\frac{\text{股利分配率}}{r_E-g} \tag{10.5}$$

若两只股票具有相同的股利分配率和*EPS*增长率，并且具有同等的系统风险（股权资本成本相同），它们应该有相同的*P*/*E*。这也表明，具有高增长率且能产生超过投资需求的现金从而能保持高股利分配率的公司和行业，应该有较高的市盈率。

可比公司是指与目标公司所处的行业、主营业务或主导产品、公司规模、盈利能力、资本结构、市场环境以及风险等方面相近的公司。当对公司间的市盈率进行比较时，要考虑公司的风险、增长率等方面的差异。市盈率法使用短期收益作为参数，无法直接比较不同长期增长前景的公司。每股收益受财务杠杆水平的影响，当可比公司与目标公司的资本结构存在较大差异时，应用市盈率估值可能导致错误的结论。当分析可比公司时，应比较它们的可持续经营业务。净利润经常受到非经常性损益的影响，不能完全真实地反映公司的持续盈利能力，需要对净利润中的这些因素以及相应的税收影响进行调整。一些典型的需要调整的项目包括：重组成本（公司资产重组获得的收益或亏损不属于经常性项目，应当扣除），一次性的较大的资产减值损失；处置固定资产获得的收入，其他与经营无关的非经常性收入。未经正常化调整的市盈率无法区分经营性资产创造的盈利和非经营性资产创造的盈利，从而降低了公司间的可比性。

2.调整每股收益

对*EPS*进行正常化调整，包括税前调整项、所得税调整和少数股东损益调整等。

（1）税前调整项

对于营业收入、营业成本、税金及附加、销售费用和管理费用这些正常的经营科目，不进行调整。

对于资产减值损失（资产的重估价值低于账面价值引起的损失），如果发生了一次性的重大资产减值损失，需要调整，如果数额较小，可不调整。

对于投资收益，如果是交易性金融资产、可供出售金融资产、持有至到期金融资产以及与使用成本法核算的长期股权投资相关的投资收益，一般是不可以持续的，在做正常化调整时需要排除；如果是与使用权益法核算的长期股权投资相关的投资收益，且与公司主业相关（对同行业或上下游公司的投资）的，是可以持续的收益，不做调整，如与主业无关，则需要调整。

营业外收入主要包括固定资产处置利得（损失）、政府补助、非同一控制下企业合并产生的收益等，营业外支出主要包括重组费用、捐赠支出、罚金支出等，多为一次性或偶然的支出。当对*EPS*进行正常化调整时，通常直接排除营业外收支对利润的影响。如果公司所获得的政府补助是与其生产经营直接相关且可持续的，或者符合国家政策规定可按标准定额享受的可不用剔除。

（2）所得税调整

企业在调整非经常性和非经营性科目后，还要调整其对应的所得税。扣除一次性收益后，企业要加回其对应的所得税；加回一次性费用后，企业要扣除其对应的抵税。以各个科目对应的边际所得税税率乘以调整数额，得到该科目对应的所得税费用调整项，例如，一次性非经常损失发生在控股子公司，则应使用控股子公司适用的税率进行所得税调整。

（3）少数股东损益调整

在非经常性损益中如果含有属于非百分之百控股的子公司的，则用调整前数额加上税前调整项，扣除所得税调整，即为正常化调整后的少数股东损益。调整后的净利润减去调整后的少数股东损益，可得到正常化的归属于母公司股东的净利润，再将其除以已发行普通股股数，即为正常化的每股收益。

（二）市净率（P/B）乘数

市净率为每股股价与每股净资产的比率，或股票总市值与股东权益的比率（市值与账面价值比率，*M*/*B*）。*P*/*B*表示为购买股票，投资者支付的价格与获得的净资产之比。对于成熟行业的上市公司而言，在公司经营、盈利能力等都正常的情况下，*P*/*B*越低，即每股净资产价值高而每股市价不高，其投资价值越高；相反则投资价值相对较低。*P*/*B*对资本密集型的制造业公司比较有意义，制造业公司的*P*/*B*通常比较低，服务行业由于固定资产较少，*P*/*B*比较高。在成熟市场，*P*/*B*若长期低于1，则表明市场对公司资产的定价低于其重置成本，公司通常会成为被收购的目标。在正常市场中，股票的*P*/*B*通常大于1。

资产的市场价值反映资产的盈利能力和预期未来现金流的成长性及风险，而账面价值反映的是它的初始成本，被看作是市场价值的底线，虽然这个底线更准确地来讲应该是清算价值。当市场持续上涨或经济基本面较好时，投资者对公司的盈利能力较为乐观，更关心市盈率；当市场持续下跌或经济基本面较差时，投资者对公司的盈利能力没有信心，转而关心相对稳定、有把握的净资产，所以更愿意使用市净率估值乘数。银行的大部分资产和负债为金融资产和金融负债，当计算净资产时已按照市场价值计量，对于银行业来说，其股权价值和净资产之间有着比一般行业更紧密的联系，市净率成为银行业估值最常用的乘数之一。对于净资产相同的两家公司，净资产回报率（*ROE*）较高的公司能够带来较多回报，价值也相应较高，即对应的*P*/*B*较高。当运用*P*/*B*估值时，通常选择与目标公司的*ROE*接近的公司作为可比公司，或用可比公司的*P*/*B*对*ROE*进行线性回归，然后将目标公司的ROE代入回归方程从而推算出目标公司适用的P/B。

市净率法以公司当前积累的净资产为基础，是一种“向后看”的估值方法，公司积累的净资产并不能代表未来为股东产生回报的能力。即使同行业的公司在资产组合、风险和增长速度上也存在较大差异，且不同公司净资产的账面价值会受到不同的会计政策的影响，从而造成公司间的可比性降低。

（三）EV/EBITDA乘数

公司价值代表公司基础业务的总价值，而不仅仅是股权的价值。公司价值是偿付债务前公司的整体价值，为构造适合的估值乘数，将公司价值除以支付利息前的收益或现金流。常用的乘数有$EV/EBIT$、$EV/EBITDA$以及EV/FCF乘数。公司各期的资本支出可能变动很大（例如，公司可能在某一年需要增加产能而修建新厂房，但在随后多年都不再扩张），所以在估值时大多依靠$EV/EBITDA$乘数，从而不用考虑不同公司的资本支出差异的影响。如果期望自由现金流的增长率不变，则有：

$$\frac{V_0}{EBITDA_1}=\frac{FCF_1/EBITDA_1}{r_{WACC}-g_{FCF}} \tag{10.6}$$

现金流的增长率越高，资本需求越低（自由现金流占$EBITDA$的比例越高），这个估值乘数就越高。$EBITDA$指标排除了公司间由于会计政策和会计估计不同、不同公司发展阶段而导致的折旧、摊销费用水平不同的影响，以及资本结构的差异性影响（$EBITDA$乘数与资本结构无关）。但是，公司的资本密集程度、持续的资产投资需求、资本成本、税率、未来的成长性等，都会对$EV/EBITDA$乘数产生影响。估值时要考虑可比公司与目标公司在以上因素的可比性。如果目标公司和可比公司在发展能力、持续竞争力等方面相比较处于行业中间水平，则选用可比公司估值乘数的平均值或中位数，如果显著优于（低于）大部分可比公司，应在均值或中位数的基础上给予一定的溢价（折价）。

估值乘数依行业不同而有所区别。$EV/EBITDA$乘数因不受资本结构和与业务经营无关的其他因素（比如折旧政策等会计政策差异）的影响，成为应用最广泛的估值乘数之一。还可设计其他估值乘数，例如，如果可以合理地假设，可比公司和目标公司未来将保持相似的利润率，将公司价值视作营业收入的倍数（$EV/Sales$）就可能是有用的。估值乘数的有效性取决于公司间差异的性质，以及乘数对这些差异的敏感性。

三、可比公司估值法的主要步骤

可比公司估值分析的主要步骤是，首先选择可比公司系列，识别同行业中业务和财务特征相似的公司。然后分析所选定的可比公司必要的财务信息，计算关键性财务数据、财务比率和估值乘数，涉及公司价值、股本价值、$EBITDA$、净利润以及衡量盈利能力、增长率、收益和信用级别的各种比率与指标。接下来进行可比公司的基准比较，确定可比公司彼此之间，以及与目标公司对比时的相对实力强弱，可比公司和目标公司之间，在规模、增长率、利润率和杠杆率等方面的相似性和差异性都要深入审视，以设定目标公司的相对排名，确定最适合框定其估值的可比公司。最后一步为确定估值，一般先用相关乘数的平均数或中位数作为推演初步估值范围的基础，可比公司系列的最高乘数和最低乘数则用于指引目标公司的预计封顶、封底价值区间。获得最合适范围乘数的关键是，要依赖与目标公司最接近的可比公司的乘数。最终，只有几个经过精心挑选的可比公司可用作估值的最终参照。

（一）选择可比公司系列

在同一个行业领域（处于同一细分领域则更好）、规模又相近的公司往往是较好的可比公司。业务方面需要考察所属行业、产品与服务、客户与终端市场、销售渠道等；财务方面着重考察规模、盈利能力、增长率、投资收益和信用等级。

对于业务分类清晰的公司而言，对可比公司按照细分领域进行分类识别也很重要。公司所属的行业尤其是所处的细分领域可传达有关其关键盈利驱动因素、风险和机会的大量信息。产品和服务是商业模式的核心。生产类似产品或提供类似服务的公司可作为参照基准。客户群体相似的公司多具有类似的机会和风险。终端市场是指公司在其中销售产品和提供服务的广泛的潜在市场。公司绩效一般与影响其终端市场的经济因素和其他因素高度关联，例如，产品卖给房地产终端市场的公司受制于影响房地产发展周期的宏观经济因素，比如利率水平、国家的房地产调控政策等。具有相同终端市场的公司一般都有相似的绩效展望。销售渠道是公司将其产品和服务卖给终端用户的途径，是经营策略、绩效和最终价值的关键驱动因素之一，例如，产品主要卖给批发商的公司，其组织架构和成本结构一般不同于直接卖给零售商的公司。

公司规模的衡量一般依据市场估值（股本价值、企业价值）以及核心财务数据，例如主营业务收入、毛利润、*EBITDA*、*EBIT*、净利润等。规模接近的公司在定价、客户、增长前景和股票流动性等方面可能也很接近。在所有其他条件相同的情况下，利润率越高，估值越高，所以确定目标公司相对于其同行的盈利能力，这一点很重要。公司的增长，是由其历史财务绩效和预期财务绩效所决定的，是估值的重要驱动因素。相比增长率低的同行公司，投资者为高增长率公司赋予了较高的交易乘数，并分辨这种增长是内生性增长还是由于收购的驱动。投资者更看重内生性增长。当评测公司增长时，各种财务数据（营业收入、*EBITDA*和每股收益）的历史增长率和预计未来增长率，都要按照选定的时间周期进行考察。投资回报率衡量公司向其资本提供者提供回报的能力，常用指标有投入资本回报率（*ROIC*）、净资产回报率（*ROE*）和总资产回报率（*ROA*）。信用等级是指公司作为借款方的信用可靠性，与公司的总体债务水平（杠杆率）和支付利息费用的能力（利息保障倍数等）有关，体现公司的财务风险承担水平。

（二）汇总必要的财务信息

估值的驱动基础是历史绩效和预期未来绩效这两个方面。投资者从公司财务报告（季报、中报和年报）、盈利公告、股票研究报告、新闻公告等方面可获取大量财务信息。财务分析师的股票研究报告可提供分析师对公司未来绩效预测的财务数据，可用来计算前瞻性乘数，而且还会提供有关非经常项目、最近并购交易和资本市场交易的评述，从而有助于对预估数据进行调整。财务报告中的“管理层讨论与分析”，一般都提供关于公司及其上年绩效的全面综述。

（三）计算关键财务数据和比率

1.全面稀释普通股的计算方法

员工股票期权（看涨期权）赋予员工在某个给定时间段内以固定价格购买公司普通股的权利，它受限于根据某个固定时间表约定的可供行权股票数量的等待期。等待期过后，期权就可以转换成普通股（行权）。标的公司股价高于执行价格的期权，为实值期权。

认股权证一般与债务工具一并发行，赋予该工具的购买者在某个给定时间段内以固定价格购买发行公司的普通股的权利。认股权证的作用是通过提升该证券的总收益（通常是作为一种剥离式奖励性股票），诱导投资者投资于风险程度较高的证券品种，比如非投资级债券和夹层融资债务。

实值股票期权和认股权证所代表的额外股票数量，是按照库存股票法来计算的。隐含的假设是，所有批次的实值股票期权都按照加权平均行权价格行权，由此产生的期权行权收入，以公司当前股价，全部用于回购普通股。实值股票期权和认股权证的行权价格都低于标的股票的当前市价，故回购股票的数量少于因行权而产生的股票的数量，导致新增股票净发行量，从而稀释每股收益。

例如，公司的当前股价为20元/股，基本普通股股数为10 000万股，实值股票期权的潜在授予股数为500万股，加权平均行权价格为18元/股。公司的期权行权收入为500×18=9 000（万元），可回购9 000/20=450（万股），因期权而产生的净新增股数为500−450=50（万股），全面稀释普通股股数为10 000+50=10 050（万股）。

已发行可转换证券也应纳入全面稀释普通股的计算之中。常见的现金支付可转换债券可视作直接债务工具和股票看涨期权的组合，允许证券持有者在某种情形下将可转债转换成发行公司的固定数量的普通股。内嵌看涨期权的价值可使发行公司支付低于相同信用等级直接债务工具的利息。实值可转债（当前股价高于转换价格）可根据上述方法计算净新增的股数。虚值可转债则仍视为债务。

例如，公司的当前股价为20元/股，基本普通股股数为10 000万股。可转换债券的发行金额为15 000万元，转换价格为15元/股。新增的转股数量为15 000/15=1 000（万股），全面稀释普通股股数为10 000+1 000=11 000（万股）。

2.计算公司价值和其他财务指标

公司价值（*EV*）体现公司的核心经营价值，包括所有债权人和股东对公司资产要求的权益之和。

$$公司价值=股权价值+债务价值+优先股价值+非控股股东权益-超额现金及其他非经营性资产价值 \quad (10.7)$$

上述价值均为市场价值。公司价值独立于资本结构，资本结构变化并不影响公司价值，例如，公司借入债务，作为现金在资产负债表中体现，因为新增债务被增加的现金抵消了，公司价值保持不变。如果增发股票并用发行收入偿还债务，增加的股权价值被减少的债务抵销，这一交易不改变公司价值。因此，类似的公司尽管资本结构不同，也可以预计其公司价值乘数保持不变。例外的情形也存在，杠杆率很高的公司，其估值乘数低于同行公司，原因是其陷入财务困境的风险和增长受限的潜在因素都较严重。

财务报表一般不单独披露*EBITDA*，可通过*EBIT*加上现金流量表中的折旧与摊销费用得到，可笼统地表示经营活动现金流。衡量盈利能力的指标主要有毛利润率、*EBITDA*和*EBIT*利润率、净利润率，分别用毛利润、*EBITDA*和*EBIT*、净利润除以主营业务收入（销售收入）。投资回报指标一般包括*ROIC*、*ROE*、*ROA*以及股息收益率（最近年度股利与当前股价之比）。杠杆率指标通常包括债务对*EBITDA*之比，债务对资本总额之比，以及利息偿付比率（分别用*EBITDA*、*EBIT*或者（*EBITDA*−资本支出）与利息费用之比）。

LTM（最近12个月）财务数据的计算方法：LTM=上一个财年+本年迄今−上年同期，例如，截至2022年9月30日（第三季度）的销售收入计算，可用2021年的销售额加上2022年第三季度报表披露的销售额，再减去2021年同期第三季度披露的销售额得到。

3.计算估值乘数

市盈率乘数。以当前股价除以稀释*EPS*得出市盈率。*P/E*值高于同行的公司往往有较高的盈利增长预期。对于表现出有能力持续提高盈利的成熟公司来说，市盈率具有相关性。但也存在局限性，比如，对于收益很少或者收益为负的公司来说就不具相关性。而且，净利润是扣除利息费用后的净值，受资本结构的影响，有可能导致两家在规模和营业毛利润率方面相似的公司，因为杠杆水平的不同而表现出较大差异的净利润率，进而造成市盈率的较大差异。会计政策方面，例如折旧或税项计算的不同，也可能导致各个可比公司之间较大的市盈率差异。

公司价值乘数。公司价值表示债权人和股东的共同利益，它被用作无杠杆（不考虑资本结构的影响）财务数据的乘数，例如销售收入、*EBITDA*和*EBIT*。最为普遍使用的公司价值乘数是*EV/EBITDA*、*EV/EBIT*、*EV/Sales*。公司价值乘数除了基于最近12个月（LTM）的数据外，更注重的是前瞻性预期数据。*EV/EBITDA*是大部分行业的估值标准，它独立于资本结构和税项以及因公司之间折旧和摊销费用处理的不同而可能产生的失真，例如，一家公司在最近几年投入大量资金购置新的机器设备，导致当前和未来几年的折旧费用增加，而另一家公司则将资本支出推迟到未来某个时期，这会造成这两家公司*EBIT*利润率的较大差异，但这种差异却不会体现在*EBITDA*利润率中。*EV/Sales*乘数的相关性要弱一些，一般用作上述估值乘数的稳健性检验，这是因为，尽管销售收入是一个规模指标，但它不一定能被解读为盈利能力或产生现金流的能力，而这两者都是关键的价值驱动因素。不过，对于某些行业或者对于盈利很少甚至完全没有盈利的公司而言，例如，对销售额正处于高速增长期、但尚未实现盈利的早期阶段科技公司的估值，*EV/Sales*乘数可以作为估值参考点。

4.非经常项目调整

要评测公司正常情形下的财务绩效，需要对财务数据进行非经常项目调整，否则可能得出误导性乘数或财务比率，从而扭曲估值。这种调整涉及添加或剔除一次性费用和收益，以便更能说明公司的可持续业绩情况。通常的费用包括重组事件发生的费用、资产出售亏损、会计准则变化、存货跌价、商誉损失、债务清偿，以及诉讼和解损失等。收益一般包括资产出售收益、有利诉讼和解以及税项调整等。当对非经常项目进行调整时，要区别税前和税后金额，例如，如果是税前重组费用，计算调整后*EBIT*和*EBITDA*时只需将其全额加回。若要计算调整后净利润，税前重组费用在加回之前要做税后影响处理。若是税后重组费用，加回*EBIT*和*EBITDA*时应将其除以（1-所得税税率）。

（四）进行可比公司的基准比较

完成可比公司系列的遴选和关键财务数据、财务比率和估值乘数的计算后，就要对可比公司彼此之间以及与目标公司之间进行分析比较，从而确定目标公司的相对排名，以便框定估值范围。确定相对排名位置，目的在于找出最接近目标公司的可比公司，将外围异常型公司排除在外，并对可比公司进一步分出层次，例如，根据规模、所在行业的板块等进行排序。基于经过精心挑选后最接近的几家可比公司形成的估值乘数范围，要比简单选用可比公司系列最大乘数和最小乘数范围更加紧凑和准确。

四、利用可比公司估值示例

【例10-1】

遵循上述步骤，为目标公司T寻找可比公司A…E。汇总财务数据和比率见表10-1，表10-2给出相应的估值乘数。

表 10-1　**基准比较分析：财务数据与比率**　金额单位：百万元

公司	市场估值		LTM 财务数据					LTM 盈利比率			
	股票总市值	公司价值	销售收入	毛利润	*EBITDA*	*EBIT*	净利润	毛利润率	*EBITDA* 利润率	*EBIT* 利润率	净利润率
T（目标）			1 885	526	325	235	126	28%	17%	12%	7%
A	2 240	2 921	2 077	457	378	295	130	22%	18%	14%	6%
B	1 217	1 463	1 550	387	245	183	89	25%	16%	12%	6%
C	1 125	1 674	1 703	426	238	170	76	25%	14%	10%	4%
D	1 035	1 298	1 606	273	177	112	52	17%	11%	7%	3%
E	872	1 222	1 443	390	190	133	61	27%	13%	9%	4%
均值								23%	14%	10%	5%
中位数								25%	14%	10%	4%

公司	增长率							投资回报率			
	销售收入		*EBITDA*		*EPS*						
	历史1年	预计1年	历史1年	预计1年	历史1年	预计1年	预计长期	*ROIC*	*ROE*	*ROA*	股利收益率
T（目标）	8%	7%	9%	9%	NA	NA	NA	10%	8%	5%	NA
A	5%	11%	5%	11%	7%	8%	5%	15%	9%	6%	4%
B	5%	5%	5%	5%	7%	8%	7%	12%	7%	3%	4%
C	11%	15%	11%	15%	16%	19%	11%	12%	8%	3%	1%
D	5%	15%	5%	15%	12%	15%	8%	13%	9%	4%	3%
E	5%	15%	4%	14%	5%	10%	6%	10%	6%	4%	0
均值	6%	12%	6%	12%	10%	12%	7%	12%	8%	4%	2%
中位数	5%	15%	5%	14%	7%	10%	7%	12%	8%	4%	3%

公司	LTM 杠杆比率			LTM 偿债能力		
	债务/资本总额	债务/*EBITDA*	净债务/*EBITDA*	*EBITDA*/利息费用	（*EBITDA*−*CapEx*）/利息费用	*EBIT*/利息费用
T（目标）	30%	2.1×[1]	1.9×	7.0×	5.5×	5.0×
A	40%	2.6×	1.8×	4.5×	3.7×	3.5×
B	22%	1.6×	1.0×	6.2×	5.0×	4.7×
C	38%	2.5×	2.3×	5.0×	3.2×	3.6×
D	34%	1.8×	1.4×	6.3×	4.7×	4.0×
E	28%	2.1×	1.8×	5.7×	4.4×	3.9×
均值	33%	2.1×	1.7×	5.5×	4.2×	3.9×
中位数	34%	2.1×	1.8×	5.7×	4.4×	3.9×

① “×”表示乘数，后面同。

表 10-2 **可比公司分析：估值乘数计算**

公司			*EV*/财务指标						P_0/财务指标	
	P_0（元）	*EV*（百万元）	LTM *Sales*	预计 *Sales*	LTM *EBITDA*	预计 *EBITDA*	LTM *EBIT*	预计 *EBIT*	LTM *EPS*	预计 *EPS*
T（目标）										
A	28.00	2 921	1.4×	1.4×	7.7×	7.4×	9.9×	9.5×	17.2×	17.5×
B	10.50	1 463	0.9×	1.0×	6.0×	6.1×	8.0×	8.1×	13.7×	14.8×
C	4.50	1 674	1.0×	0.9×	7.0×	6.5×	9.8×	9.1×	14.8×	13.6×
D	50.00	1 298	0.8×	0.8×	7.3×	6.8×	11.5×	10.7×	20.0×	18.9×
E	27.00	1 222	0.8×	0.8×	6.4×	6.0×	9.2×	8.6×	14.2×	14.0×
均值			1.0×	1.0×	6.9×	6.6×	9.7×	9.2×	16.0×	15.7×
中位数			0.9×	0.9×	7.0×	6.5×	9.8×	9.1×	14.8×	14.8×

表 10-2 中的 LTM 估值乘数是基于当前的公司价值或股价与当前的财务指标（如 LTM *EBITDA*）相比得到，而预计的估值乘数则是根据公司的增长前景评估后给定的估值乘数，将预计的远期乘数与预计下一年的财务指标相乘，即可得到公司价值。目标公司所在行业的公司往往以远期 *EV/EBITDA* 乘数为基础进行交易，因此以与目标公司最接近的可比公司的远期 *EV/EBITDA* 乘数为基础来框定其估值。排除最高和最低乘数后的范围为 6.1～6.8；同时还按照 6.4～7.3 倍的 LTM *EBITDA* 进行估值。

目标公司最近 1 年的 *EBITDA* 为 325 万元，预计下一年的增长率为 9%，预计下一年的 *EBITDA* 为 354 万元。根据 6.1～6.8 倍的远期乘数范围，可得出隐含的目标公司价值为 2 159.4 万～2 407.2 万元。按照 6.4～7.3 倍的历史乘数范围，可得出公司价值为 2 080 万～2 372.5 万元。综合来看，目标公司价值处在 2 080 万～2 407.2 万元之间。

第三节　先例交易分析

一、基本原理

先例交易分析跟可比公司分析一样，用一种基于乘数的方式来确定某个给定公司、部门或资产组合的隐含估值范围。它的基础是在过去的并购交易中支付给可比公司的乘数。先例交易分析主要用于确定一家公司或公司的一部分资产在并购交易或重组中的潜在出售价格范围。选择合适的可比收购案例是进行先例交易分析的基础，最佳可比收购案例一般都涉及在某个基本层面与目标相似的公司。要考虑的交易涉及相同行业，同时在终端市场、分销渠道或财务特征方面相似的公司。发生在过去 2～3 年内的最近交易最具相关性，因为这些交易发生时的市场形势很可能与考虑之中的交易相似。

先例交易分析给出的乘数范围通常大于可比公司分析，原因主要有两点：首先，买方在收购另一家公司或特定资产组合的时候，一般都会支付控制权溢价，作为这一溢价的回报，收购方有权控制有关目标公司的业务和其潜在现金流的决策。其次，战略收购者有机会实现协同优势，从而支撑其支付较高买价的能力。协同优势是指因为公司合并而产生的预计成本缩减、增长机会和其他财务利益。用于先例交易分析的乘数通常都以实际LTM财务数据为基础进行计算。

二、先例交易分析的主要步骤、支付对价与估值乘数

（一）主要步骤

先例交易分析的第一步：选择可比收购案例系列；第二步：找出必要的与交易相关的信息（包括财务信息）；第三步：计算关键数据、财务比率和估值（交易）乘数；第四步：进行可比收购案例的基准比较；第五步：确定估值。一般侧重考察两三笔最相似的并购交易，在确定乘数范围后，用该乘数区间乘以目标的适当的LTM财务数据，以得出隐含估值范围。

深入考察可比交易发生时的市场形势和具体动态细节。市场形势是指当给定交易发生时的业务环境、资本市场状态和经济环境，这种形势还须结合行业和周期考察，因为这些条件直接影响收购融资的可获得性和融资成本，从而影响收购方愿意或能够支付的价格水平。交易细节应关注收购方是战略买家还是财务投资者、买卖双方的交易动机、目标是通过竞卖还是协议出售、收购对价形式（现金和股票的组合）等。战略买家有能力比财务投资者支付更高的收购价格，他们有潜在的能力通过并购实现协同优势，包括较低的资本成本和回报门槛。但是，在信贷市场强劲时期，财务投资者有融资能力赋予目标更高的杠杆率，从而能更有效地在收购价格上与战略买家竞争。从买方角度看，如果存在重大的协同优势可以实现，拟收购资产对于其战略计划具有关键作用，战略买家可能会为该资产付出较高的价格。从卖方角度看，其交易动机也会影响收购价格；例如，需要现金的公司正在出售一项非核心业务，有可能更加看重执行速度、完结交易的确定性和其他因素，从而导致产生低于纯粹的价值最大化战略的估值。将目标推销给多个潜在买家的竞卖过程，可能产生更高的卖价。

（二）支付对价

收购对价是收购者向目标公司的股东支付的现金、股票或其他证券组合，一般有全现金交易、以股换股、现金加股票的组合这三种支付方式。有的目标公司的股东可能因现金具有安全保障价值的缘故而更偏好现金付款，有的股东则可能更倾向于股票补偿，以便参与公司合并后的增长过程。税收等因素在引导股东选择支付对价方式的倾向性方面也起到一定作用。

在全现金交易情形下，目标的股本价值等于要约每股现金价格乘以普通股股数。而以股票支付收购对价，通常会产生相对于全部现金交易而言较低的估值。这主要是由于，当目标公司的股东获得股票时，他们保留了在合并的实体中的股东权益，可期望分享（增长和实现协同效应所驱动的）利益，而且还保留了今后通过再次出售公司而获得的控制权溢价的机会，因此目标公司的股东可能要求少于全部现金交易时的前期补偿，而在全部现金

交易的情形下，他们将不能参与因公司合并后而产生的价值创造。

在以股换股交易中，目标的股本价值的计算可基于固定兑换比例或浮动兑换比例。兑换比例的计算公式是：要约每股价格除以收购方的股价。固定兑换比例是指以多少股收购方股票兑换目标公司的每股股票。浮动兑换比例是指以多少股收购方股票兑换目标公司的每股股票是浮动不定的，以确保目标公司股东的固定价值不变。

在固定兑换比例下，要约每股价格=兑换比例×收购方股价，目标的股本价值=要约每股价格×目标的全面稀释普通股数量。显然，要约每股价格（目标所获得的价值）随着收购方的股价浮动而浮动。然而，目标公司股东所获得的收购方股票的数量却不变。随着交易的宣布，双方的股价则随着市场对该项交易的感知而变动。目标公司承担着收购方股价下跌的风险，但是保留着分享股价上涨的潜在利益。

在浮动兑换比例结构下，要约每股价格是确定的，而兑换的股数则根据收购方股价的变动而变动。要兑换的股票数量通常都依据交易完结之前的一个具体时间段内收购方的平均股价来确定。收购方承担其股价下跌的全部风险。

在现金加股票的交易结构下，要约的现金部分表示目标股东获得的每股固定价值，股票部分表示根据固定或浮动兑换比例确定的价值。要约价格=要约每股现金额+兑换比例×收购方股价，目标公司的股本价值=要约每股价格×目标公司全面稀释普通股数量。

（三）估值乘数

先例交易的乘数一般按照交易宣布时可获得的实际LTM财务数据来计算。常用的乘数有：（1）要约每股价格对LTM *EPS*或者股本价值对LTM净利润乘数；（2）目标的公司价值对LTM *EBITDA*、*EBIT*和销售收入乘数。

支付溢价是指收购方支付的相对于被收购方未受影响的股价而言额外的每股金额。为了剥离有关该交易的传言或信息泄露而导致的股价波动的影响，要依据被收购方的股票在交易宣布之前多个不同时间段的价格（例如，1个交易日之前的价格、7个或30个日历日或更长时段之前的价格）来研究要约价格。如果交易宣布前出现重大信息泄露，那么目标公司的股价有可能因为对潜在兼并的预期而上涨。当分析可比收购案例时，宣布的协同优势的数额大小是决定收购价格和支付乘数的重要因素之一。

先例交易分析的优点在于：（1）基于市场，分析的基础是支付给类似公司的实际收购乘数和溢价；（2）实时性，最近交易能反映当前的并购形势、资本市场和总体经济形势；（3）相关性，从乘数入手可提供跨越各个行业和时段的直接参考点；（4）简单性，筛选几个交易案例的关键乘数就可以锁定估值；（5）客观性，以先例交易为基础，可避免对公司的未来绩效做出假设。缺点在于：（1）由于交易发生时的资本市场或经济态势的缘故，估值乘数有可能被系统性地高估或低估，先例交易是发生在过去的交易，可能未必真实反映当下的市场形势；（2）有可能很难找到相似的先例交易；（3）获取的信息可能不足以确定可比收购案例的交易乘数。

第四节　折现自由现金流估值

一、基本原理

自由现金流是公司可向所有投资者（包括债权人和股东）支付的可由股东和债权人自由支配（如分配股利、偿付债务）的现金流。折现自由现金流（DCF）模型侧重于公司所有投资者的现金流，不需要估计借款决策以及股利分配对收益的影响，无须明确预测股利、股票回购或债务的运用。DCF模型先确定对所有投资者而言的公司总价值，估计出公司价值后，就很容易得出股票的价值。公司自由现金流的计算式如下：

$$\text{自由现金流} = \overbrace{EBIT(1-\tau)}^{\text{无杠杆净收益}} + \text{折旧} - \text{资本支出} - \text{净营运资本的增加} \tag{10.8}$$

可通过计算自由现金流的现值来估计公司价值 V_0：

$$V_0 = \frac{FCF_1}{1+r_{WACC}} + \frac{FCF_2}{(1+r_{WACC})^2} + \cdots + \frac{FCF_N}{(1+r_{WACC})^N} + \frac{V_N}{(1+r_{WACC})^N} \tag{10.9}$$

折现率为公司的加权平均资本成本，用 r_{WACC} 表示；它反映公司总体业务的风险，即公司股权和债务的组合风险的资本成本。V_N 是预测期终值（terminal value），或称“持续价值”（continuation value）；通常，持续价值的预测是通过对超过 N 年的自由现金流假定一个固定的长期增长率 g_{FCF}（通常是以营业收入的期望长期增长率为基础）实现的：

$$V_N = \frac{FCF_{N+1}}{r_{WACC} - g_{FCF}} = \left(\frac{1+g_{FCF}}{r_{WACC} - g_{FCF}}\right) \cdot FCF_N \tag{10.10}$$

【例 10-2】

公司20×0年的销售收入为51 800万元。预期在20×1年的销售收入增长9%，以后每年的销售收入增长率将逐年递减1%，直到20×6年及以后，达到该行业4%的长期稳定增长率。基于公司过去的盈利能力和投资需求，预计每年的息税前利润为当年销售收入的9%，净营运资本需求的增加为当年销售收入增加额的5%，净投资（等于资本支出减折旧）为当年销售收入增加额的10%。公司当前有净债务23 500万元，流通股2 400万股，所得税税率是25%，加权平均资本成本是12%。估计20×0年年末的股价。

预测未来自由现金流，见表10-3：

表10-3　**预测自由现金流**　单位：万元

年份	A20×0	E20×1	E20×2	E20×3	E20×4	E20×5	E20×6
销售收入	51 800	56 462	60 978.96	65 247.49	69 162.34	72 620.46	75 525.28
销售收入增长率		9%	8%	7%	6%	5%	4%
EBIT（9%×销售收入）		5 081.58	5 488.11	5 872.27	6 224.61	6 535.84	6 797.28
减：所得税（25%）		1 270.40	1 372.03	1 468.07	1 556.15	1 633.96	1 699.32
减：净投资（10%×Δ销售收入）		466.20	451.70	426.85	391.49	345.81	290.48
减：*NWC*的变动（5%×Δ销售收入）		233.10	225.85	213.43	195.74	172.91	145.24
FCF		3 111.88	3 438.53	3 763.92	4 081.23	4 383.16	4 662.24

自由现金流在20×6年后，以不变的比率永续增长，计算预测期终值：

$$V_{20\times6}=\frac{1+g_{FCF}}{r_{WACC}-g_{FCF}}\cdot FCF_{20\times6}=\frac{1.04}{0.12-0.04}\times4\ 662.24=60\ 609.12\text{（万元）}$$

公司价值等于明确预测期的自由现金流的现值，加上持续价值的现值：

$$V_0=\frac{3\ 111.88}{1.12}+\frac{3\ 438.53}{1.12^2}+\frac{3\ 763.92}{1.12^3}+\frac{4\ 081.23}{1.12^4}+\frac{4\ 383.16}{1.12^5}+\frac{4\ 662.24+60\ 609.12}{1.12^6}=46\ 348.04\text{（万元）}$$

$$P_0=（46\ 348.04-23\ 500）/2\ 400=9.52\text{（元/股）}$$

自由现金流等于公司当前和未来投资所产生的自由现金流之和，可以将公司价值解释为，公司从继续其现有项目和启动新项目中将获得的总的净现值。对公司自由现金流的估计要预测未来的销售收入、营业费用、税费、资本需求以及其他因素。一方面，用这种方法估计自由现金流，使得我们考虑关于公司未来前景的具体细节时，更具灵活性。另一方面，围绕每个假设，不可避免地会有一些不确定性，实施敏感性分析就显得尤为重要，它可把这种不确定性转化为一定范围内的潜在价值。

DCF估值法的应用范围涵盖各类并购、IPO、公司重组和投资决策的估值。通过DCF法得出的目标公司的隐含估值也称作“内在价值”，而不是市场认定的某个时点的价值即市场价值。DCF法可用于检验当前的市场估值（可比公司和先例交易分析）。

预测*FCF*和持续价值都要基于目标公司的加权平均资本成本折现，折现率*WACC*与其业务和财务风险相适合。DCF估值结果为基于关键假设的变动范围而产生的估值区间，假设变动产生的影响体现在敏感性分析中，有助于防止估值受到阶段性发生的市场扭曲因素的影响，可以通过灵活地改变输入的假设数据来检验所产生的影响，可提供目标在不同情形下的估值结果。但是缺点在于，DCF估值的有效性和其假设密切相关，所依据的假设若未能充分捕捉目标公司所面临的机会和风险，就无法产生有意义的估值。

DCF法的优势在于：（1）基于预测自由现金流，更重视目标公司的基本面；（2）独立于资本市场，不受市场异常情形的影响，比如泡沫和紧缩阶段；（3）当框定估值时，对可比公司或先例交易的依赖性较低；（4）可运行多种财务绩效方案的情景分析（比如，正常、悲观、乐观情形），灵活调整增长率、利润率、资本支出、营运资本管理效率等参数。

DCF法的不足在于：（1）估值结果依赖财务预测数据，而要想准确预测财务绩效和现金流等指标难度很大；（2）对假设敏感，即使关键假设的相对变化很小，也可能产生差异较大的估值范围；（3）持续价值的现值可能占DCF估值高达3/4或更高的比例，导致明确预测期内现金流的价值相关性不高；（4）假设资本结构不变，但这不符合现实。

自测题 10-1　　自测题 10-2

二、DCF估值的基本步骤

（一）经营绩效分析

要测算公司自由现金流，需要详细预测未来多年（通常为7年至8年）的财务报表。而对财务报表的预测，应建立在深入分析和了解历史财务报表的基础之上。基于公司的历史表现和价值创造的驱动因素，结合行业和公司前景展望、公司战略规划、经营改进策略等，预测未来各年的财务报表并估算自由现金流。

经营和投资是驱动公司价值增长的两股力量。管理者关注经营绩效，以便与竞争对手进行比较；投资者关注经营绩效，因为只有在经营过程中能创造价值的公司才是稳定可持续的投资；债权人同样要关注经营绩效，因为经营绩效与偿债能力正相关。经营绩效分析应回答以下几个问题：（1）公司的核心竞争力体现在哪里？（2）公司的经营绩效在行业中处于什么地位？（3）要改善绩效可以从哪些方面入手？

经营绩效衡量的是公司在经营过程中使资产或资本增值的能力，主要指标有总资产回报率（*ROA*）、总资产净利润率、净资产回报率（*ROE*）等。将*ROE*与*ROA*联系起来，可得到其驱动因素：

$$
\begin{aligned}
ROE &= \frac{\text{净利润}}{\text{净资产}} = \frac{\text{税前利润}\cdot(1-\tau)}{A}\cdot\frac{A}{E} = (1-\tau)\cdot\frac{\text{税前利润}+Int-Int}{A}\cdot\frac{A}{E} \\
&= (1-\tau)\cdot\left(\frac{\text{税前利润}+Int}{A}\cdot\frac{A}{E}-\frac{Int}{A}\cdot\frac{A}{E}\right) = (1-\tau)\cdot\left(\frac{\text{税前利润}+Int}{A}\cdot\frac{E+D}{E}-\frac{Int}{E}\right) \\
&= (1-\tau)\cdot\left[ROA\cdot\left(1+\frac{D}{E}\right)-\frac{Int}{E}\right] = (1-\tau)\cdot\left[ROA\cdot\left(1+\frac{D}{E}\right)-\frac{Int}{D}\cdot\frac{D}{E}\right] \qquad (10.11) \\
&= (1-\tau)\cdot\left[ROA\cdot\left(1+\frac{D}{E}\right)-r_d\cdot\frac{D}{E}\right] \\
&= (1-\tau)\cdot\left[ROA+(ROA-r_d)\cdot\frac{D}{E}\right]
\end{aligned}
$$

其中，τ、A、D、E、r_d、Int分别表示所得税税率、总资产、债务、净资产、债务利率、利息费用。根据10.11式，在影响*ROE*的四个指标中，*ROA*和税率的影响是非常明确的，即*ROA*越高，*ROE*就越高，税率越低，*ROE*就越高。而债务利率与资本结构（*D/E*）的影响是复杂的。若债务利率低于*ROA*，则可选择较高水平的财务杠杆，股东的回报率总会大于总资产回报率。当然，财务杠杆的作用不都是正面的，若*ROA*为负，股东所承担的损失也将被放大。对债务资本的利用不是无节制的，因为随着财务杠杆的提高，债权人承担的风险相应上升，要求更多的回报，导致借债成本增加，甚至当杠杆超出一定水平时，公司很难再获取新的债务资本。当利率超过*ROA*时，财务杠杆开始发挥其负面作用，杠杆升高，*ROE*会下降，低于*ROA*。公司需要寻求一个资本结构与债务利率的组合，使财务杠杆的净效应最大，股东的回报率在最大程度上被放大。

对*ROE*的另一种分解源自杜邦财务分析体系：

$$
\begin{aligned}
\text{净资产回报率} &= \frac{\text{净利润}}{\text{营业收入}}\times\frac{\text{营业收入}}{\text{总资产}}\times\frac{\text{总资产}}{\text{股东权益}} \qquad (10.12) \\
&= \text{销售净利润率}\times\text{总资产周转率}\times\text{权益乘数}
\end{aligned}
$$

*ROE*受三方面因素的影响：销售净利润率表示产品的获利能力，由公司的定价能力和成本控制能力所决定；总资产周转率表示营运资产的能力，即利用资产创造收入的能力；权益乘数反映公司的资本结构和融资政策。可进一步对销售净利润率进行驱动因素分解：

$$销售净利润率=\left(毛利润率-\frac{营业费用}{营业收入}\right)\times(1-所得税税率)+\frac{非业务活动损益}{营业收入}\times(1-所得税税率)+\frac{营业外损益}{营业收入}\times(1-所得税税率) \quad (10.13)$$

10.13式中，毛利润率=（营业收入-营业成本）/营业收入；营业费用包括税金及附加、销售费用、管理费用和财务费用；非业务活动损益包括资产减值损失、公允价值变动损益、投资损益等；营业外损益是营业外收入与支出的差额。毛利润率呈现明显的行业特质，反映某种产品或服务本身的获利能力，是公司从经营该产品中获取利润的源泉。

计算某项资产的周转率一般是用营业收入除以该项资产同期内的平均水平，但就存货周转率而言，采用营业成本除以存货余额则更合理。流动资产的周转率更多地反映公司的流动性；在非流动资产中，能直接产生收入的资产主要是固定资产，所以经常分析固定资产周转率，表示公司通过设备的运转生产产品（或提供服务）以及通过销售产品换取收入两项活动的综合效率。

通常，销售净利润率和资产周转率呈负相关关系。实证研究表明，"鱼和熊掌不可兼得"，没有多少公司能够同时兼顾这两个指标。对于那些想多销售而又不愿牺牲净利润率的公司来说，只有推出不可替代的产品才是出路。

（二）重构财务报表

经营绩效应该是剔除了非经营活动和资本结构影响之后的，真正反映公司通过实实在在的业务经营所取得的绩效。财务报表混淆了经营性业务与非经营性业务（核心资产与非核心资产），因此在分析经营绩效之前，应该对财务报表进行必要的调整，以便于分析独立于非经营性业务和资本结构的经营成果。

1.对资产负债表科目按经营性和非经营性的标准区分

资产有经营性资产（OA，Operating Assets）与非经营性资产（NOA，Non-Operating Assets）之分。资金来源的一部分是在经营活动过程中自然产生的负债，称作"经营性负债"（OL，Operating Liability），比如应付账款，它的特点是支持企业经营运转，但却对经营成果没有索取权；资金来源的另一部分为投资者（股东和债权人）的投入——总投入资金。首先，对资产与负债进行经营性与非经营性的区分，重构资产负债表。

（1）划分流动资产：在流动资产中明确归属于经营性资产的，包括应收账款、预付账款、存货、合同资产、其他应收款中的与经营活动有关的部分等。流动资产中的非经营性资产包括交易性金融资产、衍生金融资产等。公司持有的货币资金分为两部分，一部分是在经营活动中用于周转的必备现金储备，属于经营性资产；另一部分是富余（超额）现金，这部分现金是经营活动用不到的，是流动性高、回报率低的资产，属于非经营性资产。应该将二者以合理的估计方法区分开，否则富余现金的存在会低估公司的投入资本回报率。公司所持有的必备现金量因行业不同而不同。因为现金余额需求是由经营业务直接引发的，所以可借助公司所在行业一段时间内的现金余额与营业收入的最低比例，来确定最低现金持有量。应收票据分为两种，一种是单纯为了促进销售而给予客户的延迟付款优惠，没有利息，属于经营性资产，另一种是以市场利率计算的短期投资，属于公司富余现金的一种投资，与经营无关，属于非经营性资产。公司的应付票据也同样分为经营活动形成的应付票据与融资活动形成的应付票据两类。

（2）划分非流动资产：在非流动资产中明确归属于经营性资产的，包括长期应收款、长期股权投资、非闲置固定资产、在建工程、工程物资、生产性生物资产、油气资产、使用权资产、无形资产、开发支出、长期待摊费用、递延所得税资产、无法获知具体核算内容的其他非流动资产。下列非流动资产则是属于非经营性的：可供出售金融资产、持有至到期投资、投资性房地产、闲置固定资产等。不对商誉做经营性与非经营性区分，而只区分包含商誉的投入资本和不包含商誉的投入资本。包含商誉的投入资本回报率（*ROIC*）衡量的是考虑了收购影响的公司表现。

（3）划分流动负债：在流动负债中属于经营性的项目有：应付票据（经营性部分）、应付账款、预收款项、合同负债、应付职工薪酬、应交税费、其他应付款中的与经营活动有关的部分、无法获知具体核算内容的其他流动负债。流动负债中的非经营性项目包括短期借款、交易性金融负债、应付票据（非经营活动部分）、一年内到期的非流动负债（主要构成一般为长期借款）等。

（4）划分非流动负债：在长期负债中属于经营性的项目有，由经营活动引起的长期应付款（无利息支付）、预计负债、递延所得税负债、无法获知具体核算内容的其他非流动负债。非经营性长期负债包括长期借款、应付债券、租赁负债等。

（5）股东权益包括实收资本（股本）、资本公积和其他综合收益，属于股东为公司经营活动投入的资本。

2.调整利润表

（1）投入资本的概念和计算

投入资本（IC，Invested Capital）是投资者投入公司的全部经营资本，不区分来源，独立于资本结构，即假设所有经营资本都是自有的，相当于无杠杆/全权益公司，目的是消除不同公司因融资策略不同而对经营绩效产生的影响。投入资本排除了非经营性资产与经营性负债，这样就可以把非经营性业务（项目）的影响排除，得到一个反映真实经营绩效的指标。计算投入资本需要依据下列等式：

$$\text{资产}=\begin{matrix}\text{非经营性}\\\text{资产}\end{matrix}+\begin{matrix}\text{经营性}\\\text{资产}\end{matrix}=\begin{matrix}\text{非经营性}\\\text{资产}\end{matrix}+\begin{matrix}\text{经营性}\\\text{流动资产}\end{matrix}+\begin{matrix}\text{固定}\\\text{资产}\end{matrix}+\begin{matrix}\text{无形}\\\text{资产}\end{matrix}\tag{10.14}$$

$$\begin{matrix}\text{负债和}\\\text{股东权益}\end{matrix}=\begin{matrix}\text{经营性}\\\text{负债}\end{matrix}+\begin{matrix}\text{融资性}\\\text{负债}\end{matrix}+\begin{matrix}\text{股东}\\\text{权益}\end{matrix}=\begin{matrix}\text{经营性}\\\text{流动负债}\end{matrix}+\begin{matrix}\text{经营性非}\\\text{流动负债}\end{matrix}+\begin{matrix}\text{付息}\\\text{债务}\end{matrix}+\begin{matrix}\text{股东}\\\text{权益}\end{matrix}\tag{10.15}$$

经营性负债是指在经营活动中形成的负债。经营性流动负债包括应付款项、预收款项和其他应付款，经营性非流动负债为长期经营性负债。融资性负债是在融资活动过程中形成的，是指那些以资本形式投入公司的、具有付息义务的债务。

$$\text{经营性流动资产}-\text{经营性流动负债}=\text{营运流动资金}\tag{10.16}$$

$$\text{经营性资产}（OA）+\text{非经营性资产}（NOA）=\text{经营性负债}（OL）+\text{总投入资金}\tag{10.17}$$

$$\text{总投入资金}=\text{有息负债和负债等价物}+\text{权益和权益等价物}\tag{10.18}$$

从总投入资金中扣除非经营性资产就得到投入资本：

$$\text{投入资本}（IC）=\text{经营性资产}（OA）-\text{经营性负债}（OL）=\text{总投入资金}-\text{非经营性资产}（NOA）\tag{10.19}$$

$$\begin{matrix}\text{投入}\\\text{资本}\end{matrix}=\begin{matrix}\text{经营性}\\\text{流动资产}\end{matrix}+\begin{matrix}\text{经营性非}\\\text{流动资产}\end{matrix}-\begin{matrix}\text{经营性}\\\text{流动负债}\end{matrix}-\begin{matrix}\text{经营性非}\\\text{流动负债}\end{matrix}=\begin{matrix}\text{营运}\\\text{资本}\end{matrix}+\begin{matrix}\text{经营性非}\\\text{流动资产}\end{matrix}-\begin{matrix}\text{经营性非}\\\text{流动负债}\end{matrix}\tag{10.20}$$

投入资本就是投入到公司经营中的资本，是核心经营活动所需要的资本，而支持该项投入的除了投入资本外，还有自然形成的经营性负债。因此，从经营性资产中扣除经营性负债就是投入资本。

定义投入资本回报率（*ROIC*）为扣除调整税后的净营业利润除以投入资本。分母是股东和债权人共同投入到经营活动中的投入资本（*IC*），排除了非经营性资产和经营性负债，且不区分债务和股东权益，意味着其同时独立于非经营性业务与资本结构。分子为由公司主营业务活动所创造的利润扣除营业利润需要缴纳的所得税之后的经营成果，即扣除调整税后的归属于股东和债权人的净营业利润（NOPLAT，Net Operating Profits Less Adjusted Taxes）。

将*ROIC*分解有助于找到经营绩效变动的原因：

$$ROIC = \frac{NOPLAT}{IC} = (1 - \text{所得税税率}) \times \frac{\text{营业利润}}{\text{营业收入}} \times \frac{\text{营业收入}}{\text{投入资本}} \tag{10.21}$$

影响*ROIC*的因素有：所得税税率、营业利润率和投入资本周转率。营业利润率是以销售收入毛利润率扣除各种支出占收入比率的结果，包括税金/营业收入、销售费用/营业收入、管理费用/营业收入等，据此可把营业利润率分为两个方面，一个方面是毛利润率分析，另一个方面是经营费用控制能力分析。投入资本周转率即公司各项投入资本的运营情况，包括固定资产周转率、流动资产周转率等。

（2）NOPLAT的概念和计算

为保持*ROIC*表达式的分母与分子定义上的一致性，分子所纳入的项目要根据分母的设定而相应改变，只要某项资产被包含在分母中，那么由该项资产所产生的利润就应该出现在分子中；只要某项负债被从投入资本中剔除，那么与该项负债有关的费用就应该从分子中剔除。为了得到可以在同行业不同规模与资本结构的公司之间比较的*ROIC*，要对利润表做如下调整：

第一，计算营业利润时不扣除利息费用。在传统利润表中，借款的利息费用以财务费用为载体成为一项期间费用，增加经营费用，抵扣利润，这就导致借债规模不同的公司之间经营费用的不同，从而导致营业利润的差异。当评估经营绩效时，企业为避免融资决策和资本结构差异造成的影响，不将利息支出作为经营费用，而是将其看作对债务资本的一项回报。

第二，扣除（不包括）非营业活动损益。这意味着资产减值损失、营业外收入、营业外支出等非营业活动损益不再作为利润的构成项目。

第三，扣除由非投入资本产生的利润。*ROIC*的分母是投入经营的资本，如果某项资产被从分母中扣除，而由该项资产产生的利润却被包含在分子中，则会产生定义上的不一致。非投入资本产生的利润一般包括公允价值变动收益、投资收益（长期股权投资引起的投资损益除外）、超额现金产生的利息收入等。非营业活动损益与非投入资本产生的利润可能会产生范围上的重叠，注意在扣除时既要保证完整，又不能重复扣除。

第四，调整报告的税费。因为利润表计算税费的基础包含非营业活动收入、非投入资本产生的收入以及利息费用的影响，必须对其进行调整。有两种方法计算调整税费，一种称作直接法，即利用纯粹的营业利润乘以所得税税率计算应该缴纳的所得税；另一种是较常用的间接法，即从报表中列示的税费开始，加上债务利息抵税导致的少缴纳部分，减去未被纳入经营范畴的收益多缴纳的部分。

（三）预测财务报表

1.预测财务报表的逻辑

历史数据可反映公司过去发展的趋势，指导公司预测未来的假设。稳定经营的公司通常可保持过去的发展趋势，毛利润率、资产周转率等都会稳定保持在一定的水平。当预测时，一般基于历史数据分析和对公司未来发展的判断给出相应的假设。在较短年限内做详细的预测，比如5～7年之内的预测要细致到财务报表的每一个项目；对于更远的时间，则粗略地判断整体趋势以及重要的财务指标，对5～7年以后的财务报表具体项目做预测意义不大。

当预测公司未来的经营状况时，需要对未来的宏观经济运行情况做出假设，包括经济周期波动和经济政策等因素。基本的宏观经济指标有：GDP增长率、货币发行量、通货膨胀率、失业率等。公司在不同发展阶段会制定相应的发展规划，比如追加投资、更新设备、改造技术或扩大生产经营规模等，这些发展规划可作为假设数据的重要来源之一。

根据自身经营发展的特点，公司可被划分为两类：收入驱动型和资产驱动型。收入驱动型公司的特征是，其资产负债规模的发展主要取决于收入规模的扩张，当收入变化时，资产、负债也会相应变化。公司的收入规模可以代表自身的业务规模。传统生产型行业如制造业、商业、非金融服务业均属于收入驱动型。资产驱动型公司的特征是，其收入的规模直接取决于资产负债的规模，资产负债的规模可以代表业务规模，例如，银行业是典型的资产驱动型行业。

财务报表预测大多基于收入驱动型。第一步，从预测营业收入出发，预测成本和费用，完成利润表的预测；第二步，预测资产负债表，除了预留的配平项目（货币资金和融资缺口）外，完成所有科目的预测；第三步，利用间接法编制现金流量表，并在此基础上计算货币资金和融资缺口；最后，在资产负债表中补齐空缺的货币资金和融资缺口，以配平资产负债表。

无杠杆自由现金流是公司支付全部现金营运费用和税费，以及资本支出和流动资金的投入后，但在支付利息费用前所产生的可自由支配的现金。目标公司的预计现金流是由刻画其未来财务绩效的假设数字驱动产生的，包括销售收入增长率、利润率、资本支出和流动资金需求。对于非周期性行业内的成熟公司而言，历史增长率、利润率和其他财务比率都是预测未来绩效的可靠参考指标。一般地，过去3年期的数据是预测未来绩效的良好基础。通常，5～7年时间可跨越至少一个商业或者经济周期，足以实现进行之中或计划之中的措施，5～7年后，目标公司的财务绩效被认为达到了“稳定状态”，可作为计算明确预测期后持续价值的基础。如果目标公司处于快速增长的早期阶段，则更合适的做法是建立时期更长的预测模型，例如10年期，以便达到现金流的稳定状态。一般都依靠历史财务绩效、行业趋势和可比上市公司的市场普遍预期数据来给出合理的预测结果。

预测财务报表并不是直接估计报表科目，而是首先分析报表科目背后的驱动因素，即引发报表科目发生的一些活动，从而确定驱动绩效的关键因素，特别是销售增长率、盈利能力和现金流的产生能力。理解目标公司的商业模式、财务特征、客户价值主张、终端市场、竞争对手和关键风险，是构建估值框架的根本。驱动因素可能是内部的，例如新产品的开发、新客户合同的签订、流动资金效率的提高等，也可能是外部的，例如收购项目、终端市场趋势、宏观经济因素甚至是立法或监管的变化。在同一行业内，各公司的盈利能力可能因诸多因素而差异很大，包括管理、品牌、客户群体、产品组合、销售、规模和科技等因素，以及资本支出和营运资本效率等差异导致自由现金流差异较大。

公司在正常发展的情形下，各个科目与其驱动因素是协调变化的，在过往的财务数据中，科目与驱动因素的比例应该是稳定的，可通过历史比例预测未来的比例水平。当驱动因素的水平随情境变化时，报表科目的水平也会自动变化，例如，对营业成本的预测，它与销售量直接相关，有两种方法，一种方法是预测销售量的增速，相应地给营业成本设定一个增长率；另一种方法是先预测营业成本与销售收入的比例，然后用所预测的销售收入水平乘以该比例，从而得到营业成本的预测值。如果由于对市场的估计有变化，导致销售增长率提高，那么在第一种方法下，需要相应调整营业成本的增长率，而在第二种方法下，当收入水平变化时，营业成本自动调整。

一些报表科目有驱动因素，而另一些报表科目不存在逻辑上决定其水平的驱动因素，而后者大多属于非经营性项目。对于经营性科目，一般与收入相联系，比如营业成本、管理费用、销售费用，但是有些科目不是与收入相联系的，如利息费用，其引发因素是债务水平。如果选择了错误的驱动因素，那么对报表科目的估计就会产生偏差。

2.预测利润表

第一，分析利润表的构成项目，判断其驱动因素；第二，计算历史科目/驱动因素比例，从而合理估计未来的比例；第三，将预测比例与预测的驱动因素水平相乘，从而得到该报表项目的预测值。

利润表主要科目的驱动因素和预测比例见表10-4：

表10-4 **利润表主要科目的驱动因素分析**

报表科目名称	驱动因素	预测比例
营业成本	营业收入	营业成本/营业收入
税金及附加	营业收入	税金及附加/营业收入
销售费用	营业收入	销售费用/营业收入
管理费用	营业收入	管理费用/营业收入
利息之外的财务费用	营业收入	利息之外的财务费用/营业收入
利息支出	前一年债务规模	利息支出$_t$/负债总额$_{t-1}$
存款利息收入	前一年的富余现金	存款利息收入$_t$/富余现金$_{t-1}$
汇兑净收益	无	保持不变

对于利润表的预测，从上到下依次为：营业收入、营业成本（不含折旧、摊销费用）、税金及附加、销售费用（不含折旧、摊销）、管理费用（不含折旧、摊销）、*EBITDA*、折旧和摊销、*EBIT*、财务费用、非经常或非经营性损益、利润总额、所得税、净利润、少数股东损益、归属于母公司股东的净利润。

营业收入是由销量和价格等多种因素决定的，要综合考察公司的政策和现状，并结合历史数据和专业分析人员的结论，从而合理预测收入增长率。

对营业成本的预测一般采用较简单的毛利润率法，或较复杂的成本拆分法。营业成本占营业收入的比例等于1减去毛利润率。先分析毛利润率的历史水平，再结合上下游的未来发展趋势以及目标公司所处行业的竞争环境对毛利润率进行预测。成本拆分法则把重点放到那些占比较高的成本项目上，以找到影响成本的关键因素。税金及附加是公司在销售基础上按比例提交的税金及附加的费用（包括消费税、城市维护建设税、资源税和教育费附加等相关税费），该科目同营业收入直接相关，通常可假设其占营业收入的比例即可。

重构后的销售费用中不含折旧和摊销费用，主要包括广告费、包装费、运输费等费用，与销售规模有关，对于经营和销售网络比较稳定的成熟行业中的公司而言，可以按营业收入的特定比例来预测销售费用。在重构后的管理费用中不含折旧和摊销费用（办公用品的折旧和摊销、办公大楼的折旧等），主要包括管理人员薪酬、业务招待费、一些计入管理费用的税费支出（如房产税、车船使用税、土地使用税和印花税等）以及其他管理费用。通常可按管理费用占营业收入的比例来预测。若销售费用和管理费用在整个成本费用中的占比不大，则可将两者合并为“销售及一般管理费用”进行预测。

折旧和摊销与资产负债表中的固定资产、无形资产等科目有关，当预测利润表时先将折旧和摊销科目空缺，等预测固定资产和无形资产之后，再来计算折旧和摊销费用，将其补回利润表中。

财务费用包括净利息费用、手续费、汇兑损益等。净利息费用占财务费用的比例较高，汇兑损益又较难预测，通常以净利息费用作为财务费用的近似替代。净利息费用等于利息费用减去利息收入。利息费用源于付息债务，利息收入主要来自公司存在银行的货币资金。当预测利息费用和利息收入时，需要先预测资产负债表中的债务余额和货币资金，所以一般先将财务费用项空缺。

预测非经常性或非经营性损益涉及的调整合并项主要包括：资产减值损失、公允价值变动损益、投资收益、营业外收入及营业外支出等，但仍需要判断、分析其特性，例如，如果补贴收入是一次性的，则应计入非经常性或非经营性损益；如果有证据表明该补贴收入与核心业务相关并且是可持续的，则应计入营业收入。对于一些经常性的资产减值损失，以及投资收益中与核心业务相关的合营、联营公司的利润，则不应计入非经常性或非经营性损益。非经常性或非经营性损益主要影响的是非核心资产的价值，可采取简化处理，直接假设其未来值为零。

不考虑递延所得税费用，只考虑当期所得税费用，等于应纳税所得额乘以适用税率。由于会计处理方法与税法存在出入，税法规定的应纳税所得额和利润总额并不一致，为简化处理，用利润总额乘以有效所得税税率。有效所得税税率是在已知所得税费用和利润总额后倒推出的事后税率，不同于税法规定的适用税率。对于未来所得税费用的预测，可假设一个有效所得税税率即可。

如果预期子公司股权结构稳定，子公司净利润占整个集团净利润的比例也稳定，则少数股东损益占净利润的比例也会比较稳定，就可以在假设中给出少数股东损益占净利润的比例，并利用该比例进行预测。

企业预测利润表时，需要对利润表进行调整。将折旧、摊销费用（非付现的成本费用）从营业成本、管理费用和销售费用中剥离出来，因其不影响现金流，且折旧、摊销费用的预测方式与其他付现成本费用的预测不同，所以还要调整非经常性或非经营性损益。计算出的*EBITDA*和*EBIT*是针对公司核心业务的，所以将与核心业务无关的损益合并成“非经常性或非经营性损益”项目列在*EBIT*之后，包括资产减值损失、公允价值变动损益、投资损益、营业外收入和营业外支出等科目，这些项目与核心业务无关，只需简单预测即可。区分核心和非核心业务是为了更好地对价值及其驱动因素进行分析，重点分析核心业务和对估值有重要影响的参数。

3.预测资产负债表

预测资产负债表要区分经营性项目与非经营性项目。首先，对经营性项目进行预测。表10-5给出了资产负债表中的一些驱动因素比较明确的科目及其驱动因素。

表10-5　**资产负债表一般科目的驱动因素分析**

报表项目名称	驱动因素	预测比例
经营性货币资金	营业收入	经营性货币资金/营业收入
应收账款	营业收入	应收账款/营业收入
预付账款	营业收入	预付账款/营业收入
存货	营业成本	存货/营业成本
固定资产和在建工程	营业收入	固定资产和在建工程/营业收入
应付账款	营业成本	应付账款/营业成本
应付职工薪酬	营业成本	应付职工薪酬/营业成本
非经营性资产	无	历史增长率或保持不变

大多数经营性项目都以营业收入作为驱动因素，而对于另外一些项目，可根据公司的实际情况选择预测方法，当没有更具体的信息支持时，也可以简单地假设其数额不变。

预测资产科目从上至下主要包括：货币资金、应收款项、存货、预付款项、其他流动资产、流动资产合计、非核心资产（净额）、固定资产、无形资产（专利权、非专利技术、商标权、著作权、特许权以及土地使用权等）、资产总计。负债和股东权益科目从上至下主要包括：融资缺口、短期借款、应付款项、预收款项、其他应付款、流动负债合计、长期借款、长期经营性负债、负债合计；股本及资本公积、留存收益、归属于母公司的股东权益合计、少数股东权益、股东权益合计；负债和股东权益总计。

（1）固定资产及其相关科目的预测

对于反映某一时点存量的科目预测，用该科目的期初数值，加上当期增加的项目，减去当期减少的项目，得到期末数值。固定资产、无形资产、付息债务、股东权益以及营运流动资金等科目，都可采取上述方法进行预测。预测固定资产余额可基于如下等式：

固定资产期初余额+固定资产购建-折旧=固定资产期末余额

固定资产原值-累计折旧=固定资产净值

固定资产净值-固定资产减值准备=固定资产净额

资产负债表中列示的固定资产是指固定资产净额，估值建模预测的也是固定资产净额。假设固定资产净额的增加源于固定资产购建（暂不考虑因为并购、重组等较复杂情况的影响），反映当年为增加固定资产而进行的投资，比如新建厂房、新购入机器设备等。当只需对固定资产进行简单预测时，可以直接假设固定资产占营业收入的一定比例，折旧占固定资产的一定比例，这样假设的好处是可以保证固定资产净值随营业收入的增长而增长。而较细化的预测方法是，根据公司规划进行预测，或依赖重要的行业指标和公司的经营情况，比如，每单位产出的平均资本投入等指标，结合相应的新增产能计划，对固定资产购建进行预测。

固定资产的增加项可分解为三个部分：固定资产购建过程中的维护性支出（假设为固定资产期初额的一个比例）、固定资产购建过程中的直接增加固定资产的部分（购入即可使用的固定资产）、在建工程中转入固定资产的部分（由当年或以前年度固定资产购建形成的在建工程，可以结合在建工程发生的时间和建设期进行分析，可假设为上年在建工程余额的一定比例，对于建设期较短的，可再加上本年新增在建工程的一定比例）。当在建工程规模较小时，可将其合并到固定资产中进行整体预测，而不考虑在建工程转入固定资产等因素。

理论上，固定资产折旧应当按月计算，这样做既复杂，又难以获取数据。简单的处理方法是，可将新增固定资产在新增当年计提半年折旧，折旧的最后一年再计提半年折旧，其他年份计提全年折旧。综上，可按下式计算固定资产余额：

$$\begin{matrix}\text{固定资产}\\\text{期初余额}\end{matrix}+\begin{matrix}\text{固定资产购建}\\\text{（维护性费用）}\end{matrix}+\begin{matrix}\text{固定资产购建}\\\text{（直接新增固定资产）}\end{matrix}+\begin{matrix}\text{在建工程转入}\\\text{固定资产}\end{matrix}-\begin{matrix}\text{新增固定资产}\\\text{产生的折旧}\end{matrix}-\begin{matrix}\text{已存固定}\\\text{资产折旧}\end{matrix}=\begin{matrix}\text{固定资产}\\\text{期末余额}\end{matrix}$$

折旧及摊销费用的历史数据，可从现金流量表获取。折旧及摊销费用，通常大部分包含在营业成本中，很少一部分包含在销售、管理费用中。如果在财务报表注释中没有明确分类披露，可将其全部视为包含在营业成本（*COGS*）中，并不影响*EBITDA*的计算。折旧常常被预测为基于历史水平的销售收入或者资本支出的一个百分比。因为它与资本支出直接相关，而资本支出又会支撑销售收入的增长。另一种更细化的做法是，根据公司现有可提折旧固定资产净额和额外资本支出预测，来设定一个详细的折旧计划表。

（2）净营运流动资金的预测

净营运流动资金是指经营性流动资产减去经营性流动负债，不包括超额现金和交易性金融资产等与公司主营业务无关的流动资产，也不包括短期借款和应付股利等与融资活动相关的流动负债。正的净营运流动资金意味着公司的现金被上、下游现金资源所占用，公司经营所投入的资金不仅用于长期资产投资，而且需要满足日常运营的资产占用。负的净营运流动资金意味着公司占用上、下游的现金资源用于自身经营，且此占用为商业占用，无须支付利息费用。净营运流动资金的正负一般取决于公司与产业链上游、下游企业的议价能力。营运流动资金通常包括存货、应收款项、预付款项、应付款项和预收款项等。营运流动资金科目一般都与营业收入或营业成本直接相关，例如，应收账款是在公司销售产品和提供服务获得的收入中尚未收回的现金，因此与营业收入直接关联。对于存货和应付账款，存货成本在存货变成产品并销售后计入营业成本，应付账款与公司支出（如购买原材料或服务的支出）相关，这两个科目与营业成本相关。

通常使用两种假设方式来预测营运流动资金科目，一种是假设其在营业收入或营业成本中的比例，如“应收款项/营业收入”；另一种是假设与该科目相对应的周转率或周转天数，如应收款项周转率或周转天数等常用指标。具体的假设数值可以综合考虑公司的历史经营数据和行业趋势后给出。应收款项、预收款项、其他经营性流动资产与营业收入相关；存货、预付款项、应付款项、其他应付款与营业成本（指的是不含折旧、摊销费用的付现成本）相关。

（3）长期经营性负债的预测

长期经营性负债主要包括长期应付款和递延所得税负债等，例如，当公司采用分期付款方式购置固定资产或无形资产，以及融资租入固定资产时，会产生长期经营性负债。长期经营性负债意味着公司将长期占用其他公司的现金资源，简单的做法是，可基于历史数据分析，假设长期经营性负债占营业成本的一定比例。

（4）非核心资产预测

非核心资产是指与核心主营业务无关的资产。对于非金融类公司而言，主要体现为交易性金融资产、持有至到期投资、可供出售金融资产、长期股权投资、投资性房地产、交易性金融负债等。预测时一般简单假设非核心资产的规模保持以前的水平。

（5）付息债务和财务费用预测

付息债务通常包括短期借款、长期借款和应付债券等。长期借款或应付债券在一年内即将到期的部分会被转入到“一年内到期的非流动负债”中。用于配平资产负债表的“融资缺口”项目，也属于短期借款的一种。对于利息费用的预测，通常按照“短期借款”、“长期借款”和“应付债券”科目分别预测每类债务的利息费用。

季节性经营波动会导致公司对现金需求的变化，可能导致现金短缺。公司可以通过调节经营性资产和负债的变化来应对这种波动，例如，增加应付账款或减少应收账款，当仍不能满足现金需求时，则需依靠内部或外部融资。内部融资是指使用自有资金或将持有的各类投资变现，外部融资是指向银行借款。在上述资金短缺中，核心净营运流动资金（在生产经营活动中必须长期保持的基本的流动资金）的需求应该通过长期资金来支持，其余的短缺部分可通过短期借款来补充。基于已经完成的营运流动资金的预测，估计出资金缺口，再考虑可以用自有资金或内部融资能够解决的部分，就可大致估计出短期借款的需求。在公司现有的短期借款规模下，就可估算出是否需要再向银行借入短期借款及数额。

对长期债务融资需求的预测，一般可根据固定资产和无形资产购置计划，直接假设长期债务的一个数值。对于已存在的长期借款或应付债券，应了解相应的还款计划。通过年报可获知现存债务的利率，对于预期发行的新债务的利率，可根据债务期限，结合公司近期的债务利率和未来市场利率变动趋势给出假设。当年利息费用的计算，可以用年初债务余额和年末债务余额的平均值乘以相应利率来得到。

利息收入产生于公司在银行的存款，一般用货币资金代替，可按照预测利息费用的思路，以货币资金的期初余额、期末余额的平均值乘以利率来计算利息收入。利息收入减去利息费用，即为净利息费用（财务费用）。

融资缺口和货币资金是预测报表的配平项，需要在预测完现金流量表时才能得到其数值，并将其从现金流量表引用到资产负债表的相应位置，以配平报表。

（6）股东权益相关预测

股本及资本公积预测，主要受股权融资以及其他资本公积调整项目的影响。在估值模型中，通常不对未确定的股权融资安排进行预测。这是因为新发行股票的价格难以确定，且此价格理论上应是估值建模的结果。股本及资本公积的期初余额加上股本及资本公积的变动额，等于股本及资本公积的期末余额。但如果公司有明确的股权融资计划，则需要结合市场状况（市场对其他同类公司股票的估值，近期发生的类似交易等）和公司的预期经营情况初步估计股票价值，预测股权融资对公司经营和财务状况的影响，如融资后项目投资所产生的销售增长等，并相应地调整其他财务数据的预测假设。

留存收益是盈余公积和未分配利润的合并项，期初余额可引用资产负债表的上一年数据，归属于母公司股东的净利润已经在利润表中预测，可直接引用，故只需预测归属于母公司股东的股利（可假设为当年净利润的一定比例），即可通过“留存收益期初余额+归属于母公司股东的净利润-归属于母公司股东的股利=留存收益期末余额”公式预测期末留存收益。类似地，对少数股东权益的预测可通过“少数股东权益期初余额+少数股东损益-归属于少数股东的股利=少数股东权益期末余额”公式进行预测。

完成固定资产、无形资产和债务等预测后，就可以把利润表中的尚空缺的折旧、摊销和财务费用填上。除了货币资金和融资缺口两个配平项，资产负债表其他科目的预测也已完成。

4.预测现金流量表

利用间接法编制现金流量表的原理是，根据资产负债表中的资产（不包括货币资金）、负债和股东权益的变化来反推现金的流入和流出，即在资产负债表科目的期末数和期初数之间做差。资产增加（减少）意味着现金减少（增加），负债或股东权益增加（减少）意味着现金增加（减少）。资产（不包括货币资金）与现金呈反向变动，对于资产类科目，净现金流量=期初资产-期末资产。负债和股东权益与现金呈同向变动，对于负债或股东权益类科目，净现金流量=期末负债或股东权益-期初负债或股东权益。

预测现金流量涉及的资产负债表相关内容主要有：应收款项、存货、预付款项、其他流动资产、非核心资产、固定资产、无形资产、短期借款、应付款项、预收款项、其他应付款、长期借款、长期经营性负债、股本及资本公积、留存收益和少数股东权益。根据“经营活动现金流”“投资活动现金流”“融资活动现金流”对上述项目进行归类。基于上述项目的期初期末差额可合并计算出当年的融资缺口。融资缺口增加=当年融资缺口-上年融资缺口。具体而言，经营活动现金流=净利润+折旧+摊销+财务费用+营运流动资金的减少+长期经营性负债的增加-非经常性或非经营性损益。投资活动现金流=-固定资产购建-无形资产购建+非经常性或非经营性损益+非核心资产（净额）减少。融资活动现金流=短期借款增加+长期借款增加+ 股本及资本公积增加-偿还上年融资缺口-财务费用-归属于母公司股东的股利-归属于少数股东的股利。

从净利润开始调整经营活动现金流时，主要调整三类科目：（1）不属于经营活动的损益，包括投资收益、营业外收入和支出、财务费用等；（2）非现金成本费用，主要是指折旧和摊销费用；（3）经营性资产和负债的变化对现金流的影响，如营运流动资金的减少、长期经营性负债的增加、递延所得税资产减少以及递延所得税负债增加等。

由等式“固定资产期初余额+固定资产购建-折旧=固定资产期末余额”可得到，固定资产期初余额-固定资产期末余额=折旧-固定资产购建，因此，固定资产变动引起的现金流变化，可分拆为折旧（现金流增加）和固定资产购建（现金流减少）两项。同理，无形资产变动引起的现金流变化，可分拆为摊销（现金流增加）和无形资产购建（现金流减少）两项。留存收益变动引起的现金流变化，可分拆为归属于母公司股东的净利润和归属于母公司股东的股利；少数股东权益变动引起的现金流变化，可分拆为少数股东损益和归属于少数股东的股利。

5.货币资金和融资缺口的计算

公司要持有最低现金余额，以应对日常开支（如经常性的原材料采购、水电费、员工差旅费等）和保证正常经营运转。这一最低余额取决于经营规模和现金管理水平，一般可采用销售收入或付现营业成本的特定比例来测算。根据现金流量表的计算结果，若期末现金大于所需现金，则多出的部分记为多余现金，反之为融资缺口。当存在融资缺口时，公司需借入短期借款以补充现金。利用现金流量表中的期末货币资金和融资缺口来配平资产负债表，会出现循环引用情况，即建模中的某个单元格直接或间接引用了自身，例如在计算利息收入和利息费用时，采用以期初、期末平均余额或期末余额为基准的方法时，在模型中就会产生循环引用，期末现金余额和融资缺口影响当期利息收入和利息费用，从而影响当期净利润，继而影响基于净利润测算的当期经营活动净现金流，最后又影响期末现金余额或融资缺口，可采用Excel迭代运算解决这一问题。

6.关于特殊项目的预测

递延所得税资产和递延所得税负债是由于资产、负债的账面价值与其计税基础之间的差异产生的，包括对各种减值损失、商誉、折旧和摊销等在税务处理和会计处理上的不同(可以在财务报表附注中找到具体原因)。如果这两个项目的数值较大，对公司所得税费用造成的影响较大，且有较为合理的预测方法，则有详细预测的必要；否则不需要详细预测，可简化处理为假定其未来数额保持不变。如果在资产负债表中考虑了递延所得税资产和递延所得税负债，则预测所得税时就要把所得税费用分拆成递延所得税费用和当期所得税费用。递延所得税费用等于递延所得税负债的增加减去递延所得税资产的增加。

若非核心资产的数额较小，可假设其不变。但如果数额较大且能产生投资收益，则需详细预测。利润表中的非经常性或非经营性损益，一般包括投资收益、公允价值变动损益、资产减值损失、营业外收支等。投资收益、公允价值变动损益往往受到非核心资产变化的影响，比如，长期股权投资会影响投资收益，以公允价值计量且其变动计入当期损益的交易性金融资产的公允价值变动会影响公允价值变动损益。如果某项资产减值损失是可持续的、可预期的，则应详细预测；如果该项资产减值损失是一次的性或偶发的，可简单假设其未来的减值损失为零，例如，某家用电器制造公司的存货是其最主要的流动资产，且存货占总资产的比例也较高。家电产品一般都会有贬值，存货减值损失在一定程度上是可持续的、可预测的，可按存货减值损失占期初存货的比例来预测当年的存货减值损失。

公司在非同一控制的企业合并中，收购成本大于取得的被收购方可辨认净资产份额的部分被确认为商誉。商誉在被确认之后每年至少做一次减值测试，如有减值迹象则需确认商誉减值准备，抵减商誉的账面价值，同时在利润表中确认商誉减值损失作为资产减值损失的一个子项。商誉减值损失一旦确认，在未来不可以转回。当进行建模预测时，企业一般仅考虑过去的并购交易所形成的商誉在未来的减值。

7.情境分析

情境分析是对预测对象未来可能出现的不同情境分别进行模拟，并评估在各种可能情况下的财务结果。公司面临的情境大致可以分为乐观、正常及悲观情境。要确定情境改变时哪些关键因素将改变，以及这种改变将如何影响公司的经营和财务业绩。受情境影响的因素主要包括三类：（1）宏观经济假设，如GDP增长率、利率等；（2）行业和市场假设，如市场需求、产品价格、平均产能利用率等；（3）公司经营假设，如销售状况、固定资产投资计划、融资计划、重组计划等。对于上述关键假设，可确定其在不同情境下的取值，在预测的计算公式中引用该假设值，使得假设的变动能影响预测结果。

【例10-3】

A公司主营电子产品业务，正处于成长中，需要外部融资来支持公司的发展。为了预测何时需要融资以及融资数额，在Excel中建立财务报表预测模型。常用的预测起点是销售百分比法，即，假设随着销售收入的增长，利润表及资产负债表的一些项目也会随之增长，它们占销售收入的比例保持不变（或重新设定）。如表10-6所示（为简化分析，假设资产全部为经营性资产），20×2年扣除折旧摊销的成本费用（付现成本费用）占销售收入的78%。预测20×3年销售收入将增长18%，增长到74 889×1.18=88 369（万元），付现成本费用仍为销售收入的78%，则20×3年的付现成本费用为88 369×0.78=68 928（万元）（本例仅基于20×2年一年的财务比率进行预测；通常应考虑过去几年的平均值和变动趋势，并且要考虑经营效率的改进，如第十一章的估值案例所示）：

表10-6　**利润表和资产负债表（20×2年）**　单位：万元

序号	科目	A20×2	占销售收入的百分比
	利润表		
1	销售收入	74 889	100%
2	不包括折旧的成本	（58 413）	78%
3	*EBITDA*	16 476	22%
4	折旧摊销费用	（5 492）	7.333%
5	*EBIT*	10 984	14.67%
6	利息费用（净）	（306）	NM*
7	税前利润	10 678	14.26%
8	所得税（25%）	（2 669）	NM
9	净利润	8 009	10.70%
	资产负债表		
10	现金及现金等价物	11 982	16%
11	应收账款	14 229	19%
12	存货	14 978	20%
13	流动资产合计	41 189	55%
14	固定资产	49 427	66%
15	总资产	90 616	121%
16	应付账款	11 982	16%
17	债务（有息负债）	4 500	NM
18	负债合计	16 482	NM
19	股东权益	74 134	NM
20	负债和股东权益总额	90 616	121%

*NM是指将该项目表示为销售收入的百分比没有意义。

假设利润率随着销售收入的增长保持不变。对资产负债表的营运资本项目也做出类似的假设，这些项目包括现金、应收账款、存货和应付账款等，可以利用这些比例来预测20×3年资产负债表中的部分项目，例如，如果销售收入增长到88 369万元，存货就应该增加到88 369×0.20=17 674（万元）以支撑销售的增长。资产和应付账款理应随着销售收入的增长而相应增长，但长期债务和股东权益却不会随着销售收入的增长而自然增长。股权和债务的变动反映了有关股利和新融资净额的选择。

表10-7显示2023年的预测利润表以及其中每个项目的计算过程。预测从20×2年到20×3年销售收入将增长18%。除了对收入的预测，还需要三项内容来编制预测利润表：20×2年的付现成本费用占销售收入的百分比、折旧摊销费用占销售收入的百分比以及税率。从表10-6可知，付现成本费用占销售收入的78%，年折旧摊销费用占销售收入的7.333%，公司所得税税率为25%。

表10-7 **预测利润表（20×3年）** 单位：万元

序号	科目	A20×2	E20×3	计算
1	销售收入	74 889	88 369	74 889 × 1.18
2	不包括折旧的成本	(58 413)	(68 928)	销售收入的78%
3	*EBITDA*	16 476	19 441	1+2行
4	折旧摊销费用	(5 492)	(6 480)	销售收入的7.333%
5	*EBIT*	10 984	12 961	3+4行
6	利息费用（净）	(306)	(306)	保持不变
7	税前利润	10 678	12 655	5+6行
8	所得税（25%）	(2 670)	(3 164)	第7行的25%
9	净利润	8 008	9 491	7+8行

利息费用应当是为债务支付的利息扣除现金投资所得的利息收入后的净额，支付的利息可以在纳税前扣除，而利息收入却是应纳税的，利息抵税来自净利息费用。假设公司持有的所有现金都是其业务交易所需的营运资本的必要组成部分，相当于假设公司将其所有现金储蓄于无息账户中。暂且假设利息费用将保持20×2年的水平，因为在预测过程中还需要确定债务需求是否会改变。预测净利润将增加9 491-8 008=1 483（万元），即比20×2年的净利润增加18.5%，高于18%的销售收入增长率，是因为假设利息费用不增加。接下来预测资产负债表，以确定是否需要为20×3年的增长融资。表10-7预测的净利润将是预测资产负债表中的一个考虑因素，净利润中没有作为股利分配的那部分会增加股东权益。

利用销售百分比法预测资产负债表需要一些迭代步骤。资产与负债及股东权益总额必定相等，然而，除非假定股东权益和债务随销售收入增长的方式，否则预测资产负债表中的资产与负债及股东权益总额就不会平衡。表10-8给出资产负债表的初步预测过程及结果。

表 10-8 初步预测资产负债表（20×3 年） 单位：万元

序号	科目	A20×2	E20×3	计算
1	现金及现金等价物	11 982	14 139	销售收入的 16%
2	应收账款	14 229	16 790	销售收入的 19%
3	存货	14 978	17 674	销售收入的 20%
4	流动资产合计	41 189	48 603	1+2+3 行
5	固定资产	49 427	58 324	销售收入的 66%
6	总资产	90 616	106 927	4+5 行
7	应付账款	11 982	14 139	销售收入的 16%
8	债务（有息负债）	4 500	4 500	保持不变
9	负债合计	16 482	18 639	7+8 行
10	股东权益	74 134	80 778	74 134+ 0.7 × 9 491
11	负债及股东权益总额	90 616	99 417	9+10 行
12	新融资净额		7 510	6–11 行

销售百分比法假设资产随销售收入同比例增长，因此总资产也增长 18%，与销售收入增长率相同。股利分配将影响其留作为未来增长融资的留存收益，负债或者股东权益的任何增长都会反映公司的资本结构决策，这就要求管理者积极地筹集资本。不能简单地假设债务和股权也是随着销售收入同比例增长的。在本例中，将净利润的 30% 作为股利分配。预测净利润 9 491 万元中的 2 847 万元作为股利分配给股东，6 644 万元的留存收益将增加股东权益，股东权益从 74 134 万元增加到 80 778 万元。表 10-8 是编制预测资产负债表的第一步，预测的总资产比负债及股东权益之和多出 7 510 万元。这种不平衡表明需要 7 510 万元的新融资净额来支持公司的发展。新融资净额是指为了支持计划的资产增长而需要的外部融资额，新融资净额=预测资产−预测负债及股东权益总额。公司需要 7 510 万元的新融资额，这笔资金可以通过借新债或发行新股筹得，假设公司最终决定通过借债进行融资。

表 10-9 给出第二步预测资产负债表，其中包含使报表平衡的新加入的 7 510 万元的债务融资。注意，在 20×3 年进行额外债务融资的决定使得最初的假设（即利息费用在 20×3 年将保持不变）出现错误。如果在年末前借债，这笔债务就会在该年度产生部分利息费用，需要调整预测利润表，继而调整预测资产负债表，以得到所需新债务的准确数额。至此，已经完成了首要目标：确定未来的融资需求、大致估算所需的数额以及确定融资方式。债务的金额是原来的两倍多，这也证实了最初没有假设债务随销售收入同比例增长的决定是对的。

表 10-9　　**第二步预测资产负债表（20×3 年）**　　单位：万元

序号	科目	A20×2	E20×3	计算
1	现金及现金等价物	11 982	14 139	销售收入的 16%
2	应收账款	14 229	16 790	销售收入的 19%
3	存货	14 978	17 674	销售收入的 20%
4	流动资产合计	41 189	48 603	1+2+3 行
5	固定资产	49 427	58 324	销售收入的 66%
6	总资产	90 616	106 927	4+5 行
7	应付账款	11 982	14 139	销售收入的 16%
8	债务（有息负债）	4 500	12 010	4 500+7 510
9	负债合计	16 482	26 149	7+8 行
10	股东权益	74 134	80 778	74 134+0.7×9 491
11	负债和股东权益总额	90 616	106 927	9+10 行

公司发展所需的资金超过自身可以提供的资金时，对股东的任何分派都会导致公司寻求更多的融资。不要将外部融资需求与较差的公司业绩相混淆，大多数成长性公司都要进行额外的融资，因为其增长所需要的支出超过增长所带来的收益。

公司有时需要追加投资来满足今后几年的生产能力需求，可以通过直接建立生产能力需求及资本支出模型来解决这些现实问题。首先，明确产能需求并考虑如何为其融资。其次，构建预测利润表预测自由现金流。最后，利用估值模型评价业务扩张对公司价值的影响。

表 10-10 给出产量和售价的预测数据。

表 10-10　　**预测产能需求和售价**　　产量单位：万件

序号	项目	A20×2	E20×3	E20×4	E20×5	E20×6	E20×7
1	市场规模	1 000	1 050	1 102.5	1 157.6	1 215.5	1 276.3
2	市场份额	10%	11%	12%	13%	14%	15%
3	产量（1×2）	100	115.5	132.3	150.5	170.2	191.4
4	平均售价（元/件）	748.9	765.1	780.4	796.0	811.9	828.2

对市场规模的预测一般是基于人口的分布情况及总体经济形势，公司的市场份额将取决于其产品的吸引力和价格。公司当前的最大生产能力为 110 万件。据表 10-10，公司预期整体市场规模及公司的市场份额都将上升到一定程度，将很快超过它的最大产能。为此，公司正在考虑一项能使其产能提高到 200 万件（能够满足其直至 20×7 年的需求）的扩张计划。首先基于扩张所需的资本支出来评估融资需求。能提高公司产能的新设备要花费 20 000 万元，该设备应在 20×3 年购买以满足其生产需求。表 10-11 列出未来 5 年的预测资本支出及折旧费用；折旧数额是根据每种财产的合理折旧计划计算出来的。公司需要持续投入资本以满足其替换现有设备的要求，假如没有新设备，预计每年要投入 5 000 万元；额外 20 000 万元投资体现在 20×3 年，20×3 年的资本总需求达到 25 000 万元；20×4 年

至20×7年每年预期增加的投资达到8 000万元。

表10-11　　**预测资本支出（固定资产投资）**　　单位：万元

序号	科目	A20×2	E20×3	E20×4	E20×5	E20×6	E20×7
1	期初账面价值	49 919	49 427	66 984	67 486	67 937	68 344
2	资本投资	5 000	25 000	8 000	8 000	8 000	8 000
3	折旧	（5 492）	（7 443）	（7 498）	（7 549）	（7 594）	（7 634）
4	期末账面价值	49 427	66 984	67 486	67 937	68 343	68 710

如表10-12所示，尽管公司相信能够通过日常的经营现金流来满足其不断投入资金的需求，仍然要为购买新设备所需的20 000万元资金寻求外部融资。公司计划发行息票利率为6.8%的10年期公司债券，每年只需支付债券的利息费用，直到第10年年末才偿还本金。现有4 500万元未偿付债务的本金在20×7年之前也未到期。如果债务的变动是在一年中发生的，则根据一年中债务的平均水平计算利息费用将更为准确。

表10-12　　**计划的债务与利息支付**　　单位：万元

序号	科目	A20×2	E20×3	E20×4	E20×5	E20×6	E20×7
1	债务余额	4 500	24 500	24 500	24 500	24 500	24 500
2	新的净借款	—	20 000	—	—	—	—
3	利息费用（6.8%）	306	306	1 666	1 666	1 666	1 666

利用表10-10中的估计数据，计算每年的销售收入：销售收入=市场规模×市场份额×平均售价。例如，在20×3年，预测销售收入为1 050万件×11%的市场份额×765.1元/件的平均售价=88 369万元。假设扣除折旧的成本费用仍然为销售收入的78%，预测20×3年的付现成本费用为0.78×88 369=68 928（万元）。从销售收入中减除这些营业费用，可预测未来5年的*EBITDA*，见表10-13。减去表10-11中列示的折旧费用，得到*EBIT*。接下来按表10-12给出的预测扣除利息费用。从税前收益中扣除所得税后，得到表10-13最后一行所示的预测净利润。

表10-13　　**业务扩张情形下的预测利润表**　　单位：万元

序号	科目	A20×2	E20×3	E20×4	E20×5	E20×6	E20×7
1	销售收入	74 889	88 369	103 247	119 793	138 167	158 546
2	付现成本费用	（58 413）	（68 928）	（80 533）	（93 438）	（107 770）	（123 666）
3	*EBITDA*	16 476	19 441	22 714	26 354	30 397	34 880
4	折旧费用	（5 492）	（7 443）	（7 498）	（7 549）	（7 594）	（7 634）
5	*EBIT*	10 984	11 998	15 216	18 806	22 803	27 246
6	（净）利息费用	（306）	（306）	（1 666）	（1 666）	（1 666）	（1 666）
7	税前利润	10 678	11 692	13 550	17 140	21 137	25 580
8	所得税（25%）	（2 670）	（2 923）	（3 388）	（4 285）	（5 284）	（6 395）
9	净利润	8 008	8 769	10 162	12 855	15 853	19 185

表10-14显示公司当前的营运资本需求并预测未来的营运资本需求（个别尾数与手工计算存在差异，后面的表格同）。假设今后各年这些营运资本项目的占比同20×2年一样保持不变。最低现金需求额表示能够保证公司正常运转所需的最低现金水平，考虑了收入和费用在时间上的日常波动。公司一般很少或者不会从这些现金余额上赚得利息，这些资金一般是以现金、支票或短期存款账户的形式存在，将这一现金余额作为营运资本的一部分。假设公司将超过最低现金需求的那部分现金作为股利发放给股东。如果预测表明公司的现金流不足以弥补最低现金需求，那么就要为这一现金需求融资。如果留存一些超过经营需求的现金，公司可将多余现金投资短期证券以获得利息。大多数公司选择这么做的原因是为未来投资提供资金，这样就不必再从外部筹集很多资金。在本例中，超额现金不被包含在营运资本中。

表10-14　**预测营运资本需求**　单位：万元

序号	科目	A20×2	E20×3	E20×4	E20×5	E20×6	E20×7
1	现金	11 982	14 139	16 520	19 167	22 107	25 367
2	应收账款	14 229	16 790	19 617	22 761	26 252	30 124
3	存货	14 978	17 674	20 649	23 959	27 633	31 709
4	流动资产合计	41 189	48 603	56 786	65 886	75 992	87 201
5	应付账款	11 982	14 139	16 520	19 167	22 107	25 367
6	流动负债合计	11 982	14 139	16 520	19 167	22 107	25 367
7	净营运资本（4-6）	29 207	34 464	40 266	46 719	53 885	61 833
8	净营运资本的增加		5 257	5 802	6 453	7 166	7 948

表10-15为20×2及20×3年的资产负债表，暂且假设20×3年不支付股利。

表10-15　**预测资产负债表（20×3年）**　单位：万元

序号	科目	A20×2	E20×3	数据来源	20×3（修正）
1	现金及现金等价物	11 982	14 139	表10-14	14 139
2	应收账款	14 229	16 790	表10-14	16 790
3	存货	14 978	17 674	表10-14	17 674
4	流动资产合计	41 189	48 603	1+2+3行	48 603
5	固定资产	49 427	66 984	表10-11	66 984
6	总资产	90 616	115 587	4+5行	115 587
7	应付账款	11 982	14 139	表10-14	14 139
8	债务（有息负债）	4 500	24 500	表10-12	24 500
9	负债合计	16 482	38 639	7+8行	38 639
10	期初股东权益	68 528	74 134	20×3年13行	74 134
11	净利润	8 008	8 769	表10-13	8 769
12	股利	（2 402）	0	待定	（5 955）
13	期末股东权益	74 134	82 903	10+11+12行	76 948
14	负债和股东权益总额	90 616	121 542	9+13行	115 587

如表10-15所示，资产负债表最初并不平衡：负债及股东权益之和大于资产。此前公司未扩张时（20×2年），资产大于负债及股东权益的合计数，表明管理者需要外部融资。当负债及股东权益之和大于资产时，表明公司产生比预计的消耗更多的现金，要决定如何处理这些多余现金，可选择建立多余现金储备（这将增加现金账户余额，保持资产与股权及负债之和的平衡）、偿还部分债务、将超额现金作为股利分配或回购股票。假设公司决定将超额现金作为股利分配。超额现金是指负债及股权的合计数超出资产的部分：121 542-115 587=5 955（万元）。表10-15的最右一列显示的是修正后的预测资产负债表，其中包括计划发放的股利。现在的资产负债表平衡了，对20×3—20×7年每年都做相同的处理。完整的预测资产负债表和现金流量表分别见表10-16和表10-17。

表10-16　**预测资产负债表（20×3—20×7）**　单位：万元

序号	科目	A20×2	E20×3	E20×4	E20×5	E20×6	E20×7
1	现金及现金等价物	11 982	14 139	16 520	19 167	22 107	25 367
2	应收账款	14 229	16 790	19 617	22 761	26 252	30 124
3	存货	14 978	17 674	20 649	23 959	27 633	31 709
4	流动资产合计	41 189	48 603	56 786	65 886	75 992	87 201
5	固定资产	49 427	66 984	67 486	67 937	68 344	68 709
6	总资产	90 616	115 587	124 272	133 823	144 335	155 910
7	应付账款	11 982	14 139	16 520	19 167	22 107	25 367
8	债务	4 500	24 500	24 500	24 500	24 500	24 500
9	负债合计	16 482	38 639	41 020	43 667	46 607	49 867
10	期初股东权益	68 528	74 134	76 948	83 252	90 156	97 729
11	净利润	8 008	8 769	10 162	12 855	15 853	19 185
12	股利	（2 402）	（5 955）	（3 858）	（5 951）	（8 280）	（10 872）
13	期末股东权益	74 134	76 948	83 252	90 156	97 729	106 042
14	负债与股东权益总额	90 616	115 587	124 272	133 823	144 335	155 910

据表10-16，基于账面价值计算的债务股权比率，将从20×2年的4 500/74 134=6%增长到20×3年的24 500/76 948=32%，到20×7年将稳步下降到23%。

表10-17　**预测现金流量表（20×3—20×7）**　单位：万元

序号	科目	E20×3	E20×4	E20×5	E20×6	E20×7
1	净利润	8 769	10 162	12 855	15 853	19 185
2	折旧	7 443	7 498	7 549	7 594	7 634
3	应收账款变动	（2 561）	（2 827）	（3 144）	（3 491）	（3 872）
4	存货变动	（2 696）	（2 976）	（3 309）	（3 675）	（4 076）
5	应付账款变动	2 157	2 381	2 647	2 940	3 261
6	经营活动现金流量	13 112	14 238	16 598	19 221	22 132
7	资本支出	（25 000）	（8 000）	（8 000）	（8 000）	（8 000）
8	投资活动现金流量	（25 000）	（8 000）	（8 000）	（8 000）	（8 000）
9	净借款	20 000	—	—	—	—
10	股利	（5 955）	（3 858）	（5 951）	（8 280）	（10 872）
11	融资活动现金流量	14 045	（3 858）	（5 951）	（8 280）	（10 872）
12	现金的变动（6+8+11）	2 157	2 380	2 647	2 941	3 260

表10-17中的股利与股权自由现金流相等，这是因为假设公司分配所有超额现金。公司并不打算进行额外的股权融资，所以在现金流量表中没有资本缴入。表10-17第12行"现金的变动"，等于表10-16第1行"现金及现金等价物"的逐年变动额（数值取整数后手工计算与通过Excel嵌入公式自动计算会产生微小差异）。

（四）确定公司价值

1.计算自由现金流

基于预测财务报表，先计算预测期第一年的*FCF*，之后将公式复制到整个预测期即可。

$$\begin{matrix}\text{公司自由现金流}\\\text{（无杠杆自由现金流）}\end{matrix}=EBIT-\begin{matrix}\text{调整后的}\\\text{所得税}\end{matrix}+\text{折旧}+\text{摊销}-\begin{matrix}\text{营运资金的}\\\text{增加}\end{matrix}+\begin{matrix}\text{长期经营性}\\\text{负债的增加}\end{matrix}-\begin{matrix}\text{长期经营性}\\\text{资产的增加}\end{matrix}-\begin{matrix}\text{固定资产}\\\text{购建}\end{matrix}-\begin{matrix}\text{无形资产}\\\text{购建}\end{matrix} \quad (10.22)$$

上式中的*EBIT*为经营性的息税前利润。计算调整后的所得税（需现金缴纳的所得税，不包含递延所得税）有两种方法，一种是用*EBIT*乘以当期有效税率简单测算，另一种是在当期应纳所得税的基础上加回利息费用的抵税（因其不受资本结构影响），再扣除非经常性或非经营性损益对应的税费（限于核心资产产生的损益对应的税费）。一般采用第一种方法。

2.计算加权平均资本成本

对公司自由现金流用*WACC*折现后得到公司价值（*EV*），表示公司核心资产和主营业务所创造的价值。*WACC*为公司所要求的投资资本（债务和股权）回报率的加权平均。债务和股权具有不同的风险特征和税务影响，*WACC*取决于"目标"资本结构。业务多元化公司的各项业务的资本成本显著不同，可针对每一种业务类别进行DCF估值，最后再将各项业务的价值相加得出整个公司的隐含价值。

目标资本结构要与公司的长期战略相一致。如果没有关于目标资本结构的明确指引，可比上市公司的资本结构可以提供有意义的参照。若目标公司的资本结构处于可比公司的资本结构范围之内，其当前资本结构可当作目标资本结构；如果处于该范围的边缘或超出该范围，通常以可比公司的均值或中位数作为目标资本结构，并且在整个预测期内保持不变。

债务资本成本反映公司的信用特征，受到公司规模、所在行业、前景展望、周期性、信用评级、现金流产生能力、财务政策和收购策略等多重因素的影响。上市交易的债券的资本成本可基于其收益率来确定。非公开债务（如银行借款）的资本成本可基于每年的利息费用和债务期初余额之比计算。

股权资本成本是股权投资者预期获得的必要回报率，可根据资本资产定价模型（CAPM）或多因素定价模型测算。一般采用10年期国债的收益率作为无风险利率。市场风险溢价通常在4%~8%的范围内，考察股票市场在最近阶段的风险溢价更具相关性[①]。上市公司的贝塔可以基于历史回报率数据回归得到，私有公司的贝塔则要从同行业可比公司中寻求参照。

① 各国股权风险溢价数据来源于http://pages.stern.nyu.edu/~adamodar/，最近更新日期为2021年7月1日；中国的股权风险溢价为4.89%~4.97%。

3.确定公司价值

公司的现金流不是在年末一笔流入，而是在一年当中不断流入的，更合理的处理方式是将预测期第一年现金流的流入时点记为年中，折现到估值时点（即上一年年末）的折现时长为0.5年，第二年现金流对应的折现时长为1.5年，依此类推。在实践中，估值时点并不是历史最后一期的期末，对于上市公司而言，要等到每年的3月底或4月才能从公开渠道获得上一年的年报，在4月得到上一年的年报后再去评估4个月之前的公司价值也没有太大意义，所以通常的估值时点要晚于历史最后一期期末（上一年末）。对此，可将估值时点确定为建模时间点之后的某个时点，只折现估值时点之后的现金流，例如，如果估值时点是在年中（6月30日），则需折现的第一期现金流为当年下半年的现金流，一般假设现金流在当年后6个月的中间流入，因此折现到6月30日，折现时长应为0.25年。无论估值时点在一年中的什么时间，每一笔现金流对应的折现时长等于该笔现金流产生的时点与估值时点之间的时间距离。两阶段永续增长模型的终值时点是在预测期最后一年的年中，而终值倍数法的终值时点为预测期最后一年的年末，比前者的折现时长多出0.5年。

两（多）阶段永续增长模型的一个前提是，公司在明确预测期结束时进入低速稳定增长阶段。对于传统制造业公司，可根据预测期最后几年的折旧和当期资本支出是否接近来判断，如果两者差距很大，则说明公司还可能快速增长，需要适当延长明确预测期。对于进入稳定增长阶段的公司，通常可取预测期最后几年无杠杆自由现金流的增长率的平均值作为永续增长率，一般都在5%的范围以内，应低于社会经济总体的长期平均名义增长率。明确预测期期末的终值（持续价值，即预测期之后的价值）一般在目标公司的价值中占有较高比例，体现目标公司的稳定状态或者正常化水平的财务绩效，而非某个周期的高点或低点。

计算持续价值的方法主要有退出乘数法和永续增长法这两种。前者是依据预测期期末的*EBITDA*乘数计算得出的目标公司在预测期后的剩余价值，而后者则是假定预测期期末的自由现金流按照某一固定增长率永续增长而得出的价值。*EBITDA*退出倍数法是假设在预测期最后一年的年末将公司以最后一年*EBITDA*一定倍数的价格出售，其终值对应的现金流流入时点为预测期最后一年的年末。影响*EBITDA*退出倍数的因素主要有两个：一是退出后公司未来盈利的增长情况，如果还处于较快增长阶段，则退出倍数就较高；二是同行业可比公司目前或长期在资本市场中的该倍数水平。当应用退出乘数法时，由于估值乘数受到行业或经济周期的影响，因此，要采用正常化（而非高峰或低谷）期间的退出乘数。永续增长法通常依据长期行业增长率来设定目标的永续可持续增长率。与退出乘数法相同，对永续增长率也应进行敏感性分析，以得出估值范围。同时运用退出乘数法和永续增长法，可起到相互检验的作用。如果按照退出乘数法得出的隐含永续增长率过高或过低，则很可能表明关于退出乘数的设定不现实。同理，若用永续增长法反推出隐含的退出乘数偏离目标公司或其同行的正常化交易乘数，就要对永续增长率假设重新审视。

将预计自由现金流和持续价值折现后得出公司价值。隐含的股权价值可从10.23式和10.24式中推导出来：

公司价值+非核心资产价值+（超额）现金=债务价值+少数股东权益价值+股权价值（归属于母公司股东）[①]

（10.23）

隐含股票价值=股权价值/全面稀释普通股股数　　（10.24）

若存在实值股票期权和认股权证，就会在全面稀释普通股股数和隐含股价之间出现循环引用，即每股价值取决于全面稀释普通股股数，而该数量反过来又取决于隐含每股价值，可通过启用Excel的迭代运算功能解决这一问题。

（五）敏感性分析

可利用Excel的模拟运算表对影响股票估值的关键因素进行敏感性分析。敏感性分析是指通过变换关键输入项的参数取值变动来推算估值范围。DCF估值的核心驱动因素，如营业收入增长率、利润率、退出乘数或永续增长率、*WACC*等，是最常见的敏感性分析假设输入数据。可能导致DCF估值发生扭曲的常见失误，主要包括使用不现实的财务预测数据、*WACC*或持续价值假设。但如果DCF法得出的隐含估值显著异于其他方法，也不一定就表明该分析有缺陷，因为基于乘数的估值有可能无法纳入可反映更高估值或更低估值的公司特有因素。敏感性分析有助于更好地理解估值假设，以及相对于基准情形而言，因为超出或低于预期绩效而产生的价值创造或侵蚀。

表10-18为基于退出乘数和*WACC*的双因素敏感性分析示例，显示在不同的退出乘数和*WACC*假设组合下相应的公司价值。

表10-18　**基于退出乘数和*WACC*的敏感性分析**　价值单位：万元

	A	B	C	D	E	F	G	H
1		退出乘数	7.5					
2		*WACC*	10.0%					
3		公司价值	5 926					
4								
5						退出乘数		
6			5 926	6.5	7.0	7.5	8.0	8.5
7			9.0%	5 561	5 863	6 165	6 467	6 769
8			9.5%	5 454	5 749	6 044	6 339	6 634
9		*WACC*	10.0%	5 349	5 638	5 926	6 215	6 503
10			10.5%	5 248	5 530	5 812	6 094	6 376
11			11.0%	5 149	5 425	5 700	5 976	6 252

具体做法如下：

第一步，在单元格中引用需要分析的目标，比如，公司价值；分析目标必须采取“引用”的方式，即在C6单元格中输入“=C3”（例如，C3单元格为表示公司价值的单元格，其当前取值为5 926万元）。

第二步，设置变量的取值范围。假设估计明确预测期期末的退出乘数可能在6.5～8.5之间变动，变动间隔为0.5，则在D6：H6区域依次填入退出乘数的取值；在C7：C11这5个单元格中分别填入*WACC*的变动取值（假设以0.5%的间隔在9.0%～11.0%之间变动）。

① 如果非核心资产的市场价值与账面价值有出入，需评估非核心资产的价值。如果非核心资产的数额比较大，比如，某公司有一项与主业无关的长期股权投资，就应单独对其估值。也可简单地采用市净率（P/B）来估算非核心资产的市场价值。

第三步，设置参数标题。合并D5：H5区域，将合并单元格设置为居中显示，输入标题“退出乘数”；合并B7：B11区域并居中显示，输入标题“*WACC*”。

第四步，调用“模拟运算表”功能。选中D6：H11区域，注意要包含变量取值范围及所引用的分析目标所在单元格；以Excel 2016版本为例，依次选择“数据”—“模拟分析”—“模拟运算表”，调出对话框，在“输入引用行的单元格”和“输入引用列的单元格”处相应地选择计算中所引用的原始变量单元格，点击“确定”按钮后，即可得到分析结果。

在本例中，行变量为“退出乘数”，“输入引用行的单元格”应选择初始估值计算公司价值时用到的退出乘数所在单元格（假设是C1单元格，Excel自动生成绝对引用格式C1）；列变量为“*WACC*”，在“输入引用列的单元格”应选择初始估值时用到的*WACC*所在单元格（假设是C2单元格，Excel自动生成绝对引用格式C2）。

三、价值创造的驱动因素

本书第四章所讲述的“价值守恒原理”的内涵是，只有当公司产生更高的现金流而不是仅对原来投资者的现金流索取权进行重新配置，才能为股东创造价值。没有增加现金流（通过增加收入或提高资本回报率）的投资也就没有创造价值（假设该公司的风险状况没有改变）。当公司用债务取代股权或发行债券（借债）回购股票，只是改变了现金流的所有权，并未改变可获得的总现金流或增加价值（除非债务利息抵税增加现金流），同样，改变会计处理方法尽管可提高利润但实际上并未改变现金流，因而不会改变公司价值。

公司要创造价值，必须利用从投资方筹集的资本，以超过资本成本的回报率（投资者的要求回报率）来产生未来现金流。营业收入增长的速度越快，以较高的回报率配置的资本越多，创造的价值也就越大。收入增长和资本回报率二者的结合是推动价值创造的关键要素。

*NOPLAT*为扣除调整税后的净营业利润，即，扣除与核心经营活动有关的所得税后，公司核心经营业务所产生的利润；*ROIC*为投入资本回报率，即*NOPLAT*与投入资本（*IC*）之比，$ROIC=NOPLAT/IC$，$NOPLAT=IC \cdot ROIC$；*IC*为投入资本，即投入核心经营性资产运营中的资本积累量，主要为财产、厂房及设备、净营运资本等。g是*NOPLAT*和自由现金流*FCF*的年增长率。

*NI*为净投资，即投入资本的年增加额，$NI = IC_{t+1} - IC_t$；*FCF*为扣除新资本投入后由核心运营业务所产生的现金流，$FCF=NOPLAT-NI$；投资比例*IR*是指*NOPLAT*再投资的比例，$IR = NI/NOPLAT$。假设营业收入和*NOPLAT*按固定的增长率（g）增长，每年*NOPLAT*的再投资比例相同，即每年的*FCF*也将和*NOPLAT*具有同样的增长率；可得到：

$$FCF=NOPLAT-NI=NOPLAT-NOPLAT \cdot IR=NOPLAT\ (1-IR) \tag{10.25}$$

且有$g=ROIC \cdot IR$[①]，$IR=g/ROIC$

$$V_0 = \frac{FCF_{t=1}}{WACC - g} = \frac{NOPLAT_{t=1}(1 - g/ROIC)}{WACC - g} \tag{10.26}$$

① 假设如果没有新投资，公司就不会增长，公司当前产生的利润水平就将保持不变。如果所有未来收益（股利）的增加，都只来自于用留存收益进行的再投资（等于期初收益×留存收益比例），则有：收益的增加（变动）=新投资×投资回报率=期初收益×留存收益比例×投资回报率；将等式两边同时除以期初收益，可得到：收益增长率=收益的增加/期初收益=留存收益比例×投资回报率；假设股利支付率（等于1-留存收益比例）和股票数量保持不变，则股利增长率和收益增长率相等。

根据10.26式，公司价值的三个主要驱动因素为：g、$ROIC$和$WACC$。基于上述推导过程中的假设，表10-19计算出VOLUME和VALUE这两家公司的价值分别为1 000万元和1 500万元。

表10-19　　**估值参数与公司价值**

公司	$NOPLAT_{t=1}$（万元）	g	$ROIC$	$WACC$	V_0（万元）
VOLUME	100	5%	10%	10%	1 000
VALUE	100	5%	20%	10%	1 500

继续推导10.26式，可得到“公司价值/营业利润乘数”和“公司价值/投入资本乘数”：

$$\frac{V_0}{NOPLAT_{t=1}}=\frac{(1-g/ROIC)}{WACC-g} \tag{10.27}$$

$$V_0=\frac{IC\cdot ROIC\cdot(1-g/ROIC)}{WACC-g}\Rightarrow\frac{V_0}{IC}=\frac{ROIC\cdot(1-g/ROIC)}{WACC-g} \tag{10.28}$$

可见这两个乘数主要是由期望增长率g和投入资本回报率$ROIC$共同决定的。

【例10-4】

投入资本回报率和收入增长率是推动价值创造的根本因素。假设公司上一年的现金流是100元，下一年的现金流是150元，但仅凭此无法评价其经济绩效。因为增加的50元现金流可能有多种来源，例如，源于收入的增长，或源于资本开支的减少或市场营销费用的降低。但是，如果知道公司的年收入增长率为7%，$ROIC$为15%，就可以评价该公司的业绩，可以将该公司的增长与行业增长相比较，将该公司的$ROIC$与同行业公司或自身历史业绩相比较。考虑VALUE公司和VOLIME公司，这两家公司的预计收入、盈利以及现金流见表10-20。

表10-20　　**公司盈利、投资及现金流**　　单位：万元

	VALUE公司					VOLUME公司				
年	1	2	3	4	5	1	2	3	4	5
收入	1 000	1 050	1 102	1 158	1 216	1 000	1 050	1 102	1 158	1 216
盈利	100	105	110	116	122	100	105	110	116	122
投资	(25)	(26)	(28)	(29)	(31)	(50)	(53)	(55)	(59)	(61)
现金流	75	79	82	87	91	50	52	55	58	61

两家公司在第1年都获利100万元，每年的收入和盈利均按5%的速度增长。在盈利相等的情况下，VALUE公司创造了更多的现金流，原因在于VALUE公司达到同样的利润增长所需要的投资较低。VALUE公司用其利润的25%进行投资，要达到同样的增长率，VOLUME公司需要将其利润的50%进行再投资。正是基于这种低投资比例，导致在利润与VOLUME公司持平的情况下，VALUE公司多产生50%的现金流。

假如VALUE和VOLUME公司未来的收入和盈利增长率及再投资比例始终保持不变，用10%的资本成本对两家公司的未来现金流折现，得到公司价值分别为1 500万元和1 000万元。如果用预测市盈率来描述（P_0/EPS_1），则VALUE的市盈率为15倍，VOLUME的市

盈率为10倍。尽管两家公司的盈利及盈利的增长率相同，但由于产生的现金流不同，因此，市盈率差异显著。

由于VALUE公司的再投资较VOLUME少，因此产生了更多的现金流。VALUE公司较低的再投资比例源于其较高的*ROIC*。第1年，VALUE公司从其100万元的盈利中支出25万元进行再投资，带来第2年的收入和利润增长5万元，*ROIC*为20%（5/25）。而VOLUME公司的*ROIC*为10%（5/50）。

基于"增长率=再投资比例×投入资本回报率"（$g=IR \cdot ROIC$）这一表达式，只要知道其中两个参数，就可推算出第三个；可通过任意两个参数来描述公司业绩，*g*和*ROIC*就是刻画公司价值最好的两个参数。

在单一年度中，公司可以支付给其投资者的现金流取决于在该年度的投入资本回报率和增长。如表10-21所示，以利润的百分比表示现金流，当增长率低、投入资本回报率高时，产生的现金流就高。当增长率很高时，现金流甚至可能为负。但是，这并不意味着增长速度慢就好。今天的高增长率意味着今天的低现金流，但可能是今后的高现金流。表10-21只说明了一年的情形。

表10-21　　**自由现金流随着*g*和*ROIC*而变化**

g	3%	53%	67%	77%	89%
	6%	14%	33%	54%	76%
	9%	-29%	0	31%	64%
		7%	9%	13%	25%
		ROIC			

表10-22展示了增长和投入资本回报率的不同组合如何转化为价值，即以资本成本折现现金流后得到的价值。假设第1年的盈利为100，资本成本为9%，15年后，增长速度放缓到4.5%。

表10-22　　**将*g*和*ROIC*转化为价值**

g	3%	900	1 100	1 400	1 600
	6%	700	1 100	1 600	2 100
	9%	400	1 100	1 900	2 700
		7%	9%	13%	25%
		ROIC			

以典型的美国大公司为例，每年（名义）增长5%～6%，净资产回报率为13%，资本成本为9%，则价值约为1 500～1 600。将其除以100的利润，得到市盈率为15～16倍。而在正常的非经济衰退时期，大公司的平均市盈率为15倍。

对于任何水平的增长，价值总是随着*ROIC*的改善而增加。但对于增长则不然，当*ROIC*高于*WACC*时，高增长促进价值创造；当*ROIC*低于*WACC*时，增长反而减少价值。在大多数情况下，低*ROIC*意味着经营模式有缺陷或者产业结构不具有吸引力。认为公司增长时ROIC自然会增加的看法，仅适用于年轻的创业公司和产能利用极低的公司。在增长一定的前提下，ROIC越高，市盈率也越高。增长速度非常快的公司当ROIC较低时，其市盈率已经达到高点，这些公司往往是初创公司，其回报率较低的部分原因在于增长过快，在获取回报的前几年已经投入了大量资金。增长水平居中且回报率低的公司，市盈率也较低，反映出此类公司的增长预期不会创造较多价值。

高回报率的公司应该注重增长；低回报率的公司，在增长前应聚焦于改善回报率。高回报率公司可通过促进增长来产生更多的价值（假设ROIC保持不变）；而低回报率公司可借助提高ROIC以创造更多的价值。这一结论的前提是，获得1%的增长和提升1%的ROIC的难度是相等的，同时其他条件不变。在现实中，对于不同行业的不同公司，这一难度是有差异的，增长和ROIC对价值创造的影响也是有差异的。

股价是由市场预期决定的。公司在股票市场的表现，是由股市对公司经营预期的变动所驱动的，而不仅仅是该公司的实际业绩（如增长、ROIC以及产生的现金流）的变动。这些期望值越高，为了维持这种期望值，公司的业绩就必须更出色。股价下跌并不一定表明公司经营业绩差，即便公司经营业绩增长，但由于没有达到投资者期望也会导致股价下跌。

自测题10-3　　自测题10-4

第五节　剩余收益估值模型

一、剩余收益的内涵及模型推导

剩余收益模型以会计利润为基础，公司价值等于公司现有资产的获利能力价值与潜在获利机会价值之和，即，股权价值=股权账面价值+未来各年剩余收益的现值。剩余收益是从会计收益中扣除股权资本成本后的余额。股票价值反映现存净资产加上未来成长性的净现值。剩余收益估值模型主要适用于那些不分配股利或自由现金流为负值的公司。

公司只有赚取超过股东要求的回报的净利润，才算是获得正的剩余收益；如果只能获得相当于股东要求的回报的利润，仅仅是实现正常收益。计算剩余收益需要调整资本成本，从而反映会计利润中未加确认但事实存在的股权资本的机会成本。

RI（Residual Income）为剩余收益，*BE*（Book Value of Equity）为股权账面价值，净利润用*NI*（Net Income）表示，股权资本成本以r_E表示。根据剩余收益的定义以及清洁盈余关系得到：

$$RI_t = NI_t - r_E \cdot BE_{t-1} = (ROE_t - r_E) \cdot BE_{t-1} \tag{10.29}$$

$$BE_t = BE_{t-1} + NI_t - FCFE_t \tag{10.30}$$

由10.29式和10.30式可得到：

$$FCFE_t = NI_t + BE_{t-1} - BE_t = RI_t + r_E \cdot BE_{t-1} + BE_{t-1} - BE_t$$
$$= RI_t + (1 + r_E) \cdot BE_{t-1} - BE_t \qquad (10.31)$$

对10.31式以（$1+r_E$）折现，当$t \geq 1$时，所有BE项相互抵消：

$$E_0 = PV(FCFE) = PV(RI) + BE_0 = BE_0 + \sum_{t=1}^{\infty} \frac{RI_t}{(1 + r_E)^t} \qquad (10.32)$$

据10.32式可知，投资项目的净现值就等于该项目各年产生的剩余收益的现值之和。

【例10-5】

对第八章第二节的例8-4，应用剩余收益模型估算投资的净现值。计算过程见表10-23，结果与例8-4应用WACC法得到的净现值完全一致。

表10-23　　应用剩余收益模型对项目估值　　单位：万元

年 预测增量收益	0	1	2	3	4
1.销售收入		5 000	5 000	5 000	5 000
2.销售成本		（1 500）	（1 500）	（1 500）	（1 500）
3.毛利润		3 500	3 500	3 500	3 500
4.减：（付现）营业费用	（550）	（900）	（900）	（900）	（900）
5.减：折旧		（600）	（600）	（600）	（600）
6.*EBIT*	（550）	2 000	2 000	2 000	2 000
7.利息费用		（212.20）	（164.58）	（113.51）	（58.74）
8.税前利润	（550）	1 787.80	1 835.42	1 886.49	1 941.26
9.所得税（税率为25%）	137.50	（446.95）	（458.86）	（471.62）	（485.32）
10.税后净利润	（412.50）	1 340.85	1 376.56	1 414.87	1 455.94
资产负债表数据					
11.固定资产（*PPE*）	2 400	1 800	1 200	600	
12.债务	3 536.59	2 743.00	1 891.86	979.02	
13.股权的增量	（1 136.59）	（943.00）	（691.86）	（379.02）	
剩余收益					
14.股权资本成本（$r_E = 10\%$）		113.66	94.30	69.19	37.90
15.净利润	（412.50）	1 340.85	1 376.56	1 414.87	1 455.94
16.剩余收益	（412.50）	1 454.51	1 470.86	1 484.06	1 493.84
17.剩余收益现值（$r_E = 10\%$）	4 260.67				

剩余收益模型是依据股权自由现金流（*FCFE*）折现模型，借助“清洁盈余关系”推导出来的，但它和折现现金流模型有几点重要的区别：第一，这个模型是基于会计数据，

它确定了应计会计信息（根据权责发生制原则核算）在估值中的作用。此前，投资者也关注会计信息，但出发点是如何利用会计信息预测未来现金流，而会计信息本身不能直接成为估值的“原料”，因为其他估值模型不直接使用会计数据。第二，其他估值模型使用的都是流量价值，而剩余收益模型利用流量（未来期间的每股剩余收益）和存量价值（当前每股股东权益）。第三，因为使用存量信息，在明确预测期内（例如5年内），剩余收益模型能够比其他模型捕捉更多的预测可靠性比较高的价值。

二、剩余收益模型的启示

股东权益是股东在公司所实际投入的资金的总和，包括原始投资和公司收益的留存部分。股权资本成本是对股东把资金交给公司使用而承担的风险的正常补偿。剩余收益估值模型着眼于公司的价值创造过程，公司的投资价值在于它将来赚取收益超过资本成本的能力；它从股东的利益出发，只有当公司的税后净利润（已扣除债务利息费用）大于股东对公司投资的资本成本时，才能认定管理者的经营管理活动为公司创造了价值。管理者必须“为资本付费”。剩余收益模型对资本成本的重视，使得公司可以避免隐性亏损。剩余收益等于零并不意味着公司没有赚钱，没有净利润，但是赚的钱只达到了“及格”分。公司要给股东创造新的价值，就必须在长时期内产生正的剩余收益，这样股票的内在价值才会大于账面价值。当长期内的剩余收益为负时，公司实际上在损害股东的价值。

企业都有其成长生命周期，要经过起步、快速发展、成熟和衰退这几个阶段。处于竞争激烈的环境中，除非拥有特殊的技术和产业进入壁垒，当行业进入长期竞争均衡时，所有企业只能期望获得与资本的机会成本相等的收益。如果有些企业赚取经济利润，由于新的竞争对手不断加入及本行业内部企业扩大生产的冲动，企业的“经济租金”很难在较长时间内维持，企业的超常收益不能持续下去，剩余收益的期限一般不会太长，因此如何保持住企业当前的剩余收益水平并不断创造新的价值成为企业战略决策的首要问题。剩余收益的最大来源无疑是专有技术和产业壁垒，产业壁垒并非每个企业都能具备，创新才是大多数企业的秘诀所在。通过品牌、技术和服务创新，建立更有吸引力的市场、构建更为强健的竞争地位和竞争优势，是企业创造价值保持基业常青的源头所在。

股价的会计信息含量多少是证券市场价格发现功能发挥与否的重要判定基准，是体现资本市场效率的主要标志。剩余收益模型作为基于应计会计①信息的估值模型，直接运用会计信息估值，摆脱了传统的折现现金流模型从会计数字转化为现金流数字的“曲折”，增加了实用性。公司的市场价值由两部分构成，现有资产（assets in place）的价值和未来增长机会（future growth）的价值之和，这正是对公司的增长机会的期权价值的一种衡量。从剩余收益概念出发，管理咨询公司创造了*EVA*等指标用于进行公司绩效考评及估值。公司仅有利润是不够的，正的利润并不一定意味着公司资产得到保值增值，只有在减去管理者使用的股权资本的成本之后还有利润，即*EVA*是正的，经营者才应该得到奖励。公司的投资回报率大于资本成本（$ROIC > WACC$或$ROE > r_E$），才会为投资者创造价值。例10-6

① 在应计制会计原则下，盈余表示企业确认的、应该得到的盈余，而不是实际已经进入企业的现金。盈余实际上包含两部分：一部分是已经收到了现金的盈余，称之为现金盈余；另一部分是尚未收到现金，但企业有权利在未来收到现金的盈余，称之为应计盈余。现金盈余基本上不存在不确定性，而应计盈余则存在不确定性，比如客户应付未付的货款可能发生坏账，应计盈余最终可能不会变成企业的财富。从企业价值创造的角度来讲，应计盈余的质量不如现金盈余高，应计盈余的持续性低于现金盈余的持续性，同样额度的现金盈余应该比应计盈余对企业的价值更高。

表明，在市场高估值下的公司通过并购可以很容易实现盈利增长，但这种利润增长并未创造价值。

【例 10-6】

假设某上市公司现在以接近股票市价的价格增发，所募集的资金额度等于公司现有净资产。现有净资产的*ROE*为12%。表10-24列出（假若）在不同市盈率（*P/E*）与不同增量资产*ROE*水平下对应的*EPS*增长率。

表 10-24　　不同*P/E*与不同增量资产*ROE*水平下对应的*EPS*增长率

增量资产 *ROE*	*P/E*					
	50	40	30	20	15	10
2%	0	-3.42%	-8.67%	-17.67%	-25.00%	-36.33%
3%	7.17%	3.42%	-2.17%	-11.75%	-19.67%	-31.83%
4%	14.25%	10.33%	4.33%	-5.92%	-14.25%	-27.25%
5%	21.42%	17.25%	10.83%	0	-8.92%	-22.75%
6%	28.58%	24.17%	17.42%	5.92%	-3.58%	-18.17%
7%	35.75%	31.00%	23.92%	11.75%	1.75%	-13.67%
8%	42.83%	37.92%	30.42%	17.67%	7.17%	-9.08%
9%	50.00%	44.83%	36.92%	23.50%	12.50%	-4.58%
10%	57.17%	51.75%	43.50%	29.42%	17.83%	0
15%	92.83%	86.17%	76.08%	58.83%	44.67%	22.75%

据表10-24可见，如果公司要保持*EPS*不被摊薄，只要增发资金的投资回报率不低于市盈率的倒数就可以实现，而且在越高的市盈率下投资于具有相同回报率的资产，对于*EPS*增长的促进效果就越明显，例如，在50倍市盈率的情形下，使用募集资金投资的回报率（*ROE*）只要高于2%，就可轻易实现当年*EPS*的增长；假如新募集资金的投资回报率比现有净资产的*ROE*低一半（6%），依然能实现28.58%的*EPS*增长率。新资金的投资回报率如果高于2%，例如仅为3%，接近无风险利率，但*EPS*的增长率也可达到7.17%；显然，这种利润增长并不能为股东创造价值，因为投资回报率远远低于承担系统风险的股东所要求的最低回报率，投资的剩余收益为负，减损公司价值。所以，不应该单纯从盈利增长的角度对公司进行估值。上市公司频频高价增发、重组乃至资产注入，在很大程度是由于市场给予公司过高的估值所纵容的。只要市盈率足够高，几乎所有的增发融资或者资产注入项目都可以提升盈利，但增长的质量可能不高。高估值很容易实现高增长，高增长又促成高估值，两者形成了一种明显的互为促进的作用，最终泡沫越吹越大。谨记价值创造的核心原则是，投资回报率高于资本成本。

以下为表10-24中数据的计算过程：

*ROE*为净资产回报率，E为净利润，N为现有流通股股数，N^*为增发新股的数量，M为市盈率，I为增发新股的再融资额，*NA*为净资产，*EPS*为每股收益，P_0为当前股价，新

募集资金的投资回报率为 ROE_I。

$E_0=ROE_0 \cdot NA_0$，$M=(N \cdot P_0)/E_0 \Rightarrow P_0=(M \cdot E_0)/N$

$N^*=I/P_0=(I \cdot N)/(M \cdot E_0)$

增发新股后的总股数为：$N+N^*=[1+I/(M \times E_0)] \cdot N$

$$EPS增长率=\frac{EPS_1}{EPS_0}-1=\frac{\dfrac{I \cdot ROE_I+E_0}{N+N^*}}{\dfrac{E_0}{N}}-1=\frac{I \cdot ROE_I+E_0}{(1+\dfrac{I}{M \cdot E_0}) \cdot N} \cdot \frac{N}{E_0}-1$$

$$=\frac{(M \cdot ROE_I-1) \cdot I}{M \cdot E_0+I}=\frac{M \cdot ROE_I-1}{\dfrac{M \cdot E_0}{I}+1}$$

令 $I=k \cdot NA_0=k \cdot E_0/ROE_0$，代入上式得到：

$$EPS增长率=\frac{k \cdot M \cdot ROE_I-k}{M \cdot ROE_0+k}$$

在本例中，$k=1$，$ROE_0=0.12$，$EPS增长率=\dfrac{M \cdot ROE_I-1}{0.12M+1}$。

三、应用剩余收益模型估值示例

【例 10-7】

利用剩余收益模型对公司进行估值，明确预测期是6年，预测时点是20×0年12月。预测未来每年的每股收益与每股股利，每股收益与期初每股净资产账面价值相加，再减去每股股利，就可以得到各期期末的每股账面价值。具体预测数据见表10-25，*eps*表示每股收益，*dps*为每股股利，*bps*为每股净资产的账面价值，*ROE*为净资产回报率，*RI*为剩余收益。股权资本成本为9%，假设明确预测期后的剩余收益为0。

表 10-25　　20×0年末的内在价值　　金额单位：元

项目	评估时点	预测年份					
	A20×0	E20×1	E20×2	E20×3	E20×4	E20×5	E20×6
eps		2.81	2.53	2.48	2.36	2.40	2.08
dps		2.00	2.02	2.06	2.10	2.14	2.18
bps	19.85	20.66	21.17	21.59	21.85	22.11	22.01
ROE		14.16%	12.25%	11.71%	10.93%	10.98%	9.41%
RI		1.02	0.67	0.57	0.42	0.43	0.09
*RI*的现值	2.57						
每股价值	22.42						

在表10-25中，以20×3年的预测为例，期初每股净资产（*bps*）为21.17，期末*bps*为21.17+2.48−2.06=21.59，当期*ROE*为 $ROE_t=eps_t/bps_{t-1}$=2.48/21.17=11.71%。20×3年的预测 $RI_t=eps_t-bps_{t-1} \cdot r_E$=2.48−21.17×9%=0.57。各期剩余收益的现值之和再加上20×0年年末的每股净资产账面价值，即为预测时点的每股价值。虽然剩余收益因账面价值的增长而不断增长，但*ROE*却在逐年下降。20×6年的*ROE*为9.41%，接近9%的股权资本成本，导致20×6年

以后的剩余收益为零（不存在持续溢价）。

与DCF估值法相似，持续价值是明确预测期（T）范围以外的剩余收益的价值。一般存在如下两种情形：第一，预测期以后每期的剩余收益永久性地维持一个固定水平；第二，预测期以后每期的剩余收益按固定不变的增长率（低于股权资本成本）永续增长。价值对增长率的估计是非常敏感的，对于预测期以后的增长率的估计要非常谨慎。如果预测期以后的各期剩余收益的增长率（g）为常数，股票估值模型可表示如下：

$$E_0 = BV_0 + \frac{RI_1}{(1+r_E)^1} + \frac{RI_2}{(1+r_E)^2} + \cdots + \frac{RI_{T+1}}{(r_E - g)(1+r_E)^T} \tag{10.33}$$

通常只预测每股收益，不预测每股股利，可假定现金股利分配比率保持不变或小幅增长，这与公司的投融资策略有关，需要具体策略具体分析。股票市值对其账面价值的倍数（P/B，市净率）反映市场对剩余收益的某种特定预期，公司可以从剩余收益估值模型出发提问，市场对公司未来剩余收益的内在预期是什么？

四、EVA估值法

EVA估值法本质上与剩余收益模型类似。以IC表示投入资本，BEV表示账面公司价值，即股权账面价值与净债务的账面价值之和，投入资本也就等于账面公司价值。与推导剩余收益模型（基于股权账面价值和股权自由现金流）类似，根据经济增加值（EVA，Economic Value Added）的定义，基于账面公司价值和公司自由现金流，可推导出EVA估值模型：

$$EVA_t = \underbrace{EBIT_t \cdot (1-\tau)}_{\text{无杠杆净收益}} - \underbrace{r_{WACC} \cdot BEV_{t-1}}_{\text{资本成本}} = (ROIC_t - r_{WACC}) \cdot BEV_{t-1} \tag{10.34}$$

$$BEV_t = BEV_{t-1} + EBIT_t \cdot (1-\tau) - FCF_t \tag{10.35}$$

根据10.34式和10.35式得到：

$$\begin{aligned} FCF_t &= BEV_{t-1} + EBIT_t \cdot (1-\tau) - BEV_t = BEV_{t-1} + EVA_t + r_{WACC} \cdot BEV_{t-1} - BEV_t \\ &= (1 + r_{WACC}) \cdot BEV_{t-1} + EVA_t - BEV_t \end{aligned} \tag{10.36}$$

对10.36式以（$1 + r_{WACC}$）折现，当$t \geq 1$时，所有BEV项相互抵消，最终得到：

$$V_0 = BEV_0 + \sum_{t=1}^{\infty} \frac{EVA_t}{(1 + r_{WACC})^t} \tag{10.37}$$

假设投资项目起始和终结时的增量BEV为零，项目净现值就等于EVA的现值之和。EVA考虑了资本成本，基于EVA的薪酬补偿与考核，能够激励管理者处置不必要的资产，放弃投资回报率低于资本成本的投资，以确保资产得到有效配置。

第六节　杠杆收购

一、杠杆收购概述

并购是对公司整体或其部分股权及资产进行出让、收购及合并的统称。站在卖方的角度，公司、业务分部或者资产组合的全部或部分出售称为卖方并购，意在寻找机会将其资产变现或退出非战略性业务。而从买方来看，实施买方并购的意图在于，配置多余的现金、对付竞争对手或利用有利的资本市场条件。高质量的并购可产生经营协同、管理协同和财务协同效应，提高公司持续增长、改进及调整的能力，以适应不断变化的市场环境、行业变动趋势及股东要求。

杠杆收购（LBO，Leveraged Buyout）是指收购价格中的大部分资金是以债务融资的方式来收购目标公司、分部或者资产组合，其余资金则通过财务投资者的股权投资来提供。投资者的最终目标是在退出时实现可以接受的股权投资回报率，一般都是通过目标的出售或IPO来实现。在成熟市场中，投资者大多寻求20%以上的年度回报率和5年内的投资退出。

在传统LBO中，预计目标的自由现金流和基础资产可以支持较高比例的债务，所以其债务融资比例一般为60%～70%，股权融资构成剩余较少的30%～40%资金，而较低比例股权投资的杠杆化能力对于投资者实现可接受的回报率而言十分重要。由于利息支出的抵税作用，杠杆的使用可提供节税利益。现金流稳定且容易预测、同时拥有大量资产的公司一般都是具有吸引力的LBO目标，因为这种公司有能力支撑较大规模的债务。要实现阶段性利息偿付，并且在投资期内减少债务水平，就需要强有力的现金流支持。强大的资产基础能够提高借款方可获得的银行债务数额，因为假如当出现破产情形时，抵押资产越多，银行收回本金的可能性就越高。从投资者收购目标公司，直到它退出，现金流主要被用来还本付息，从而提升资本结构中的股权比例。同时，期望实现目标公司的绩效改善和现有业务的增长，从而增加公司价值，进一步提升潜在收益。合适的LBO融资结构，需要在目标公司还本付息的能力方面和目标公司用现金流来管理、扩展业务的需求方面，实现平衡。

LBO能否成功地完结交易，取决于投资者为收购目标公司所具备的融资能力。作为用来为收购提供资金的债务安排方/承销方，投资银行起到重要作用。投资银行一般是指开展企业融资和并购服务，以及资本市场证券承销活动的金融中介。LBO中使用的债务是通过发行各种类型的贷款、证券和其他工具融资获得的，这些发行品种的分类依据是其担保地位及其在资本结构中的优先性。由于私人投资载体（例如私募股权和对冲基金等）的大量出现和其可观的资金量，LBO在资本市场和并购领域中发挥着重要作用。

二、LBO的主要参与者

财务投资者是指私募股权投资公司、投资银行的商业银行业务、对冲基金、风险投资基金和特殊目的收购公司，以及其他投资载体。私募股权公司、对冲基金和风险投资基金所募集的投资资本大部分来自第三方投资人，包括公共基金和企业年金基金、保险公司、捐赠基金和基金会、主权财富基金，以及富有家族/高净值个人。这些资金被纳入到通常作为有限合伙制公司成立的基金中。有限合伙制公司一般都是固定期限投资载体的结构设置，其普通合伙人（GP，General Partners）作为投资者负责基金的日常管理，而有限合伙人（LP，Limited Partners）是被动投资人。这些载体被认为是“盲池”，即有限合伙人在并不具体知悉投资者计划进行的投资项目的情况下认购。投资者受制于可用于投资到任何单一项目中的资金使用规模，一般都不超过基金总额的10%～20%。普通合伙人要具体负责合伙企业的日常经营与管理，以其知识、经验、人脉关系、声誉、专业能力等筛选投资项目、管理投资后的企业，并负责投资的变现退出，对合伙债务承担无限连带责任，承担着巨大的经营风险，自然要求得到补偿，而有限合伙人对普通合伙人提供管理服务的一种奖励就是“附带权益”。附带权益可以看作授予普通合伙人的看涨期权，看涨期权的行权价格即为有限合伙人对合伙机构的投资额。但是，期权也会激励普通合伙人承担风险，加大资产的波动性，从而增加看涨期权的价值；因此，普通合伙人可能选择高风险的投资，而非预期净现值更高或风险低的投资。

投资银行既是融资的供应方，又是战略并购顾问。投资者紧密依靠投资银行帮助开发、推销、优化融资结构。他们还可能聘请投资银行担任买方并购顾问，以换取其寻找交易机会的服务和经验、关系网及内部资源。在卖方角度上，投资者聘请投资银行分析师担任并购顾问，以便通过出售流程将公司推销给潜在买方。投行要进行彻底的LBO目标尽职调查，实施全面的内部信用审查流程，以便验证目标公司的商业计划，评估其是否有能力支撑高度杠杆化的资本结构，以及和投资者密切合作确定某个特定交易的合适的融资结构，并给出融资承诺。

银行和机构贷款人是LBO融资结构中银行债务的资金供应方。传统的银行贷款人（包括商业银行、信用储蓄机构、金融公司和担任经办人的投资银行）提供的是周转资金和分期还款型定期贷款，而机构贷款人（包括对冲基金、养老基金、机构基金、保险公司和结构性载体，比如担保债务凭证基金CDO）提供的是更长期限、有限分期还款型的定期贷款。与投行一样，贷款人在参与LBO融资前要进行尽职调查和运行内部信用审查流程，分析目标的业务和信用情况，重点是预计现金流的产生和信贷数据，以便确信能够收到未来全部利息支付和到期本金偿还。

债券投资者是指作为LBO融资结构的一部分而发行的高收益债券的购买者，一般包括高收益共同基金、对冲基金、养老基金、保险公司和CDO。

目标公司管理层在将目标推销给潜在买家和贷款人方面扮演重要角色。管理层通过其现有股权的“展期”或者与投资者一起在交易完结时投资于本公司，通常都持有LBO完成后公司的重大股权利益，包括参与基于期权的补偿方案（与事先认定的公司财务目标挂钩）。这种可分享股权升值的结构安排，为管理层提供了促成有利的融资条款和定价、改善目标公司绩效的经济动力。由目标公司的现有管理团队发起并领导的LBO称作“管理层收购”（MBO，Management Buyout）。MBO的根本出发点是，管理层相信自己能够在运营公司时创造出高于当前所有权结构下的价值，或认为公司价值被市场低估，或子公司的管理团队相信在脱离母公司的情况下会经营得更好，或考虑到对于小规模上市公司来说合规成本太高而作为私有实体运作可能更高效，而且还能消除管理层与董事会/股东会之间的矛盾，因为兼有股东身份的管理者可以按照自认为合适的方式来经营业务。MBO常常是在股权合伙人的帮助下实施，比如财务投资者，他们通过已经建立的投行关系提供资金支持、获得债务融资。管理层拥有较大所有权的LBO目标通常也是有潜力的MBO目标。

三、LBO目标的主要特征

当进行尽职调查时，投资者要研究、评估LBO目标的关键优势和风险。目标代表着假如可以按某个价格被收购、运用某种能提供足够回报的融资结构、同时带有可行退出策略的投资机会。

强大的现金流产生能力。考虑到LBO的高杠杆，债权人要求目标公司具有清晰的商业模式，证明有能力在整个贷款和证券存续期内支撑阶段性还本付息，而具备可预测的产生充足现金流的业务特征将提高其作为LBO目标的吸引力。许多典型的LBO目标都有着稳定或潜在增长的顾客需求和终端市场，活跃在高成长性或成熟的业务领域。当预测现金流时，债权人要根据业务的历史波动性和潜在未来业务发展与经济形势进行压力测试（敏感性分析），以确信有能力支撑在不利情形下的融资结构。

增长机会。投资者寻找的是有增长潜力的公司，无论是有机增长（依托现有资源和业务，通过提高产品质量、销量与服务水平，拓展客户扩大市场份额，推进创新与提高生产率等途径，而获得的销售收入及利润的自然增长），还是通过未来“增强”收购行为的增长。在盈利前提下的销售收入增长率高于市场平均水平，就有助于驱动超常收益，产生可供偿债的更多现金流，同时提高*EBITDA*和公司价值（估值溢价）。目标的增长还能提升退出机会出现的速度和可选择性，例如，如果投资者希望最终通过IPO退出，则目标公司的强劲增长特征就显得尤为重要。具有强劲增长特征的目标，更有可能在投资期内推高*EBITDA*乘数，从而提高投资回报。在有些情况下，投资者在收购时倾向于不进行过多的债务融资，而是为了追求增长策略，在未来灵活地增加债务，以实施投资和扩张。

效率提升机会。投资者还会寻求能提高经营效率、产生节约支出的机会，包括降低企业费用、简化业务流程、减少用工人数、合理化供应链、精益制造过程等，或与现有供应商和客户签订新的更好的合同条款，以实现较大幅度的价值增加。

较低资本支出要求。在所有其他条件相同的情况下，较低资本支出要求能提高公司的现金流产生能力。通常，最佳LBO目标的新增资本投资需求都相对有限，但并不绝对，有很大资本支出需求的公司仍有可能是对于投资者的一个很有吸引力的投资机会，前提是它具有强劲的增长特征、很高的毛利率，且其商业策略在尽职调查期间得到投资者认可。维护性资本支出是指现有资产维持在其当前产量水平所需要的资金，增长性资本支出主要用来购置新资产或扩大现有资产基础。

强大的资产基础。资产的规模（如固定资产占总资产的比例）大和质量高，可提高出现破产和清算情形时债权人收回本金的可能性，从而加大为目标提供债务的意愿，而且强大的资产基础因其所需大量资本投资的缘故而意味着较高的进入壁垒，从而有助于阻止竞争者进入目标公司所在的市场。出于流动性考虑，更易于快速变现的应收账款和存货一般被视为质量较高的资产。

四、LBO分析示例

内含回报率（*IRR*）是投资者衡量潜在LBO的吸引力大小及其股权投资回报的主要指标之一。*IRR*被定义为在投资期内使投资者现金流出和现金流入的净现值为零的折现率。在同等退出金额的条件下，投资者持有的期限越短，则*IRR*越高。*IRR*的主要驱动因素包括目标的预计财务绩效、收购价格和融资结构（特别是股权出资的规模），以及退出乘数和年份。除*IRR*以外，以投资期结束时收到的股权收益（价值）除以初始投入股本，称为“现金回报率”，也用来测量投资回报，但这一指标未考虑货币时间价值。

【例10-8】

假设退出时的公司价值不变，采用较高比例债务的融资结构能产生更高的回报。当然，杠杆水平的提高也使目标公司的财务困境风险提升，从而限制了财务灵活性。比较以下两种情形：

情形1假设投资者以10亿元的价格收购目标公司，使用3亿元债务并投入7亿元股本。5年后，目标公司被以15亿元售出，即公司价值增加5亿元。在5年的投资期内，假设目标公司每年在支付利息费用后产生6 000万元的现金流用来偿还债务，在第5年年末还清3亿元债务。到了第5年投资期结束时，投资者的初始7亿元股本出资，已经价值15亿元，因为在资本结构中已经没有剩余债务，在这一情形下，产生大约16.47%的*IRR*（$(15/7)^{1/5}-1$）和2.14倍（15/7）的现金回报率。

情形2假设投资者以10亿元的价格收购同一家公司，但是使用7亿元债务并投入3亿元股本。5年后，目标公司被以15亿元的价格售出，然而，年度现金流因增加4亿元债务所产生的额外利息费用而减少。如表10-26所示，假设债务利率为8%，第1年的额外利息费用是3 200万元，边际税率为25%，考虑利息费用抵税效应的税后利息费用为2 400万元，第1年可用于偿还债务本金的现金流为6 000−2 400=3 600（万元），第1年年末的债务余额为70 000−3 600=66 400（万元）。第2年年初，债务余额为66 400万元，与情形1对应的24 000万元的年初债务余额相比较，增加债务42 400万元，第2年年末新增税后利息费用为42 400×8%×（1−25%）=2 544（万元），当期可用于偿还债务本金的现金流为6 000−2 544=3 456（万元），第2年年末的债务余额为66 400−3 456=62 944（万元）。

表10-26 LBO债务预算 单位：万元

年	0	1	2	3	4	5
股本出资	（30 000）					
情形1：每年付息后的剩余现金流		6 000	6 000	6 000	6 000	6 000
情形2：增加4亿元债务产生的税后利息费用		（2 400）	（2 544）	（2 696.64）	（2 858.44）	（3 029.94）
本期可用于偿还债务本金的现金流		3 600	3 456	3 303.36	3 141.56	2 970.06
债务期初余额	70 000	70 000	66 400	62 944	59 640.64	56 499.08
债务期末余额		66 400	62 944	59 640.64	56 499.08	53 529.02

依此类推，到第5年年末，尚未偿还的债务余额为53 529.02万元，股本价值为150 000−53 529.02=96 470.98（万元）（15亿元的售价减去剩余的53 529.02万元债务）。这一情形下产生26.32%的*IRR*（$(96\,470.98/30\,000)^{1/5}-1$）和3.22倍（96 470.98/30 000）的现金回报率，均高于情形1下的回报率。

退出策略。大部分投资者的目标都是在5年的持有期内退出或投资变现，一般是通过出售给另一家公司、其他投资者或IPO等方式来实现。什么时候投资变现，主要取决于目标公司的绩效及市场形势。当绩效出色或市场形势有利时，退出或变现行为可能在一两年内发生，反之则可能被迫超出预期。当投资期结束时，在理想情况下，投资者已经提高目标公司的*EBITDA*（例如通过内涵式增长、收购和/或盈利能力的改善等途径）、减少目标公司的债务，从而大幅度提升了目标公司的股权价值。

IPO退出策略，即投资者将其持有的目标公司的部分股份卖给公众，但仍保留对目标公司的控股权，因为全面退出的时机应该是将来的后续招股发行或者目标公司的最终卖出。IPO为投资者提供其剩余股权投资的流动性市场，同时还保留着分享未来市场上升潜力的机会。虽然算不上一种真正的退出策略，但目标公司通过发行额外的债务来给股东分配股利（即股息资本重组），也是投资者在退出之前实现投资部分变现的一种可行选择。股息资本重组为投资者提供了保留其在目标公司的所有权，并分享将来升值潜力的能力和未来寻求出售或者IPO的选择权。较大规模的股利发放甚至可以使投资者得以收回其最初的全部股本投资。

折价购买债券。财务投资者通常有机会以深度折扣价格购入其旗下所投资公司发行的高收益债券。当市场形势好转或者财务绩效变好时，这些债券的交易价格也会相应上涨。投资者在评估其所投资公司的未来前景和还本付息能力等方面具有优势。

【例10-9】

K投资银行（以下简称“K投行”）正在评估对R上市公司的杠杆收购，以使其私有化（退市）。R公司的当前股价为每股25元，流通股股数为2 000万股，净债务为10 000万元。K投行相信，当前可以按7倍的*EBITDA*（LTM，过去12个月）价格进行收购，将来退出时按9倍的*EBITDA*倍数退出。

R公司过去12个月的主要财务数据如下：营业收入是40 000万元，*EBITDA*是10 000万元，折旧和摊销费用为2 000万元，资本支出为3 000万元，净营运资本是5 000万元。公司所得税税率是25%。预计营业收入每年按照5%的复合增长率（*CAGR*）增长；在5年内，*EBITDA*利润率保持不变。假设每年的折旧摊销费用、净营运资本以及资本支出占当年营业收入的比例保持不变。为杠杆收购融资，K投行拟借入200万元的银行贷款，贷款利率为在3%的3个月期LIBOR利率的基础上，上浮300个基点，即6%的利率；以每年产生的自由现金流偿还银行贷款；发行面值200万元的优先票据，息票利率固定为10%。全部债务的到期期限均为7年。退出时偿还全部债务。

如果K投行计划于收购完成的5年后退出，这项潜在LBO交易的*IRR*是多少？

如表10-27所示，建立LBO模拟分析表（Excel与手工计算结果会产生略微差别）：

表10-27 LBO模拟分析 单位：百万元

年		0	1	2	3	4	5
营业收入	5%	400	420	441	463	486	511
EBITDA	25%	100	105	110	116	122	128
D&A	5%	20	21	22	23	24	26
EBIT	20%		84	88	93	97	102
利息费用			(32)	(30)	(29)	(27)	(24)

续表

年		0	1	2	3	4	5
EBT			52	58	64	71	78
所得税税率	25%						
税后净利润	75%		39	43	48	53	58
NWC	12.5%	50	53	55	58	61	64
CapEx	7.5%	30	32	33	35	36	38
Δ*NWC*			3	3	3	3	3
FCF			26	30	34	38	42
银行贷款	期初余额		200	174	144	111	73
	偿还贷款		(26)	(30)	(34)	(38)	(42)
	期末余额	200	174	144	111	73	30
利息支出	6%		12	10	9	7	4
优先票据	期初余额		200	200	200	200	200
	偿还债务		0	0	0	0	0
	期末余额	200	200	200	200	200	200
利息支出	0		20	20	20	20	20
利息合计			32	30	29	27	24
债务总额			374	344	311	273	230
退出*EV*（9倍）	9						1 149
退出时的股权价值							918
收购价格（7倍）	7						700
初始股权投资							300
投资现金流		(300)	0	0	0	0	918
IRR							25.08%

在Excel工作表中，令“利息费用”单元格等于“利息合计”单元格×（-1），然后选中利息费用行，点击Ctrl+R，执行迭代运算（详细计算过程见Excel工作表）。

第5年年末的*EBITDA*为128，基于9倍的*EBITDA*乘数，退出时的公司价值数值为1 149（基于Excel工作表中的数据为1 149，如果直接按照表10-27中的数值计算为128×9=1 152，微小差异是由于对5年后数值为128的*EBITDA*保留整数位所致）。再减去5年后的债务余额数值230，得到退出时的股权价值数值为918。初始股权投资额数值为100×7-400=300。

这项LBO交易的*IRR*大约是（918/300）$^{1/5}$–1=25.08%。

LBO分析
Excel表格

R公司的当前价值为*EV*=*E*+（*D*–*Cash*）=25×2 000+10 000=60 000（万元），收购价格为70 000万元，其中收购R股权的价格为70 000–10 000=60 000（万元）（偿还R的净债务），每股收购价格为60 000/2 000=30（元/股），每股的收购溢价为（30–25）/25=20%。

通过在Excel工作表中改变参数设定，可灵活地进行各种收购情境分析。

五、LBO融资的结构安排

在传统LBO中，债务通常占融资结构的60%～70%，收购价格的剩余部分由投资者的股本出资和管理层的认购股权来解决。由于LBO的高杠杆率，资本结构的各个债务组成部分（包括银行债务、高收益债券、夹层债务等）一般都被认定为非投资级。某项债务工具在资本结构等级中的排序位置越高，其风险越低，则其借方/发行人的资本成本就越低。然而，资本成本的高低往往与适用债务工具所允许的灵活性成反比，例如，银行债务的资本成本最低，但其受制于各种形式抵押物的维护性契约规定。

高收益债券属于非投资级别债务品种，发行方有义务按照规定的期限（一般为每半年）向债券持有者支付利息，并在规定的到期日（通常为债券发行后7～10年）偿还本金，与定期贷款不同，全部本金没有分期偿还安排。高收益债券在资本结构中为初级，处于无担保地位，期限比较长，限制性规定较少，所以它给出的利息较高，以补偿投资者承担的较高风险。当与银行债务结合使用时，发行高收益债券可使收购方大幅度提高杠杆水平并远超过信贷市场独自能够提供的资金水平，从而可支付更高的收购价格或减少股本出资额，比银行债务具有更大的灵活性。

自测题10–5

财务投资者的股本出资比例一般为30%～40%，根据债务市场的形势、公司类型以及所支付收购倍数的不同，股本出资比例各不相同。股本出资为贷方和债券持有者提供了缓冲，因为股本价值的蒸发是在债权人损失回收价值之前。

【本章小结】

1.公司价值是指公司所有出资人（包括股东和债权人）共同拥有的公司的核心经营性资产运营所产生的价值，既包括股权价值，又包括债权（或净债务）价值。

2.可比公司估值法的基本原理是，可基于预期在未来将产生与目标估值公司非常相似的现金流的其他可比公司的价值，来评估目标公司的价值。

3.先例交易分析主要用于确定一家公司或公司的一部分资产在并购交易或重组中的潜在出售价格范围。选择合适的可比收购案例是进行先例交易分析的基础。

4.基于公司的历史表现和价值创造的驱动因素，结合行业和公司前景展望、战略规划、经营改进策略、投资和目标资本结构安排等，预测未来各年的财务报表并估算自由现金流。

5.经营绩效应该是剔除了非经营活动和资本结构影响之后的，真正反映公司通过实实在在的业务经营所取得的绩效。有必要对财务报表进行重构，以便于分析独立于非经营项目和资本结构的经营成果。

6.对于任何水平的增长，价值总是随着*ROIC*的改善而增加。但对于增长则不然，当*ROIC*高于*WACC*时，增长会提升价值；当*ROIC*低于*WACC*时，增长反而减损价值。

7.根据剩余收益模型，股权价值等于股权账面价值与未来各年剩余收益的现值之和；剩余收益是从会计收益中扣除股权资本成本后的余额。

8.杠杆收购是指收购价格中的大部分资金是以债务融资的方式来收购目标公司、分部或者资产组合，其余资金则通过财务投资者的股权投资来提供。投资者的最终目标是在退出时要实现可以接受的股权投资回报率。

【复习思考】

1.公司价值最大化目标与净现值决策法则有何联系？

2.公司估值的基本方法有哪些？

3.叙述乘数估值法与折现自由现金流估值法各自的优缺点。

4.阐释财务报表重构的基本程序。

5.创造公司价值的驱动因素有哪些？

6.公司估值时怎样确定资本成本？

7.什么是杠杆收购？杠杆收购的目标公司（对象）一般具有哪些特征？

8.说明杠杆收购融资的结构安排。

案例分析

第十一章

公司估值综合案例

【学习目标】

本章通过一个简化的综合性示例，来展示第十章所阐述的公司估值原理的具体应用。通过对本章内容的学习，学生应达到以下目标：

1. 掌握估值建模的主要方法、原理和具体应用，重点学习如何应用可比公司估值法与折现自由现金流估值法。
2. 领会经营改进与财务报表预测的融合。
3. 掌握财务报表预测的逻辑和具体步骤。
4. 掌握估算明确预测期终值（持续价值）的方法及资本成本的估算。
5. 领会增长与公司价值的关联性，并非所有的增长都是有价值的增长。

【内容导图】

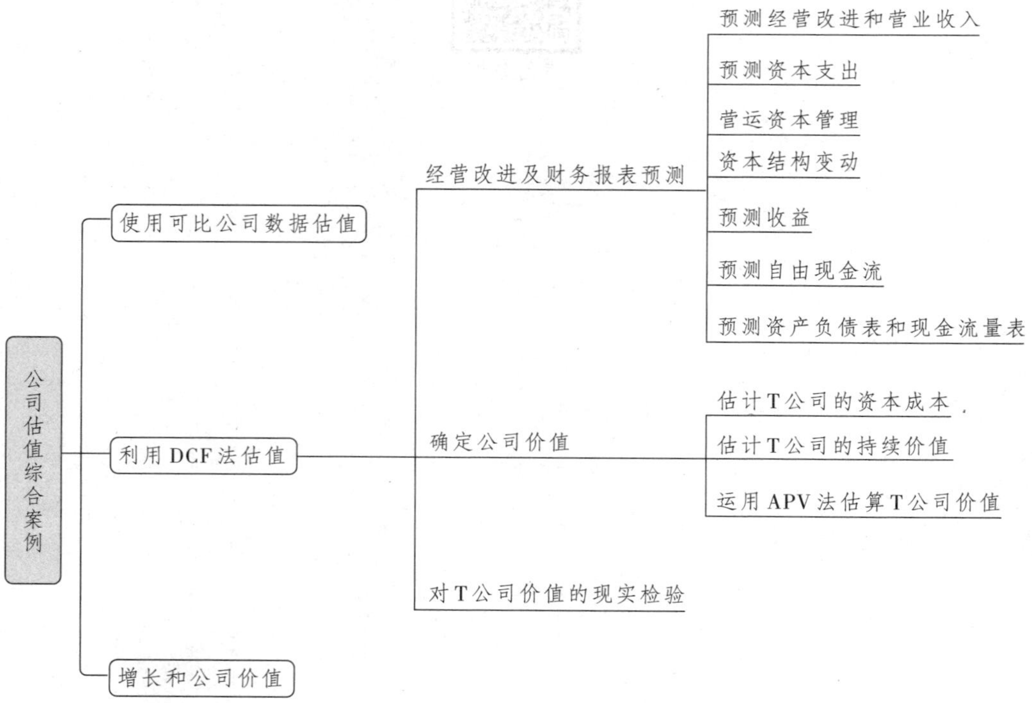

为什么连续多年现金流为负的公司能得到数十亿元的估值？为什么有些初创企业能够吸引大量投资而另一些却不能？在纽约大学斯特恩商学院的达莫达兰（Aswath Damodaran）教授看来，正是引人入胜的商业故事的力量推升公司价值，赋予估值数字以丰富的内涵，说服那些谨小慎微的投资者承担风险。对盈利和增长模式建模即为公司估值。在估值模型中大多充斥着故事和想象，要给出的假设和预测太多，所以关键还是要有可预期的稳定的盈利模式，才能够经久不衰地创造价值。公司估值需要有坚实的经济逻辑支撑和理性分析判断。正如巴菲特在致股东的信中曾说过，经验显示，能够创造盈余新高的公司，现在做生意的方式通常和其5年前甚至10年前没有多大差异，当然管理者绝对不能太过自满，因为公司总有不断的机会可以改善服务、产品线、制造能力等，必须要好好把握，不过一家公司若是为了改变而改变，反而可能增加犯错的机会，讲得更深入一点，在一块动荡不安的土地之上是不太可能建造一座固若金汤的城堡，而具有这样稳定特质的公司却是持续创造高利润的关键。

第一节　使用可比公司数据估值

估值建模是指将公司的各种信息按照价值创造的主线进行分类、整理和链接，并在此基础上完成对公司财务状况的分析、预测及价值评估等功能。历史分析是对公司历史经营绩效进行全面分析，通过横向和纵向比较，了解收入、费用、资产、负债等会计要素的组成状况，以及随时间的变化规律及趋势，从而推断影响历史绩效的各类因素及其影响方式和程度等，为后续预测提供依据。在历史分析的基础上，综合考虑公司的发展战略规划、经营环境变化等因素，对未来的绩效水平做出假设，包括未来的收入增长、成本结构、资本支出、市场规模等，最终完成对财务报表的预测。根据财务预测的结果，估算各类估值参数，选择适当的估值方法进行评估，并分析重要参数的变化对估值结果的影响。

对历史财务数据的整理一般遵循如下原则：（1）会计科目合并，将数额较小的、驱动因素相同的科目合并；（2）对重要的科目拆分；（3）顺序调换与重新归类。省略和合并某些科目是为了突出建模的主体思路，例如，可删除每年数据均为零的科目。整合性质相近的科目，比如应收票据和应收账款，其驱动因素一般都是营业收入，只是收取款项的方式不同，可将这两个科目合并为“应收款项”，整体假设为占营业收入的一定比例；类似地，可将应付票据和应付账款合计为“应付款项”。整合数据较小的科目，例如，当预付款项、其他应收款数额较小时，对预测结果几乎没有重大影响，可合并为一个科目——“其他流动资产”。在资产负债表中需要增加“融资缺口”科目，以反映公司现金相对于所需现金额度不足的部分，是财务模型中的配平项。此外，在资产侧也有配平项，为“货币资金”。配平项是通过现金流量表完成的，用来配平资产负债表。

接下来，通过一个简化的虚构例子，展示公司估值原理的具体应用。

A投资银行打算收购T公司。假设你在A投资银行并且负责此次收购交易的价值评估。你与T公司的董事会接洽后，得到该公司当前财政年度（20×0年）的利润和资产负债信息（见表11-1）。[①]T公司当前的有息债务（即由公司融资形成的债务，不含应付账款、预收账款等短期经营性负债）总额为450万元，但同时也有大量现金。为了初步估计T公司的价值，你决定参照可比公司的数据进行。

表11-1　**T公司20×0年的（简化）利润表和资产负债表**　单位：千元

利润表	20×0年	资产负债表	20×0年
1.销售收入	75 000	资产	
2.销售成本		1.现金及现金等价物	12 664
3.原材料成本	（16 000）	2.应收账款	18 493
4.直接人工成本	（18 000）	3.存货	6 165
5.毛利润	41 000	4.流动资产合计	37 322
6.销售费用	（11 250）	5.固定资产	49 500
7.管理费用	（13 500）	6.商誉	—
8.*EBITDA*	16 250	7.资产总额	86 822
9.折旧	（5 500）	负债和股东权益	
10.*EBIT*	10 750	8.应付账款	4 654
11.利息费用（净）	（75）	9.债务	4 500
12.税前利润	10 675	10.负债总额	9 154
13.所得税（25%）	（2 669）	11.股东权益	77 668
14.净利润	8 006	12.负债和股东权益总额	86 822

要想快速且合理地估计对T公司的收购价格，一种简便的方法是应用第十章所介绍的可比公司估值法或先例交易分析，将其（收购价格）与其他公开交易的公司进行对比。例如，如果以15 000万元的价格收购，T公司的市盈率（*P/E*）为150 000 / 8 006 = 18.7（倍），大致相当于20×0年中期同行业的平均市盈率。

将T公司与同一行业里的公司进行对比会更有效。尽管没有哪家公司与T公司完全可比，但从总的产品系列来看，有三家公司和其相似：M公司、L公司和N公司。最接近的竞争者为M公司，你还决定将T公司比作行业公司的组合。

表11-2给出与T公司估值相关的可比公司的相应数据，以及该行业的平均数据。不仅列出市盈率（*P/E*），同时也给出公司价值（*EV*）与营业收入（*Sales*）、与*EBITDA*之比。如前所述，公司价值是股权与净债务的价值总和，净债务为债务减去正常运营不需要的现金和有价证券投资。T公司的债务为450万元，你还估计它持有的超过营运资本需求的现金为650万元。根据提议的收购价格，T公司的价值（*EV*）为15 000+450−650=14 800（万元）。值得注意的是，当计算T公司的市盈率时，是用15 000万元的收购价格除以800.6万元的净利润；而当计算诸如*EV/EBITDA*乘数时，要用假设的T公司的价值除以*EBITDA*，而假设的T公司的价值为14 800万元，不是15 000万元。

---

① 为使数字不出现小数位或位数太长，表中金额数据大多使用千元为单位。

表11-2　　T公司与可比公司在20×0年中期的估值乘数　　单位：倍

比率	T公司（假设）	M公司	L公司	N公司	行业均值
P/E	18.7×[①]	21.2×	23.0×	17.2×	18.2×
EV/Sales	2.0×	2.1×	2.7×	1.8×	1.9×
EV/EBITDA	9.1×	11.6×	14.4×	9.3×	11.4×

按照提议的收购价格，T公司的市盈率比M公司和L公司的要低，比N公司和整个行业的市盈率均值略高。按公司价值与营业收入比率（乘数）来为T公司估值，结果也是如此。T公司的*EV/EBITDA*乘数仅为9倍多一点，低于所有可比公司和行业平均值，基于这一乘数的收购价格明显较低。T公司的低*EBITDA*乘数是由于其21.7%（16 250/75 000）的高销售利润率所致，这一比率超过所有可比公司的销售利润率。

表11-2在某种程度上表明与同行业中的其他公司相比，这一收购价格似乎是合理的，但这仍不能确定该项收购就是一个很好的投资机会。不仅表11-2中乘数的变化幅度较大，而且，乘数估值法忽略了一些重要的差别，诸如公司的运营效率和成长前景等，更无从反映A投资银行对T公司运营的改进计划。要评估这一收购是否有吸引力，还要对公司的运营、交易预期产生的现金流以及要求的回报率做出细致分析。

比较法为公司估值提供了一个有用的起点，但收购交易对于A投资银行来说是否是一项成功的投资，还取决于T公司被收购后的业绩。所以有必要更细致地了解T公司的运营、投资和资本结构，评估其潜在的改进和未来的成长。

第二节　利用DCF法估值

一、经营改进及财务报表预测

（一）预测经营改进和营业收入

营业收入是报表中大多数科目的预测基础，对收入的预测应该尽可能准确，这也是绩效预测最该投入精力的环节。对收入的预测不是财务部门能够单独完成的，往往需要销售部门提供市场数据，客户管理部门提供现有的客户需求，以及公司对产品的营销策略等。对收入的预测可以从两种角度来进行，第一种是从预计市场需求量和市场份额入手，第二种是对公司的客户需求以及客户流动情况进行预测。

在第一种方法下，对市场需求量的增长或减少的判断要与经济形势相结合，尤其是对于成熟的行业来说，其增长水平与经济增长会保持一个稳定的关系。另外，对市场份额的预测要结合竞争环境和公司的产品策略分析，判断竞争对手是否会抢占本公司现有的市场份额，公司有哪些战略能够提升产品的竞争力等。

从客户的需求角度来预测销售收入时，通常是分析现有客户的可能订货量，主要是参考历史交易记录或者客户的订货意向来预测。对于一些忠诚度不高的客户资源，可以考虑其更换供货商的可能，相应调低现有预测水平。也许公司有正在争取的客户资源，其未来

① “×”号表示乘数，后面同。

可能带来的收入也应该考虑。预测的目的不是要准确获知未来的财务状况，而是要对未来可能发生的情况做尽可能全面的考虑，尤其是对最坏状况的预测，可以避免事情发生时公司措手不及。对收入预测的准确性要求不是非要把收入限定在一个固定的水平上，可以估计一个浮动区间，使预测更具有弹性。

可从市场普遍预期中获取头两三年的预测数据，只要增长趋势与历史绩效和行业展望是一致的，也就是说，要对目标的历史增长率和行业预期/市场展望进行比较分析，并且逐步降低预测期内的较远年度的增长率，以得出明确预测期期末的合理长期增长率。要确保销售收入预测数据与折现自由现金流估值法中的其他相关假设保持逻辑一致，例如，较高的增长率通常都会要求较高水平的资本支出和流动资金的支撑。

还应注意，如果是周期性很强的企业，比如钢铁或者木材公司，销售水平需要遵循商品周期的变化轨迹，有可能因为预测期起点时公司所处的周期位置的原因而出现大幅跌宕，即销售趋势更具波动性。但无论预测期开始时处于什么位置，预测期期末的绩效应体现正常化的水平，而非周期性高点或低点。就周期性公司的销售收入预测而言，首行预测数字有可能在预测期的早期年份为高峰（或低谷）数字，然后逐步下降（或上升），最后回归到明确预测期末时的正常化水平。

接着继续讨论T公司的营业收入预测。在经营方面，你对公司的前景非常乐观。预期市场每年将增长5%，而且T公司的产品质量表现出众。由于当前的管理层对产品研发和市场营销投入不足，近几年T公司的市场份额没有增长。相反，T公司的行政管理成本却花费过多。如表11-1所揭示的，公司当前的管理费用占销售收入的比例为18%（13 500/75 000），超过市场销售费用占销售收入的比例15%（11 250/75 000）。这与其竞争对手形成鲜明的对比，竞争对手的行政管理支出远低于营销费用开支。

A投资银行计划在并购后削减T公司的行政管理成本，将资源重新导向新产品的研发和营销。通过这一调整，相信在未来的5年间公司产品占有的市场份额将从10%上升到15%（每年都增长1%）。短期内，使用现有生产线可以满足日渐增长的销售需求。而一旦产量增长超过50%，T公司就必须扩张以提高其生产制造能力。

基于上述经营改进计划，表11-3给出在下一个5年中有关销售和营业成本的假设[①]。

表11-3　　T公司的销售和营业成本假设

年		A20×0	E20×1	E20×2	E20×3	E20×4	E20×5
销售收入数据	年增长率						
1.市场规模（千件）	5.0%	10 000	10 500	11 025	11 576	12 155	12 763
2.市场份额	1%	10%	11%	12%	13%	14%	15%
3.平均售价（元/件）	2%	75.00	76.50	78.03	79.59	81.18	82.81
销售成本数据							
4.原材料（元/件）	1%	16.00	16.16	16.32	16.48	16.65	16.82
5.直接人工成本（元/件）	4%	18.00	18.72	19.47	20.25	21.06	21.90
营业费用数据							
6.销售费用（占销售收入的百分比）		15%	16.5%	18%	19.5%	20%	20%
7.管理费用（占销售收入的百分比）		18%	15%	15%	14%	13%	13%
8.公司所得税税率		25%	25%	25%	25%	25%	25%

① 年度前的字母A表示实际值，字母E表示估测值；本节表中所有数值的计算，均要经过连续计算后再四舍五入保留相应的整数或小数位，基于Excel计算的结果与根据取整后的数手工计算的结果会产生微小的差异。

通常依据历史毛利率和期间费用（*SG&A*，销售及管理费用）水平（占销售收入的百分比）得出预测期最初几年的数据。对于预测期的更远的年份，常见做法是保持毛利率和*SG&A*占销售收入的比例不变，当然也可基于公司与行业发展趋势分析而合理假定一个略微提升或下降的比例。如果是简化的粗略估值，DCF估值可仅基于*EBITDA*和*EBIT*预测数据来构建，忽略销售成本（*COGS*）和期间费用的细节，并且可基于销售收入的百分比计算净营运资本（*NWC*）。

【例 11-1】

根据表11-3给出的数据，每年T公司需要的产能是多少？什么时候必须实施扩张？

将表11-3中总的市场规模乘以T公司的市场份额，可估算出T公司每年的产量见表11-4。

表11-4　　**预测T公司每年的产量**　　产量单位：千件

年	A20×0	E20×1	E20×2	E20×3	E20×4	E20×5
1. 市场规模	10 000	10 500	11 025	11 576	12 155	12 763
2. 市场份额	10%	11%	12%	13%	14%	15%
3. 产量（1×2）	1 000	1 155	1 323	1 505	1 702	1 914

基于上述预测，到20×3年，产量将超出当前水平50%，T公司需要在20×3年扩大生产能力。

（二）预测资本支出

资本支出是指公司用于购置、改善、扩张或者更换实物资产的现金流出，比如建筑物、机器设备、设施和其他长期资产。与费用不同，资本支出在支付后要在资产负债表中资本化，然后以计提折旧的方式在其使用年限内通过利润表列支。资本支出的历史水平可用作预测未来资本支出的一个可靠指标。考虑公司的战略规划、所处行业或者经营阶段，资本支出的预测数可能不同于历史水平，例如，处在扩张模式下的公司在预测期的某些年度会出现资本支出水平提高，而处在收缩模式下的公司则可能限制其资本支出。在预测公司自由现金流时，首行的销售收入增长需要得到资产总额增加的支撑，所以资本支出一般是根据其历史数据表示为销售收入的一个比例。

随着公司生产和规模的扩张，资本支出，包括无形资产和固定资产的资本投入也要随之增加。表11-5给出对T公司未来5年内的资本支出的预测。基于对资本支出和折旧的估算，数据表反映了自20×0年开始固定资产的账面价值变化。在未来两年内，预期固定资产投资仍保持当前水平，这大致相当于折旧的水平。在这段时间内，T公司将通过对现有厂房的更有效利用来扩大生产规模。不过，在20×3年，公司必须进行重大扩张，20×3年和20×4年的资本支出将大幅度增长。

表11-5中的折旧记录是基于每类财产适当的折旧率计算得到的[①]。列出的折旧费用可规避纳税。公司常常出于会计目的和纳税目的而分设独立的账簿记录，对于每种账簿可能使用不同的折旧假设。折旧通过税收后果影响现金流，税法规定的折旧政策与估值更相关。

① 这些计算因为基于每类财产的独特性而非常具体，在此不列出计算细节。

表11-5　　T公司的资本支出假设　　单位：千元

年	A20×0	E20×1	E20×2	E20×3	E20×4	E20×5
固定资产和资本投资						
1.期初账面价值	50 000	49 500	49 050	48 645	61 780	69 102
2.资本投资	5 000	5 000	5 000	20 000	15 000	8 000
3.折旧	(5 500)	(5 450)	(5 405)	(6 865)	(7 678)	(7 710)
4.期末账面价值	49 500	49 050	48 645	61 780	69 102	69 392

在预测利润表中，折旧和摊销费用一般包含在销售成本中，也有较少的一部分包含在期间费用中（涉及管理、销售等形成的固定资产）。折旧与摊销在现金流量表及财务报表注释中会明确披露。通常预测折旧为基于历史水平的销售收入或资本支出的一个百分比，因为它与资本支出直接相关，而资本支出往往又支撑销售收入的增长。另一种做法是，根据公司现有可提折旧固定资产净额和额外资本支出，来设定一个详细的折旧计划，即对现有固定资产净额设定一个平均剩余年限，对新的资本支出设定一个折旧期限。类似地，摊销费用可预测为销售收入的百分比，或根据现有无形资产情况通过设定计划表来预测。更常见的做法是，简单地将折旧与摊销一并考虑。

与经营有关的长期资产和负债，大部分科目都以该项目占营业收入的比例来预测，并假设其预测比例在未来会保持某一稳定水平。

（三）营运资本管理

净营运资本（*NWC*）的定义是，非现金流动资产与经营性流动负债（即排除短期含息融资性债务后的流动负债）之差，它测量的是公司需要净占用多少现金用于其日常持续性经营。*NWC*的变动表示现金来源或现金使用情况。*NWC*增加（流动资产的增加额大于经营性流动负债的增加额）意味着现金的使用。对于成长中的公司来说这是典型表现，表示要增加在存货等方面的支出，以支撑销售额的增长，继而应收账款也会随着销售额的增长而增长（未收到现金，是现金的使用）。相反，应付账款的增加意味着现金的一种来源，因其是公司应该支付但仍保留在账户上未支付的钱。

预测*NWC*变动额的一个简单办法是，参照历史水平，将其设定为销售收入变动的一个百分比，依此计算*NWC*的变动额。更加详尽和推荐的做法是在预测期内，预测每一年的流动资产和流动负债的各个组成部分，然后据此计算*NWC*和*NWC*的逐年变动额。通常以上一年或三年平均水平得出的历史比率为基础，来预测流动资产和流动负债的各个组成部分。不过，公司和行业的发展趋势、管理层对经营效率的改进，也可表明流动资金管理效率的提升（或降低），比如，存货和应收账款周转率的提高，从而影响对自由现金流的预测。

对经营性流动资产和流动负债的预测，一般以日销售收入（销售成本）表示，即计算其相当于多少天的日销售收入（每日销售成本）。这样做的原因是，管理者经常以天数衡量流动资产水平，比如将存货保持在能够维持10天经营的水平，如果以天数来表示流动资产与营业收入的关系，当管理者变更政策时，就能够迅速地改变其预测比例。

在流动资产构成项目中，应收账款按应收账款周转天数（应收账款余额除以日均销售收入，表示应收账款占用多少天的销售收入）来预测，即产品售出或服务提供后需要多少天才能回款。公司应尽力实现应收账款周转天数的最小化，以尽快回收现金。应收账款周转天数的增加可能是客户信用状况恶化、客户杠杆率或支付条款的重新协商、回款系统低效、产品组合变化等所致。存货按照存货周转天数（存货余额除以日均销售成本）来预测，衡量公司售出存货所需的天数。公司应尽快周转存货以实现存货所占用现金的最小化。预付款和其他流动资产一般都依据历史水平预测为销售收入的百分比。在经营性流动负债构成项目中，按照应付账款周转天数（应付账款余额除以日均销售成本）来预测应付账款，即公司用多少天支付已购商品和服务的欠款。应付账款的增加表示现金的来源，公司应在"合情合理"的范围内致力于应付账款周转天数的最大化（推延）以提高短期流动性。应计负债是公司已经发生但尚未支付的费用，如薪资、租金、利息和税费等，应计负债和其他流动负债一般都依据历史水平预测为销售收入的百分比。

在本例中，为了弥补其较差的销售业绩和营销努力，T公司寻求通过宽松的信用政策来保持零售商对公司的忠诚度。这一政策影响T公司的营运资本需求：客户每延迟付款1天，另一天的销售收入就将被加到应收账款上（而不是收到现金）。根据T公司当前的利润表和资产负债表（见表11-1），估计应收账款周转天数为：

应收账款周转天数=应收账款余额÷年销售收入×365天=18 493 ÷ 75 000 × 365 = 90（天）

而行业内的标准应收账款周转天数为60天。你认为T公司应该可以在不牺牲销售的前提下，适当地收紧信用政策以达到行业标准应收账款周转天数。

你也希望改进T公司的存货管理。表11-1中的资产负债表列出公司的存货价值为616.5万元。其中原材料价值大约为200万元，其余部分为产成品。给定当年的原材料支出为1 600万元（见表11-1利润表），公司当前持有45.6天（200/1 600×365）的原材料存货。尽管保留一定数量的存货对于避免生产中断是必要的，但你认为，只要严格控制生产过程，30天的存货量就应该足够了。

（四）资本结构变动

T公司的债务少，却有超额现金和大量利润，公司的杠杆水平似乎过低。你计划大幅度增加公司的债务，如果收购交易能够达成，则A投资银行将获得银行10 000万元的信贷承诺。这些贷款的利率为6.8%，T公司计划在今后的5年内只支付利息（暂时不偿还本金）。公司还计划在20×3年和20×4年为生产扩张寻求其他筹资，借款计划见表11-6。预计公司的借款利率将保持为6.8%。

表11-6　**T公司的债务和利息支付计划**　单位：万元

年	A20×0	E20×1	E20×2	E20×3	E20×4	E20×5
1.未偿还的债务	10 000	10 000	10 000	11 500	12 000	12 000
2.支付利息（r_D=6.8%）		(680)	(680)	(680)	(782)	(816)

给定T公司的债务，每年的利息费用计算如下（假设债务额度的改变发生在每年的年末。如果债务变动发生在年度间，则基于年度内的平均债务水平计算利息费用会更加准确）：

t年的利息=利率×t-1年末的债务余额

债务利息可部分地抵消应纳税收益，从而带来抵税价值。

用于收购的资金来源和运用见表11-7。除了要支出15 000万元用于收购T公司的股权外，还需要450万元用于偿还T公司现有的债务。考虑到与收购交易相关的500万元的咨询和其他费用，该项收购总共需要支出15 950万元。A投资银行的资金来源包括10 000万元的新借款以及T公司自有的超额现金（这是A投资银行可以利用的）。A投资银行的此次交易需要的自有股权资金为5 300万元（15 950-10 000-650）。

表11-7 **收购T公司的资金来源和运用** 单位：万元

资金来源		资金运用	
1.新借款	10 000	1.收购T公司的股权	15 000
2.目标公司的超额现金	650	2.偿还T公司的现有债务	450
3.A投资银行的股权投资	5 300	3.咨询费及其他费用	500
4.总的资金来源	15 950	4.资金运用总计	15 950

为了估计对T公司的投资所产生的自由现金流，首先需要预测T公司的未来收益。然后考虑T公司的营运资本及投资需求，估计它的自由现金流。有了这些数据，就可以预测T公司的资产负债表和现金流量表。

（五）预测收益

根据计划的运营和资本结构改变，预测被收购之后5年内T公司的利润表，将所预期的A投资银行对T公司的经营改进转化成收益。要构建预测利润表，先要确定T公司的销售收入。每年的销售收入可根据表11-4的预测数据计算如下：

销售收入=市场规模×市场份额×平均售价

例如，预测T公司20×1年的销售收入为8 835.8万元（1 050×11%×76.5）。表11-8给出T公司当前的销售收入（20×0年）以及被收购之后5年内销售收入的预测（20×1—20×5年）。

表11-8 **T公司的预测利润表** 单位：千元

年	A20×0	E20×1	E20×2	E20×3	E20×4	E20×5
1.销售收入	75 000	88 358	103 234	119 783	138 168	158 498
2.销售成本						
3.原材料	（16 000）	（18 665）	（21 591）	（24 802）	（28 338）	（32 193）
4.直接人工	（18 000）	（21 622）	（25 759）	（30 476）	（35 844）	（41 917）
5.毛利润	41 000	48 071	55 884	64 505	73 986	84 388
6.销售费用	（11 250）	（14 579）	（18 582）	（23 358）	（27 634）	（31 700）
7.管理费用	（13 500）	（13 254）	（15 485）	（16 770）	（17 962）	（20 605）
8. *EBITDA*	16 250	20 238	21 817	24 377	28 390	32 083
9.折旧	（5 500）	（5 450）	（5 405）	（6 865）	（7 678）	（7 710）
10. *EBIT*	10 750	14 788	16 412	17 512	20 712	24 373
11.利息费用（净）	（75）	（6 800）	（6 800）	（6 800）	（7 820）	（8 160）
12.税前利润	10 675	7 988	9 612	10 712	12 892	16 213
13.所得税（25%）	（2 669）	（1 997）	（2 403）	（2 678）	（3 223）	（4 053）
14.净利润	8 006	5 991	7 209	8 034	9 669	12 160

利润表中详细地列出产品销售成本。其中，原材料成本可计算如下：

原材料成本=市场规模×市场份额×每单位产量的原材料成本

在20×1年，原材料成本为1 866.5万元（1 050×11%×16.16）。应用相同的方法可确定直接人工成本。销售费用和管理费用可直接按销售收入的百分比来计算，例如，预测20×1年的销售费用为1 457.9万元（8 835.8×16.5%）。

将这些营业成本费用从销售收入中扣除，可预测出未来5年内的*EBITDA*。接着减去表11-5中所估计的折旧费用，就可得到*EBIT*。然后再扣除根据表11-6给定的债务计划而估算的利息费用（投资赚得的利息收入可以抵扣债务筹资发生的利息费用；在此假设T公司没有将超额现金进行投资，而是将其支付给它的所有者A投资银行；因此净利息支出仅仅是由T公司的尚未偿付债务引起的）。最后一项费用就是公司所得税。扣除所得税之后，就得到表11-8中最后一行所示的预测净利润。基于上述预测，到第5年年末，T公司的净利润将增长大约52%，即从当前的800.6万元增长至1 216万元；尽管在近期（如20×1年和20×2年）债务利息费用的大幅度增加会导致净利润减少。

（六）预测自由现金流

表11-9列出T公司当前的营运资本需求，并预测未来各年的营运资本需求。这一预测考虑了诸如收紧信用政策、加速客户付款以及减少原材料存货等改进计划。

表11-9　**T公司的营运资本需求**

年		A20×0	E20×1年及以后
营运资本天数			
流动资产	基于：	天数	天数
1.应收账款	销售收入	90	60
2.原材料	原材料成本	45	30
3.产成品	原材料+直接人工成本	45	45
4.最低现金余额	销售收入	30	30
流动负债			
5.应付工资	直接人工成本+管理费用	15	15
6.其他应付账款	原材料+销售费用	45	45

基于上述营运资本需求，表11-10预测了T公司未来5年内的净营运资本。

表11-10　**预测净营运资本**　单位：千元

年	A20×0	E20×1	E20×2	E20×3	E20×4	E20×5
流动资产						
1.应收账款	18 493	14 525	16 970	19 690	22 713	26 054
2.原材料	1 973	1 534	1 775	2 039	2 329	2 646
3.产成品	4 192	4 967	5 838	6 815	7 913	9 137

续表

年	A20×0	E20×1	E20×2	E20×3	E20×4	E20×5
4.最低现金余额	6 164	7 262	8 485	9 845	11 356	13 027
5.流动资产合计	30 822	28 288	33 068	38 389	44 311	50 864
流动负债						
6.应付工资	1 295	1 433	1 695	1 942	2 211	2 569
7.其他应付账款	3 360	4 099	4 953	5 938	6 901	7 877
8.流动负债合计	4 655	5 532	6 648	7 880	9 112	10 446
净营运资本						
9.净营运资本（5-8）	26 167	22 756	26 420	30 509	35 199	40 418
10.净营运资本的增加		（3 411）	3 664	4 089	4 690	5 219

表中的每一项都是基于与利润表（表11-8）中的收入或成本费用相对应的周转天数计算的，例如，20×1年的应收账款余额可计算如下（若产品是高度季节性的，在年度中营运资本可能会发生大幅度的波动。如果这些效应很重要，最好是以季度或月份为基础来展开预测，以便能够反映季节性影响）：

应收账款余额=应收账款周转天数×（年销售收入/365）=60×（8 835.8/365）=1 452.5（万元）

类似地，产成品存货余额为45×（1 866.5+2 162.2）/365=496.7（万元）。

表11-10同时也列出每年的最低现金余额。这一余额表示维持公司正常运营的最低现金需求水平，且考虑到收入和费用支出的时机选择的日常变动。公司一般以现金、支票账户或短期存款账户的形式持有这些结余，通常很少或不获取利息。考虑到这一机会成本，将最低现金余额视为营运资本的一部分。

假设T公司在最低现金余额上没有赚取利息（否则会导致利润表中的净利息费用减少），并且假设T公司将那些不需要作为营运资本的过剩现金全部作为股利发放，因此，T公司将不会持有超出表11-10所报告的最低水平现金余额的超额现金或短期投资。如果保留超额现金，则超额现金将被视为筹资策略的一部分（抵减净债务），而非营运资本的一部分。公司经常持有超额现金，以应对未来的投资需求或可能出现的现金短缺。T公司可以依靠A投资银行提供所需资金，没有必要储备超额现金。

表11-10中，T公司每年的净营运资本需求量等于该年度预测的流动资产和流动负债的差额。净营运资本的增加对公司而言意味着成本的增加。由于应收账款和存货管理的改善，20×1年的净营运资本将减少341.1万元。经历初期的营运资本节约后，随着公司的成长，营运资本需求也将逐步增加。

现在有了预测未来5年自由现金流的数据：T公司的收益、折旧及利息费用可从利润表获得（见表11-8）；资本支出可从表11-5得到；净营运资本的变化来自表11-10。结合这些项目，就可估算T公司的自由现金流（见表11-11）。

表11-11　　预测自由现金流　　单位：千元

年	A20×0	E20×1	E20×2	E20×3	E20×4	E20×5
1.净利润		5 991	7 209	8 034	9 669	12 160
2.加：税后利息费用		5 100	5 100	5 100	5 865	6 120
3.无杠杆净收益		11 091	12 309	13 134	15 534	18 280
4.加：折旧		5 450	5 405	6 865	7 678	7 710
5.减：净营运资本的增加		3 411	（3 664）	（4 089）	（4 690）	（5 219）
6.减：资本支出		（5 000）	（5 000）	（20 000）	（15 000）	（8 000）
7.公司自由现金流		14 952	9 050	（4 090）	3 522	12 771
8.加：净借款		—	—	15 000	5 000	—
9.减：税后利息费用		（5 100）	（5 100）	（5 100）	（5 865）	（6 120）
10.股权自由现金流		9 852	3 950	5 810	2 657	6 651

要计算T公司的排除杠杆效应后的自由现金流，首先将与资本结构中的净债务相关的税后利息费用加回，以调整净收益。如果T公司有来自营运资本的利息收入或费用，则不应包含在内，因为这只是对与公司融资相关的利息进行调整，即与债务和超额现金（不作为营运资本的过剩现金）相关的利息。

税后利息费用=（1-所得税税率）×（债务的利息费用-超额现金的利息收入）

在表11-11中，也可通过将*EBIT*直接扣减税费的方式计算无杠杆净收益，例如，预测20×1年的*EBIT*为1 478.8万元，息前税后净收益为1 109.1万元（1 478.8×（1-25%））。

要从无杠杆净收益开始计算自由现金流，还需要加回折旧（非现金费用），减去净营运资本的增加，减去资本支出。表11-11第7行的公司自由现金流表示公司将为投资者（包括股东和债权人）创造的现金流。尽管T公司在未来5年将产生充裕的自由现金流，但每年自由现金流的变动还是非常显著的。自由现金流最高的年份为20×1年（主要由于营运资本的大幅削减），而在20×3年则预计为负（预计开始扩建工厂）。

如表11-11的最后一行所示，未来5年，T公司预期将产生正的股权自由现金流，可用来向A投资银行的股东分派股利。股权自由现金流在20×1年达到最高。

（七）预测资产负债表和现金流量表

首先进行收入、成本和费用的预测，完成预测利润表；然后将资产负债表分成几个模块进行预测，其中，固定资产、无形资产和付息债务的预测有助于完成利润表中的折旧、摊销费用和财务费用的预测；最后运用间接法编制现金流量表，计算期末现金和融资缺口，配平资产负债表，完成核心财务报表的预测。对于每一个重要的科目，应考虑其关键的驱动因素和逻辑关系。要准确地将非核心资产、非经常性或非经营性损益从资产负债表和利润表中分离出来，重在对核心经营性资产与核心经营业务的预测。

至此，根据计算所得的信息，就可预测表11-12和表11-13所示的T公司截至20×5年的资产负债表和现金流量表，这些报表可提供公司在预测期内的完整的成长图景。（个别计算结果与手工计算结果存在微小差异）

表 11-12 **T公司的预测资产负债表** 单位：千元

年	A20×0	E20×1	E20×2	E20×3	E20×4	E20×5
资产						
1.现金及现金等价物	6 164	7 262	8 485	9 845	11 356	13 027
2.应收账款	18 493	14 525	16 970	19 690	22 713	26 054
3.存货	6 165	6 501	7 613	8 854	10 242	11 783
4.流动资产合计	30 822	28 288	33 068	38 389	44 311	50 864
5.固定资产	49 500	49 050	48 645	61 780	69 102	69 392
6.商誉	72 332	72 332	72 332	72 332	72 332	72 332
7.资产总额	152 654	149 670	154 045	172 501	185 745	192 588
负债						
8.应付账款	4 655	5 532	6 648	7 880	9 112	10 446
9.有息债务	100 000	100 000	100 000	115 000	120 000	120 000
10.负债合计	104 655	105 532	106 648	122 880	129 112	130 446
股东权益						
11.期初股东权益		48 000	44 138	47 397	49 621	56 633
12.净利润		5 991	7 209	8 034	9 669	12 160
13.股利	（2 000）	（9 852）	（3 950）	（5 810）	（2 657）	（6 651）
14.缴入资本	50 000	—	—	—	—	—
15.股东权益	48 000	44 138	47 397	49 621	56 633	62 142
16.负债和股权总额	152 655	149 670	154 045	172 501	185 745	192 588

表 11-13 **T公司的预测现金流量表** 单位：千元

年	A20×0	E20×1	E20×2	E20×3	E20×4	E20×5
1.净利润		5 991	7 209	8 034	9 669	12 160
2.折旧		5 450	5 405	6 865	7 678	7 710
3.营运资本的变动						
4.应收账款		3 968	（2 445）	（2 720）	（3 023）	（3 341）
5.存货		（336）	（1 112）	（1 241）	（1 388）	（1 541）
6.应付账款		877	1 116	1 232	1 232	1 334
7.经营活动现金净流量		15 950	10 173	12 170	14 168	16 322
8.资本支出		（5 000）	（5 000）	（20 000）	（15 000）	（8 000）
9.其他投资		—	—	—	—	—
10.投资活动现金净流量		（5 000）	（5 000）	（20 000）	（15 000）	（8 000）
11.净借款		—	—	15 000	5 000	—
12.股利		（9 852）	（3 950）	（5 810）	（2 657）	（6 651）
13.缴入资本		—	—	—	—	—
14.筹资活动现金净流量		（9 852）	（3 950）	9 190	2 343	（6 651）
15.现金及现金等价物（7+10+14）		1 098	1 223	1 360	1 511	1 671

在预测资产负债表中，流动资产和流动负债来自净营运资本预测表（见表11–10，其中存货包括原材料和产成品）；固定资产信息主要来源于资本支出表（见表11–5）；债务数据来自表11–6；商誉产生于收购价格与表11–1中T公司股权的初始账面价值的差额。

给定收购价格为15 000万元，产生的商誉为15 000–7 766.8=7 233.2（万元）。20×0年的4 800万元的股东权益，源于A投资银行初始5 000万元的股权投资（15 000万元的收购价格减去10 000万元的债务筹资）减去200万元的股利支付（650万元的超额现金减去450万元的债务偿还）。每年的股东权益随着留存收益（净利润减去股利）和新资本的注入而增加。20×0年之后的股利来自表11–11中的股权自由现金流。如果任何一年的股权自由现金流为负，它应被视作资产负债表第14行中的资本投入。表11–12假设商誉价值保持不变，对商誉价值不予摊销，而在每年至少要做一次减值测试，所以商誉价值也可能变动。

T公司股权的账面价值在20×1年下降了，这是因为T公司削减营运资本，节约的营运资本作为股利的一部分发放给股东。随着公司扩张的进行，股权账面价值又随之增加。在未来5年内，基于账面价值计算的债务股权比率从大约2.1（100 000/48 000）下降为1.9（120 000/62 142）。

表11–13的预测现金流量表是以净利润作为起点。经营活动产生的现金流量包括折旧以及如表11–10所示的营运资本项目（除了现金）的变动。投资活动产生的现金流量包括表11–5中的资本支出。筹资活动产生的现金流量包括表11–11中的净借款和股利，以及由表11–11中的股权自由现金流所决定的资本投入。作为对上述计算的最终核对，现金流量表第15行“现金及现金等价物的变动”要等于资产负债表（见表11–12）中现金及现金等价余额的变化。

【延伸阅读】 使资本结构支持公司战略

CFO在管理资产负债表时一定会问自己两个相关的问题：应当将过剩现金返还给股东，还是用于投资？应当用借债还是发行股票的方式为新项目融资？如何建立恰当的资本结构（企业用于为其运营和战略投资提供资金的债务与权益的组合）一直让学者和业界人士感到头疼。一些人注重债务带来的税收利益，因为利息费用往往可在税前扣除。近年来，上市公司的管理层开始思考是否应像一些私人股权投资公司那样利用债务来提高回报？与此同时，许多公司手头持有大量现金，正苦思冥想该如何运用这些现金。

事实上，资本结构不当对企业运营与商业战略的潜在危害要大于税收和财务杠杆带来的潜在利益。企业不应指望资本结构创造价值，而应努力使资本结构与企业的商业战略合拍，这就需要在债务可能带来的约束和节税效果与股权可能带来的更大灵活性之间达到平衡。最终而言，大多数工业企业可以通过提高运营效率创造更多价值，这令用固然精明的融资方法所带来的价值难以望其项背。

债务对现金流的影响不是那么直接，但却比较显著。负债可提高一家企业的内在价值，因为债务带来了约束；企业必须定期还本付息，所以它不太会轻率地进行无法创造价值的投资或收购。但是，负债过多会降低企业的内在价值，因为它会限制企业进行各种创造价值的投资（包括资本支出、收购及同样重要的对无形资产的投资，如业务建设、研发、销售和营销等）的灵活性。

资本结构管理实际上是一种平衡术，融资灵活性与财务约束性之间的权衡是企业在确定资本结构时最重要的考虑，其重要性远甚于任何税盾收益——因为对于大多数大企业而言，除非债务水平极低，否则税收利益根本微不足道（当债务处于极低水平时，企业可以通过将债务提高到更常见的水平来创造更多价值）。那些拥有稳定、可预测的现金流且投资机会有限的成熟企业应在资本结构中包含更多债务，因为通常债务带来的约束性要比对灵活性的需求更为重要。那些由于增长强劲或行业具有周期性的原因而面临较大不确定性的企业则应减少负债，以便有足够的灵活性去利用投资机会或应对负面事件。

——Marc H. Goedhart，Timothy Koller and Werner Rehm，摘自《麦肯锡金融季刊》（2006年冬季）。

二、确定公司价值

（一）估计T公司的资本成本

A投资银行要对T公司估值，还要评估有关T公司的风险，以适当地估计资本成本。T公司为私营公司，无法用它过去的收益评估其风险，而需依赖与其具有可比性的公开交易公司来进行。可使用早先已确定的可比公司的数据估计T公司的资本成本。注意，不要静止、孤立地看待T公司。从本章一开始就可看到，A投资银行为收购T公司，既有债务融资，又有股权融资；A投资银行对T公司的经营改进、投资和融资决策及后果已经完全融合于预测利润表、预测资产负债表和预测现金流量表中。

估算资本成本的具体方法如下：首先，根据资本资产定价模型，计算可比公司M、L和N的股权资本成本；其次，根据每家公司的资本结构估计各自的无杠杆资本成本；最后，以这三家可比公司的无杠杆资本成本的平均值，作为T公司的无杠杆资本成本。有了这些估计值，就可结合T公司的资本结构，来确定它的股权资本成本和加权平均资本成本。

来自可比公司的数据为估计目标公司的无杠杆资本成本提供了有益的指导，也可以进行简单的估计。经过分析后你认为，T公司的资本成本更接近M公司。为简化起见，假设T公司的无杠杆贝塔为1.2。在20×0年中期，1年期国债的利率大约为4%，以此利率作为无风险利率。同时要估计股票市场风险溢价，可通过链接http://pages.stern.nyu.edu/~adamodar/简便地获取各国股票市场组合的风险溢价数据[①]。根据达莫达兰的测算，中国股票市场的风险溢价为4.89%~4.97%。根据最近几年的股票市场总体表现，为了适当保守地对T公司估值，假设采用5%的回报率作为期望的市场风险溢价。

估算T公司的无杠杆资本成本：

$$r_U = r_f + \beta_U(E[R_{mkt}] - r_f) = 4\% + 1.2 \times 5\% = 10\%$$

当然，这一估计具有较大的不确定性。就无杠杆资本成本的估计，还应该进行敏感性分析。经验和判断对于合理地估计无杠杆资本成本非常必要。估计T公司的无杠杆资本成本时，要考虑行业基准，判断在系统风险方面最接近的可比公司，了解有关T公司的销售收入的周期性变化的历史，以便尽可能准确地估计。

至此，已经估计A投资银行对T公司（并购）投资的前5年自由现金流，以及投资的无杠杆资本成本。下面将综合这些估计值来评估投资机会的价值。首先估计在5年的预测

① 最近的数据更新日期为2021年7月1日。

期末T公司的投资价值。为此，考虑运用乘数法和折现现金流估值技术。给定T公司的自由现金流和预测期终值（持续价值），然后应用APV法，估计20×0年年末T公司的总体价值。

（二）估计T公司的持续价值

理财从业者一般用估值乘数估计明确预测期期末的持续价值。从短期来看，区别本公司与竞争对手在某些特定方面的差异，明确地预测现金流是非常有用的，但从长期来看，同一行业内的公司一般都具有相似的预期增长率、盈利能力和风险。结果，对于同行业内的公司来说，这些估值乘数很可能是相对同质的。应用乘数估值与基于明确地预测远期现金流来估值很可能一样可靠。

在可利用的估值乘数中，*EV/EBITDA*乘数在实践中最为常用。在大多数情形下，*EBITDA*乘数比销售收入乘数或收益乘数更可靠，这一乘数不仅反映公司的经营效率，而且不受公司之间杠杆差异和会计政策差异的影响。使用*EBITDA*乘数估计持续价值如下：

$$\text{预测期期末公司（或项目）的持续价值}=\text{预测期期末}EBITDA\times\text{预测期期末}EV/EBITDA \tag{11.1}$$

根据表11-8的预测利润表，预测20×5年T公司的*EBITDA*为3 208.3万元。如果假设20×5年的*EV/EBITDA*没有发生变化，仍然为T公司最初被收购时的计算值9.1倍（见表11-2），在20×5年年末，T公司的持续价值为29 195.5万元（3 208.3×9.1）。给定20×5年T公司的债务为12 000万元，这一估计的持续价值所对应的股权价值为17 195.5万元。当然，可采用不同的乘数来对比和参照评价所估算的持续价值的合理性。

当预测持续价值时如果仅依赖可比公司，存在的一个问题就是，评估者是在用目标公司的未来乘数与其竞争对手的当前乘数进行比较。到20×5年，T公司的乘数可能与所选择的可比公司的乘数显著不同，尤其是如果当前的行业正经历异常增长。要防止出现这种偏误，明智的选择是，根据估值的基本原理，运用折现现金流法估算和检验持续价值。

运用折现现金流法估计T年后的持续价值，可假设预期增长率保持不变，始终为g，同时假设债务股权比率也保持不变。若债务股权比率不变，WACC估值法最为简单易行：

$$T\text{年年末的持续价值}=V_T^L=\frac{FCF_{T+1}}{r_{WACC}-g} \tag{11.2}$$

T+1年的自由现金流的估算公式如下：

$$FCF_{T+1}=\text{无杠杆净收益}_{T+1}+\text{折旧}_{T+1}-\text{净营运资本的增加}_{T+1}-\text{资本支出}_{T+1} \tag{11.3}$$

假设营业收入的名义预期增长率为g，如果营业成本费用保持为营业收入的固定百分比，无杠杆净收益将以g的速度增长。类似地，应收账款、应付账款以及其他净营运资本构成项目也都以速度g增长。

资本支出怎样变动？公司需要新的资本支出来补偿折旧；而且，随着产量的增加，公司也需要扩大产能。给定营业收入增长率为g，可以预期公司需要以相同的速度来扩大它的固定资产投资。固定资产余额是根据减去累计折旧后的账面净值来计量的，通常要求这一资本支出水平可以维持公司一定的销售收入与固定资产比率（称作“固定资产周转率”）。然而，许多因素会影响维持这一给定增长率所要求的资本支出水平，例如，一些销售收入的增长可能是由于生产效率的提高而引起的（或者是通货膨胀的结果），而非固定资产增长的结果。而且，固定资产的账面价值也有可能误导新增资产的成本

（可考虑市场价值代替）。由于缺乏这些细节知识，如下所采用的方法可以提供大致合理的估计：

T+1期资本支出=T+1期折旧+g · T期固定资产 (11.4)

T+1期自由现金流FCF =（1 + g）· 无杠杆净收益－g·T期净营运资本－g·T期固定资产 (11.5)

结合以上几个等式，即可估计基于长期增长率的持续价值。

【例 11-2】

假设未来T公司的预期销售收入增长率为5%，债务与公司价值比率为40%，无杠杆资本成本是10%，债务资本成本是6.80%。估算T公司在20×5年年末的持续价值。

预测T公司20×5年的无杠杆净收益为24 373×（1-0.25）=18 280（千元）（见表11-11），净营运资本为40 418千元（见表11-10），固定资产是69 392千元（见表11-12）。估计20×6年的自由现金流为：

$FCF_{20\times6}$ = 1.05×18 280 − 5%×40 418 − 5%×69 392 = 13 703（千元）

这表明，20×6年的自由现金流相对于其20×5年的自由现金流（12 771千元）增长了将近7.3%。这一增长率超过了5%的销售收入增长率，主要是由于随着公司增长速度放慢，净营运资本需求的下降所致。

已知债务与公司价值比率为40%，计算T公司的$WACC$为：

$$r_{WACC} = r_U - d\tau r_D = 10\% - 0.4 \times 0.25 \times 6.8\% = 9.32\%$$

20×5年年末的持续价值（终值）为：

$$V^L_{20\times5} = \frac{13\ 703}{9.32\% - 5\%} = 317\ 199（千元）$$

这一持续价值表明，明确预测期结束时的$EV/EBITDA$乘数约为9.9倍（317 199 / 32 083）。

乘数法和折现现金流法对于估计持续价值都是非常有用的，建议将这两种方法结合起来使用。类似于上述计算过程，可以倒推出，基于大致多少的名义长期增长率，会与预测的9.1倍的$EV/EBITDA$乘数相一致；也就是说，令增长率为未知量，预测期的终值由预测的$EV/EBITDA$乘数乘以20×5年的$EBITDA$来给定，这样就可反向求解出增长率，名义增长率减去通货膨胀率，即为实际增长率。这一隐含的增长率成为检查所估计的终值的可靠性的另一个重要依据。如果这一增长率比同行业整体的长期增长率的预测值高出很多，那么就应该对所使用的估计值保持怀疑和审慎。

（三）运用APV法估算T公司价值

T公司的持续价值（预测期终值）就是超出预测期外的自由现金流的总价值。可将持续价值与20×5年之前的自由现金流预测（表11-11中的第7行）相结合，以估计T公司的当前价值。由于在预测期内债务是按照固定计划设定的，应用APV法估值简便易行。

运用APV法估算T公司价值的基本步骤见表11-14。

首先，计算T公司的无杠杆价值V^U。T公司在20×5年的终值就是先前所估计的持续价值（假设20×5年的$EV/EBITDA$乘数没有变化，仍为公司最初被收购时的计算值9.1倍，在20×5年年末，持续价值为29 195.5万元）。无杠杆价值等于以无杠杆资本成本r_U（10%）折现自由现金流而得到的价值：

表11-14　　利用APV法估计T公司的初始价值　　单位：千元

年	A20×0	E20×1	E20×2	E20×3	E20×4	E20×5
1.自由现金流		14 952	9 050	（4 090）	3 522	12 771
2.无杠杆价值V^U	209 615	215 625	228 138	255 042	277 024	291 955
3.利息抵税		1 700	1 700	1 700	1 955	2 040
4.抵税价值T^S	7 449	6 255	4 980	3 619	1 910	—
5.APV：$V^L=V^U+T^S$	217 064	221 880	233 118	258 661	278 934	291 955
6.债务价值	（100 000）	（100 000）	（100 000）	（115 000）	（120 000）	（120 000）
7.股权价值	117 064	121 880	133 118	143 661	158 934	171 955

$$V_{t-1}^U=\frac{FCF_t+V_t^U}{1+r_U} \tag{11.6}$$

接下来，加入明确预测期内T公司的利息抵税价值。利息抵税等于25%的所得税税率乘以T公司预定的利息支付（见表11-6）。由于债务水平已预先确定，因此，以债务利率（6.8%）折现利息抵税额，从而计算出利息抵税的价值T^S：

$$T_{t-1}^S=(\tau r_D D_{t-1}+T_t^S)/(1+r_D) \tag{11.7}$$

将无杠杆价值与利息抵税价值相结合，即可得出公司的调整后现值（APV），即在计划的资本结构下T公司的价值。从公司价值中减去债务价值，即为股权价值。估计出T公司最初的整体价值为21 706.4万元，股权价值为11 706.4万元。A投资银行收购T公司股权的初始成本为5 300万元（见表11-7的第3行），收购交易的净现值为6 406.4万元（11 706.4- 5 300），这项交易看起来比较有吸引力。

三、对T公司价值的现实检验

此时，明智的做法是，再回头评估以上估值结果是否合理或讲得通。T公司最初21 706.4万元的价值相对于同行业中其他可比公司的价值来看是否合理？

估值乘数再次派上用场。根据估算的21 706.4万元的公司价值计算初始估值乘数，将其与表11-2中和T公司最接近的竞争公司的相应乘数比较（见表11-15）。

表11-15　　20×0年基于折现现金流估值与计划的购买价格，T公司与可比公司估值乘数的比较

比率	T（估计价值）	T（买价）	M	L	N	行业均值
P/E	27.4×	18.7×	21.2×	23.0×	17.2×	18.2×
EV/Sales	2.9×	2.0×	2.1×	2.7×	1.8×	1.9×
EV/EBITDA	13.4×	9.1×	11.6×	14.4×	9.3×	11.4×

基于所估计的21 706.4万元的公司价值（与此相应，给定T公司现有的债务和超额现金，理论上的收购价格为21 906.4万元）计算的估值乘数，自然要高于基于15 000万元的收购价格计算出的乘数。这些乘数现在处于顶端，甚至高出其他可比公司的乘数范围。尽

管在考虑A投资银行计划实施的经营改进后，这些乘数并非不合情理，但也可能表明你的预测有些乐观，并且还表明该项并购交易的价值关键取决于A投资银行实现经营改进计划的能力。

据表11-15可知，估计的初始*EBITDA*乘数为13.4倍，超过估计持续价值时的9.1倍的乘数，表明预测*EBITDA*乘数将要下降，这与公司在短期内具有较高的增长率的预期相一致。容易计算出各年的*EBITDA*乘数，不难发现，这一乘数在变小。如果这一乘数没有减小，就应该怀疑对持续价值的估计是否过于乐观。

自测题11-1　　自测题11-2

第三节　增长和公司价值

收购扩张计划可能会给公司带来有价值的增长，但并非所有的增长都是有价值的。有可能为公司的增长支付了很多，结果公司价值却反而降低。即使为了增长而付出的成本不是问题，其他因素也可能使公司的价值下降，例如，经营业务扩张可能会导致管理者没有充足的精力来监督和管理公司的运营。它可能会超出公司的分销能力或质量控制能力，甚至会改变消费者对于公司及其品牌的认知。

并非所有的增长都是有价值的增长，只有通过细致的净现值分析，才能区分价值提升型增长与价值破坏型增长。然而，这种区分经常与公司的内含增长率的概念相混淆。内含增长率（IGR，Internal Growth Rate）是指公司在不寻求外部融资时所能达到的最大营业收入（资产）增长率。直观来看，这是公司通过将盈余再投资（不增发新股，仅利用留存收益来投资）所能达到的最大增长率。与其密切相关并且常用的一个指标是可持续增长率（SGR，Sustainable Growth Rate），是指公司不发行新股、不改变资产经营效率（资产周转率和营业净利润率）以及不改变资本结构财务政策的前提下，所能达到的最大营业收入增长率。因为资产周转率不变，营业收入增长率就等于总资产增长率；因为资本结构不变，所以总资产增长率等于股东权益增长率或债务增长率。

计算这两个基准增长率的目的在于，明确公司在现有净利润的基础上能够支持多大的增长。对于不分配股利的公司而言，它的内含增长率就是资产回报率，这个比率表明仅利用净利润公司可以按怎样的速度增加其资产。如果公司将其部分净利润作为股利发放，内含增长率将降低到其留存收益所支持的资产增长速度。基于上述逻辑分析，内含增长率的一般表达式为：

$$\text{内含增长率} = \frac{\text{净利润}}{\text{期初总资产}} \times (1 - \text{股利分配比例}) = ROA \times \text{留存收益比例} \tag{11.8}$$

与内含增长率和可持续增长率相对应，留存收益比例经常被称作“利润再投资率”。内含增长率等于*ROA*乘以留存收益比例。

可持续增长率允许一定程度的外部融资。它假设公司不发行新股，并且管理者希望维持现有的债务股权比率。该比率表明，公司依靠留存收益再投资以及借入其留存收益所能支持的债务，可以达到怎样的增长速度。可持续增长率的公式如下：

$$可持续增长率=\frac{净利润}{期初股东权益}\times(1-股利分配比例)=ROE\times留存收益比例 \tag{11.9}$$

在其他条件都相同的正常（非亏损）情形下，若存在债务，*ROE*大于*ROA*，可持续增长率大于内含增长率。内含增长率假设没有外部融资，而可持续增长率假设公司会利用一些外部债务融资，但由于股东权益也因部分净利润的再投资而增长，因此，债务股权比率将保持不变。在相同的前提下，可持续增长率要大于内含增长率，因为内含增长率的计算不考虑外部融资，而可持续增长率考虑外部债务融资以促进营业收入和资产的增长。

【例 11-3】

S公司有股东权益7 000万元，债务3 000万元，预测本年净利润为1 400万元。公司当前分配20%的净利润作为现金股利。公司正在考虑改变股利政策——将股利增加到净利润的30%。这项改变将如何影响公司的内含增长率与可持续增长率？

需要分别计算*ROA*、*ROE*与留存收益比例（利润再投资率）。总资产为10 000万元（7 000万元股权+3 000万元债务）。

根据定义式，计算*ROA*和*ROE*分别为14%和20%。

原留存收益比例=1-股利分配比例=1-0.2=0.8；新留存收益比例=1-0.3=0.7。

应用11.8式计算股利政策改变前后的内含增长率：

原内含增长率=*ROA*×留存收益比例=14%×0.8=11.2%；新内含增长率=14%×0.7=9.8%。

应用11.9式计算股利政策改变前后的可持续增长率：

原可持续增长率=*ROE*×留存收益比例=20%×0.8=16%；新可持续增长率=20%×0.7=14%。

由于减少了可用于支持增长的留存收益的数量，股利分配比例的提高必然会降低内含增长率及可持续增长率。

当预测的增长率高于内含增长率时，应该选择降低股利分配比例（增加利润再投资率），或者增加额外的外部融资，或者二者同时进行。如果预测的增长率高于可持续增长率，应该增加利润再投资率，增加股权融资，或提高财务杠杆（使债务的增长速度高于保持债务股权比率不变时的增长速度）。

表11-16总结和比较了内含增长率与可持续增长率。

表11-16 **关于内含增长率与可持续增长率的总结**

增长率	内含增长率	可持续增长率
公式	*ROA*·留存收益比例	*ROE*·留存收益比例
达到最大增长率的融资方式	留存收益	留存收益及保持*D/E*比率不变的新债务
为加速增长，公司必须	减少股利或筹集外部资本	减少股利、增发新股或提高杠杆

内含增长率和可持续增长率有助于谨慎地计划外部融资，但却无法获知预期的增长会使公司价值增加还是减少。增长率无法估计增长所带来的未来成本和收益。只要增长提升

了公司价值，实际增长率超过可持续增长率就不是一定不好或难以维持的。这时公司需要筹集额外资金来支持增长。

例如，在20世纪90年代，星巴克的销售收入的平均增长率超过了50%，尽管它的平均 *ROE* 仅为12%。星巴克从未派发过股利，它的留存收益比例是1，可持续增长率也是12%。公司以可持续增长率的4倍的速度扩张，但公司价值却增加了近10倍；在早期，星巴克公司以远高于其可持续增长率的速度增长，公司价值持续增加。在2006年，公司计划以可持续增长率的速度增长，但股价下跌。星巴克的例子表明，实际增长率和可持续增长率的相对高低与增长是否有价值之间没有必然的联系。自2006年起，星巴克每年的目标增长率为20%，这与其当时的可持续增长率相比如何？星巴克的 *ROE* 为20%（根据2005年年报）。星巴克此前从未发放过股利，它的留存收益比例是1，所以可持续增长率也是20%。20%的增长率是可持续的，但没有使公司价值增加。

此外，寻求外部融资是有成本的，例如，新股或新债券的上市发行费用。这些融资成本相对于扩张业务所产生的净现值来说通常较小，但也不能完全忽略它们。正确的做法是，把它们包含在相关成本的现金流出中，然后从扩张计划的净现值中扣除。实际增长率超过内含增长率或可持续增长率并不一定是坏事，但需要外部融资并发生相关融资成本。

自测题11-3　　自测题11-4

【本章小结】

1. 估值建模是指将公司的各种信息按照价值创造的主线进行分类、整理和链接，在此基础上完成对公司财务状况的分析、预测及价值评估等功能。

2. 利用DCF法估值建模的主要步骤是：（1）预测经营改进和营业收入；（2）预测资本支出；（3）预测营运资本管理科目；（4）预测资本结构变动；（5）预测利润表和自由现金流；（6）预测资产负债表和现金流量表；（7）估计资本成本；（8）估算持续价值；（9）运用APV法估值；（10）对估值结果进行现实检验。

3. 对固定资产、无形资产和付息债务的预测，有助于完成利润表的折旧、摊销费用和财务费用的预测；运用间接法编制现金流量表，计算期末现金和融资缺口，配平资产负债表，完成对核心财务报表的预测。

4. 在资产负债表的负债侧需要增加“融资缺口”科目，以反映公司现金相对于所需现金额度不足的部分；在资产侧也有配平项，为“货币资金”。配平项是通过现金流量表完成的，用来配平资产负债表。

5. 当预测的增长率高于内含增长率时，应该选择降低股利分配比例（增加利润再投资率），或者增加额外的外部融资，或者二者同时进行。如果预测的增长率高于可持续增长率，应该增加利润再投资率，增加股权融资，或提高财务杠杆。

【复习思考】

1. 怎样理解公司价值的驱动因素？
2. 公司估值时怎样确定资本成本？
3. 解释内含增长率和可持续增长率的内涵。
4. 利用DCF法估值建模的主要步骤有哪些？
5. 如何预测财务报表？

案例分析

第五篇
金融工具与风险管理

第十二章

金融期权定价

【学习目标】

本章阐述金融期权的基本知识、定价模型以及期权应用，不涉及期权交易的具体操作细节，重在揭示期权定价和应用的基本原理。通过对本章内容的学习，学生应达到以下目标：

1. 明晰金融期权的基本概念，到期日的期权收益。
2. 掌握看涨期权与看跌期权间的平价关系及其推导过程，理解影响期权价格的因素。
3. 掌握金融期权的二叉树定价、风险中性定价和布莱克–斯科尔斯期权定价模型。
4. 领会从期权的视角去解释公司融资、代理问题以及嵌入期权的证券的定价。

【内容导图】

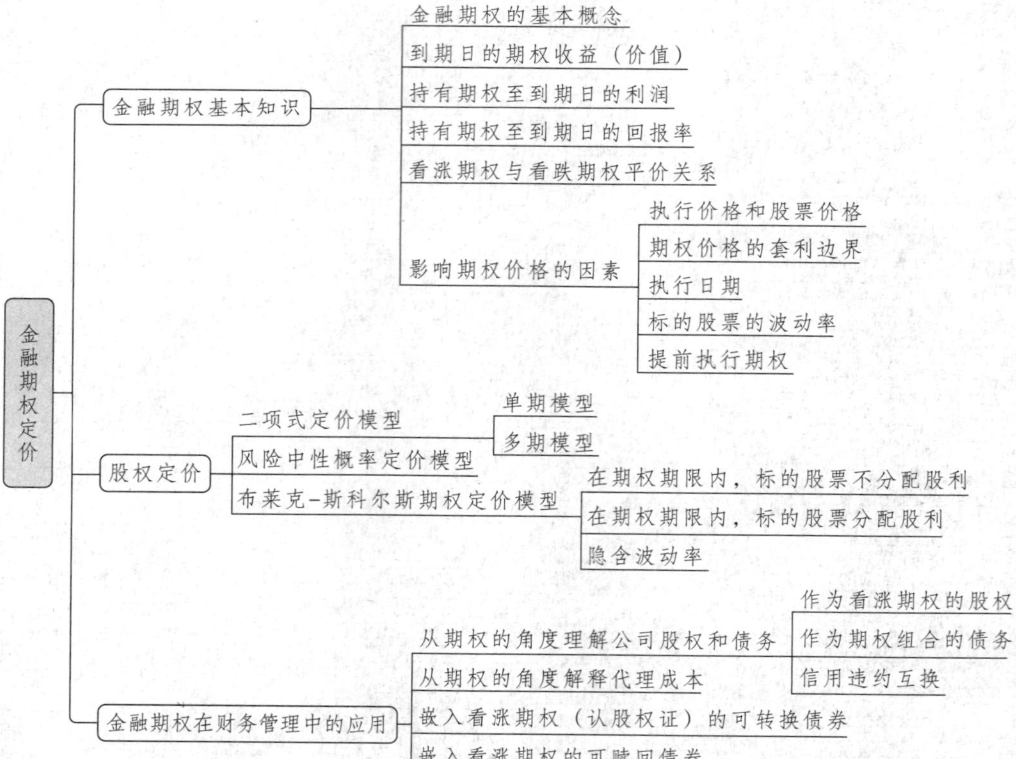

在亚里士多德的《政治学》一书中记载这样一个故事。哲学家泰利斯（Thales）因为痴迷于哲学和科学，无暇于财富积累而导致生活贫困，被周围人嘲笑，“百无一用是书生”，大概就是当时人们对他的评价。人们以此为理由认为哲学毫无用处，但结果却是擅长占星术的泰利斯笑到了最后。有一年冬天，泰利斯通过观测星象预测第二年秋天本地橄榄将会有百年一遇的大丰收，他推断出明年秋天用于榨取橄榄油的机器将会非常紧俏，租金肯定会飙升。于是，他拿出自己仅有的一点积蓄，秘密拜访了当地所有的橄榄油压榨机的拥有者，他付给每人一小笔定金来买下一份“期权”，该期权的内容就是到了秋天时，他能优先以正常的租金租用他们的压榨机，若明年出租压榨机的市价低于泰利斯与压榨机持有者约定的价格，泰利斯就放弃压榨机的使用权，但定金不退。第二年，大丰收果然来临，对压榨机的需求骤然增加，这一下泰利斯得到了向求租者漫天要价的机会，结果大发横财，他也因此成为历史上第一个利用“期权”交易致富的人。泰利斯以此告知天下：哲学家要想致富，简直易如反掌。泰利斯实际上买入的是虚值看涨期权，期权的标的就是榨油机的使用权。由于当时农民没有意识到明年橄榄会大丰收，因此看涨期权比较便宜。

第一节　金融期权基本知识

一、金融期权的基本概念

金融期权合约赋予其持有者在未来某个时期以固定的价格买进或卖出特定资产的权利（但不是义务），存在两种不同的期权合约：看涨期权和看跌期权。看涨期权（call option，又称“买权”）赋予其持有者买入资产的权利；看跌期权（put option，又称“卖权”）赋予其持有者卖出资产的权利。期权是交易双方订立的一项合约，对于金融期权的每一个买方来说，都存在着对应的期权的卖方。最常见的期权合约是股票期权，股票期权赋予期权持有者在约定的时间或者之前以约定的价格买进或卖出标的股票的权利。本章的讲述以股票期权为例。

当期权的持有者实施期权协议，以约定的价格买进或卖出股票时，他就在执行期权。当期权被执行时，持有者买进或卖出股票的价格称作期权的“执行价格”。期权有两种：美式期权和欧式期权。美式期权最为常见，这种期权允许其持有者在期权合约的最后日期即到期日或者到期日之前的任何时间执行期权。欧式期权只允许期权的持有者在最终到期日当天执行期权，不能在到期日之前执行。

期权的市场交易价格又称期权的“权利金”。期权的买方，即期权持有者，有权利执行期权，在合约中处在多头；期权的卖方在期权合约中处于空头。多头拥有执行期权的选择权，而空头则有履行合约的义务。投资者只有在一定获利时才会执行期权，不论何时执行期权，期权合约的空头都为多头提供了获利机会。也就是说，这一义务是有成本的，为什么还会有人卖出期权？答案是，当卖出期权时，卖方会得到回报，期权有正的价格。倘若期权持有者选择执行期权，这一前端收益将补偿期权卖方的损失风险。

当期权的执行价格等于股票的当前价格时，我们称期权处于“平价”。大多数的期权交易都发生在期权最接近平价时。股票期权合约常常以100股为单位，例如，如果你决定购买一份执行价格为22元的看涨期权合约，就相当于你将购买一份以每股22元的价格买入100股的看涨期权。期权价格（权利金）是以每股为基础报价的，2元的卖价意味着你将为此合约支付100×2=200（元）。

如果立即执行期权所得到的收益（payoff）是正的，称期权处于“实值”状态；执行价格低于当前股票市价的看涨期权，或执行价格高于当前股票市价的看跌期权，为实值期权。相反，如果立即执行期权所得到的收益是负的，那么称期权处于“虚值”状态；执行价格高于当前股票市价的看涨期权，或执行价格低于当前股票市价的看跌期权，为虚值期权。期权持有者不会执行虚值期权。当期权的执行价格和股票市价相差甚远时，我们称期权处于深度实值或深度虚值。

二、到期日的期权收益（价值）

如图12-1所示，假设持有执行价格为每股20元的看涨期权。如果在期权的到期日，股价高于执行价格，比如每股25元，就可通过执行看涨期权（支付20元的执行价格购买标的股票），然后立即在公开市场上以每股25元的价格卖出股票而获利。这5元的差额就是期权的收益或价值。当到期日的股价高于执行价格时，看涨期权的价值就是股票价格和执行价格之差，期权持有者的利润还要在此价值的基础上减去权利金。当到期日的股价低于执行价格时，持有者不会执行期权，此时期权无价值。S为到期日的股价，K为执行价格，C为看涨期权的价值，看涨期权在到期日的价值可表示为：$C=\max(S-K,0)$。

如图12-2所示，若股价S低于执行价格K，看跌期权的持有者会执行期权，收到K，其收益等于$K-S$。看跌期权的多头在到期日的价值可表示为：$P=\max(K-S,0)$。

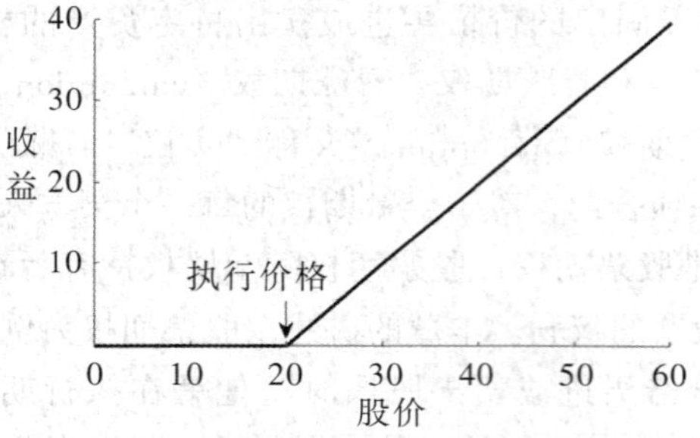

图12-1 看涨期权多头在到期日的价值

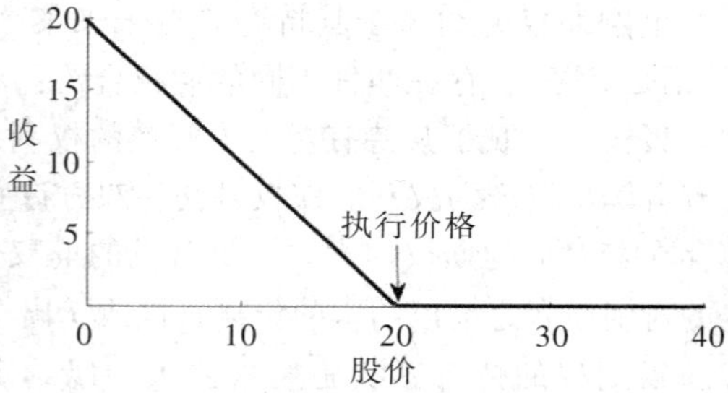

图12-2 看跌期权多头在到期日的价值

期权的多头投资者在期权到期时只能收到现金（当期权为虚值时，多头不执行期权），故此时空头投资者就只能支付现金。假设你拥有看涨期权的空头，执行价格为每股20元。如果到期日的股价大于看涨期权的执行价格，比如每股25元，期权多头将执行期权。你就有义务以每股20元的执行价格将股票卖给对方，你必须以每股25元的市价买入股票，因此将损失5元的价差。如果在期权到期日股价低于执行价格，期权多头将不执行看涨期权，此时你不会有损失，也没有卖出股票的义务。

三、持有期权至到期日的利润

尽管期权合约中多头的收益从来不会为负，购买期权并持有至到期日所获得的利润却可能为负，这是由于在到期日投资者获得的收益也许会小于最初的期权购买成本。假如购买执行价格为每股30元、到期日为2023年9月的某股票看涨期权，期权的权利金（价格）为4元，将于45天后到期。假设你以3%的年利率借入4元为购买期权融资。在期权到期日的股价为S，期权投资的利润就是看涨期权的收益减去应付的借款额：max（S−30，0）−$4\times1.03^{45/365}$。考虑建立期权头寸的成本，只有当股价超过每股34.01元（而非30元）时，才能够盈利。看涨期权的实值程度越深，期权的初始发行价格就越高，潜在的损失就越大。虚值期权的发行价格相对较低，其潜在损失也较小，但盈利的可能性也较小，因为盈亏平衡股价变得更高。

假如购买执行价格为K、到期日为2023年9月的某股票看跌期权，期权的权利金为P，将于45天后到期。假设你以3%的年利率借入P为购买看跌期权融资（或卖空无风险利率为3%的零息票债券）。在期权到期日的股价为S，期权投资的利润就是看跌期权的收益减去应偿付的借款额：max（K−S，0）−$P\times1.03^{45/365}$。看跌期权的执行价格越低，其权利金就越低，但盈亏平衡股价也就越低。

图12-3和图12-4分别给出看涨期权和看跌期权持有者在到期日的利润图。假定期权的到期日均为2023年8月。

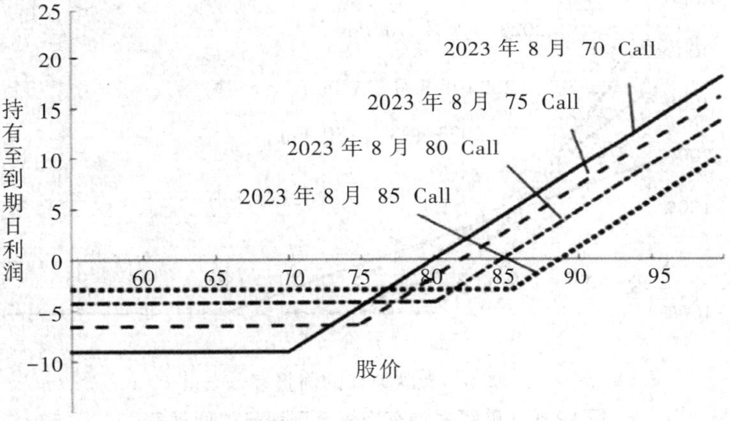

图12-3　持有看涨期权至到期日的利润

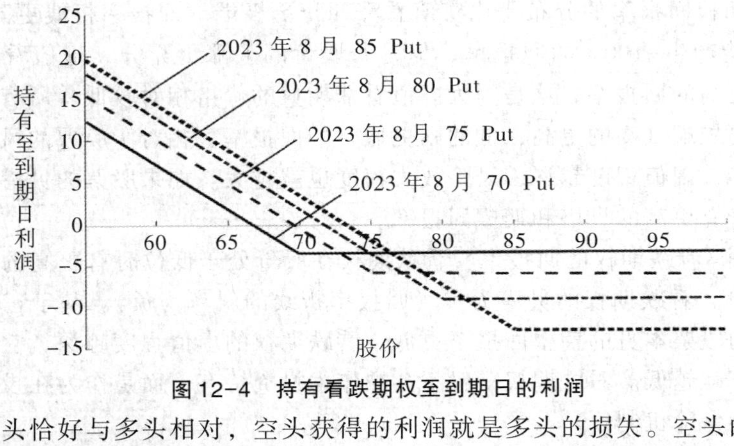

图12-4　持有看跌期权至到期日的利润

期权的空头恰好与多头相对，空头获得的利润就是多头的损失。空头的利润图与多头的利润图以横轴为对称轴呈镜像对称。

四、持有期权至到期日的回报率

如图 12-5 显示，在 2022 年 9 月 8 日购买到期日为 2023 年 8 月的期权，并持有至到期日所实现的回报率。

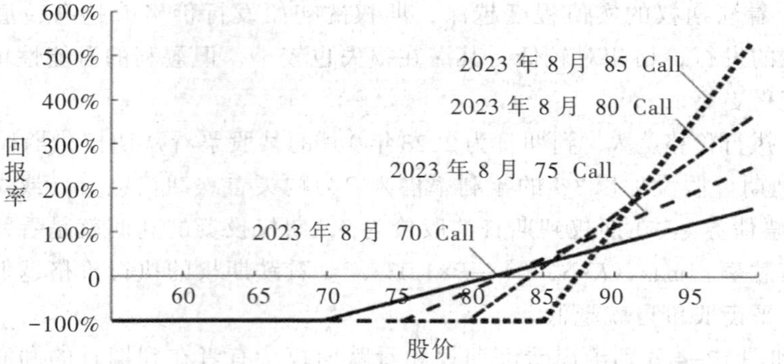

图 a　看涨期权的回报率

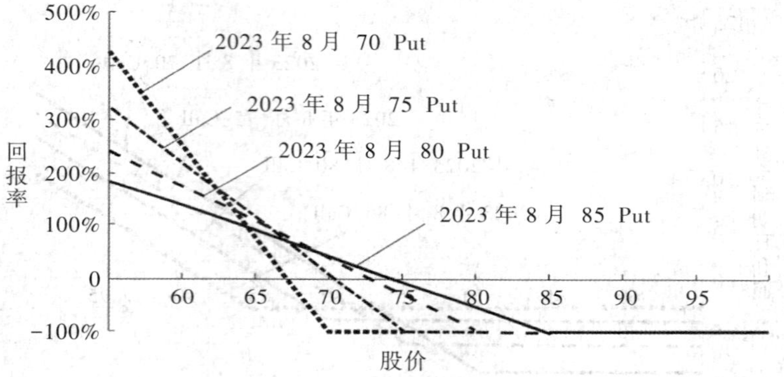

图 b　看跌期权的回报率

图 12-5　购买并持有期权至到期日的回报率

首先考察图 a 的看涨期权。在所有情形下，最大损失为 100%，即期权到期时毫无价值。虚值看涨期权回报率的分布要比实值看涨期权更极端（回报率折线更陡峭）。虚值看涨期权更有可能产生-100% 的回报率，但是若股价的上涨更充分，虚值看涨期权将比实值看涨期权有更高的回报率，这是因为虚值看涨期权的价格相对较低。所有看涨期权都比股票本身具有更极端（高的更高，低的则更低）的回报率。相对于股票的风险，看涨期权的风险被放大了，虚值程度越深，风险放大程度也就越大。如果股票的贝塔为正，看涨期权将比股票本身有更高的贝塔和期望回报率。

再来考察图 b 看跌期权的回报率。看跌期权在股价处于低位时有更高的回报率；如果股票有正的贝塔，看跌期权的贝塔为负（回报率折线的斜率为负）。基于正贝塔股票的看跌期权要比标的股票本身的期望回报率更低。看跌期权的虚值程度越深，它的负贝塔就越小，期望回报率就越低。看跌期权一般不会被作为投资持有，而是作为在投资组合中对冲其他风险的一种保险机制。

五、看涨期权与看跌期权平价关系

假设你现在持有某股票，并设法使股票免遭可能的价格下跌的损失，例如，要想避免股价下跌至每股25元之下，你决定购买执行价格为每股25元的该股票欧式看跌期权。图12-6左半部分的折线表示在期权到期日由看跌期权与标的股票所构成的组合的价值。如果到期日的股价高于每股25元，你将继续持有该股票，但是如果股价低于每股25元，你将执行看跌期权，以每股25元的价格卖出股票。由此，既获得了股价上涨的收益，同时又可避免股价下跌的损失。

也可通过购买债券和看涨期权达到完全相同的效果。假如该股票在期权期限内没有支付股利。通过购买1份面值为25元的零息票无风险债券，和1份执行价格为25元的该股票欧式看涨期权，可得到与上述持有股票和看跌期权组合相同的收益。如果到期日的股价低于25元，你不执行看涨期权，但可获得来自债券的收益25元。如果股价高于每股25元，就可执行看涨期权，也即，用来自债券的收益以每股25元的执行价格买入该股票。图12-6右半部分的折线表示在期权到期日这一组合的价值，这与持有股票和看跌期权组合时所得到的收益完全相同。

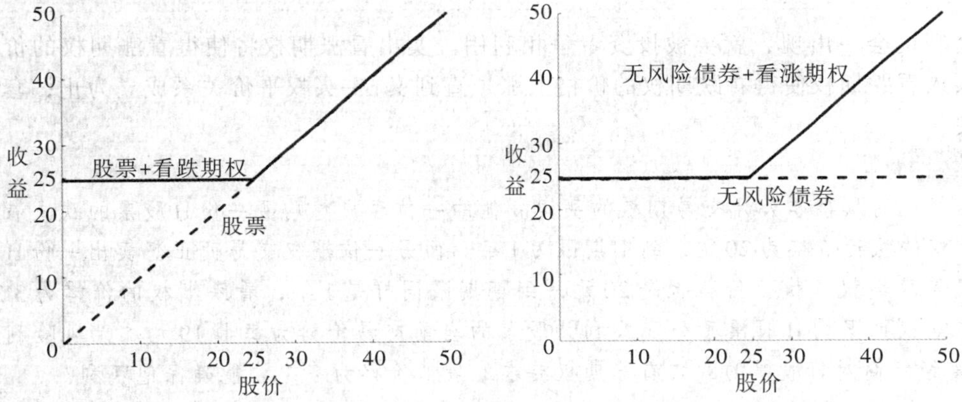

图12-6　卖权-买权平价关系

上述两种组合提供的收益完全相同，根据无套利原理，它们的价格（成本）也必定相等。令K为看涨期权和看跌期权的执行价格（假如你要确保投资的价值不会低于K），C为看涨期权的价格，P为看跌期权的价格，S为股票价格。如果这两种组合的价格相同，则有：

$$S+P=PV(K)+C \tag{12.1}$$

12.1式的等号左边表示持有股票和看跌期权的成本，右边表示持有面值为K的无风险零息票债券和看涨期权的成本。零息票债券的价格就是它的面值的现值，以$PV(K)$表示。重新整理上式，得到欧式看涨期权的价格表达式：

$$C=P+S-PV(K) \tag{12.2}$$

相关股票、无风险零息票债券、看涨期权和看跌期权的价格之间的关系，被称作“卖权-买权平价关系”（put-call parity）。这一关系表明，欧式看涨期权的价格等于股票价格加上其他方面与看涨期权完全相同的看跌期权的价格，再减去将于期权到期日到期的无风险债券的价格。可将看涨期权视为股票的杠杆头寸$S-PV(K)$，与规避股价下跌风险、价格为P的看跌期权的组合。

【例 12-1】

N股票的欧式看涨期权和看跌期权的当前价格分别为3元和1元，期权的执行价格都是20元，距离到期日有1年整。无风险利率是5%，股票的当前市价是20元。该股票在未来一年内不分配股利。存在套利机会吗？如果存在，如何套利？

根据卖权-买权平价关系，持有股票和看跌期权的价值为20+1=21（元），持有看涨期权和无风险债券的价值为3+20/1.05=22.05（元），两者不相等，违背了平价关系，所以存在套利机会。可通过如下策略套利：

现在以3元的价格卖出一份看涨期权，同时以无风险利率借入18元；以20元买入一份股票，同时以1元买入一份看跌期权；当前，投资者的净收益为0。

1年后期权到期时，如果股价大于或者等于20元，看跌期权的价值为0，以买入的股票结清看涨期权的空头，收到看涨期权多头支付的20元的执行价格，偿还1年期借款的本利和18×1.05=18.9（元），套利策略的净收益为20-18.9=1.1（元）。

如果1年后的股价低于20元，则看涨期权不会被执行，执行看跌期权，将股票用于看跌期权的执行，获得20元的执行价格，偿还借款本利和18.9元，净收益仍为1.1元。事实上，1年后1.1元的套利收益的现值为1.1/1.05=1.05（元），与22.05-21=1.05（元）一致。

套利机会一出现，就会被投资者争相利用。卖出看涨期权将使得看涨期权的价格下跌，买入看跌期权使得看跌期权的价格上涨，直到卖权-买权平价关系成立为止，套利机会消失。

【例 12-2】

某经纪商从事非公开交易期权的买卖。他的一位客户想购买一份H股票的欧式看涨期权，期权的执行价格为20元，到期期限为1年。而另一位期权交易商正想卖出一份H股票的欧式看跌期权，执行价格也是20元，到期期限同样是1年，看跌期权的价格为3.2元。如果在期权期限内H股票不分配股利，股票的当前交易价格为每股19元。无风险利率是4%。该经纪商对H股票的欧式看涨期权要求的最低价格为多少才能确保他获利？

根据期权的卖权-买权平价公式，可通过持有下列投资组合，来复制执行价格为20元的1年期看涨期权的收益：向其他交易商购买执行价格为20元的1年期看跌期权，再买入股票，同时卖出面值为20元的1年期无风险零息票债券。通过构造这样的组合，可得到由1年后H股票价格S_1决定的最终收益如下（见表12-1）：

表 12-1　**构造投资组合，复制看涨期权**　单位：元

收益	1年后H股票价格	
	$S_1<20$	$S_1>20$
买入看跌期权	$20-S_1$	0
买入股票	S_1	S_1
卖出债券	−20	−20
投资组合	0	S_1-20
卖出看涨期权	0	$-(S_1-20)$
总收益	0	0

注意，由这三种证券构成的组合在到期日的总收益与看涨期权的收益完全一致。因此，该经纪商可以向其客户卖出看涨期权，且他的未来收益都为零。只要能以比此投资组合的成本更高的价格卖出看涨期权，这一交易就是值得的。复制投资组合的成本为 $P+S-PV(K)=3.2+19-20/1.04=2.97$（元），所以，看涨期权的现时价格至少为 2.97 元。

如果在期权到期期限内，标的股票派发股利（Div），构建上述组合的两种不同方式（见图 12-6）得到的收益将不会相同；由于图 12-6 左半部分所示组合与含有股利的标的股票有关，而右半部分所示组合与标的股票无关，因此 12.1 式将不再平衡。只有将每股股利的现值添加到 12.1 式的等号右边（无标的股票），即无风险债券与看涨期权的组合中，这两种策略的实施成本才会相同（原等式才会平衡）：

$$S+P=PV(K)+PV(Div)+C \tag{12.3}$$

整理上式，得到更一般的期权平价公式：

$$C=P+S-PV(K)-PV(Div) \tag{12.4}$$

自测题 12-1　　自测题 12-2

六、影响期权价格的因素

（一）执行价格和股票价格

在其他方面完全相同的看涨期权中，期权持有者为购买股票所支付的执行价格越低，则看涨期权的价值就越高。看跌期权的执行价格越低，则期权的价值也就越低。给定看涨期权的执行价格，标的股票的当前价格越高，期权以实值执行的可能性就越大，期权的价值也就越高。与此相反，看跌期权的价值则随着股价的下跌而上升。

（二）期权价格的套利边界

期权的价格不可能为负。美式期权不仅具备与其他方面完全相同的欧式期权相同的权利，而且可以在到期日或之前任何时间执行，行权时间的可选择性代表更高的价值，所以美式期权的价值不会比欧式期权低。如若不然，则可通过卖出欧式看涨期权，然后用部分所得购入对等的美式看涨期权而套利。因此，美式期权的价值不会低于对等的欧式期权。

如果股票变得一无所值（比如，公司申请破产保护），看跌期权将实现最大收益，看跌期权的收益就等于执行价格，看跌期权的价值不会超过它的执行价格。

对于看涨期权而言，期权的执行价格越低，期权的价值就越高。如果看涨期权的执行价格为零，那么持有者总是会执行期权，从而无成本地获得股票。由此可确定看涨期权的价格上限：看涨期权的价值不会高于股票本身的价格。

期权的内在价值是指期权立即执行（到期）时的价值。期权的内在价值就是期权当前处在实值状态时的价值，若期权当前处于虚值，其内在价值为零。如果美式期权的价值比其内在价值更低，则可通过购买期权后立即执行得到内在价值而获取套利收益。因此，美式期权的价值不会低于它的内在价值。

期权的时间价值是指期权的当前价格（根据一价定律，证券的价格即为价值）和它的内在价值之差。由于美式期权的价值不会低于它的内在价值，因此，美式期权的时间价值不可能为负。在当前股价等于执行价格时，期权的时间价值最大。

（三）执行日期

对于美式期权，距离期权执行日的时间越长，期权价值就越高。考虑两种期权：一种期权距到期日的时限为1年，另一种期权距到期日的时限为6个月。1年期期权的持有者可轻易地通过提前执行期权，而将1年期期权转换为6个月的期权。1年期期权具有与6个月期权完全相同的权利，1年期期权的价值不会低于6个月期权的价值。对于其他方面完全相同的美式期权，执行日期较迟的美式期权的价值不会低于执行日期较早的美式期权的价值。通常，延迟执行期权的权利是有价值的，执行日期较迟的期权应该有更高的价值。

上述关于美式期权的结论并不适合于欧式期权，因为1年期欧式期权不可能在6个月时被提前执行。执行日期较迟的欧式期权，与其他方面完全相同而执行日期较早的欧式期权相比，其潜在的交易价格可能更低，例如，考虑某一欧式股票看涨期权，在6个月时支付清算股利（清算股利是指公司选择停业时，以变卖全部资产的所得支付的股利）。以此股票为标的资产的1年期欧式看涨期权没有任何价值，而6个月期的看涨期权却是有价值的。

（四）标的股票的波动率

考虑两种欧式看涨期权，执行价格都是20元，但标的股票不同。假如明天，波动率低的股票的价格确定为20元，而波动率高的股票的价格可能是30元或10元，两种价格出现的概率相同。如果这两种期权的执行日期都为明天，在今天哪种期权的价值更高？两只股票在明天的预期价值都是20元。其中波动率低的股票的价值为确定的20元，波动率高的股票的期望价值为20元（30×1/2+10×1/2）。然而，两种期权的价值却显著不同。以低波动率的股票为标的资产的期权没有价值（股价和执行价格相同，都为20元）。以高波动率的股票为标的资产的期权的价值为正，因为有50%的机会期权价值为10元（30−20），有50%的机会期权价值为零。其中50%机会的正的收益在今天的价值为正。期权价值一般随着股票波动率的增加而增加。波动率的增加提高了股票产生非常高的回报率和非常低的回报率的可能性。当股价上涨时，看涨期权的持有者将从较高的收益中获利，而一旦期权处于虚值，不论股价的下跌程度有多大，期权持有者的收益始终为零。由于期权收益的这种不对称性，期权持有者会从股票波动率的上升中获利。以较高波动率的股票为标的资产的看跌期权，其价值也较高。

（五）提前执行期权

1.标的股票不分配股利

考虑在到期日前不分配股利的股票期权。根据期权平价公式 $C=P+S-PV(K)$，且零息票债券的价格可表示为 $PV(K)=K-dis(K)$，$dis(K)$ 为无风险零息票债券面值的折价（债券面值与实际价格之差），整理后得到下式：

$$C=\underbrace{S-K}_{\text{内在价值}}+\underbrace{dis(K)+P}_{\text{时间价值}} \tag{12.5}$$

构成看涨期权时间价值的两项在期权到期前都是正的：只要利率保持为正，零息票债券的折价在债券到期前为正，加之看跌期权的价格也为正，欧式看涨期权的时间价值必定为正。由于对等的美式期权的价值至少与欧式期权的价值相当，所以在到期前美式期权的时间价值也为正。因此，以不分配股利的股票作为标的资产的美式看涨期权的价格一定大于它的内在价值。对于以不分配股利的股票作为标的资产的美式看涨期权而言，提前执行从来都不是最优的策略，最好总是卖出看涨期权。这是因为，当执行期权时，持有者只能获得期权的内在价值，但以不分配股利的股票作为标的资产的看涨期权的价格总是大于它的内在价值，所以，如果打算结清你所持有的这种看涨期权头寸，应该将期权卖出，而不是执行它，从而获得更高的价格。因为提前执行以不分配股利的股票为标的资产的美式看涨期权从来不是最优的，所以这种提前执行看涨期权的额外权利是没有价值的。正因为如此，以不分配股利的股票为标的资产的美式看涨期权与对等的欧式期权具有相同的价格。

根据卖权-买权平价关系，得到欧式看跌期权的价格：

$$P = \underbrace{K - S}_{\text{内在价值}} \underbrace{- dis(K) + C}_{\text{时间价值}} \tag{12.6}$$

看跌期权的时间价值中包含一个负项，即对面值为K的债券的折价dis（K）。看跌期权处于深度实值时（K远大于S），相对于看涨期权的价值C，折价dis（K）将足够大，从而使得欧式看跌期权的时间价值可能为负，欧式看跌期权的价格将低于它的内在价值。不过，与它相对等的美式看跌期权则不可能以比内在价值低的价格卖出（否则，可通过立即执行美式看跌期权而套利），这意味着，美式看跌期权比对等的欧式看跌期权具有更高的价值。因为这两种期权之间的唯一差别就在于，是否具有提前执行期权的权利，这种权利必定是有价值的，所以肯定存在提前执行美式看跌期权为最优的情形，例如，假设企业破产，其股票价值为零。在此情形下，看跌期权的价值等于它的上限——执行价格，期权在未来不可能会升值。然而，如果提前执行期权，现在就可获得期权的执行价格，并可于这一期间赚取期权执行收入的利息。这说明，提前执行处于深度实值的看跌期权往往是最优的。

2. 标的股票分配股利

如果标的股票在期权期限内分配股利，一般来说，提前执行期权的权利，对于看涨期权和看跌期权都是有价值的。基于分配股利的标的股票，期权的卖权-买权平价公式为：

$$C = \underbrace{S - K}_{\text{内在价值}} + \underbrace{dis(K) + P - PV(Div)}_{\text{时间价值}} \tag{12.7}$$

如果股利的现值PV（Div）足够大，欧式看涨期权的时间价值就有可能为负，这意味着欧式看涨期权的价格可能会低于它的内在价值。美式期权的价值从来不会低于它的内在价值，所以，美式看涨期权的价格高于对等的欧式看涨期权的价格。当公司分配股利时，投资者预期股价将下跌以反映现金的流出。股价的下跌损害了看涨期权持有者的利益，当股价下跌时，与股票持有者不同，期权持有者没有得到股利以作为补偿。然而，若通过提前执行期权而持有股票，看涨期权的持有者就将能够“捕获”股利。投资者是否要提前执行期权，将取决于等待执行看涨期权的收益与股利的损失两者之间的权衡。只有为了获得股利，看涨期权才有可能被提前执行，因此只有在股票除息日前执行美式看涨期权才有可能是最优策略。

同理，看跌期权的价格为：

$$P = \underbrace{K - S}_{\text{内在价值}} + \underbrace{C - dis(K) + PV(Div)}_{\text{时间价值}} \tag{12.8}$$

若标的股票的股利收益率较低，对应的零息票债券的折价较大，而且，执行价格K越高，看涨期权的价值C就越低，综合来看，对处于深度实值的看跌期权而言，12.8式中的债券折价项可能占据主导，从而使得处于深度实值的看跌期权的时间价值为负。所以，对处于深度实值的美式看跌期权，最好提前执行。

第二节　期权定价

一、二项式定价模型

无法直接应用折现现金流模型对期权定价，因为要计算期权的期望现金流，需要知道未来股价及其发生的概率，这很难做到；而且，期权的风险要大于基础资产的风险，投资者对期权要求的回报率，无法像股票回报率那样可依据CAPM方便地求出。

（一）单期模型

为给期权定价，首先构造一个复制组合，即在单期内与期权具有完全相同价值的其他证券的组合。因为期权和复制组合具有相同的现金流或收益，根据一价定律，它们的当前价值（价格）必定相等。二项式定价模型做了简化的假设：在下一期末，股价只有两种可能的结果。如果考虑股价在非常短的间隔内的运动，这一模型将很接近现实。

【例12-3】

考虑经过1期后到期的欧式看涨期权，期权的执行价格为30元。假设t=0的股价为30元。标的股票不分配股利（除非明确说明）。t=1，股价有可能上涨6元或者下跌4元。单期无风险利率为3%。将这些信息汇总，可由如图12-7所示的二叉树来表示。二叉树为具有两个分支的时间线，每个时点表示期间内可能发生的事件：

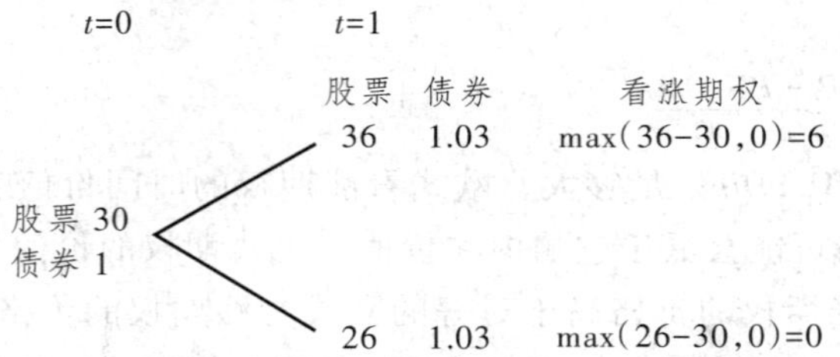

图12-7　看涨期权二叉树

将股价上涨（至36元）定义为上涨状态，将股价下跌（至26元）定义为下跌状态。令Δ表示t=0时买入的股票数量，B_0表示对无风险零息票债券的初始投资。为了用股票和债券构造看涨期权，要求由股票和债券所构成的投资组合的价值，在每一种可能的股价变动状态下，必须与期权的价值完全一致。如表12-2所示，当股价处于上涨状态时，组合的价值必定为6元（看涨期权在股价上涨状态下的价值）：$36\Delta+1.03B_0=$

6；当股价处于下跌状态时，组合的价值必定为零（看涨期权在股价下跌状态下的价值）：$26\Delta+1.03B_0=0$。求解关于Δ和B_0的联立方程，方程的解为：$\Delta=0.6$，$B_0=-15.15$。这表明，由买入0.6股股票、卖空价值15.15元的无风险零息票债券（或以3%的利率借入15.15元）所构成的组合，在经过1期后，将与看涨期权的价值或收益（payoff）完全相符。

表12-2 **构造投资组合，复制期权在到期日的收益** 单位：元

t=0		t=1时的收益（价值）	
套利交易	投资成本	S_u=36	S_d=26
买入0.6股股票	18	21.6	15.6
卖空无风险债券	−15.15	−15.6	−15.6
股票与债券组合	18−15.15=2.85	6	0
看涨期权的价值	C=?	6	0

根据一价定律，看涨期权在t=0的价值（价格）必定等于复制组合的当前市价（即为构造组合而付出的成本）：$30\Delta+B_0=30\times0.6-15.15=2.85$（元），即看涨期权的当前价值为2.85元。进一步讨论，假如当前看涨期权的价值（价格）不等于2.85元，那么又存在什么样的套利机会？套利行动将使期权价格如何变动？

假如期权价格高于2.85元，比如是2.9元，可通过构造表12-3所示的投资组合策略进行套利（每份期权可套利0.05元）。

表12-3 **套利组合的收益** 单位：元

t=0		t=1	
套利交易	S_0=30	S_u=36	S_d=26
卖空期权	2.9	−6	0
无风险借入	15.15	−15.6	−15.6
买入0.6股股票	−18	21.6	15.6
净收益	0.05	0	0

在其他条件不变的情况下，卖空期权将导致期权价格下跌至2.85元，当前的净收益为0，套利机会消失，套利交易停止。

假如期权价格低于2.85元，比如是2.8元，可通过构造表12-4所示的策略进行套利（每份期权可套利0.05元）。

表12-4 **套利组合的收益** 单位：元

t=0		t=1	
套利交易	S_0=30	S_u=36	S_d=26
卖空0.6股股票	18	−21.6	−15.6
买入期权	−2.8	6	0
无风险贷出	−15.15	15.6	15.6
净收益	0.05	0	0

在其他条件不变的情况下，买入期权导致期权价格上涨至2.85元，当前的净收益为0，套利机会消失，套利交易停止。

综合上述套利组合分析，期权的当前价值为2.85元，既不应高于又不应低于2.85元。如果期权价格出现偏离，投资者的套利行动将迅速消除价格偏离。

既然已经清楚了期权定价的基本思想，将上述定价过程一般化，即可得到基本的二项式期权定价模型。假设标的股票的当前股价为S_0，在下一期，股价或者将上涨至S_u，或者将下跌至S_d。单期无风险利率为r_f。在$t=1$，股价上涨时对应的期权价值为C_u；股价下跌时对应的期权价值为C_d。下面来计算期权的当前价值：

确定股票的数量Δ（又称“套期保值比率”）和债券的初始价值B_0，以使复制组合的收益在股价上涨或下跌时，相应地与期权的收益相匹配：

$$S_u\Delta+(1+r_f)B_0=C_u,\quad S_d\Delta+(1+r_f)B_0=C_d \tag{12.9}$$

求解Δ和B_0，得到二项式模型中的复制组合：

$$\Delta=\frac{C_u-C_d}{S_u-S_d},\quad B_0=\frac{C_d-S_d\Delta}{1+r_f}\quad 或\quad B_0=\frac{C_u-S_u\Delta}{1+r_f} \tag{12.10}$$

期权在当前的价值C就等于复制组合的成本：

$$C=S_0\Delta+B_0 \tag{12.11}$$

12.11式同样适用于欧式看跌期权，也可用它来为未来收益取决于股价的任何证券进行估值。期权复制组合的收益由斜率为Δ、截距为$B_0(1+r_f)$的直线（横轴为股价）表示。这条直线与表示到期日期权价值的折线（见图12-1）有所不同，但二项式模型的巧妙之处就在于，由图12-8可见，尽管期权和复制组合的收益在总体上并不相同，但在给定两种可能的股价上，具有同样的收益（当股价分别为26和36元时，表示复制组合的直线和表示期权价值的折线相交）：

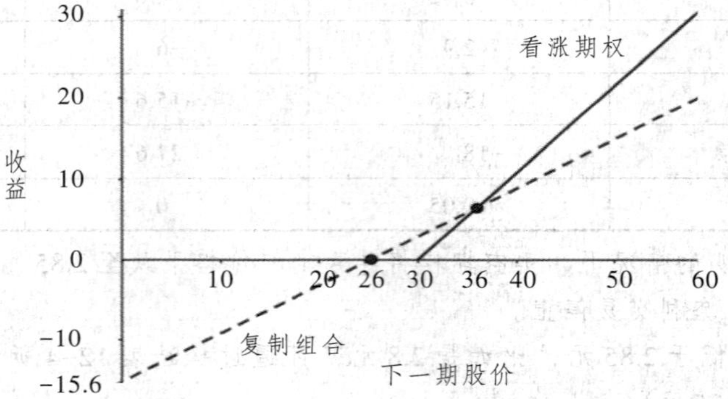

图12-8 期权的复制组合

不难证明，对于其他方面都相同的单期欧式看涨期权和看跌期权而言，看跌期权的对冲比率Δ等于看涨期权的对冲比率减去1。对于看涨期权，如果其执行价格为零，那么持有期权就相当于持有股票，此时复制期权的对冲比率为1；如果执行价格为无穷大，那么即使股价大幅度变动，看涨期权的价值仍旧很低，期权价值变动相对于股价变动变得非常小，对冲比率接近零；所以，看涨期权的对冲比率（即为复制组合的股票数量）处于0和1之间。

【例12-4】

假设股票的现行市价为20元，经过1期后，股价将上涨20%或者下跌20%，1期无风险利率为3%。计算将于1期后到期、执行价格为20元的该股票欧式看跌期权的当前价值，首先构建二叉树如图12-9所示：

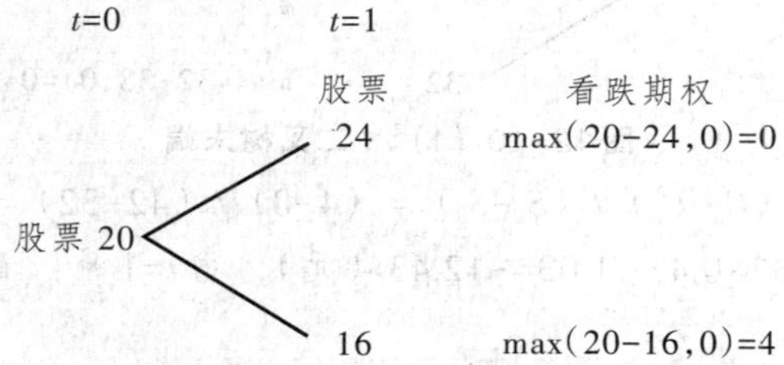

图12-9　看跌期权二叉树

C_u=0（股价上涨时看跌期权的价值），C_d=4（股价下跌时看跌期权的价值），代入12.10式解得：

$$\Delta=\frac{C_u-C_d}{S_u-S_d}=\frac{0-4}{24-16}=-0.5,\ B_0=\frac{C_d-S_d\Delta}{1+r_f}=\frac{4-16\times(-0.5)}{1.03}=11.65$$

这一组合为卖空0.5股股票，同时买入（投资）11.65元的无风险债券。资产组合的未来收益与看跌期权的未来收益完全一致，看跌期权的价值等价于资产组合的初始成本：

看跌期权的价值 = $S_0\Delta+B_0$=20×（−0.5）+11.65=1.65（元）

（二）多期模型

单期两状态模型存在的问题是，在现实中，股价的可能变化远远不止两种结果。为使模型更加符合现实，应考虑多期股价多种状态的可能性。二项式模型的一个重要特性是，在每一期，股价仅有两种可能结果：上涨或下跌。但通过增加一个时期，则在第二期的期末，股价变动的可能结果就会增加。

【例12-5】

再次假设每一期的无风险利率为3%，现在来考虑，如何为当前股价为30元、执行价格为38元、将于经过2期后到期的欧式看涨期权定价（假设未来的股价涨跌为已知，如图12-10的二叉树所示，股价每期或者将上涨6元，或者将下跌4元）：

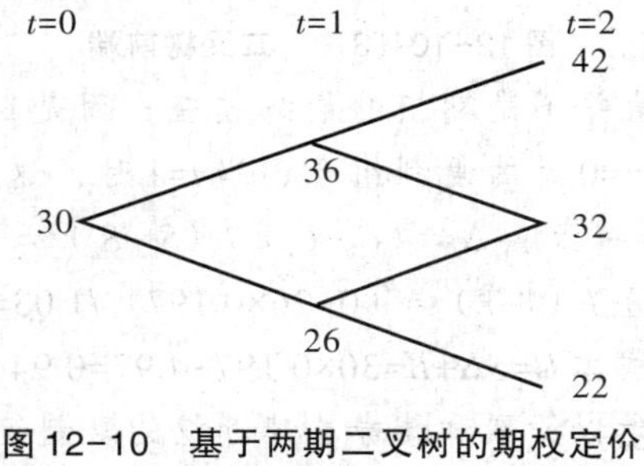

图12-10　基于两期二叉树的期权定价

从二叉树的末端开始，向后倒着进行。当t=2时，期权到期，它的价值就等于内在价值。然后来确定在t=1每种可能状态下的期权价值。如果当t=1时，股价上涨至36元，那么此时的期权价值为多少？在此情形下，期权将于t=2到期，二叉树如下：

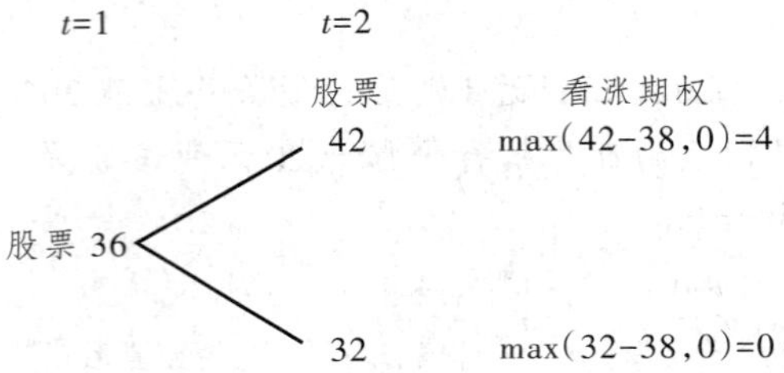

图 12-10（1） 二叉树末端

复制组合的股数 $\Delta=(C_u-C_d)/(S_u-S_d)=(4-0)/(42-32)=0.4$（股），债券价值 $B=(C_d-S_d\Delta)/(1+r_f)=(0-32\times0.4)/1.03=-12.43$（元），当 $t=1$ 时，看涨期权的价值为 $S\Delta+B=36\times0.4-12.43=1.97$（元）。

如果当 $t=1$ 时，股价下跌至 26 元，那么此时的期权价值为多少？在此情形下，期权将于 $t=2$ 到期，二叉树如下：

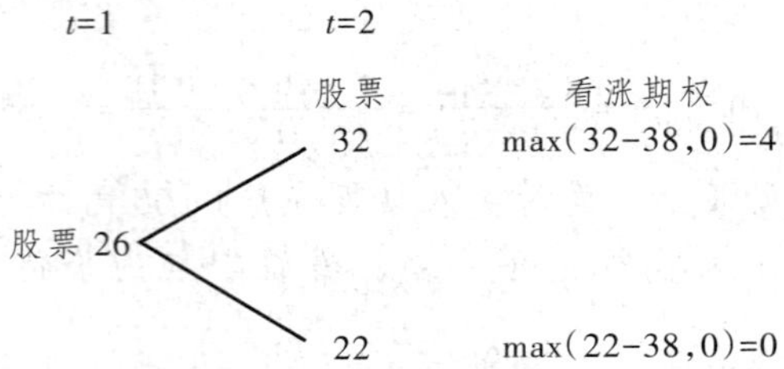

图 12-10（2） 二叉树末端（2）

在 $t=2$ 的两种股价状态下，期权价值都为 0，$t=1$ 股价处于下跌状态时的期权价值也必定为 0（复制组合的 $\Delta=0$，$B=0$）。

基于 $t=1$ 两种状态下的期权价值，继续倒推 $t=0$ 时的期权价值。当 $t=0$ 时，下一期的二叉树表示如下：

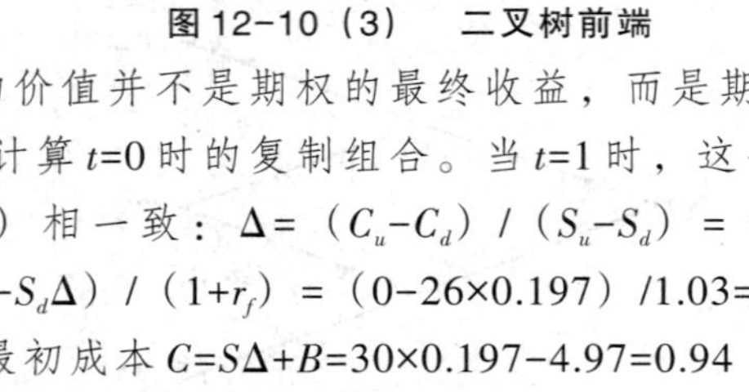

图 12-10（3） 二叉树前端

看涨期权在 $t=1$ 时的价值并不是期权的最终收益，而是期权在到期日前一期的价值。根据二项式定价公式，计算 $t=0$ 时的复制组合。当 $t=1$ 时，这一复制组合的价值与期权价值（分别为 1.97 元和 0）相一致：$\Delta=(C_u-C_d)/(S_u-S_d)=(1.97-0)/(36-26)=0.197$（股），债券价值 $B=(C_d-S_d\Delta)/(1+r_f)=(0-26\times0.197)/1.03=-4.97$（元）；看涨期权的初始价值等于复制组合的最初成本 $C=S\Delta+B=30\times0.197-4.97=0.94$（元）。

对于两期看涨期权，仍然以股票和债券构建期权的复制组合，但还需要在每一期的期末，对复制组合进行动态调整（动态复制策略）。$t=0$，买入 0.197 股股票，借入 4.97 元的无风险债务（初始成本为 0.94 元）。如果当 $t=1$ 时，股价下跌至 26 元，则股票价值为 $26\times0.197=5.12$（元），债务增加到 $4.97\times1.03=5.12$（元），复制组合的净值（净成本）为 0（与

t=1股价下跌状态的期权价值相等），可以无成本地清算复制组合，即卖出股票偿还债务。如果t=1股价上涨至36元，复制组合的净价值必须是1.97元，与t=1股价上涨状态的期权价值相等。此时，复制组合的股数应为0.4股，要再买进0.4−0.197=0.203（股）股票，并且同时借款0.203×36=7.31（元），以支付购买股票的价款，这一交易不需要额外付钱。从而，t=1时的债务总额为4.97×1.03+7.31=12.43（元），这与先前计算的t=1时的债券价值相等。最后，在t=2时的期权到期日，如果股价上涨至42元，投资组合的价值为0.4×42−12.43×1.03=4（元）；如果股价下跌至32元，则投资组合的价值为0.4×32−12.43×1.03=0；组合的价值与期权在到期日的价值相等。

要给实际的股票期权定价，二叉树必须是能够描述未来股价的可能演变方式的现实模型。尽管向上或向下的二元变动并非股价的日变动方式，但在非常短的交易时距内，可合理地刻画股价的变动路径。通过缩短每一时期的时间长度，进而增加股价二叉树的时期数，就可构造出更现实的股价变动模型。将时间段划分为很多个短时期，股价的变动路径看起来就与实际的股价波动非常相似。

自测题12-3　　自测题12-4　　自测题12-5

二、风险中性概率定价模型

在期权定价二叉树中，如果知道出现每一种可能的未来股价的概率，就可以计算期权的期望收益，然后以合适的资本成本对其折现。但即使知道某种股价出现的概率，也很难估计特定资产的资本成本（期望回报率），期权也不例外。不过，存在一种可以精确地估计资本成本的情形就是，如果所有市场参与者都是风险中性的①，所有的金融资产（包括期权）都将具有相同的资本成本，即为无风险利率。

【例12-6】

设想在一个只有风险中性投资者的世界里，标的股票的现行市价为30元，经过1期后，股价或者将上涨6元，或者将下跌4元。1期无风险利率为3%。令ρ表示股价上涨的概率，$(1-\rho)$就表示股价下跌的概率。股票在今天的价值一定等于下一期的期望价格以无风险利率折现后的现值：

$$30=\frac{36\rho+26\times(1-\rho)}{1.03}$$

解得ρ=49%。知道出现每一种股价状态的概率后，就可通过计算下一期看涨期权的期望收益的现值来为期权定价。看涨期权的执行价格为30元，在到期日，期权价值为6元或0。期权的期望收益的现值为：

$$\frac{6\times49\%+0\times(1-49\%)}{1.03}=2.85\text{（元）}$$

① “风险中性”是指，投资者既不厌恶风险，又不偏好风险，对于风险持中立态度，例如，如果投资者有以下两种选择：一种是有50%的概率得到2元，有50%的概率得到0元；另一种是得到确定的1元。上述两种选择的期望回报都是1元，但是对于风险厌恶的投资者来说，他们会接受第二种选择，即确定的1元；偏好风险的投资者会接受第一种选择；而风险中立的投资者认为两种选择都可以接受，没有实质性的差别。

这与例12-3通过二项式定价公式计算出的结果一样。

利用风险中性概率为期权定价，首先要计算风险中性概率，使得股票的期望回报率等于无风险利率：

$$\frac{\rho S_u + (1-\rho)S_d}{S_0} - 1 = r_f \tag{12.12}$$

得到风险中性概率ρ：

$$\rho = \frac{(1+r_f)S_0 - S_d}{S_u - S_d} \tag{12.13}$$

然后，基于风险中性概率，计算期权的期望收益，再以无风险利率对期权的期望收益折现，从而求得期权的现时价值。

在现实中，投资者是风险厌恶的。股票的期望回报率通常包含正的风险溢价，以补偿投资者所承担的风险。在假想的风险中性世界中，投资者不要求风险补偿，要使股价与现实相符，投资者必须更加悲观些。对于现实中的期望回报率高于无风险利率的股票，当使用这些更加悲观的概率对其估值时，会得出与无风险利率相等的期望回报率。12.13式中的ρ并非股价上涨的实际概率，而是表示该如何调整实际概率，以使股价与风险中性世界中的股价保持一致。ρ和（1-ρ）被称作"风险中性概率"。

为了说明这一点，假设上述股票的现价为30元，股价上涨到36元的真实概率为70%，下跌到26元的真实概率为30%，股票的真实期望回报率为（36×70%+26×30%）÷30-1=10%，风险溢价为7%。但是，正如先前利用12.13式所计算的那样，股价上涨的风险中性概率为49%，小于70%的真实概率，在风险中性世界中，期望回报率为（36×49%+26×51%）÷30-1=3%（无风险利率）。要确保风险中性世界中的所有资产都具有相当于无风险利率的期望回报率，相对于真实概率，风险中性概率必然要加大差的状态的概率，降低好的状态的概率（投资者表现得更悲观）。

【例12-7】

H股票的当前市价为每股6元。在今后两年内，股价每年或者将上涨2.5元，或者将下跌2元。两年内该股票不分配股利。无风险年利率为3%，并将保持不变。应用风险中性概率方法为执行价格是7元的两年期H股票看涨期权定价。

期权二叉树如图12-11所示：

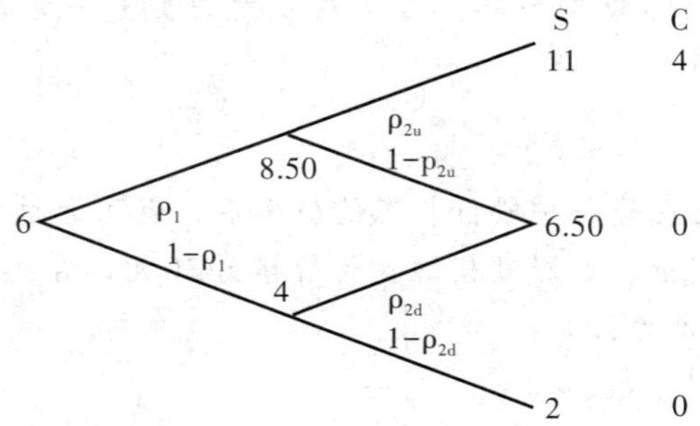

图12-11 期权的两期二叉树

计算风险中性概率：

$$\frac{8.5\rho_1+4(1-p_1)}{1.03}=6\Rightarrow\rho_1=48.44\%$$

$$\frac{11\rho_{2u}+6.5(1-\rho_{2u})}{1.03}=8.5\Rightarrow\rho_{2u}=50.11\%$$

$$\frac{6.5\rho_{2d}+2(1-\rho_{2d})}{1.03}=4\Rightarrow\rho_{2d}=47.11\%$$

基于风险中性概率，计算期权的当前价值：

$$C_0=\frac{4\cdot\rho_1\cdot\rho_{2u}}{1.03^2}=\frac{4\times48.44\%\times50.11\%}{1.03^2}=0.915\text{（元）}$$

本例可不必计算p_{2d}，因为当两年后的股价为6.5元或2元时（均低于执行价格），对应分支的期权价值为零。如果对应分支的期权价值不为零，要计算该分支的风险中性概率。

多期二叉树模型的原理和单期二叉树相同，只不过是将期权期限划分为更多期间，从而使得未来的股价变动更符合实际。期数增加所产生的主要问题是，每期股价上涨与下跌的百分比（幅度）如何确定。期数增加以后，需要调整资产价格变动的升降幅度，以确保年度波动率不变。将股票回报率的波动率和每期股价升降幅度联系起来的公式是：

$$u=1+\text{股价上涨百分比}=e^{\sigma\sqrt{\Delta t}},\ d=1-\text{股价下跌百分比}=e^{-\sigma\sqrt{\Delta t}}=1/u \tag{12.14}$$

u为标的资产（股票）价格上行乘数，d为资产价格下行乘数，e为自然常数，约等于2.7183，σ为标的资产连续复利年度回报率的标准差（波动率）。Δt为以年表示的期权的划分间隔时长，例如，如果期权期限为1年，将其划分为4期，即每个间隔期的时长是3个月，$\Delta t=1/4$年；如果期权期限为6个月，将其划分为6期，即每个间隔期的时长是1个月，$\Delta t=1/12$年。例如，标的股票的年度波动率σ为24%，假如股价每6个月变动一次，则$u=e^{0.24\sqrt{0.5}}=1.185$，$d=1/u=0.844$，即，股价上涨的幅度为18.5%，下跌的幅度为15.6%。假如股价每3个月变动一次，$u=e^{0.24\sqrt{0.25}}=1.127$，$d=1/u=0.887$，股价上涨的幅度为12.7%，下跌的幅度为11.3%。若波动率σ增加，则股价的涨跌幅度和变动范围将增大。

【例12-8】

公司的当前股价是22元，股票回报率的年度波动率为25%，1年期无风险利率为3%。1年期欧式看涨期权的行权价格为22元。如何运用风险中性概率定价模型计算期权的价值？

由12.14式得到，$u=1+\text{股价上涨幅度}=e^{0.25\sqrt{1}}=1.284$，$d=1-\text{股价下跌幅度}=1/u=1/1.284=0.779$。股价涨幅为28.4%，跌幅为22.1%。

令ρ为股价上涨的风险中性概率，根据12.12式，$\rho\times0.284+(1-\rho)\times(-0.221)=0.03$，解得$\rho=0.497$。1年后的股价分别为22×1.284=28.25（元）和22×（1−0.221）=17.14（元），看涨期权在到期日的价值分别为6.25元和0。期权的当前价值为［0.497×6.25+（1−0.497）×0］/1.03=3.02（元）。

【例12-9】

股票的当前市价为10元，在之后连续两个6个月期间内，每期股价或者上涨20%，或者下跌10%。在第6个月，公司将派发股利，股利的数额等于当时股价的20%。6个月期的无风险利率为3%。计算执行价格为9元的1年期股票欧式看涨期权的价值。

股价变动二叉树如图12-12所示：

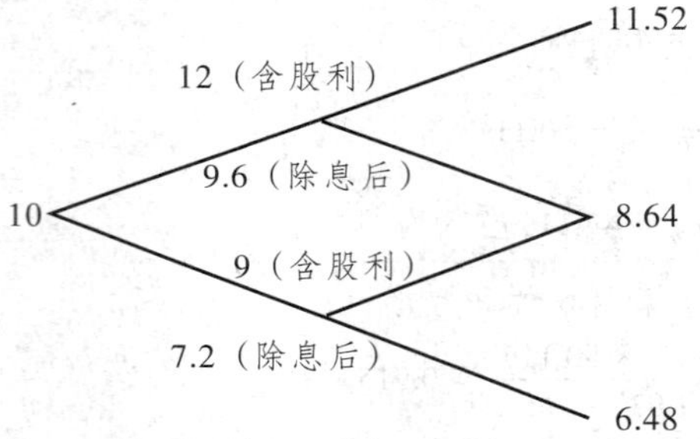

图12-12　两期二叉树

计算股价上涨的风险中性概率：$\rho \times 0.2+(1-\rho)\times(-0.1)=0.03$，解得$\rho=0.433$；基于最右下方的二叉树，1年后的股价跌至9元以下，看涨期权的价值为0；基于最右上方的二叉树，如果股价连续两次上涨，期权在1年后的价值为2.52元，否则为0。股价连续两次上涨的风险中性概率为0.433×0.433，期权的期望收益为0.433×0.433×2.52元，以无风险利率对此期望收益折现，得到期权的当前价值为$0.433\times0.433\times2.52/1.03^2=0.445$（元）。

也可这样计算：期权在6个月时的价值为［0.433×（11.52−9）+（1−0.433）×0］/1.03=1.059（元），期权在当前的价值为［0.433×1.059+（1−0.433）×0］/1.03=0.445（元）。

自测题12-6

如果基于二项式定价模型计算，则结果是一致的。但要注意，在计算期权的当前价值时要利用最左侧的二叉树，此时，计算套期保值比率和无风险债券价值时涉及的股价，应为含有股利的价格，而非除息后价格。

三、布莱克－斯科尔斯期权定价模型

基于二项式期权定价模型，将每一期的时间长度和股价运动时距缩短至零，将时期数扩展为无穷大，从而可推导出布莱克-斯科尔斯期权定价模型（简称B-S模型）。

（一）在期权期限内，标的股票不分配股利

B-S模型的一些参数符号：S表示标的股票的当前市价，T表示期权距到期日的年数，K表示期权的执行价格，σ为股票回报率的年度波动率。对于不分配股利的股票的欧式看涨期权，在到期日前的价值由下列公式给出：

$$C=S\cdot N(d_1)-PV(K)\cdot N(d_2) \tag{12.15}$$

12.15式中，$N(d)$表示概率正态分布变量小于d的累积概率，这一概率等于由标准正态概率分布密度函数（钟形曲线）和经过d点的垂线左侧所围区域的面积，可使用Excel的NORMSDIST(d)函数计算得到；d_1和d_2的计算式如下：

$$d_1=\frac{ln[S/PV(K)]}{\sigma\sqrt{T}}+\frac{\sigma\sqrt{T}}{2},\ d_2=d_1-\sigma\sqrt{T} \tag{12.16}$$

只需要5个输入参数即可对看涨期权定价：当前股价、执行价格、行权期限、无风险利率（用以计算执行价格的现值）以及股票的波动率。唯一需要预测的参数是股票的波动率，而股票的波动率比它的期望回报率要更容易测度。B-S模型是在假设看涨期权为欧式期权的前提下得出的。在期权期限内不分配股利的股票的美式看涨期权与对等的欧式看涨

期权的价值相同，故B-S模型可用于对不分配股利的股票的美式或欧式看涨期权的定价。

B-S模型中的无风险债券利率是指其市场利率，即根据债券市价计算的到期收益率，而非票面利率，而且应该是按连续复利计算的利率，并非常见的年复利。应选择与期权期限相同的无风险债券利率，例如，期权还有3个月到期，就应选择3个月期限的无风险国债利率。如果没有相同期限的，就选择时间最接近的政府债券利率。

由于B-S模型假设套期保值比率是连续变化的，因此利率要使用连续复利。连续复利假定利息是连续支付的，是指在期数趋于无限大的极限情况下得到的利率。以F表示终值，P表示现值，r_c表示连续复利，T表示期间时长（年），有下式成立：

$$F = P \times e^{r_c T},\ r_c = \frac{\ln(F/P)}{T} \tag{12.17}$$

同理，以连续复利表示的股票回报率为：

$$R_t = \ln\left(\frac{P_t + Div_t}{P_{t-1}}\right) \tag{12.18}$$

而以分期（非连续）复利表示的股票回报率表达式为：

$$R_t = \frac{(P_t - P_{t-1}) + Div_t}{P_{t-1}} = \frac{P_t + Div_t}{P_{t-1}} - 1 \tag{12.19}$$

对于期权定价，理论上应使用连续复利股票回报率的标准差。为了简化，也可使用分期复利回报率的标准差（波动率）作为替代。

12.15式中，$N(d_1)$ 相当于二项式定价模型中的套期保值比率Δ，$-PV(K) \times N(d_2)$ 相当于二项式模型中的B_0。当股价变动时，复制组合也要持续重新调整以保持精确性，表现为线性复制组合的斜率发生变动，以使投资组合价值线始终与期权的到期前价值曲线相切，从而复制期权（称作“动态复制组合”）。

【例12-10】

G股票不分配股利。G股票的美式看涨期权的执行价格为12.5元，将于2023年1月到期。该股票回报率的每年波动率为25%，市场现行短期无风险年利率为4.38%。期权距离到期日还有45天。G股票的当前市价为每股12.585元，股票的贝塔是1.02。计算G股票看涨期权的价值。

计算B-S模型的各种参数如下：

执行价格的现值$PV(K) = 12.5/1.0438^{45/365} = 12.434$（元）

$$d_1 = \frac{\ln[S/PV(K)]}{\sigma\sqrt{T}} + \frac{\sigma\sqrt{T}}{2} = \frac{\ln(12.585/12.434)}{0.25\sqrt{45/365}} + \frac{0.25\sqrt{45/365}}{2} = 0.181$$

$$d_2 = d_1 - \sigma\sqrt{T} = 0.181 - 0.25\sqrt{45/365} = 0.094$$

利用Excel的NORMSDIST（）函数得到，$N(d_1) = N(0.181) = 0.572$，$N(d_2) = N(0.094) = 0.537$

将以上参数代入B-S模型：

$C = S \cdot N(d_1) - PV(K) \cdot N(d_2) = 12.585 \times 0.572 - 12.434 \times 0.537 = 0.522$（元）

将期权平价公式与B-S模型相结合，可计算不分配股利的股票的欧式看跌期权的价值：

$$P = PV(K)[1 - N(d_2)] - S[1 - N(d_1)] \tag{12.20}$$

12.20式的内涵是，可通过买入1份其他方面都相同的看涨期权，买入价值等于行权价格现值的无风险债券，同时卖空1股标的股票，这样所构造的组合的收益可完全复制看跌期权的收益，根据一价定律，看跌期权的价值就等于复制组合的价值，看跌期权的风险就相当于该资产组合的风险。

【例 12-11】

N股票在未来的1年内不分配股利，当前股价为每股10元。股票回报率（股价）的波动率为40%，1年期无风险利率为5%，股票的贝塔为1.5。要复制当前处于平价状态的1年期N股票看涨期权，当前应持有什么样的投资组合？期权价值和期权贝塔是多少？

应用B-S模型，其中，$S=10$，$PV(K)=10/1.05=9.524$

$$d_1=\frac{\ln[S/PV(K)]}{\sigma\sqrt{T}}+\frac{\sigma\sqrt{T}}{2}=\frac{\ln(10/9.524)}{0.4}+\frac{0.4}{2}=0.322$$

$$d_2=d_1-\sigma\sqrt{T}=0.322-0.4=-0.078$$

期权的复制组合为：

$\Delta=N(d_1)=N(0.322)=0.626$，$N(d_2)=N(-0.078)=0.469$

$B=-PV(K)N(d_2)=-9.524\times0.469=-4.467$（元）

为构造复制组合，买入0.626股标的股票，同时以无风险利率借入4.467元（或卖空价值4.467元的国债）；投资组合的总成本为10×0.626−4.467=1.793（元），即为看涨期权的价值。

复制组合的贝塔即为期权的贝塔，等于组合中各项资产贝塔的加权平均：

$$\beta_{Option}=\frac{6.26}{1.793}\times1.5+\frac{-4.467}{1.793}\times0=5.24$$

期权的贝塔大于标的股票的贝塔，表明期权的风险远比标的股票的风险高。

接上例，计算其他方面都相同的N股票看跌期权的价值和贝塔。将参数代入12.20式，计算欧式看跌期权的价值：

$P=PV(K)[1-N(d_2)]-S[1-N(d_1)]=9.524\times(1-0.469)-10\times(1-0.626)=1.317$（元）

资产组合的贝塔即为看跌期权的贝塔，根据期权平价公式，看跌期权可视作由买入价值1.793元的看涨期权（期权贝塔为5.24）、买入价值9.524元（等于执行价格的现值）的无风险债券、同时卖空1股N股票（当前市价为10元）所构造的组合（组合的价值为1.793+9.524−10=1.317（元）），计算看跌期权的贝塔：

$$\beta_{Option}=\frac{1.793}{1.317}\times5.24+\frac{9.524}{1.317}\times0+\frac{-10}{1.317}\times1.5=-4.26$$

可见，看涨期权的贝塔为正，基于同一股票的看跌期权的贝塔为负。

根据12.20式，也可将看跌期权视作由买入价值9.524×（1−0.469）=5.057（元）的无风险债券、同时卖空价值10×（1−0.626）=3.74（元）的股票所构造的组合：

$$\beta_{Option}=\frac{5.057}{1.317}\times0+\frac{-3.74}{1.317}\times1.5=-4.26$$

图12-13为例12-11中的复制组合（虚线）与看涨期权的价值（曲线）分别基于股价的函数图像（在期权到期日前的某一时刻的价值）。折线为立即执行期权的内在价值或看涨期权在最终到期日的价值（假如标的股票不分配股利）。由于期权价值曲线和表示复制组合价值的虚直线在初始股价（$S=10$）处相切（虚线的斜率为Δ），因此对于股价的微小变动，复制组合的价值约等于看涨期权的价值。但当股价变动时，复制组合也需要重新调整以保持与期权价值曲线相切，例如，如果股价上涨，那么复制组合将重新对应于一条更陡峭的、处于曲线上方的切线。直线越陡峭，相应的Δ就越高，当股价上涨时，要复制期

权的收益，就需要再买进股票。这一动态交易策略类似于早先推导二项式期权定价模型的情形。二项式模型之所以能够复制期权的收益，是因为仅需要将任何时候两者的收益匹配即可。B-S模型的洞见就在于，随着股价的变动，可通过持续地调整投资组合，以保持投资组合价值线始终与期权价值线相切，从而动态复制期权的收益。

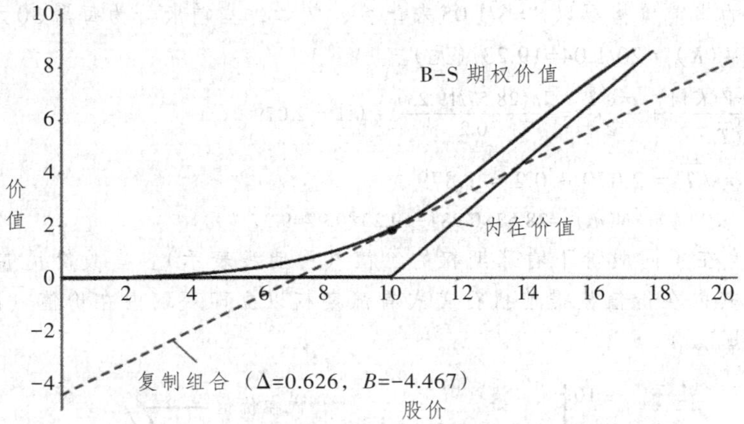

图 12-13　【例 12-11】看涨期权的复制组合

看涨期权的复制组合总是由股票的多头和债券的空头（Δ为正，B为负）构成，复制组合就是股票的杠杆头寸（买入股票的部分资金来自借款）。复制组合中股票的投资额与复制组合的价值（期权价值）之比$S\Delta/(S\Delta+B)$，即为期权的杠杆比率。看涨期权的杠杆比率总是大于1，虚值看涨期权的杠杆比率比实值看涨期权的高；股票的杠杆头寸比股票本身的风险要高，这就意味着贝塔为正的股票的看涨期权的风险，要比标的股票本身的风险更高，因而看涨期权具有较高的回报率和较高的贝塔。相反，看跌期权的复制组合总是由股票的空头与债券的多头构成（Δ为负，B为正）。看跌期权的杠杆比率总是为负，虚值看跌期权的杠杆比率比实值看跌期权的要更低（即绝对值更大）。

（二）在期权期限内，标的股票分配股利

欧式看涨期权的持有者不会得到任何在期权到期日前发放的股利。股票除息后，股价下跌的幅度相当于发放的股利，预计发放股利将导致股价下跌，从而降低看涨期权的价值。考虑到股利的这一影响，对B-S模型进行调整。令$PV(Div)$表示在期权到期日前分配的股利的现值。对于和标的股票一样但不分配股利的股票，调整其当前市价为$S^x=S-PV(Div)$。S^x为排除在期权到期日前发放的股利现值之后的当前股价。在B-S模型中，用S^x代替S，即可对这种（在期权期限内，标的股票分配股利）期权进行定价。

如果所发放的股利与股利分配当时的股价成比例，那么用q表示直到期权到期日之前的（复利）股利收益率，即$q = Div_t / S_t$，假设无论何时发放股利，投资者都对收到的股利再投资。如果在t=0买进1股股票，到期时将持有（1+q）股（q为股利再投资买入的股数）。也就是说，期权到期时收到的1股股票，相当于当前的1/（1+q）股（如果没有将股利再投资，现在的1股，到期时仍是1股，其当前价值为S）；根据一价定律，到期时的1股股票在今天的价值就是S/（1+q），即$S^x=S/(1+q)$。

【例 12-12】

公司将为它的股票派发5%的年度股利。要求绘出执行价格为20元、1年期欧式看涨期权的价值基于股价变动的图像。假设该股票的年波动率为20%，1年期无风险利率为4%。

标的股票的当前价格要以$S^x=S/1.05$来代替，例如，当前股价为每股30元，$S^x=30/1.05=28.57$（元）；$PV(K)=20/1.04=19.23$（元）。

$$d_1=\frac{\ln[S^x/PV(K)]}{\sigma\sqrt{T}}+\frac{\sigma\sqrt{T}}{2}=\frac{\ln(28.57/19.23)}{0.2}+0.1=2.079$$

$$d_2=d_1-\sigma\sqrt{T}=2.079-0.2=1.879$$

$C=S^x\cdot N(d_1)-PV(K)\cdot N(d_2)=28.57\times0.981-19.23\times0.97=9.37$（元）

图12-14为在不同股价下看涨期权的价值（用曲线表示）。当股价足够高时，看涨期权的价值低于其内在价值，提前执行美式看涨期权以立即获取内在价值（同时捕获股利）就成为最优选择。

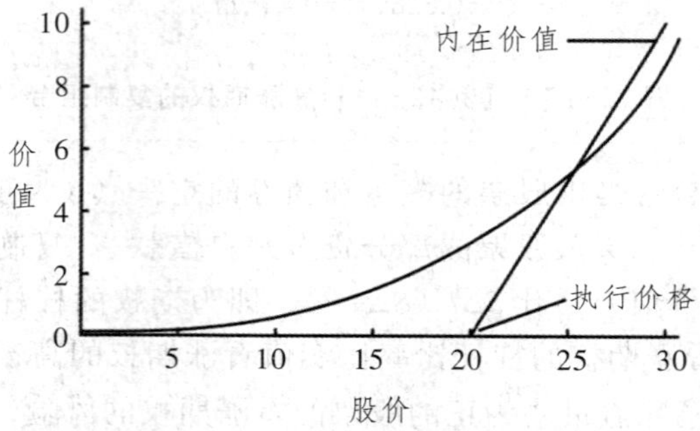

图 12-14　看涨期权的价值（标的股票分配股利）

（三）隐含波动率

在B-S模型所要求的5个输入变量中，只有参数σ（股票回报率的波动率）是不可直接观测的。在实践中通常使用两种方法来估计这一参数。首先，最直接的方法就是使用股票日回报率的历史数据来估计过去几个月的股票波动率。由于波动率一般是持续重复的，因此这种估计可提供对于近期股票波动率的合理预测。第二种方法是运用交易期权的当前市价，基于B-S模型倒推出和期权市价一致的波动率。基于期权价格隐含地估计出的股票波动率，称作"隐含波动率"。

【例 12-13】

H股票的看涨期权在2022年7月的市场交易价格为做市商给出的卖价1.15元，买价1.05元。期权于2023年3月到期，当前报价时间距到期日还有239天。期权的执行价格为5元，股票的当前市价为每股5.03元，每年的无风险利率是1%，预计在期权期限内H股票不分配股利。计算从2022年7月到2023年3月期间H股票的隐含波动率。

根据B-S模型，$S=5.03$元，$PV(K)=5/1.01^{239/365}=4.968$（元）

$$d_1=\frac{\ln(5.03/4.968)}{\sigma\sqrt{239/365}}+\frac{\sigma\sqrt{239/365}}{2}，\ d_2=d_1-\sigma\sqrt{239/365}$$

将上述数值代入B-S模型：

$C=5.03N(d_1)-4.968N(d_2)$

期权价值随着σ的增加而增加。当$\sigma\approx67\%$时（可通过试错法得到），$d_1=0.294$，$d_2=-0.248$，$N(d_1)=0.616$，$N(d_2)=0.402$，期权价值等于1.10元（看涨期权的买入和卖出价格的平均值）。67%的隐含波动率，使得期权价值处于其当前买卖价差的范围之内。

使用B-S模型计算隐含波动率的方法得到了广泛应用。1990年1月，芝加哥期权交易所引进VIX指数（波动率指数，volatility index），该指数追踪标准普尔500指数期权的月度隐含波动率，已成为被引用最多的市场波动率指标之一。由于它能刻画投资者的不确定性水平，因此，通常也被称作“恐慌指数”。在经济危机和资本市场不确定性加大的时期，这一指数确实升高了。

第三节 金融期权在财务管理中的应用

一、从期权的角度理解公司股权和债务

（一）作为看涨期权的股权

期权可用于解释公司资本结构。公司股权和债务都可以被看作一项期权。公司股权可以被看作基于公司资产的看涨期权，其执行价格相当于公司的未清偿债务的价值。考虑单期情形，假设在期末，公司被清算。如果在期末，公司资产价值没有超出债务价值，那么公司宣告破产，股东将一无所获；相反，如果公司资产价值超过债务价值，那么股东将会得到清偿债务之后的全部剩余。图12-15表明，股权的收益与看涨期权的收益相同。

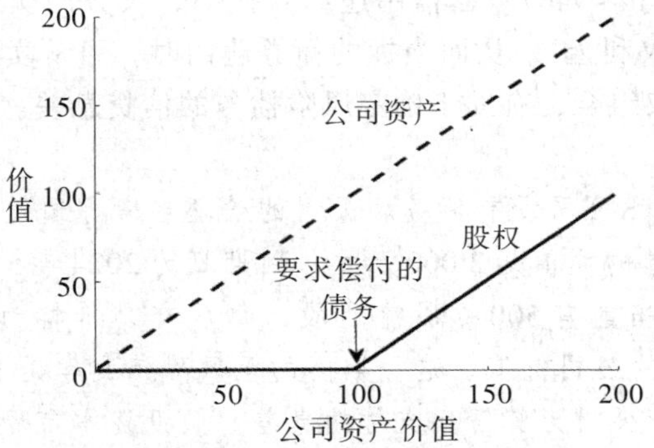

图12-15 公司股权可视为看涨期权

（二）作为期权组合的债务

如图12-16所示，债务也可用期权来表示。可以认为债权人拥有公司全部资产，并且同时卖出一份基于公司资产的看涨期权，看涨期权的执行价格等于要求偿付的债务。如果公司资产价值超过所要求的债务偿付，看涨期权将被执行；此时债权人将收到执行价格（要求的债务偿付），同时“放弃”公司资产。如果公司资产价值没有超过所要求的债务偿付，看涨期权将变得没有价值，公司宣告破产，债权人有权取得公司全部资产。

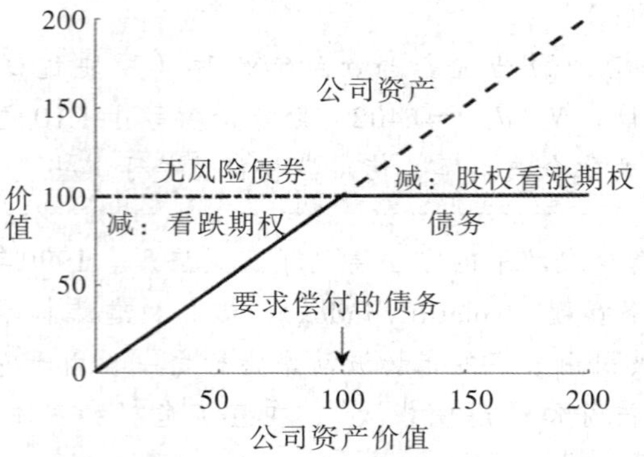

图12-16 公司债务可视为期权组合

还可将公司债务看作：由无风险债券的多头与基于公司资产的看跌期权的空头所构成的组合，看跌期权的执行价格和无风险债券在期权到期日的价值都等于要求的债务偿付：

风险债务=无风险债务-基于公司资产的看跌期权 (12.21)

当公司资产的价值低于要求的债务偿付时，看跌期权处于实值状态；看跌期权的持有者将执行期权，收到要求的债务偿付与公司资产价值的差额，这使得投资组合的持有者（债权人）仅获得公司资产（-（D-A）+D=A）。当公司资产的价值高于要求的债务偿付时，看跌期权价值为零，从而使得组合的持有者仅收到要求的债务偿付（来自持有无风险债券的收益D）。

（三）信用违约互换

重新整理12.21式，得到下式：

无风险债务=风险债务+基于公司资产的看跌期权 (12.22)

12.22式表明，可通过买入基于公司资产的看跌期权来为风险债务提供保险，从而消除公司债务的信用风险。这种可以为公司信用风险提供保险的看跌期权被称作“信用违约互换”（CDS，credit default swap）。在信用违约互换中，买方向卖方支付保险费用（基于公司资产的看跌期权的权利金），从而当标的债券违约时，可从卖方得到收益以弥补其损失。将公司债务看作期权组合，有助于确定风险债务的信贷息差。

【例12-14】

到2022年9月为止，S公司没有债务。公司的管理者考虑通过发行零息票债券的方式重新调整资本结构，债券的面值是2 000万元，到期日为2024年5月，发行债券所得被用于派发特别股利。公司当前有500万股流通股，每股交易价格为6.4元，股票总市值为3 200万元，这也是当前的公司价值。这一期间的无风险年利率是3%。可以利用该公司股票看涨期权的报价，估计公司为其债务支付的息差。假设资本市场为无摩擦的完美市场。

在完美资本市场假设下，根据MM第一定理，公司股权和债务的总价值在杠杆资本重整后保持不变。2 000万元的债券面值，相当于对公司的当前资产每股4元的索取权（2 000/500）。在资本重整后，股权价值等于执行价格为4元的看涨期权的现行价值。当前S公司股票看涨期权（执行价格为4元，20个月后即2024年5月到期）的价值（基于每股）大约为2.64元，将其乘以总股数，即可估算出资本重整后股权的总价值为2.64×500=1 320（万元）。将估算的股权价值从公司价值中扣除，得到估计的债务价值为3 200-1 320=1 880（万元）。债券的到期日距离期权现行报价的时间为20个月，债券相应的到期收益率（YTM）为：

（2 000/1 880）$^{12/20}$−1=3.78%

S公司发行的新债券的信贷息差大约为3.78%−3%=0.78%。

二、从期权的角度解释代理成本

公司股权和债务的期权特征也为理解债权人与股东之间的代理冲突提供了新的解释。期权价值通常随着标的证券波动率（风险）的提高而上升，股权可被看作基于公司资产价值的看涨期权，于是，股东将从加大公司资产风险的投资中获益。债权人作为基于公司资产的看跌期权的空头，会因为公司风险的加大而利益受损。这种风险承担上的利益冲突就产生了第七章所述的资产替代问题。

当公司实施能够增加资产价值的新投资时，基于公司资产的看跌期权的价值将下跌。债权人作为看跌期权的空头，所以公司债务的价值将增加。在公司资产价值的每一元增加中，总有一部分流向债权人而非股东，这就削弱股东进行投资的动机，造成债务积压（详见第七章的解释）。

资产替代和债务积压都会产生代理成本，从而减损公司的总体价值。

【例 12-15】

公司流通股的总市值为4 000万元。公司发行面值为10 000万元的4年期零息票债券，债券的当前市值是7 500万元。公司不分配股利，将所有收益都进行再投资。当前的4年期无风险利率为5.13%。假如公司采取一项风险策略，使得公司资产的波动率由25%上升到35%。要求计算说明，即使该策略的净现值为−500万元，股东依然可以从实施风险策略中获益。另外，假设公司试图向股东筹集10万元资金，投资一个净现值为正的新项目，该项目不会改变公司的风险。要使股东获利，该投资所要求的最小净现值是多少？

可把公司股权看作基于公司资产的4年期看涨期权，执行价格是10 000万元，执行价格的现值是10 000/1.0513^4=8 186（万元）；公司资产的当前价值为4 000+7 500=11 500（万元）；公司资产的隐含波动率就等于看涨期权的隐含波动率；（股权）看涨期权的当前价值为4 000万元；将上述数据代入B−S模型，利用试错法，求解出隐含波动率约为25%。据此波动率，看涨期权的Δ为：

$$\Delta = N(d_1) = N\left[\frac{\ln(11\,500/8\,186)}{0.25 \times 2} + 0.25\right] = 0.824$$

如果采取风险策略，公司资产的价值将下降到11 500−500=11 000（万元），资产的波动率上升到35%，将这些新的参数代入B−S模型，得出看涨期权的价值将增加到4 250万元，即股东获利250万元。因此，杠杆可能导致股东接受有风险的净现值为负的项目。

假设公司筹集资金投资（I）10万元于新项目，该项目的净现值为NPV，公司资产的价值将增加（$I+NPV$）万元。Δ表示看涨期权的价值相对于基础资产价值的敏感程度（$C=\Delta S+B$），所以股权（期权）价值大约将增加这一数额的Δ倍，如果下式成立，股东的所得将大于其初始投资：

$$\Delta\ (I+NPV) > I \tag{12.23}$$

继续改写为：

$$\text{获利指数}=NPV/I > (1-\Delta)/\Delta \tag{12.24}$$

公司资产的风险（波动率）不变，将Δ=0.824代入12.24式，计算出只有当投资的获利指数超过0.21359时，股东才能从投资中获利。因此，净现值必须超过21 359元。由于股东可能会拒绝净现值为正但小于21 359元的项目，因此，可能导致公司投资不足。

三、嵌入看涨期权（认股权证）的可转换债券

使公司债券退出流通的一种方式是，可以将债券转换成股票，赋予债券持有者将其所持债券转换为普通股的选择权，即按照转换比率将每份债券转换为一定数量的普通股。这种债券被称作“可转换债券”。债券发行的转换条款通常赋予债券持有者在债券到期日前的任何时间内，可将债券转换为股票的权利。这一条款赋予债券持有者一种看涨期权。可转换债券可看作普通债券，加上被称作“认股权证”的一种特殊类型的看涨期权。认股权证是由公司发行的以新股（而一般的看涨期权是以现有股票作为标的资产）作为标的资产的看涨期权。当认股权证的持有者执行期权购买股票时，公司必须向认股权证的持有者发行新股以提供股票。当认股权证被执行时，发生的损失由公司的现有股东和认股权证的持有者来承担，因为现有股东被迫以低于市场价值的价格发行新股票，而认股权证的持有者一旦执行期权，认股权证的持有者就变成了股东，这种稀释效应意味着，执行认股权证所实现的收益少于普通看涨期权的执行，认股权证的价值要小于对应的看涨期权的价值。

在债券的到期日，可转换债券中所嵌入的认股权证的执行价格，就等于债券的面值除以转换比率，即转换价格。对于面值为1 000元、转换比率为15的可转换债券，如果在到期日将其转换为股票，将获得15股股票。而如果选择不转换，债券持有者将收到1 000元。通过转换，实质上为得到15股股票而支付1 000元，这意味着每股价格为1 000/15=66.67（元）。如果股票每股市价高于66.67元，则应选择转换股票；否则，应选择收到现金。当可转换债券到期时，只要股票市价超过转换价格，债券持有者就将选择转换。在到期日，可转换债券的价值为面值（1 000元）与15股股票的市值这两者间的较大值。而在债券的到期日之前，如果标的股票在期限内不分配股利，由本章对看涨期权的讨论可知，提前执行看涨期权从来都不是最优。所以，可转换债券的持有者在决定是否转换之前，应该等待直至债券到期。

可转换债券在到期前的价值如图12-17中的曲线所示。如果股票市价低，以至于债券内嵌的认股权证处于深度虚值，转换条款的价值低，可转换债券的价值就接近普通债券（与可转换债券对应的、只是不具有转换条款的债券）的价值。而当股价高、内嵌的认股权证处于深度实值时，可转换债券的交易价格，将接近但高于（以反映期权的时间价值）债券被转换成股票时的价值。

公司发行可转换债券，就相当于授予债券持有者一种期权（认股权证）。期权总是有价值的，所以，可转换债券的价值要比对应的不可转换的普通债券的价值高。如果这两种债券都按面值发行，则不可转换债券必须提供较高的（票面）利率（发行者的融资成本）。债券的发行者不应片面地将可转换债券相对较低的票面利率理解为可转换债券比普通债券要便宜，其实可转债也为投资者提供了有价值的看涨期权，如果未来股价上涨，以至于债券持有者选择转换，公司的现有股东就要按低于市场价值的价格发行股票，较低的利率就是对这种可能发生的情形的补偿。

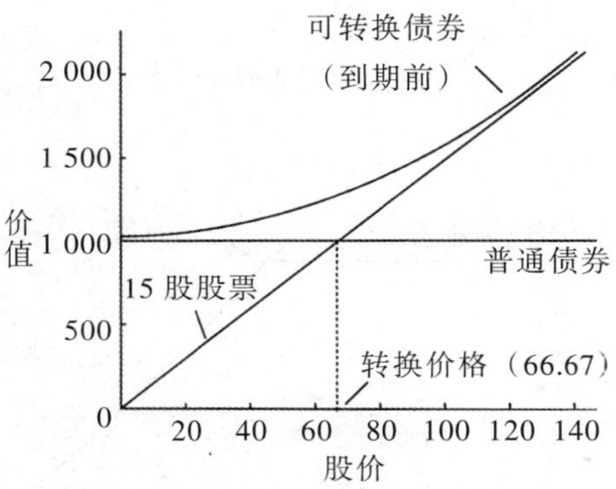

图 12-17 可转换债券的价值

四、嵌入看涨期权的可赎回债券

公司通常会发行可赎回的可转换债券。可赎回的特性赋予债券发行者在特定的日期（赎回日）或之后，以赎回价格回购发行在外的债券的权利。赎回价格一般被设定为等于或高于债券的面值，以债券面值的百分比来表示。对于可赎回的可转换债券，如果发行者要求赎回，那么债券持有者可选择将其转换为普通股，而不是被赎回。当债券被赎回时，债券持有者将面临与债券到期时同样的决策：如果股价高于转换价格，他将选择转换，否则债券将被赎回。公司可通过提前赎回债券，以迫使债券持有者提早行使转换权，从而将转换期权的剩余时间价值，从债券持有者手中转移给股东。

假设发行者已经发行两种几乎完全相同的债券，一种债券可按面值赎回，另一种债券不可赎回。如果自发行之日起，债券的收益率就一直在下降，则不可赎回债券将按溢价交易。如果发行者希望通过在公开市场上回购的方式使它退出流通，将不得不支付比未偿付的本金更多的价款。相反，如果选择赎回可赎回债券，发行者只需支付未偿付的本金即可（假如债券合约规定可按面值赎回）。如果收益率下降，则使可赎回债券退出流通的成本相对较低。通过执行可赎回债券的看涨期权赎回债券后立即再融资，发行者就能够降低其借款成本。与此相反，如果在发行日之后，债券的收益率上升，发行者就没有理由再融资。在收益率上升的情形下，这两种债券都以折价交易。即使发行者希望使某些债券退出流通，通过在市场上以低于面值的价格回购债券，而不是按面值赎回，将是更好的选择。因此，当债券的收益率上升时，发行者将不会选择行使可赎回债券的赎回权。

再从债券持有者的角度进行分析。当市场利率低于债券持有者当前所得到的息票利率时，可赎回债券的持有者将因为债券要被赎回而遭受损失，因而面临着再投资风险。这导致可赎回债券对于债券投资者的吸引力，与对等的（其他方面完全相同）不可赎回债券相比要弱一些。所以，可赎回债券的交易价格要比对等的不可赎回债券的价格低。

考虑只能在某一特定的赎回日按面值赎回的债券。图 12-18 给出在赎回日可赎回债券与对等的不可赎回债券的价格，基于不可赎回债券收益率的函数图像。假设债券的息票利率为 5%。如果不可赎回债券的收益率低于息票利率，则可赎回债券将被赎回，其价格为面值。如果不可赎回债券的收益率高于息票利率，则可赎回债券将不会被赎回，它的价格与不可赎回债券相同。可赎回债券的价格是以面值封顶的：当收益率高时，价格会更低些；但当收益率低时，价格的上升不会高出面值。

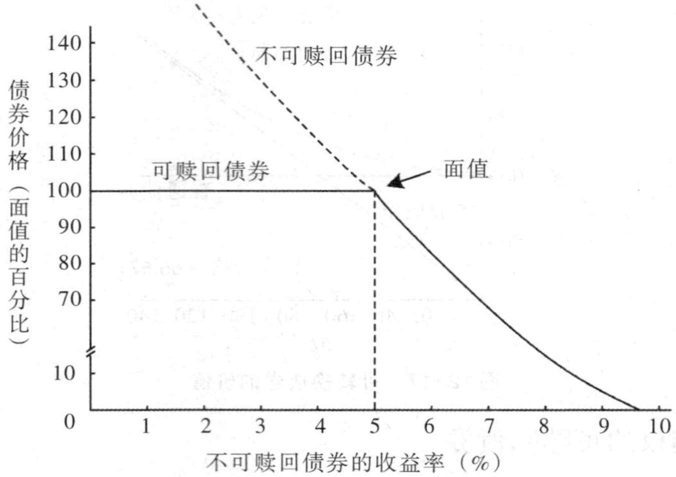

图 12-18 可赎回债券与不可赎回债券在赎回日的价格

对于20年期、息票利率是5%的可赎回债券，可于5年后按面值被赎回；在债券赎回日之前，债券投资者会预期发行者将采取的最优策略，从而债券价格将反映这一策略。如图12-19所示，当市场收益率高于债券的息票利率时，投资者预期债券被赎回的可能性低，此时可赎回债券的价格与对等的（20年期）不可赎回债券（价格曲线）相似；当市场收益率低于息票利率时，投资者预期债券将很有可能被赎回，于是它的价格接近在赎回日到期的对等的（5年期）不可赎回债券的价格曲线。发行者具有是否赎回债券的选择权，所以可赎回债券的价格总是低于对等的不可赎回债券的价格。

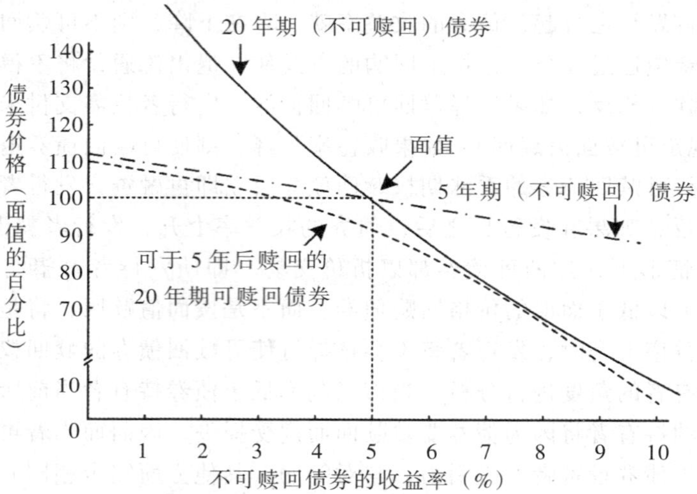

图 12-19 可赎回债券与不可赎回债券在赎回日之前的价格

自测题 12-7

可赎回债券的到期收益率（*YTM*）可将其视为不可赎回债券来计算。到期收益率仍然被定义为使得债券承诺支付的现值等于债券现行价格的折现率，而忽略其赎回特征。由于可赎回债券的价格低于对等的不可赎回债券，因此，其到期收益率要高于对等的不可赎回债券。但是将可赎回债券视为不可赎回的，并不符合现实。债券交易者通常使用赎回收益率（YTC，yield to call），是指假设可赎回债券被最早赎回时的年度收益率。因为发行者拥有在赎回日不赎回债券的选择权，所以其赎回收益率（发行者的融资成本）要高于在赎回日到期的对等的不可赎回债券。这与可转换债券因其赋予持有者转换期权而提供较低的利率（与不可转换债券相比），其中的逻辑是一致的；可转换债券的转换权属于债券持有者，而可赎回债券的赎回权属于债券发行者。

【本章小结】

1. 期权平价关系表明，可将看涨期权视为股票的杠杆头寸 $S-PV(K)$，与规避股价下跌风险、价格为 P 的看跌期权的组合。

2. 期权的内在价值是指期权被立即执行时的价值，就是期权当前处在实值时的价值，若期权当前处于虚值，其内在价值为零。期权的时间价值是指期权的当前价格和它的内在价值之差。

3. 为给期权定价，首先构造一个复制组合，即在单期与期权具有完全相同价值的其他证券的组合。因为这两者具有相同的现金流或收益，根据一价定律，期权与复制组合的当前价值必定相等。

4. B-S模型中的 $N(d_1)$ 相当于二项式模型中的 Δ，$-PV(K)N(d_2)$ 相当于二项式模型中的 B；股价变化时，复制组合也需要重新调整以保持精确性，表现为复制组合的斜率发生变动，也称作“动态复制组合”。

5. 风险中性概率定价的原理是，基于风险中性概率，计算期权的期望收益，再以无风险利率对期权的期望收益折现，从而求得期权的现时价值。

6. 公司股权和债务的期权特征为解释债权人与股东间的代理冲突提供了新的解释。

7. 可转换债券可看作普通债券，加上被称作认股权证的一种特殊类型的看涨期权。

8. 可赎回的特性赋予可赎回债券发行者在特定的日期（赎回日）或之后，以赎回价格回购发行在外的债券的权利。

【复习思考】

1. 解释期权的定价边界。

2. 怎样构造期权的卖权-买权平价关系组合？

3. 一价定律在期权定价中有什么重要应用？

4. 如果在期权期限内，标的股票分配股利，与不分配股利相比，卖权-买权平价关系有什么变化？

5. 什么是风险中性概率？怎样运用风险中性概率对期权定价？

6. 某投资者向你咨询股票期权投资问题，他说道，1个月前我买了H股票的看涨期权，行权价格为22元，还有两个月后期权到期，在此期间公司不分配股利。H股票的价格从前天的21元涨到今天的26元，我担心如果不尽快行权，股价可能会跌到22元以下，所以，我想现在就行权锁定盈利。对此说法，你有何评论？

7. “我是个保守的投资者，风险厌恶程度较高；我愿意持有低波动性股票看涨期权，而非高波动性股票看涨期权”，评论此说法。

8. B-S模型中的 $N(d_1)$ 相当于二项式模型中的 Δ，怎样理解复制组合的斜率的变动？

第十三章

衍生金融工具与风险管理

【学习目标】

本章介绍衍生金融工具的基本概念和分类，阐释利用衍生金融工具管理资产价格风险、汇率风险和利率风险的基本原理。本章涉及的金融工具主要有远期合约、期货、期权、互换（掉期）等。通过对本章内容的学习，学生应达到以下目标：

1. 了解衍生金融工具的目标和功能、概念界定及分类。
2. 掌握利用期货合约管理商品价格风险的基本原理。
3. 掌握利用货币远期合约、外汇期货、货币期权以及货币互换等金融工具管理汇率风险的基本原理。
4. 掌握运用久期对冲策略、利率互换及利率期货等工具管理利率风险的基本原理。

【内容导图】

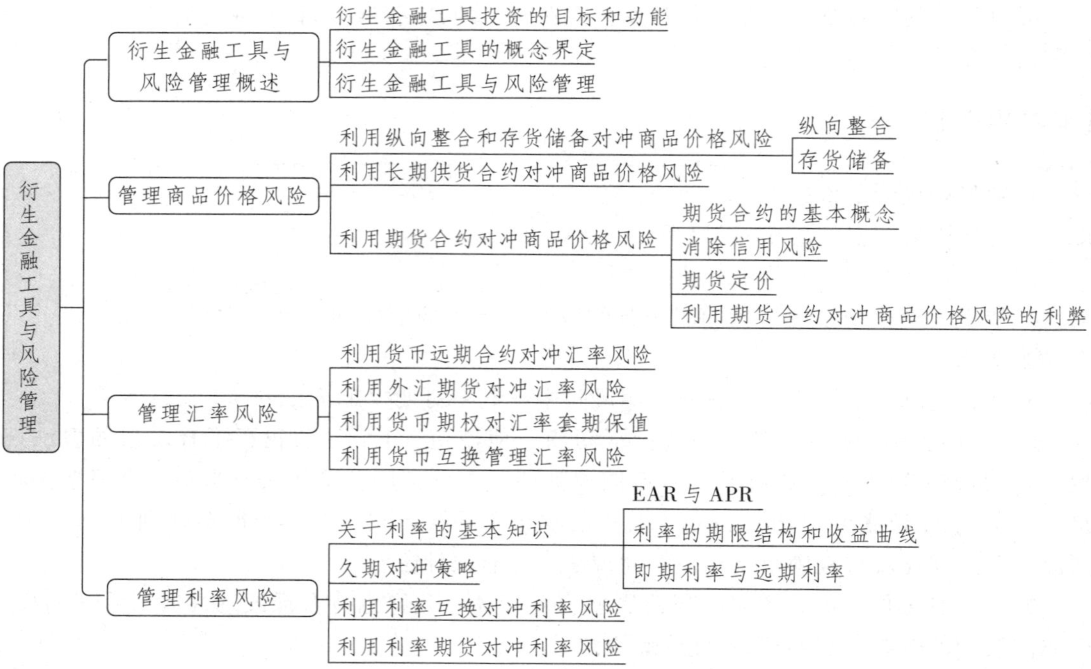

先秦典籍《鹖冠子》中有这样一则故事。魏文王问名医扁鹊，“你们兄弟三人都精于医术，到底哪一位的医术最高明呢？”扁鹊答道，“长兄最好，二哥次之，我最差。”文王再问，“为什么你最出名呢？”扁鹊回答，“我大哥治病，是治于病情发作之前。人们不知道他事先能铲除病因，他的名气无法传出去，只有我们家的人才知道；我二哥治病，是治于病情初起之时，人们以为他只能治轻微的小病，他的名气只及于本乡里；而我是治于病情严重之时，人们都看到我在经脉上扎针、在皮肤上敷药等大手术，都以为我的医术高明，名气因此响遍全国。”风险管理也是一样的道理，通常人们等到危机暴发了才意识到风险管理的重要性，孰不知，事后处理不如事中控制，事中控制不如事前防范。事前就进行风险防范，防患于未然，这才是风险管理的真谛。

第一节　衍生金融工具与风险管理概述

一、衍生金融工具投资的目标和功能

汇率、利率和商品价格不断发生突然而剧烈地波动，暴露在这些风险下的公司如何有效管理风险就显得尤为重要。通过金融衍生品的交易，不同的交易者可以规避或者主动承担风险，以使投资组合的收益符合投资策略的预定目标。通过市场参与者的报价和成交行为，金融衍生品的价格反映了市场的共同意见，从而为现货交易市场的价格形成提供参考。衍生金融工具之所以被称为衍生品，是因为交易者在这些投资工具上的盈利或亏损取决于其他商品或证券的价格变动，虽然交易者本身并不买卖那些商品或证券。衍生金融工具主要有远期合约、期货、期权、互换及其各种组合，主要功能是风险管理（套期保值）和价格发现。

金融衍生品的投资目的还包括投机和套利。投机者为主动风险承担者，他们并没有对应的实体业务，只是出于对未来价格走势的判断而单方面地承担风险，例如，如果某种期货价格高于现货价格、现货保管成本和利息成本的总和，套利者可以同时进行多项操作：在期货市场卖出该商品期货，按照市场利率借款，在现货市场购入该商品，并持有至期货合约到期日。在期货合约到期时，套利者将进行实物交割，用从期货买方收到的现金支付借款本金和利息后还有盈余。在这个过程中，套利者没有付出任何资本，不承担任何市场风险，但却获得了利润。套利使得现货市场价格和衍生品的价格紧密联系，不会出现重大偏离。投机和套利交易者的存在对于保持市场流动性具有重要意义，正因为投机者（如对冲基金）主动承担价格波动风险，套期保值者才能够将风险转移；如果市场上只有套期保值者，他们将很难找到有相反风险的交易对手。

过去，通常把市场区分为商品（劳务）市场和金融市场，进而根据金融市场工具的期限特征把金融市场分为货币市场和资本市场。衍生产品的普及改变了整个市场结构：它们连接起传统的商品市场和金融市场，并深刻地改变了金融市场与商品市场的截然划分；衍生产品的期限可以从几天扩展至数年，已经很难将其简单地归入货币市场或资本市场；其杠杆交易特征撬动了巨大的交易量；而且因其强大的构造特性，可以用衍生工具合成新的

衍生产品。

二、衍生金融工具的概念界定

衍生金融产品是指建立在基础产品或基础变量之上，其价格取决于基础产品价格变动的派生金融产品。这里所说的基础产品是一个相对的概念，不仅包括现货金融产品（如债券、股票、银行定期存款单等等），而且包括衍生金融工具。作为衍生金融工具基础的变量种类繁多，主要是各类资产价格、价格指数、利率、汇率、通货膨胀率以及信用等级等等。

衍生金融工具通常具有如下特征：(1) 价值随特定利率、金融产品价格、商品价格、汇率、价格指数、费率指数、信用等级（指数）或其他类似变量的变动而变动；(2) 不要求初始净投资，或要求的初始净投资小于预期对市场因素变化有类似反应的其他类型合同所要求的初始净投资；(3) 在未来某一日期进行结算。

三、衍生金融工具与风险管理

公司所处经营环境的一个最大特点是充满不确定性，如原材料采购价、产成品售价、贷款利率、外汇汇率等无不处在变动之中。当这些变动有可能给公司带来损失时，公司经营就处于风险之中，这些风险主要可概括为商品价格风险、汇率风险、利率风险等。面对风险，公司要采取措施控制风险、降低风险。风险管理的意义在于，如果公司采取积极有效的措施管理其风险，则公司价值的波动性就会下降。公司价值对于原材料价格、利率、汇率等的变动十分敏感，如果风险管理行为可以消除这些方面的影响，那么公司价值会上升。

衍生金融工具能给公司控制和防范风险提供一种有效的途径和选择。但也要注意，公司有可能通过签订并不能抵消它的实际风险的合约来投机，投机不但没有降低还会提高公司的风险。公司在授权管理者利用期货、远期合约、期权等金融工具对冲风险的同时，也向投机敞开方便之门。公司必须借助适当的治理程序，以防范投机和提高风险的可能。

第二节 管理商品价格风险

公司面临的很多风险是在经营活动中自然产生的。对于许多公司而言，它们使用的原材料和生产的产成品的市场价格的变化，可能是影响公司盈利能力的最重要的风险来源。以航空运输业为例，航空燃油支出是仅次于劳动力成本的第二大支出。在2004年，由于燃油价格上涨，因此，美国整个航空运输行业的损失高达40多亿美元。本节讨论公司面临商品价格变动风险时，应该如何降低或对冲风险。

一、利用纵向整合和存货储备对冲商品价格风险

公司可通过投资能够抵消风险的实物资产，来对冲价格变动风险。最常用的策略就是纵向整合和存货储备。

（一）纵向整合

纵向整合是通过公司和它的供应商（或公司和它的客户）的合并来达到的。原材料等商品（如航空油料）价格的上涨，在提高公司的成本的同时，也会增加供应商的收入，所以可通过合并这些公司来抵消此种风险，例如，担心橡胶价格上涨的轮胎制造商，可投资建立一个橡胶种植园。当橡胶价格上涨时，橡胶种植园的利润也随之增加，这可抵消轮胎制造成本的增加。同样地，航空公司可通过兼并石油公司来抵消油价变动的风险。

纵向整合可降低风险，但并不总是会增加价值。回顾MM定理的重要结论和启示：若公司所做的事情，投资者自己也可做到，公司的所为就没有增加（创造）价值。公司做成投资者做不到的事情，才是为投资者创造价值。担心商品价格变动风险的投资者，自己就可通过“纵向整合”其投资组合，同时买进目标公司和其供应商的股票来分散这一风险。收购方支付的价格通常要高出被收购公司的当前股价（并购溢价）；而由主并公司的股东自己来分散风险成本会更低。如果公司合并后产生重大的协同效应，纵向整合就可增加价值。然而，在很多情况下，由于合并后的公司缺乏战略核心，因此，合并后公司很可能会出现规模不经济的结果。纵向整合并不是一种完美的对冲机制：除了商品价格风险之外，公司的供应商还暴露于其他风险中。通过纵向整合，主并公司消除了一种风险，但却又暴露于其他风险中。

（二）存货储备

另一种用于对冲商品价格风险的策略是存货的长期储备。航空公司担心油料成本上升，现在就可购买并存储大量油料以备用，用当前的油料价格外加存储成本来锁定油料成本。但很多商品的存储成本太高，导致这种策略不大具有吸引力。采取这种策略，前期还需要支出大量现金。若公司现金不足，就需要筹集外部资本（如增发股票、发行债券），而这会使公司承担发行成本和逆向选择成本。而且，储备大量存货会显著增加营运资本，这对公司来说又构成一项成本。

二、利用长期供货合约对冲商品价格风险

还有一种可供选择的对冲商品价格风险的方法是签订长期供货合约，例如，钢铁公司与采矿公司签订铁矿石的长期供货合约，以提前锁定铁矿石的价格。通过这些合约，签约双方都能实现它们的产品或投入品的价格保持稳定的目标。在2000年年初，油价接近每桶20美元，西南航空的CFO就实施了一项可以保护公司免受油价剧烈上涨危害的策略。到当年晚些时候油价上涨超过每桶30美元，航空运输业因此陷入财务危机之时，西南航空之前签订的合约却保证了它可以用相当于每桶23美元的价格购买航油。航油价格风险对冲合约所带来的资金节约额，总计几乎达到西南航空公司当年收益的50%。

当然，对冲商品价格风险并不总能提升公司的利润。如果在2000年秋天，油价下跌至每桶23美元以下，西南航空的对冲策略就会减少公司的收益，因为它必须以每桶23美元的价格购买航油。假定即使油价下跌，西南航空也能按每桶23美元的价格支付；虽然长期供货合约的成本可能会比较高昂，但却不至于引发财务危机。换言之，不论油价如何变化，长期供货合约将西南航空的收益稳定在一个可接受的水平上（假如不考虑营业收入的变动）。

长期供货合约通常是由买方和卖方协商签订的双边合约。这种合约存在一些潜在的缺陷。第一，合约的每一方都面临着对方可能违约的风险。这种合约使公司避免了商品价格风险，但却又使公司暴露于信用风险之下。第二，这种合约不能匿名签订，买方和卖方都相互了解各自的身份，这种非匿名性可能存在策略上的劣势。第三，公司可能不容易确认合约在任何时点的市场价值，难以追踪合约的收益和损失，而且必要时，要取消合约可能是很难甚至是不可能的。为避免这些缺陷，公司可选择商品期货合约来管理价格变动风险。

虽然商品采购可能是公司最大的一笔支出，但如果公司能够将这些成本传递给公司的客户，商品采购就可能不会给公司带来风险，例如，加油站就不需要对冲其购买汽油的价格风险，因为加油站的汽油销售价格（即加油站的收入），是随着加油站购买汽油的买价而波动的。如果公司可以将成本的增加转移给它的客户，或者将收入的减少转移给它的供应商，就可自然地对冲这些风险。

三、利用期货合约对冲商品价格风险

（一）期货合约的基本概念

期货合约是一种标准化的远期合约，是指合约双方在有组织的交易所内，根据交易规则，通过公开竞标的方式达成的在未来特定时间交割特定数量的特定商品或金融产品的标准合约。期货合约是在未来某一时点，以现在（今天）锁定的价格交割资产的协议。期货合约是以公开的市场价格在交易市场上匿名交易的，它的流动性非常强，不会招致大量的管理成本。买方和卖方都可在任何时间以当时的市场价格将合约出售给第三方。

期货分为商品期货和金融期货。商品期货的种类主要包括农产品（小麦、大豆、豆粕、棉花、玉米、橡胶等）、能源（原油、天然气、燃油、汽油等）和金属（金、银、铜、铝等）。金融期货主要包括外汇期货、利率期货以及股票指数期货等。期货市场的交易对象是标准化的期货合约，这也是期货交易区别于现货远期合约交易的一个重要方面。标准化期货合约的出现，既简化交易手续，降低交易成本，又防止因交易双方对合约条款的不同理解而可能出现的争议和纠纷。由于期货合约是标准化的，因此就为合约持有者今后转让该合约创造了便利条件。而且，期货价格能够较为准确地反映出现货市场上真实的供求状况及其变动趋势。

利用期货合约套期保值（hedging）的原理是，某一时间点，在现货市场和期货市场对同一种类的商品同时进行数量相等但方向相反的买卖活动，即买进或卖出现货的同时，卖出或买进同等数量的期货，经过一段时间，当价格变动使现货买卖出现盈亏时，可由期货交易的亏盈得到抵消或弥补，从而使价格风险降到最低限度（保持目标价格水平）。在正常市场条件下，由于现货市场和期货市场受同一供求关系的影响，现货和期货的价格同涨同跌，价格走势趋同；但是由于在这两个市场上的操作相反，因此盈亏相反，期货市场的盈利可以弥补现货市场的亏损，或者现货市场的升值由期货市场的亏损抵消。

运用远期（期货）进行套期保值主要有两种类型：多头套期保值与空头套期保值。多头套期保值又称“买入套期保值”，即通过进入远期或期货市场的多头对现货市场进行套期保值。担心价格上涨的投资者会运用多头套期保值策略，这类投资者包括计划在未来时刻买入标的资产的投资者或是已经卖空资产的投资者，其主要目的是锁定未来的买入价格。空头套期保值又称“卖出套期保值”，即通过进入远期或期货市场的空头对现货市场进行套期保值。担心价格下跌的投资者会运用空头套期保值策略，这类投资者包括持有现货资产多头的投资者，其主要目的是锁定未来的卖出价格。

（二）消除信用风险

图13-1显示在2015年9月，纽约商品期货交易所（NYMEX）的轻质低硫原油期货合约的价格。图中曲线上的每个点代表在2015年9月，每桶原油在未来不同月份（横轴上的日期）交割时的期货价格。尽管原油的现货价格为每桶45美元，约定于2019年3月交割的期货合约的价格为每桶57美元。每份合约代表一项承诺——在交割日，按期货价格交割1 000桶原油，例如，在交易2019年3月的合约之前，买卖双方早在2015年9月就约定，在2019年3月以每桶57美元的价格交割1 000桶原油。通过期货合约，买卖双方在3年前就能够锁定（支付或收到的）原油的交易价格。

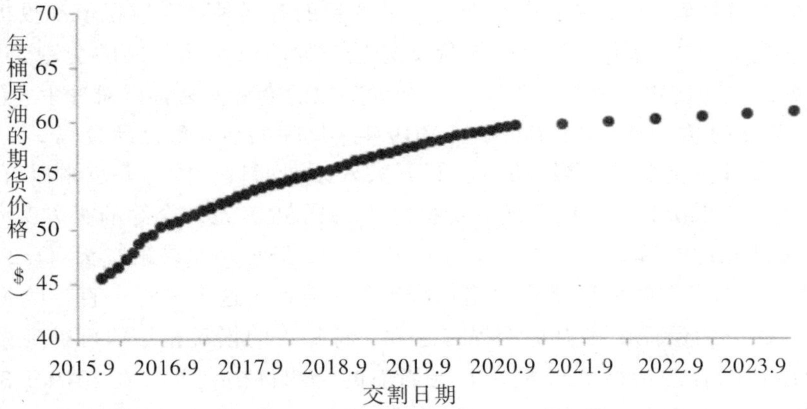

图13-1　2015年9月轻质低硫原油期货的价格

图13-1所示的期货价格并非现在要支付的价格，而是今天约定的在未来要支付的价格。原油期货价格是根据每个交割日的市场供求关系来确定的，取决于市场对未来油价的预期，并根据适当的风险溢价加以调整。

如果期货合约的买方承诺于2019年3月以每桶57美元的价格购买原油，那么卖方将如何确保买方会遵守承诺？假如2019年3月的实际油价为每桶只有35美元，那么买方就会有强烈的违约动机。如果2019年3月的实际油价超过57美元，那么卖方就会有违约的动机。期货交易所采用两种机制阻止买卖双方的违约行为。首先，使用期货合约买卖商品的交易者需要提供担保，即缴纳保证金（margin）。这种担保（或抵押）可作为期货交易者履行义务的保证。此外，规定所有的利润和损失通过设定的程序逐日结算，而不是等到合约的期末时（交割日）才结算，这种方式被称作“逐日盯市制度”（marking to market），即每天根据期货合约价格的变化，当日结清损益。

在期货市场进行交易需要缴纳一定数量的履约保证金（一般为成交金额的5%～15%），并且在交易的过程中，需要维持一个最低履约保证金水平。随着期货合约交割期的临近，保证金水平会不断提高，这样做的目的是给期货合约的履行提供一种财务担保。如果交易者未能将其所持有的期货合约在合约到期前进行对冲平仓，则必须在合约到期后根据合约的规定进行实物交割。期货合约初始保证金的设定与每日价格最大波动的规定有关，主要考虑期货价格的未来变动范围，一般为合约总值的某个百分比，例如，大连商品交易所的黄大豆一号合约、玉米合约等的初始保证金要求为5%。保证金制度使得交易者可以以较少的资金承担巨大的价格风险。投资者在5%的保证金水平上所承担的期货价格风险，是他在现货市场以相同资金量所能承担的价格风险的20倍。这类似于一把双刃剑。一方面，它使得交易者能以较低的成本规避风险；另一方面，操作不当将可能使得投资者面临巨大亏损。当保证金账户的余额由于每日结算降低到某个水平时，经纪商将向客户提出追加保证金的要求。客户有义务缴纳保证金以维持保证金账户余额在某个金额之上，这一金额称为“维持保证金”，通常为初始保证金的一个百分比，比如75%。

期货交易是一种保证金交易，投入5%~15%的资金就可从事100%的交易，正是由于这种杠杆原理，决定了期货交易是一种高风险同时也是高投资回报的交易。投入一定数量的资金，交易者可能获得数倍甚至数十倍于这笔资金的收益，同时也面临数倍甚至数十倍于这笔资金的投资风险[①]。交易者进行期货交易的目的有两种：套期保值和投机套利。期货交易的这两种特定的目的决定了商品期货交易是一种不以实物商品的交割为目的的交易。期货交易中最后进行实物交割的比例很低，绝大多数的期货交易都以对冲平仓的方式了结。

表13-1显示的是，从2015年9月至2019年3月间的900个交易日里，于2019年3月到期的期货的每日价格变动。当t=0时，买方买入原油期货合约，并承诺以每桶57美元的价格购买原油。如果次日（t=1），期货价格降为每桶55美元，合约的买方头寸将损失2美元。这一损失被立即结算，买方的保证金账户减少2美元。如果第二天（t=2），期货价格上升为56美元，则买方的保证金账户增加赚得的1美元。这个过程一直持续到远期合约的交割日为止。买方的保证金账户每天都有盈亏，将每天的损益相加即可得到累计损益，并且总是等于最初的合约价格（57美元）与当前的合约价格之差。在2019年3月，这份期货合约按最终的期货价格，即当时的实际油价交割。在交割日，期货合约变成立即交割的合约。根据一价定律，此时的期货价格必定等于原油的实际市价。在表13-1的例子中，买方最终为每桶原油支付35美元，买方的保证金账户损失22美元，购买原油的总成本为35+22=57（美元），即最初承诺支付的价格。通过这种逐日盯市制度，买方和卖方在发生任何亏损时随时支付，而不是等到最终的交割日才支付。只要保证金余额足以应对日常的价格变动，这种机制就可以避免违约风险。[②]

表13-1　**于2019年3月交割的轻质低硫原油期货合约的逐日盯市和结算**　单位：美元

	2015 9月								2019 3月
交易日	0	1	2	3	4	…	898	899	900
期货价格	57	55	56	54	53	…	32	34	35
每日盯市盈亏		−2	1	−2	−1	…	…	2	1
累积盈亏		−2	−1	−3	−4	…	−25	−23	−22

① 法国兴业银行2008年1月24日披露，由于旗下一名交易员私下越权投资金融衍生品（欧洲股指期货），该行因此蒙受49亿欧元的巨额亏损。

② 期货交易所设定保证金账户的最低余额，以确保其足以弥补一天的损失。如果买方的剩余保证金太少，交易所将发出“追加保证金通知”，要求买方补足保证金。如果买方没有遵照要求去做，他的保证金账户将被冻结，同时他的期货合约将被配售给新的买家。

实质上，到期日为2019年3月的期货合约，与设定油价为每桶57美元的长期供货合约相同。但与双边合约不同的是，期货合约的买卖双方可以在任何时候结清头寸或平仓（结清保证金账户中的累计盈亏），将期货合约按即期价格重新配售给新的买方或卖方，即在期货市场上反向操作平仓了结。比如，一份期货合约的买方，可以在临近期货合约交割日卖出一份相同的期货合约，他就同时持有这份期货合约的多头和空头，两相抵消，实际上他在该期货合约上的净头寸就为零。通常，期货合约很少是以实际商品交割来了结的。正因为这种原油期货合约具有较高的流动性，而且又不存在信用风险，它已成为很多公司对冲油价风险的主要选择。

考虑本书第一章例1-1珠宝商的例子。珠宝商想锁定下个季度用于加工珠宝的铂金的成本，买入5 000克3个月期铂金期货合约，期货价格为每克230元。假设3个月后铂金的现货价格下跌到每克224元，珠宝商的期货合约亏损5 000×（224−230）=−30 000（元），总成本为5 000×224+30 000=1 150 000（元），成本锁定为每克230元。假设3个月后铂金的现货价格上涨到每克245元，期货合约盈利5 000×（245−230）=75 000（元），总成本为5 000×245−75 000=1 150 000（元），铂金成本仍被锁定为每克230元。

自测题 13-1

（三）期货定价

1.商品期货定价

以原油期货为例。令P_t表示交割日的原油市场价格，F_t表示在今天约定的于t期交割的期货价格。期货合约的购买者在交割日将支付F_t，获得价值为P_t的原油，其净收益为$P_t - F_t$。期货合约卖方的净收益为$F_t - P_t$。因为在购买期货合约时已经知道期货价格，所以用无风险利率对期货合约的价格折现，用利率r_p对原油的预期价格折现（反映油价波动的风险溢价），从而可计算出期货合约的净现值。期货市场的竞争将驱使净现值为零：

$$\frac{E[P_t]}{(1+r_p)^t} - \frac{F_t}{(1+r_f)^t} = 0, \quad F_t = E[P_t]\frac{(1+r_f)^t}{(1+r_p)^t} \tag{13.1}$$

而且，期货价格F_t也不能超过为未来而储备原油的全部成本，否则，利用期货合约来购买、储存和出售原油可产生套利机会：假设原油的储存成本为FV，原油的现货价格为P_0。当前按无风险利率借入数额为P_0的资金，在现货市场上以P_0的价格买入原油并储存至未来的t期，同时在期货市场上卖出t期的原油期货合约。t期后，以持有的原油按F_t的约定价格进行交割，偿还借款本息，支付储存成本。该策略当前的净收益为0；t期后，该策略的净收益为$F_t - [P_0(1+r_f)^t + FV] > 0$，产生套利机会，市场竞争会消除这一套利机会。根据一价定律，期货价格等于现货的持有成本，即，$F_t = P_0(1+r_f)^t + FV$。

2.金融期货定价（以股指期货为例）

股票价格指数（简称“股指”）为度量和反映股票市场总体价格水平及其变动趋势而编制的股价统计相对数。通常是报告期的股票平均价格或股票市值与选定的基期股票平均价格或股票市值相比，并将两者的比值乘以基期的指数值，即为该报告期的股票价格指数。股票价格指数上升，表明股票的平均价格水平上涨；股票价格指数下跌，表明股票的平均价格水平下降；股指是反映股票市场所在国（或地区）经济变化状况的晴雨表。

股票指数期货（简称“股指期货”），是指以股价指数为标的物的标准化期货合约，交易双方约定在未来的某个特定日期，按照事先确定的股价指数的大小，进行标的指数的买卖，到期后按指数点位计算现金结算差价来进行交割（比如，每个点位300元）。作为期货交易的一种类型，股指期货交易与商品期货交易具有基本相同的特征和流程。中国国内（大陆）有三种股指期货合约，分别为沪深300股指期货、中证500股指期货和上证50股指期货；按照期限一般有当月合约、下月合约、当季合约以及下季合约。沪深300指数是股指期货最重要的标的指数，它是对沪深两市个股按照日均成交额和日均总市值进行综合排序，选出排序前300位的股票作为样本，以2004年12月31日这300只成分股的市值作为基点1 000点，实时计算的一种股票价格指数。沪深300指数以规模和流动性作为选样的两个根本标准，并赋予流动性更大的权重，符合该指数定位于交易指数的特点。股票指数作为一揽子股票的集合，其实类似于一只股票。为便于分析，下面以个股期货为例，来说明股指期货的定价原理①。

【例13-1】

股票的现货市场价格为每股10元，3个月后到期的该股票期货合约的价格为每股10.25元。当前市场的借贷年利率为6%（*APR*，每季度计息），假设该股票在未来3个月内不分配股利，将如何操作可套利？

如果以现价10元买入股票，同时在期货市场卖出股票期货合约，那么在3个月后会得到10.25元，年回报率（*APR*）为［（10.25−10）/10］×（12/3）=10%，而资金市场上的借贷成本仅为6%，明显存在套利机会。可在当前以6%的年利率借入3个月期的贷款10元，在现货市场上以10元的价格买入1股股票，在期货市场上卖出1份该股票3个月期的期货合约，在3个月后，以持有的股票进行交割，并且偿还贷款本息。如表13-2所示，当前净收益为0，3个月后的净收益为10.25−10×（1+6%÷4）=0.1（元），每股可套利0.1元。

表13-2　**卖出期货并借债购买股票**　单位：元

套利交易	t=0	t=3
资金市场（借入）	10	−10.15
股票现货市场（买入）	−10	0
期货市场（卖出）	0	10.25
净收益合计	0	0.1

在正常市场中，大量套利者采用相同的策略，在现货市场买入股票会导致股价上涨，在期货市场卖出合约会导致期货价格下跌，在资金市场的借入会提高市场利率，从而压缩套利者的利润空间，直至套利机会消失。

本例中假如3个月后到期的期货价格为10.05元，如何进行套利？如果仍采取同样的策略，3个月后将亏损0.1元（10.05−10×（1+6%÷4））。所以只要反向操作就可套利：在现货市场卖空1股股票，买入1份3个月后到期的期货合约，将卖空股票所得按6%的利率贷出，3个月后收回贷款本息，交割期货合约获得股票，将股票还给经纪商。如表13-3所示，当前净收益为0，3个月后的净收益为0.1元，每股可套利0.1元。

① 沪深股票市场当前还不存在个股期货交易品种，国外市场有个股期货类型。

表 13-3　　**卖空股票，同时买入期货并投资债券**　　单位：元

套利交易	t=0	t=3
资金市场（贷出）	−10	10.15
股票现货市场（卖空）	10	0
期货市场（买入）	0	−10.05
净收益合计	0	0.1

套利者卖空股票会促使股价下跌，买进期货会促使期货价格上涨，直至套利机会消失。综上分析可知，其他条件不变，只有当期货合约的价格为10.15元时才不会出现套利机会。10.15元实际上是10元的股票现价在3个月以后的终值。

假设无税收和交易成本，借贷利率相同，期货无违约风险，理论上，期货合约价格、股票现行市价以及无风险利率之间存在以下关系：

$$F_t = S_t(1 + r_f)^{T-t} \tag{13.2}$$

F_t为到期日为T的期货合约在当前时点t时的价格，S_t为股票在当前时点t时的价格，r_f为无风险利率，T为期货合约的最终到期日。（$T-t$）以年表示，比如，距到期日3个月，（$T-t$）为3/12=1/4（年）。如果无风险利率是连续利率，则13.2式可写成：

$$F_t = S_t e^{r_f(T-t)} \tag{13.3}$$

接下来对13.2式给出证明如下：

假设期货合约多头在当期的价值为f_t，到期日为T的期货合约在t时点的价格为F_t（即约定的到期日交割价格），暂且忽略股利分配，考虑以下三种投资工具：

（1）一份股票期货合约的多头f_t；

（2）买入价值F_t（$1+r_f$）$^{-(T-t)}$的零息票国债；

（3）买入1份股票S_t。

当期货到期时，零息票国债的本金和利息合计等于F_t，恰好可用来执行期货合约多头的交割，从而获得股票。由（1）和（2）所构成的投资组合，在期货合约到期时就相当于获得1股股票，这与（3）的结果相同。根据一价定律，由（1）和（2）所构成的投资组合的当前价值（成本）一定等于股票的当前价格：

$$f_t + F_t \cdot (1 + r_f)^{-(T-t)} = S_t \tag{13.4}$$

期货合约订立时，对于合约的多头和空头来说都是公平的，因此f_t应该等于0。因为如果有一方预期在未来交易中会亏损，则亏损一方不会进行交易。当$F_t = S_t$（$1+r_f$）$^{(T-t)}$时，恰好使得$f_t = 0$。因此，t时点的期货价格的理论值为：

$$F_t = S_t(1 + r_f)^{(T-t)} \tag{13.5}$$

尽管期货合约价值在初始时刻为0，但随着市场的变动，合约的价值也会变动，可能为正或者为负，例如，假设合约订立后，标的股价上涨，由于约定的远期交割价格F_t不再改变，利率也无变动，这对于已经订立合约的多头而言就是有利的。而那些在股价上涨以后再订立的合约，其合约价格肯定要高于过去的远期价格。新的远期价格使得在新条件下合约的初始价值仍然为0。

【例 13-2】

在多数情况下，交割品会产生现金流入或流出，比如股利分配，或者商品的仓储和维护成本。考虑标的股票派发现金股利，在例 13-1 中，假如当前已宣布该股票将在 1 个月后每股发放 0.6 元的股利，那么此时又该如何套利？

例 13-2 同例 13-1 的区别在于，股票现货市场的卖空头寸，在 1 个月后多了 0.6 元的股利支出，将这笔支出换算到 3 个月后约为 0.61 元（月利率 r 为 $1.015^{1/3}-1$），如表 13-4 所示，由于这笔现金支出，使得例 13-1 的策略产生亏损；这是因为在考虑股利支出之后，期货价格实际上被高估了；为消除套利机会，应在无股利的定价基础上，再减去股利的终值。

表 13-4　　含有股利时的套利策略　　单位：元

套利交易	t=0	t=3
资金市场（贷出）	−10	10.15
股票现货市场（卖空）	10	−0.61
期货市场（买入）	0	−10.05
净收益合计	0	−0.51

假如派发股利无风险，时间和数量确定，则含有股利时的期货价格为：

$$F_t = (S_t - Div) \cdot (1 + r_f)^{(T-t)} \tag{13.6}$$

其中，Div 为每股现金股利的折现值。

在某些情况下，交割品所发生的现金流入或流出并非一个确定的数值，而是按某一个比例来确定，比如，股票指数的股利收益率或者产品的自然损耗率，对于这样的交割品，期货价格由如下公式决定：

$$F_t = \frac{S_t(1 + r_f)^{(T-t)}}{(1 + R_e)^{(T-t)}} \tag{13.7}$$

13.7 式中，R_e 为交割品的收益率（为正）或者自然损失率（为负），例如，沪深 300 指数的年度股利收益率为 3%，R_e 就等于 3%。

（四）利用期货合约对冲商品价格风险的利弊

在完美市场中，商品供货合约和期货合约都是净现值为零的投资，不会改变公司价值。但是对冲商品价格风险可以降低其他市场摩擦的成本而使公司获益。它的潜在收益包括，减少因商品价格的不利变动而使公司陷入财务困境时发生的直接成本和间接成本，以及过度投资和投资不足引起的代理成本，从而降低证券发行成本，提高借债能力，改善对管理者的激励和风险评估。降低商品价格风险，从而有助于减少损失，当公司遭遇损失时，可能进行股票增发以筹集资金，股票发行除了承销费外，还会产生逆向选择导致的抑价成本和股权集中度的降低而造成的潜在代理成本。尤其是商品期货市场，能够为商品的生产者和需求者提供有价值的信息。商品市场对于逆向选择和道德风险问题的敏感性较低。关于未来商品价格变化的风险，公司一般不会比外部投资者知道更多信息，也不能采取行动来影响这一风险，例如，石油公司在投资数百万美元开钻新油井之前，就可以通过期货合约锁定未来油价，从而可消除因管理者无法控制的风险所造成的盈利波动性，公司的盈利和股价就可准确地显示管理者的真实绩效。再举一例，农场主不能确定农作物的未来价格，但可根据锁定的小麦期货价格来确定小麦的种植数量。

公司的对冲交易有时会产生损失，这些损失可由其他收益或节约来弥补，但是公司必须确保在实现收益之前，能够经受住这些损失，例如，在1993年，德国金属精炼和营销公司（MGRM）因在原油期货市场损失超过15亿美元而倒闭。MGRM与它的客户签订原油的长期供货合约，在未来10年内以固定价格每月向客户出售原油，它同时购买原油期货合约来对冲油价可能上涨的风险。一旦未来油价上涨，公司虽然需要以更高的成本向客户提供原油，但是期货合约上的盈利将抵消这些成本。由于纽约商品期货交易所在那时尚没有长期期货交易（最长的不超过12个月期），所以MGRM采用滚动式套期保值法，当某个月份的合约到期之后随即买入期限最长的期货合约。这项对冲计划的致命缺陷是，一旦油价下跌，公司与客户签订的远期合约头寸将出现盈利，远期交易没有保证金要求，这种盈利在未来实际交割时才能带来现金流入，但是对应的期货头寸在油价下跌时却需要不断追加保证金。油价从1992年7月之后就不断下跌，公司缴纳的保证金也越来越多，需要追加的保证金已经超过它的支付能力，公司面临着现金流危机，无法满足持仓的追加保证金需求。1993年年底，MGRM被其母公司要求平仓所有合约和期货头寸，结果由账面亏损变成实际亏损。这个例子表明，公司在设计商业策略时，除了要考虑市场风险外，财务风险、现金流匹配、资金流动性风险也是必须要考虑的重要因素。

自测题 13-2

第三节　管理汇率风险

外汇市场是指不同国家的货币进行兑换的市场。跨国公司必然面临汇率波动的风险。汇率是指一国货币兑换另一国货币的市场比率。考虑美元和欧元的汇兑关系。在2021年11月，美元兑换欧元的汇率为0.8652欧元/美元，即1美元可兑换0.8652欧元，或相当于，1欧元可兑换1.1558美元（1/0.8652）。与大多数外汇汇率一样，欧元兑换美元的汇率为浮动汇率（floating rate），意即汇率随着市场上相关货币的供求数量而经常变动。每种货币的供给和需求由三个因素决定：（1）交易商品的公司，例如，美国经销商将美元兑换为欧元，向德国汽车制造商购买小汽车。（2）交易证券的投资者，例如，日本投资者将日元兑换为美元，购买美国债券。（3）各国中央银行的行为，英国央行可将英镑兑换为欧元，试图抑制英镑的价值。货币的供给和需求随着全球经济状况的变化而变化，所以汇率也随之变动。

汇率的波动给跨国公司带来了一个问题，即“进出口商困境”。考虑下面这个美国的A公司需要从德国供应商G公司进口生产部件的例子。G公司的生产部件是以欧元计价，A公司就将面临美元可能贬值和欧元升值从而导致生产部件的进价变得更贵的风险。如果G公司的生产部件是以美元计价，那么G公司就有风险了，当美元可能贬值时，它向美国的A公司出口零部件而收到的欧元就变少了。在进出口贸易中，汇率风险是常有的。如果双方公司都不愿意承担汇率风险，那么就很难甚至不可能达成交易。

一、利用货币远期合约对冲汇率风险

只要交易双方使用不同的货币，自然就会产生汇率风险：如果汇率波动，其中一方将遭受汇率波动的风险。公司最常用的降低汇率风险的方法是利用货币远期合约来对交易套期保值。货币远期合约是公司跟银行签订的合约，它提前为未来交易涉及的货币设定固定的汇率。货币远期合约规定了：（1）汇率；（2）汇兑的货币金额；（3）汇兑的交割日。货币远期合约设定的汇率又称“远期汇率”（forward exchange rate），它可应用于未来将发生的汇兑。通过签订货币远期合约，公司可提前锁定汇率，减少或消除货币价值波动的风险。

【例13-3】

中华人民共和国香港特别行政区H公司将在3个月后收到美国A公司支付的50万美元货款。当前银行报出的3个月期的远期汇率为1美元兑换7.783港元（银行会同时报出买入价和卖出价，在此是指银行的美元买入价）。为了规避美元对港元汇率下跌的风险，H公司可以与银行签订外汇远期合约，3个月后，按照7.783港元/美元的汇率将这笔美元卖给银行，从而可在当前锁定3个月后的美元收入的港元价值。如果不采取远期外汇合约进行套期保值，则H公司3个月后的港元价值将随着汇率的上涨而增加，随着汇率的下跌而减少。签订远期合约后，这笔收入被锁定为389.15万港元，因而不会随着汇率变动而变动。

货币的远期汇率是如何确定的？公司可利用“现金-持有策略”消除汇率风险。这种策略可提供与货币远期合约相同的现金流，根据一价定律，可以用它来确定远期汇率。现金-持有策略包括以下3项同时进行的交易（以欧元和美元的兑换为例）：

（1）假如你今天以利率$r_€$借入1年期的欧元贷款，借款数额为$1/(1+r_€)$，1年后需要偿还1欧元；

（2）按即期汇率S \$/€，把借入的欧元兑换成今天的美元；

（3）以利率$r_\$$将今天的美元投资（储蓄）1年。

上述交易策略如图13-2所示：

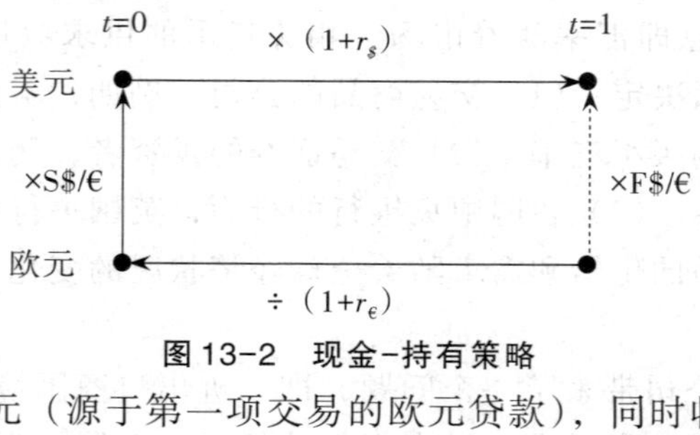

图13-2 现金-持有策略

1年后，你将欠1欧元（源于第一项交易的欧元贷款），同时收到美元（来自第三项交易的美元投资），收到的美元数额为$\frac{1}{(1+r_€)}\cdot S\cdot(1+r_\$)=S\cdot\frac{(1+r_\$)}{(1+r_€)}$。将1年后的欧元

转换成1年后的美元，1年后的1欧元相当于1年后的$S\cdot\dfrac{(1+r_\$)}{(1+r_€)}$美元，就像利用远期合约一样。这种方法称作“现金-持有策略”，即先借入现金，然后持有（投资）至未来。

远期合约和现金-持有策略实现了同样的转换，根据一价定律，两者必然以相同的价格交易。综合现金-持有策略中用到的利率和汇率，可得到远期汇率的无套利公式：

$$F = S\cdot\frac{1+r_\$}{1+r_€} \tag{13.8}$$

13.8式是用即期汇率和每种货币的利率来表示远期汇率。等式两边的最终单位都是1年后的美元/欧元（$/€）。

假设20×2年12月的欧元兑美元的即期汇率为1$/€，1年期的美元利率为1.66%，欧元利率为3.12%。根据13.8式，在20×2年12月，1年后兑换的无套利远期汇率为：

$$F = 1\times\frac{1+1.66\%}{1+3.12\%} = 0.986\$/€$$

13.8式表明，远期汇率和即期汇率的差异与两种货币的利率差异有关。当不同国家的利率存在差异时，投资者就有动机借入低利率货币，兑换后将其投资高利率货币。当然，投资期间总是有高利率货币可能贬值的风险。如果通过使用外汇远期合约锁定未来汇率来规避这种风险，根据13.8式，远期汇率将正好抵消较高利率带来的收益，从而消除套利机会。

【例13-4】

20×9年12月，美元对日元的即期汇率为116 ¥/$。当时，美元的1年期利率为4.85%，日元的1年期利率为0.10%。根据上述汇率和利率计算，美元对日元的1年期无套利远期汇率是多少？

根据13.8式计算远期汇率。汇率的单位是¥/$，应该用（1+日元利率）除以（1+美元利率）：

$$F = S\cdot\frac{1+r_¥}{1+r_\$} = 116\times\frac{1+0.10\%}{1+4.85\%} = 110.7(¥/\$)$$

要记住一个有用的规则是，利率之比一定要与汇率的单位一致。本例的汇率单位是¥/$，即期利率要乘以（1+日元利率），再除以（1+美元利率）。

公司为什么选择货币远期合约，而不是现金-持有策略？首先，远期合约更简单，一次就完成，而不需要三笔交易，它的交易费用更低。其次，许多公司很难以不同的货币借款，如果信用差可能还要支付较高的利率。大银行主要采取现金-持有策略，它们较容易筹借外币资金，且交易成本也较低。银行通常采用这种策略对冲承诺远期合约所带来的货币风险。

【例13-5】

20×2年9月，日本的一家银行与一家出口商签订一份货币远期合约，出口商同意在1年后的20×3年9月按111.882日元/美元的远期汇率，将2 000万美元兑换成日元。当前即期汇率为113.414日元/美元，美元的1年期利率为1.45%，日元的1年期利率为0.08%。如果没有其他客户对货币远期合约感兴趣，则银行应如何对冲风险？

远期合约规定，出口商将支付给银行2 000万美元，换取2 000万美元×111.882日元/

美元=223 764万日元。为了对冲风险，银行可寻找另一个（或另一些）愿意用日元兑换美元的客户。当找不到这样的客户时，银行仍可利用现金-持有策略来对冲汇率风险：

首先，按当前1.45%的美元利率借入美元。银行现在可借入2 000/1.0145=1 971.414（万美元），1年后用从出口商收到的美元偿还这笔借款。

接下来，按113.414日元/美元的即期汇率，将借入的美元兑换成日元：1 971.414万美元×113.414日元/美元=223 585.947万日元。

最后，将今天的日元按照0.08%的日元利率投资1年。日元储蓄期满1年后，将会得到223 585.947×1.0008=223 764.82（万日元），恰好可用来支付给出口商，以按约定的汇率换取2 000万美元，同时偿还美元借款。

通过上述交易组合，银行就能够保证按照与出口商约定的远期汇率将美元兑换为日元。【例13-5】中，远期汇率低于即期汇率（美元贬值），抵消了美元投资的较高利率。如果远期汇率是除了111.882¥/$以外的任意值，比如是115.346¥/$，套利行为就会发生，例如，现在可按0.08%的利率借入10万日元，按即期汇率将其兑换为881.725美元（100 000÷113.414），将美元以1.45%的利率存入银行。1年后将得到881.725×（1+1.45%）=894.51（美元）。1年后需偿还10.008万日元。如果已经将远期汇率锁定为115.346¥/$，需要将867.65美元（100 080÷115.346）按远期汇率兑换为10.008万日元，在偿还日元借款后，剩余的无风险套利收益为894.51-867.65=26.86（美元）。市场上的其他投资者也会发现并且利用这一机会套利，直到远期汇率下降到与111.882¥/$的无套利汇率相持平为止。如果远期汇率低于111.882¥/$，比如是107.225¥/$，则现在可按1.45%的利率借入1万美元，按即期汇率将其兑换为113.414万日元，将日元以0.08%的利率存入银行，1年后将得到113.414×（1+0.08%）=113.505（万日元）。1年后还需要偿还10 145美元。将得到的113.505万日元按照107.225¥/$的远期汇率折算，可兑换1 135 050÷107.225=10 585.68（美元），还清美元借款后，还剩余440.68美元（10 585.68-10 145）的套利收益。同理，市场上的其他投资者也会发现并利用这一机会套利，直到远期汇率上升到与111.882¥/$的无套利汇率相持平为止。

远期合约价格是由现货价格、无风险利率以及到期期限所共同决定的，这四个变量之间存在内在联系，一旦某个变量出现偏离，套利机会就随之出现，而套利行为本身又会消除套利机会，使得四个变量之间的内在联系继续维持。

13.8式可以容易地推广到期限超过1年的远期合约情形。将投资或借入货币的时间换成T年，则未来T年后的无套利远期汇率可表示为：

$$F_T = S \times \frac{(1 + r_{\$})^T}{(1 + r_{€})^T} \tag{13.9}$$

13.9式中，即期汇率和远期汇率的单位都是美元/欧元，每种货币的现行年利率为其收益曲线上的无风险T年期利率。

自测题13-3

自测题13-4

二、利用外汇期货对冲汇率风险

外汇期货是以外汇为基础工具的期货合约，主要用于规避外汇风险。根据《企业会计准则第24号——套期会计》的定义，套期，是指企业为管理外汇风险、利率风险、价格风险、信用风险等特定风险引起的风险敞口，指定金融工具为套期工具，以使套期工具的公允价值或现金流量变动，预期抵消被套期项目全部或部分公允价值或现金流量变动的风险管理活动。期货交易之所以能够套期保值，其基本原理在于某一特定商品或金融工具的期货价格和现货价格受相同经济因素的制约和影响，从而它们的变动趋势大致相同，而且，现货价格与期货价格在走势上具有收敛性，即当期货合约临近到期日时，现货价格与期货价格将逐渐趋同。因此，若同时在现货市场和期货市场建立数量相同、方向相反的头寸，到期时不论现货价格上涨或是下跌，两种头寸的盈亏恰好抵消，从而使套期保值者避免承担风险损失。

【例13-6】

美国出口商在20×3年3月15日签订向英国出口价值10万英镑的机器设备的协议，约定于同年6月交货付款，到时需将英镑兑换成美元核算盈亏。签订协议时美元与英镑的即期汇率为1英镑兑换1.352美元，若按即期汇率计算，美国出口商会收到135 200美元。美国出口商预测3个月后的即期汇率将下跌，为避免英镑贬值带来的风险，卖出6月15日交割的10万英镑期货合约，成交的期货汇率是1.375美元/英镑。3个月后英镑即期汇率果然下跌到1.339美元/英镑，这时美国出口商收到的10万英镑只能兑换133 900美元，比签订协议时预计的收入少1 300美元。幸好美国出口商当时已卖出6月15日交割的英镑期货合约，到6月15日，现货汇率已下跌到1.339美元/英镑，此时美国出口商再买进英镑期货合约平仓，可获利3 600美元（（1.375-1.339）×100 000），弥补其现货市场的损失还有余。

例13-6可概括为“先卖后买”的过程。当预计未来外币要贬值时，投资者先卖出外汇期货合约，当合约到期时再买进外汇期货合约平仓。这样就可通过期货市场的收益弥补现货市场上由于汇率变动带来的损失。

【例13-7】

回到例13-3，中国香港特别行政区H公司将在3个月后收到美国A公司支付的50万美元货款。H公司如何通过外汇期货合约进行套期保值呢？H公司可按照当前的期货价格（假设也是1美元兑换7.783港元），卖出3个月后交割的面值为50万美元的外汇期货合约。虽然是“卖出”，当前H公司并没有从交易对方收到任何现金支付，实际上是H公司和其交易对方通过期货交易所达成一项协议，在3个月后按照当前的期货价格买卖50万美元。从而，H公司能够在当前时点锁定3个月后50万美元收入的港元价值。假设3个月后现货市场的汇率出现表13-5所示的三种情形：

表13-5 **利用期货合约套期保值** 单位：万港元

汇率（港元/美元）	7.763	7.783	7.803
现货市场	7.763×50=388.15	7.783×50=389.15	7.803×50=390.15
期货市场	0.02×50=1	0×50=0	-0.02×50=-1
总计	389.15	389.15	389.15

忽略交易费用。假如3个月后的现货市场汇率为7.763港元/美元，卖出50万美元现货的收入为388.15万港元，加上期货交易盈利1万港元（期货价格高于现货价格，期货交易的卖方盈利），H公司的总收入为389.15万港元。假如3个月后的现货市场汇率为7.803港元/美元，卖出50万美元现货的收入为390.15万港元，同时期货交易亏损1万港元（期货价格低于现货价格，期货交易的卖方亏损），H公司的总收入合计仍为389.15万港元。可见，不管汇率如何变化，投资组合的价值不变。相比远期合约，期货合约的优势在于成交迅速并且没有信用风险。

三、利用货币期权对汇率套期保值

货币期权是另一种常用的汇率风险管理工具。货币期权与本书第十二章介绍的股票期权一样，赋予期权持有者按给定的汇率兑换货币的权利。货币远期合约允许公司锁定未来的汇率；货币期权能够使公司将汇率变动限制在不超过某一特定水平的范围内。为了说明利用远期合约和货币期权对冲汇率风险的差别，接下来考察一种具体的情形。

【例13-8】

20×2年9月，欧元兑换美元的1年期远期汇率为1.20$/€。公司1年后需要欧元，假如不采用远期合约锁定这一汇率，而是购买欧元看涨期权，从而有权以不超过最高限价的价格买入欧元。假设关于欧元的1年期欧式看涨期权，它的执行价格为1.20$/€，交易价格（期权的权利金）为0.05$/€。也就是说，公司用0.05$/€的成本，获得了一项权利（而非义务）——1年后以1.20$/€的汇率购买欧元。这样，公司就可避免欧元大幅升值的风险，而当欧元的价值下跌时仍可获利。

表13-6显示利用看涨期权套期保值的结果，第1列为1年后的各种实际汇率。如果即期汇率小于期权的执行价格1.20$/€，公司将不执行期权，而以即期汇率将美元兑换成欧元。如果即期汇率大于1.20$/€，公司将执行期权，按1.20$/€的汇率将美元兑换成欧元（第2、3列）。然后，再加上期权的初始成本（第4列），即可得出公司为每欧元支付的美元总成本（第5列）。[①]

表13-6 **利用货币期权对兑换欧元的成本套期保值** 单位：$/€

(1)	(2)	(3)	(4)	(5)
20×3年9月即期汇率	是否行权?	执行交易的汇率	期权成本	总成本
1.00	否	1.00	0.05	1.05
1.15	否	1.15	0.05	1.20
1.30	是	1.20	0.05	1.25
1.45	是	1.20	0.05	1.25

基于表13-6的数据，绘制图13-3。图13-3比较了三种策略：利用期权套期保值、利用远期合约套期保值以及不采取任何套期保值策略。如果不采取套期保值策略，那么购买欧元的成本就是即期汇率。如果采用远期合约套期保值，那么就把购买欧元的成本锁定为

① 计算总成本时，忽略期权权利金的小额利息机会成本。

远期汇率，成本是固定的。期权套期保值代表一种折中策略：公司可设定潜在成本的上限，但在欧元贬值时仍将获利（相对于远期合约而言）。

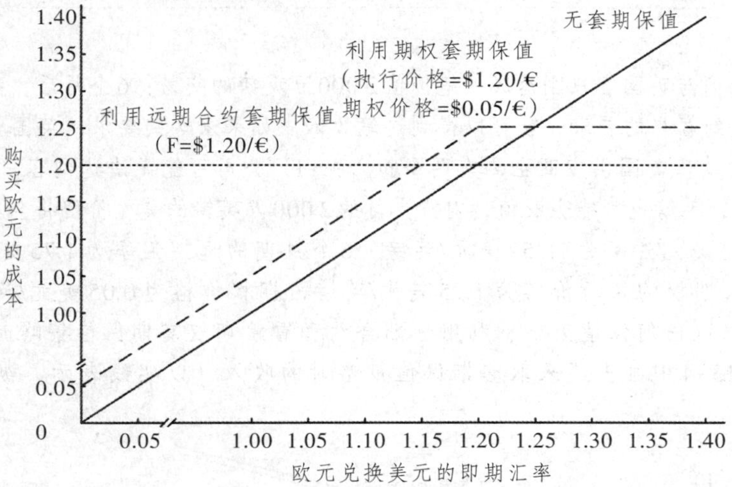

图13-3　利用远期合约、期权对汇率套期保值以及与不采取保值策略的比较

远期合约锁定汇率，消除汇率变动的全部风险。若不采取对冲或套期保值策略，公司将完全暴露于汇率波动的风险中。利用期权套期保值使得公司既可在汇率下降时受益，又可保护公司免遭汇率大幅上升导致的损失。

【例13-9】

同例13-3，中国香港特别行政区H公司也可通过买入外汇看跌期权进行风险对冲。假如公司买入行权价格为7.783港元/美元、总金额为50万美元的港元/美元看跌期权，期权的到期日为3个月后，期权的权利金（期权价格）是5 000港元。期权合约允许H公司在3个月后美元贬值时，仍然可按照7.783港元/美元的价格，将50万美元卖给期权的卖方，从而可以规避美元对港元汇率下跌的风险，但同时不影响其获得由于美元升值而带来的收益。假设3个月后外汇现货市场的汇率出现如表13-7所示的三种情形：

表13-7　**利用期权套期保值**　单位：万港元

汇率（港元/美元）	7.763	7.783	7.803
现货市场	7.763×50=388.15	7.783×50=389.15	7.803×50=390.15
行使期权	0.02×50=1	0×50=0	0×50=0
期权费	−0.5	−0.5	−0.5
总计	388.65	388.65	389.65

无论美元对港元的汇率下跌到何种程度，对于H公司来说，它的最低收入为388.65万港元，但是当美元升值时，它的收入随之增加。

为什么公司可能选择利用期权而不是远期合约来套期保值？这是因为，管理者希望汇率向对公司有利的方向变动时公司能够获利，而不愿被迫接受高于市场水平的汇率。未来的汇兑交易也可能不发生，所以公司也偏向于采用期权套期保值。在这种情况下，若公司采用远期合约，可能会令自身陷入被动——必须按照不利的汇率兑换其并不需要的货币。

而持有货币期权则可避免这种情形；如果交易未发生，则公司也不需要将其转换为外币，损失的只是期权费。

【例13-10】

一家美国供应商与英国客户刚达成一笔价值2 000万英镑的交易：6个月后，如果供应商提供的技术和设备达到客户的要求，就可以得到这笔收入。如果未达到要求，英国客户届时可以取消合同，不必付款。美国供应商主要有两个担心：(1) 公司可能无法达到客户的技术要求；(2) 即使交易成功，英镑也可能会贬值，对方支付的2 000万英镑的美元价值将会减少。

当前的英镑对美元汇率为1.752美元/英镑，6个月期的远期汇率为1.75美元/英镑，英镑的6个月期看跌期权的执行价格为1.75美元/英镑，期权价格为0.05美元/英镑。试比较供应商分别在不采取任何保值策略、利用远期合约和看跌期权套期保值策略时的结果。

首先，在图13-4中画出不采取套期保值策略时的收入（以实线表示，纵轴的单位为百万美元）：

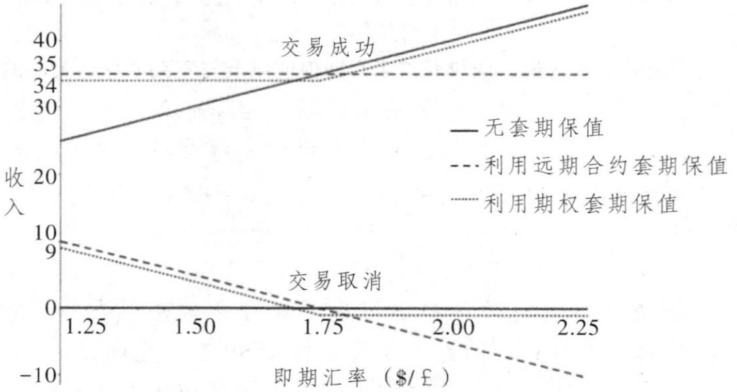

图13-4 不采取任何保值策略与利用远期合约、看跌期权套期保值策略的比较

假设不采取套期保值策略，且英镑下跌至1.5美元/英镑，公司的美元收入仅为2 000万英镑×1.5美元/英镑=3 000万美元。然而，如果利用远期合约对2 000万英镑套期保值，若交易成功，它将获得2 000万英镑×1.75美元/英镑=3 500万美元。但是如果客户取消交易，供应商仍然对远期合约负有义务，需要向银行支付2 000万英镑换取3 500万美元。如果即期汇率上升至2.00美元/英镑，2 000万英镑将价值2 000万英镑×2.00美元/英镑=4 000万美元，公司将在远期合约上损失4 000−3 500=500（万美元）。

如果公司不采取套期保值策略或采取远期合约套期保值策略，那么都有可能遭受严重损失。再来考察利用看跌期权套期保值的情况。购买看跌期权的前期成本为2 000万英镑×0.05美元/英镑=100万美元，利用看跌期权套期保值的结果如图13-4中的点状虚线所示，例如，如果交易获得成功，且英镑跌至1.75美元/英镑以下，公司就会执行看跌期权，扣除购买看跌期权的成本后将收到2 000万英镑×1.75美元/英镑−100万美元=3 400万美元（忽略期权费的6个月小额利息机会成本）。如果客户取消交易，且即期汇率上升，则公司不执行期权，将只损失100万美元的期权费。利用期权策略，无论交易成功与否，公司都可限制其潜在损失。

自测题13-5

四、利用货币互换管理汇率风险

金融互换（swaps）又称掉期，是交易双方以特定方式在未来某一时段内交换一系列现金流的协议。互换交易通常包括利率互换、货币互换和其他互换。本章下一节“管理利率风险”再来介绍利率互换。货币互换是将一种货币的本金和固定利息与另一种货币的等价本金和固定利息进行交换。货币互换的主要原因是双方在各自国家中的金融市场上具有比较优势。由于货币互换涉及本金互换，因此当汇率变动很大时，双方将面临一定的信用风险。

【例 13-11】

20×1年10月，一家英国公司以1亿欧元的价格向德国的一家公司出售设备。当时的汇率为0.75515英镑/欧元，同时，英镑的利率是5.78%，欧元的利率是4.36%。为了促进交易成功，英国公司同意贷给德国买方公司8 000万欧元，5年后偿还。为得到贷款，德国公司将固定资产作为抵押，并承诺按季度支付利息，以欧元标价，以*APR*表示的固定利率为4.36%。

在这一交易中，英国公司面临很大的货币风险，它的风险主要来自于欧元贷款本金和5年内的定期利息支付。英国公司担心在以后的5年中，如果欧元贬值，则以欧元计价的贷款本金和利息将蒙受损失。在未来5年内，英国公司必须将每一次收到的欧元利息换成英镑，而由于汇率波动，公司无法确定当其收到利息时，该利息收入能够换得多少英镑。

为了对冲货币风险，可以采取货币互换合约，最终的互换合约如下：

（1）英国公司与欧洲外汇银行达成协议，同意在5年后的20×6年10月5日，用8 000万欧元交换6 000万英镑。英国公司支付欧元，收受英镑，固定汇率为0.75英镑/欧元。

（2）英国公司每季度向欧洲外汇银行支付8 000万欧元本金的利息，固定利率是4.36%，以欧元标价。

（3）欧洲外汇银行每季度向英国公司支付6 000万英镑本金的利息，固定利率是5.78%，以英镑标价。

英国公司不必将其从德国公司收到的欧元兑换成英镑，从而不用担心因欧元贬值而带来的亏损。德国的买方公司履约定期向英国的卖方公司支付利息，英国公司将从买方得到的欧元直接付给欧洲外汇银行。此外，欧洲外汇银行向英国公司支付6 000万英镑，这正是德国买方所获得的贷款的现值。事实上，这就相当于欧洲银行直接收受买方支付的利息。通过货币互换协议，英国公司现在不仅固定了本金的汇率，而且将从欧元贷款中收到的低利率换成较高的英镑利率，并且不承担货币贬值的风险。上述交易过程如图13-5所示：

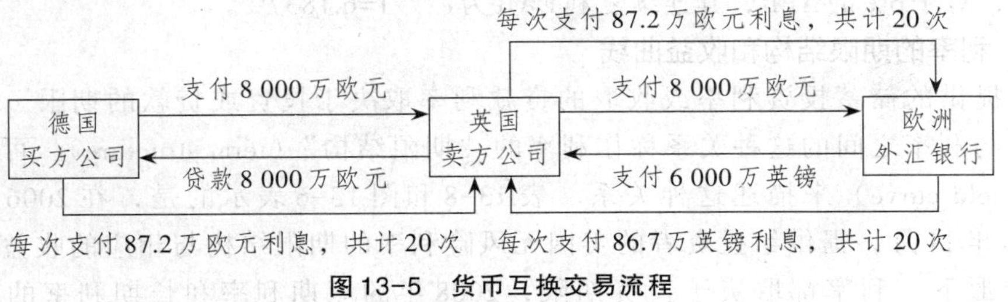

图13-5 货币互换交易流程

第四节　管理利率风险

利率的上升会提升公司的借款成本，降低它的盈利能力。很多公司都有固定的长期负债，如资本租赁（融资租赁）或养老金负债等。市场利率的下降会增加这些负债的现值，降低公司的股权价值。所以，公司要考虑利率波动的风险。

一、关于利率的基本知识

（一）EAR与APR

利率通常以有效年利率*EAR*（effective annual rate）表示，*EAR*为在1年的计息期间内收到的实际利息，是考虑复利效应的利率。利用13.10式，可将1年期的折现率*EAR*转换成等价的*n*年折现率：

$$等价的n年折现率=(1+EAR)^n-1 \tag{13.10}$$

*n*既可以大于1，用于计算超过1年期的利率，但通常小于1，用于计算不足1年期的利率。*n*经常等于1、1/2、1/4、1/12、1/365年，分别表示在1年内，现金流的计息间隔为每1年、每半年、每季度、每月和每天。折现率（利率）的对应期间必须同现金流发生的周期性间隔相匹配，例如，如果现金流每月发生，则要先将*EAR*转化成相应的月利率。

银行有时也以年度百分比利率*APR*（annual percentage rate）的方式给出资金的借贷报价，它表示的是1年后赚得的单利，即没有考虑复利效应的利息额。由于没有考虑复利效应，因此，*APR*报价通常比实际赚得的利息少。为计算1年后将会赚得的实际利息，首先要按13.11式将*APR*转换为*EAR*：

$$1+EAR=(1+APR/k)^k \tag{13.11}$$

*k*为1年内均匀发生的现金流的间隔频次（或计息次数），*k*通常等于1、2、4、12、365，分别表示每1年、每半年、每季度、每月、每天计息一次。在极限情形下，*k*趋于无穷大，即为连续复利。此时，13.11式变为：

$$1+EAR=e^{APR} \tag{13.12}$$

对上式两边同时取自然对数，得到基于*EAR*计算连续复利*APR*的公式：

$$APR=\ln(1+EAR) \tag{13.13}$$

例如，对于6%的APR，其连续复利EAR为$e^{0.06}-1=6.1837\%$。

（二）利率的期限结构和收益曲线

银行提供的储蓄投资利率或收取的贷款利率取决于投资或贷款的期限。投资（贷款）期限与利率之间的这种关系称作利率的“期限结构”（term structure）。可用“收益曲线”（yield curve）来描述这种关系。表13-8和图13-6表示的是，在2006年、2007年及2008年11月，提供给投资者的美国无风险利率的期限结构与相应的收益曲线。在每一种情形下，利率都取决于投资期限，2008年的短期利率和长期利率的差别尤其显著。

表 13-8　　美国国债收益率（期限结构）

期限（年）	2006 年 11 月	2007 年 11 月	2008 年 11 月
0.5	5.23%	3.32%	0.47%
1	4.99%	3.16%	0.91%
2	4.80%	3.16%	0.98%
3	4.72%	3.12%	1.26%
4	4.63%	3.34%	1.69%
5	4.64%	3.48%	2.01%
6	4.65%	3.63%	2.49%
7	4.66%	3.79%	2.90%
8	4.69%	3.96%	3.21%
9	4.70%	4.00%	3.38%
10	4.73%	4.18%	3.41%
15	4.89%	4.44%	3.86%
20	4.87%	4.45%	3.87%

通常把具有适当到期期限、无风险零息票债券的到期收益率称作“无风险利率”，又称“即期利率”（spot interest rates）。

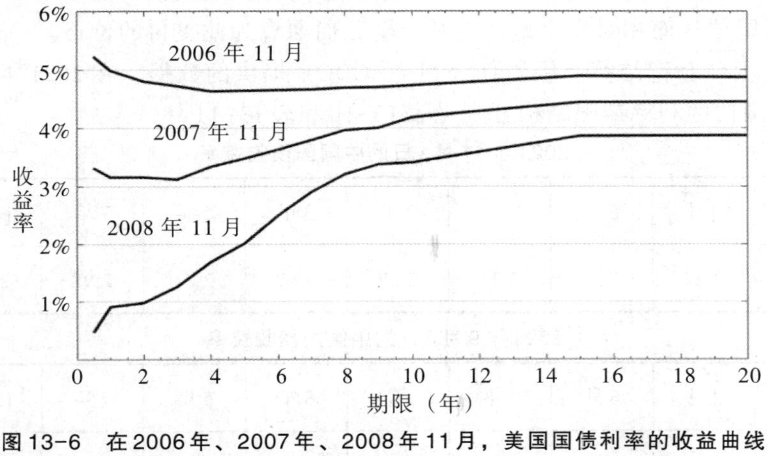

图 13-6　在 2006 年、2007 年、2008 年 11 月，美国国债利率的收益曲线

2021 年 3 月 10 日，美国国债的期限结构见表 13-9[①]：

① 资料来源于全球经济数据网 http：//www.qqjjsj.com/show118a196523.

表 13-9 2021年3月10日美国国债收益率

期限	1月	3月	6月	1年	2年	3年	5年	7年	10年	20年	30年
收益率（%）	0.036	0.041	0.058	0.086	0.163	0.344	0.822	1.240	1.560	2.172	2.274

比较表 13-8 和表 13-9 可见，自 2006 年以来，美国国债的收益率已经大幅度下降。国债是国家以政府信用作为担保发行的债券（以本币计价的国债具有无限清偿能力），国债收益率反映的是市场上的无风险收益率。当 2020 年年初的全球新冠肺炎疫情暴发之时，出于对经济前景极端悲观的预期，全球股市暴跌，而此时美国 10 年期国债成为投资者和机构在没有更好投资机会下的选择。随着后续全球市场无上限宽松，美债被持续买入，其收益率也一度跌至负值。2020 年 3 月 9 日，10 年期美国国债的收益率为 0.477%，低于 3 个月期美国国债 0.481% 的收益率，出现收益率倒挂现象（即，短期收益率高于长期收益率），30 年期美国国债收益率跌至 1% 以下，为 0.958%，反映了投资者对未来经济走势的悲观预期。

2008 年 12 月 9 日，美国短期国债以负的收益率交易，即这些无风险纯粹折价债券以溢价交易。短期国债的收益率为负意味着投资者有套利机会：通过（溢价）卖空债券，并持有所得到的现金，待到期偿还债券面值，就可获得无风险收益。然而，为什么投资者没有竞相利用这一套利机会并使之消除？首先，负的收益率并没有持续太长时间，表明实际上，投资者确实争相利用了这个套利机会。但其次，在深入考虑后，这个机会可能并不是一个确定的无风险套利机会。当出售国债时，投资者必须选择将出售债券所得投资于何处，或者至少持有该收入。在正常时期，投资者会愿意将收入存在银行，认为存款是无风险的。但金融危机期间毕竟不同平常，很多投资者对于银行及其他金融中介机构的金融稳定性深感忧虑。也许投资者回避这个“套利”机会是因为，他们担忧收到的现金放在任何地方都不安全。因此，可将零息票国债的微小溢价看作，当其他投资似乎都不安全时，投资者通过购买国债从而相对安全地持有其资金，而愿意为此支付的价格。

根据中央国债登记结算有限责任公司（CCDC）提供的数据，在 2021 年 11 月 1 日和 9 月 8 日，中国国债的利率期限结构分别见表 13-10 和表 13-11[①]：

表 13-10 2021年11月1日的中国国债收益率

期限	3月	6月	1年	2年	3年	5年	7年	10年	30年
收益率（%）	2.24	2.35	2.32	2.57	2.67	2.81	2.98	2.94	3.46

表 13-11 2021年9月8日的中国国债收益率

期限	3月	6月	1年	2年	3年	5年	7年	10年	30年
收益率（%）	2.09	2.22	2.32	2.52	2.57	2.70	2.87	2.87	3.42

以纵坐标表示期限，横坐标表示收益率，基于表 13-10 和表 13-11 的数据，可绘出在这两个日期中国国债的收益曲线，如图 13-7 所示：

① 资料来源于 https：//yield.chinabond.com.cn/cbweb-czb-web/czb/moreInfo？locale=cn_ZH.

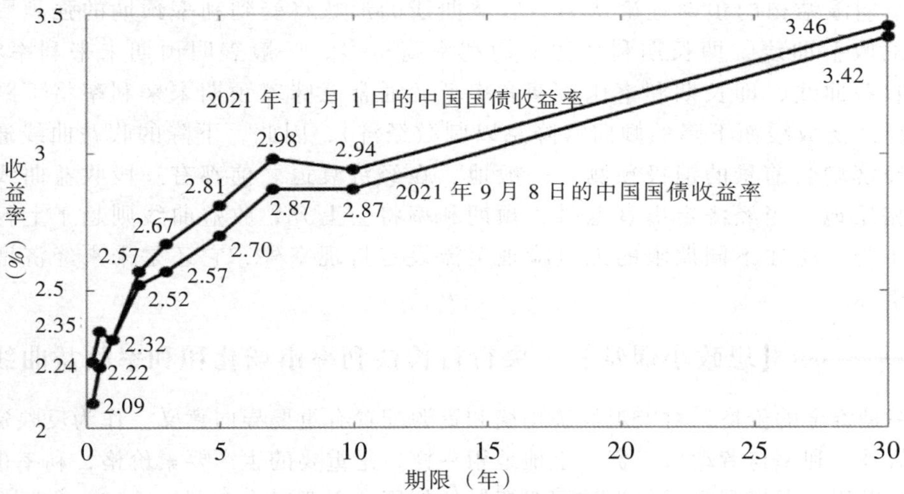

图 13-7　中国国债的收益曲线

计算具有不同期限的现金流的现值，应匹配现金流与折现率的期限，例如，对于2年后收到的无风险现金流，应该以2年期国债的（年）利率折现，10年后收到的无风险现金流就应该以10年期国债的（年）利率折现，用r_n表示n年期的无风险年利率，计算系列无风险现金流的现值的一般公式为：

$$PV = \frac{C_1}{1+r_1} + \frac{C_2}{(1+r_2)^2} + \cdots + \frac{C_N}{(1+r_N)^N} = \sum_{n=1}^{N} \frac{C_n}{(1+r_n)^n} \quad (13.14)$$

基于同一时期收益曲线上的利率，对每笔现金流使用不同的折现率折现。当收益曲线相对平坦时，就像美国国债2006年11月的收益曲线，对应不同年限的折现率的差别相对较小，通常可忽略这种较小的差别，而以单一的“平均”利率来折现。但当短期利率和长期利率差别较大时，如2008年11月的收益曲线所示，就应该用13.14式来计算。

短期债券利率受市场对债券的供求影响。对某一期限债券需求大于供给，债券价格就会上升，利率就会下降（利率和价格反向变动），反之则反向变动。而长期债券利率等于短期债券平均利率加上流动性溢价，因为长期债券的不确定性更大，流动性更低，不能像短期债券那样轻易变现，因此需要在短期债券平均收益率的基础上加上流动性溢价，投资者才会愿意牺牲现在的流动性来购买长期债券而不是短期债券。通常，收益曲线是从左至右斜向上的曲线，并且短期债券利率和长期债券利率应该随时间一起波动。

为什么利率的收益曲线会有不同的形态（上升、下降或接近于水平）？这取决于市场参与者对利率的普遍预期。假设当前的短期利率等于长期利率。如果预期未来利率会上升，则投资者在当前不愿意进行长期投资；相反，投资者会进行短期投资，然后等利率上升后再进行长期投资；因此，如果预期利率上升，则长期利率就应该比短期利率高一些，以吸引投资者。同理，如果预期未来利率会下跌，则借款者在当前不愿意以与短期利率相等的长期利率借入长期贷款；投资者会借入短期贷款，然后等利率下降后再借新的贷款。所以，如果预期利率下降，那么长期利率就应该比短期利率低一些，以吸引借款人。

利率期限结构的预期理论认为，收益曲线的形状将受到利率预期的强烈影响。急剧上升的收益曲线，即长期利率比短期利率高得多，一般表明预期未来利率将上升。递减的收益曲线，即长期利率比短期利率低，通常意味着预期未来利率将下跌。由于利率有因经济放缓而下降的倾向（降息以刺激经济），因此，下降的收益曲线通常被理解为对经济增长前景的消极预测。一般地，在经济衰退之前都有一段收益曲线下行的时期。相反地，当经济走出衰退时，预期利率将会上升，收益曲线则趋于上行。收益曲线除了为发生在不同期限的无风险现金流设定折现率外，它还是未来经济增长的潜在先行指标。

【思政小课堂】 央行行长谈利率市场化和利率收益曲线

利率是资金的价格，对宏观经济均衡和资源配置有重要导向意义。作为反映资金稀缺程度的信号，利率与劳动力工资、土地地租一样，是重要的生产要素价格，利率也是对延期消费的报酬。考察利率对行为和配置资源的作用，主要以真实利率（又称实际利率，即名义利率减去通胀率）为尺度。理论上，自然利率是宏观经济总供求达到均衡时的实际利率水平。在实践中，利率的高低直接影响老百姓的储蓄和消费、企业的投融资决策、进出口和国际收支，进而对整个经济活动产生广泛影响。利率对宏观经济运行发挥重要的调节作用，主要通过影响消费需求和投资需求来实现。从消费看，利率上升会鼓励储蓄，抑制消费。从投资看，利率提高将减少可盈利的投资总量，从而抑制投资需求，即筛选掉回报率低的项目。利率对进出口和国际收支也会产生影响，国内利率下降，刺激投资和消费，提升社会总需求，会增加进口，导致净出口减少，同时本外币利差缩窄，可能导致跨境资本流出，从而影响国际收支平衡。

均衡利率由市场供求关系决定，是企业、居民和金融机构等市场主体的储蓄行为、投资行为、融资行为在金融市场中共同作用的结果（主要通过银行存贷款、债券市场、股票市场、保险市场等进行投融资活动，并将金融资源配置到实体经济和各类资产上）。市场在配置资源中发挥决定性作用，配置过程是在产权清晰的基础上，通过市场交易形成的价格来导向的。在这个过程中，利率作为资金的价格决定资金流向，从而决定金融资源配置的流向。

从中长期看，宏观意义上的利率水平应与自然利率基本匹配。当经济处于人均消费量最大化的稳态增长轨道时，经通胀调整后的真实利率r应与实际经济增长率g相等。若r持续高于g，则会导致社会融资成本高企，企业经营困难，从而不利于经济发展。当r低于g时，名义利率往往也低于名义GDP的增速，有利于债务可持续，即债务杠杆率保持稳定或下降，从而给政府一些额外的政策空间。但也有研究表明，至少在新兴市场r低于g不足以避免债务危机。总体上r略低于g是较为合理的，从经验数据看，我国大部分时间真实利率都是低于实际经济增速的，这一实践可以称之为留有余地的最优策略。但r也不能持续明显低于g，若利率长期过低，会扭曲金融资源配置，带来过度投资、产能过剩、通货膨胀、资产价格泡沫、资金空转等问题，超低利率政策难以长期持续。由于利率不仅影响微观主体投资收益、融资成本，而且是平衡宏观经济总供求的关键，成熟市场经济体都将利率作为重要的宏观经济调控工具。

在市场化的利率体系中，基准性的收益率曲线非常重要，可为各类金融产品和市场主体提供定价参考。收益率曲线反映利率由短及长的期限结构，是由各期限金融产品的主要参考基准利率共同组成的一个体系。收益率曲线的短端为隔夜和7天回购利率DR，长端为国债收益率。从国际上看，即便是债券市场较为发达的美国，其国债收益率曲线也主要在中长端发挥作用，货币市场等短端利率仍主要参考联邦基金利率和LIBOR（改革后将转为SOFR，有担保隔夜融资利率）。对收益率曲线的不同部分，央行与市场发挥的作用有所差异。对于收益率曲线的短端，央行控制着基础货币的供给，通过公开市场操作和中期借贷便利等投放短期和中期基础货币，直接影响短期和中期的市场基准利率。对于收益率曲线的中长端，则主要基于市场对未来宏观经济走势、货币政策取向等的预期，由市场交易形成，投资者和政策制定者可以从中观察重要的市场信息。

——上述内容节选自易纲在《金融研究》2021年第9期刊发的文章，"中国的利率体系与利率市场化改革"。

（三）即期利率与远期利率

作为管理利率风险的一种重要工具，利率远期合约是固定未来借款或投资利率的现时合约。远期利率（forward interest rate）是在今天对未来发生的借款或投资设定的利率，例如，5年远期利率指的是始于今天的第4年年末，到从今天起的第5年年末得到回报的1年期投资，在今天可提供（或约定）的回报率。

可运用一价定律，通过无风险零息票债券的收益曲线计算远期利率。方法是比较以下两种策略：策略一为投资买进n年期的零息票债券；策略二为投资（$n-1$）年期的零息票债券，且同时通过签订利率远期合约以确保在第n年赚得的利率。这两种策略都是无风险的，它们的收益必定相同，否则就会出现套利机会：

$$(1+YTM_n)^n=(1+YTM_{n-1})^{n-1}(1+f_n) \tag{13.15}$$

整理13.15式，即可得到远期利率的通用计算公式：

$$f_n=\frac{(1+YTM_n)^n}{(1+YTM_{n-1})^{n-1}}-1 \tag{13.16}$$

1年远期利率是指，始于今天、到1年后得到回报的投资的回报率；它相当于投资1年期零息票债券。根据一价定律，这两个回报率必定一致，即，$f_1=YTM_1$。

如果使用远期利率合约锁定在未来1年、2年、直至n年的无风险投资的利率，即可构造出n年期的无风险投资。这一策略的回报率必定与n年期零息票债券的回报率相等：

$$(1+f_1)(1+f_2)\cdots(1+f_n)=(1+YTM_n)^n \tag{13.17}$$

远期利率与资本市场未来将实际通行的（未来某时的即期利率）利率不同。预期的未来即期利率反映了投资者对未来利率波动风险的偏好。依据远期利率，似乎不能够较好地预示未来的即期利率。

二、久期对冲策略

债券的久期（duration）可用于测量债券对利率变动的敏感度。现金流的利率变动敏感性取决于它的发生时间，对于包含系列现金流的证券而言，其利率敏感性就取决于每期现金流发生的平均时间，例如，对于10年期的息票债券，它在1～10年里每年都要付息，说它为10年期债券可能会引起误解，因为它产生每笔现金流的平均时间少于10年。债券（证券）的久期可表示如下：

$$久期=\sum_t \frac{PV(C_t)}{P} \cdot t \tag{13.18}$$

13.18式中，C_t为t期的现金流，$PV(C_t)$为它的现值（根据债券的到期收益率计算），P为所有现金流的现值之和，等于债券的当前价格（价值）。久期就是每笔现金流的发生时期t的加权平均值，t的权重是t期现金流的现值占全部现金流的现值总和的百分比。

正如单一现金流的利率敏感度随着它的发生时间的延长而增加一样，系列现金流的利率敏感度也会随着它的久期的延长而增加。令r表示用来对系列现金流折现的年度百分比利率（APR），如果r增加到$r+\varepsilon$，ε为一个很小的变动量，现金流的现值之和的变动率约为：

$$价值的百分比变化 \approx -久期 \times \frac{\varepsilon}{1 + r/k} \tag{13.19}$$

k表示APR的每年计息期数。

"久期 /（$1+r/k$）" 又称 "修正的久期"，13.19式也可改写为：

$$价值的百分比变化 \approx -修正的久期 \times \varepsilon \tag{13.20}$$

推导13.19式，r的微小变化所引起的价值变化的近似值等于价值对r的微分：

$$\begin{aligned}\frac{\partial P}{\partial r} &= \sum_t \frac{\partial}{\partial r}\frac{C_t}{(1+r/k)^{kt}} = \sum_t \frac{\partial}{\partial r}\left[C_t \cdot (1+r/k)^{-kt}\right] \\ &= \sum_t \left[C_t \times (-kt) \times (1+r/k)^{-kt-1} \times 1/k\right] \\ &= \sum_t -\frac{C_t}{(1+r/k)^{kt+1}}\,t = -\frac{1}{1+r/k}\sum_t PV(C_t)t\end{aligned} \tag{13.21}$$

对上式两端同时除以P，将价值的变化用百分比表示，得到13.19式。

公司的股票总市值由它的资产和负债的市场价值之差来决定。如果利率的变化影响这些价值，那么也将影响公司的权益价值。通过计算资产负债表的久期，可测量公司的利率敏感度。而且，通过重组资产负债表减少其久期，可对冲利率风险。

【例13-12】

考虑典型的储蓄和贷款机构。这些储贷机构以支票和储蓄账户的形式持有短期存款以及定期存单，同时也发放长期贷款，如汽车贷款和房屋抵押贷款等。通常，发放的贷款的久期都比吸收的存款的久期要长，若资产的久期与负债的久期存在显著差异，就存在久期错配（duration mismatch）问题。如果利率发生显著变化，这种错配将使储贷机构面临风险。

表13-12为某储贷机构的简化市值资产负债表，列示了每项资产和负债的市场价值和久期。投资组合的久期为组合中每项投资的久期的价值加权平均。

表13-12 **储贷机构的市值资产负债表**

项目	市场价值（万元）	久期（年）
资产		
现金储备	1 000	0
汽车贷款	12 000	2

续表

项目	市场价值（万元）	久期（年）
按揭贷款	17 000	8
总资产	30 000	
负债		
支票和储蓄	12 000	0
定期存单	9 000	1
长期融资	7 500	12
总负债	28 500	
所有者权益	1 500	
负债和所有者权益总额	30 000	

资产的久期为：

$$D_A = \frac{1\,000}{30\,000} \times 0 + \frac{12\,000}{30\,000} \times 2 + \frac{17\,000}{30\,000} \times 8 = 5.33\text{（年）}$$

负债的久期为：

$$D_L = \frac{12\,000}{28\,500} \times 0 + \frac{9\,000}{28\,500} \times 1 + \frac{7\,500}{28\,500} \times 12 = 3.47\text{（年）}$$

资产和负债的久期不匹配。资产的久期较长，如果利率上升，则资产的价值将比负债的价值下降得更快，导致权益的价值（资产的价值和负债的价值之差）会随着利率的上升而显著下降。

将权益看作由资产的多头和负债的空头所构成的投资组合，组合的久期即为权益的久期：

$$D_E = D_{A-L} = \frac{A}{A-L} D_A - \frac{L}{A-L} D_L = \frac{30\,000}{1\,500} \times 5.33 - \frac{28\,500}{1\,500} \times 3.47 = 40.67\text{（年）}$$

如果利率上升1%，则权益的价值将下降大约40%。权益价值的减少主要是因为，资产价值减少5.33%×30 000=1 599（万元），负债的价值只减少3.47%×28 500=989（万元），权益的市场价值因此将减少1 599−989=610（万元），或减少610/1 500=40.67%。

要使权益的价值完全不受总体利率水平上升或下降的影响，权益的久期应该为零。零久期的投资组合称作“久期–中性投资组合”或“免疫投资组合”，这意味着对于小幅度的利率波动，权益的价值将保持不变。

接上例，为使权益久期为中性，必须降低资产的久期，或者增加负债的久期。公司可通过出售部分抵押贷款换取现金来降低资产的久期。可根据下面的等式计算应出售的抵押贷款的价值：

交换资产的价值=组合久期的变化×最初组合的价值÷资产久期的变化 (13.22)

用P表示最初投资组合的价值，S表示出售的资产的价值，D_P、D_S分别为它们的久期。D_B为新购入资产的久期。新组合的久期D_P^*可表示为：

$$D_P^* = \frac{P}{P} D_P + \frac{S}{P} D_B - \frac{S}{P} D_S$$

求解得到：$S=(D_P-D_P^*)P/(D_S-D_B)$ （13.23）

为降低利率波动带来的风险，要将权益的久期从40.67年减少为0。如果出售抵押贷款换取现金，那么抵押贷款的久期就从8年减少为0，应用13.23式，要出售（40.67−0）×1 500/（8−0）=7 625.63（万元）的抵押贷款。资产的久期下降为：

$$\frac{1\,000+7\,625.63}{30\,000}\times 0+\frac{12\,000}{30\,000}\times 2+\frac{17\,000-7\,625.63}{30\,000}\times 8=3.30\text{（年）}$$

权益的久期随之下降为：

$$\frac{30\,000}{1\,500}\times 3.30-\frac{28\,500}{1\,500}\times 3.47=0$$

调整投资组合，使其久期保持中性（为零），意味着该投资组合的价值将不受利率变化的影响。

自测题 13-6

久期匹配是管理利率风险的有用方法，但这一方法也存在局限性。首先，投资组合的久期取决于现行利率。当利率发生变化时，投资组合中的证券和现金流的市值也随之变动，这反过来又改变了用以计算久期的权重。要维持投资组合为久期−中性，就需要根据利率的变化对组合随时进行调整。其次，久期−中性组合只能防范那些同时影响所有收益率的利率变动所引起的风险，只有在收益曲线并行上升或并行下降的情况下，才会保护组合的价值免受利率变动的影响。要是短期利率上升，而长期利率保持不变，尽管短期证券的久期较短，它们的价值相对于长期证券而言也将下降。

【延伸阅读】 短贷长投的高杠杆难抵系统性冲击

那些最严重的金融危机往往与过度运用杠杆有关。这些危机通常具有相同的诱发模式：企业、银行或投资者通过短期借债来筹集资金，购买缺乏流动性的长期资产；通常都有某个事件促使放贷人不愿意为到期的短期债务再次提供资金，从而导致借债方的资金链断裂。由于借款人不具有足够的现金来偿还短期债务，因此，必须出售部分资产。但由于这些资产缺乏流动性，而且其他借款人的处境也普遍是"半斤八两"，因此，每个借款人只能以过低的价格售出资产，以致无力偿清债务。也就是说，借款人的资产和负债并不匹配，即资不抵债。金融危机大都源于企业和银行通过短期借款来筹集资金，购买缺乏流动性的资产。20世纪80年代，美国的储蓄和贷款机构通过短期举债和吸收存款来筹集资金，从而进行激进的扩张。当人们看到这些机构的投资（通常是房地产投资）价值低于其负债时，放贷者和存款者便拒绝向它们提供更多资金。1989年，美国政府被迫向该行业施以援手，着手救市。

——Timothy M. Koller，原载于《麦肯锡季刊》，发表时间为2010年6月。

三、利用利率互换对冲利率风险

例13−12中，可通过出售资产以降低利率的敏感度。但对大多数公司而言，那些资产是公司正常运营所必需的，出售资产并非其所愿。利用利率互换策略，公司可在不用出售或购买资产的情况下，修正其利率风险暴露程度。利率互换（interest rate swap）是指交易双方相互交换债务利息支付，即相互为对方支付贷款利息。债务人根据资本市场利率走势，通过运用利率互换，将其自身的浮动利率债务转换为固定利率债务，或将固定利率债务转换为浮动利率债务。在标准的利率互换合约中，合约的一方承诺在每一付息期，按固定利率为对方的债务支付利息，作为交换，同时按现行市场利率收到利息，用来支付本方贷款的利息。根据当前市场状况调整的利率称作“浮动利率”。双方交换的就是固定利率利息和浮动利率利息，这种互换又称“固定利率与浮动利率的互换”。

考虑固定利率为7.8%、本金为1 000万元的5年期贷款的利率互换。标准互换的付息间隔为半年，每6个月支付一次的固定利息费用为1/2×7.8%×1 000=39（万元）。浮动利率利息的支付一般是基于6个月期的市场利率，如6个月期的短期国债利率或6个月期的伦敦银行同业拆借利率（LIBOR）。[①]这一利率在合约期内会变动，每期的利息是基于利息支付日前6个月时的现行6个月期市场利率计算得出的，例如，在6个月后的第一个付息日，固定利息为39万元，浮动利率利息为1/2×6.8%×1 000=34（万元），从支付固定利率转为支付浮动利率的净收益为5万元。

利率互换的每次支付额等于固定利率利息和浮动利率利息之差。与普通贷款不同，利率互换不涉及本金支付，互换的名义本金仅用来计算利息，实际上从来不用支付。利率互换也不会产生初始现金流，互换合约就像远期和期货合约，通常被构造为“零成本”证券。互换合约的固定利率是基于当前的市场状况确定的，利率互换对于交易双方而言都是公平的（净现值为零）。

利率互换的目的是减少融资成本，如一方可以得到优惠的固定利率贷款，但希望以浮动利率筹集资金，而另一方可以得到浮动利率贷款，却希望以固定利率筹集资金，通过利率互换交易，双方均可获得各自所希望的融资形式。

公司通常用利率互换改变其面临的利率波动风险。公司支付的贷款利率之所以产生波动，主要有两个原因：第一，市场无风险利率发生变化；第二，公司的信用程度随时间而变化，而信用程度决定公司必须支付的超过无风险利率的那部分信贷息差。通过将利率互换与贷款相结合，公司就可选择哪些利率风险他们将承受，哪些可消除。

【例13-13】

D公司是一家设备制造商，正处于经营扩张阶段。为扩张融资，公司需借入1 000万元。当前6个月期的利率（LIBOR）为4%，10年期利率为6%，这些利率仅适用于AA级公司。考虑到D公司当前较低的信用评级，银行收取的利率将比上述利率高出1%的息差。公司的管理者正在考虑，应该借入6个月期的短期贷款，每6个月后再重新融资，还是应借入10年期的长期贷款。管理者担心，如果采用短期贷款，当利率大幅上升时，为债务再融资就要支付较高的利率，可能导致公司陷入财务困境。而如果采用长期贷款，锁定10年内的贷款利率，就可以避免这种利率上升的风险。然而，长期贷款也有缺点。管理者相信，随着经营业务扩张产生的收益，未来几年公司的信用评级将会提高。如果采用10年期的贷款，公司就要额外支付基于它当前较低信用等级的较高息差。

长期固定利率贷款的优势是锁定利率，但缺点是无法获得信用评级提高带来的收益。短期浮动利率贷款虽然可使公司得到信用质量提高带来的好处，但同时也带来利率上升的

① 伦敦银行同业拆借利率（LIBOR）是指，在伦敦设有办事处的主要国际银行相互之间随时拆借资金的利率，它是利率互换和其他金融理财协议常用的基准利率。

风险。在这种情况下，公司可利用利率互换，将两种借款方式的优点结合起来。首先，公司利用每隔6个月的滚动短期贷款借入1 000万元。每次贷款的利率为$\tilde{r}_t+\delta_t$，$\tilde{r}_t$为最新的（LIBOR）市场利率，δ_t为基于公司借款时的信用评级而支付的信贷息差。考虑到公司相信其信用质量将逐步提高，δ_t应该从当前的1%水平逐步降低。接下来，为消除未来支付的利率$\tilde{r}_t$上升的风险，公司可签订一份10年期的利率互换合约，同意以每年支付6%的固定利率，来交换（收到）浮动利率$\tilde{r}_t$。互换合约中6%的固定利率对应于AA级借款者的10年期市场利率。即使现在D公司的信用评级还未达到AA级，它也可通过互换获得这一利率，这是因为互换几乎不存在信用风险，在互换合约里，不存在关于1 000万元本金的交换，所以风险很低。因此，互换利率相对独立于使用者的信用质量。

将互换的现金流和短期借款的现金流相结合，可计算出公司的净借款成本如下：

短期贷款利率+为互换支付的固定利率−从互换收到的浮动利率=净借款成本

$\tilde{r}_t+\delta_t+6\%-\tilde{r}_t=6\%+\delta_t$

公司的最初净借款成本为7%（$6\%+\delta_t$，给定该公司当前1%的信贷息差），随着将来公司信用评级的提高，信贷息差逐步下降，未来的借款成本也将下降。同时，这一策略也可使公司避免利率上升的风险。

【例13-14】

L公司正面临越来越激烈的竞争，它希望借入1 000万元以弥补未来的资金不足。当前，AA级长期贷款的利率为8%。基于该公司当前的信用评级，它可按8.5%的利率借款。公司预计未来几年利率会下降，所以偏好短期贷款，等利率下降后再重新融资。然而，公司的管理者担心随着竞争的加剧，公司的信用评级可能会下降，这可能会显著地加大公司为新贷款支付的息差。公司如何才能既获得利率下降带来的好处，又不必担心它的信用评级的恶化呢？

公司可以先按8.5%的长期固定利率借款，然后签订一份利率互换合约，合约规定，公司从对方收到8%的固定利息，支付本公司的贷款利息，并向对方支付短期利率$\tilde{r}_t$。L公司的净借款成本为：

长期借款利率+为互换支付的浮动利率−从互换收取的固定利率=净借款成本

$8.5\%+\tilde{r}_t-8\%=\tilde{r}_t+0.5\%$

通过利率互换，公司就可将其当前的信贷息差锁定为0.5%，并且还可获得未来浮动利率下降的收益。

公司也可综合运用久期套期保值策略和利率互换。虽然互换的初始价值为零，但它会随着利率的变化而波动。当（浮动）利率上升时，对于收到固定利率利息的一方（为对方支付浮动利率），互换的价值将下降；相反，对于支付固定利率利息的一方，互换的价值会提升。

对于收到固定利率利息的一方而言，可计算互换合约的利率敏感度。方法是将利率互换视作做多长期债券和做空短期债券的投资组合，这两种债券的面值都相当于贷款的名义本金。固定利率为6%、名义本金为1 000万元的10年期利率互换合约，相当于这样的一个组合：买入息票利率为6%、面值为1 000万元的10年期债券（这就相当于收到固定利率利息），同时卖空息票利率为现行短期利率（即浮动利率）、面值为1 000万元的6个月期短期债券（相当于支付浮动利率利息）。同理，对于支付固定利率的一方而言，应卖空10年期债券，同时买入6个月期债券。

根据相应的长期债券和短期债券的久期差异，互换合约可以改变投资组合的久期。应用13.23式，可计算出特定的久期改变量所需要的名义本金。利率互换就成为一种改变组合久期的简便方法，而且不需要购买或出售资产。

【例13-15】

回到例13-12，储贷公司在不出售抵押贷款的前提下，如何利用互换对冲利率风险？

要将1 500万元权益的久期从40.67年降为0，为计算互换的名义本金，假设当前10年期债券的久期为6.76年，6个月期债券的久期为0.5年。根据13.22式可得，$N=(40.67\times1\ 500)\div(6.76-0.5)=9\ 745$（万元），公司应该签订名义本金为9 745万元的互换合约。依据合约，该储贷公司支付固定利率，收取浮动利率（相当于买入短期债券，卖空长期债券）。如果利率上升，这份互换合约的价值也将随之增加，从而可消除资产负债表的利率敏感性。

自测题13-7

四、利用利率期货对冲利率风险

利率期货是在金融期货市场上，对利率及与利率有关的金融商品（带息凭证）的期货合约进行买卖并在某一特定日期交割的活动。按照合约标的的期限，利率期货可分为短期利率期货和长期利率期货两大类。短期利率期货是指期货合约标的的期限在一年以内的各种利率期货，即以货币市场的各类债务凭证为标的的利率期货均属短期利率期货，包括各种期限的商业票据期货、短期国债期货等。长期利率期货则是指期货合约标的的期限在一年以上的各种利率期货，即以资本市场的各类债务凭证为标的的利率期货均属长期利率期货，包括各种期限的中长期国债期货和市政公债指数期货等。美国财政部发行的中期国债偿还期限在1年至10年之间，通常以5年期和10年期较为常见。中期国债的付息方式是在债券期满之前，每半年付息一次，最后一笔利息在期满之日与本金一起偿付。长期国债的期限在10年至30年之间，以其富有竞争力的利率、保证及时还本付息、市场流动性高等特点吸引了众多其他国政府和公司的投资，美国国内购买者主要是美国政府机构、联邦储备系统、商业银行、储蓄贷款协会、保险公司等。在各种国债中，长期国债价格对利率的变动最为敏感。

利率期货价格与实际利率反方向变动，即利率越高，债券期货价格越低；利率越低，债券期货价格越高，例如，假设对应于当前3%的利率水平，短期国债的现金价格为97元。如果交易者预测3个月后利率将下跌，他在当前应买进一份3个月期的利率期货。3个月后，如果利率如他预测的那样下跌至2%或更低的水平，对应于98元（或更高）的利率期货价格，他将赚取98-97=1（元）的收益。

利率期货套期保值策略主要有卖出套期保值和买入套期保值两大类。利率期货卖出套期保值是指通过期货市场开仓卖出利率期货合约，以期在现货和期货两个市场建立盈亏冲抵机制，从而规避市场利率上升的风险。其适用的情形主要有：（1）持有固定收益债券，担心利率上升，其债券价格下跌或者收益率相对下降；（2）利用债券融资的筹资者，担心利率上升，导致融资成本上升；（3）资金的借方，担心利率上升，导致借款成本增加。利率期货买入套期保值是指，通过期货市场开仓买入利率期货合约，以期在现货和期货两个市场建立盈亏冲抵机制，从而规避市场利率下降的风险。其适用的情形主要有：（1）计划买入固定收益债券，担心利率下降，导致债券价格上升；（2）承担按固定利率计息的借款人，担心利率下降，导致资金成本相对增加；（3）资金的贷方，担心利率下降，导致贷款利率和收益下降。

利率期货的交割方法特殊，主要采取现金交割方式，有时也有现券交割。利率期货交易是以集中撮合竞价方式，产生未来不同到期月份的利率期货合约价格。同时，和绝大多数金融期货交易一样，利率期货价格一般领先于利率现货市场价格的变动，并有助于提高债券现货市场价格的信息含量，并通过套利交易，促进价格合理波动。

投资者可以利用利率期货来达到如下保值目的：（1）固定未来的投资利率。利率期货合约可以用来固定从经营中所获得的现金流的投资利率或预期债券利息收入的再投资回报率。（2）固定未来的借款利率。债券期货合约可以用来锁定某一浮动借款合同的变动利息支付部分。

【本章小结】

1. 衍生金融工具是由金融基础工具衍生出来的各种金融合约及其各种组合形式，是指建立在基础产品或基础变量之上，其价格取决于基础产品价格变动的派生金融产品。按照交易方式和特点可划分为远期合约、期货、期权、互换等。

2. 公司经营处于风险之中，这些风险主要可概括为商品价格风险、汇率风险、利率风险等。衍生金融工具通过套期保值业务发挥转移风险的功能，它能给公司控制和防范风险提供一种有效的途径和选择。

3. 通过运用存货储备、纵向整合、长期供货合约以及期货合约，可管理商品价格风险。

4. 期货合约是一种标准化的远期合约，是指合约双方在有组织的交易所内，根据交易规则，通过公开竞标的方式达成的在未来特定时间交割特定数量的特定商品或金融产品的标准合约。期货合约是在未来某一时点，以现在（今天）锁定的价格交割资产的协议。

5. 套期保值策略，又称“对冲策略”，是利用金融衍生产品与标的资产之间建立性质相反、数量相当的头寸，以抵消标的资产风险的措施。

6. 运用远期（期货）进行套期保值主要有两种类型：多头套期保值与空头套期保值。

7. 公司可利用货币远期合约、外汇期货、货币期权、货币互换等金融工具管理（对冲）汇率风险。

8. 金融互换又称“掉期”，是交易双方以特定方式在未来某一时段内交换一系列现金流的协议。互换交易通常包括利率互换、货币互换和其他互换。

9. 利用远期利率合约、久期对冲策略、利率互换以及利率期货，可对冲利率风险。

【复习思考】

1. 一家航空公司的总经理说道，“对于我们，原油期货没有任何用途。因为未来原油价格低于期货价格的可能性与高于期货价格的可能性是一样的。”你如何评价这一说法？

2. 为什么没有水泥期货交易品种？

3. 卖空资产与空头期货头寸的现金流有何区别？

4. 外贸公司的CEO说，“去年，我们公司有大量美元收入，于是通过卖出远期美元合约来对冲汇率风险，结果美元升值了，我们卖出美元远期合约的决定很不划算。我认为，今后要么应该停止对冲汇率风险，要么应该在认为美元被高估时再对冲。”你如何评价CEO的这番话？

5. 8月份，公司预计12月份需要200吨大豆作原料。当时大豆的现货价格为2 700元/吨，公司预测未来大豆价格可能上涨，于是在期货市场进行大豆套期保值交易，当时的12月大豆期货价格为2 750元/吨。若4个月后，大豆的现货价格涨到2 900元/吨，期货市场上当时交割的价格为2 950元/吨，则该公司应如何套期保值？

6. 举例说明什么是套期保值比率？

7. 叙述利用“现金-持有策略”确定远期汇率的基本原理。

8. 一家美国公司6个月后需向供货商支付40万瑞士法郎。为了满足付款要求，该公司希望从银行买进执行价格为1美元兑换1.60瑞士法郎的货币期权。该公司购进的是瑞士法郎的看跌期权还是看涨期权？假如期权到期日的即期汇率为1美元兑换1.65瑞士法郎，那么该公司是否仍然选择执行期权？

9. 外汇期权比外汇远期具有什么优势？

10. 什么是“久期错配”？怎样解决久期错配问题？

11. 固定利率和浮动利率各有哪些优势和劣势？怎样进行利率互换？

12. 公司按面值发行1 000万元浮动利率债券，其利率是LIBOR+1%。公司担心利率会上升，因此想将浮动利率锁定在某一固定利率水平上。在利率互换市场，互换交易商可提供LIBOR和7%固定利率的互换。该公司应怎样做？

参考文献

[1] 怀特海. 教育的目的［M］. 徐汝舟，译. 北京：生活·读书·新知三联书店，2022.

[2] 格雷厄姆，多德. 证券分析（经典版）：原书第6版［M］. 巴曙松，等译. 成都：四川人民出版社，2019.

[3] 诚迅金融培训公司. 估值建模［M］. 北京：中国金融出版社，2011.

[4] 布雷利，迈尔斯，艾伦. 公司金融（原书第12版，进阶篇）［M］. 赵冬青，译. 北京：机械工业出版社，2017.

[5] 欧阳良宜. 期权期货市场理论与操作［M］. 北京：中国发展出版社，2006.

[6] 伯克，德马佐. 公司理财（原书第3版）［M］. 姜英兵，译. 北京：中国人民大学出版社，2014.

[7] 罗森鲍姆，珀尔. 投资银行：估值、杠杆收购、兼并与收购［M］. 刘振山，曹建海，译. 北京：机械工业出版社，2019.

[8] 石川，刘洋溢，连祥斌. 因子投资：方法与实践［M］. 北京：电子工业出版社，2020.

[9] 拉卡托斯. 科学研究纲领方法论［M］. 兰征，译. 上海：上海译文出版社，1999.

[10] AGHION P，BOLTON P.An Incomplete Contracts Approach to Financial Contracting［J］. The Review of Economic Studies，1992，59（3）：473-494.

[11] AGHION P，TIROLE J.Formal and Real Authority in Organizations［J］. Journal of Political Economy，1997，105（1）：1-29.

[12] AKERLOF G. The Market for "Lemons"：Quality Uncertainty and the Market Mechanism［J］. The Quarterly Journal of Economics，1970，84（3）：488-500.

[13] ALLEn F，GALE D.Bubbles and Crises［J］. The Economic Journal，2000，110（460）：236-255.

[14] BAKER M，WURGLER J.Market Timing and Capital Structure［J］. The Journal of Finance，2002，57（1），1-32.

[15] BARBERIS N，SHLEIFER A，VISHNY. R. A Model of Investor Sentiment［J］. Journal of Financial Economics，1998，49（2）：307-343.

[16] CARHART M. On Persistence in Mutual Fund Performance [J]. The Journal of Finance.1997, 52 (1): 57-82.

[17] DEMSERZ H. The Structure of Ownership and the Theory of the Firm [J]. The Journal of Law and Economics, 1983, 26 (2): 375-390.

[18] DEMSETZ H, LEHN K. The Structure of Corporate Ownership: Causes and Consequences [J]. Journal of Political Economy, 1985, 93 (6): 1155-1177.

[19] DEWATRIPONT M, TIROLE J. A Theory of Debt and Equity: Diversity of Securities and Manager-Shareholder Congruence [J]. The Quarterly Journal of Economics, 1994, 109 (4): 1027-1054.

[20] FAMA E F, FRENCH K R.Common Risk Factors in the Returns on Stocks and Bonds [J]. Journal of Financial Economics, 1993, 33 (1): 3-56.

[21] FAMA E F, FRENCH K.R. A Five-Factor Asset Pricing Model [J]. Journal of Financial Economics, 2015, 116 (1): 1-22.

[22] GERTNER R, SCHARFSTEIN D. A Theory of Workouts and the Effects of Reorganization Law [J]. The Journal of Finance, 1991, 46 (4): 1189-1222.

[23] GROSSMAN S J, HART O D.Takeover Bids, The Free-Rider Problem, and the Theory of the Corporation [J]. The Bell Journal of Economics, 1980, 11 (1): 42-64.

[24] HARRIS M, RAVIV A. The Design of Securities [J]. Journal of Financial Economics, 1989, 24 (2): 255-287.

[25] HART O D. Corporate Governance: Some Theory and Implications [J]. The Economic Journal, 1995, 105 (5): 678-689.

[26] JENSEN M C, MECKLING W H.Theory of the Firm: Managerial Behavior, Agency Costs and Ownership Structure [J]. Journal of Financial Economics, 1976, 3 (4): 305-360.

[27] JENSEN M C.Agency Costs of Free Cash Flow, Corporate Finance, and Takeovers [J]. American Economic Review, 1986, 76 (2): 323-329.

[28] KAHNEMAN D, TVERSKY A.Prospect Theory: An Analysis of Decision under Risk [J]. Econometrica, 1979, 47 (2): 263-292.

[29] KOLLER T M, DOBBS R, HUYETT B.Value: The Four Cornerstones of Corporate Finance [M]. New Jersey: JOHN WILEY & SONS, INC, 2011.

[30] PORTA R, SILANES F, SHLEIFER A. Corporate Ownership Around the World [J]. The Journal of Finance, 1999, 54 (2): 471-517.

[31] LEE, SUN, WANG.Technological Links and Predictable Returns [J]. Journal of Financial Economics, 2019, 132 (3): 76-96.

[32] LIU J, STAMBAUGH R F, YUAN Y. Size and Value in China [J]. Journal of Financial Economics, 2019, 134 (1): 48-69.

[33] MALKIEL B G, FAMA E F. Efficient Capital Markets: A Review of Theory and Empirical Work [J]. The Journal of Finance, 1970, 25 (2): 383-417.

[34] MODIGLIANI F, MILLER M. The Cost of Capital, Corporation Finance and the Theory of Investment [J]. American Economic Review, 1958, 48 (3): 261-297.

[35] MYERS S C, MAJLUF N S. Corporate Financing and Investment Decisions When Firms Have Information that Investors do not Have [J]. Journal of Financial Economics, 1984, 13 (2): 187-221.

[36] MARX R, VELIKOV R. A Taxonomy of Anomalies and Their Trading Costs [J]. Review of Financial Studies, 2016, 29 (1): 104-147.

[37] STULZ R M. Managerial Discretion and Optimal Financing Policies [J]. Journal of Financial Economics, 1990, 26 (1): 3-27.

[38] ZINGALES L. In Search of New Foundations [J]. The Journal of Finance, 2000, 55 (4): 1623-1653.